엘리야후 이야기

엘리야후 이야기

이 승 현 지음

한국학술정보㈜

하나님의 은혜로 저는 2005년에 장로회신학대학교에서 "엘리야 이야기, 왕상 16:29 – 왕하 2:18에 대한 문학비평적 연구"라는 제목의 논문으로 신학 박사학위를 받았습니다. 이 책은 그 연구를 손질한 것입니다. 무엇보다 히브리어 고유명사들을 외래어 표기법에 맞게 표기하였고, 논문심사과정에서 빠졌던 본문비평도 학생들을 위해 각주에 집어넣었습니다. 그리고 각주가 너무 많으면 독자들이 읽기에 불편할 것 같아, 요약이 가능한 경우에는 본문에 괄호를 붙여서 출처를 밝혔습니다. 이 연구는 1997년에 시작하여 8년 만에 겨우 맺은 결실이었고, 1989년에 베를린에서 공부하기 시작한 이래로는 16년 만이었습니다. 하나님은 저를 많이 연단하셨습니다. 그러나 이 책도 아직 결점투성이입니다. 주심을 맡아 주신 강사문 교수님과, 문제점을 꼼꼼히 지적해 주신 박동현 교수님과, 여러 교수님들의 지도 편달이 있었음에도 아직 고칠 점이 너무나 많습니다. 그렇지만 이번에는 제가 만용을 부려 일단 책을 내보려 합니다. 그리고 수년 내에 다시 개정판을 내어 이 책의 문제점을 고쳐 나가려고 합니다. 대전신대에서 강의를 한 지 10년이 넘었으면서 이제껏 책 한 권 내지 못했으니, 우선 그 부끄러움부터 가리고 싶습니다.

이 책이 나오기까지 도와주신 분들을 다 열거하려면 끝이 없을 것입니다. 누구보다 저를 오늘까지 키워 주시고 공부시켜 주시고, 기도해 주시고 격려해 주신 부모님께 감사드립니다. 또한 저를 사랑해 주고 참아 준 아내와 세 아이들도 고맙기

한량없습니다. 특별히 독일에서 6년 동안 공부할 때에 학문의 길과 정신을 깨우쳐 주신 페터 벨텐(Peter Welten) 교수님께 감사드립니다. 그분은 제게 교수가 무엇을 하는 사람인가를 생각하는 데 늘 기준이 되는 분이었습니다. 김삼환 목사님께는 제가 무어라 감사드려야 할지 모르겠습니다. 그분의 사랑은 기이하여 유학시절인 89년부터 95년까지 분에 넘치는 지원을 마다하지 않으셨고, 박사학위를 받지 못하고 돌아온 저를 명성교회에 불러서 은혜 받게 하시고, 학생들에게 설교할 수 있게 하셨고, 장신대의 박사과정 동안에도 물심양면의 후원을 즐겨 감당하셨습니다. 아마 그분이 아니었더라면 저는 박사학위과정을 중도에 포기해 버렸을지 모릅니다. 가족을 빼고는 그분보다 제게 더 큰 은혜를 베풀어 준 분이 없었습니다.

그 외에도 감사드려야 할 분들이 너무나 많습니다. 일일이 열거할 수 없으나 명성교회의 성도들을 저는 평생 잊지 못할 것입니다. 설교를 못하는데도 열심히 듣고 따라 준 명성의 중고등부 학생들도 참으로 고마웠습니다. 저를 지켜 보아 주고 조언을 해 준 대전신대의 동료들, 강사로 나왔던 조남현, 갈범석 박사, 저를 도와 주었던 조교들과 학생들, 보잘것없는 강의를 열심히 들어 주었던 학생들이 새삼 고맙습니다. 그 외에도 많은 친척들, 친구들, 독일의 한인교회 교우들께도 빚을 많이 졌습니다. 참으로 저는 지금까지 너무 많은 빚을 지고 살았습니다. 마지막으로 이 책을 출판하도록 허락해 주신 한국학술정보의 사장님과 교정하는 데 도와 준 구기완씨에게 감사를 드립니다. 그리고 그 누구보다도 이 모든 분들을 제게 붙여 주신 우리 아버지 하나님께 감사와 영광을 돌립니다. 할렐루야!

ABD	Freedman, David Noel. *Anchor Bible Dictionary.* 6 Vols. New York: Double Day, 1992.
ATD 11/1	Würthwein, Ernst. *Die Bücher der Könige: 1.Könige 1-16.* ATD 11,1. Göttingen: Vandenhoeck & Ruprecht, 1977.
ATD 11/2	Würthwein, Ernst. *Die Bücher der Könige: 1. Kön. 17-2. Kön. 25.* ATD 11,2. Göttingen: Vandenhoeck & Ruprecht, 1984.
AusBR	*Australian Biblical Review.*
BHS	Elliger, K; Rudolph, W.(Ed.). *Biblia Hebraica Stuttgartentia.* 3. Aufl. Stuttgart: Deutsche Bibelgesellschaft, 1987.
BN	*Biblische Notizen.*
²BRL	Galling, Kurt(Hrsg.) *Biblisches Reallexikon.* 2. Aufl. Tübingen: J. C. B. Mohr, 1977.
CBQ	*Catholic Biblical Quarterly.*
De Vries	De Vries, Simon J. *1 Kings,* Word Biblical Commentary 12. Waco, Texas: Word Books, 1985.
Donner/2	Donner, Herbert. *Geschichte des Volkes Israel und seiner Nachbarn in Grundzügen.* Bd. 2. ATD Ergänzungsreihe Bd. 4/2. Göttingen: Vandenhoeck & Ruprecht, 1986.

EvTh   *Evangelische Theologie.*

Gesenius/17 Gesenius, Wilhelm. *Hebäisches und Aramäisches Handwörterbuch über das Alte Testament.* 17. Aufl. Leipzig: Verlag von F. C. W. Vogel, 1921.

Gesenius/18 Gesenius, Wilhelm. *Hebäisches und Aramäisches Handwörterbuch über das Alte Testament.* 18. Aufl. I / II / III. Berlin u.a.: Springer Verlag, 1987/1995/2005.

Grayw   Gray, John. *I & II Kings.* 2. Ed. London: SCM Press, 1970.

HAL   Baumgartner, Walter; Köhler Ludwig(Hrsg.). *Hebräisches und Aramäisches Lexikon zum Alten Testament.* 3. Aufl., Lfg. I - IV. Leiden: E. J. Brill, 1967/1974/1983/1990.

Hentschel/1 Hentschel, Georg. *1 Könige.* Die Neue Echter Bibel Lfg. 10. Würzburg: Echter Verlag, 1984.

Hentschel/2 Hentschel, Georg. *2 Könige.* Die Neue Echter Bibel Lfg. 11. Würzburg: Echter Verlag, 1985.

Hobbs   Hobbs, T. R. *2 Kings.* Word Biblical Books Vol.31. Waco, Texas: Word Books, 1995.

ICC   *International Critical Commentary.*

JBL   *Journal of the Biblical Literature.*

JJS   *Journal of Jewish Studies.*

JNES   *Journal of Near Eastern Studies.*

RB   *Revue Biblique.*

RGG   Schiele, Friedrich Michael; Zscharnack, Leopold(Hrsg.), *Religion in Geschichte und Gegenwart.* Bd, II. Tübingen:

Mohr, 1910.

³RGG   Galling, Kurt(Hrsg.). *Religion in Geschichte und Gegenwart.* 3. Aufl. 6 Bde. Tübingen: J. C. B. Mohr, 1957-1962.

⁴RGG   Betz, Hans Dietrich; Browning, Don S.; Janowsky, Bernd; Jüngel, Eberhard(Hrsg.). *Religion in Geschichte und Gegenwart.* 7 Bde. Tübingen: J. C. B. Mohr, 1998-2004.

THAT   Jenni, Ernst; Westermann, Claus(Hrsg.). *Theologisches Handwörterbuch zum Alten Testament.* 2 Bde. München: Chr. Kaiser Verlag, 1984.

VT   *Vetus Testamentum.*

Walsh   Walsh, Jerome T. *1 Kings,* Berit Olam Studies in Hebrew Narrative & Poetry. Collegeville: The Liturgical Press, 1996.

ZAW   *Zeitschrift für die alttestamentliche Wissenschaft.*

ZDPV   *Zeitschrift des Deutschen Palästina Vereins.*

ZThK   *Zeitschrift für Theologie und Kirche.*

- 이 책에서 사용된 고유명사의 새로운 표기 용례 -

오른쪽은 개역성경에 나타난 표기

본 서	개 역
게하지	게하시
길아드	길르앗
길아드 라모트	길르앗 라못
나보트	나봇
나탄	나단
느바트	느밧
님쉬	님시
담메세크	다메섹
다비드	다윗
라모트	라못
레캅	레갑
로템	로뎀
모셰	모세
므낫셰	므낫세
미츠파	미스바
미카	미가
미카여후	미가야
바샨	바산

바으샤	바아사
바알즈붑	바알스붑
베트샨	벳산
베트엘	벧엘
베트학간	벧학간
베트에케드	양털 깎는 집
벤하다드	벤하닷
브에르셰바	브엘세바
비드카르	빗갈
샤울	사울
샤파트	사밧
셔마야	스마야
셔무엘	사무엘
셜로모	솔로몬
셰켐	세겜
쇼므론	사마리아
슈넴	수넴
쉼숀	삼손
스아	세아
아로에르	아로엘
아마츠야후	아마샤
아말레크	아말렉
아벨므홀라	아벨므홀라
아비멜레크	아비멜렉
아셰라	아세라

아페크 아벡
아칸 아간
아탈야 아달랴
아흐압 아합
아햐즈야(후) 아하시야
아히샤르 아히살
아히엘 히엘
앗슈르 앗수르
야로브암 여로보암
야아콥 야곱
야흐베 여호와
야르덴 요단
에모리 아모리
에빌므로다크 에윌므로닥
에크론 에그론
에트바알 엣바알
엘리샤 엘리사
엘리야후 엘리야
여루샬라임 예루살렘
여리효 여리고
여샤야후 이사야
여호샤파트 여호사밧
여헤즈켈 에스겔
여호슈아 여호수아
여호아햐즈 여호아하스

여호야킨 여호야긴

여후다 유다

오바드야후 오바댜

요쉬야후 요시야

요아쉬 요아스

이르므야후 예레미야

이제벨 이세벨

이즈르엘 이스르엘

이츠햐크 이삭

즈카르야 스가랴

지므리 시므리

차르파트 사르밧

치돈 시돈

치드키야 시드기야

카르멜 갈멜

크나아나 그나아나

크나안 가나안

크리트 그릿

키숀 기손

타마르 다말

티쉬베 디셉

페레츠 베레스

하다드에제르 하닷에셀

햐나니 하나니

햐마트 하맛

햐자엘   하사엘
헤벨   아벨
효렙   호렙
히즈키야후   히스기야

CONTENTS

I. 서 론

A. 문제의 제기

마틴 노트(Noth, 1943)의 비평 이래로 많은 학자들은 엘리야후 이야기를 여러 개의 독립적인 이야기로 분해하는 경향을 띠게 되었다. 그리하여 최근의 많은 학 문적 주석서에서 엘리야후는 역사에서 그 자리를 찾지 못하고, 기근에 얽힌 '전설' 의 일부에서야 겨우 그 희미한 발자취를 짐작하게 되어 버렸다(Kaiser, 1992, 13ff 참고). 나아가 학자들은 '엘리야후 이야기' 전체의 통일성을 부인할 뿐만 아니라, 그것을 구성하고 있는 각 장들의 통일성도 부인하고 있다. 그래서 엘리야후 이야 기를 담고 있는 열왕기상 17장에서 열왕기하 2장에 이르기까지 그 통일성이 인정 되는 장이 한 장도 없을 정도가 되었다(Ⅲ-Ⅻ장의 논쟁점들 참고). 또한 엘리야후 가 과부의 아들을 살리는 이야기(왕상 17:17-24)도 엘리샤의 슈넴 여인 이야기(왕 하 4:8-37)를 변조한 것이라고 보는 사람들이 많으며(Hentschel/1, 107; ATD 11/2, 222; Rofé, 1988/1, 133ff), 그 결과로 엘리야후 이야기의 역사성이 부인되 어 버렸다. 일례로 뷔르트바인(Würthwein)은 엘리야후 이야기에서 확실한 것이라 고는 그가 티쉬베 사람이라는 것밖에 없다고까지 하였다(ATD 11/2, 272). 그리하 여 불행히도 엘리야후 이야기는 학자들 간에 공감대를 찾기가 어려워졌다(Childs, 287). 크뤼제만(Crüsemann)은 엘리야후 연구에 대한 최근 구약학계의 현상을 다음 과 같이 탄식하고 있다.[1]

"나는 구약의 다른 어떤 부분에서도 하나의 학문적 발전이 신학자들이 성경 본문을
보는 것을 그렇게 방해하는 것을 본 적이 없다. 신학시험에서 그것이 사라질 뿐만 아
니라, 거기서 다뤄진 주제들이 드물지 않게 편집층을 나누는 것과 연대를 측정하는 문
제 뒤로 사라져 버렸다. 가장 최근의 주석들도 현재의 본문을 주석하지 않고 재구(再
構)된 이전 형태나 그 보충에 대해서만 주석을 하고 있다."

성서학자들의 연구가 편집층을 나누는 일과 연대를 측정하는 문제에 제한되어서
야 되겠는가! 학자들이 그렇게 사소한 일에 집착한 결과가 어떻게 되었던가? 그들
이 예를 들어 열왕기상 19장과 20장의 연관성을 알지 못했다든가, 20; 22장이 엘
리야후 이야기 한가운데 들어 있는 이유를 알지 못하게 된 것은 당연한 귀결이었
다.2) 또한 지금까지는 어떤 본문이 좀더 넓은 문맥에서 지니고 있는 의미와 연관
성에 대해 등한히 하는 경향이 있었다. 그래서 열왕기상 21장과 열왕기하 9-10장
과의 연관성을 조명하지 못하였다. 그 결과로 대개의 주석은 엘리야후 이야기 전
체의 상호 연관성을 드러내지 못하고, 잘게 쪼개진 본문의 의미만을 탐구할 뿐이
었다. 이는 교회에서 엘리야 이야기를 연구하는 데 어려움을 초래하였고, 엘리야후
이야기는 설교와 성경공부에서 멀어질 수밖에 없었다.

B. 연구의 목적

여기서 그동안의 연구와 비평을 다 다룰 수는 없으나, 엘리야후 본문에 대한 최
근의 대표적인 몇 주석들과 저작들을 살펴보면서, 여러 비평적 방법들이 엘리야후
연구에 잘못 적용된 것을 일일이 검토해 보고자 한다. 그리하여 본문을, 있는 그대

---

1) Crüsemann, 1997, 9. 인용문에서 '최근의 주석들'이라는 것은 저자가 각주에서 Fritz, 1996;
   Hentschel/1; Hentschel/2와 ATD 11/2를 가리킨다고 밝힘.
2) Hentschel/1, 120-122; ATD 11/2, 236f; 아래의 Ⅶ.C.1 참고.

로 두면 오히려 걸작인 것을, 현대의 양식비평이라는 잣대를 잘못 들이대어 본문을 오해하고 마음대로 재단해 버린 것을 여기서 지적하려 한다. 성경주석에 대한 양식비평적 연구를 부인하려는 것은 아니다. 그 방법이 연구에 빛을 발한 부분이 많으나, 어떤 방법이든 그것이 모든 분야에 적용되어 올바른 주석의 열매를 거둘 수 있다고 볼 수는 없다. 특히 엘리야후 이야기의 경우 양식비평적 방법이 공헌할 부분이 그리 많지 않은 것 같다. 한편, 보수적 입장을 견지하는 학자들은 문학비평과 전통사적인 연구를 언급조차도 않는 경우가 많다.[3) 이러한 태도 역시 학문을 연구하는 자의 바람직한 태도는 아니라고 생각된다. 따라서 우리는 어떤 방법론이 어느 진영의 것이냐를 따지지 말고, 모든 방법을 다 동원하여 성경 본문의 본래의 뜻을 탐구하여야 할 것이다.

엘리야후 이야기의 범위는 이 책의 중요 관심사가 될 것이다.[4) 예를 들어 열왕기하 2장이 대개의 연구서에서 엘리샤 이야기로 간주되고 있지만, 여기선 그것이 엘리야후 이야기의 일부임을 밝히려고 한다. 엘리야후의 승천을 다룬 부분이 왜 엘리야후의 이야기가 아니란 말인가? 또한 엘리야후 이야기 한가운데 놓여 있어도 대부분의 학자들이 엘리야후 이야기가 아니라고 주장했던 열왕기상 20장과 22장이 엘리야후 이야기에 속함을 밝히고, 21장에서도 엘리야후가 등장하는 뒷부분(17절 이하)만이 아니라 앞부분(나보트의 이야기: 1-16절)도 엘리야후 이야기임을 보여주려 한다. 한 걸음 더 나아가 엘리야후 이야기가 엘리야후의 승천 이야기 이후에도 계속되고 있다는 것, 그리하여 열왕기하 10장 및 13장까지도 엘리야후 이야기라 할 수 있음을 제안하려 한다.

대체로 이 연구의 주된 관심은 엘리야후 이야기의 통전성과, 그것이 엘리샤 이야기에까지 길게 뻗어 있다는 점, 곧 연속성이 있음을 살펴보려는 것이다. 엘리야후 이야기는 열왕기상 16:29에서 시작하여 열왕기하 3:3까지 하나의 틀을 이루고

---

3) 예를 들어서 Walsh; 에프 등을 참고하라.

4) 엘리야후 이야기의 범위에 대해서는 대체로 열왕기상 17-19; 21; 열왕기하 1:1-2:18로 본다. Niehr, 218 참고. 그러나 여기에선 열왕기상 16:29―열왕기하 2:18을 그 범위로 설정한다. 이 중에서 열왕기상 22:41-50은 여후다 왕국 여호샤파트의 이야기이므로 여기에서 취급하지 않는다. 아래의 XII.C.2 및 결론(XIII.A.) 참고.

있다(결론.A. 참고). 이 예언자 이야기는 나보트의 포도원(왕상 21장) 이야기를 중심으로 대칭을 이루고 있는 일곱 개의 토막으로 구성되어 있다(결론.A. 참고). 하지만 한 토막으로 분류되는 '엘리야후의 후퇴와 다른 예언자들의 활약'(왕상 19장과 20장)은 편의에 따라 두 장으로 나누어 제시하려고 한다. 장이 다르고 내용이 길기 때문이다. 그리고 소위 엘리샤 이야기(왕하 3-13*)는 이 논문의 주된 관심사가 아니므로, 엘리야후 이야기와 직접적 관련이 있는 열왕기하 4; 9-10장만 그 연관성과 관련하여 간략하게 살펴볼 것이다. 필자의 희망은 이 모든 시도가 신학도들과 교회의 일반 신자들에게 엘리야후 이야기를 친숙하고 재미있게 접하게 하는 계기가 되는 것이었다.

C. 연구의 방법

이상의 연구를 위하여 여기서는 주로 전통적인 문학비평적 방법을 적용하려고 한다. 그러나 미국에서 나온 신문학비평도 이 책을 쓰는 데 좋은 자극이 되었다. 이 두 가지 방법론의 공통점 중 하나는 문단나누기인데, 객관적이고도 통전적인 문단나누기는 교착상태에 빠져 있는 엘리야후 연구에 새로운 돌파구를 제시해 줄 것이다.

각 장에 먼저 해당 히브리어 본문을 싣게 되는데, 이는 본문을 히브리어로 보아야 저자 혹은 화자의 미묘한 표현을 감지할 수 있기 때문이다.[5] 그리고 히브리어 본문 아래에는 필자의 사역(A)을 달고자 하는데, 읽는 사람이 보기에는 다소 어색하고 서툴게 보이겠지만 히브리어의 어감을 살리기 위해 가능하면 원문의 순서대로 직역을 하려고 한다. 그렇지 않으면 저자가 본래 의도하려 한 바를 감지하지 못하는

---

5) 여기에서는 엘리야후 이야기를 다양한 전설들의 집합체나 여러 가지 층의 이야기들의 집적체로 보지 않고, 개성 있고 능력 있는 개인이 문학적인 재능을 가미하여 쓴 저작물이라 본다. 그러므로 엘리야후 이야기를 쓴 사람을 저자라 부른다. 또한 이 이야기는 여러 사람들 앞에서 구연되도록 쓰인 측면이 있으므로 화자라고 부르기도 한다.

경우가 많은 연유에서다. 또한 히브리어 본문에 주를 다는 형식으로 본문비평을 다룰 것이다. 이는 히브리어 본문에 대한 오해와 왜곡, 그리고 잘못된 해석들이 이미 히브리어 본문을 전승하거나 번역하는 과정에서부터 나타나고 있음을 보여 줄 것이다. 이런 왜곡은 주로 본문의 반복이 나타나거나, 내용 또는 흐름이 비합리적인 부분에서 많이 일어난다. 그러나 언뜻 보면 비합리적이고 모순인 것같이 보이는 부분이 오히려 저자의 의도를 잘 드러내는 경우가 얼마나 많은지 모른다. 그러므로 이 책에서는 저자의 본디 의도를 바르게 살리기 위하여 BHS6)에 나타난 비평을 모두 다 다루려 한다. 이러한 과정을 통해 필사나 번역 과정에서 잘못 이해된 것이 오늘날의 신학에까지도 이어지는 경향이 있음을 발견하게 될 것이다.

그 뒤에는 각 장에 대해 학자들이 논쟁하고 있는 부분들을 다루려고 한다(B). 주로 역사비평학자들이 본문을 여러 시대의 문서층으로 나누어 서로의 연관성을 부인해 버린 것을 문학비평적인 방법을 통하여 그 통전성을 증명하려 한다. 즉 열왕기상 16:29 – 열왕기하 2:18이 한 저자에 의해 쓰였다는 것을 증명하고, 나아가 열왕기하 13:25까지도 한 저자의 것으로 볼 것을 제안하려 한다. 이 부분에서는 주로 현대의 학자들, 그중에서도 특히 독일 학계를 대표하는 학자들의 견해를 소개하고 비평하게 될 것이다.

본문해설(C) 부분에서는 문학비평 방법을 중심으로 하여 주석을 시도하려 한다. 이는 그 앞에서 다룬 각론(AB)의 종합이라는 의미도 있지만, 주로 저자가 이야기를 이끌어 가는 가운데 나타나는 어감과 강조, 특히 저자가 숨겨 놓은 미묘한 뉘앙스와 암시를 찾아내려고 한다. 이는 위의 크뤼제만의 지적대로 최근의 주석이 온갖 종류의 억측과 편견으로 본문을 산산이 찢어 놓는 잘못된 방향으로 나가고 있는 것을 시정하고, 저자가 본래 의도했던 바를 본문 그대로에서 발견하는 기쁨을 얻기 위해서다. 그리고 본문해설 후에는 필요한 경우에 따라 간단하게 그 장에 나타난 몇 가지 주제를 다루거나 그 장의 결론(D)을 실을 것이다.

Ⅱ장에서는 먼저 그동안의 연구사와 방법론들을 짤막하게 검토하고, 이 책에서

---

6) BHS의 열왕기 부분은 알프레드 옙센(Alfred Jepsen)이 비평장치를 편집하였으나, 여기에선 편의상 그냥 BHS라 칭한다.

택하는 방법에 대해서도 소개할 것이다.

Ⅲ장은 엘리야후 이야기의 첫 부분인 열왕기상 16:29-17:24를 다루게 된다. 이처럼 두 장에 걸친 부분을 연구 범위로 구분한 이유는 16장 끝 부분에 나타나는 아흐압의 범죄 이야기와 그로 말미암은 기근(17장)이 서로 떨어질 수 없는 인과관계에 놓여 있기 때문이다.

그리고 Ⅳ장에서는 Ⅲ장에서 제기된 문제, 즉 열왕기상 17:17-24가 열왕기하 4:8-37의 영향을 받은 것인가의 여부를 다룰 것이다. 즉 엘리야후가 차르파트에서 과부의 아들을 살린 이야기가 엘리샤가 슈넴 여인의 아들을 살린 이야기에 영향을 받아서 만들어졌다는 강호의 주장을 검토할 것이다.

또 Ⅴ장은 17장과의 연속성이 있는 18장 전체를 다룬다. 그리하여 18장의 통전성과 17/19장과의 연관성이 증명하려 한다.

Ⅵ장에서는 많은 학자들이 독립적인 이야기로 간주하거나, 엘리샤 이야기로 취급하기도 하는 열왕기상 19장을 다루면서, 이 장 역시 앞뒤의 엘리야후 이야기와 얼마나 밀접하고 치밀하게 엮어져 있는가를 살피려고 한다. 여기까지 살피면, 16:29-19:21이 그 나름대로의 결속력을 갖고 있음도 드러날 것이다.

Ⅶ장은 엘리야후란 말이 한 마디도 나오지 않는 열왕기상 20장을 다룬다. 그러면서 학자들이 전후문맥과 상관없이 삽입되었다고 보는 이 장도 엘리야후 이야기의 일부분이란 점을 증명할 것이다. 또 Ⅷ장에서는 나보트 이야기로 유명한 열왕기상 21장을 다룬다. 이 부분도 통전성과 진정성을 증명해 보일 것이다. 그러므로 여기서는 21장의 구조와 어휘를 살펴 좀더 많은 사람들이 엘리야후 이야기로 인정하는 17-19장과의 연관성을 제시할 것이다. 그리고 Ⅸ장은 열왕기상 21장의 예언이 열왕기하 9-10장에서 어떻게 이루어지고 있는가를 밝히고, 멀리 떨어져 있는 두 부분이 실제로는 문학적으로 매우 긴밀하게 연결되어 있는 하나의 작품이라는 것을 살펴볼 것이다.

Ⅹ장은 열왕기상 22:1-40을 다루면서 아흐압의 최후가 엘리야후의 예언과 어떻게 연관되는지를 밝히려 한다. 여기서도 20장과 같이 엘리야후라는 말은 나타나지 않고 미카여후나 치드키야 같은 예언자들이 나타나지만, 이 장 역시 엘리야후 이

야기의 일부분임이 드러날 것이다. 그리고 20-22장이 같은 구조, 같은 어휘로 그 나름의 결속력을 가지고 있음도 증명될 것이다. 다만 22:41-50은 여호샤파트의 이야기이므로 여기서 다루지 않는다. XI장은 열왕기상 22:51 – 열왕기하 1:18까지를 대상으로 한다. 굳이 22장 끝 부분을 구분하는 것은 아햐즈야의 이야기가 22:51부터 시작될 뿐 아니라, 거기서부터 열왕기하 1:18까지가 정확하게 아귀가 맞는 통일된 구조를 가지고 있기 때문이다. XII장은 열왕기하 2:1-18을 다룬다. 열왕기하 2장 전부가 하나의 통일성 있는 문학단위지만, 엘리야후 이야기는 일단 승천까지만 다루려 한다. 그리고 XIII장에서는 이 책의 결론을 말하게 될 것이다.

엘리야후
이야기

Ⅱ. 연구사 및 방법론

A. 전기예언서에 대한 연구

1. 신명기사 논란

엘리야후 이야기가 수록되어 있는 열왕기는 여호슈아에서 열왕기에 이르는 역사서의 일부분에 포함되어 있다. 그런데 이 역사서들에 대해서는 그 정체성과 생성과정에 대해 논란이 많다. 유대인들은 전통적으로 여호슈아서에서 열왕기하를 전기예언서라 불렀다(Rendtorff, 1983, 174). 그러다 19세기에 들어 벨하우젠(Wellhausen)이 『구약의 육경과 역사서의 편집』(*Composition des Hexateuchs und der historischen Bücher des Alten Testaments*)에서 신명기에서 열왕기하에 이르는 부분은 신명기 정신이 흐르는 편집과정을 거쳤다고 주장하고, 이 책들에는 공통의 연대 체계가 있다고 했다.[1] 그러나 신명기에서 열왕기에 이르는 부분을 신명기사라고 명명한 이는 노트였다(*Überlieferungsgeschichtlichen Studien*. 1943). 그리고 그 역사서는 6세기 중반에 팔레스티나에서 왕국 멸망의 원인을 밝히려는 목적으로 쓰였다고 했다. 그러나 볼프는 신명기사의 목적이 노트가 말하듯 부정적인 것이 아니라고 한다(Wolff, 1961). 즉 신명기 30:1ff; 열왕기상 8:46ff; 열왕기하 25:27ff를 보면 백성이 회개하고 순종할 경우에 백성을 다시 회복시키시고 다비드가문의 지배를 보장

---

1) 3판이 1899년에 출판되었다.

하신다는 긍정적인 미래 프로그램을 가지고 있다는 것이다.

이 신명기사는 땅 정복에서 왕정시대의 종말까지를 다루고 있는데, 신명기의 요구, 즉 야흐베[2]만, 그리고 그가 선택한 장소에서만 섬길 것이라는 명령에 따르느냐 따르지 않았느냐로 흥망이 결정되었다고 기술한다(Kaiser, 1992, 85). 그러면서 이스라엘과 그 왕의 범죄를 지적하며 장래는 오직 신명기에 수록된 법을 지키느냐 않느냐에 달렸다고 역설하고 있다.

이 신명기사의 형성과정에 대해서 대체로 네 가지 학설이 제기되었다.[3]

a. **마틴 노트(Noth)**: 신명기사의 기자는 한 사람이고, 560년 이후에 전체를 썼다고 주장한다.

b. **크로스(Cross)[4]의 이단계설(Zweistufenmodell)**: 신명기사는 요쉬야후왕 때에 이미 쓰이기 시작했는데, 587년 이후에 계속해서 쓰였다고 주장한다. 이는 앵글로색슨계에서 지지를 받고 있다.

c. **스멘트(Smend)의 삼단계설(Dreischichtenmodell)**: 유럽 대륙에서 지지를 받고 있으며, 신명기사 편집자(dtr Historiker: DtrH)가 6세기 중반 이전에 쓴 것을, 그 뒤에 예언자 신학의 영향을 받은 여러 편집자들이 한 차례 편집하였고(DtrP: 예언자적인 신명기 편집자), 마지막으로 율법주의(Nomismus)가 특징인 편집자들이 한 번 더 편집하였다고 한다(DtrN: 율법주의적인 신명기편집자). 카이저(Kaiser)는 이 마지막 편집자들을 후대의 편집이 다양한 성향을 보인다고 하여 DtrS(Spätdeuteronomistische Redaktionen: 후대의 신명기사 편집자)라고 부르는 것이 낫다고 한다.

d. **로핑크(Lohfink); 뷔르트바인(Würthwein); 프로반(Provan)**: 신명기 1 – 열왕기하

---

2) 神名四文字를 '야흐베'라 읽는 문제에 대해서는 이승현, 1999, 8f 주 2) 참고.

3) Kaiser, 1992, 85. 형성과정에 대한 것은 카이저의 개론을 요약하므로 자세한 각주를 생략한다. 특별히 스멘트(Smend)파와 크로스(Cross)파의 갈등이 심하였는데, 그에 대하여는 McKenzie, 2000/1, 135-145를 참고.

4) 이 책에서는 영어 고유명사의 경우에 특별한 경우를 제외하곤 Wells, 2000을 기준으로 한다.

25는 본래 독립적이던 땅 정복기사, 사사기, 초기, 후기 왕정사를 한데 묶어 놓은 것이라고 주장한다.

이외에도 최근의 신명기사 연구에서는 전체에 대한 편집 외에 한 지역에 한정된 편집이나 간헐적인 편집이 있었을 가능성도 제기되었다(Kaiser, 1992, 89). 또한 경우에 따라서는 신명기사 편집자(dtr)라 불리는 무리들이 자료원이었을 가능성도 제기되고 있다. 베이욜라(Veijola)는 신명기사학파의 위치를 남북의 경계지대, 즉 베트엘과 미츠파로 추정하고 있다. 카이저는 신명기사학파의 작업이 포로귀환 직후에 이루어졌을 것이라 보며, 계속해서 사경과 예언서에 대한 작업도 이루어져 5세기에까지 이르도록 지속되었을 것으로 본다.

그러나 렌토르프(Rendtorff)나 포러(Fohrer), 베스터만(Westermann)은 신명기사를 인정하지 않는다. 포러는 그 이유를 다음과 같이 제시한다.[5]

1) 신명기는 매우 일찍이 오경에 통합되었다.
2) 오경끼리 서로 통하는 면이 있고, 여호슈아는 여호슈아 나름대로 통하는 면이 있다.
3) 사사기, 셔무엘, 열왕기는 서로 구조가 다르다.

그가 제시한 근거는 모두 옳은 것 같다. 무엇보다 3)의 논지가 설득력이 있다. 그러므로 본 연구에서는 여호슈아에서 열왕기하에 이르는 책들을 신명기사의 일부로 보지 않고 각각의 책으로 전제하며, 여호슈아 – 열왕기의 부분을 전통대로 전기예언서라 칭한다. 따라서 엘리야후 이야기도 신명기사의 일부라고 전제하지 않는다.

2. 열왕기

15세기에 상하로 나누어진 열왕기서는 열왕기상 1-11(셜로모의 역사), 열왕기상

---

5) Fohrer, 1977, 62. 번호는 필자가 매긴 것이다.

12 - 열왕기하 17(남북왕조의 역사), 열왕기하 18-25(남쪽의 히즈키야후에서 치드키 야까지의 역사, 바벨론왕 에빌므로다크(Awilmarduk)의 여호야킨왕 사면)의 내용으 로 구성되어 있으며, 주전 965년에서 시작하여 587년 혹은 561/560년의 역사를 담 고 있다.6)

열왕기는 왕을 종교적인 행위나 처신에 따라 평가하는 것이 특징인데, 여후다의 왕은 여루샬라임에서 우상 없이 섬긴 일로 평가하고, 북왕국의 왕들은 야로브암의 죄, 즉 베트엘과 단에서 야흐베를 섬긴 일로 평가하였다(Kaiser, 1992, 123). 이 평가는 신 12장에 나타난 대로 셜로모의 성전을 유일하고도 합법적인 성전으로 여 기는 기준에서 나온 것 같다.

열왕기의 자료들로서는 1) '셜로모 역사서'(왕상 11:41), 2) '이스라엘 왕들의 일 지'(왕상 14:19; 왕하 15:26), 3) '여후다 왕들의 일지'(왕상 14:29; 왕하 24:5)가 나타나는데, 이스라엘의 마지막 왕들의 일지는 전해지지 않은 것 같고, 여후다의 여호야킨, 치드키야의 경우도 같았던 것으로 보인다(Kaiser, 1992, 123). 그 외에 도 카이저는 북왕국에서 나온 1) 예언자들 이야기, 2) 하나님의 사람들 이야기, 3) 아람과의 전쟁 이야기, 4) 예후의 혁명 이야기와, 여후다에서 나온 지혜로운 셜로 모 이야기 등의 자료가 동원되었다고 본다(Kaiser, 1992, 124).

3. '엘리야후 엘리샤 이야기'

렌토르프는 그의 개론에서 '예언자들의 이스라엘 왕들과의 투쟁'(Auseinanersetzung der Propheten mit den Königen von Israel)이라는 이야기를 열왕기상 17장 - 열왕기하 10장까지로 잡고, 그 안에 엘리야후 이야기(왕상 17-19; 21; 왕하 1), 엘리샤 이야기(왕 하 2:1-9:10; 여기서 왕하 3:1-3; 8:16-24, 25-29는 빠짐; 13:14-21이 추가됨), 이믈라의 아들 미카여후 이야기(왕상 22:1-28; 22:29-40의 아흐압 이야기 마지막 부분과 결합됨;

6) Kaiser, 1992, 123. 포러는 열왕기상 12 - 열왕기하 17을 다시 둘로 나누어 전체를 넷으로 구분한다. 열왕기상 12 - 열왕기하 1 남북이 갈등을 일으키며 지나던 시대, 열왕기하 2-17 남북이 평화롭게 지내던 시대. Fohrer, 1977, 129 참고.

22:41-51, 52-54에서 그 외의 왕들의 이야기와 결합됨), 예언자들 이야기(왕상 20)가 들어 있다고 했다(Rendtorff, 1983, 189). 그리고 그는 엘리샤 이야기가 끝나는 곳에서 예후 혁명 이야기(왕하 9:11-10:36)가 시작된다고 하면서 거기엔 여러 번 예언자의 예언이 이루어졌다는 언급(9:25f, 36; 10:10, 17)이 나타난다고 했다.

하지만 그가 엘리야후, 엘리샤와 함께 미카여후, 익명의 예언자들까지 한데 묶어서 예언자들의 투쟁 이야기로 본 것은 좋았으나, 예후 혁명이 예언자의 예언의 성취라는 것을 언급하면서도 엘리야후의 이야기가 열왕기하 1장에서 끝난다고 본 것은 아쉬운 점이다. 왜냐하면 열왕기하 2장에도 엘리야후의 이야기가 나타나기 때문이고, 이것이 엘리샤가 아닌 엘리야후 이야기임이 분명하기 때문이다(아래의 XII장 참고). 또한 엘리샤가 예후 혁명을 촉발시킨 기사(왕하 9:1-10)를 엘리샤 이야기에 집어넣으면서, 예후 혁명 자체는 엘리샤 이야기에서 **빼**는 것도 이해하기 어렵다. 엘리샤가 촉발하였다면 당연히 예후 혁명 전체가 엘리샤 이야기에 속해야 할 것이다(아래의 IX장 참고).

슈미트도 엘리야후 이야기를 렌토르프와 같이 보았고, 엘리샤의 이야기는 열왕기하 2-9; 13장으로 렌토르프보다 조금 더 넓게 잡았다(W. H. Schmidt, 1995, 162). 그러나 렌토르프처럼 예언자들의 투쟁 이야기라는 넓은 범주를 정하진 않았다. 마찬가지로 포러도 엘리야후의 이야기를 다른 사람들과 같이 열왕기하 1장까지로 잡고, 엘리샤 이야기는 열왕기하 2-8장으로 보았다(Fohrer, 1977, 132f). 그는 또 왕들을 중심으로 열왕기를 나누어 열왕기상 12장 – 열왕기하 1장을 남북이 갈등을 일으키며 지내던 시대, 열왕기하 2-17장은 남북이 평화롭게 지내던 시대로 구분하다 보니, 예언자들을 중시하지 않은 것으로 보인다(위의 책, 129ff).

그러나 브로디는 여러 가지 면에서 새로운 주장을 내세운다. 첫째, 그는 성경이 예언자 이야기를 왕들과 족장들의 이야기보다 더 중시하고 있다고 본다. (성경은) "족장들이나 왕들에게가 아닌 예언자들에게 우선권을 주었다. 그리하여 궁극적으로는 하나님의 말씀에 초점이 맞춰져 있었다."(Brodie, 1983, vi). 둘째로, 그는 '엘리야후 엘리샤 이야기'가 구약의 기본사(Primary History: 창세기 – 열왕기)의 정수라고 본다. 셋째로, 그는 '엘리야후 엘리샤 이야기'는 열왕기상 16:29 – 열왕기하

13:25에 이른다고 본다(열 아홉장과 한 문단, 위의 책 1). 적어도 엘리야후 엘리샤 이야기의 범위를 정하는 문제에 관한 한, 브로디의 견해는 옳은 듯하다. 엘리야후의 예언이 열왕기하 10장에 성취되었다고 언급이 되고 있으며, 엘리샤의 죽음이 열왕기하 13장에 나타나기 때문이다. 그 사이에 들어 있는 다른 이야기들도 크게 보면 엘리야후 엘리샤 이야기로 간주될 수 있으리라 본다. 또한 너무 세밀하게 나누는 것보다 전체를 크게 보는 것이 지금까지의 연구사에서 범한 잘못을 반복하지 않는 길이라 생각된다. 또한 브로디가 엘리야후와 엘리샤의 이야기를 나누지 않는 것도 다른 사람과 다른 점이다. 여기서도 엘리야후와 엘리샤 이야기 전체를 엘리야후 이야기로 보려고 한다. 이는 아래에서 더 다루어질 것이다.

B. 엘리야후 이야기에 대한 연구

1. 통시적 연구[7]

a. 벨하우젠(Wellhausen) 이후의 전통

지금까지 학계에서는 대체로 신명기사 이전에 이미 완성된 엘리야후 이야기가 있었다고 보았다. 그러다가 그 이야기가 신명기사에 포함되었다고 보았다. 예를 들어 벨하우젠은 열왕기상 17-19, 21장만이 공통의 자료라고 보았고, 열왕기하 1장은 제외시켰다(Wellhausen, 1963, 281f). 그리고 노트(Noth)는 엘리야후 이야기가 전승된 어투 그대로 신명기사 편집자에 의해 열왕기에 첨가되었다고 했다.[8] 이런 견해에는

---

7) 자세한 것은 Grünwaldt, 1995/1, 17-26; S. Otto, 11-25; Keinänen, 1-12; Lehnart, 2003, 177-89 참고.

8) Noth, 1957^2, 82. 슈테크, 브로디, 디트리히 등은 열왕기상 17장에서 시작하여 열왕기하 10장에 이르는 궁정이야기집(야흐베와 바알의 투쟁이 주제)이 신명기사 편집자 이전에 이미 존재했다고 보았고(Steck, 1983, 87-96; Brodie, 2000, 1-27; Dietrich, 2000, 47-65), 벨하우젠은 신명기사 편집자의 수정이 열왕기상 21:20-26절밖에 없다고 보았다(Wellhausen, 1963^4, 83).

엘리야후 이야기가 북왕국이 존재할 때에 이미 만들어졌다는 견해가 포함되어 있었다. 엘리야후 이야기의 연대가 오래되었다고 생각하는 이유를 퀴넨은 다음과 같이 적절하게 요약하였다(Kuenen, 77f, 주 6).

1. 브에르셰바가 여후다에 있다는 언급(왕상 19:3)은 저자의 북이스라엘적인 시각을 드러낸다.
2. 열왕기상 19:10, 14에서 무너진 야흐베의 제단을 두고 탄식한 것을 보면, 아직 중앙 성소를 명하는 신명기의 요구를 모르고 있다.
3. 황소숭배에 대한 호셰아식의 공격을 아직 엘리야후 이야기는 알지 못하고 있다.

이런 지적은 아직까지 많은 사람들에게 호응을 얻고 있어서 엘리야후 연구의 기본 지침이 되고 있으므로 여기서도 이 견해를 따르려 한다.

b. 슈텍크(Steck)[9]

그의 관심은 엘리야후 전승이 형성되는 과정을 아는 것과, 전승과 그 당시 시대사가 어떤 연관을 가지고 있었던가 하는 데에 있었다(Steck, 1968, 3). 그러나 엘리야후 자신이 그 당시 시대사에 관련해서 한 활동, 즉 아흐압의 종교정책, 기근, 카르멜산에서의 사건, 아흐압이 나보트에게 한 악행, 아햐즈야가 바알에게 물은 일 등은 옆으로 밀려났다(Beck, 1999, 30). 관심의 초점은 엘리야후 전승을 전하는 데 시대사의 어떤 영향이 있었느냐였다(Steck, 1968, 3). 그 과정에서 그는 자기가 생각하기에 후대의 첨가 부분이라고 생각되는 부분은 **빼고**, 오직 열왕기상 17-19; 21; 열왕기하 1장에서만 신명기사 편집자 이전의 전승을 발견할 수 있다고 주장하면서 전승의 형성을 세 단계로 나눈다(위의 책, 132f).

1) 그는 궁켈(Gunkel)과 그레스만(Greßmann)의 작업을 받아들여서, 처음에는 기근 이야기, 카르멜산 이야기, 나보트의 죽음 이후에 엘리야후와 아흐압이

---

9) Steck, 1968. 그 외에도 그의 입장은 동 저자, 1967년과 1983년에 쓴 논문(참고문헌 참고)에서 나타나고 있다.

만난 이야기, 아햐즈야 이야기가 별도로 있었다고 본다. 이 이야기들의 특징은 엘리야후의 적이 바알의 예언자들과 아햐즈야를 **빼**면 아흐압밖에 없었다는 점이었다. 이들은 그 초판이 아흐압과 엘리야후가 살아 있을 때에 만들어졌다고 본다. 여기에는 바알에 강력하게 반발하는 악센트가 강한데, 이는 크나안으로 치우친 오므리 왕가의 종교정책의 배경하에서만 이해할 수 있기 때문이다. 이들 이야기를 한데 묶은 것도 오므리 왕조 때였을 것이다.

2) 그 전승을 처음으로 더 발전시킨 것은 예후 왕조의 초기로 보인다. 이 단계에서 기근-카르멜산 전승과 나보트 이야기에 편집이 가해졌다. 그때엔 북이스라엘 왕국에서 최근에 일어난 사건들이 엘리야후 전승에 영향을 주게 되었다. 그 예로 이제벨이 예언자들을 가혹하게 핍박하고(왕상 18:13, 19; 로템나무 사건의 첨가), 야흐베의 법을 어긴 사건(21:1ff)과, 예후혁명 때의 이제벨의 최후(21:23), 오므리 왕가의 최후(21:27-29), 바알 숭배의 최후(18:19f, 40) 등을 들 수 있다. 이때에 엘리야후의 적은 오직 이제벨이었으며, 아흐압은 부차적인 인물로 격하되었다.

3) 수십 년 뒤 전승은 효렙산 장면에서 두 번째로 개정되었다. 이때는 햐자엘로 말미암아 전체 이스라엘의 생존이 위태로운 시점이었고, 이스라엘은 상당히 깊이 혼합주의에 **빠져** 있었던 상황이었다. 이 부분에서 나타나는 엘리야후의 적은 전체 민족이었다. 열왕기상 19장은 열왕기상 17-18장과 공통적으로 야흐베-바알 문제를 다루고 있어서 거기에 연결되었다. 효렙산 사건까지 포함된 이야기는 주전 9세기 말에 이미 만들어졌을 것이다.

그러나 슈테크의 입장은 다음과 같은 문제를 내포하고 있다.

1) 엘리야후 이야기의 범위를 너무 좁게 제한하였다. 이는 그가 많은 부분을 후대의 첨가라 보았기 때문이다. 그는 열왕기하 2장에서 엘리야후의 승천이 클라이맥스를 이루고 있음에도 불구하고[10] 엘리야후 이야기에서 제외하였다.

---

10) 아래의 XII장. B.2 참고.

2) 어떤 전승이 어떤 시대사의 영향을 받을 수는 있지만, 반드시 영향이 있어야 전승되는 것은 아닌데, 슈텍크는 모든 사건을 어떤 시대사의 영향과 연관시켜야 한다고 생각했다.

3) 이제벨의 영향력이 반드시 아흐압의 사후에만 가능했을 거라고 볼 근거가 없다. 그 당시의 문화 풍토가 왕비의 영향력이 왕에게 미치지 않는 분위기를 조성했다면 열왕기상 21:25의 언급은 불가능했을 것이다.

4) 시대사를 재구(再構)하는 것에 문제가 있다(Beck, 1999, 31). 이제벨에 대한 예언을 반드시 이제벨이 죽고 난 후에 만들어진 것이라고 볼 근거가 없다. 미래에 대한 예언이라고 다 '사건 이후의 예언'이라 단정할 수는 없는 것이다.

5) 엘리야후의 적이 그렇게 시대에 따라 새롭게 만들어졌다는 것도 근거가 없다. 현재의 본문은 엘리야후의 적을 대략 네 부류로 소개하고 있다. 첫째, 표면적으로는 이스라엘의 왕 아흐압과 아햐즈야다(17:1; 18:18; 21:19-22, 24; 왕하 1:3-4, 6, 16; 10:10). 엘리야후는 그들에게 가서 직접 책망하고 하나님의 예언을 전했다. 그들이 바알 숭배와 하나님의 법을 어겨 약자를 죽인 점 때문이었다. 둘째, 바알 숭배를 부추기는 바알의 예언자들로(18:21-40), 엘리야후는 그들을 모두 잡아 죽였다. 셋째는 이제벨인데, 엘리야후는 한 번도 이제벨을 만나지 않았지만 이제벨을 주적(主敵)으로 간주한다(19:2-4; 21:23; 왕하 9:22, 36-37). 넷째는 이스라엘 백성들로, 엘리야후는 그들을 올바른 길로 인도하는 것이 목적이었기 때문에, 카르멜산에서도 그들에게 호소하였고(왕상 18:21-24) 효렘산에서도 그들을 원망하였다(19:10, 14). 이들은 때에 따라 어느 한쪽이 더 부각되는 일은 있었겠지만, 시대에 따라 하나의 적만 번갈아 나타나는 현상이 나타났다고 보기는 어렵다. 엘리야후나 야흐베의 적이 한 시대에 하나씩만 있어야 한다는 가정은 설득력이 없다.

c. 디트리히(Dietrich)

그는 편집사적인 연구를 통해서 두 가지 질문을 제기했다.[11] 1) 엘리야후 전승을 신명기사가가 수정한 문제, 2) 엘리야후 전승을 열왕기에 첨가한 문제. 그는 열왕기상 17:1; 18:2b-19:21; 21장이 이미 DtrG에 들어 있었던 반면에 17:2-24; 18:1-2a; 열왕기하 1장은 예언자적인(prophetisch orientiert) 두 번째 편집자(DtrP)에 의해 열왕기에 첨가되었다고 본다. 또한 DtrP는 열왕기상 21장에서 19b, 20b β -2, 27-29절을 집어넣어서 이미 DtrG에 들어 있던 이야기를 줄였다고 한다. 그 이야기를 삽입한 것은 역시 DtrP가 집어넣은 열왕기상 20*, 22*장을 위해서였다고 한다.

그도 본문을 여러 층으로 나누어 편집사적인 연구를 시도하였다는 점에서 다른 학자들과 별로 차이가 없으나, 열왕기상 20장과 22장을 아람 전쟁 이야기가 아니라 예언자 이야기로 본 점은 진일보한 것이라 생각된다.[12]

d. 스멘트(Smend)

그는 가장 오래된 전승의 핵을 헨첼과 같이 해부학적으로 세심하게 해부해 내는 일을 포기해야 한다고 하면서,[13] 다만 엘리야후가 누구였으며 무엇을 했느냐를 알아내어야 한다고 주장한다. 엘리야후 전승의 편집에 대해 스멘트(Smend)는 1975년에 열왕기상 17-19장으로 한정한 논문에서 17:1-19:18에서 '신명기사가적'이란 말을 강요해선 안 된다고 한다.[14] 또한 그는 열왕기상 17-19장이 문필가적인 일관성(Einheit)을 보인다고 했다. 그리고 슈텍크(Steck)가 수집자(Sammler)나 편집자(Redaktor)라 불렀던 자를(Steck, 1968) 스멘트는 저자(Autor)라 불렀다. 그래서 그는 학자들이 엘리야후 전승을 하나의 이야기로 보려고 좀더 노력해야 한다고 강조한다(Smend, 1975, 150). 그러나 그는 열왕기상 19:9b, 10, 13b, 14; 18:36*; 19:9b, 10이 편집층이라 보았다. 이런 작업층의 공통점은 야흐베의 말씀을 강조하는 것이라 한다. 또한 18:3b-4도 19:9b-10과의 연관을 보면 같은 편집층에 속한다

---

11) Dietrich, 1972, 122-127. 21장에 대해서는 48-51 참고. 그에 대한 평가는 Lehnart, 2003, 182 참고.

12) 벨하우젠은 20/22장을 아람 전쟁 이야기라 보았다. Wellhausen, 1963, 284; Dietrich, 1972, 120 참고.

13) Smend, 1974, 167-184. 또한 동 저자, 2002, 188-202 참고.

14) Smend, 1975, 525-543. 또한 동 저자, 2002, 203-218 참고.

고 한다. 신명기사가적인(dtr) 편집자가 17:8-24를 그런 상황에 집어넣었지만, 크리트 시냇가의 장면(17:5b-6)은 본래의 본문에 속한다고 했다.

스멘트가 아무것이나 다 신명기사가의 편집으로 돌리지 않고 소위 편집층을 적게 잡은 것은 그의 신중함을 드러낸 것이라 보인다. 또한 그가 엘리야후 이야기가 문필가적인 일관성을 보인다고 한 점, 그것을 기록한 사람을 저자라고 본 점에서 전보다 매우 진전된 견해를 보인 것 같다. 그러나 17-19장만 대상으로 연구하고 더 이상 엘리야후에 대해 연구하지 않은 점이 한계로 나타난다.

e. 헨첼(Hentschel)[15]

헨첼은 슈테크가 전통의 형성 초기를 너무 무시했다고 비판한다(Beck, 1999, 32). 그는 우리가 엘리야후 전통의 초기 모습에서, "그 엘리야후 이야기가 정말 사건을 판단하고 이해하기만 하는지, 아니면 해석을 가하고, 전달하려고까지 했는가를 살펴야 한다."(Hentschel, 1977, 5)고 했다. 그래서 그는 한편으로는 역사적인 사건들을 조사하고, 다른 한편으로는 역사를 위해서는 별 수확을 거둘 수 없는 본문들, 열왕기상 17:2-6, 7-16, 17-24; 19:4-8; 열왕기하 1:9-16을 연구하여, 야흐베의 행위에 대한 고백을 만나려고 했던 전승의 요구를 알려고 하였다(위의 책, 5f). 이를 위하여 그는 좀더 포괄적인 역사개념을 제안하는데, 그것에 의하면 화자들이나 전승자들이 역사적으로 증명할 수 있는 사건들뿐 아니라, 실존적인 체험들도 수용하였다는 것이다(위의 책, 341). 그렇게 볼 때에 전승자들이 엘리야후에게서 '새로운 삶을 사는 자'를 발견한 것(17:21aα , bβ , 22b)이나 '그렇게 혼합주의에 빠진 백성이 스스로 달라지지는 않는다'(18:21-40)는 경험을 한 것도 역사적인 기초가 되었다는 것이다(위의 책, 347).

그러나 그는 다음과 같이 역사비평학을 너무 과신하는 모습을 보여주고 있다 (Hentschel, 1977, 7).

"항상 똑같은 양식의 이야기는 오늘날 우리가 이 이야기가 어느 정도 역사적인 실체를 전하는지, 경험한 바를 전하는지, 아니면 전승된 경험을 전하는지 알아낼 수 없다

---

15) Hentschel, 1977. 그 외에 그는 열왕기상하에 대한 주석(Hentschel/1; Hentschel/2)을 썼다.

는 체념주의에 빠지게 하기 쉽다. 우리가 현재의 엘리야후 이야기에만 머물러 있으면 그럴 수도 있을 것이다. 그러나 작은 문단을 찾아내는 문학비평부터 시작해서 우리는 양식비평, 전통비평을 거쳐서 그 이야기의 형성과정을 처음 시작 부분까지 거슬러 올라갈 수 있다.”

헨첼에 의하면 엘리야후 이야기의 첫 단계에 속하는 것이 ‘기근 이야기’의 첫 모습인데, 이때에는 엘리야후와 아흐압의 사이가 좋았다고 한다(18:19a, 20*, 21-46. 위의 책 275ff). 카르멜산의 대결이 이 무렵에 속하는데, 이때의 엘리야후는 왕가를 비판하지 않았고, 혼합주의적인 백성을 비판하였으며(18:21, 30, 40), 그 백성의 회개를 보도하였다 한다(위의 곳). 또 그는 엘리야후와 아흐압과의 사이가 벌어진 것은 ‘후대의’ 전승단계에서였다고 말한다(위의 책, 291ff). 그 배경은 나보트 사건을 통한 갈등이나 아흐압의 정책을 계승한 아햐즈야가 제일계명을 어긴 것에서 나타나듯이 아흐압의 종교정책이 계기가 되었을 것이라 본다(위의 곳). 그러나 아흐압은 그 아들들의 이름에 야흐베를 담고 있음에서 알 수 있듯이 야흐베를 숭배하는 자들을 거스르려고 하지 않았다고 한다. 또한 이제벨이 강하게 영향력을 미친 것은 아흐압이 죽고 난 뒤였을 것이라 본다.

헨첼의 방법론에서 가장 큰 문제점은 그의 학문적 낙관주의다. 그는 본문에서 여러 층을 복잡하게 나누어 구두전승의 단계에까지 올라갈 수 있다고 보지만, 그의 분석은 대개의 경우 매우 자의적이다. 비슷한 방식으로 양식비평적인 비평을 시도하고 있는 베크도 헨첼의 주석방법론을 다음과 같이 비평하고 있다(Beck, 1999, 33).

“주석방법론의 책들도 고전적인 문학비평의 기준들인 반복, 긴장이나 모순, 언어나 양식 같은 것을 조심스럽게 본문에 적용할 것을 강조하고 있다. 그런 것들이 자꾸 되풀이될 때에만, 여러 단계에 반복될 때에만 허용된다는 것이다. 그리고 2000년이 넘게 동떨어진 다른 문화권의 본문을 그 자체의 진술방식이나 진술의도 같은 것에서 벗어나지 않도록 세심한 주의를 해야 하고, 현대의 우리 개념을 본문에 집어넣어서는 안 된다. 그런 기준에서 볼 때에 헨첼이 자기의 관찰을 문학비평적으로나 전통사비평적으로 평

가하는 것은 적절하지 못했다. 또한 긴장이나 양식적인 특이사항을 구두전승의 이전단
계로 간주하려는 것은 문제가 있다. 전통이 문자화되면서 새롭게 고쳐졌을 수 있기 때
문이다."

필자가 보기에 헨첼은 역사비평학을 너무 과신한 나머지 낙관적이고 자의적인
방식으로 본문을 재단한 것이 문제인 것 같다. 현재의 본문이 가지는 일관성과 통
일성을 자세히 살펴보지도 않고, 작은 반복이나 차이점을 근거로 하여 본문을 쪼
갠 결과가 복잡한 과정을 상정하게 한 것이다.

f. 뷔르트바인(Würthwein)

그는 신명기사 편집자 그룹(DtrP와 DtrN)이 엘리야후 상을 만들었다고 보았다.[16]

1) 그는 예언자 엘리야후의 상을 신명기사 편집자 그룹이 만들었다고 주장한다.
   이미 결합되어 존재하던 기근 이야기 모음(Komposition) 순서를 그대로 받
   아들여, 말씀이 사건이 되었다는 입장에서 야흐베의 분부로 사건이 이루어졌
   다는 식으로 줄거리를 짰다고 본다(왕상 17:2, 8; 18:1). 그리고 다른 한편으
   로는 나보트 이야기(Novelle)를 받아들여서 엘리야후가 그를 위협한 말
   (Drohwort)을 덧붙였다고 한다(21:17ff). 그러므로 그는 엘리야후를 고전적인
   예언자의 선구자로 보는 것이 불가능하다고 한다(ATD 11/2, 271).

2) 그는 엘리야후가 바알과 싸운 내용도 신명기사 편집자가 만든 것이라 주장한
   다(ATD 11/2, 271). 이는 야흐베만 섬기라는 것이 신명기사 편집자들의 가장
   큰 관심사였기 때문이라는 것이다. 그러므로 제사시험(18:21-39*)은 교훈적인
   이야기(Lehrerzählung)로 이해되어야 하며(위의 책, 270f), 열왕기하 1:2, 5-8,
   17aα 의 일화는 포로 이후의 회중들의 일상생활에서 나타나던, 하나님의 유일
   성을 두고 벌어지는 싸움을 반영한 것이라 한다(ATD 11/2, 271).

3) 이제벨[18:19b*, 22aβ b; 19:1, 2, 3aα * (DtrP)], 백성[19:4b, 14b(DtrN)], 아
   흐압[18:18b; 19:14; 21:20, 25, 28(DtrN); 17:1; 18:9-11, 17bβ , 18]을 엘리

---

16) 아래의 요약에서 번호는 필자가 붙인 것이다.

야후의 적(Gegenspieler)으로 등장시키고, 그들을 이방신을 섬긴 일로 비판한 것도 신명기사 편집자(혹은 nachdtr)에 의해 비로소 만들어진 것이라 본다 (ATD 11/2, 270f).

4) 그러므로 그는 17-18장의 옛 일화들에 따르면 엘리야후가 이렇게 요약된다고 주장한다(ATD 11/2, 270f).

> (그는) "기적을 체험하고(까마귀가 먹여 주었다) 기적을 일으키는 한 사람에 불과했다. 그의 말에 단지의 밀과 항아리의 기름이 줄어들지 않았고, 그 나라가 기근에 들었을 때에 비 마술(Regenzauber)을 연상시키는 놀라운 행위로 비를 오게 하였다. 이런 제일 초기의 전승단계에서 그는 다른 많은 사람들 가운데 하나였다. 그에 관한 이야기는 야흐베 종교의 특성을 보이지 않았다. 야흐베란 신명은 이런 일화들에 나타나지 않는다."

그는 한 고대의 전승인 19:3*-8의 식사장면에서 비로소 엘리야후가 야흐베와 연결되었다 한다. 그러나 그는 핍박받는 야흐베의 예언자로서가 아니라, 오직 하나님께 더 가까이 가려고 하나님의 산으로 순례를 가는 길이었다고 한다(ATD 11/2, 290).

5) 그는 전체적으로 보아 엘리야후 전승에서 역사적인 엘리야후를 발견할 수는 없다고 보며, '티쉬베 사람'이라는 것만이 그가 전기적으로 남긴 전부였다고 한다(ATD 11/2, 272).

뷔르트바인이 엘리야후를 역사적으로 추적 불가능한 것으로 본 것은 역사비평학적인 연구 분야에서도 매우 극단적인 측에 속하지만, 바로 이 부분이 그 방법의 문제점을 드러낸 것이라 할 수 있다. 일부러 다 쪼개 놓고, 역사성을 부인하는 것은 논리의 모순이 아닌가? 그의 논리대로라면 신명기사 편집자가 아무 근거도 없이 온갖 사건을 만들어냈다는 것인데, 신명기사 편집자적인 용어가 조금 들어가 있다고 하여 다 후대의 것이라고 할 수는 없다 (Beck, 1999, 34f). 또한 뷔르트바인도 헨첼과 마찬가지로 본문을 여러 층으로 나누는데, 그 근거가 분명하지 않고, 매우 자의적으로 보인다. 그의 문학비평에 문제가 있는 게 분명하다(Beck, 1999, 35).

g. 틸(Thiel)

편집사적인 연구, 즉 엘리야후 전승에 신명기사가(dtr)의 부분을 자꾸만 늘여 가려는 경향에 대해 반기를 든 게 1991년에 나온 틸의 논문이다.[17] 그는 뷔르트바인이 신명기사가의 것이라 한 부분들을 줄이려 했다. 틸은 말씀의 신학이나 말씀실현어투(Wortereignisformel)는 신명기사가 이전의 예언자적인 전통에서 나온 것이라 보았다. 그리하여 틸은 노트의 관점으로 다시 돌아갔다.[18]

1) 틸은 열왕기하 1:17aα 의 성취에 대한 언급은 신명기사가 이전에 이미 있던 것이었으므로(4:44; 7:16도 참고), 보다 고대의 예언자 이야기들에 이미 하나님의 말씀의 신학이 있었다고 보았다. 그리고 '말씀실현어구'(Wortereignisformel)도 신명기사가가 아니라 좀더 이전에 있었다고 보았다(Thiel, 1989, 158f, 161, 168). 뷔르트바인이 후대의 것이라고 여긴 어구들(왕상 17:1; 18:46 등)은 "후대의 저자들이 …… 초기 예언의 전통에서부터 언어요소나 개념들을 취한 것이며 …… 연결고리들도 찾지 못한 채였다"고 한다(Thiel, 1989, 170).

2) 그는 고대의 '기근 이야기 모음'(Komposition)에서의 엘리야후 상이 마술이나 점술적인 경향을 띠고 있다고 보면서도(Thiel, 1995, 28ff), 엘리야후는 본래 나보트 사건에 관여한 선지자였으며, 오므리 왕가의 종교정책과 바알종교의 두드러진 문제 때문에 싸운 사람이었다고 보았다(위의 글, 32ff). 그러나 그는 열왕기상 19장에서는 엘리야후에 대해 아무것도 알아낼 수 없다고 한다(위의 글, 38f).

틸은 역사적으로 실종되어 버린 엘리야후를 일부분이나마 다시 회복시킨 점에서 뷔르트바인보다 진일보했다고 볼 수 있다. 엘리야후를 바알종교와 싸운 선지자로 보고, 나보트 사건의 역사성을 인정한 점은 역사적 엘리야후를 상당 부분 회복한 것이라 할 수 있다. 또한 '말씀실현어구'를 신명기사가의

---

17) Thiel, 1989. 이외의 논문은 참고문헌을 참고하라.
18) 이런 관점에 대해서는 Jones; De Vries, 1985를 참고.

것이 아니라 본래부터 있던 것으로 본 것은 역사비평학에서는 파격적이라 할
만하다.[19] 그러나 '기근 이야기 모음'에서나 열왕기상 19장에서 역사비평학
적인 전통을 유지한 점은 그 한계를 드러낸 것이라 하겠다.

h. 화이트(White)[20]

1) 화이트는 지금의 엘리야후 이야기에 신명기사가의 부분이 매우 적다고 본다
   (왕상 21:20b, 22, 24-26; 왕하 1:2-17a; White, 3ff). 그런 점에서 그녀는
   틸과 맥을 같이한다. 그러나 그녀는 이 이야기가 비교적 초기, 즉 예후의 통
   치 시대에 기록된 것으로 보면서도, 대개의 엘리야후 이야기는 뷔르트바인의
   주장과 같이 역사적인 질문을 비껴간다고 본다(위의 곳). 왜냐하면, 엘리야후
   는 그 속에서 두 번째 모세(왕상 17:2-6, 21b-22; 18:31-32a; 19), 두 번째
   엘리샤(17:8-16, 17-24; 18:19, 20, 42), 두 번째 나탄(21장), 두 번째 예후
   (18:2-18, 19-40)로 묘사되기 때문이라 한다(위의 곳).

2) 그녀는 이런 이야기들을 두고, 예후의 서기관들이 예후의 왕위 찬탈을 정당
   화하기 위해 쓴 것이라 주장한다(White, 77). 그래서 엘리야후의 역사적 재
   구를 위해 남는 것은 다른 어떤 전통에도 매이지 않은 기근전설(17:1, 7;
   18:1, 41-46)뿐이라 한다. 그녀는 엘리야후가 비를 오게 하는 전설적인 인물
   이라 본다. 그런데 후대의 사람들이 예후 혁명을 정당화하기 위해 이 '지방
   영웅'(local hero) 혹은 '거룩한 사람'에 대한 전승에다가 다른 자료들을 덧
   입혔다는 것이다(White, 32, 77).

3) 그녀는 바알 숭배에 반대하는 투쟁(18:19-40)은 예후의 혁명을 정당화하기 위
   하여 바알신전에서 예후가 학살한 것(왕하 10:18-25)을 미리 보여주는 것에
   불과하다고 말한다(White, 71). 또한 이제벨의 영향력은 매우 한정적이어서
   아흐압의 통치시에는 그녀가 바알 숭배를 궁전에 도입할 수 없었을 것이라 보
   며, 요람이 라모트 길아드에 가 있을 때나 부상당했을 때(왕하 8,28f)에 비로

---

19) 바로 이런 점을 오히려 베크(Beck, 35)는 비판하고 있다.
20) 요약의 번호는 필자가 붙였다.

소 그녀가 태후로서 영향력을 행사하였을 것이라 주장한다(White, 67ff).

그러나 화이트는 단지 내용이 조금 유사하다고 하여 모든 것을 엘리야후에게서 **빼앗아가** 버리는 우를 범했다. 엘리샤와 엘리야후가 닮았다면 왜 꼭 엘리샤가 실제이고 엘리야후는 허구여야 하는가? 그리고 엘리야후 이야기가 예후정권의 서기관들이 아무 근거 없이 만들어낸 전설이라면 예후 정권이 망하고 난 뒤에도 살아남을 수 있었을까(Beck, 1999, 36)? 예후 이야기에는 이미 예후에 대한 비판이 존재하지 않는가(왕하 10:31)? 그녀는 이제벨에 대한 열왕기 본문의 비판을 무시하는 것은 아닌지? 그녀는 역사비평학적인 방법을 동원하면서도 통시적인 분석을 너무 적게 적용하여 공시적인 비평만 하고 있다는 비판을 면하지 못할 것이다(Beck, 위의 곳).

i 블룸(Blum)

이상에서 말한 연구들은 엘리야후시대까지 거슬러 올라가는 전통을 말하는 데 반해, 블룸은 열왕기상 17-19장이 엘리샤 이야기가 문헌으로 존재하고 오경이 하나로 묶여진 이후에 만들어진 통일성 있는 문헌으로 본다(Blum, 1997, 290ff 참고). 그래서 기근과 관련된 17-18장은 이스라엘이 그 예언을 들었을 경우를 상정하는 것이고, 열왕기상 19장은 실제로 일어난 일을 말한다고 보았다. 17-19장이 열왕기에 들어가고 난 후, 포로 이후에 열왕기상 21:1-19a, 20, 23의 나보트 이야기가 생겨났다고 한다. 그는 엘리야후 이야기가 일관되는 형성의지(Gestaltungswille)를 가진 사람에 의해 만들어진 것 같다고 보았다(Blum, 1997, 280). 그는 통시적인 것을 부인하지는 않았지만, 어떤 저자가 주어진 문헌(Vorlage)을 독자적으로 변형시킨 것 같다고 보았다(Blum, 1997, 278ff).

블룸은 열왕기상 17-19장이 통일성을 지니고 있다는 것을 발견한 점에서 중요한 공헌을 하였다. 그러나 그 통일된 문서가 포로 이후에 만들어졌다고 본 것은 중대한 착오다. 그렇다면 앞의 쾨넨이 지적한 대로 호세아식의 금송아지 비판이 엘리야후 이야기에서 전혀 발견되지 않는 점을 설명할 길이 없기 때문이다.[21]

j. 통시적인 연구에 대한 비평

통시적인 연구자들은 벨하우젠 이후로 본문을 여러 층으로 나누는 작업을 계속하였다. 그런 연구는 헨첼과 뷔르트바인에 와서 그 정점에 도달하였는데, 뷔르트바인의 경우에는 엘리야후에 대해 분명한 것은 그가 티쉬베 사람이라는 것밖에 남지 않았다고 했을 정도로 극도의 회의주의에 빠져버렸고, 모든 것이 신명기사 편집자들의 제작과 편집으로 간주되었다. 또한 헨첼은 본문을 자의적으로 너무 복잡하게 나누어 비슷한 입장에 서 있는 사람들에게서조차 비판을 받게 되었다. 그리고 화이트는 모든 것을 엘리샤 이야기나 예후 혁명의 영향으로 치부하여 엘리야후 이야기를 이데올로기적으로 해석해 버렸다(White, 71-77). 그러나 이 계열의 학자들 가운데서도 잘못된 방향에 대한 반성이 일어나고 있는 것 같다. 스멘트는 엘리야후 이야기를 한 저자에 의해 쓰인 것이라 보고, 함부로 아무것이나 신명기사 편집자의 작업이라 강요하지 말 것을 주장하였으며(Smend, 1975, 525-543), 틸은 편집층을 극도로 제한하였고(Thiel, 1991, 148-71; 동 저자, 2000/2002), 블룸은 비록 많은 부분을 후대의 작업으로 돌렸지만 한 사람이 일관성 있게 고쳤다고(Blum, 1997, 290ff) 하는 등으로 양식비평학도 본문의 통일성을 인정하는 추세를 보이고 있다. 그러나 이런 통시적인 방법은 본문의 작은 반복과 모순에 너무 집착한 나머지 멀쩡한 것도 잘게 나누어 버리는 우를 범하고 있으며, 여럿으로 나눈 본문 가운데서—그들의 방법으로—역사적인 단서를 거의 발견하지 못하였으므로 더 이상의 좋은 결과가 나오기 어려울 것 같다.

2. 공시적인 연구

a. 콘라드(Conrad)

그는 1988년에 발표한 논문에서 독일 학계의 전통적인 입장을 뒤집는 내용을 발표하여 파문을 일으켰다(Conrad, 263-271). 즉, 그는 열왕기하 2장을 엘리샤의 이야기로

---

21) 위의 B.1.a에서 퀴넨이 든 근거를 참고하라.

간주하는 전통적인 독일 학계의 입장을 정면으로 반박한 것이다. 그는 본문의 핵심이 어디에 있는가 따져서 그것이 엘리샤의 소명에 초점이 있는 게 아니라 엘리야후의 승천에 초점이 있다는 것과, 본문이 엘리샤 이야기가 아닌 엘리야후 이야기이며, 엘리샤의 경칭이 엘리야후에게 옮겨갔다는 갈링(Galling) 등의 주장이 근거가 없음다고 반박하였다(Conrad, 264f). 그는 본문을 여러 층으로 나누는 문제에 대해 근본적으로 반대하지는 않았지만, 현재의 본문에선 그것이 불가능하다고 하였다(Conrad. 266).

> "(전통적으로 학계는) 본래 전혀 논리적으로 모순이 없는 본문과 모순으로 나타나는 부분을 구별하여 본문을 완전히 분해할 수 있으리라고 생각했다. 그러나 그러기엔 큰 어려움이 있다. 본문에는 둘이나 셋으로 나눌 수 있는 근거(Kriterien)가 없다."

물론 그도 열왕기하 2장 16-18절을 후대의 첨가물로 보아서, 역사비평학적인 분석을 상당 부분에서 수용하고 있다(Conrad, 270, 주 20). 그러나 그는 본래의 모습을 재구(再構)하기가 어려운 상황에서 현재의 본문을 무시하고 자의적으로 뜯어고치는 일에 대해 반대한다. 그는 한 걸음 더 나아가 열왕기하 2장에서 엘리샤가 엘리야후의 그림자 속에 들어 있는 것은 앞으로 전개되는 이야기도 엘리야후의 이야기임을 암시하는 것이라고 한다(Conrad, 268). 이는 작은 부분의 분석에 주력하던 독일 학계에서 분명히 새로운 시도였다고 볼 수 있다. 그러나 그도 열왕기하 2:16-18을 후대의 첨가 부분이라며 잘라내고 있고, 심지어 엘리야후 이야기가 본래 엘리샤에게 무게 중심이 쏠려 있던 전승을 저자가 개작한 것이라고 본다(Conrad, 267). 다만 그 본래의 모습은 재구(再構)할 수 없다고 한다. 그런 점에서 그는 아직 양식비평적인 방식에 상당히 매어 있고, 신문학비평을 약간 반영한 정도에 그치고 있는 것 같다.

b. 크뤼제만(Crüsemann)

1) 크뤼제만은 이스라엘에서 엘리야후에 대해 이야기된 것은 다음과 같은 기본적인 질문을 거쳤다고 본다. "이스라엘의 하나님, 야흐베라는 신은 누구인가? 우리의 신은 누구인가?"(Crüsemann, 1997, 12) 그래서 그는 엘리야후 전승

에서 말하는 신학적인 질문과 문제들을 밝히려 한다.

2) 다른 연구자들이 본문을 여러 층으로 나누게 했던 본문의 긴장과 모순들을 그도 주목하지만, 그것을 신학적인 의미에 따라서 평가하였다.

> "엘리야후 이야기가 지금 있는 그대로 언제나 그랬던 것은 분명히 아니었다. 그러나 그들의 모든 요소들은 의미가 있고, 의도적으로 결합되었다. 이러한 관련들을 판독하는 것이, 성공할 가능성이 거의 없는 시도, 최고대의 층들을 찾아내고, 그 과정에서 본질적인 것은 간과하는 일, 말하자면 파괴하는 것보다 낫다."[22]

3) 크뤼제만은 통시적인 질문이나 문학비평적인 질문들을 고려할 경우에 자주 틸(Thiel)의 분석을 따른다. 그는 다음과 같은 입장이다.

> "본질적으로 전체 엘리야후 이야기, 즉 열왕기상 17-19; 20-22(여기선 엘리야후가 21장에서만 등장하지만); 열왕기하 1; 2장은 신명기사 편집자들에겐 이미 문서로 만들어진 자료로 주어졌다"(Crüsemann, 1997, 15)

이런 이야기들에는 일관되게 바알 숭배와의 투쟁이 발견된다. 바알이 관련되는 모든 분야에서 이스라엘의 하나님 야흐베 혼자만 결정권을 가진다(위의 책, 32, 36f, 46, 62, 100, 126).

4) 신명기사 편집자(Dtr)의 작업은 오직 18:18, 19(아세라 예언자들), 36(종으로서의 예언자); 19:8(효렙), 10, 14(언약); 21:21ff뿐이라 본다. 다른 것이 후대의 것이라는 주장을 그는 받아들이지 않는다(위의 책, 16, 41, 53, 92).

그의 주석은 엘리야후 전승에 나타나는 긴장이나 모순보다는 신학적인 의미를 밝히고 있으므로 매우 가치 있는 시도를 보여 주었다.[23] 그리고 모든 요소들이 다 의미가 있고 의도적으로 결합되었다고 본 것은 매우 의미 있는

---

22) Crüsemann, 1997, 17. 예를 들어 엘리야후전승의 도입부인 17,1과 2절의 연속 사이의 긴장을 평가하는 것(위의 책, 28ff)을 보라!

23) Beck, 37. 그러나 베크는 크뤼제만이 너무 통시적인 방법을 등한히 한다고 비판한다.

관찰이라 할 수 있다. 엘리야후 본문은 아래에서 밝혀지듯이 대개의 경우 매우 잘 짜여진 통일성 있는 본문이기 때문이다. 그리고 엘리야후 이야기를 열왕기하 2장까지 넓힌 점, 그들이 신명기사 편집자에 의해 만들어진 게 아니라 그전에 이미 완성된 작품으로 주어졌다는 논지는 정확한 관찰이라 생각된다. 하지만 신명기사 편집자의 것이라 지적한 몇 구절에 대해서는 아직 좀더 규명되어야 할 필요가 있을 것이다.

크뤼제만은 전통적인 방식을 포기하지 않으면서, 즉 신명기사를 전제로 하면서도 엘리야후 이야기를 문학적인 관점으로 보려 하여 신문학비평의 방법을 접목시키는 방식을 택하였다(Crüsemann, 1997). 서론(Vorwort)에서 그는 본문의 주석 대신에 자료층을 나누는 일과 연대를 측정하는 일에 주력하고 있는 현실을 탄식하면서, 그 자신은 "본문을, 그 안의 긴장을 부인하지 않으면서, 전체로서 주석하려 한다."(Crüsemann, 1997, 9)고 하였다. 이런 점이 크뤼제만의 새로운 점이고 특히 독일에서는 드문 획기적인 발전으로 보인다.

c. 오브라이언(O' Brien)

오브라이언은 공시적인 해석 방법을 주창한 여러 학자들, 즉 바-에프라트(Bar-Efrat, 1989), 스테른베르그(Sternberg, 1985), 캠벨(Campbell, 2000), 알터(Alter, 1981)의 방법론을 원용하여, 역사비평학에서 보통 후대의 첨가라고 하는 열왕기하 2:1a, 2-6이 첨가가 아니라는 점을 밝혔다. 특히 그는 2-6절이 반복적이라고 해도 그것이 후대의 첨가라는 확증이 될 수 없다는 것을 분명히 하였다(O'Brien, 6). 이는 반복적인 대화로 보이는 부분이 사실은 의문을 풀어 주고 대화의 의미와 강도가 달라지게 하는 효과를 낳고 있음이다.

그러나 그는 본문을 해석할 수 있는 방법이 다양하다고 하면서 이야기꾼이 상황에 따라 다양한 방식으로 말할 수 있었을 것이라고 보는데(O'Brien, 9), 그것이 과연 성경 기자의 의도였을까 의심스럽다. 그는 엘리샤가 엘리야후에게 요구한 두 몫이 무엇을 의미하는지, 엘리샤가 엘리야후의 승천 시에 무엇을 보았는지에 대해 여러 가지 가능성을 열어놓았기 때문에(O'Brien, 9f) 본문의 초점을 흐려놓고 있다는 인상을 준다. 그는 폭풍과 불병거가 나오는 상황에 대해서도 이야기꾼이 아무 것이나 골라잡아서 강조할 수 있게 만든 것이라 풀이한다(O'Brien, 11). 그러나 성경이 과연 이야기꾼이 상황에 따라 이렇게 또는 저렇게 말할 수 있으며, 마음대로 강조할 수 있는 본문이었겠는가? 또 그는 2-6절과는 달리 16-18절이 후대의 첨가라고 주장하는 양식비평학자들의 논지를 반박하지 못하고, 첨가의 원인을 찾는 데 주력하고 있다(O'Brien, 12f). 필자가 보기에는 16-18절이 첨가된 부분이 아니라는 증거가 분명히 있는데도 그는 어정쩡한 위치에 머물고 만 것 같다.

C. 새로운 방법론

1. 렌토르프(Rendtorff)의 선언

엘리야후 연구의 역사는 현대 구약학 연구와 동떨어진 문제가 아니므로 먼저 현대 구약학 연구사의 중요한 흐름을 간단하게나마 소개하지 않을 수 없다. 무엇보다 렌토르프(Rendtorff)가 1989년에 쓴 논문 "패러다임이 바뀌고 있다: 희망과 불안"(Paradigm is changing: Hopes-and Fears)에서 구약학의 패러다임이 바꾸어지고 있으며 이미 바뀌었다고까지(위의 글, 52) 한 말은 현재 구약학의 연구 상황을 올바르게 묘사한 표현인 것 같다. 여기서 그는 패러다임이란 말을 쿤(Thomas Kuhn)의 책, "The Structure of Scientific Revolutions"(Chicago 1962)에 나타난 뜻으로 사용하였는데, 쿤에 의하면 패러다임이란 어떤 학문 분야에서 보편적으로 인정된 방법론적인 모델을 의미하는 것으로, 그 분야의 연구와 토론이 그 패러다임이 구축한 틀 안에서 이루어지고, 그 패러다임에 의존하게 되는 것이라 하였다(Rendtorff, 1989, 36). 본고에서도 그런 뜻으로 패러다임이란 용어를 사용하고자 한다. 렌토르프가 말한 구약학의 패러다임은 벨하우젠, 둠(Duhm), 궁켈(Gunkel)의 세 사람이 만들어 놓은 가설들, 즉 자료비평, 제삼여샤야후, 양식비평인데, 이것들이 무너지고 있다고 한다(Rendtorff, 1989, 34ff). 렌토르프는 이들 중에서 제일 적게 도전을 받은 것이 둠의 가설이라고 했다(Rendtorff, 1989, 37). 그러나 그는 그동안 가장 큰 파장을 일으켰고, 궁켈, 폰 라트, 마틴 노트가 따랐던 벨하우젠의 가설은 오늘날 무너져 버렸다고 선언한다(Rendtorff, 44). 벨하우젠은 자료를 나누는 데 목적을 둔 게 아니라 자료의 연대를 측정하여 각 시대의 역사를 알려고 한 것이었는데,[24] 칠십년대 중반 이후로 J의 연대가 왕조시대가 아니라 포로시대로까지 내려오는 판국에 문서를 나누는 것은 의미가 없어져 버렸다(Rendtorff, 1989, 36, 44). 그래서 구약학의 패러다임이 무너졌다는 것이었다.

궁켈의 양식사비평은 폰 라트의 최종 본문을 중시하는 방법에 의해서 무너지기 시작했다(Rendtorff, 1989, 41). 그리고 가장 작은 문학적 단위에서부터 최종단계로 관심이 전환되면서 책의 구조와 사상에 관심을 가지게 되었고, 그에 따라 ―렌토르프에 의하면 궁켈의 영향을 받아― 노트가 신명기사라는 패러다임 비슷한 것을 내놓게 되었다(Rendtorff, 1989, 41f). 그러나 벨하우젠의 가설이 무너짐에 따라 거기에 기초한 모든 가설들이 신명기사에 이르기까지 다 무너지게 되었다 (Rendtorff, 1989, 44). 한 본문을 두고 폰 라트나 노트는 지파동맹 이전이냐 이후냐를 물었지만, 이제는 포로 이전이냐 이후냐를 묻게 되었고, 거의 500년이 허공에 사라져 버리게 되었다. 오십년대에는 올브라이트 학파와 알트 학파 간의 싸움이 있었지만, 그들은 공통적으로 이스라엘이 유목민이었으며, 어떤 역사적인 시점이 지난 후에 크나안에 들어갔다고 보았다(Rendtorff, 1989, 45). 그러나 이제는 그들이 들어왔는지조차 의문시되었다. 이스라엘이 누구였는지, 그들이 크나안인과 구별될 수 있었는지, 이스라엘이 주변 민족과 과연 달랐는지가 모두 의문의 대상이 되었다. 심지어는 야흐베가 배우자를 가지고 있었다는 설도 고고학을 바탕으로 제기되었다(Rendtorff, 1989, 45f). 그러나 렌토르프는 우리가 고고학보다는 성경을 믿어야 하고, 우리가 성경을 위한 학문을 할 것을 제창하였다.[25] 이런 판국에 우

---

24) Hauser, 1994, 5: 성경 본문 자체는 분석의 출발점에 불과하였지, 연구의 대상이 아니었다. 본문의 가장 큰 가치는 더 오래된 자료들의 보고라는 점이었다.

25) Rendtorff, 1989, 46f. 또한 Miller, 1991, 93-102 참고.

리는 어떻게 성경을 해석하여야 할 것인가? 렌토르프는 자료설이 궁지에 빠진 이 시점에 연대를 중시하지 않는 방법으로 소위 신문학비평을 제안했다(Rendtorff, 1989, 50). 그러나 그는 자신이 아직 이 방법에 대해선 관망자 중 한 사람일 뿐이라고 하면서, 전통적인 구약학 방법론을 전혀 모르고 문학비평만 하는 일부 학자들에 대해 우려를 표했다(Rendtorff, 1989, 51). 옛 패러다임은 깨어졌지만 아직 새 것은 나타나지 않았다는 것이다(Rendtorff, 1989, 52f).

2. 뮐렌버그(Muilenburg)의 수사비평

렌토르프보다 31년 전에 이미, 그런 표현은 안 했지만 패러다임이 바뀌고 있음을 선언한 사람이 있었다. 곧 제임스 뮐렌버그로서, 그는 '양식비평과 그 너머'[26]라는 제목의 강연을 통하여 그 당시의 학문적인 상황을 분석하였다. 그는 양식비평을 부인하지 않으면서도 그 한계를 지적했는데, 양식비평이 통하지 않는 곳에서는 수사비평을 사용할 것을 처음으로 제안하였다. 그는 양식비평의 효용성을 부인하지 않고 그 장점을 다음과 같이 열거하였다(Muilenburg, 1988, 2f). 즉 양식비평은 문학비평과 역사비평을 교정하는 방법론이었고, 한 본문에 나타나는 문학적인 장르를 찾아냈으며, 어떤 장르가 그 공동체나 개인의 삶에서 차지하는 기능들을 밝혔으며, 문학유형을 성경의 다른 영역과 비교하여 성경을 좁은 교구주의에서 벗어나게 하였다는 것이다. 그런데 레벤틀로브(Reventlow, 1967)가 이미 양식비평의 한계를 지적했고, 바이스(Weiss, 1961)도 양식비평이 독일적인 언어학의 영향을 너무 많이 받았기 때문에 셈족의 문학의식에는 맞지 않는다는 점을 지적하였다. 양식비평은 모든 장르나 유형이 똑같은 삶의 자리를 지닌다고 전제하였지만, 그 방법론은 유형도 똑같은 것을 만나기 어려우며 대개 유사한 것에 그치는 경우가 많고, 개별적으로

---

26) 그는 미국 버클리(Berkeley)대학에서 열린 Society of Biblical Literature 모임의 회장 강연으로 이 논문을 발표하였는데, 이는 1년 뒤에 출판되었다: "Form Criticism and beyond", *JBL* 88(1969): 1-18.

다른 삶의 자리를 가진 경우도 많다는 것을 간과하였다(Muilenburg, 1969, 4f). 코흐(Koch, 1974)조차도 양식비평은 율법서나 지혜서보다는 예언서에 더 잘 맞는다고 하였다. 뮐렌버그는 양식비평이 시편에서 효율적이라는 점도 인정하지만, 동시에 어떤 양식의 다양성과 개별성과 독특성을 양식비평이 보지 못하는 점을 지적하였다(Muilenburg, 1969, 5). 또한 궁켈은 사람들이 양식을 그냥 모방하는 경우도 많았다는 것을 생각하지 못했다(Muilenburg 1969, 7). 또한 양식비평은 자서전적이거나 심리적인 비평을 싫어하고, 역사적인 주석을 배척하는 문제점을 드러냈다고 지적한다(Muilenburg, 1969, 5f). 심리적인 해석을 해야 할 경우가 얼마든지 있다는 것이다(Muilenburg, 1969, 6).

뮐렌버그는 언어학, 문체론, 수사학적인 연구라 불렸던 일련의 책들, 즉 쉐켈(Alonso Schökel), 크로스(F. M. Cross), 할러데이(W. L. Holladay) 등의 저작들을 수사비평이라 부를 것을 제안했다(Muilenburg, 1969, 7f). 그는 수사비평이란 말을 학계에 처음으로 도입하여 소위 뮐렌버그학파라는 말이 생기게 하였다(Dozeman, 1992, 710-715). 근래에 들어서 수사비평에 대한 정의는 하우저(Hauser)에 의해 보다 세밀해졌다. 즉 고대 이스라엘과 그 주변에서 글을 쓰던 관습에 대한 우리의 지식을 동원하여 구약의 특정본문의 문학적인 예술성을 발견하고 분석하는 것이 수사비평이라라는 것이다(A. J. Hauser, 1994, 4).

1968년에 뮐렌버그는 수사비평의 과제를 다음과 같이 제시한다. 첫째는 한 문학적 단위의 한계와 범위를 정하는 것이다(Muilenburg, 1969, 9). 한 모티프가 등장하고 해결되는 것이 한 문단 안에 있음을 확인해야 하는데, 이를 여러 개로 나누어 버릴 경우에 두세 개의 문단이 되는 수가 많으므로 이는 매우 중요하다. 우리는 그 문단 안에서 클라이맥스를 알아내어야 하고, 수미상응(inclusio)도 알아볼 수 있다. 두 번째는 어떤 문단의 구조를 알아내어 그 날줄과 씨줄을 분류하는 일이다(Muilenburg, 1969, 10). 그러면서 우리는 한편으로는 연속성을, 한편으로는 그 전환과 단절을 알아내어야 한다. 그는 수사비평에 동원되는 여러 가지 세부적인 사항을 열거하였지만, 이를 여기서 다 반복할 필요는 없을 것이다. 그러나 그는 결론에서 자기가 양식비평을 대신하려는 게 아니고 보충하려 할 뿐이라 했다.

그러나 그 후의 학자들 중에는, 앞의 렌토르프가 지적하고 우려했듯이, 전통적인 방법들을 전혀 모르고 그냥 문학이론으로만 성경을 다루려 하는 자들이 쏟아져 나왔다. 전통적인 방법을 아는 학자들도 수사비평을 도입하면서 사실상 자료비평과 양식비평을 별로 고려하지 않았다(Hauser, 1994, 5-9). 뮐렌버그의 방법은 아직 독일 학계에 큰 영향을 미치지 못하고 있는 듯하다. 앞의 렌토르프가 기대를 표명하였을 정도이고, 주로 영어권에서 많이 사용되고 있다. 그러나 최종 본문을 중시하는 연구태도는 이미 독일의 폰 라트에 의해 제기되었으며, 1997년에는 크뤼제만이 최종 본문을 중시하는 방법으로 엘리야후 이야기를 주석하였다.[27]

3. 최근의 신문학비평 및 수사비평

우선 신문학비평이란 용어부터 정의를 해야겠다.[28] 본래 문학비평은 자료비평에 많이 동원된 방법이지만 자료비평이 교착상태에 빠진 지금에도 여전히 대개의 구약주석에서 가장 기초적으로 사용되는 방법으로써 독일어로 Literarkritik(문학비평)이라 했다.[29] 이는 전형적인 신학적 주석방법이었다. 그런데 미국에서도 뮐렌버그 이후로 새로운 방식으로 전형적인 문학적 방식으로 성경을 해석하는 방법이 등장하면서 그 이름을 Literary Criticism(문학비평)이라 불렀다. 우리나라 말로 번역하면 둘 다 문학비평이다. 그러나 혼란을 피하기 위하여 여기에서는 학계의 관습대로 독일의 Literarkritik을 문학비평이라 하고, 미국의 Literary Criticism을 신문학비평이라 칭한다.

뮐렌버그의 강연은 새로운 방법론을 탄생시켜서 그 뒤로 그의 영향을 직간접적으로 받은 많은 학자들이 다양한 방식으로 그 이론을 발전시켰다. 여기선 그 대표적인 예로 하우저의 이론을 소개하고자 한다. 하우저는 신문학비평을 "수사비평을 포함한

---

27) Crüsemann, 1997. 좀더 자세한 것은 위의 B.2.b 크뤼제만(26쪽) 참고.

28) 국내에 소개된 내용에 대해서는 이형원; 이동수; M. 드라이차 참고.

29) Steck, 1993, 45-61; Arneth, 2002, 389-390 참고. 이를 문헌비평, 혹은 문서비평이라 칭하는 문제에 대해선 박동현, 2003, 128f 참고.

다양한 문학적인 접근의 스펙트럼"(Hauser, 1994, 3)이라고 하였다. 그는 수사비평이 문학비평의 일부라는 것을 인정하면서도, 그 둘의 차이를 굳이 나누려고 하지 않는다. 둘은 빽빽한 숲 속의 뿌리와 같이 서로 엉켜 있기 때문이라고 한다(Hauser, 1994, 4). 그 대신에 그는 자료비평과 수사비평의 관계를 정리한다.

자료비평은 본문을 응집력 있는 문학적인 단편으로 보지 않고, 본문이 문헌자료들을 서툴게 꿰고 있기 때문에 학자들이 그것을 주의 깊게 분리해야 한다고 믿는데 반해, 수사비평은 현재의 성경 본문이 일관성도 지니고 있고, 일관된 목적도 가지고 있기 때문에 그 자체로 연구할 대상이 된다고 믿는다(Hauser, 1994, 5f). 그래서 수사비평에서는 자료비평의 결과를 배척하진 않지만, 보통은 문학적인 관점에서 특별히 필요하진 않다고 본다(Hauser, 1994, 6). 하우저도 벨하우젠의 가설을 의무적인 전제로 보지 않는다.

수사비평에선 성경의 편집을 매우 숙련된 저자의 작품이라고 본다. 예를 들어 반복을 자료비평에서는 자주 쓸데없다거나 모순으로 간주하였지만, 수사비평에선 고대 이스라엘의 표준적인 문학적 표현으로 본다(Hauser, 1994, 7). 이는 시가에서 자주 발견되는 운율의 불일치에서도 마찬가지다. 고대 히브리 시인들은 특정 구절을 특정한 목적을 위해 일부러 운율을 다르게 했다. 운율이 다르다는 것은 고대의 시 자료가 불완전하게 결합되었다는 증거로 볼 수 없다.

하우저는 양식비평이 본문을 빨리 스쳐 지나가 버리는 점에선 자료비평과 같다고 한다. 다만 그 목적이 그 배경을 드러내도록 특별히 고안된 양식을 찾기 위해서라는 점에서만 다를 뿐이다(Hauser, 1994, 8). 양식비평에선 그런 양식을 찾아내어 그 삶의 배경을 알아내려 한다. 그러나 수사비평은 양식비평의 결과들을 현재의 긴 문학적 단위를 이해하는 사전지식 정도로 참고할 뿐이고, 본문의 구조 문제, 통일성, 문학적 기교, 그 단위 안에서의 균형을 분석하는 데 주력할 뿐, 그 안의 작은 단위의 이전 역사가 무엇이었든지 상관하지 않는다. 양식비평이 양식의 정형성을 강조하지만, 수사비평은 그 전형적인 것이 본문에서 어떻게 달라졌는지를 살핀다. 결국 자료비평과 양식비평은 통시적인 방법을 동원하지만, 수사비평은 공시적인 방법에 주력한다는 점이 가장 큰 차이점이라 할 수 있다.

4. 신문학비평의 예

여기서는 신문학비평의 두 가지 예를 들어서 본 연구에서 시도하는 방법론을 소개하고자 한다.

a. 하우저(Hauser)의 사사기 5장 분석

하우저는 사사기 5장을 "히브리 시의 병렬법"[30]에서 분석하였는데, 이는 이제까지의 자료비평과 양식비평적인 방법으로 보지 못했던 부분들을 보게 하였다. 학자들은 19세기에 이미 이 장을 "손상되고, 단절되고, 시적이지 못하다(damaged, choppy, non-poetic)"고 규정하였다(Moore, 1895, 136). 그리고 최근에도 이 노래의 통일성에 대해서는 논란이 있었다.[31] 그러나 이들은 성경 본문에 대해 지나치게 비판적이며, 자기의 기준으로 외과수술과 같이 잘라내고 붙여야 한다고 생각하는 것 같다. 하우저에 의하면, 사사기 5장에서는 병렬(Parataxis)이 시인의 스타일을 알아내는 열쇠다. 병렬이란 캐사르의 말 "왔노라, 보았노라, 정복했노라"와 같이, 직접적으로 연결하는 말없이 단어나 이미지 또는 구나 장면들을 나란히 배열해 놓는 것을 말한다.

사사기 5장에는 이런 병렬 구조가 많이 발견되는데, 특별히 24-27절과 28-30절에서 인상적으로 나타난다. 전자에서는 야엘이 장막 안에서 시스라를 해머로 내리치는 장면과 시스라가 천천히 고통스럽게 죽어가는 장면이 나타난다. 사건은 스타카토 식으로 병렬되며 진술된다. 시인은 천막 안에서 일어나는 사건을 그리면서, 전장에서의 승리보다 훨씬 통쾌하게 클라이맥스를 장식하고 있다. 26b에선 야엘이 무기를 쓰는 장면을 '내려쳤다'(הלמה), '쳤다'(מחקה), '박살냈다'(מחצה), '찔렀다'(חלפה)의 네 가지로 나누어 묘사하였다. 이 단어들은 스타카토 식으로, 해머가 내는 소리를 묘사하는 의성어적인 효과를 내면서 반복되었다. 시인은 야엘이 내리치고 시스라

---

30) Hauser, "Judges 5: Parataxis in Hebrew Poetry", 1980. 아래에선 그 논문을 요약하므로, 번거로움을 피하기 위하여 특별한 경우가 아니면 주를 생략한다.

31) 글로브(Globe)는 통일성을 지지하고, 블렝킨소프(Blenkinsopp)는 반대하였다.

가 죽는 두 가지 행위를 표현하는 데 열두 개의 동사를 쓰면서 시스라의 죽음을 길게 서술한다. 시스라가 죽었다는 장면에서 이 시는 클라이맥스에 도달한다.

이 장면과 병렬되는 장면이 28-30절인데, 이것도 집안에서 일어난 일이요, 여자들이 등장한다. 이 장면으로 바뀌는 것도 병렬식이다. 아무 연결점이 없다. 시인은 그냥 시스라의 어미가 창밖을 내다보며 불안해하는 광경과 그 시녀들이 위로하는 장면을 조용히 비춰준다. 그러면서 시인은 청중 스스로가 느끼게 만든다. 청중들은 이미 시스라가 죽은 것을 아는데, 그들은 시스라가 공주를 약탈하는 이야기를 하고 있다. 이는 아이러니요, 현실과의 대조다. 이와 같이 우리는 그의 분석을 통해서 현재의 본문이 통일성 있는 작품임을 알 수 있다. 무엇보다 큰 소득은 히브리 시는 현재의 모습 그대로가 본문을 재구(再構)할 필요가 없는 훌륭한 걸작이라는 점이다. 필자는 엘리야후 이야기에서도 같은 방법의 연구가 통할 수 있을 것이라 본다.

b. 알터(Alter)의 창세기 37장과 38장 분석

알터는 1981년에 낸 "성경 이야기의 기술"이란 책을 통하여, 때로는 신학자가 아닌 문학자가 성경을 신학자보다 더 잘 이해할 수 있다는 것을 보여주었다.[32] 그는 먼저 지금까지의 성경 방법론에 대해 하나의 예를 들어 비판하면서 문제를 제기하였다. 즉 스파이저(E. A. Speiser)가 창세기 주석을 쓰면서 38장을 완전히 독립적인 이야기로 간주하고, 요셉이야기의 흐름을 방해하고 있다고 한 것에 반해 알터는 타마르 이야기와 요셉 이야기 사이에는 분명히 연관성이 있으며, 그것을 보지 못하는 것이 현대 성서학의 문제라고 지적하였다(Alter, 1981, 3f).

이제 그의 관찰을 간단하게 소개해 보자.[33] 야아콥의 아들들은 요셉을 팔아넘기고 난 후에 숫염소를 죽여서 그 피에 요셉의 옷을 적시어 아버지께 들이민다. "우리가 이것을 발견했습니다. 제발 확인하십시오. 그것이 아버지(당신) 아들의 튜닉

---

32) *The Art of Biblical Narrative*, 1981. 그는 이외에도 *The Art of Biblical Poetry*(1985)를 썼고, 커모우드(F. Kermode)와 함께 편집하여 *The Literary Guide to the Bible*(1987)도 펴냈다. 그 외에 그가 그 전후에 쓴 논문들에 대해서는 Hauser, 1994, 21 참고.

33) 이는 Alter, 1981, 4-12쪽에 나오는 것을 요약한 것이므로 번거로움을 피하기 위하여 주를 생략한다.

아닙니까?"34) 여기서 확인하라는 말은 הַכֶּר־נָא(נכר의 히필 명령형)인데, 이것은
타마르의 이야기에서도 똑같은 말이 거의 같은 맥락에서 나온다. "제발 확인하십시
오(הַכֶּר־נָא)"(38:24). 이 단어는 37장과 38장을, 38장과 요셉의 이야기를 연결하
는 결정적인 단서이다.

요셉의 형들이 자기들은 다 알면서 간접적으로 요셉의 죽음을 믿게 하는 재주를 부렸
듯이, 타마르도 자기와 시아버지의 관계를 말로 하지 않고 간접적으로 그 물건의 주인
으로 말미암아 잉태되었다고 한다. 요셉의 형들은 숫염소로 아버지를 속였고, 타마르는
암염소로 시아버지를 속였다. 양쪽 다 옷을 속임의 수단으로 삼았다. 여후다가 죽이지
말고 팔자고 했으니, 아마 아버지를 그런 방식으로 속이는 주동자였을 것이다. 그런
여후다가 타마르에게 똑같이 속았다. 속인 자가 속는다는 공식이 맞아떨어졌다.

두 이야기는 좋은 대조도 보여준다. 야아콥은 아들이 죽었다고 생각하고 과장된
반응을 보이며 위로 받기를 거절한다. 그러나 여후다는 엘이 죽어도 오난이 죽어
도 슬퍼하지 않고, 아내가 죽어도 울지 않는다. 그는 쉽게 위로를 받았다. 그리고
길가의 창기에게 거침없이 접근하여 자기의 욕망을 해결한다. 그리고 며느리의 임
신 소식을 듣고 자기의 행위는 생각하지 않고, 두말하지 않고 불사르라고 명한다.
이런 인간성의 대조도 기자는 전하고 있다. 여후다가 성욕을 못 참았고, 그것을 며
느리가 예상할 정도였지만, 그 다음에 나오는 요셉은 성에 대한 절제의 모범을 보
임으로써 대조를 이루었다. 타마르는 처음에는 시아버지의 말에 순종하지만, 일단
자기가 속았다는 것을 알고 기회를 포착하자 전광석화같이 움직인다. '벗었다', '가
렸다', '감쌌다', '앉았다'. 네 단어가 그녀의 신속한 작전을 박진감 있게 보여준다.

두 이야기는 내용의 공통점도 있다. 둘 다 장자가 아닌 다른 아들이 복을 받게
되는 경위를 밝히고 있다. 요셉은 북이스라엘의 중심지파를 이루고, 여후다와 페레
츠는 다비드의 조상이 된다.

이런 관찰들을 통해 알터는 고대 히브리 저자들의 픽션 기교의 하나는 의미의

---

34) 알터는 히브리어를 문자 그대로 번역한다. "내 번역은 때로 거북하게 보이겠지만, 그래도
    원서에 나타난 성경 이야기의 기교에서 중요한 역할을 수행하는 원문의 어떤 측면을 보
    여줄 것이다."(Alter, 1981, x)

불확정성이었다고 한다.

> "의미는 하나의 과정으로 인식되었다. 계속해서 다시 볼 것을 요구하고, 계속해서 판
> 단을 보류하고, 다양한 가능성을 저울질하고, 여기 나타난 정보의 틈을 숙고하면서
> …… 히브리어 성경의 암시적인 신학은 성경 이야기에서 도덕적이고 심리학적인 리얼
> 리즘을 요구한다. 성경의 인물들을 소설의 주인공처럼 꼼꼼히 뜯어보는 것은, 그들을
> 보다 다면성을 지닌 모순적인 측면으로 보는 것이다."(Alter, 1981, 12)

알터는 마치 그동안 신학자들이 폐기처분한 것들을 다시 쓰레기통에서 찾아내어 그것의 가치를 인식시켜 다시 사용하게 해 준 것과 같은 인상을 준다. 너무나 많은 학자들이 지금도 성경 본문을 이리저리 잘라내고 나누어서 걸작을 걸레로 만드는 것과 같은 일을 저지르고 있지 않는가? 그러나 알터는 성경 본문을 최고의 걸작으로 생각하고, 본문을 그대로 두고 그것을 이리저리 뜯어보고 생각함으로써 새로운 의미를 발견하는 것이 주석의 가장 중요한 과제임을 일깨워 주었다.

D. 방법론에 대한 결론

통시적인 방법으로 엘리야후 이야기에 접근한 사람들은 그동안 많은 시행착오를 거쳐서 최근에는 —틸의 경우에서 보듯이— 다시 벨하우젠, 노트, 궁켈시대의 결론으로 돌아가고 있는 경향을 보이고 있다. 즉 엘리야후 이야기가 열왕기에 편입되기 이전에 이미 독립적인 이야기로 존재하였다는 것이다. 퀴넨(Kuenen, 77f, 주 6)의 증거대로 엘리야후 이야기에는 호세아식의 비판도 없고 북왕국의 시각이 분명히 존재한다. 그리고 스멘트(Smend, 1975, 525-543)의 지적대로 열왕기상 17-19장이 한 사람의 문필가가 쓴 것처럼 문체의 통일성을 보여주고 있다는 점도 비록 일부지만 역사비평학에서 나온 결론이었다. 그러나 역사비평학 진영의 연구는, 특히 독일어권

에서는 아직까지 헨첼과 뷔르트바인의 주석이 지배하고 있으며, 그들의 견해를 개론
서에서도 금과옥조처럼 받들고 있는 게 현실이다(예를 들어 Kaiser, 1984, 169). 그
리고 벨하우젠식으로 돌아간다 하더라도 성경 본문을 역사적 자료로 여겨서 역사적
인 사실을 추출해 내는 데 진력하는 방법론은 적어도 엘리야후 이야기에선 별 소득
을 거두지 못할 것 같다. 왜냐하면 이 이야기에서 그들이 주장하는 역사적인 실마리
를 찾아내기가 거의 불가능하기 때문이다. 그러므로 여기에서는 주로 헨첼과 뷔르트
바인으로 대표되는 역사비평학, 즉 양식비평, 전통사비평, 편집비평, 문학비평
(Literarkritik) 등의 방법론과 거기서 나온 결론들을 비평하려 한다.

이런 상황에서 렌토르프가 제안했듯이 패러다임의 교체가 일어나지 않으면, 우리
는 구약성경을 더 이상 자세히 연구하기 어렵게 되었다. 우리는 더 이상 역사비평학
의 굴레에 매일 필요가 없다. 신문학비평은 우리에게 새로운 방법을 암시해 주었다.
따라서 필자는 나름대로 알터와 하우저의 방법을 원용하여 엘리야후 이야기를 풀어
보려고 한다. 다시 말하면, 본고의 병법은 본문을 "재구할 필요가 없는 훌륭한 걸
작"(Hauser, 1980, 40)으로 보는 점에서 하우저의 입장을 따르며, 현재의 본문이 일
관성을 지니고 있고, 일관된 목적도 지니고 있기에 그 자체로 연구할 대상이 된다고
보는 수사비평의 견해를 지지하는 입장이다. 그래서 수사비평에서 추구하는 대로 본
문의 구조, 통일성, 문학적인 기교, 각 단위 안에서의 균형을 살펴보려 한다. 그러나
이런 방법들은 전통적인 문학비평 안에 이미 들어 있었던 것이며, 다만 많이 원용되
지 않았을 뿐이므로 굳이 신문학비평이나 수사비평이라 하지 않고 문학비평이라 칭
한다.

먼저 그동안 역사비평학에서 난도질한 본문들, 자주 필사와 번역 단계에서부터
오해되어 잘못 전해지고 있던 본문들을 본문비평을 통하여 마소라 텍스트가 대체
로 온전하다는 것을 보여주고자 한다. 물론 BHS의 대본이 된 레닌그라드 사본이
모든 면에서 완벽하다 할 순 없다. 그러나 거의 대부분의 경우에 레닌그라드 사본
을 통해 본 마소라 본문은 수많은 오해의 여지에도 불구하고 원래의 모습을 매우
훌륭하게 잘 지켜온 것 같다. 또한 지금까지의 연구사에서 도외시하였던 부분, 즉
열왕기상 20장과 22장이 엘리야후 이야기에 속하는 것을 문학비평을 통해 증명하

고, 그들이 다른 엘리야후 이야기와 어떻게 연관되는지를 밝히려 한다. 나아가 엘리야후 이야기가 '엘리야후 엘리샤 이야기'의 전체를 규정하는 근간임을 밝히면서 '엘리야후 이야기'에 대해 보다 온전한 주석을 시도하려 한다.

엘리야후
이야기

Ⅲ. 아흐압의 죄와 기근
(왕상 16:29-17:24):
엘리야후 이야기의 시작[1]

헨첼은 16:29-34와 17:1 이하의 엘리야후 이야기를 별개로 보고, 이들이 후대의 편집자(DtrP)에 의해 하나가 되었다고 한다(Hentschel/1, 103). 뷔르트바인은 17:1부터 별도의 주석서를 썼다(ATD 11/2). 물론 엘리야후라는 이름은 17:1에 비로소 등장한다. 그러나 엘리야후가 등장하게 되는 배경이 16:29 이하에서 나타나므로, 엘리야후 이야기는 열왕기상 16장 29절부터 시작된다고 보아야 한다. 아흐압의 죄가 없었다면 엘리야후도 등장할 필요가 없었을 것이기 때문이다.[2] 이런 현상은 열왕기상 22:51-53이 열왕기하 1장과 하나의 단위인 이치와 같다(아래의 XI장 참고).

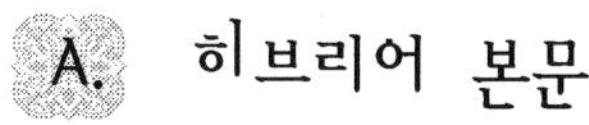 히브리어 본문과 번역

이 책에서는 원문과 대조하기 위하여, 먼저 히브리어를 쓰고 그 밑에 한글로 번

---

1) 17-19장의 일반적 문제에 대해선 이승현, 2002, 9-42 참고.

2) 하우저(Hauser, 1990, 12)는 16:29-33이 17-19장의 기초(groundwork)라고 한다. 그래서 그도 17-19장의 이야기를 16:29부터 시작한다. 또한 브로디(Brodie, 2000, Ⅴ)도 '엘리야후 엘리샤 이야기'의 범위를 열왕기상 16:29─열왕기하 13:25로 잡는다.

역한 것을 싣는다. 히브리어는 '아트나흐'를 중심으로 하여 두 줄로 나누어 싣고, '아트나흐'가 없을 경우에는 '자켑 카톤'이나 '스골타'를 중심으로 둘로 나누되 줄을 바꾸어 표기한다. 히브리어 문장이 아트나흐를 중심으로 하여 상반절과 하반절이 분명히 구별되고 대조되는 경우가 많음이다. 한글번역은 히브리어의 구분을 따라 a), b)로 나누어 옮긴다. 원문을 가급적으로 직역하고, 원문의 어감을 살리기 위해 순서대로 번역하여, 때로는 부사구 등을 다른 문장으로 떼어 놓으려 한다. 때로는 그런 문장이 매우 서툴고 어색하게 보일지 모르겠다. 원문의 고유명사는 -생소하겠지만 책 이름까지도- 한글 외래어 표기법의 원칙에 맞게 하기 위하여 원어대로 표기하였다.

29[3]　　[a]וְאַחְאָב בֶּן־עָמְרִי מָלַךְ עַל־יִשְׂרָאֵל[a] בִּשְׁנַת [b]שְׁלֹשִׁים וּשְׁמֹנֶה שָׁנָה

[b]לְאָסָא מֶלֶךְ יְהוּדָה[b]

---

3) [a-a] 칠십인역 추정원본(G*)에는 이 부분이 나타나지 않는다. 보통은 칠십인역대로가 맞다. 어느 왕의 치세를 소개할 때에는 먼저 다른 나라(이 경우엔 여후다) 왕 몇 년이란 말로 시작한다. 그러면 칠십인역에서 뺀 뒤의 상태와 일치한다(왕상 15:1f, 9f, 25, 33; 16:8, 15, 23 참고). 우리는 고대의 히브리어 본문이 그렇게 시작했을 것을 상정할 수 있다. 그러나 아흐압이 다른 왕과 같을까? 열왕기상에는 아흐압 외에 길게 소개된 왕이 둘밖에 없는데, 셜로모와 야로브암이다. 그들은 공히 위의 일반적 양식대로 소개되지 않았다. 저자는 중요한 왕에 있어서는 소개할 때에 다른 양식을 사용한 것 아닐까? 뷔르트바인(ATD 11/1, 202)은 저자가 아흐압에 대해 부정적인 것을 말할 게 많아서 서론이 길어졌다고 했는데, 이는 옳은 지적인 것 같다. 아흐압의 이야기는 이제부터 최소한 열왕기상 22장까지 7장에 걸쳐서 다루어지고, 그 종말, 즉 그 아들들이 아히엘의 아들들같이 죽는 이야기는 열왕기하 10장에 비로소 나타난다. 그러므로 저자는 이 악명 높은 왕의 등장을 다른 왕들과 다르게 소개하였을 것이다.

[b-b] 칠십인역 추정원본에선 아사왕 38년 대신에 여호샤파트왕 2년이라 되어 있다. 그러나 그렇게 되면 여호샤파트가 아흐압 4년에 등극하였다는 열왕기상 22:41과도 맞지 않고, 또한 열왕기상 22:52에 아흐압이 여호샤파트 17년에 죽었다고 되어 있어서 15년밖에 안 다스렸다는 결과가 되니 22년을 다스렸다는 말과 너무 멀어서 받아들이기 어렵다. 드프리스도 칠십인역이 연대를 잘못 계산한 결과라 본다. De Vries, 203 참고.

[c] 몇 개의 히브리어 필사본에서는 아흐압의 재위 기간을 24년으로 잡고 있고, 두 개의 필사본에선 20년이라 되어 있다. 계산적으로는 20년이라 한 것이 가장 맞는 것 같다. 연대문제는 학자들의 의견이 분분하나, 여기에선 돈너(Donner/2, 468)를 따라 아흐압의 재위 기간을 871-852년으로 잡는다. 자세한 것은 아래의 본문해설을 참고하라.

וַיִּמְלֹךְ אַחְאָב בֶּן־עָמְרִי עַל־יִשְׂרָאֵל בְּשֹׁמְרוֹן עֶשְׂרִים וּשְׁתַּיִם 𝑐 שָׁנָה:

a) 그런데 아흐압—오므리의 아들—이[4] 이스라엘 위에 왕이 되었다. 아사—
여후다왕—의 38년에.

b) 그리고 난 후에 아흐압—오므리의 아들—이 이스라엘 위에 왕이 되었다.
쇼므론에서 22년을.

30[5]
וַיַּעַשׂ אַחְאָב 𝑎בֶּן־עָמְרִי𝑎 הָרַע בְּעֵינֵי יְהוָה
מִכֹּל אֲשֶׁר לְפָנָיו:

a) 그런데 아흐압—오므리의 아들—은 야흐베의 두 눈에 악을 행하였다.

b) 그의 앞에 있었던 모든 사람보다 더.

31[6]
וַיְהִי הֲנָקֵל 𝑎לֶכְתּוֹ בְּחַטֹּאות יָרָבְעָם בֶּן־נְבָט
וַיִּקַּח אִשָּׁה אֶת־אִיזֶבֶל בַּת־אֶתְבַּעַל מֶלֶךְ צִידֹנִים וַיֵּלֶךְ וַיַּעֲבֹד
אֶת־הַבַּעַל וַיִּשְׁתַּחוּ לוֹ:

a) 그런데 이런 일이 있었다. 그가 야로브암—느바트의 아들—의 죄들 가운
데 걷는 것이 작았던가?

b) 그리고 난 후에 그는 이제벨을, 치돈 사람들의 왕 에트바알[7]의 딸을 아

---

4) 히브리어 본문에서 아흐압은 동사보다 앞에 나와 강조되고 있다.

5) 𝑎-𝑎 칠십인역 추정원본에는 '오므리의 아들'이란 말이 빠져 있어서 BHS에선 삭제할 것을
제안하고 있다. 그러나 성경에서 오직 열왕기상 16:29에 두 번, 여기서 한 번만 등장하는
이 칭호를 통해서 저자는 아흐압을 그 근원부터 정죄하고 있는 것 같다.

6) 𝑎 BHS는 거의 대부분의 번역판을 예로 들면서 הֲנָקֵל(작았던가)을 הַנָּקֵל(그 작은 일)로 고
칠 것을 제안하고 있다. 그러면 분사가 되어 '작은 일'이 된다. 삼상 18:23에 나타난 의
문문의 분사와 같이 만들려는 의도인 듯하다. 그러나 삼하 6:22에서도 본문과 같은 קלל
(작다, 가볍다)의 니팔 완료형이 발견되며, 문맥을 볼 때에 의문사와 완료형의 결합으로
보는 것이 좋다.

7) אֶתְבַּעַל(에트바알)을 드프리스(De Vries, 203)는 칠십인역 바티칸 사본과 루키안 수정본과
요세푸스를 근거로 하여 마소라가 모음을 잘못 붙였다고 하며 잇토바알(Ittobaal)로 읽기를
제안한다.

내로 취했다. 그래서 그는 가서 그 바알을 섬겼다. 그리고 그는 그에게
절을 하였다.

32

וַיָּקֶם מִזְבֵּחַ לַבָּעַל

בֵּית הַבַּעַל אֲשֶׁר בָּנָה בְּשֹׁמְרוֹן:

a) 그러고 난 후에 그는 그 바알을 위하여 제단을 세웠다.[8]

b) 그 바알의 집을 그는 쇼므론에 지었다.

33[9]

וַיַּעַשׂ אַחְאָב אֶת־הָאֲשֵׁרָה

וַיּוֹסֶף אַחְאָב לַעֲשׂוֹת [a]לְהַכְעִיס אֶת־יְהוָה אֱלֹהֵי יִשְׂרָאֵל[b] מִכֹּל מַלְכֵי

יִשְׂרָאֵל אֲשֶׁר הָיוּ לְפָנָיו:

a) 그 후에 아흐압은 그 아세라를 만들었다.

b) 그러고 난 후에 아흐압은 이스라엘의 하나님 야흐베를 진노하시게 하는 행
동을 계속하였는데, 그의 앞에 있었던 이스라엘의 모든 왕들보다 더했다.

34[10]

בְּיָמָיו בָּנָה חִיאֵל בֵּית הָאֱלִי אֶת־יְרִיחֹה

---

8) 드프리스(위의 곳)는 "he erected an altar to Baal for the house of Baal"(그는 바알 신전
에 바알의 제단을 세웠다)이라고 번역하지만 문자 그대로 번역하는 게 낫다.

9) [a] BHS는 칠십인역 추정원본을 참고하면서 '진노하시게 하는 행동을 하기를'의 뒤에
בְּכָעָסִים(진노하시게 하는 행동들)을 첨가할 것을 제안한다. עָשָׂה(행했다)의 목적어를 집
어넣자는 뜻인데, 현재의 상태로도 문제가 없으므로 고칠 필요는 없다.
  [b-b] 본래의 칠십인역에는 '이스라엘의 하나님 야흐베를' 대신에 τὴν ψυχὴν αὐτοῦ τοῦ
ἐξολεθρευθῆναι ἐκακοποίησεν(그는 자기의 영혼이 죽도록 악을 행했다)라고 되어 있다. 그
러나 이런 번역은 하나의 해석으로 보인다.

10) [a] 루키안 수정본에는 34절이 없다. 아마 문맥에서 맞지 않는다고 하여 빼버린 것 같다.
  [b] 칠십인역에는 '아히엘'의 이름이 Αχιηλ(아히엘)로 되어 있고, 불가타도 이를 따르고 있
으며, 페쉿타에는 'ḥb으로 되어 있다. 칠십인역은 본래의 히브리어가 אֲחִי־אֵל(아히엘)
이었을 것을 가정하게 한다. 드프리스(De Vries, 204)의 주장대로 본래는 '아히엘'이었
다가 철자가 하나 빠졌을 가능성도 있다. 그는 마소라판에서 한 글자가 훼손되었거나
생략되었을 거라고 본다. 아히멜레크(אֲחִימֶלֶךְ 삼상 21:1), 아히샤르(אֲחִישָׁר 왕상 4:6)

בָּאֲבִירָם בְּכֹרוֹ יִסְּדָהּ וּבִשְׂגִיב צְעִירוֹ הִצִּיב דְּלָתֶיהָ כִּדְבַר יְהוָה אֲשֶׁר דִּבֶּר בְּיַד יְהוֹשֻׁעַ בִּן־נוּן:

a) 그의 날들에 베트엘 사람 아히엘이 여리효를 건설하였다.

b) 아비람, 그의 맏아들을 바쳐서[11] 그는 그것의 기초를 놓았고, 스굽, 그의 막내아들을 바쳐서 그것의 성문을 달았다. 야흐베께서 눈의 아들 여호슈아의 손을 통하여 말씀하신 대로였다.

1[12]　וַיֹּאמֶר אֵלִיָּהוּ הַתִּשְׁבִּי[a] מִתֹּשָׁבֵי[b] גִלְעָד אֶל־אַחְאָב חַי־יְהוָה[c] אֱלֹהֵי[d]

등과 비슷한 이름이고 아히엘은 성경에서 발견되지 않음이다. 그러나 아히엘(אֲחִיאֵל)이라면 '나의 형제는 하나님'이라는 뜻이 된다. 본래 그런 이름이었는데, 어떤 히브리어 필사자가 신성모독이라고 생각해서 고쳐버린 것은 아닐까? 페쉿타의 읽기는 아흐압을 가리키는 것 같은데, 그러면 아흐압이 여리효성을 지었다는 뜻이 된다. 페쉿타는 아흐압이 여리효성을 지었다고 간주한 셈이다.

[c] 지금의 본문은 좀 이상한 표기를 보이고 있으나, 십수 개(nonn)의 히브리어 필사본과 거의 대부분의 번역판들과 크레(Qere)에선 שְׂגוּב(스굽)이라 되어 있으므로 '스굽'으로 고쳐 읽는다. '스굽'은 대상 2:21에도 나타난다.

11) בְּ(안에, 로)를 대가의 뜻으로 번역한다. Gesenius/17, 81 참고.

12) [a] 칠십인역 추정원본은 '티쉬베 사람' 앞에 ὁ προφήτης(그 선지자)를 첨가하고 있다. 반면에 칠십인역의 헥사플라 수정본과 알렉산드리아 사본, 루키안 수정본에는 '티쉬베 사람'이 빠져 있어서, BHS는 הַנָּבִיא(그 예언자)로 바꿀 것을 제안하고 있다. 그러나 '티쉬베 사람'은 다음과 같은 곳에서만 나타난다. 열왕기상 17:1(기근 선언); 21:17(아흐압이 나보트의 포도원을 접수하러 갔을 때), 28(아흐압이 회개하였을 때); 열왕기하 1:3(아햐즈야가 바알즈붑에게 물으러 사자를 보냈을 때), 8(아햐즈야가 익명의 하나님의 사람이 엘리야후임을 확인할 때); 9:36(이제벨을 개들이 먹어 버린 것을 알고 예후가 엘리야후의 예언을 기억할 때). 그리고 엘리야후는 하나님의 사람으로 나타난 적은 있어도 예언자로 표기된 적은 없으므로 여기에 '그 선지자'를 집어넣을 필요도 없다. 그렇다고 엘리야후가 선지자가 아니었다는 뜻은 아니다. 예를 들어 열왕기상 19:10에서 이스라엘 백성들이 주의 선지자들을 죽였는데 엘리야후 자기만 남았다고 한 것은 자기를 선지자로 의식하고 있었음을 드러낸다.

[b] 칠십인역은 ἐκ Θεσβων 즉 '티쉬베에서 온'이란 뜻으로 옮겼다. 그러면 그 앞의 단어와 합해서 '티쉬베에서 온 그 티쉬베 사람'이란 뜻이 된다. BHS도 מִתִּשְׁבֵי(티쉬베에서 온)로 읽기를 제안한다. 물론 그럴 수도 있다. 그러나 본문의 뜻 그대로도 큰 문제가 없으며, 엘리야후의 가정이 다른 곳에서 길아드로 이주해 왔을 수 있으므로 그대로 두는 게 좋다. 드프리스는 티쉬베란 지명이 어딘지도 확실하지 않다며 티쉬베를 다 '이주자/정착자'로 바꾸어 버리는데(De Vries, 213), 그렇다면 '티쉬베 사람' 대신에 '이주자'란 명칭

יִשְׂרָאֵל[d] אֲשֶׁר עָמַדְתִּי לְפָנָיו אִם־יִהְיֶה הַשָּׁנִים הָאֵלֶּה טַל וּמָטָר
כִּי אִם־לְפִי דְבָרִי:

a) 그 후에 길아드의 거류민들 중에서 온 티쉬베[13) 사람 엘리야후가 아흐압에게 말했다. "야흐베, 내가 그의 면전에 서 있는 이스라엘의 하나님이 살아계시거니와, 이 몇 해 동안 비와 이슬이 없을 것이다.

b) 내 입의 내 말이 없으면."

2

וַיְהִי דְבַר־יְהוָה אֵלָיו לֵאמֹר:

그러자 야흐베의 말씀이 그에게 임하였다. 가라사대

3[14)]

לֵךְ מִזֶּה וּפָנִיתָ לְךָ[a] קֵדְמָה
וְנִסְתַּרְתָּ בְּנַחַל כְּרִית אֲשֶׁר עַל־פְּנֵי הַיַּרְדֵּן:

a) 너는 여기서 가거라! 그리고 너는 동쪽으로 향하라!

b) 그리고 그 야르덴의 지류 크리트 시내에 숨어라!

4[15)]

וְהָיָה מֵהַנַּחַל תִּשְׁתֶּה[a]
וְאֶת־הָעֹרְבִים צִוִּיתִי לְכַלְכֶּלְךָ שָׁם:

a) 그러면 이렇게 될 것이다. 그 시내로부터 너는 마실 것이다.

b) 그리고 내가 그 까마귀들에게 거기서 너를 공궤하라 명했다.

이 자주 등장한 셈이 된다.
[c] 루키안 수정본을 뺀 칠십인역에선 '야흐베' 다음에 ὁ θεὸς τῶν δυνάμεων(능력의 하나님)을 첨가하고 있다. 그러나 이것은 후대의 해석일 것이다.
[d-d] 루키안 수정본은 '이스라엘의 하나님'을 빼고 있으나 이는 엘리야후 엘리샤 이야기에서 본문 외에 17:14; 22:54; 열왕기하 9:6; 10:31에서 빈번히 나타난다.
13) ATD 11/2, 205; Hentschel/1, 104에서 'Tischbe'라 표기하였다.
14) [a-a] 칠십인역에서 '너는 향하라'를 생략하고 있으나 לֵךְ(너는 가거라)와 조금 중복이 되는 단어라 하더라도 생략할 필요는 없다.
15) [a] 칠십인역에선 여기에다 ὕδωρ(물)을 첨가하고 있으나 이는 번역의 편의에서 나온 것 같다.

5[16)] וַיֵּ֤לֶךְ[a] וַיַּ֙עַשׂ֙[b] כִּדְבַ֣ר יְהוָ֔ה

וַיֵּ֗לֶךְ[a] וַיֵּ֙שֶׁב֙ בְּנַ֣חַל כְּרִ֔ית אֲשֶׁ֖ר עַל־פְּנֵ֥י הַיַּרְדֵּֽן׃

a) 그래서 그는 가서 야흐베의 말씀과 같이 행했다.

b) 그래서 그는 갔다. 그러고 난 후에 그는 그 야르덴의 지류[17)] 크리트 시
내에서 살았다.

6[18)] וְהָעֹרְבִ֗ים מְבִיאִ֨ים ל֜וֹ לֶ֤חֶם וּבָשָׂר֙[a] בַּבֹּ֔קֶר וְלֶ֥חֶם וּבָשָׂ֖ר בָּעָ֑רֶב

וּמִן־הַנַּ֖חַל יִשְׁתֶּֽה׃[b]

a) 그런데 그 까마귀들이 그에게 **빵과 고기**를 그 아침에, **빵과 고기**를 그 저
녁에 가져왔다.

b) 그리고 그 시내에서부터 그는 마셨다.

7 וַיְהִ֛י מִקֵּ֥ץ יָמִ֖ים וַיִּבַ֥שׁ הַנָּֽחַל

---

16) [a] 칠십인역 추정원본에서는 '그래서 그가 갔다'가 두 번 다 빠져 있는데, 이는 '가서 행했
다', '가서 살았다' 대신에 '행했다', '살았다'만 있어도 되기 때문일 것이다. 그러나 3절
에 분명히 하나님이 '가라'고 했으니, '갔다'가 들어 있는 게 당연하며, 이런 표현은 엘
리야후 엘리샤 이야기에 매우 자주 등장한다. 왕상 16:26, 31; 17:5, 10; 18:2, 16, 45;
19:3, 8, 19, 21; 20:36, 38, 43; 22:43, 53; 왕하 1:4; 2:1, 25; 3:7, 9; 4:30, 35; 5:5, 11f,
19; 6:4, 19; 8:9, 14, 18, 27f; 9:4, 16, 18; 10:12, 15; 13:2, 21 참고.
   [b] 루키안 수정본은 '그래서 그가 행했다'를 생략하고 있다. 이는 중복을 피한 것으로 보이
지만, 하나님의 명을 그대로 순종했다는 의미에서 그대로 두어야 한다.

17) 문자적으로는 '얼굴', '표면', '앞'이란 뜻을 지니고 있다.

18) [a] 히브리어 필사본 하나와 칠십인역은 까마귀가 아침에는 **빵**만, 저녁에는 고기만 가져온
것으로 보도하고 있다. 전국이 주리고 있는 터에 조석으로 **빵과 고기**를 먹는다는 것은
지나치게 보일지 모른다. 그래서 헨첼(Hentschel/1, 106.)은 마소라 본문이 기적을 확장
한 것으로 본다. 그러나 엘리야후 이야기는 언제나 하나님의 전능하심을 강조하고 있다.
즉 차르파트에서 양식이 떨어지지 않고(17:8-16), 죽은 아이가 살아나고(17:17-24), 제단
에 불이 떨어지고(18:38), 천사가 **빵과 물**을 가져다주고(19:5-8), 불로 100명을 태우는
사건(왕하 1:10, 12) 등이 일어나므로, 마소라대로 두는 것이 좋다.
   [b] 칠십인역은 여기에 ὕδωρ(물)을 첨가하고 있고, 페쉿타도 이를 따르고 있으나 이는 4절
의 경우와 같이 문맥을 매끄럽게 하기 위해 넣은 것 같다.

כִּי לֹא־הָיָה גֶשֶׁם בָּאָרֶץ׃

a) 그리고 난 후에 여러 날의 끝에 이런 일이 있었다. 그런데 그 시내가 말 랐다.

b) 그 땅에 비가 없었기 때문이었다.

8

וַיְהִי דְבַר־יְהוָה אֵלָיו לֵאמֹר׃

그리고 난 후에 야흐베의 말씀이 그에게 임했다. 가라사대

9[19]

קוּם לֵךְ צָרְפַתָה[a] אֲשֶׁר לְצִידוֹן [b]וְיָשַׁבְתָּ שָׁם[b]
הִנֵּה צִוִּיתִי שָׁם אִשָּׁה אַלְמָנָה לְכַלְכְּלֶךָ׃

a) "너는 일어나라! 너는 치돈에 속한 차르파트로 가거라! 그리고 너는 거기 서 살아라!

b) 보라! 내가 거기서 한 여자, 한 과부에게 너를 공궤하라 명했다."

10[20] וַיָּקָם וַיֵּלֶךְ צָרְפַתָה[a] וַיָּבֹא[b] אֶל־פֶּתַח הָעִיר וְהִנֵּה־שָׁם אִשָּׁה אַלְמָנָה מְקֹשֶׁשֶׁת[c]

---

19) [a] 이 지명이 어떤 히브리어 필사본에는 צָרְפַתָה(차르파타)로, 다른 사본에는 צָרְפַתָּה(차르 팟타)로, 칠십인역(라틴어역)에는 Σαρεπτα(사레프타)로 되어 있고 불가타도 이를 따르고 있다. 현재의 본문대로라면 צָרְפַת(차르파트)가 지명이고 '헤‾지시형'이 붙어서 '차르파 트 방향으로'라는 뜻이 된 것이다. 그러나 그리스어역을 참고하면 지명이 '차르파타'일 가 능성도 있다. Elberfelder Bibel은 Zarpat(차르파트)라 하여 마소라를 따랐고, 헨첼과 뷔르 트바인은 Sarepta(사레프타)라 번역하였으나, 여기서는 마소라와 HAL 사전(Ⅲ, 990)과 Elberfelder Bibel을 따른다. 이 문제는 10절에서도 반복된다.

[b-b] 칠십인역 추정원본에는 이 부분이 빠져 있다. 역시 중복 때문인 듯하다.

20) [a] 9절의 [a]와 같은 문제가 있다.

[b] 칠십인역 추정원본에는 이 단어가 빠졌다. '일어났다', '갔다', '들어갔다'가 연속되니 불 필요할 것 같아서였을 것이다. 그러나 이는 엘리야후가 하나님의 명대로 착실하게 순종 하고 있음을 밝히고 있다.

[c] 칠십인역에는 ὀπίσω αὐτῆς Ηλιου(엘리야후가 뒤에서 그 여자를)가 더 들어가 있다. 아마 나무 줍고 있는 여인의 모습을 생각해서 들어간 해석일 것이다. 혹은 BHS의 추측대로, 11절에 들어 있던 것이 앞으로 옮겨진 것일 수도 있다. 11절에선 분명히 뒤에서 불렀을 것이기 때문이다.

עֵצִים

וַיִּקְרָא אֵלֶיהָ[c] וַיֹּאמַר קְחִי[d]־נָא לִי מְעַט־מַיִם בַּכְּלִי וְאֶשְׁתֶּה׃

a) 그래서 그는 일어났다. 그리고 난 후에 차르파트로 갔다. 그리고 난 후에 그 성의 성문에 들어갔다. 그런데 보라! 거기에 한 여자, 한 과부, 나무들을 줍고 있는 여자가 있었다.

b) 그래서 그는 그 여자를 불렀다. 그리고 난 후에 그가 말했다. "제발 물 조금을 나를 위하여 그 그릇에 떠 주시오.21) 그러면 제가 마시겠습니다."

11[22)] וַתֵּלֶךְ לָקַחַת

וַיִּקְרָא אֵלֶיהָ[a] וַיֹּאמַר לִקְחִי[b]־נָא לִי פַת־לֶחֶם בְּיָדֵךְ׃

a) 그러자 그 여자는 뜨러 갔다.

b) 그런데 그는 그 여자를 불렀다. 그리고 난 후에 그는 말했다. "제발 당신은 나를 위하여 당신의 손에 빵 한 조각을 가져오시오."

12[23)] וַתֹּאמֶר חַי־יְהוָה אֱלֹהֶיךָ אִם־יֶשׁ־לִי מָעוֹג[a] כִּי אִם־מְלֹא כַף־קֶמַח

---

[d] 세 개의 히브리어 필사본에는 לְקַחִי(당신은 취하시오)라고 되어 있다. 아마 11절에서 그런 형태가 나오기 때문일 것이다. 그러나 11절의 형태는 일반적인 문법에서 벗어나 있고, 성경에서 유일한 예외적인 형태이므로 따를 필요가 없다.

21) 원어는 '취하다'라는 뜻이다.

22) [a] 10절의 [c]와 같은 문제가 있다.

[b] BHS는 대부분의 칠십인역(바티칸과 알렉산드리아 사본 제외)을 따라 본래의 형태가 לָהּ קְחִי(그 여자에게. 당신은 취하시오)였을 것이라 추측한다. 그러나 현재의 형태도 이해되므로 그냥 둔다.

23) [a] 페쉿타는 히브리어 본문이 מְאוּמָה(어떤 것)였을 것을 상정하고 있다. '마오그'와 발음이 비슷하고 글자도 비슷하며 '식량, 재고'라는 말을 할 것도 못 되었으므로 '어떤 것'이라고 했을 수도 있다.

[b] 몇 개의 히브리어 필사본들과 바실리안-바티칸 소문자사본에는 이 단어가 빠졌다. 두 개의 나무를 줍는다는 표현이 어색하여서인 것 같다.

[c] 칠십인역에선 아들들로 되어 있다. 그러나 히브리어 사본들의 뒷받침은 없다.

[d] 칠십인역, 불가타, 페쉬타에선 끝의 어미가 빠져 있다. '우리가 그것을 먹을 것이다'에서 '그것을'에 해당하는 부분을 뺐다는 뜻이다. 그러나 히브리어 본문은 마지막으로 구운

בְּכַד וּמְעַט־שֶׁמֶן בַּצַּפָּחַת

וְהִנְנִי מְקֹשֶׁשֶׁת שְׁנַיִם[b] עֵצִים וּבָאתִי וַעֲשִׂיתִיהוּ לִי וְלִבְנִי[c] וַאֲכַלְנֻהוּ[d]

וָמָתְנוּ׃

a) 그러자 그 여자가 말했다. "주님(당신)의 하나님 야흐베가 살아계시거니와 제게는 구운 것이 없습니다. 단지에 있는 밀가루 한 움큼과 항아리에 있는 약간의 기름 밖에는.

b) 그리고 보십시오. 저는 두 개의 나무들을 줍고 있습니다. 그러고 난 후에 저는 가서 저와 제 아들을 위해서 그것을 만들 것입니다. 그러고 난 후에 우리는 그것을 먹고 죽을 것입니다."

13[24)]

וַיֹּאמֶר אֵלֶיהָ אֵלִיָּהוּ אַל־תִּירְאִי בֹּאִי עֲשִׂי[a] כִדְבָרֵךְ

אַךְ עֲשִׂי־לִי מִשָּׁם עֻגָה קְטַנָּה בָרִאשֹׁנָה וְהוֹצֵאת[b] לִי וְלָךְ[c] וְלִבְנֵךְ[d]

תַּעֲשִׂי בָּאַחֲרֹנָה׃

a) 그러자 그 여자에게 엘리야후가 말했다. "당신은 두려워하지 마시오! 가시오! 당신의 말과 같이 만드시오!

b) 다만 당신은 그것으로부터 먼저 나를 위해 작은 전병 하나를 만드시오! 그리고 당신은 그것을 내게 가져오시오! 그리고 당신과 당신의 아들을 위해선 그 다음에 만드시오!

전병을 먹는다는 것을 강조하고 있다.

24) [a] 칠십인역, 아람어, 불가타에선 한결같이 '그리고'(וְ)를 집어넣은 것으로 번역하고 있다. 그러나 본문에서 엘리야후는 강하게 끊어서 명하고 있다('두려워하지 마시오! 가시오! 만드시오!).

[b] 레닌그라드 사본에만 이렇게 되어 있고, 많은 히브리어 필사본과 인쇄본에선 문법적으로 맞는 표기인 וְהוֹצֵאת(그리고 당신은 가져오시오)로 되어 있으므로 그렇게 고치는 게 좋다. 또한 한 곳에는 וְהוֹצֵאתִי(동일한 뜻)로 되어 있다.

[c] 두 개의 히브리어 필사본에는 וְלָכִי로 되어 있다. 그러면 '당신은 가시오'라는 뜻이 되지만, 문맥을 보아선, '나를 위하여', '당신을 위하여', '당신의 아들을 위하여'의 순서를 보여주는 마소라 본문이 낫다.

[d] 12절의 [c]와 같은 문제가 있다.

14[25)] כִּי כֹה אָמַר יְהוָה [a]אֱלֹהֵי יִשְׂרָאֵל[a] כַּד הַקֶּמַח לֹא תִכְלָה וְצַפַּחַת

הַשֶּׁמֶן לֹא תֶחְסָר

עַד יוֹם [b]תֵּתֶן[b]־יְהוָה גֶּשֶׁם עַל־[c]פְּנֵי[c] הָאֲדָמָה:

a) 이렇게 야흐베, 이스라엘의 하나님께서 말씀하셨기 때문이오. '그 밀가루 단지는 바닥나지 않을 것이고, 그 기름 항아리는 줄어들지 않을 것이다.

b) 야흐베께서 그 땅 표면에 비를 주시는 날까지.'"

15[26)]   וַתֵּלֶךְ וַתַּעֲשֶׂה [a]כִּדְבַר אֵלִיָּהוּ[a]

---

25) [a] 칠십인역 추정원본에는 이 부분이 **빠졌다**. '이스라엘의 하나님 야흐베께서 이렇게 말씀 하셨다'라는 표현은 엘리야후 엘리샤 이야기에선 열왕기하 9:6에만 다시 나온다. 반면에 '이스라엘의 하나님'을 **뺀** 표현인 '야흐베께서 이렇게 말씀하셨다'는 엘리야후 엘리샤 이야기에서 20:13f, 28, 42; 21:19; 22:11; 열왕기하 1:4, 6, 16; 2:21; 3:16f; 4:43; 7:1; 9:3, 12에서 발견된다. 그러나 '이스라엘의 하나님'은 17:1에 이미 나왔다. 또한 본문에 서는 치돈의 여인에게 '이스라엘의 하나님'의 능력을 강조하려는 뜻이 있는 것 같고, 열 왕기하 9:6에서는 예후에게 혁명을 일으켜야 할 당위성을 일깨우기 위하여 이스라엘의 하나님을 강조한 것 같으므로, 본문을 칠십인역을 따라 고칠 필요는 없다.

[b] 이는 BHS의 주와 같이 문맥으로 보나 문법적으로 보나 תֵּת(주기, 주는 것: 부정사)와 같은 것으로 간주하는 것이 좋을 것 같다. 그러나 지금의 형태도 열왕기상 6:19에서 나 타나고, 쿰란문서와 십수 개의 히브리어 필사본에서도 발견되므로 그냥 놔두고 תֵּת의 뜻으로 푸는 게 좋을 것이다.

[c] 칠십인역 추정원본에는 이 단어가 **빠져** 있다. 그러나 18:1에도 마소라 본문과 같은 형 태가 다시 나타나므로 고칠 필요가 없다.

26) [a] 칠십인역 추정원본에는 이 부분이 **빠져** 있고, 홈즈─파슨즈(Holmes-Parsons) 필사본에는 καὶ ἔδωκεν αὐτῳ(그리고 그녀는 그에게 주었다)라고 번역하고 있다. '엘리야후의 말대로' 라는 구절은 여기뿐이다. 그러나 כִּדְבַר(말과 같이)는 열왕기상 엘리야후 엘리샤 이야기 에 매우 자주 나타나는 중요한 구절이다: 왕상 17:5, 15f; 22:13, 38; 왕하 1:17; 2:22; 4:44; 5:14; 6:18; 7:16, 18f; 8:2; 9:26; 10:17. 본문은 '엘리야후는 하나님의 말씀대로, 과부는 엘리야후의 말대로'의 도식을 보여준다. 5절과 15절의 연관성에 대하여는 2. 3을 참고하라.

[b] 십수 개의 히브리어 필사본, 칠십인역 추정원본, 페쉿타, 타르굼, 쿰란문서에서는 הִיא וָהוּא (그 여자와 그 남자)라고 읽고 있다. וַתֹּאכַל(그래서 그 여자가 먹었다)이 앞에 나왔으니, 바로 뒤에 오는 대명사를 הִיא(그 여자)로 읽는 게 자연스럽다. 그러나 현재의 마소라 본문대 로 해석하는 것이 오히려 낫다. וַתֹּאכַל(그래서 그 여자가 먹었다)라는 말은 엘리야후를 포 함한 그 여자의 집 식구 전체를 대표해서 한 말이고, 그것을 다시 한번 상술하는 것이 '그 남자, 그 여자, 그 여자의 집'이라는 표현이다. 그러면 그 여자가 엘리야후의 말대로 했더니

וַתֹּאכַל ‏[הִוא־וָהִיא‏[b] וּבֵיתָהּ‏[c] יָמִֽים‏[d]:

a) 그러자 그 여자는 갔다. 그리고 난 후에 그 여자는 엘리야후의 말과 같이 만들었다.

b) 그래서 그 여자는 먹었다. 그 남자와 그 여자, 그리고 그 여자의 집이 여러 날 동안.

16 כַּד הַקֶּמַח לֹא כָלָתָה וְצַפַּחַת הַשֶּׁמֶן לֹא חָסֵר
כִּדְבַר יְהֹוָה אֲשֶׁר דִּבֶּר בְּיַד אֵלִיָּהוּ:

a) 그 밀가루 단지는 바닥나지 않았고, 그 기름 항아리는 줄어들지 않았다.

b) 엘리야후의 손을 통하여 하신 야흐베의 말씀과 같이.

17 וַיְהִי אַחַר הַדְּבָרִים הָאֵלֶּה חָלָה בֶּן־הָאִשָּׁה בַּעֲלַת הַבָּיִת
וַיְהִי חָלְיוֹ חָזָק מְאֹד עַד אֲשֶׁר לֹא־נוֹתְרָה־בּוֹ נְשָׁמָֽה:

a) 그런데 이 일들 후에 이런 일이 있었다. 그 집의 여주인인 그 여자의 아들이 병들었다.

b) 그리고 난 후에 이런 일이 있었다. 그런데 그의 병은 매우 심해졌다. 그의 안에 숨이 남아 있지 않을 때까지.

18[27)] וַתֹּאמֶר אֶל־אֵלִיָּהוּ מַה־לִּי וָלָךְ אִישׁ הָאֱלֹהִים

먹을 수 있었다는 뜻이 되므로 문맥에 더 잘 맞는다.

[c] 칠십인역은 καὶ τὰ τέκνα αὐτῆς(그리고 그녀의 아이들)라고 하여 과부의 아이들이 여럿인 것으로 읽고 있다. 아이들이 여럿이면 기적의 의미도 더 커지겠지만, 위의 17:12의 본문비평대로 히브리어 본문을 그냥 두는 게 좋겠다.

[d] 칠십인역 추정원본에는 이 단어가 빠져 있다. 반면에 칠십인역의 헥사플라 수정본(아랍어역, 페쉿타, 불가타도 이 수정본을 따르고 있다)에는 καὶ ἀπὸ τῆς ἡμέρας ταύτης(그리고 그날로부터)라고 적고 있다. 그러나 '여러 날 동안'이라는 표현이 좀 애매한 것 같아도 히브리어 본문을 바꿀 필요는 없다. 아직 완전히 안심하지 않게 하고 긴장을 남겨 두는 표현이기 때문이다.

27) [a] 몇 개의 히브리어 필사본과 타르굼에는 이 앞에 כִּי(왜냐하면)를 두고 있다. 그러면 더

בְּאתָ[a] אֵלַי לְהַזְכִּיר אֶת־עֲוֹנִי וּלְהָמִית אֶת־בְּנִי:

a) 그러자 그 여자가 엘리야후에게 말했다. "저와 주님(당신) 사이에 무슨
상관이 있습니까? 하나님의 사람님!

b) 주님(당신)은 제 죄를 알려서 제 아들을 죽이려고 제게 오셨습니다."[28]

19[29] וַיֹּאמֶר אֵלֶיהָ תְּנִי־לִי אֶת־בְּנֵךְ
וַיִּקָּחֵהוּ מֵחֵיקָהּ וַיַּעֲלֵהוּ אֶל־הָעֲלִיָּה אֲשֶׁר־הוּא יֹשֵׁב שָׁם וַיַּשְׁכִּבֵהוּ
עַל־מִטָּתוֹ[a]:

a) 그러자 그는 그녀에게 말했다. "제게 당신의 아들을 주시오!"

b) 그러고 난 후에 그는 그를 그 여자의 무릎에서 취하였다. 그러고 난 후에
그는 그를 자기가 거기서 살던 그 이층으로 올려 갔다. 그러고 난 후에
그는 그를 자기의 침상 위에 눕혔다.

20[30] וַיִּקְרָא אֶל־[a]יְהוָה[a] וַיֹּאמַר
יְהוָה אֱלֹהָי הֲגַם עַל־הָאַלְמָנָה אֲשֶׁר־אֲנִי מִתְגּוֹרֵר עִמָּהּ הֲרֵעוֹתָ
לְהָמִית אֶת־בְּנָהּ:

a) 그러고 난 후에 그는 야흐베께 부르짖었다. 그러면서 그가 말했다.

b) "야흐베 저의 하나님! 주님(당신)은 제가 그 여자에게 나그네로 체류하

뜻이 분명해지나 본문을 고칠 필요는 없다.

28) 원문엔 2인칭 남성 단수 어미로만 나오는 것을 이 책에서는 '당신' 대신에 '주님'이라고 번
역하고 괄호 안에 '당신'을 첨가하였다. 엘리샤가 엘리야후를 부를 때도 마찬가지다(XII장).

29) [a] 칠십인역 추정원본과 페쉿타에는 어미가 붙어 있지 않다. 그러나 엘리야후의 침상이라
는 게 중요했으므로(아래의 본문해설 참고), 히브리어 본문을 그대로 두는 게 좋다.

30) [a-a] 칠십인역에선 '야흐베께' 대신에 '엘리야후'를 집어넣었다. '야흐베'가 기도(20b) 중에도
나오니 중복을 피하려 함인 것 같으나, 히브리어 본문 그대로가 더 인격적인 하나님께
향하는 것으로 보이므로 고칠 필요가 없다. '엘리야후'를 집어넣으면 엘리야후가 부르
짖었다는 것이 강조되지만, 야흐베께 부르짖었다고 하면 엘리야후와 하나님 사이의 친
밀한 교제가 강조된다.

는 그 과부에게까지 그 아들을 죽이는 재앙을 주십니까?"

21[31)]   וַיִּתְמֹדֵד [a] עַל־הַיֶּלֶד שָׁלֹשׁ פְּעָמִים וַיִּקְרָא אֶל־יְהוָה וַיֹּאמַר
         יְהוָה אֱלֹהָי תָּשָׁב נָא נֶפֶשׁ־הַיֶּלֶד הַזֶּה עַל־[b]קִרְבּוֹ:

   a) 그러고 난 후에 그는 그 어린 아이[32)] 위에 세 번 엎드렸다. 그러고 난
      후에 그는 여호와께 부르짖었다. 그러면서 그가 말했다.

   b) "야흐베, 저의 하나님이시여! 제발 이 어린 아이의 생명(영혼)을 그 몸
      속으로 돌려주십시오!"

22[33)]   [a]וַיִּשְׁמַע יְהוָה בְּקוֹל אֵלִיָּהוּ
         וַתָּשָׁב נֶפֶשׁ־הַיֶּלֶד עַל־[b]קִרְבּוֹ וַיֶּחִי:

   a) 그러니까 야흐베께서 엘리야후의 소리를 들으셨다.

   b) 그래서 그 어린 아이의 생명이 그의 몸속으로 돌아왔다. 그래서 그가 살
      아났다.

23   וַיִּקַּח אֵלִיָּהוּ אֶת־הַיֶּלֶד[a] וַיֹּרִדֵהוּ מִן־הָעֲלִיָּה הַבַּיְתָה וַיִּתְּנֵהוּ לְאִמּוֹ
         וַיֹּאמֶר אֵלִיָּהוּ רְאִי חַי בְּנֵךְ:

   a) 그리하여 엘리야후는 그 어린 아이를 취하여 그를 그 이층에서부터 그
      집으로 내려갔다. 그러고 난 후에 그는 그를 그의 어머니에게 주었다.

---

31) [a] 칠십인역에선 καὶ ἐνεφύσησεν이라고 하여 히브리어로 וַיִּפַּח(그러고 나서 그는 숨을 불어
      넣었다)였을 것을 암시한다. 그러나 이는 후대의 해석을 반영하는 것 같다.
      [b] 몇 개의 히브리어 필사본에서는 עַל(위에) 대신에 אֶל(에게)을 쓰고 있다. 이는 17:22에
      서도 마찬가지다. 후자가 문법적으로 더 적합하나, 현재의 형태도 가능하다.
32) 여기에서는 '낳다'('얄라드')라는 뜻의 동사와 같은 어근인 '갓난아이'의 뜻을 내포한 명사
      ('옐레드')를 섰으므로, '아이'가 아닌 '어린아이'로 옮긴다.
33) 22/23 [a-a] 두 절에 걸친 긴 부분이 칠십인역 추정원본에는 다음과 같이 간단하게 되어 있
      다. καὶ ἐγένετο οὕτως καὶ ἀνεβόησεν τὸ παιδάριον(그랬더니 이런 일이 일어났다. 그런데
      그 아이가 울었다).
      [b] 21절의 [b]와 같은 문제를 갖고 있다.

b) 그러면서 엘리야후는 말했다. "보시오! 당신의 아들이 살았소!"

24[34)] וַתֹּאמֶר הָאִשָּׁה אֶל־אֵלִיָּהוּ עַתָּה זֶה[a] יָדַעְתִּי כִּי אִישׁ אֱלֹהִים אָתָּה
וּדְבַר־יְהוָה בְּפִיךָ אֱמֶת׃

a) 그러자 그 여자, 그녀가 엘리야후에게 말했다. "이제 이것을 저는 알았
습니다. 주님(당신)이 하나님의 사람이라는 것을,
b) 그리고 주님(당신)의 입에 있는 야흐베의 말씀이 참되다는 것을."

B. 논쟁점

1. 16장 34절의 의미

학자들은 대개 16장 34절이 여기에 들어온 이유를 설명하지 못하고 당황하였다.
그들은 이 구절이 여기에 있는 것은 흐름을 깨는 것이라고 생각했다. 그래서 루키
안 수정본은 이 구절을 빼버렸고(16:34의 각주 참고), 현대의 학자 중에서 디트리
히는 "신명기사 편집자(DtrG)가 자기가 편집한 16:29-33; 17:1을 이렇게 아름답지
못하게 단절시키다니 받아들이기 어렵다."[35)]라고 한탄하였다. 뷔르트바인은 고고학
적으로 9세기에는 여리효에 사람이 살지 않았고, 7세기에 들어서야 다시 도시가 형
성되었다고 하면서, 민간설화가 여기에 들어왔을 것이라고 본다(ATD 11/1, 203).
드프리스는 아흐압이 바알 숭배를 자행하자 종교적인 기강이 해이해진 틈을 타서
아히엘이 여리효를 건설했다고 본다(De Vries, 205).

---

34) [a] 두 개의 히브리어 필사본과 칠십인역 추정원본과 페쉿타에는 이 단어가 빠졌다. 그러나
이것은 여인이 강조하기 위해 쓴 말이므로 빼서는 안 될 것이다.

35) Dietrich, 1972, 136: "Es ist kaum anzunehmen, daß DtrG selbst die von ihm geschaffene
Komposition 16,29-33-17,1 so unschön unterbrochen hätte".

그런데 콘로이는 16장 34절을 공시적으로 해석하여 통시적인 해석이 밝히지 못한 부분을 드러내었다. 그는 이 부분에서 "כִּדְבַר יְהוָה"(야흐베의 말씀과 같이)가 뒷 부분과 연결시키는 고리 역할을 하고 있다고 보며, 이것이 17장 1절에 나타나는 "לְפִי דְבָרִי"(내 입의 말)과 연결된다고 보았다(Conroy, 215). 그는 더 나아가 이 절이 열왕기하 2장과 연결되고 있음을 밝혔는데, 그 근거는 첫째, 둘 다 베트엘과 여리효를 다루고 있고, 둘째, 둘 다 저주(여호슈아와 엘리샤)를 담고 있다는 점이었다 (Conroy, 215f). 그는 열왕기하 2장이 엘리야후 이야기와 엘리샤 이야기의 고리 부분임을 상기시키며, 열왕기상 16장 34절도 같은 역할, 즉 열왕기상 16장 29-33절과 '엘리야후 엘리샤 이야기'(최소한 왕상 17 - 왕하 9장)를 연결시키는 역할을 하고 있다고 지적한다(Conroy, 216).

이외에도 콘로이의 관찰은 엘리야후 이야기의 범위를 설정하는 데 큰 도움을 주고 있다. 즉 엘리야후 이야기는 직접적으로는 열왕기상 16장부터 열왕기하 2장에 이르고, 그것의 연장이라 볼 수 있는 '엘리야후 엘리샤 이야기'는 최소한 열왕기하 9장까지 이른다고 밝힌 점이다.

우선 본문을 현재의 위치에서 설명해 보자. 여리효성의 건축은 아흐압의 치세를 요약하는 부분인 열왕기상 16장 29-34절에서 아흐압의 행정적인 치세로는 유일하게 보도되었다. 그런데 여리효와 같이 큰 성을 건설하는 것이 왕의 지시나 보호가 없이 가능했을까(Walsh, 219)? 여리효는 아흐압의 지시나 보호 가운데 건설되었을 것이고, 그것은 여호슈아의 예언(수 6:26)을 무시한 조처였다. '그의 날들에' 일어난 이 공사는 공사 책임자 아히엘과 배후 인물 아흐압의 운명을 연결시켰다.

그러면 저자는 왜 아흐압 이야기에서 아히엘 이야기로 옮겨갔을까? 그 두 사람 사이에는 무슨 공통점이 있는가? '바나'(בָּנָה: '짓다'. 32, 34절)와 '아들들'이다. 아히엘은 여리효를, 아흐압은 바알 신전을 지었는데, 둘 다 하나님이 금하신 것이 었다. 그 결과는 두 사람이 공히 아들들을 잃는 것이었다.[36] 아흐압의 아들 중에 왕이 된 아햐즈야와 여호람도 하나님의 예언대로 벌을 받아 죽는다.[37] 저자는 이

---

36) 열왕기하 10:1 이하를 보면 아흐압의 아들 칠십명이 모두 목이 잘린다.

37) 열왕기하 1장에서는 아햐즈야가, 열왕기하 9장에서는 여호람이 예언자들의 예언대로 죽는

제부터 서술할 아흐압의 벌이 아히엘과 같은 종류에 해당한다는 것을 여기에 암시한 것이다. 즉 아히엘이 맏아들과 막내아들을 잃었듯이, 아흐압도 아들들(아햐즈야와 여호람)을 잃게 될 것이라는 것을 예고하고 있다. 저자는 아흐압의 치세를 요약하는 본문에서 고도의 문학적 기교로 이제부터 펼쳐질 아흐압 이야기의 결말(結末)을 예시하였다.

2. 16장 29-34절의 의미

학자들 중에는 이 문단이 아흐압의 통치의 시작 부분이고, 그것이 열왕기상 22:39f에서 비로소 끝난다고 하는 사람들이 많지만(예를 들어 ATD 11/1, 202; Hentschel/1, 102), 필자가 보기에 최소한 이 부분에서는 왕이 아니라 예언자가 중심을 차지하고 있다(Brodie, 1983, vi 참고). 즉 아흐압 왕 이야기에 엘리야후 이야기가 끼어든 게 아니고, 엘리야후 이야기를 하려고 아흐압왕을 소개한 것에 불과하다.[38] 그러므로 이 부분은 엘리야후 이야기의 서론으로서 왜 엘리야후가 등장해야 했던가를 설명하는 역할을 하고 있다. 그러기에 17장 1절의 예언은 갑작스런 말이 아니고, 이 부분에 나타난 아흐압의 모든 행위에 대한 결산으로 선포된 예언이었다.

특히 마지막에 아히엘의 이야기를 한 것은 저자의 문학적인 재능의 압권이라 할 수 있다. 하나님의 길을 떠난 아흐압과 그 집안의 장래, 즉 열왕기하 10장까지의 모든 이야기가 이 한 절로 요약될 수 있다. 또한 모든 역사는 예언자의 예언대로

다. Conroy, 1996, 210-218 참고.

[38] 아래의 B.7(16:29-17:24의 구조)을 참고하라. 열왕기 전체에 예언자의 출현이 발견되지만, 모든 왕에게 예언자가 나타나는 것은 아니다. 셜로모('야흐베'가 직접 말씀하심. 왕상 11:9-13), 야로브암(아히야. 왕상 11:29-40; 14:1-18; 베트엘의 예언자. 왕상 13), 바으샤(예후. 왕상 16:1-4), 야로브암 II(요나. 왕하 14:25-27), 히즈키야후(여샤야후. 왕하 19-20), 요쉬야후(훌다. 왕하 22:14-20). 이 중에 예언자에 대해 비교적 상세하게 다루는 경우는 아히야, 베트엘의 예언자, 여샤야후 정도인데, 이들의 경우는 왕보다 예언자에게 초점이 맞춰져 있음을 알 수 있다. 그러나 엘리야후, 엘리샤의 이야기(왕상 16:29 - 왕하 13:25)에선 전적으로 예언자의 이야기라 할 수 있다.

된다는 것을 34절에서 선언하고 있어서(아래의 C. 본문해설 참고), 열왕기하 10장 17절을 예비하고 있다.

3. 17장 1-7절은 옛 이야기를 바꾼 것인가, 계속되는 경고인가?

뷔르트바인은 2-5a절과 5b-7절을 나누어서, 그중 후자는 본래 엘리야후에 대한 오래된 한 일화(5b-7), 즉 엘리야후가 크리트(시내)에서 까마귀가 가져다주는 빵과 고기를 먹고 살았다는 이야기였다고 하며, 그것을 신명기사 편집자(DtrP)가 하나님의 명으로 크리트 시내로 간 것으로 바꾸었으며(2-5a), 그 과정에서 한 이주민을 예언자로 둔갑시켰다고 한다(ATD 11/2, 212). 그러면서도 그는 그 근거를 설명하지 않는다. 물론 크리트 시내 이야기와 거기에 가게 된 과정을 그리는 부분을 구분할 수는 있다. 그러나 뷔르트바인은 다른 학자들과 같이 엘리야후 이야기를 전설로 보면서 전설이 여기에 들어오게 된 과정을 추정하고 있는 것 같다(Fewell, 1992, 1023 참고). 헨첼은 엘리야후가 자주 외로운 곳으로 물러갔는데, 그때에 무엇을 먹었던가를 설명하는 이야기가 더 큰 문맥에 편입되었다고 한다(Hentschel/1, 105). 그러나 그것은 어디까지나 잘못된 추정일 뿐이다. 17장 1-7절은 16:29-17:24이라는 좀더 큰 단위의 일부분으로서,[39] 엘리야후의 기근 선언(1), 크리트 시내로 가라는 하나님의 지시(2-4), 하나님 말씀의 실현(5-6), 새로운 위기(7)의 짜임새 있는 구조를 갖고 있다. 그리고 1절은 16장 29-34절을 이어받은 작은 결론이고, 7절은 차르파트 이야기를 예비하는 기능을 갖고 있다. 우리는 성경의 형성사를 근거 없이 추정할 것이 아니라, 본문의 구조와 뜻을 정확히 밝혀야 할 것이다.

그러면 하나님이 왜 엘리야후에게 크리트 시내로 가라고 했을까? 그 시내의 위치는 논란이 많다. 그러나 어디였든 상관없이 크리트는 야르덴강도 아닌 지류였으므로 비가 오지 않으면 금방 말라 버릴 수밖에 없었다. 그런데도 왜 하나님은 기근 시에 곧 마르고 말 시내에 가라고 하셨을까? 그리고 엘리야후는 그것도 예상하

---

39) 아래의 "7. 16:29-17:24의 구조"를 참고하라.

지 못하고 거기에 갔다는 말인가? 왈쉬는 그 이름 때문이었다고 지적한다(Walsh, 228: 'Cut-Off-Creek'). '크리트'(כְּרִית)란 이름은 뒤에 나오는 הַכְּרִית(하크리트: '멸절하기' 18:4)나 נַכְרִית(나크리트: '우리가 몰살시킬 것이다' 18:5)의 첫 음절만 뺀 단어다(삼상 28:9; 왕상 11:16 참고). 그렇다면 하나님은 엘리야후를 그 시내에 보내심으로써 장차 이스라엘에 임할 기근의 참상과[40] 아흐압 집안에 임할 멸문의 화(왕상 22; 왕하 1:9-10)를 예고하신 것 같다. 하나님이 언어의 유희로 예언하신 것은 자주 있는 일이다(예를 들어, 렘 1:11-12).그리하여 엘리야후의 피신은 피신 에 그치는 것이 아니라 일정 기간 동안 더 계속된 하나님의 경고였다고 볼 수 있 다. 그 경고가 받아들여지지 않았기에 기근은 삼 년이나 계속된 것이다.

4. 아흐압과 엘리야후는 본래 사이가 좋았던가?

헨첼은 17장 1절에서 엘리야후가 아흐압에게 가서 기근을 선포한 것을 두고 독 특하게 해석을 한다.[41] 즉 아흐압과 엘리야후는 18장 42-46절에 의하면 사이가 좋 았는데, 편집자가 17장 1절에서 기근의 책임을 아흐압에게 돌리고 아흐압을 나쁘 게 묘사한 것이라 한다. 그러나 비가 와서 길이 막혀 왕궁으로 돌아가지도 못하게 되었고, 자칫 잘못하면 물에 빠져 죽을 수도 있는 왕을 도와준 것을 두고 사이가 좋았던 증거라 볼 수는 없다.[42] 그리고 아흐압 집안의 멸망을 선포한 엘리야후가 아흐압과 사이가 좋았다고 하는 것은 억지에 가깝다. 헨첼은 엘리야후 이야기의 전체에 흐르고 있는 아흐압과 엘리야후의 갈등관계를 애써 후대의 편집자의 것으 로 돌려서 잘못된 결론을 내리고 있는 것이다.

---

40) 기근의 참상은 저자가 자세히 말하지 않으나, 대표적으로 두 가지 예를 들 수 있다. 즉 이 스라엘에서 떨어져 있어서 상대적으로 피해가 적었을 치돈에 사는 과부의 참상(왕상 17:12) 과 아흐압의 가축들의 상황(왕상 18:5)을 통해서 우리는 그 당시의 상황을 짐작할 수 있다.
41) 아래의 주장은 Hentschel/1, 105에서 그 내용을 인용한 것이므로 일일이 주를 달지 않는다.
42) 율법에는 원수의 소나 나귀가 길을 헤매는 것을 보면 도와주라고 되어 있다. 출 23:4-5 참고.

본문은 엘리야후가 아흐압에게 가서 기근을 선포했다고 한다. 그것은 아흐압이 기근의 책임자임을 분명히 선포한 것이다. 헨첼은 엘리야후가 기근이 아니라 기근의 종식을 선포했다고 하는데, "야흐베, 내가 그의 면전에 서 있는 이스라엘의 하나님이 살아계시거니와, 이 몇 해 동안 비와 이슬이 없을 것이다"라는 말이 과연 기근의 종식을 선포한 것인가? 그럼 기근은 언제 시작되었다는 말인가? 기근의 시작은 기록하지 않았다는 말인가?

헨첼은 본문이 편집되었다는 증거로 5절에서 엘리야후가 갔다는 것을 두 번 기록하고 있다는 것을 들고 있다. 그러나 이것은 이미 많은 학자들이 밝힌 대로(예를 들어 Walsh, 228 참고), 강조하기 위한 중복이지 서툰 편집의 흔적이라 볼 수는 없다. 이런 중복은 예부터 번역자와 필사자들의 의심을 사서 본래의 칠십인역은 וַיֵּלֶךְ(그래서 그는 갔다)을 두 번 다 생략했고, 루키안 수정본은 וַיַּעַשׂ(그리고 나서 그가 행했다)를 빼버렸다(본문 5절의 각주에 나타난 본문비평 참고). 그러나 화자는 기근 시에 큰 강도 아닌 크리트 시내에 가서 살라는 불합리한 명에 순종했다는 것을 강조하고 있다.

5. 17장 1-7절과 17장 8-16절의 연관성

헨첼은 17장의 경우에 17-24절(아이를 살리는 이야기)이 제일 먼저 생겼다고 하며, 거기에 '크리트 시내 이야기'(5b, 6)와 '차르파트에서의 체류'(10-15)가 기근 모티프(7)를 중심으로 하여 엮어졌다고 주장한다(Hentschel/1, 104f). 뷔르트바인은 17-24절이 기근 이야기와 거의 상관이 없다고 하며, '크리트 시내에서의 엘리야후'(5b, 6, 7)와 '차르파트에서의 엘리야후'(10-13, 14a<사자어구를 빼고>, 15, 16a)만 '좀더 오래된 기근묶음'에 속하는 것이라고 한다(ATD 11/2, 210f). 그러나 17:1-16의 연관성을 보여주는 증거는 많다.

a. 4절과 9절의 연관성

וְאֶת־הָעֹרְבִים צִוִּיתִי לְכַלְכֶּלְךָ שָׁם 4	그리고 그 까마귀들에게 내가 **명했다. 거기서** 너를 **공궤하라고.**
צִוִּיתִי שָׁם אִשָּׁה אַלְמָנָה לְכַלְכְּלֶךָ 9	내가 **거기서** 한 여자, 한 과부에게 **명했다. 너를 공궤하라고.**

헨첼과 뷔르트바인이 서로 연관이 없다고 한 두 절은 '내가 명했다'(צִוִּיתִי), '거기서'(שָׁם), '너를 공궤하라고'(לְכַלְכְּלֶךָ)의 세 단어를 공유하고 있다. 특히 כול의 필펠 형태는 열왕기에서 솔로모 이야기(왕상 4:7; 5:7; 8:27) 외에는 엘리야후 이야기에만 나타나는 단어인데,[43] 17장 4절과 9절에서는 그 문법적 형태가 똑같이 사용되었다. 문맥이나 상황도 똑같았다. 그리고 공히 하나님이 엘리야후를 배려하는 내용을 담고 있다. 이를 우연이라 할 수는 없으며 두 절이 아무 상관이 없다고 할 수도 없다.

b. 5절과 15절의 연관성

וַיֵּלֶךְ וַיַּעַשׂ כִּדְבַר יְהוָה 5	그래서 그는 **갔다.** 그리고 **야흐베의 말씀과 같이** 행했다.
וַתֵּלֶךְ וַתַּעֲשֶׂה כִּדְבַר אֵלִיָּהוּ 15	그러자 그 여자는 **갔다.** 그리고 엘리야후의 **말과 같이 행했다**

처음의 세 단어, 즉 '갔다'(הלך), '행했다'(עשׂה), '말씀/말과 같이'(כדבר)는 주어가 다른 점을 **빼면** 완전히 같다. 즉, 바브연속법 3인칭 남성/여성단수가 두 번 반복되고 난 뒤에 '누구의 말과 같이'라는 부사구가 붙었고, 엘리야후는 야흐베의 말씀대로, 과부는 엘리야후의 말대로 했다는 것만 다르다. 이 대목에서 이 둘은 분

---

43) 이런 형태는 열왕기상 17장 외에 18:4, 13; 20:27에서 발견된다. 20장이 엘리야후 이야기임은 아래 Ⅶ장을 참고.

명히 하나로 묶여져 있는 것이다. 명령과 순종의 연관이 기적을 일으키는 상황과 신학도 같다. 엘리야후가 크리트로 가니 살 수 있었고, 과부는 엘리야후의 명대로 전병을 구워 엘리야후에게 먼저 바쳤더니 그 식구들이 먹고살 수 있었다.

c. 7절과 15절의 연관성

7 וַיְהִי מִקֵּץ יָמִים וַיִּיבַשׁ הַנָּחַל	그러고 난 후에 여러 날의 끝에 이런 일이 있었다. 그런데 그 시내가 말랐다.
15 וַתֹּאכַל הִוא־וָהִיא וּבֵיתָהּ יָמִים	그래서 그 여자는 먹었다. 그 남자와 그 여자, 그 여자의 집이 여러 날 동안

두 곳에서 '여러 날'(יָמִים)은 엘리야후가 머물며 먹은 날수를 표현하는 데 사용되었다. 7절에서는 크리트 시내에서 까마귀의 공궤를 받은 날수고, 15절에서는 과부의 공궤를 받은 날수였다. 둘 다 분명하지 않은 날수를 표시했는데, 이는 '야밈'(יָמִים)이 성경에서 대체로 정확한 날수를 밝히는 데 쓰인 것과 대조적이다.[44]

d. 주제와 소재의 공통점

이 두 이야기는 공히 하나님이 그 종을 부양하신다는 주제를 갖고 있다. 그리고 그 주제를 다루기 위해 사용된 소재도 공통점을 갖고 있다. 즉 까마귀와 과부는 가장 궁핍하고 보호를 받아야 할 대상인데,[45] 오히려 엘리야후를 도왔다는 것이다.

6. 17장 8-16절이 앞뒤 부분과 가지는 연관성

헨첼은 17:1-18:46이 기근을 주제로 연결되었다고 주장하는데(Hentschel/1, 104),

---

44) 창 29:14; 41:1; 신 21:13; 왕하 15:13; 렘 28:3, 11; 단 10:2 등 참고.
45) 아래의 B.7과 본문해설(C)을 참고하라.

17장 8-16절과 17장 17-24절이 별개의 이야기라는 증거로써 다음과 같은 점들을 들었다.[46)]

1) '차르파트에서 엘리야후가 기적적으로 살아가는 이야기'에서는 칠십인역에 의하면 과부의 아이가 여럿으로, 즉 '아이들'(12, 13, 15절)로 나오므로 17절 이하의 여주인과 다른 사람 일 것이다(위에서 12절의 본문비평 참고).
2) 17절 이하의 이야기는 '엘리샤가 슈넴 여인의 아이를 살리는 이야기'(왕하 4:8-37)에 의존하고 있다.
3) 아흐압이 각 나라에서 다 찾았는데(18:10), 엘리야후가 차르파트에 있으면서 들키지 않을 수가 없었을 것이다. 그러므로 17장 8-16절의 이야기는 엘리야후의 기근 이야기와 상관없다.
4) 차르파트에서의 삶은 본래의 형태가 10-14a, 15로 구성되어 있었고, 나머지는 후대에 첨가된 것인데, 본래의 부분은 기근 이야기를 포함하고 있지 않다. 그리고 15b를 고쳐서 엘리야후를 빼야 하며, 엘리야후는 거기에 잠깐 들렀을 뿐이지, 계속해서 살지 않았다.

위의 논거를 끝에서부터 하나씩 검토해 보자. 4)는 기근과 관련된 부분을 일부러 다 빼놓고 기근과 관련이 없다는 것이니 순환논법이 아닐까? 즉 후대의 편집자가 기근 이야기에 편입시키기 위하여 "야흐베께서 그 땅 표면에 비를 주시는 날까지"(14b)를 첨가하였다는 말인데, 그렇다면 기근이 없었는데 왜 엘리야후가 차르파트로 가야 했으며, 거기서 왜 과부의 식구들을 먹여 살리는 기적이 필요했던가에 대한 설명이 필요하다. 밀가루와 기름을 먹고산 사람 명단에서 엘리야후를 빼는 것도 근거가 없다. 뷔르트바인은 크리트 시내 이야기와 차르파트 여인 이야기는 신명기사 편집자 이전에 이미 하나로 된 자료였다고 주장하는데, 이는 두 이야기를 분리할 기준이 별로 없다는 것을 시사하는 말로 보인다(ATD 11/2, 212).
3)은 아흐압이 찾으려면 못 찾았을 수가 없다는 납득하기 어려운 전제하에서 나온 말이다. 아흐압이 페니키아의 나라들과 아람과 함께 동맹을 맺고 있었다 하나, 어찌

---

46) Hentschel/1, 106-108. 번호는 필자가 붙인 것이다.

이웃 나라에 숨어 있는 혐의자를 다 찾아낼 수 있었겠는가? 요아쉬는 아탈야가 있는 왕궁에서 200미터도 떨어지지 않은 곳에서 6년 동안 살지 않았던가(왕하 11)(Donner/2, 252 참고)? 아흐압이 샅샅이 뒤졌어도 엘리야후를 찾지 못했기에 후대에 전할 가치가 있는 이야기 거리가 된 것 아닌가? 저자는 그것을 모순으로 생각하지 않았을 것이고, 그 당시의 청중들도 아무도 그것을 모순으로 생각하지 않았을 것이다. 이것은 하나님 이야기, 기적 이야기, 예언자 이야기지 일반적인 상식 수준의 이야기가 아니었음이다. 헨첼은 엘리야후 이야기의 성격을 제대로 이해하지 못한 것 같다.

2)는 간단히 대답할 수 없는 문제이고, 많은 학자들이 논쟁을 벌이고 있는 문제이므로 아래 Ⅳ장에서 별도로 다루려 한다. 그러나 아래에서 드러나듯이 엘리야후가 아이를 살린 이야기가 슈넴 여인의 이야기에서 나왔다는 설은 많은 학자들의 주장에도 불구하고 설득력이 부족하다.

1)은 칠십인역에 복수로 나와 있지만, 반드시 마소라 본문을 고쳐야 할 필연성은 없는 것이다(17:15의 본문비평 참고). 그리고 본래 복수였던 것을 마소라가 단수로 바꾸었다 해도, 여러 아이들 중에 하나가 죽었다는 스토리가 성립되지 못할 이유는 없다.

헨첼 혼자서만 위와 같은 주장을 펴는 것은 아니다. 뷔르트바인도 17-24절에 나오는 여인이 8-16절에 나오는 여인과 다른 부자로 보면서, "신명기사 편집자의 편집 이후에 들어간 이야기"(nachdtr)라 규정하였다.[47] 카이저(Kaiser)도 그의 개론서에서 엘리야후의 이야기를 오랜 기간의 전통에 의하여 모범적인 야흐베의 예언자로, 아흐압왕의 상대자로 만들어졌다고 보면서, 17:17-24가 '신명기사 편집자의 편집 이후에 들어간 글'(nachdtr)로 보았다(Kaiser, 1984, 169). 제바스(Seebaß, 1982, 498)도 이 문제에 대하여 위의 사람들과 같은 입장이다. 그러나 위에서 살펴보았듯이, 또한 아래에서 더 상술하는 바와 같이 이들의 주장은 별로 분명한 근거를 가지고 있지 못하다. 17:8-16과 17:17-24의 통일성은 위에서 분명히 증명되었다.

---

47) ATD 11/2, 222. 그는 여인이 2층을 가지고 있었고, 침상을 가지고 있었다며 차르파트의 과부와는 다른 사람이라고 주장한다. 이 논지에 대한 반론은 아래(3)를 참고하라.

7. 16:29-17:24의 구조

두 장에 걸친 이 본문은 다음과 같은 구조로 그 통일성을 보여주고 있다.

> A 이제벨을 아내로 삼다(16:29-33)
> 　B 아히엘의 아들들이 죽다(16:34)
> 　　C 까마귀가 공궤(供饋)하다(17:1-7)
> 　　C′ 과부가 공궤(供饋)하다(17:8-16)
> 　B′ 과부의 아들이 살아나다(17:17-22)
> A′ 과부의 고백(17:23-24)

C와 C′는 공히 예언자에 대한 공궤라는 주제를 담고 있다. 그리고 둘은 합해서 본문의 핵을 이루고 있다. 이 핵을 중심으로 하여 저주받은 사람들(이제벨, 아히엘)과 복받은 피조물들(까마귀와 과부)이 대칭을 이루는 형태가 나타난다. 이제벨과 과부는 공히 치돈 출신의 여자지만, 이제벨은 아흐압을 망하게 하는 데 결정적인 역할을 하고 과부는 엘리야후를 먹여 살리는 역할을 한다. A에서 이제벨은 아흐압 집안의 화근이 되지만, A′에서 과부는 엘리야후와 하나님에 대한 온전한 믿음을 고백한다. 또한 B에서 아흐압을 상징하는 아히엘은 두 아들을 잃지만, B′에서 차르파트의 과부는 죽었던 아들이 살아나는 기적을 체험한다. 이로써 본문의 통일성이 증명되었다. 그러므로 아래에서는 이 구조를 따라 본문을 해설하고자 한다.

C. 본문해설

1. 이제벨을 아내로 삼다(16:29-33)

누구를 아내로 삼느냐 하는 것은 개인의 로맨스에 그치는 것이 아니다. 저자는 아흐압의 모든 죄 중에서 이제벨을 아내로 맞은 게 가장 큰 죄였다고 지적한다. 이 부분은 엘리야후를 선지자로 알아본 과부의 고백과 대칭되어 있어서, 이제벨의 길과 과부의 길이 시 1편에서와 같이 대조되고 있다.

16:29 וַאַחְאָב בֶּן־עָמְרִי(그런데 아흐압—오므리의 아들—이). 저자는 한 왕의 치세를 소개하는 일반적인 방식을 따라 '아사—여후다왕—의 38년에'를 먼저 쓰지 않고, 셜로모(왕상 2:12)와 야로브암(왕상 12:20) 치세를 기록할 때와 같이 등극하는 왕을 먼저 씀으로써, 여기서 평범하지 않은 왕의 이야기를 시작하려 한다는 것을 암시한다(위에서 16:29의 본문비평 참고). 또한 동사보다 주어를 먼저 씀으로써 아흐압이란 인물이 중요한 역할을 한다는 것을 분명히 하고 있다. 그의 치세 이야기는 열왕기상 22장 50절에서 끝나므로 모두 7장에 걸쳐 서술되는 셈이다. 이 이야기의 주인공은 엘리야후지만, 아흐압은 부주인공으로서 주인공과 갈등을 일으키는 역할을 담당하게 된다.

עֶשְׂרִים וּשְׁתַּיִם שָׁנָה(22년). 아흐압의 재위 기간은 분명하지 않다. 헨첼은 여후다의 여호샤파트가 아흐압 4년에 등극하였고(왕상 22:41), 아흐압은 여호샤파트 17년에 죽었다고 기록되어 있으니(왕상 22:52), 실제로 아흐압이 다스린 기간은 아마 20년(871-852)이었을 것이라 본다(Hentschel/1, 103). 드프리스는 아흐압이 실제로 아사왕 37년에 즉위하여 21년을 좀 넘게 다스렸다고 생각한다(De Vries, 204). 여기서는 이스라엘 역사서를 쓴 돈너의 견해를 따라 아흐압의 치세를 871-852년으로 잡는다(Donner/2, 468).

30 מִכֹּל אֲשֶׁר לְפָנָיו(그의 앞에 있었던 모든 사람보다 더). 이런 표현은 오므리왕에게도 적용되었으니(왕상 16:2 5), 부자가 연속해서 기록을 세운 셈이다. 그러나 그가 그 아버지를 이어서 왕조를 확립한 점이나 22년간 집권하고 아들에게 물려준 점을 보면, 정치적으로는 유능한 인물이었던 것 같다(ATD 11/1, 202; Hentschel/1, 103). 그의 왕조는 북이스라엘에서 예후 왕조 다음으로 긴 47년의 기록을 세웠다.[48]

---

48) 오므리가 882년에 즉위했다고 전제하고, 예후 혁명이 845년에 일어났다고 보는 경우에 그렇다. Donner/2, 4 참고. 반면에 드프리스(De Vries, 204)는 오므리 왕조의 존속 기간을

31-33 בְּחַטֹּאות יָרָבְעָם(야로브암의 죄들 가운데). 베트엘과 단에 금송아지상을 세운 제의에 가담한 것을 말한다(왕상 12:27 이하).

וַיְהִי הֲנָקֵל(그런데 이런 일이 있었다. 작았던가?). 새삼 '바여히'(וַיְהִי 그런데 이런 일이 있었다)로 시작하면서 의문문을 내세우는 데서 저자의 분노가 느껴진다. 야로브암의 길을 걸은 것은 북이스라엘 모든 왕에게 해당되므로 그것만으로는 아흐압의 죄를 제대로 다 설명할 수 없었다. 아흐압의 죄는 1) 에트바알[49]의 딸 이제벨을 취한 것, 2) 바알을 섬긴 것과 절한 것, 3) 바알의 신전을 세운 것, 4) 아세라를 만든 것으로 열거된다. 그러나 분노의 초점은 맨 처음에 언급된 사항, 즉 이제벨을 취한 데 있었다. 그 외의 모든 일은 그가 이제벨을 취한 결과로 간주되었다.[50] 이스라엘은 이미 다비드, 셜로모 때부터 페니키아와 좋은 관계를 유지했고, 무역도 빈번하였으며, 셜로모도 바로의 딸을 아내로 삼았지만, 이제벨의 경우에 다른 점은 그녀가 매우 공격적이고 비타협적이라는 점이었다(De Vries, 204). 그녀는 치돈에서 행하던 특별한 형식의 바알 제의를 이스라엘에 공식적으로 수입한 것 같다(De Vries, 204).

בַּת־אֶתְבַּעַל(에트바알의 딸). 열왕기상에서 처음으로 바알의 이름이 이제벨의 아버지 이름을 통해 나타난다. 왈쉬(Walsh)의 표현을 빌면 이 순간에 바알이 뱀처럼 기어들어왔다고 한다(Walsh, 218). 이제벨과의 혼인은 은밀히 바알을 수입하는 결과가 되었다.

אִיזֶבֶל(이제벨). 본래 אִיזְבוּל('이즈불': 왕[바알]은 어디에?)이라는 그 나름으로 종교색이 짙은 이름이었던 것을 기자는 אִיזֶבֶל(이제벨: 오물/거름/똥은 어디에?)로 바꾸었다(Walsh, 218). 아흐압은 이제벨을 아내로 취하였기 때문에 바알을 섬기고, 절을 하였으며(31), 바알의 제단과 신전을 세웠고(32), 아세라를 만들어 야흐베를

44년으로 본다.

49) '바알은 존재한다'는 뜻의 이름을 가진 이 왕은 대략 887-856년 기간에 치돈의 왕좌를 차지했던 것 같다. De Vries, 204 참고.

50) 대부분의 학자들은 이제벨의 역할을 축소하려 하지만, 열왕기의 저자는 분명히 이제벨에게 결정적인 문제가 있었다고 지적한다. 왕상 18:4, 19; 19:1-2; 21:5-14, 25; 왕하 9:30-37 참고. 무엇보다 왕상 21:25에선 아흐압의 죄가 이제벨의 충동 때문이라 기록되었다.

진노하시게 했다(33).

2. 아히엘의 아들들이 죽다(16:34)

저자가 아히엘의 아들들의 죽음을 여기서 강조하는 것은 아흐압의 아들들도 곧 그런 운명을 맞을 것이라는 것을 암시하기 위함이다. 즉 아히엘이 아비람과 스굽을 잃었듯이, 아흐압도 아햐즈야와 여호람을 잃을 것이라는 것을 청중들에게 미리 밝혀 두고 있다. 이 부분은 과부의 아들이 죽었다가 살아나는 이야기와 대칭되어, 복된 길이 무엇인가를 우리에게 가르쳐 준다.

34 בְּיָמָיו(그의 날들에). 아흐압이 하나님을 멀리 떠난 때에, 이스라엘 전국이 그의 책임하에 있는 때에—아마 그의 명으로—여리효가 지어졌다. 이 단어는 아흐압의 모든 행위를 아히엘의 행위와 연결시키는 역할을 한다. 아흐압의 삶은 아히엘의 삶과 같이 하나님의 명을 어기는 삶이었고, 그 결과로 아히엘과 같이 아들들을 잃게 되었다.

בַּאֲבִירָם(아비람을 바쳐서/아비람 안에). 드프리스는 아히엘이 아들을 산 채로나 죽은 시체를 단지 속에 넣어서 석조건축물 속에 넣어 신들의 진노를 막으려 했던 제의를 뜻한다고 해석하지만(De Vries, 25), 여기선 여호슈아의 예언(수 6:26)의 성취라고 저자가 밝히는 대로, 아히엘이 스스로 바친 게 아니라 하나님이 그 아들들을 데려가신 것을 뜻함이 분명하다.[51]

דִּבֶּר בְּיַד(<……의> 손을 통하여 말씀하셨다). 역대하 10:15; 예레미야 37:2를 제외하면 오직 열왕기에서만 발견되는 어구다. 직역하면 누구의 손을 빌려 말씀하신다는 이 어구는 모두 (예언자들의) 예언대로 되었음을 선포할 때에 썼다. 모세

---

51) בְּ(안에)가 대가를 뜻하는 것이기 때문이다. Gesenius/17, 874 참고. 뷔르트바인도 팔레스티나에서는 건축을 하면서 사람을 제물로 바치는 습관이 아직 고고학적으로 발견되지 않았다면서, 본문의 의미가 아히엘이 아이를 제물로 바쳤다는 뜻이 아니라고 본다. ATD 11/1, 204 참고.

(왕상 8:56), 아히야(왕상 14:18; 15:29), 엘리야후(왕상 17:16; 왕하 9:36; 10:10), 요나(왕하 14:25); 모든 예언자들(왕하 17:23; 24:2). 본문에선 여호슈아의 예언(수 6:26)이 성취되었음을 알리고 있다.[52] 엘리야후의 이야기에서 이 구절은 전적으로 엘리야후의 예언이 성취되었음을 알리는 데 사용되었다.[53]

3. 까마귀가 공궤하다(17:1-7)

열왕기상 17장 1절은 아흐압의 죄에 대한 결산으로 나타났다. 이 부분에서는 엘리야후가 아흐압에게 직접 찾아가서 기근을 선포하고 크리트 시내에 가서 아흐압과 이스라엘의 반응을 기다리는 장면이 소개되어 있다. 그러나 크리트 시내가 마르기까지 아흐압과 이스라엘은 회개하지 않았다. 그들은 까마귀보다 못했다.

1 וַיֹּאמֶר אֵלִיָּהוּ(그 후에 엘리야후가 말했다). 서론이 끝나고 본론이 시작되었다. 기자는 그냥 엘리야후가 말했다는 말로 시작한다. 그에 대한 소개는 너무 간단해서 그 일의 중요성에 비하면 당황스러울 정도다. 그의 출신지가 티쉬베라는 것과 그가 길아드의 정착민 중에서 나왔다는 것이 전부다. 이는 저자의 관심사가 엘리야후가 아니었기 때문이다. 저자는 16장 29절 이하의 아흐압의 범죄를 열거하고 난 후에, 그에 따른 당연한 결과로 하나님의 심판이 선포되었다는 데 집중하고 있다. '아흐압'이라고 하는 이름은 16장 29절 이하와 17장을 연결시키는 고리 역할을 한다.

엘리야후란 이름의 뜻은 '나의 하나님은 야흐베다'라는 뜻으로 보인다(De Vries, 216; Walsh, 226). 그의 이름은 논쟁적이었다. 남들은 뭐라고 하든 상관없이 자기의 하나님은 야흐베라는 것이었다. 그것은 그의 사명을 암시하고 있었고, 그는 평생 그의 이름값을 하고 살았다. 그는 역사의 무대에 처음 등장하면서 자신을 예언자로 소

---

52) 수 6:26에서 여호슈아가 한 말이 본문에서 야흐베께서 여호슈아를 통해서 하신 말씀이라고 소개된 현상은 아히야(왕상 14:18; 15:29)의 경우에도 나타난다.
53) 그러나 '엘리야후 엘리샤 이야기'에서 엘리야후의 예언의 실현을 알리는 부분이 모두 이런 어투로 되어 있는 것은 아니다. 예를 들어서 왕하 10:17을 참고하라.

개하지 않았고, 화자도 그를 예언자라 부르지 않았다.[54] 그 이름만으로 충분하여 그는 예언자라는 말을 붙일 필요조차 없었는지 모른다. 화자는 그를 티쉬베 사람으로, 엘리야후 스스로는 '내가 그 앞에 서 있는'이라는 표현으로 자신이 하나님의 종이라고만 소개하고 있다.[55] 그가 야르덴 동편 출신이라는 것은 우상 숭배에 젖은 서쪽과는 다른 풍토에서 살았다는 뜻이고, 거류민[56]이라는 말도 야흐베의 전통이 좀더 잘 지켜지던 고장 출신이라는 뜻인 것 같다.[57]

기근의 선포는 그 자체가 바알 신앙에 대한 도전이었다. 비는 바알의 소관이라고 여겨졌기 때문이다(민영진, 1970/1, 162). '내 말이 없으면'이란 말은 일견 오만한 것같이 보인다(Walsh, 1 Kings, 227). 그러나 그것은 오직 하나님의 뜻만이 기근을 종식시킬 수 있다는 뜻으로 해석하는 것이 좋다.

엘리야후의 출현은 대개 갑작스럽다(김정우, 2000 여름, 10). 기근의 시작 때만 아니라, 종결 시에도(왕상 18:7ff), 나보트 사건 때에도(왕상 21:20), 아햐즈야에게 나타날 때(왕하 1:3f)에도 항상 청중을 놀라게 한다. 이는 예후 혁명을 촉발하는 엘리샤의 지시(왕하 9:1-3)에서도 마찬가지였다. 이런 현상은 화자가 엘리야후나 엘리샤 개인에게 관심을 두지 않고 하나님의 의지에 초점을 맞추고 있음을 보여준다.

엘리야후 이야기에서 보통은 하나님의 명이 있고 난 후에 엘리야후가 그 명을 수행하는 식으로 이야기가 진행되었다(17:2ff, 8ff; 18:1ff; 21:17ff; 왕하 1:3ff). 그런데 여기선 하나님이 지시하시는 장면이 빠졌다. 그것은 아마 1절이 열왕기하 13장까지 이르는 '엘리야후 엘리샤 이야기'의 제목의 기능을 하고 있기 때문일 것이다.[58] 실제로 청중들은 뒤의 이야기들(왕상 18:36; 엘리야후가 하나님의 지시대로

---

54) 그리스어의 번역자들은 이 사실을 이상히 여기고 여기에 예언자라는 말을 집어넣었다. 그러나 기자는 그를 일부러 예언자로 소개하지 않았던 것 같다. 17:1의 본문비평 참고. 그러나 왕상 18:22에서 엘리야후는 자신을 바알의 예언자에 대칭되는 야흐베의 예언자로 칭했다. 그리고 19:17에서 하나님은 엘리야후에게 엘리샤를 예언자로 기름 부으라고 하여 엘리야후가 예언자임을 시사하셨다.

55) עמד לפני(아마드 리프네: 누구 앞에 섰다)는 시종이 주인의 앞에 서서 명령을 받드는 자세를 뜻한다. Amsler, 330f 참고. 또한 김정우, 2000 여름, 11 참고.

56) תושב(토샤브)는 시민권 없이 한 지역에 사는 사람을 뜻한다. Gesenius/17, 874 참고.

57) '티쉬베' 및 '이주민'에 대해서는 17:1의 본문비평 참고.

만 활동함)을 통하여 1절의 선언도 하나님의 지시가 있었기에 한 행위임을 알게 된다. 엘리야후 이야기의 끝 부분인 열왕기하 2장에서도 엘리야후의 행위는 하나님의 명령이 있었던 것이 전제되어 있지만(왕하 2:2, 4, 6), 2장에서나 그 전후문맥에서는 명령기사가 나타나지 않았다. 이는 엘리야후 이야기의 첫 부분과 끝 부분의 공통점이 되었다.

אֱלֹהֵי יִשְׂרָאֵל(이스라엘의 하나님). 엘리야후는 겉으로는 아흐압과 싸우는 것 같지만, 실제로는 이스라엘과 싸우고 있었다. 아흐압의 정책에 맞추어 우상에게 절하고 예언자들을 탄압하는 이스라엘 백성은 카르멜산에서 엘리야후가 싸운 대상이면서 동시에 싸움의 목적이었다(18:21-24). 그래서 엘리야후는 효렙산에서 오직 이스라엘 백성만을 고발한다(19:10, 14). 또한 기근의 가장 큰 피해자도 바로 그 이스라엘 백성이었다. 그러므로 엘리야후는 이스라엘의 하나님을 강조한다. 바로 이 부분을 루키안 수정본은 빼고 있으니 잘못된 읽기의 한 예라 할 수 있다.

2-3 דְּבַר־יְהוָה(야흐베의 말씀). '엘리야후 엘리샤 이야기'에서 하나님의 첫 마디는 의외로 예언자에 대한 배려의 말씀이었다. 이런 측면은 이 이야기에서 여러 번 나타난다. 1) 크리트 시내로 보낸다(17:3f), 2) 차르파트로 보낸다(17:8f), 3) 아햐즈야의 군대를 불사른다(왕하 1:9-12), 4) 승천할 장소로 보낸다(왕하 2:2, 4, 6). 또한 열왕기하 2:23f에서는 엘리샤를 놀렸던 아이들이 벌을 받았다. 이리하여 엘리야후 이야기는 하나님이 그 종을 부리시기만 하는 게 아니라 보호하시고 좋은 곳으로 인도하신다는 신학을 분명히 보여 주고 있다.

וְנִסְתַּרְתָּ בְּנַחַל כְּרִית(그리고 너는 크리트 시내에 숨어라). 하나님은 엘리야후만 배려하신 것은 아니었다. '크리트' 시내에 숨게 하심으로써 하나님의 경고 메시지(끊는다)는 드러났다.[59] 엘리야후가 차르파트로 떠나고 난 후에 아마 사람들은 그가 크리트 시내에 머물렀다는 것을 알게 되고, 그것의 의미를 생각했을 것이다.

4-5 וְאֶת־הָעֹרְבִים צִוִּיתִי(그리고 그 까마귀들에게 내가 명했다). 저자는 하나님이 까마귀를 맨 앞에 세워 강조하셨음을 드러내고 있다. 하필 까마귀일까? 이

---

58) 왈쉬(위의 책, 225)는 1절을 아래의 세 장을 묶어 주는 '축'(anchor point)으로 본다.

59) '크리트'가 지니는 의미에 대해서는 위의 B.3을 참고하라.

새는 부정하여 먹지 못하는 것이고(레 11:15; 신 14:14), 에돔이 저주를 받을 때에 부엉이와 까마귀가 거기 거한다 했고(사 34:11), 부모 거역하는 자의 눈을 까마귀가 쪼아 먹는다 했으니(잠 30:17) 부정적인 이미지가 강하다. 그러나 노아가 물이 빠졌는지를 알아볼 때에 심부름을 시킨 것도 까마귀였고(창 8:7), 하나님은 들짐승과 우는 까마귀 새끼에게 먹을 것을 주시는 분이시라 했다(욥 38:41; 시 147:9). 본문에서 하나님은 부정적인 이미지가 강한 동물에게 매우 영예로운 직책을 맡겼다. 이는 가장 영예로운 직책을 맡고 있던 아흐압과 비교하기 위한 것으로 보인다. 저주의 상징인 까마귀도 하나님께 순종하는데, 하나님의 아들(시 2:7)의 직책을 맡은 왕이 불순종할 수 있는가? 반면에 엘리야후가 하나님의 말씀에 순종했다는 것은 '가서 행했다', '가서 살았다'를 반복하는 가운데서 강조되었다. 변방의 티쉬베 사람이요, 이주민 중의 하나였던 엘리야후와, 가난한 차르파트의 과부와, 부정한 새 까마귀는 공히 하나님의 충실한 종으로서 아흐압과 대조되고 있다.[60]

6 לֶחֶם וּבָשָׂר(빵과 고기). 까마귀는 조석으로 빵과 고기를 가져왔다. 이는 그 당시의 농부들보다 좋은 식사였다(ATD 11/2, 212). 그래서 어떤 필사본과 본래의 칠십인역에서는 아침에는 빵을 저녁에는 고기만 가져온 것으로 줄여 버렸다(6절의 본문비평 참고). 헨첼은 이것을 두고 마소라판이 기적을 확대했다고 해석한다(Hentschel/1, 106). 그러나 기적이란 본래 풍성한 것이지, 빈약한 성질의 것은 아니다. 카르멜산에서 내린 불이 물까지 핥은 것을 참고하라(왕상 18:38). 그리고 하나님이 엘리야후를 부양하라고 명한 만큼, 충분한 분량의 식사가 주어졌으리라고 보는 것이 옳다.

7 וַיְהִי מִקֵּץ יָמִים וַיִּבַשׁ הַנָּחַל(그러고 난 후에 이런 일이 있었다. 날들의 끝부터. 그런데 그 시내가 말랐다). '바여히'(그러고 난 후에 이런 일이 있었다)는 새로운 단락이나 사건의 전환을 설명하는 어구다. 예상된 일이긴 하지만 '날들의 끝부터' 크리트 시내는 결국 마르고 말았다. '날들의 끝부터' 잔치는 끝났다. 까마귀가 물을 가져다줄 수는 없었다. 잠시의 긴장이 흐른다. 그러나 엘리야후의 반응은 나타나지 않는다. 하나님의 앞에 서 있을 뿐이다.

---

60) 민영진(1970/2, 165)은 까마귀를 아랍인들로 보고 있다. 그러나 그렇게 보면 크리트 시내가 마른 것과 엘리야후의 이동의 연관성을 잃게 된다.

4. 과부가 공궤하다(왕상 17:8-16[61])

드디어 하나님은 그의 종 엘리야후에게 새로운 피난처를 제공하셨다. 그곳은 이제벨의 고향 치돈에 속한 한 작은 성이었다. 거리가 먼 곳이었지만 엘리야후는 순종하였고, 차르파트의 과부도 절망과 불신을 드러내다가 마침내 엘리야후의 말에 순종하여 온 집안이 생명을 얻는다. 이 부분은 까마귀가 공궤한 부분과 대조를 이룬다. 사람들이 대수롭지 않게 여기는 존재들이 하나님의 사람을 공궤하는 영광을 누린다.

8 וַיְהִי דְבַר־יְהוָה(그러고 난 후에 야흐베의 말씀이 있었다). 이 문구는 셔무엘 상 15장 10절부터 스카르야 8장 18절까지 모두 83회 나온다.[62] 오직 전기, 후기 예언서에만 나타나며, 여헤즈켈서에서 가장 많이, 이르므야후서에서 그 다음으로 많이 나타나는데, 주로 하나님이 예언자들에게 하는 말씀을 안내한다. 열왕기에선 셜로모에게, 베트엘의 거짓 예언자에게, 햐나니의 아들 예언자 예후에게 각각 한 번씩 임했고, 나머지는 모두 엘리야후에게 임한 말씀을 소개하고 있다. 엘리야후 이야기에선 17:2, 8; 21:17, 28에만 나타난다. 특히 21장 17절에선 스토리의 결정적인 전환점에 나타난다. 그러나 17장에선 하나님이 엘리야후를 보호하는 조처 가운데서만 나타난다.

---

61) 왈쉬는 17:7-16을 하나의 문단으로 나눈다. 이는 7절에 וַיְהִי(바여히: 그러고 난 후에 이런 일이 있었다)가 나오기 때문인지 모른다. 세밀히 나누자면 17:2-6/7/8-16으로 나누어야 할 것이다. 7절은 크리트 시내 이야기와 차르파트 이야기의 경계선이다. 그러나 그 부분은 단순한 경계가 아니라 크리트 시냇물이 마른 상태를 선포하고 있다. 그러나 복잡한 것을 피하기 위하여 이 절을 어느 한 곳에 편입시킨다면 크리트 시내 이야기에 소속되어야 할 것이다.

62) 삼상 15:10; 삼하 7:4; 왕상 6:11; 13:20; 16:1; 17:2, 8; 21:17, 28; 대하 11:2; 사 38:4; 렘 1:4, 11, 13; 2:1; 13:3, 8; 16:1; 18:5; 24:4; 28:12; 29:30; 32:26; 33:1, 19, 23; 34:12; 35:12; 36:27; 37:6; 42:7; 43:8; 겔 3:16; 6:1; 7:1; 11:14; 12:1, 8, 17, 21, 26; 13:1; 14:2, 12; 15:1; 16:1; 17:1, 11; 18:1; 20:2; 21:1, 6, 13, 23; 22:1, 17, 23; 23:1; 24:1, 15; 25:1; 27:1; 28:1, 11, 20; 30:1; 33:1, 23; 34:1; 35:1; 36:16; 37:15; 38:1; 욘 1:1; 3:1; 학 1:3; 2:20; 슥 4:8; 6:9; 7:4, 8; 8:1, 18.

וַיְהִי(바여히: 그리고 난 후에 있었다/임했다). 이 단어만으로도 각 문단의 새로운 전환점을 알 수 있다.[63]

9 קוּם(일어나라)은 열왕기에서 본문을 비롯하여 열왕기상 19:5, 7; 21:7, 15, 18; 열왕기하 1:3에 나타난다. 열왕기상 21장 15절을 제외하면 모두가 하나님이 엘리야후에게 지시하실 때에 사용되었다. 그 한 가지 예외는 이제벨이 아흐압에게 일어나 나보트의 포도원을 취하라는 말이니, 하나님이 엘리야후에게 한 명령과 대칭을 이룬다. 이런 현상은 이제벨이 아흐압에게 하나님과 같은 존재였음을 암시한다.

לְצִידוֹן(치돈에 속한). 쿰이란 명령어와 같이 여기서도 이제벨과의 대조가 암시되고 있다. 이제벨이 치돈의 공주 출신으로서 하나님의 대적이 되고 바알을 섬기고 예언자를 죽인 것(왕상 16:31-33; 18:13; 19:1-2; 왕하 9:22)과 대조적으로, 차르파트의 과부는 엘리야후를 살리고 돕는다. 이제벨은 자기 집안을 망하게 하고 아들들을 다 죽게 하며, 자기도 비참한 최후를 맞지만(왕하 9-10), 차르파트의 과부는 자기 아들을 살리게 된다. 하나님은 공주나 왕비를 버리시고 과부를 택하셨다.[64] 하나님은 이 대조를 보이기 위해 엘리야후를 수백 킬로미터나 걸어서 가게 하셨을 것이다.

10 וַיָּקָם(그래서 그는 일어났다). 엘리야후는 하나님의 명에 순종한다. 크리트 시내로 가라고 해서 갔던 엘리야후가, 이제는 시냇물이 말라서가 아니라 하나님이 치돈으로 보내시니 차르파트로 간다. 성문에 들어가자마자 엘리야후는 하나님이 말씀하신 과부를 쉽게 발견한다. 화자는 크리트에서 치돈까지의 수백 킬로미터의 여정과 고생은 생략하고, 여인을 발견할 때의 순간을 자세히, 천천히, 또박또박 소개한다. '보라'(감탄사) + '거기에' + (한) '여자' + (한) '과부' + '나무를 줍는 여자'(분사). 하나님의 약속은 확실했다. 그러나 지친 나그네를 영접하기엔 별로 적합하지 않아 보였다.[65] 이어서 화자는 엘리야후가 그 여자에게 하는 말을 소개한다. "제발

---

63) '엘리야후 엘리샤 이야기'에선 아래에서 이 단어의 출현을 볼 수 있다. 17:2, 7f, 17; 18:1, 4, 7, 17, 27, 29, 36, 44f; 19:13; 20:12, 26, 29, 39f; 21:1f, 15ff, 27f; 22:2, 32f; 왕하 2:1, 9, 11; 3:5, 20, 27; 4:6, 8, 11, 18, 25, 40; 5:7f; 6:5, 20, 24ff, 30; 7:16, 18, 20; 8:3, 5, 15, 21; 9:22; 10:7, 9, 25.

64) 구약에 나타난 '과부'에 대해서는 Kühlewein 참고.

물 조금을 나를 위하여 그 그릇에 떠 주시오. 그러면 제가 마시겠습니다." 그동안 엘리야후가 겪었던 고생이 이 한 마디에 담겨 있다.

11 פַּת־לֶחֶם(빵 한 조각). 가난한 과부는 아무 말도 않고 물을 가지러 간다. 물을 기대할 수 있게 된 엘리야후는 속에 있었던 말을 꺼낸다. '빵 한 조각'을 당신의 손에…… 그릇이 아니라 손에 달라는 말은 최소한의 대우를 요구한 것이다. 그러나 이것은 동시에 이 여인이 하나님이 지칭하신 사람인가를 확인하는 과정이었을 것이다.

12 חַי־יְהוָה אֱלֹהֶיךָ["주님(당신)의 하나님 야흐베가 사시거니와"]. 갑자기 여인은 입을 연다. '주님(당신)의 하나님'이라고 한 것을 보아 그 여인은 엘리야후가 찾던 여인이 틀림없었고, 하나님의 명을 받은 게 분명했다. 물론 엘리야후가 누군지도 알고 있었다. 그러나 전혀 반가워하는 표정은 아니다. '주님(당신)의 하나님'에는 여인과 엘리야후 사이의 거리감이 분명히 나타난다. 그녀는 하나님의 지시를 받았지만 엘리야후와는 다르게 전혀 순종할 자세가 되어 있지 않다. 오히려 '너 잘 만났다'며 대드는 기세다.

'하이 아도나이'는 17장 1절에서 엘리야후가 썼던 문구다. 비가 안 올 거라고 엘리야후가 강하게 선언할 때에 썼던 문구가 낯선 땅 과부에게서 엘리야후에게 되돌아왔다.[66] 비가 안 오는 것이 분명한 만큼이나 빵이 없다는 것도 분명함을 청중들은 짐작하게 된다. 칠십인역에는 과부의 아들이 여럿으로 나와 있으나(위의 본문비평 참고), 마소라 본문을 따라 하나만 있었다 할지라도 나뭇가지 두어 개로 구울 정도의 분량의 빵이면 정말 보잘것없었을 것이다.[67] '구운 것'(מָעוֹג)은 'kleiner runder Brot-kuchen'[68](작고 둥근 부침개)으로 빵보다 훨씬 부피도 작고, 분량도 적었다. 그 당시의 사람들은 밀가루, 물, 소금, 이스트, 기름 등을 넣어서 반죽한 것을, 돌 서너 개를

---

65) 그 당시의 과부는 별도의 옷을 입었던 것 같다. 창 38:14, 19 참고.

66) 엘리야후 이야기에는 이 맹세어구가 여기 외에도 열왕기상 18:10(오바드야후), 15(엘리야후); 22:14(미카여후); 왕하 2:2(엘리샤), 4(엘리샤), 6(엘리샤); 3:14(엘리샤); 4:30(슈넴 여인); 5:16(엘리샤), 20(게하지)에 나타난다.

67) 물론 나뭇가지 두어 개는 과부의 과장법이었을지 모른다.

68) '작고 둥근 전병'(Fürst, 763).

받쳐서 우리나라 재래식 가마솥뚜껑같이 가운데가 불룩하게 나온 토기 위에 호떡같이 넓적하게 붙여서 굽기도 하고, 반은 지하에 묻힌 화덕의 바닥에 있는 돌이나 측면의 돌에 붙여서 굽기도 했다(Kellermann, 29-30 참고).

13-14 אַל־תִּירְאִי(당신은 두려워하지 마시오). 엘리야후는 과부의 말에 흔들리지 않았다. 하나님으로부터 받은 약속이 있어서 그는 확신에 넘치고 대담하다. 번역판들과 달리 히브리어 본문은 "두려워하지 마시오, 가시오, 만드시오"의 명령문의 연속을 보여주고 있다. '나는 당신이 아는 야흐베 하나님에게서 왔으니 주의 종의 대우를 하라'는 뜻이었다. 먼저 예언자에게, 그 다음에 여인과 여인의 자식의 순서다. 이는 예언자의 권리라기보다 하나님의 영광을 드러내는 일이어서 양보할 일이 아니었다.

עֻגָה(전병). 엘리야후는 '마오그'(מָעוֹג '구운 것')가 없다는 과부의 말을 받아서 '우가'를 가져오라('구운 것이 없으면 구워서 가져오라')고 한다. 히브리어 아인과 기멜을 동원한 언어의 유희를 통해서 여인이 달리 변명하지 못하게 명하는 모습이다.

15 וַתֵּלֶךְ וַתַּעֲשֶׂה כִּדְבַר אֵלִיָּהוּ(그러자 그 여자는 갔다. 그리고 난 후에 그 여자는 엘리야후의 말과 같이 만들었다). 과부는 더 이상 항변하지 못하고 가서 엘리야후가 시키는 대로 행한다. 엘리야후의 말에서 무엇을 발견했던가? 아니면 그 권위에 끌렸던가? 무엇보다 하나님이 미리 그 여자에게 지시한 것이 있었기 때문이었을 것이다(9절). 또한 약하던 믿음이 엘리야후의 말로 강해졌을 것이다. 과부는 엘리야후의 말에 순종함으로써 '엘리야후 이야기'에서 순종자의 대열에 서게 된다: 엘리야후 - 까마귀 - 과부. 이는 아흐압 - 이제벨 - 불량배(21:10, 13) 라인의 반대편에 놓이게 된다. 한편으로 과부와 엘리야후의 관계는 엘리야후와 하나님의 관계와 같음을 본문은 암시하고 있다. 엘리야후는 하나님의 명령으로 차르파트에 왔고(17:9f), 과부는 엘리야후의 말대로 가서 전병을 구워왔기 때문이다.

וַתֹּאכַל(그러자 그 여자가 먹었다). 이는 마소라 본문을 그대로 두고 풀이해 보면 그 여자가 순종했으므로 먹을 수 있었다는 뜻이 된다. 저자는 그녀가 (3년간) 먹었다(살아남았다)는 선언 다음에 엘리야후와 그 여자, 그 여자의 집이 먹었다는 것을 다시 부연한다. 칠십인역, 페쉿타 등과 같이 번역하면(위의 본문비평 참고), 그 여자,

그 남자, 그 여자의 집이 먹었다는 식이 되어 순서에 일관성이 없어진다.

יָמִים(여러 날 동안). 저자는 3년 동안이라 하지 않았다. 이는 기적이 매일 새롭게 연장되었음을 보여주는 것과 동시에, 다음에 나올 위기, 즉 과부의 아들이 죽는 사건을 예비한다. 아직 이 이야기가 끝나지 않았음을, 더 큰 기적이 아직 남았음을 암시하는 것이다.

16 כִּדְבַר יְהוָה(야흐베의 말씀과 같이). 기적 그 자체보다 이 말이 더 중요하다. '야흐베의 말씀과 같이'는 엘리야후 이야기에서 일관되게 흐르고 있는 주제다. 기적은 야흐베의 말씀에 의해서만 나타난다.

דִּבֶּר בְּיַד אֵלִיָּהוּ(엘리야후의 손을 통해서 말씀하셨다). '딥베르 브야드'(손을 통해서)는 이르므야후 37장 2절을 제외하면 열왕기와 역대기에만 발견되는 표현이다: 모세(왕상 8:56), 아히야(왕상 14:18; 15:29), 여호슈아(왕상 16:34), 엘리야후 (왕상 17:16; 왕하 9:36; 10:10), 요나(왕하 14:25), 모든 예언자(왕하 17:23), 그 종 예언자들(왕하 24:2), 이르므야후(렘 37:2). 이런 현상은 열왕기가 소위 신명기 사의 일부가 아니라 본래 별도의 책이었음을 암시한다.

5. 과부의 아들이 살아나다(17:17-22)

아히엘의 아들들 아비람과 스굽이 죽은 것과 대조적으로 과부의 아들은 죽었다가도 기적적으로 살아났다. 이 사건은 엘리야후와 과부의 신앙을 한 단계 더 높여주는 역할을 한다. 한편 이 부분은 왈쉬에 의하면 하나님이 아이를 살리는 순간을 중심으로 대칭을 이루고 있다.[69]

    A. 과부의 말(18: "하나님의 사람이여")
     B. 엘리야후의 말(19a: "제게 그 아이를 주시오")
      C. 엘리야후가 아이를 어머니에게서 취함(19b)

---

69) Walsh, 231. 제목들은 필자가 고침.

C'. 엘리야후가 아이를 어머니에게 돌려 줌(23a)

B'. 엘리야후의 말(23b: "당신의 아들이 살았소")

A'. 과부의 말(24: "주님(당신)은 하나님의 사람입니다.")

이런 구조는 이 부분의 통일성을 증명한다.

17 חָלָה בֶּן־הָאִשָּׁה(그 여자의 아들이 병들었다). 하나님은 엘리야후에게 아무 긴장이나 갈등이 없는 삶을 주시지 않았다. 그리고 과부의 신앙도 불분명한 채로 내버려두시지 않았다. 밀가루가 줄어들지 않고 기름이 사라지지 않는 정도로는 과부의 마음이 아직 완전히 열리지 않았다. 하나님은 두 사람을 동시에 분기시키는 사건을 일으키셨는데, 곧 과부의 아들이 죽는 일이었다.

חָלָה('할라': 그가 병들었다). 이 단어는 '엘리야후 엘리샤 이야기'에서 열왕기하 1:2(아햐즈야); 8:7(벤 하다드), 29(요람); 13:14(엘리샤)에 나타나는데, 엘리샤만 빼고 나머지 셋은 모두 하나님의 버림을 받아 병들었는데, 그중 둘은 아흐압의 아들이었고, 하나는 벤하다드였다(왕상 20:23, 28). 특히 화자는 아흐압의 아들 둘은 '할라'로 죽고, 과부의 아들과 슈넴 여인의 아들은 살아난다는 것을 강조하고 있다.

18. וּלְהָמִית אֶת־בְּנִי(그래서 제 아들을 죽이려고). 아들을 죽이려고 오다니![70] 과부는 억지를 쓴다. 이는 라헬의 억지(창 30:1)와 비슷하다. '하나님의 사람'이라고 부르는 것에는 비꼬는 뉘앙스가 들어 있지만(김정우, 2000 여름, 22), '하나님의 사람'이라면 살려 내라는 요구와 기대도 포함된 것 같다.

그러나 과부는 벌써 오래전에 마지막 밀가루로 전병을 만들어 먹고 죽으려고 했

---

70) 하나님이 엘리야후 때문에 자기를 자세히 보게 된 결과라고 해석할 수도 있다. 위의 책, 231 참고.

던 사람 아닌가? 자기 아들뿐 아니라 자기도 죽었을 몸이 지금까지 살아 있는 것도 다 엘리야후 덕분 아닌가? 그런데 엘리야후가 죽인 것도 아닌 아들을 두고 여인은 이렇게 항의한다. 저자는 대단한 아이러니를 우리에게 전하고 있다(Walsh, 233f). 환난을 당한 인간이 하나님이나 하나님의 사람에 항의하는 예는 성경에서 드물지 않으며(출 5:22; 17:4; 렘 15:10; 18:18), 특히 시편의 탄식시들 가운데서 흔히 발견된다. 과부의 항의는 엘리야후의 항의를 유발한다.71)

19 וַיִּקָּחֵהוּ מֵחֵיקָהּ(그리고 난 후에 그는 그 여자의 품에서 그를 취하였다). 여자가 직접 아들을 엘리야후에게 내주었다고 하지 않았다. 여인은 선뜻 내주기가 어려웠을 것이다. 여인은 아직 엘리야후를 믿고 맡길 정도의 믿음을 가지진 못했다.

עַל־מִטָּתוֹ(그의 침상 위에). '밋타'는 '엘리야후 엘리샤 이야기'에서 중요한 역할을 한다.72) 슈넴 여인도 아들을 엘리샤의 침상에 올려 두었다(왕하 4:21). 예언자의 침상이 치유의 장소임을 암시하는 것 같다. 그러나 아햐즈야는 그 침상에서 내려오지 못하게 되어 있었다(왕하 1:4, 6, 16).

20 הֲרֵעוֹתָ[주님(당신)이 재앙을 주십니까(악을 행하십니까)]. 엘리야후는 이 사태를 이해할 수 없었던 것 같다. 하나님이 이곳에 보내 놓고, 여주인의 아들을 죽이면 예언자는 어쩌란 말인가? 엘리야후는 아직 기도하지 않고 원망을 퍼붓는다.73) 이는 과부의 원망과도 비슷하지만,74) 무엇보다 모셰의 원망을 닮았다(출 5:22f).

21 שָׁלֹשׁ פְּעָמִים(세 번). 세 번 엎드린 것은 카르멜산 제단에 세 번 물을 부은 것이나 같다.75) 이는 엘리야후가 최선을 다하는 모습으로 보인다.

---

71) 또한 엘리샤가 야르덴을 건널 때에 엘리야후의 옷으로 한 번 쳐도 강이 갈라지지 않자 이와 비슷한 항의를 발한다. "엘리야후의 하나님은 어디 계십니까?"(왕하 2:14)

72) 왈쉬(Walsh, 231)는 위층과 아래층으로 공간을 나누어, 위층은 엘리야후가 하나님을 만나는 공간이고, 아래층은 과부의 공간이라 한다. 엘리야후는 아이를 하나님과 만나는 공간으로 데려갔다는 것이다. 그러나 위층이 항상 하나님과 만나는 공간은 아니었을 것이다. 그곳은 엘리야후의 생활공간이었을 뿐이다. 사건이 터졌을 때에 엘리야후가 그 공간을 사용했을 뿐이다.

73) 왈쉬(위의 곳)는 엘리야후가 두 번 기도했다고 하지만, 이 단계에선 아직 기도가 아니라 원망을 퍼부었다고 보아야 할 것 같다.

74) 왈쉬(위의 책, 232)는 엘리야후의 원망이 과부의 원망과 닮았다고 한다.

22 וַיִּשְׁמַע יְהוָה(그러자 야흐베께서 들으셨다). 야흐베께서는 과부와 엘리야후에게 생명이 야흐베께 속함을 보여주셨다. 그리하여 과부의 믿음을 일깨우고, 엘리야후를 잘 공궤하게 해 주셨다.

6. 과부의 고백(17:23-24)

이 부분은 16:29-33의 아흐압의 죄 부분, 특히 그 죄의 원인이 되었던 이제벨의 등장과 대조를 이룬다. 에트바알의 딸 이제벨과 대칭이 되는 과부는 그 고백으로 16:29-17:24의 결론 부분을 장식하고 있다(위의 B.7 참고).

23 חַי בְּנֵךְ(당신의 아들이 살았소). 이 말은 엘리야후가 아들을 죽이기 위하여 왔다는 과부의 말(18)에 대한 답이었다. 하나님은 생명의 하나님이시고 예언자의 존재도 은총이라는 것을 엘리야후는 강조하고 있다.

24 עַתָּה זֶה יָדַעְתִּי(이제 이것을 나는 알았습니다). 여인은 이제야 확신을 가지게 되었다. 아까는 조롱 반 기대 반으로 '하나님의 사람'이라 불렀던 사람이 이제는 진심으로 엘리야후가 하나님의 사람이라는 것을 고백한다. 하나님에 대한 고백보다는 엘리야후에 대한 고백의 성격이 강한 이 고백은 여인의 생에 절정을 이루게 되었고, 이 부분(17:23-24)은 이제벨을 아내로 삼은 이야기(16:29-33)와 대칭을 이루게 되었다. 같은 치돈 출신의 여인이지만, 한 사람은 왕비요 다른 사람은 과부가 되었지만 그 믿음에 따라 대조적인 삶을 살게 되었다. 이 과부는 예수님께로부터도 칭찬받았다(눅 4:26). 또한 엘리야후는 본토에서 쫓겨나 이방에서 인정을 받음으로써, 예언자가 고향에서 환영을 받지 못한다는 속담을 증명하게 되었다(막 6:4등).

---

75) 열왕기하 1장에서 아하즈야가 엘리야후에게 군대를 파견한 것도 세 번이었다.

D. 16장 29절-17장 24절의 주제

1. 심판과 은총

16장29절 이하에서 시작된 아흐압의 치세는 곧 심판을 낳는다. 그 심판은 크리트 시내의 이름으로 한동안 청중의 뇌리에 남는다. 여기선 당장 심판이 실현되지 않지만, 분명히 심판은 그리 쉽게 끝나지 않을 것임을 암시한다. 한편, 하나님의 심판은 다른 사람에 대한 은총과 대조되고 있다. 이는 엘리의 아들들의 타락에 대한 심판이 아이 셔무엘의 성장과 대조되는 것과 같은 구조다(삼상 2:12- 4:22). 하나님은 아흐압과 까마귀를 대비시키고, 이제벨과 과부를 대조시킨다. 한쪽은 영광스러운 자리에 있으면서 하나님을 배반하며 하나님의 종을 핍박하여 저주를 받게 되고, 한쪽은 본래 보잘것없는 존재였으나 하나님의 심부름을 하는 존재로 선지자를 공궤하는 영광을 누린다. 이는 셔무엘상 2장 1-10절에 나타나는 한나의 노래에 나타나는 사상과 일치한다.

2. 순 종

엘리야후는 순종의 상징이었다(Walsh, 234-235). 5절과 15절의 일치는 저자가 순종을 강조하고 있음을 보여준다. 엘리야후는 기근 중에 와디로 가고, 와디의 물이 말라도 하나님의 명령을 그냥 기다린다. 또한 그는 차르파트로 수백 킬로미터의 길을 아무 말 없이 간다. 엘리야후의 순종을 과부도 조금씩 배운다. 전병을 구워서 엘리야후에게 먼저 바치는 순종은 그 여자의 가정을 살린다. 죽은 아들을 엘리야후에게 맡기는 장면은 완전한 순종이 아니었지만, 그녀가 아들의 생명을 돌려받는 것으로 끝난다. 이렇게 불완전한 순종 이야기는 엘리샤(왕상 19:19-21), 엘리야후(아래 VI.B 참고)에게로 이어진다.

3. 생 명

기근 중에 만물이 다 죽거나 고통을 당하게 되어 있었지만, 엘리야후는 기적으로 매일을 살아간다. '야밈'(7, 15)은 '욤'(날)의 복수로서 하루하루를 엘리야후가 '주님의 기도'와 같이 살았다는 뜻이다. 그뿐 아니라 엘리야후는 상대적으로 풍요롭게 살아간다. 매일 조석으로 빵과 고기를 먹는 일은 기근이 들지 않았을 때에도 쉽지 않았는데, 엘리야후는 예외적인 특권을 누렸다(Walsh, 233). 차르파트에서는 매일 여인이 직접 구워 주는 전병을 먹을 수 있었다. 하나님은 엘리야후뿐 아니라 과부의 아들도 소생시키신다. 그러므로 아이의 소생은 17장의 정점인 과부의 고백을 초래한다.

생명 모티프는 17장에만 나타나는 것이 아니다. 이 모티프는 18장에서 야흐베께서 다시 비를 내림으로써 만물을 살린다(18:41ff)는 이야기, 그리고 광야에서 죽으려 했던 엘리야후도 하나님의 사자가 가져다준 떡과 물을 먹고 소생한다는 이야기 (19:5ff)에서도 발견된다.[76]

4. 바알과의 투쟁

바알은 폭풍의 신이었는데, 엘리야후가 자기의 말이 없으면 비와 이슬이 없을 것이라고 한 것은 공개적으로 바알을 무시한 것이었다(Hauser, 1990, 13). 17장에서는 바알에 대해 한 마디도 언급하지 않지만 '비의 신 바알'의 영역을 공개적으로 침범한 엘리야후의 의미를 모르는 사람은 그 당시에 아무도 없었을 것이다 (Hauser, 위의 곳). 이렇게 시작된 바알과의 투쟁은 18장에서 클라이맥스에 이르고, 열왕기하 1장에서 다시 불타오른다.

---

76) 하우저는 17-19장의 주제를 '야흐베의 죽음과의 투쟁'이라 했다. Hauser, 1990, 11 참고.

Ⅳ. 열왕기상 17장 17-24절과 열왕기하 4장 8-37절의 비교

본 장에서는 열왕기상 17:17이하가 열왕기하 4장의 엘리샤 이야기의 모방이라는 주장들을 소개하고 그에 대한 반박을 시도하려 한다.[1]

A. 열왕기하 4:8-37의 본문과 번역[2]

8 וַיְהִי הַיּוֹם וַיַּעֲבֹר אֱלִישָׁע אֶל־שׁוּנֵם וְשָׁם אִשָּׁה גְדוֹלָה וַתַּחֲזֶק־בּוֹ
לֶאֱכָל־לָחֶם
וַיְהִי מִדֵּי עָבְרוֹ יָסֻר שָׁמָּה לֶאֱכָל־לָחֶם:

a) 그러고 난 후에 하루는 이런 일이 있었다. 그런데 엘리샤는 슈넴으로 지나 갔다. 그런데 거기엔 고귀한 여인이 있었는데, 그 여자는 그에게 빵을 먹도록 강권하였다.

b) 그리하여 그가 지나갈 때마다 그는 거기에 빵을 먹으러 돌이켰다.

---

1) 이 문제에 대하여는 이승현, 2002, 9-42 참고.
2) 이 부분은 좁은 의미의 엘리야후 이야기에 속하지 않으므로 히브리어 본문과 사역만 싣고, 본문비평은 생략한다.

9 וַתֹּאמֶר אֶל־אִישָׁהּ הִנֵּה־נָא יָדַעְתִּי כִּי אִישׁ אֱלֹהִים קָדוֹשׁ הוּא
עֹבֵר עָלֵינוּ תָּמִיד:

a) 그러던 중에 그 여자는 자기의 남편에게 말했다. "좀 보세요! 나는 그 사
람, 그가 하나님의 사람이고 거룩한 사람이란 걸 알았어요.

b) 항상 우리를 지나가는 사람.

10 נַעֲשֶׂה־נָּא עֲלִיַּת־קִיר קְטַנָּה וְנָשִׂים לוֹ שָׁם מִטָּה וְשֻׁלְחָן וְכִסֵּא וּמְנוֹרָה
וְהָיָה בְּבֹאוֹ אֵלֵינוּ יָסוּר שָׁמָּה:

a) 우리는 꼭 벽이 있는 작은 이층을 지읍시다. 그리고 우리가 거기에 그를
위하여 침상과 책상과 의자와 등잔을 둡시다.

b) 그러면 그가 우리에게 올 때에 거기에 돌이키게 될 것입니다."

11 וַיְהִי הַיּוֹם וַיָּבֹא שָׁמָּה
וַיָּסַר אֶל־הָעֲלִיָּה וַיִּשְׁכַּב־שָׁמָּה:

a) 그리고 난 후에 하루는 이런 일이 있었다. 그런데 그가 거기에 왔다.

b) 그러고 나서 그는 그 이층에 돌이켰고, 거기에 누웠다.

12 וַיֹּאמֶר אֶל־גֵּחֲזִי נַעֲרוֹ קְרָא לַשּׁוּנַמִּית הַזֹּאת
וַיִּקְרָא־לָהּ וַתַּעֲמֹד לְפָנָיו:

a) 그러고 난 후에 그가 그의 사환 게하지에게 말했다. "너는 이 슈넴 여인
을 불러라!"

b) 그래서 그가 그 여인을 불렀다. 그러자 그 여인이 그의 앞에 섰다.

13 וַיֹּאמֶר לוֹ אֱמָר־נָא אֵלֶיהָ הִנֵּה חָרַדְתְּ אֵלֵינוּ אֶת־כָּל־הַחֲרָדָה הַזֹּאת
מֶה לַעֲשׂוֹת לָךְ הֲיֵשׁ לְדַבֶּר־לָךְ אֶל־הַמֶּלֶךְ אוֹ אֶל־שַׂר הַצָּבָא
וַתֹּאמֶר בְּתוֹךְ עַמִּי אָנֹכִי יֹשָׁבֶת:

a) 그러니까 그는 그에게 말했다. "너는 꼭 그 여인에게 말해라! '보시오! 당
신은 우리에게 이 모든 배려를 하느라 수고하셨소. 당신을 위해 할 일이
어떤 게 있소? 당신을 위해 그 왕에게나 그 군대장관에게 할 말이 있
소?'"

b) 그러나 그 여인이 말했다. "제 친척 한가운데서 저는 살고 있습니다."3)

14
וַיֹּאמֶר וּמֶה לַעֲשׂוֹת לָהּ

וַיֹּאמֶר גֵּיחֲזִי אֲבָל בֵּן אֵין־לָהּ וְאִישָׁהּ זָקֵן:

a) 그리고 난 후에 그가 말했다. "그러면 그 여인을 위해 할 일이 무엇이
냐?"

b) 그러자 게하지가 말했다. "사실은 그 여인에게 아들이 없습니다. 그리고
그 여인의 남편은 늙었습니다."

15
וַיֹּאמֶר קְרָא־לָהּ

וַיִּקְרָא־לָהּ וַתַּעֲמֹד בַּפָּתַח:

a) 그러자 그가 말했다. "그 여인을 불러라!"

b) 그래서 그가 그 여자를 불렀다. 그리하여 그 여인이 그 문에 섰다.

16
וַיֹּאמֶר לַמּוֹעֵד הַזֶּה כָּעֵת חַיָּה אַתִּי חֹבֶקֶת בֵּן

וַתֹּאמֶר אַל־אֲדֹנִי אִישׁ הָאֱלֹהִים אַל־תְּכַזֵּב בְּשִׁפְחָתֶךָ:

a) 그리고 나자 그가 말했다. "내년 이때쯤에 당신은 아들을 안게 될 것이
오."4)

b) 그러자 그 여인이 말했다. "아닙니다, 제 주님!5) 그 하나님의 사람님! 주

---

3) 강조의 뜻으로 인칭대명사가 나타나므로 대명사를 두 번 쓴다.

4) 창 18:10-14; 눅 1:30-38 참고.

5) 이 경우에는 위의 17:20의 경우와는 달리 본디 '나의 주님'이라는 뜻이다. 이는 아래의 28
절에서도 같다.

님(당신)의 여종에게 거짓말을 하지 마십시오!"

17 וַתַּהַר הָאִשָּׁה וַתֵּלֶד בֵּן

לַמּוֹעֵד הַזֶּה כָּעֵת חַיָּה אֲשֶׁר־דִּבֶּר אֵלֶיהָ אֱלִישָׁע:

a) 그리고 난 후에 그 여인이 잉태하였다. 그리고 난 후에 그 여자가 아들을 낳았다.

b) 엘리샤가 그녀에게 말한 그 다음 해 그때쯤에.

18 וַיִּגְדַּל הַיָּלֶד

וַיְהִי הַיּוֹם וַיֵּצֵא אֶל־אָבִיו אֶל־הַקֹּצְרִים:

a) 그리고 난 후에 그 아이가 자랐다.

b) 그런데 하루는 이런 일이 있었다. 그가 그의 아버지에게, 그 수확하는 사람들에게 나갔다.

19 וַיֹּאמֶר אֶל־אָבִיו רֹאשִׁי רֹאשִׁי

וַיֹּאמֶר אֶל־הַנַּעַר שָׂאֵהוּ אֶל־אִמּוֹ:

a) 그런데 그가 그의 아버지에게 말했다. "내 머리! 내 머리!"

b) 그러자 그가 그 하인에게 말했다. "그를 그의 엄마에게 안아다 주어라!"

20 וַיִּשָּׂאֵהוּ וַיְבִיאֵהוּ אֶל־אִמּוֹ

וַיֵּשֶׁב עַל־בִּרְכֶּיהָ עַד־הַצָּהֳרַיִם וַיָּמֹת:

a) 그래서 그가 그를 안았다. 그리고 난 후에 그는 그를 그의 어머니에게 데려다 주었다.

b) 그러자 그는 그 여인의 무릎에 그 점심때까지 앉아 있었다. 그리고 난 후에 그는 죽었다.

21 וַתַּעַל וַתַּשְׁכִּבֵהוּ עַל־מִטַּת אִישׁ הָאֱלֹהִים

וַתִּסְגֹּר בַּעֲדוֹ וַתֵּצֵא:

a) 그러자 그 여자는 올라갔다. 그리고 난 후에 그 여인은 그를 그 하나님
   사람의 침상에 눕혔다.

b) 그리고 나서 그 여인은 그에게로 들어가는 문을 닫고 나갔다.

22 וַתִּקְרָא אֶל־אִישָׁהּ וַתֹּאמֶר שִׁלְחָה נָא לִי אֶחָד מִן־הַנְּעָרִים וְאַחַת הָאֲתֹנוֹת
   וְאָרוּצָה עַד־אִישׁ הָאֱלֹהִים וְאָשׁוּבָה:

a) 그리고 난 후에 그 여자는 그녀의 남편을 불러서 말했다. "제게 그 하인
   들 중에서 한 명과 그 암나귀들 중에서 한 마리를 꼭 보내 주세요!

b) 그러면 제가 좀 그 하나님의 사람에게 달려갔다가 돌아오겠습니다."

23[6)] וַיֹּאמֶר מַדּוּעַ אַתִּי הֹלַכְתִּי[a] אֵלָיו הַיּוֹם לֹא־חֹדֶשׁ וְלֹא שַׁבָּת
   וַתֹּאמֶר שָׁלוֹם:

a) 그러자 그가 말했다. "무슨 일로 당신은 오늘 그분에게 가려는 거요? 월
   삭도 아니고 안식일도 아닌데……"

b) 그러자 그녀가 말했다. "평화!"

24 וַתַּחֲבֹשׁ הָאָתוֹן וַתֹּאמֶר אֶל־נַעֲרָהּ נְהַג וָלֵךְ
   אַל־תַּעֲצָר־לִי לִרְכֹּב כִּי אִם־אָמַרְתִּי לָךְ:

a) 그리고 나서 그 여인은 그 암나귀에 안장을 얹고 그녀의 하인에게 말했
   다. "너는 몰고 가거라!

b) 너는 내가 네게 말하지 않으면 내가 달리는 것을 멈추지 마라!"

25 וַתֵּלֶךְ וַתָּבוֹא אֶל־אִישׁ הָאֱלֹהִים אֶל־הַר הַכַּרְמֶל

---

6) [a-a] 마소라의 형태가 문법에 맞지 않으므로, 크레와 20개가 넘는 히브리어 필사본을 따라
   אַתְּ הֹלֶכֶת(당신이 가려고 한다)라 읽는다.

וַיְהִי כִּרְאוֹת אִישׁ־הָאֱלֹהִים אֹתָהּ מִנֶּגֶד וַיֹּאמֶר אֶל־גֵּיחֲזִי נַעֲרוֹ הִנֵּה
הַשּׁוּנַמִּית הַלָּז:

a) 그리하여 그녀는 갔다. 그래서 그 여자는 그 하나님의 사람에게, 그 카르
  멜산에 도착했다.

b) 그러자 이런 일이 일어났다. 그 하나님의 사람이 조금 떨어진 데서 그녀
  를 보자마자 그의 사환 게햐지에게 말했다. "보라! 이 슈넴 여인을!

26 עַתָּה רוּץ־נָא לִקְרָאתָהּ וֶאֱמָר־לָהּ הֲשָׁלוֹם לָךְ הֲשָׁלוֹם לְאִישֵׁךְ
הֲשָׁלוֹם לַיָּלֶד
וַתֹּאמֶר שָׁלוֹם:

a) 이제 너는 꼭 그 여인을 맞으러 달려가거라! 그리고 그 여인에게 '당신은
  평안하시오? 당신의 남편은 평안하시오? 그 어린 아이는 평안하오?'라고
  해라!"

b) 그러자 그녀가 말했다. "평안합니다."

27 וַתָּבֹא אֶל־אִישׁ הָאֱלֹהִים אֶל־הָהָר וַתַּחֲזֵק בְּרַגְלָיו
וַיִּגַּשׁ גֵּיחֲזִי לְהָדְפָהּ וַיֹּאמֶר אִישׁ הָאֱלֹהִים הַרְפֵּה־לָהּ כִּי־נַפְשָׁהּ
מָרָה־לָהּ וַיהוָה הֶעְלִים מִמֶּנִּי וְלֹא הִגִּיד לִי:

a) 그리고 나서 그녀는 그 하나님의 사람에게, 그 산으로 왔다. 그리고 난
  후에 그녀는 그의 발을 꼭 껴안았다.

b) 그러자 게햐지가 그녀를 밀치려고 가까이 갔다. 그러자 그 하나님의 사람이
  말했다. "그 여자를 내버려 두어라! 왜냐하면 그녀의 영혼이 그녀에게 고통
  스럽기 때문이다. 그러나 야흐베께서는 내게 감추셨고, 내게 알려 주시지
  않았다."

28 וַתֹּאמֶר הֲשָׁאַלְתִּי בֵן מֵאֵת אֲדֹנִי

הֲלֹא אָמַרְתִּי לֹא תַשְׁלֶה אֹתִי׃

a) 그러자 그녀가 말했다. "제가 제 주님께 아들을 구하였습니까?

b) 제가 '제게 거짓된 희망을 일깨우지 마십시오!'라고 말씀드리지 않았습니까?"

29   וַיֹּאמֶר לְגֵיחֲזִי חֲגֹר מָתְנֶיךָ וְקַח מִשְׁעַנְתִּי בְיָדְךָ וָלֵךְ כִּי־תִמְצָא אִישׁ
לֹא תְבָרְכֶנּוּ וְכִי־יְבָרֶכְךָ אִישׁ לֹא תַעֲנֶנּוּ
וְשַׂמְתָּ מִשְׁעַנְתִּי עַל־פְּנֵי הַנָּעַר׃

a) 그러자 그가 게하지에게 말했다. "네 허리를 묶어라! 그리고 내 지팡이를
네 손에 잡고 가거라! 네가 어떤 사람을 만나더라도 그를 축복하지 말아
라! 그리고 어떤 사람이 너를 축복하더라도 그에게 대답하지 마라!

b) 그리고 내 지팡이를 그 아이의 얼굴에 놓아라!"

30   וַתֹּאמֶר אֵם הַנַּעַר חַי־יְהוָה וְחֵי־נַפְשְׁךָ אִם־אֶעֶזְבֶךָּ
וַיָּקָם וַיֵּלֶךְ אַחֲרֶיהָ׃

a) 그러자 그 아이의 어머니가 말했다. "야흐베께서 살아계시고 주님(당신)의
생명이 살아계시거니와, 저는 주님(당신)을 떠나지 않겠습니다."

b) 그래서 그는 일어나서 그녀의 뒤를 따라갔다.

31   וְגֵחֲזִי עָבַר לִפְנֵיהֶם וַיָּשֶׂם אֶת־הַמִּשְׁעֶנֶת עַל־פְּנֵי הַנַּעַר וְאֵין קוֹל וְאֵין קָשֶׁב
וַיָּשָׁב לִקְרָאתוֹ וַיַּגֶּד־לוֹ לֵאמֹר לֹא הֵקִיץ הַנָּעַר׃

a) 그런데 게하지는 그들 앞에 갔다. 그러고 난 후에 그 지팡이를 그 아이의
얼굴에 놓았다. 그러나 소리도 없고, 기척도 없었다.

b) 그래서 그는 그를 만나러 돌아와서 그에게 보고했다. 이르기를, "그 아이
는 깨어나지 않았습니다."

32   וַיָּבֹא אֱלִישָׁע הַבָּיְתָה

:וְהִנֵּה הַנַּעַר מֵת מֻשְׁכָּב עַל־מִטָּתוֹ

a) 그래서 엘리샤는 그 집으로 들어갔다.

b) 그런데 보라! 그 아이는 죽어 있었고, 그의 침상 위에 눕혀져 있었다.

33   וַיָּבֹא וַיִּסְגֹּר הַדֶּלֶת בְּעַד שְׁנֵיהֶם

:וַיִּתְפַּלֵּל אֶל־יְהוָה

a) 그래서 그는 들어갔다. 그러고 나서 그는 그들 두 사람에게 그 문을 닫았다.

b) 그러고 난 후에 그는 야흐베께 기도했다.

34   וַיַּעַל וַיִּשְׁכַּב עַל־הַיֶּלֶד וַיָּשֶׂם פִּיו עַל־פִּיו וְעֵינָיו עַל־עֵינָיו

וְכַפָּיו עַל־כַּפָּיו וַיִּגְהַר עָלָיו

:וַיָּחָם בְּשַׂר הַיָּלֶד

a) 그러고 나서 그는 올라가서 그 어린 아이의 위에 엎드렸다. 그러고 난 후
에 그는 자기의 입을 그의 입 위에, 자기의 눈들을 그의 눈들 위에, 자기
의 손바닥들을 그의 손바닥들 위에 놓았다. 그러고 난 후에 그는 그의 위
에 엎드렸다.

b) 그러자 그 어린 아이의 살이 따뜻해졌다.

35   וַיָּשָׁב וַיֵּלֶךְ בַּבַּיִת אַחַת הֵנָּה וְאַחַת הֵנָּה וַיַּעַל וַיִּגְהַר עָלָיו

:וַיְזוֹרֵר הַנַּעַר עַד־שֶׁבַע פְּעָמִים וַיִּפְקַח הַנַּעַר אֶת־עֵינָיו

a) 그러고 나서 그는 다시 그 집을 한 번은 이리로 한 번은 저리로 걸었다.
그러고 나서 그는 올라가서 그의 위에 엎드렸다.

b) 그러자 그 아이가 일곱 번이나 재채기를 했다.[7] 그러고 난 후에 그 아이는
그의 눈들을 떴다.

---

7) 갈멜산에서도 아이('나아르': 사환)는 일곱 번 다시 산정상에 갔다 와야 했다.

36 וַיִּקְרָא אֶל־גֵּיחֲזִי וַיֹּאמֶר קְרָא אֶל־הַשֻּׁנַמִּית הַזֹּאת וַיִּקְרָאֶהָ וַתָּבוֹא אֵלָיו
וַיֹּאמֶר שְׂאִי בְנֵךְ

a) 그러자 그는 게하지를 불렀다. 그러고 난 후에 그가 말했다. "이 슈넴 여인을 불러라!" 그래서 그가 그 여인을 불렀다. 그러자 그 여자가 그에게 들어왔다.

b) 그러자 그가 말했다. "당신의 아들을 안고 가시오!"

37 וַתָּבֹא וַתִּפֹּל עַל־רַגְלָיו וַתִּשְׁתַּחוּ אָרְצָה
וַתִּשָּׂא אֶת־בְּנָהּ וַתֵּצֵא׃

a) 그래서 그녀가 들어왔다. 그러고 나서 그 여인은 그의 발 위에 엎드렸다. 그러고 난 후에 그 여자는 땅을 향하여 (땅에 엎드려) 절을 했다.

b) 그러고 난 후에 그녀는 자기의 아들을 안았다. 그러고 나서 그 여인은 나갔다.

B. 간단한 본문해설

엘리샤와 슈넴 여인의 이야기는 엘리야후와 차르파트의 과부 이야기(왕상 17:17-24)와 완전히 다른 상황에서 펼쳐진다. 슈넴 여인은 부잣집 귀부인이었고, 차르파트의 과부는 가장 가난한 계층에 속했다. 엘리야후는 하나님의 부름으로 차르파트 여인을 찾아갔지만, 엘리샤는 길 가다가 슈넴 여인이 불러서 들리게 되었다. 과부는 죽은 아이가 살아난 후에야 엘리야후에 대해 고백하지만(왕상 17:24), 슈넴 여인은 고백(왕하 4:9)을 앞세웠다. 엘리야후와 달리 엘리샤는 슈넴 여인의 아들의 출생과도 연관이 있었다. 과부가 억지를 부리며 엘리야후를 공격했던 것과 대조적으로, 슈넴 여인은 매우 침착하게 사태를 처리한다. 남편에게 알리지도 않고, 아이를 이층의 엘리샤의 방 침상에 눕혀 두고, 누군가가 보고 난리를 피울까 두려워서 밖에서 문을 닫고 엘리샤를 찾아간다.

두 이야기는 모든 면에서 대조적이지만, 공통점은 있다. 이층이 있는 집, 예언자와 예언자를 접대하는 여인의 관계, 아들의 소생 등이다. 흥미로운 것은 슈넴 여인의 맹세문이 엘리샤의 맹세문과 일치하고(왕하 2:2, 4, 6; 4:30), 과부의 맹세문이 엘리야후의 맹세문과 일치한다는 점이다(왕상 17:1, 12).[8]

חַי־יְהוָה אֱלֹהֵי יִשְׂרָאֵל אֲשֶׁר עָמַדְתִּי לְפָנָיו	야흐베, 내가 그의 면전에 서 있는 이스라엘의 하나님이 살아계시거니와(엘리야후: 왕상 17:1)
חַי־יְהוָה אֱלֹהֶיךָ	야흐베, 당신의 하나님이 살아계시거니와(과부: 왕상 17:12)
חַי־יְהוָה וְחֵי־נַפְשְׁךָ	야흐베께서 살아계시고 당신의 목숨이 살아 있거니와(엘리샤: 왕하 2:2, 4, 6; 슈넴 여인 4:30).

위에서 보듯이, 엘리야후 이야기에서는 야흐베의 살아계심을 두고 맹세하였고, 엘리샤 이야기에서는 한결같이 야흐베와 선지자의 살아계심을 두고 맹세하고 있다. 이는 엘리야후 이야기는 엘리야후 이야기 안에서 통일성을 지니고 있고, 엘리샤 이야기는 그 안에서 그 나름의 통일성을 지님을 보여주는 증거라 할 수 있다.

31절의 "그러나 소리도 없고, 기척도 없었다"는 열왕기상 18:29의 "그러나 소리도 없었고, 대답하는 이도 없었고, 기척도 없었다."(וְאֵין־קוֹל וְאֵין־עֹנֶה וְאֵין קָשֶׁב)를 연상시킨다. 본문은 이 문구에서 가운데 부분 '대답하는 이가 없었다'만 빠진 형태다(아래의 D.10 참고). 또 한 가지 주목되는 것은 סָגַר('사가르': 닫다)다. 슈넴 여인이 남편이나 다른 사람들이 아이의 죽음을 알고 소란을 피울까봐 문을 닫아 두었는데, 엘리샤는 그 여인 앞에서 문을 닫아 놓고 아이를 살려낸다. 그 문은

---

8) 이는 다시 오바드야후의 맹세문(18:10)과도 일치한다.

슈넴 여인의 남편과 식구들/ 슈넴 여인/ 엘리샤의 단계를 믿음이 없는 순서대로 구분하는 역할을 하고 있다.

C. 열왕기상 17장 17-24절의 의존성을 주장하는 논리에 대한 검토

헨첼은 '엘리야후가 차르파트 여인의 아이를 살린 이야기'(왕상 17:17-24)가 '엘리샤가 슈넴 여인의 아이를 살린 이야기'(왕하 4:8-37)에 의존하고 있다는 근거로 다음의 문제들을 들었다.[9]

> 1) 엘리샤의 이야기는 그 위치가 분명하다. 엘리샤는 가끔 그 집에 들렀다(왕하 4:8). 그러나 엘리야후의 체류는 부차적으로만 언급되었다: "내가 그 여자에게 나그네로 체류하는"(17:20).
> 2) 엘리샤 이야기가 더 생생하게 묘사되었다(17:21을 왕하 4:34와 비교하라).
> 3) '하나님의 사람'이란 칭호는 엘리야후에게는 드물게 나타나고(18, 24절) 후대에 나타나는데(왕하 1:9-14), 엘리샤 전통에서는 자주 나타난다.[10]

로페(Rofé)도 헨첼과 같은 입장을 취하면서 엘리야후가 아이를 일으킨 '전설'은 엘리샤의 '전설'과 달리 윤리적으로 각색된 것이라 주장하며 다음과 같은 논거를 제시한다.[11]

> 1) 차르파트 여인의 아이는 죽었는지가 분명하지 않다. 아이에게 호흡이 없었다는 것은 기절일 수도 있다. 살아났다는 표현은 병을 고쳤을 경우에도 자주 썼었다(민 21:8-9; 수 5:8; 왕하 1:2; 8:8, 9, 10, 14; 20:1, 7).

---

9) Hentschel/1, 107. 번호는 필자가 붙인 것이다.
10) 뷔르트바인도 3)과 같은 주장을 펴고 있다. ATD 11/2, 222 참고.
11) Rofé, 1988/1, 133ff. 번호는 필자가 붙인 것이다.

2) 슈넴 여인은 부자였으므로 이층을 지을 수 있었을 것이다. 그런데 가난한 차르파트
    여인은 처음부터 이층을 갖고 있었다고 하므로 모순이며, 이는 엘리샤 이야기에서
    따왔기 때문에 붙은 것이다.[12)

3) 아이를 살리는 것은 기근이란 주제와도 상관이 없고 '바알과의 투쟁 이야기'(16:29-19:18) 전
    체와도 상관이 없다.

4) 과부가 한 고백(17:24 "이제 나는 이것을 알았습니다. 주님(당신)이 하나님의 사람
    이라는 것과, 주님(당신)의 입에 있는 야흐베의 말씀이 참되다는 것을")은 그 이전
    에 기적(밀가루와 기름이 줄지 않음)을 본 적이 없다는 증거다.

마르샤 화이트(Marsha C. White)도 이들과 같은 입장이어서 비슷한 증거를 제
시하였다. 즉, 아이를 침상에 눕히는 것도 엘리샤의 경우엔 슈넴 여인의 믿음에 근
거한 행동이었으나, 엘리야후가 그렇게 하는 것은 설명하기 어렵다고 한다(White,
13-15).

이들이 제기한 문제들에 대해 끝에서부터 대답을 시도해 보자. 화이트가 지적한
바, 슈넴 여인이 아이를 침상에 눕힌 것은 여인의 믿음의 표현이었다는 것은 타당
하다. 그러나 엘리야후의 입장에서도 죽은 아이를 자기만의 은밀한 공간으로 옮겨
가서 기도하는 것이 자연스럽고 당연한 일이었을 것이다. 하나가 다른 하나를 모
방하였거나 영향을 받았다면, 오히려 슈넴 여인이 아이를 예언자의 침상에 갖다
두는 행위를 지적해야 할 것이다. 화이트의 말대로 슈넴 여인이 아이를 엘리샤의
침상에 눕힌 것은 믿음의 행위였다. 그러나 그 행위는 오히려 엘리야후가 이전에
아이를 자기 침상에 올려놓고 기도했던 이야기를 알고 있었기 때문일 것이다. 선
례가 없는데 예언자의 침상에 둔다는 것보다는 그런 선례가 있었기에 그렇게 했다
고 보는 것이 옳을 것이다.

로페의 근거 4)의 경우, 과부의 고백이 그 이전에 기적이 없었다는 증거가 될 수는
없다. 출애굽기에서 민수기에 이르는 기록을 보면 이스라엘은 그렇게 많은 기적을 보
고도 수없이 의심하지 않았던가? 차르파트 과부의 경우에, 매일 일용할 양식을 기적적

---

12) 뷔르트바인도 같은 논리를 펴고 있다. ATD 11/2, 222 참고.

으로 얻어가면서도 분명하지 않던 믿음이 자기 아들이 죽었다가 사는 것을 보고 확신을 얻었을 것이다. 로페의 3)에서 기근이야기를 할 때는 그것과 직접 관련이 있는 것만 말해야 한다는 논리는 잘못되었다. 기근은 예언자 엘리야후 이야기의 소재 가운데 하나일 뿐이다. 저자는 엘리야후가 하나님의 종으로 살면서 겪은 이야기를 서술하고 있으므로, 기근, 아이 살린 이야기, 까마귀 이야기 등이 다 등장하는 것이다.

로페의 2)에서 이층의 문제도 엘리샤의 이야기에서 따왔다는 근거가 되지 못한다. 슈넴 여인도 엘리샤를 위하여 막 이층을 지었다. 그전에는 이층이 없었지만 그래도 그 여인은 귀부인이라 불렸다. 그러나 슈넴 여인도 나중에 엘리샤의 충고를 따라 집과 전토를 두고 7년 동안 블레셋땅에 가 있다가 돌아왔을 때에는 궁핍했던 것 같으며, 그 집과 전토를 도로 찾을 수 없어서 왕에게 호소하여 겨우 되찾을 수 있었다(왕하 8). 그때의 슈넴 여인은 이층을 갖고 있었지만 과부였고 차르파트의 과부와 큰 차이가 없었을 것이다. 그러므로 이층의 유무만 가지고 부자냐 아니냐를 따지는 것은 성급하다고 생각된다.

로페의 1)의 경우, 문제가 되는 부분의 원문(17:17b)은 "그런데 그의 병은 매우 심해졌다. 그의 안에 숨(호흡)이 남아 있지 않을 때까지"인데, 이것을 기절이라고 보기는 어렵다. 엘리야후는 기도 중에 하나님이 아이를 죽이셨다(20b. מות의 히필)는 표현을 썼고, 성경에서 숨(נְשָׁמָה '느샤마')이 기절한 경우를 위해서 사용된 적은 없었다.13)

헨첼의 3)의 경우를 검토하자면, 일반적으로 '하나님의 사람'은 예언자보다 더 고대의 호칭으로 간주된다(Koch, 1987, 44). 그러므로 엘리샤가 그렇게 불렸다면 엘리야후는 더더욱 그렇게 불렸을 것이다.14) '하나님의 사람'이란 호칭이 엘리야후에게 사용되었다고 해서 엘리샤에게서 빌려 온 것이라 주장할 수는 없는 것이다.

헨첼의 2)의 경우를 보면, 엘리샤 이야기가 더 생생하게 묘사되었다고 해서 엘리샤의 이야기가 본래의 것이라 하지만, 일반적으로 오래된 것일수록 더 단순하고 거칠게 표현되고 후대의 것일수록 더 세련되게 표현된다고 보지 않는가(Rofe,

---

13) Gesenius/17, 527 참고. 뷔르트바인(ATD 11/2, 222)도 아이가 죽은 것이라고 본다.
14) 코흐(Koch, 1987, 44)도 엘리야후가 '하나님의 사람'으로 불렸을 것이라고 본다.

1988/1, 132)? 같은 사건이 역대기에서 열왕기보다 더 세밀하게 묘사되는 경우가 많지 않은가? 그러므로 더 생생하게 표현된 엘리샤 이야기가 오히려 더 나중에 기록된 것임을 추론할 수 있을지언정, 생생하니까 더 먼저 된 것이라는 논리는 옳다고 할 수 없다.

헨첼의 1)의 경우도 아이 살린 이야기를 현재의 상황에서 떼어 놓고 그 위치가 분명하지 않다고 하는 것은 무리라고 생각된다. 본문 그대로는 분명히 자연스러운 흐름을 보여주고 있다. 엘리야후가 크리트 시내에 가서 시냇물이 말랐던 일이나, 그가 과부 집에 가 있다가 과부의 외아들이 죽는 사건이나, 슈넴 여인의 아들이 죽는 사건들은 공히 하나님의 종들이나 의인들의 삶에 자주 나타나는 돌발사건을 보여주는 사례라 할 수 있다.

위에서 보듯이 엘리야후 이야기의 의존성을 주장하는 여러 학자들의 이론은 한결같이 그 근거가 매우 희박하다. 이는 그들이 엘리야후의 과부와 엘리샤의 슈넴 여인의 경우가 비슷한 점에 너무 집착한 결과로 보인다. 또한 기적을 포함하는 이야기들을 ‘전설’로 보고, 17장 8-16절과 17장 17-24절을 각각의 전설로 간주하였으며, 하나의 전설이 다른 전설을 모방하는 현상으로 보려 한 때문인 것 같다 (Rofe, 1988/1, 13ff, 132ff; White, 1, 11ff).

D. 열왕기상 17장 17-24절의 고유성

위에서 우리가 살펴본 바와 같이, 엘리야후 이야기가 엘리샤 이야기에 영향을 받은 것이 아니라, 영향을 받은 게 있다면 엘리샤와 슈넴 여인의 사건이 오히려 엘리야후 이야기에 영향을 받았음이 분명하다. 위에서 일부는 암시되었지만, 새로운 각도로 정리해 보자.

1. '엘리야후 엘리샤 이야기'는 전체적으로 보아 엘리야후가 주인공이고 엘리샤
   는 그의 조금 부족한 제자나 후계자였다는 것이 저자의 입장인 듯하다. 이
   는 아래 열왕기하 2장에서 다시 논의될 것이다.

2. 엘리샤 전승이 더 나중에 만들어졌을 터인데, 그것을 바탕으로 하여 더 오래
   된 전승을 바꿀 까닭이 없다.

3. 엘리야후 이야기를 엘리샤 시대의 사람들은 전해 들었을 것이다. 엘리샤는
   사람들에게 엘리야후의 손에 물을 붓던 사람으로 알려졌다(왕하 3:11). 엘리
   샤 시대에는 엘리야후 이야기가 많이 알려져서, 슈넴 여인도 엘리야후의 침
   상 같은 효과를 바라고 엘리샤의 침상에 올려 두었을 것이다.

4. 일반적으로 스토리가 더 자세한 것은 덜 자세한 것보다 후대의 것으로 인정
   된다. 그런데 엘리샤의 이야기가 더 자세하고 구체적이다. 슈넴 여인의 아이
   는 누가 보아도 일사병에 걸린 게 분명하다. 그러나 차르파트 과부의 아들은
   왜 죽었는지 병명을 알 수 없다. 그 이야기가 엘리샤 이야기를 모방했다면
   병명이나 증세를 분명히 밝혔을 것이다. 아이를 살리러 슈넴 여인이 카르멜
   산까지 가고, 인사하고, 모시고 오고 하는 모든 과정도 세밀하거니와, 엘리샤
   가 아이 위에 엎드려서 입, 눈, 손을 마주 대는 장면이나, 잠시 쉬었다가 다
   시 하는 장면들이 모두 엘리야후보다 조금 부족한 엘리샤가 고생하며 아이를
   살리려고 애쓰는 장면이 생생하게 묘사되고 있다. 이는 엘리샤 이야기가 엘
   리야후의 이야기보다 더 후대의 이야기임을 밝혀 주는 증거인 것 같다. 엘리
   야후의 전승을 잘 알고 있던 사람들이 엘리샤의 경우엔 좀더 자세히 전했을
   것이다.

5. 엘리야후가 아이를 살려낸 상황이 엘리샤가 아이를 살린 상황보다 덜 분명하
   다고 할 수는 없다. 그가 기근으로 인해 하나님의 지시로 인해 차르파트까지
   갔다는 것이니, 차르파트 과부의 이야기는 오다가다 들렀다는 엘리샤의 경우
   보다 전후 문맥에서 더 확실하게 자리를 잡고 있다.

6. '하나님의 사람'이라는 표현이 엘리샤에게 많이 나타나지만, 엘리야후는 주로

자신을 하나님의 종으로 소개했었다(위의 왕상 17:1의 본문해설 참고). 그러기에 사람들이 그를 '하나님의 사람'이라고도 할 수 있었다. 엘리샤의 칭호가 옮겨 붙은 게 아니라, 엘리야후에게 가끔 붙었던 칭호가 엘리샤에게는 더욱 빈번하게 붙은 것이라 본다. 열왕기상 20장 28절에서는 무명의 예언자에게도 '하나님의 사람'이라는 칭호가 붙었다(아래 20:28의 본문해설과 그 주 참고).

7. 차르파트 과부의 고백('하나님의 사람')은 첫 고백이었으니 값진 것이었다. 그러나 슈넴 여인은 엘리샤에게 붙은 칭호 덕분에 이미 처음부터 엘리샤를 '하나님의 사람'으로 고백할 수 있었다. 그러므로 그 여자는 아들이 살았을 때에 새삼스럽게 고백할 필요가 없었다.

8. 로페는 아이가 살아나는 모티프가 기근과 상관이 없다고 말했지만, 기근은 만물이 죽는 상황이니, 아이의 소생은 그와 대조되는 하나님의 생명력을 상징한다. 엘리샤가 아이를 살리는 사건보다 엘리야후가 아이를 살리는 사건이 그 당시 상황에서 더 큰 의미를 지닌 것이었다. 그러나 두 사건에서 공히 아이를 살리는 사건은 창세기부터 내려온 주제, 곧 생육하고 번성하라(창 1:28등)는 하나님의 명과 일치한다. 과부의 외아들을 살리거나, 늙은 아비의 외아들을 살리는 사건은 다 성경의 기본적인 주제에 속한다.

9. 위의 간단한 본문해설에서 밝혔듯이 슈넴 여인과 과부의 행동은 행동양식, 언어, 믿음, 고백의 위치 등 모든 면에서 다르다. 과부는 엘리야후의 맹세문을 썼고, 슈넴 여인은 엘리샤의 맹세문을 썼다. 엘리야후와 엘리샤가 서로 다른 인물이듯이, 과부와 슈넴 여인도 완전히 별개의 인물이었다.

10. 열왕기상 18:26, 29; 열왕기하 4:31에서 우리는 비슷한 표현을 발견하는데, 성경의 다른 부분에서는 전혀 발견되지 않는 표현을 지닌 이 세 부분을 비교해 보면 다음과 같다.

왕상 18:26	וְאֵין קוֹל וְאֵין־עֹנֶה	(그런데 소리도 없었고 대답하는 이도 없었다)
왕상 18:29	וְאֵין קוֹל וְאֵין־עֹנֶה וְאֵין קָשֶׁב	(그런데 소리도 없었고, 대답하는

왕하 4:31 וְאֵין קוֹל וְאֵין קָשֶׁב	이도 없었고, 기척도 없었다) (그런데 소리도 없었고 기척도 없었다.)

이 세 부분의 발생 순서를 추정하는 것은 어렵지 않을 것이다. 아마 성경에 나타난 순서대로일 것이다. 열왕기상 18장 26절에서 29절로 변한 것은 '기척이 없었다'는 부분만 더 첨가된 것인데, 이는 충분히 설명이 가능하다. 바알의 예언자들이 그렇게 노력을 했어도 전혀 변화가 없었음을 강조하고 있음이다. 그러나 열왕기하 4장 31절의 표현은 열왕기상 18장 29절의 가운데 부분을 뺀 것 같다. 게하지가 그냥 지팡이를 아이 얼굴에 얹은 상황이니 대답하는 이가 없는 게 별로 이상하지 않다. 그러므로 적어도 이 부분에서만큼은 엘리샤 이야기가 엘리야후 이야기에 의존하고 있음이 분명하다. 즉 열왕기상 17장 17-24절이 열왕기하 4장 8-37절에 의존하고 있는 게 아니라, 후자가 열왕기상 18장 29절에 의존하고 있는 것이다. 그러므로 17장-19장의 통일성이 증명된다면,15) 열왕기하 4장의 엘리샤와 슈넴 여인 이야기가 문자화되는 과정에서 열왕기상 17장의 영향을 받았다고 할 수 있을 것이다.

---

15) 열왕기상 17-19장의 통일성은 아래 V.C.2에서 증명된다.

엘리야후
이야기

V. 카르멜산의 대결(18:1-46)

A. 히브리어 본문과 번역[1]

1[2] וַיְהִי יָמִים [a] רַבִּים וּדְבַר־יְהוָה הָיָה אֶל־אֵלִיָּהוּ בַּשָּׁנָה הַשְּׁלִישִׁית לֵאמֹר

לֵךְ הֵרָאֵה אֶל־אַחְאָב וְאֶתְּנָה מָטָר עַל־פְּנֵי הָאֲדָמָה׃

a) 그러고 난 후에 많은 날들이 지나갔다. 그런데 야흐베의 말씀이 삼 년째 되던 해에 엘리야후에게 있었다. 가라사대

b) "너는 가거라! 네 자신을 아흐압에게 보여라. 그러면 내가 그 땅 표면에 비를 줄 것이다."

2 וַיֵּלֶךְ אֵלִיָּהוּ לְהֵרָאוֹת אֶל־אַחְאָב

וְהָרָעָב חָזָק בְּשֹׁמְרוֹן׃

a) 그래서 엘리야후는 아흐압에게 자신을 보이려고 갔다.

b) 그런데 쇼므론에서는 그 기근이 심했다.

3 וַיִּקְרָא אַחְאָב אֶל־עֹבַדְיָהוּ אֲשֶׁר עַל־הַבָּיִת

וְעֹבַדְיָהוּ הָיָה יָרֵא אֶת־יְהוָה מְאֹד׃

---

1) 18:16-40의 다른 사역은 장영일, 2001, 284-289 참고.

2) [a] 약간의 히브리어 필사본과 대부분의 번역판들은 מִיָּמִים(날들 후에)라고 옮기고 있다. 그러나 본문에는 한 박자 쉬는 맛이 있다.

a) 그래서 아흐압이 그 궁궐 위에 있는 오바드야후를 불렀다.

b) 그런데 오바드야후는 야흐베를 매우 두려워하였다.

4³)
וַיְהִי בְּהַכְרִית אִיזֶבֶל אֵת נְבִיאֵי יְהוָה

וַיִּקַּח עֹבַדְיָהוּ מֵאָה נְבִיאִם וַיַּחְבִּיאֵם חֲמִשִׁים[a] אִישׁ בַּמְּעָרָה[b]

וְכִלְכְּלָם לֶחֶם וָמָיִם:

a) 그런데 이제벨이 야흐베의 예언자들을 멸절할 때에 이런 일이 있었다.

b) 그런데 오바드야후는 100명의 예언자들을 취하였다. 그러고 난 후에 그는
오십 명씩을 동굴 속에 숨기고 빵과 물로 그들을 공궤하였다.

5⁴)
וַיֹּאמֶר אַחְאָב אֶל־עֹבַדְיָהוּ לֵךְ[a] בָּאָרֶץ אֶל־כָּל־[b]מַעְיְנֵי הַמַּיִם וְאֶל
כָּל־[c]הַנְּחָלִים

אוּלַי נִמְצָא חָצִיר וּנְחַיֶּה סוּס וְלוֹא נַכְרִית[d] מֵהַבְּהֵמָה[e]:

a) 그런데 아흐압이 오바드야후에게 말했다. "당신은 그 땅에서 모든 물 샘
으로와 모든 시내로. 가시오.

---

3) [a] 본문대로라면 오십 명만 숨긴 것이 되지만, 어떤 히브리어 사본들이나 대부분의 번역판
들과 같이, 13절과 같이 '오십 명씩, 오십 명씩'이라고 바꾸는 것이 낫다. 앞에 מֵאָה
(100)가 나오기 때문이다.

[b] 칠십인역 중에 바티칸 사본과 헥사플라 수정본을 제외하고는 모두 ἐν δύο σπηλαίοις(두 개의
굴들에)라고 옮기고 있다. 그러나 크나안의 굴들이 서로 연결되어 있어서 둘이라고 할 수가
없었는지 모르고, 오십 명씩 따로 두었다 할지라도 두 개의 굴은 아니었을 수도 있다.

4) [a] 칠십인역은 여기에 καὶ διέλθωμεν(= וְנַעֲבֹר. 그리고 우리가 건너가 보자)를 덧붙이고 있
고 페쉬타도 이를 따르고 있다. 그러나 그것은 부연하는 번역인 듯하다.

[b] 칠십인역에는 이 단어가 빠져서 그냥 물을 찾으러 가자고 되어 있는데, 열왕기하 3장 19절에도
물과 짝이 되어 나온다.

[c] 바티칸 사본이나 루키안 수정본에는 이 단어가 빠졌다. 그렇게 고친 사람들은 크리트 시내가
말랐으므로 모든 시내가 다 말랐을 거라고 생각하여 이 부분을 뺀 것 같다.

[d] 칠십인역에서는 ἐξολοθρευθήσονται(그들이 죽임을 당하게 될 것이다=נַכְרִית)라고 옮기고 있
다. 그러나 앞에서 נִמְצָא라고 하여 '우리'가 주어가 되었으므로 뒤에서도 같은 주어를 가진
마소라 본문도 존중할 만하다.

[e] 몇 개의 히브리어 인쇄본에는 'בַּ(הַ) מִן로 되어 있다.

b) 혹시 우리가 물을 발견하면 말과 노새를 살릴 것이오. 그러면 우리가 그
   가축을 몰살시키진 않을 것이오."

6[5)]   וַיְחַלְּקוּ לָהֶם אֶת־הָאָרֶץ[a] לַעֲבָר־בָּהּ

אַחְאָב הָלַךְ בְּדֶרֶךְ אֶחָד לְבַדּוֹ וְעֹבַדְיָהוּ[b] הָלַךְ בְּדֶרֶךְ־אֶחָד לְבַדּוֹ׃

a) 그래서 그들은 그들끼리 거기에 가 볼 땅을 나누었다.

b) 아흐압은 혼자 한 길을 갔다. 그리고 오바드야후도 혼자 한 길로 갔다.

7[6)]   וַיְהִי עֹבַדְיָהוּ בַּדֶּרֶךְ[a] וְהִנֵּה[b] אֵלִיָּהוּ לִקְרָאתוֹ[c]

וַיַּכִּרֵהוּ[d] וַיִּפֹּל עַל־פָּנָיו וַיֹּאמֶר הַאַתָּה זֶה אֲדֹנִי אֵלִיָּהוּ׃

a) 그런데 이런 일이 있었다. 오바드야후가 그 길에 있었는데, 그런데 보라!
   엘리야후가 그를 향하고 있었다.

b) 그래서 그가 그를 알아보고서 그의 얼굴을 땅에 대고 엎드렸다. 그리고
   나서 그가 말했다. "이것이 당신입니까? 저의 주님, 엘리야후님!"

8   וַיֹּאמֶר לוֹ אֲנִי

---

5) [a] 칠십인역(페쉿타도)에선 τὴν ὁδόν(그 길을)이라 하여 땅을 나누는 게 아니라 길을 나누는
       것으로 되어 있으며, 페쉿타도 이를 따르고 있다.
   [b] 바티칸 사본, 루키안 수정본, 불가타 등에서는 이 단어를 **빼**고 있다. 아흐압 혼자서 갔을 리가
       없다는 생각에서 오바드야후의 경우는 그대로 두고 아흐압의 경우만 **뺀** 것 같다. 그러나 혼자
       라는 말도 문자 그대로 한 사람이 갔다는 뜻이 아닐 수도 있으므로 그대로 두는 게 좋을 것
       같다. 혹은 문자 그대로 혼자 갔을 수도 있다. 이는 그만큼 왕이 답답했다는 뜻일 것이다.
       현재의 본문은 상황의 절박성을 드러내는 데 효과적이다.
6) [a] 바티칸사본과 루키안 수정본에는 여기에 μόνος(혼자)가 더 첨가되어 있다. 18장 6절에서
       영향을 받았거나 부연하기 위함인 듯하다.
   [b] 루키안 수정본을 **뺀** 모든 칠십인역은 καὶ ἦλθεν(그런데 그가 왔다)으로 옮기고 있다. 이는 히브
       리어 본문의 어색함을 보완하려 고친 것 같다. 그러나 마소라 본문은 상황의 급작스러움을
       더 잘 묘사하고 있다.
   [c] 바티칸 사본과 헥사플라 수정본은 여기에 다시 μόνος(혼자)를 덧붙이고 있으나 별로 필요하지
       않은 것 같다.
   [d] 칠십인역은 καὶ Αβδιου ἔσπευσεν(= וַיְמַהֵר. 그래서 오바드야후는 서둘렀다)라고 옮기고 있다.

לֵךְ אֱמֹר לַאדֹנֶיךָ הִנֵּה אֵלִיָּהוּ:

a) 그러자 그가 그에게 말했다. "나요.

b) 당신은 가시오. 당신의 주님에게 말하시오. '보십시오. 엘리야후입니다'라고"

9 וַיֹּאמֶר מֶה חָטָאתִי

כִּי־אַתָּה נֹתֵן אֶת־עַבְדְּךָ בְּיַד־אַחְאָב לַהֲמִיתֵנִי:

a) 그러자 그가 말했다. "제가 무슨 죄를 지었습니까?

b) 왜냐하면 주님(당신)은 주님(당신)의 종을 아흐압의 손에 내주고 계시기 때문입니다. 저를 죽이라고요.

10[7)] חַי יְהוָה אֱלֹהֶיךָ אִם־יֶשׁ־גּוֹי וּמַמְלָכָה אֲשֶׁר לֹא־שָׁלַח אֲדֹנִי שָׁם לְבַקֶּשְׁךָ

וְאָמְרוּ אָיִן

וְהִשְׁבִּיעַ[a] אֶת־הַמַּמְלָכָה וְאֶת־הַגּוֹי[b] כִּי לֹא יִמְצָאֶכָּה:

a) 주님(당신)의 하나님 야흐베께서 살아계시거니와, 제 주인이 주님(당신)을 찾 으려고 거기에 사람을 보내지 않은 민족과 나라가 없습니다. 그런데 그들이 없다고 하였습니다.

b) 그래서 그는 그 나라와 그 민족에게 주님(당신)을 발견하지 못했다고 맹 세하게 했습니다.

11[8)] וְעַתָּה אַתָּה אֹמֵר

לֵךְ אֱמֹר לַאדֹנֶיךָ[a] הִנֵּה אֵלִיָּהוּ:

---

7) [a] 칠십인역은 καὶ ἐνέπρησεν(그래서 그가 불 질렀다)이라고 번역하고 있으나 어떤 면으로든 합당하지 않은 것 같다.

[b] 칠십인역은 τὰς χώρας αὐτῆς(그 땅들을)이라고 번역하였으나 역시 불 질렀다는 내용과 연관되 므로 수긍하기 어렵다.

8) [a-a] 칠십인역에서는 이 부분이 빠졌다. 중복이 되고 너무 장황한 것 같아서이겠지만, 히브리 어에선 중요한 부분이니 바꾸지 않는 게 좋다. '힌네 엘리야후'(보라! 야흐베는 나의 하 나님이시다)가 가지는 의미에 대해서는 아래 본문해설(C.2) 참고.

a) 그런데 지금 주님(당신)은 말씀하고 계십니다.

b) '너는 가서 네 주님에게 말해라! 보십시오! 엘리야후입니다'라고.

12[9]   וְהָיָה אֲנִי אֵלֵךְ מֵאִתָּךְ וְרוּחַ יְהוָה יִשָּׂאֲךָ עַל[a] אֲשֶׁר לֹא־אֵדַע

וּבָאתִי לְהַגִּיד לְאַחְאָב [b]וְלֹא יִמְצָאֲךָ וַהֲרָגָנִי

וְעַבְדְּךָ יָרֵא אֶת־יְהוָה מִנְּעֻרָי[c]:

a) 그런데 제가 주님(당신)으로부터 떠나가면 야흐베의 영이 주님(당신)을 들
   어서 제가 모르는 곳으로 데려갈 것입니다. 그리고 제가 가서 아흐압에게
   이야기하였을 때에 그가 주님(당신)을 발견하지 못하면 그가 저를 죽일
   것입니다.

b) 그런데 주님(당신)의 종은, 저의 젊은 날부터 야흐베를 두려워하였습니다.

13[10]   הֲלֹא־הֻגַּד לַאדֹנִי אֵת אֲשֶׁר־עָשִׂיתִי בַּהֲרֹג אִיזֶבֶל אֵת נְבִיאֵי יְהוָה

וָאַחְבִּא מִנְּבִיאֵי יְהוָה מֵאָה אִישׁ חֲמִשִּׁים חֲמִשִּׁים אִישׁ בַּמְּעָרָה[a]

וָאֲכַלְכְּלֵם לֶחֶם וָמָיִם:

a) 이제벨이 야흐베의 예언자들을 죽일 때에 제가 한 일을 저의 주께선 듣
   지 못하셨습니까?

b) 그런데 저는 야흐베의 예언자들로부터 100명을, 오십 명 오십 명을 그 동
   굴에 숨겼습니다. 그러고 난 후에 제가 빵과 물로 그들을 부양하였습니다.

14   וְעַתָּה אַתָּה אֹמֵר לֵךְ אֱמֹר לַאדֹנֶיךָ הִנֵּה אֵלִיָּהוּ

---

9) [a] 한 개의 히브리어 필사본에서 עַד('아드': 까지)라고 적고 있으나 현재대로가 더 낫다.
   [b] 히브리어 필사본 하나와 칠십인역 추정원본에서 이 문구를 빠뜨렸으나, 좀 장황하게 보여도
   그대로 두는 게 좋은 것 같다.
   [c] 몇 개의 히브리어 필사본과 칠십인역, 아람, 불가타에서 מִנְּעוּרָיו(그의 젊은 날부터)를 상정하
   고 있다. 문맥으로나 문법적으로나 번역본들이 맞지만, 그대로 두어도 뜻은 통한다.
10) 루키안 수정본은 4절의 [b]와 같은 표기를 보이고 있다.

וַהֲרָגֻנִי:

a) 그런데 지금 주님(당신)은 말씀하십니다. ‘너는 가서 너의 주인에게 말해
   라! 보십시오! 엘리야후입니다.’라고.

b) 그러면 그가 저를 죽일 것입니다.”

15   וַיֹּאמֶר אֵלִיָּהוּ חַי יְהוָה צְבָאוֹת אֲשֶׁר עָמַדְתִּי לְפָנָיו

כִּי הַיּוֹם אֵרָאֶה אֵלָיו:

a) 그러자 엘리야후가 말했다. “내가 그 앞에 서 있는 만군의 야흐베께서 살
   아계시거니와,

b) 오늘 내가 그에게 나타날 거요.”

16[11]   וַיֵּלֶךְ עֹבַדְיָהוּ לִקְרַאת אַחְאָב וַיַּגֶּד־לוֹ

וַיֵּלֶךְ אַחְאָב[a] לִקְרַאת אֵלִיָּהוּ:

a) 그리하여 오바드야후는 아흐압을 만나러 갔다. 그리고 난 후에 그는 그에
   게 보고했다.

b) 그러자 아흐압은 엘리야후를 만나기 위하여 갔다.

17[12]   וַיְהִי כִּרְאוֹת אַחְאָב אֶת־אֵלִיָּהוּ

וַיֹּאמֶר אַחְאָב אֵלָיו[a] הַאַתָּה זֶה עֹכֵר יִשְׂרָאֵל:

a) 그런데 아흐압이 엘리야후를 보는 것과 동시에 이런 일이 일어났다.

b) 그러자 아흐압이 그에게 말했다. “이것이 당신이오? 이스라엘을 불행하게 하
   는 자!”

---

11) [a-a] BHS는 칠십인역을 참고하여 본문을 וַיָּרָץ אַחְאָב וַיֵּלֶךְ(그러자 아흐압이 뛰어갔다)로
   고칠 것을 제안한다. 그러나 이는 상황을 과장하기 위함인 듯하다.

12) [a] 두 개의 히브리어 필사본과 칠십인역은 אֶל־אֵלִיָּהוּ(엘리야후에게)의 형태를 보인다. 그
   러나 רָאָה(보다) 뒤에 אֵת(을/를)가 오는 경우가 많이 있으므로(왕상 20:22 등) 그대로
   두는 게 좋다.

18[13]   וַיֹּאמֶר לֹא עָכַרְתִּי אֶת־יִשְׂרָאֵל כִּי אִם־אַתָּה וּבֵית אָבִיךָ

בַּעֲזָבְכֶם [a]אֶת־מִצְוֹת יְהוָה[a] וַתֵּלֶךְ[b] אַחֲרֵי הַבְּעָלִים:

a) 그러나 그가 말했다. "내가 이스라엘을 불행하게 하지 않았소. 당신과 당
   신의 아비 집이지.

b) 당신들이 야흐베의 계명들을 버렸을 때였지. 그런데 당신이 그 바알들의
   뒤를 (따라) 걸어갔지.

19[14]   וְעַתָּה שְׁלַח קְבֹץ אֵלַי אֶת־כָּל־יִשְׂרָאֵל אֶל־הַר הַכַּרְמֶל

וְאֶת־נְבִיאֵי הַבַּעַל אַרְבַּע מֵאוֹת וַחֲמִשִּׁים [a]וּנְבִיאֵי הָאֲשֵׁרָה אַרְבַּע

מֵאוֹת[a] אֹכְלֵי שֻׁלְחַן אִיזָבֶל:

a) 그러나 이제 당신은 사람을 보내시오! 전체 이스라엘을 내게, 그 카르멜
   산으로 모으시오!

b) 그리고 바알의 예언자 450명과 이제벨의 식탁에서 먹는 아세라의 예언자
   400명도."[15]

20[16]   וַיִּשְׁלַח אַחְאָב בְּכָל־בְּנֵי[a] יִשְׂרָאֵל

---

13) [a-a] 칠십인역은 τὸν κύριον θεὸν ὑμῶν[너희들의 하나님 주(야흐베)를]으로 옮기고 있다. 계
   명이 아니라 야흐베를 버렸다는 뜻이니, 좀더 신학화된 번역인 것 같다.
   [b] 칠십인역 소문자사본과 페쉿타, 타르굼, 불가타 등은 복수로 번역하고 있다. 그러나 마소라
   본문은 아흐압 개인을 겨냥하고 있다. 그리고 당신(A), 당신의 집(B), 당신들(A´), 당신
   (B´)의 순서는 온전한 교차대구법을 이루고 있다.

14) [a-a] BHS는 아무 사본의 뒷받침도 없이 이 부분을 뺄 것을 제안하고 있다. 카르멜산에서
   실제로 바알의 선지자들만 나타나지, 아세라의 선지자들은 나타나지 않기 때문이리라. 그
   러나 그것은 엘리야후의 제안대로 이제벨이 다 행하지 않은 때문일 것이다.

15) 이제벨의 상에서 먹었던 사람들이 바알의 예언자까지 포함될 수도 있으나, 후에 아세라
   예언자들이 나타나지 않은 점으로 미루어, 대부분의 번역을 따라 아세라의 예언자만 이제
   벨의 상에서 먹은 것으로 번역한다. Rosenberg, 1980, 187 참고. 한편 왈쉬(Walsh, 238)와
   장영일(2001, 285)은 이제벨이 바알과 아세라 예언자들을 다 자기 상에서 먹이고 있었다
   고 본다.

16) [a] 대다수의 히브리어 필사본들은 '아들들' 대신에 גְּבוּל(지역)을 보여주고 있다. 그리고

וַיִּקְבֹּץ אֶת־[b]הַנְּבִיאִים אֶל־הַר הַכַּרְמֶל׃

a) 그러자 아흐압은 이스라엘 모든 사람들을 부르러 보냈다.

b) 그리고 난 후에 그는 그 예언자들을 그 카르멜산으로 모았다.

21[17)] וַיִּגַּשׁ אֵלִיָּהוּ אֶל־[a]כָּל־הָעָם וַיֹּאמֶר עַד־מָתַי אַתֶּם פֹּסְחִים עַל־שְׁתֵּי הַסְּעִפִּים אִם־יְהוָה הָאֱלֹהִים לְכוּ אַחֲרָיו וְאִם־הַבַּעַל לְכוּ אַחֲרָיו וְלֹא־עָנוּ הָעָם אֹתוֹ[b] דָּבָר׃

a) 그리고 나서 엘리야후는 그 백성 전체에게 나섰다. 그리고 난 후에 그는 말했다. "언제까지 여러분은 그 두 나뭇가지 위에서 절룩거리겠소? 만일 야흐베가 그 하나님이면 그의 뒤를 따라가시오! 만일 그 바알이면 그의 뒤를 따라가시오!"

b) 그러나 그 백성은 그에게 한 말도 대답하지 않았다.

22[18)] וַיֹּאמֶר אֵלִיָּהוּ אֶל־[a]הָעָם אֲנִי נוֹתַרְתִּי נָבִיא לַיהוָה לְבַדִּי

칠십인역에서 이 단어를 생략하여 그냥 이스라엘에 사람을 보내었다는 것도 지역을 가리키는 것으로 간주할 수 있다. 뜻에 있어선 큰 차이가 없으나 사람을 부르는 게 더 문맥에 맞으리라 본다.

[b] 몇 개의 히브리어 필사본과 그리스어역에서는 여기에 כָּל(모든)을 첨가하고 있다. 그러나 아래에서 알게 되듯이 아세라의 선지자들은 오지 않았으므로 현재의 본문을 고칠 이유가 없다.

17) [a-a] 칠십인역 추정원본은 πάντας(모든 사람)으로 번역하고 있어서 히브리어로 כֻּלְהֶם(그들 모두)이었을 것을 전제하고 있으나, 22절의 '그 백성'을 참고하더라도 '그 백성 전체'를 바꿀 이유는 없다.

[b] 두 개의 히브리어 필사본과 칠십인역에는 이 단어가 빠졌다. 물론 없어도 말이 되지만, 본문은 이스라엘 백성이 결정적인 질문을 한 엘리야후에게 한 마디도 대답하지 않았다는 것을 강조하고 있다.

18) [a] 많은 히브리어 필사본과 타르굼의 라가르드(Lagarde)판 등에선 여기에 כָּל(모든, 전체)을 덧붙이고 있다. 이는 21절에서 영향을 받은 것 같으나, 본문은 이미 한 번 '모든 백성'이라고 했으니, 본문대로 '그 백성'이라 하고 있다.

[b] 칠십인역에서는 여기에다 '아세라의 선지자 400명'을 더 첨가하고 있다. 그러나 이하의 본문에서는 칠십인역에서도 아세라 선지자들은 더 이상 나타나지 않으므로 마소라대로 두는 것이

$$\text{וּנְבִיאֵי הַבַּעַל אַרְבַּע־מֵאוֹת וַחֲמִשִּׁים אִישׁ}^{b}:$$

a) 그러자 엘리야후가 그 백성에게 말했다. "나는,[19] 나 혼자 남았습니다. 야흐베께 속한 예언자는 나뿐입니다.

b) 그러나 그 바알의 예언자들은 450명입니다.

$$23^{20)}\ \text{וְיִתְּנוּ־לָנוּ שְׁנַיִם פָּרִים וְיִבְחֲרוּ לָהֶם הַפָּר הָאֶחָד וִינַתְּחֻהוּ וְיָשִׂימוּ עַל־}$$
$$\text{הָעֵצִים וְאֵשׁ לֹא יָשִׂימוּ}$$
$$\text{וַאֲנִי אֶעֱשֶׂה אֶת־הַפָּר הָאֶחָד}^{a}\ \text{וְנָתַתִּי עַל־הָעֵצִים}^{b}\ \text{וְאֵשׁ לֹא אָשִׂים}:$$

a) 그런데 그 남자들은 우리에게 두 마리의 황소들을 줄 것입니다. 그리고 그 남자들은 그들을 위하여 한 황소를 고를 것이며, 그것을 찍어 쪼개어 그 나무들 위에 놓을 것입니다. 그러나 불은 그들이 붙일 수 없습니다.

b) 그리고 나는, 나는 그 한 마리의 황소를 준비하여 그 나무들 위에 놓을 것입니다. 그러나 불은 내가 붙이지 않을 것입니다.

$$24^{21)}\ \text{וּקְרָאתֶם בְּשֵׁם אֱלֹהֵיכֶם וַאֲנִי אֶקְרָא בְשֵׁם־יְהוָה}^{a}\ \text{וְהָיָה הָאֱלֹהִים אֲשֶׁר־}$$

좋겠다.

19) 1인칭 단수 어미 외에 אֲנִי(나)가 별도로 등장하여 강조하는 뜻이 되므로 이렇게 한 번 더 '나는'이란 말을 붙였다. 이는 아래 23절 등에서도 마찬가지다.

20) [a] 히브리어 필사본 두 개에는 הַשֵּׁנִי(그 두 번째)라고 되어 있고, 칠십인역에는 τὸν ἄλλον(= הָאַחֵר. 그 다른 것)이라 되어 있다.

[b-b] BHS는 칠십인역에 이 부분이 빠진 것을 들어 이것을 삭제할 것을 제안한다. 번제에 나무는 필수적인데, 이것이 빠진다면 엘리야후는 나무도 없이 번제물을 태우겠다는 뜻이 된다. 이는 칠십인역의 과장인 듯하다.

21) [a] 칠십인역은 여기에 '나의 하나님'이란 뜻의 τοῦ θεοῦ μου를 첨가하고 있고 페쉿타와 불가타의 일부 필사본들도 이를 따르고 있다. 엘리야후는 바알의 선지자들에게 너희 신의 이름을 부르라고 했으니 균형이 맞으려면 엘리야후가 '나의 하나님'을 부르겠다고 하는 게 어울린다. 그러나 이미 야흐베가 들어 있으니 '나의 하나님'을 첨가하면 너무 길어져 오히려 균형이 깨어진다.

[b] 칠십인역에는 ὁ ἐλάλησας(당신이 말씀하신바)가 더 들어 있다. 좀더 구체화되어 있으나 부연일 가능성이 많다.

וַיַּעֲנֶה בָאֵשׁ הָאֱלֹהִים הוּא

וַיַּעַן כָּל־הָעָם וַיֹּאמְרוּ טוֹב הַדָּבָר[b]:

a) 그리고 여러분은 여러분의 신의 이름을 부르시오. 그러나 나, 나는 야흐
베의 이름을 부르겠소. 그리고 그 불로 응답하는 그 신이 있으면, 그분
이 그 하나님이오.”

b) 그러자 그 모든 백성이 대답했다. 그러면서 그들이 말했다. “그 말씀이 좋
습니다.”

25 [22)]

וַיֹּאמֶר אֵלִיָּהוּ לִנְבִיאֵי הַבַּעַל בַּחֲרוּ לָכֶם הַפָּר הָאֶחָד וַעֲשׂוּ רִאשֹׁנָה

כִּי אַתֶּם הָרַבִּים

[a]וְקִרְאוּ בְּשֵׁם אֱלֹהֵיכֶם וְאֵשׁ לֹא תָשִׂימוּ:

a) 그러고 난 후에 엘리야후가 그 바알의 예언자들에게 말했다. “당신들은
당신들을 위하여 그 한 황소를 고르시오! 그래서 당신들이 먼저 작업하
시오. 당신들이 다수이기 때문이오.

b) 그리고 당신들은 당신들의 하나님의 이름을 부르시오! 그러나 불은 붙이
지 마시오.”

26 [23)]

וַיִּקְחוּ אֶת־הַפָּר [a]אֲשֶׁר־נָתַן לָהֶם[a] וַיַּעֲשׂוּ וַיִּקְרְאוּ בְשֵׁם־הַבַּעַל

---

22) [a-a] 페쉿타에는 이 부분이 완전히 빠져 있다. 앞에서 24절에서도 부르라는 말이 나왔기 때
문이겠지만, 여기선 부르는 것이 결정적이므로 빠져선 안 될 것이다.

23) [a-a] 칠십인역에 빠져 있으므로 BHS는 삭제할 것을 제안하지만, 빠뜨릴 이유가 없다. 황소
를 누군가가 준 것이지, 바알 선지자들이 가져오지는 않았을 것이기 때문이다.

[b-b] 루키안 수정본에는 없는데, 27절에 점심 때가 되었다는 언급이 있으니 중복을 피하려고
생략하였을 것이다.

[c] 칠십인역에는 여기에 ἐπάκουσον ἡμῶν(= עֲנֵנוּ. 우리에게 응답하소서)라고 번역하고 있으나,
이는 그 뒤에 나오는 말을 한 번 더 반복하여 강조하려는 시도로 보인다.

[d] BHS는 난외주(Sebirin)에 עָשׂוּ(그들이 만들었다)라고 되어 있고, 히브리어 필사본 몇 개와,
거의 대부분의 번역본들을 따라 ‘그들이 만들었던’으로 읽기를 제안하고 있다. 지금의 형태
가 어색한 것은 사실이다. 그러나 카르멜산의 바알제단이 엘리야후 앞에 있던 바알 선지자
들이 만든 것 같지는 않고, 그전에 누군가가 만들어 둔 것일 가능성이 많으므로, 지금의

מֵהַבֹּקֶר וְעַד־הַצָּהֳרַיִם[b] לֵאמֹר[c] הַבַּעַל עֲנֵנוּ וְאֵין קוֹל וְאֵין עֹנֶה
וַיְפַסְּחוּ עַל־הַמִּזְבֵּחַ אֲשֶׁר עָשָׂה[d]:

a) 그래서 그들은 그가 그들에게 준 그 황소를 받아서 작업을 했다. 그러고
난 후에 그들은 아침때부터 그 점심때까지 그 바알의 이름을 불렀다. 이르
기를, "그 바알이여! 우리에게 응답하소서!" 그러나 소리도 없었고 대답하
는 이도 없었다.

b) 그러자 그들은 사람이 만든 제단 위에서 절룩거렸다.

27[24)] וַיְהִי בַצָּהֳרַיִם וַיְהַתֵּל בָּהֶם אֵלִיָּהוּ[a] וַיֹּאמֶר קִרְאוּ בְקוֹל־גָּדוֹל כִּי־
אֱלֹהִים הוּא כִּי שִׂיחַ[b] וְכִי־שִׂיג לוֹ וְכִי־דֶרֶךְ לוֹ[b]
אוּלַי יָשֵׁן הוּא וְיִקָץ:

a) 그러다 그 점심때가 되었다. 그러자 엘리야후가 그들을 조롱하여 말했다.
"큰 소리로 부르시오! 그는 신이기 때문이오. 그는 볼일을 보시기 때문이
오. 그리고 그는 대변을 보시기 때문이오.25) 그리고 그는 길을 가시기 때
문이오.

b) 아마 그는, 그는 잠이 들었을 것이오.26) 그러면 그는 깰 것이오."

28וַיִּקְרְאוּ בְּקוֹל גָּדוֹל וַיִּתְגֹּדְדוּ כְּמִשְׁפָּטָם בַּחֲרָבוֹת וּבָרְמָחִים
עַד־שְׁפָךְ־דָּם עֲלֵיהֶם:

형태를 살려서 '누군가가/사람이 만들어 둔'이란 뜻으로 읽을 수 있다.

24) [a] 칠십인역은 ὁ Θεσβίτης(그 티쉬베 사람)를 첨가하고 있으나, 그런 호칭은 이야기 중간에
나오지 않고 중요한 전기가 될 때에만 나타나고 있다(왕상 17:1; 21:17, 28; 왕하 1:3,
8; 9:36).
   [b-b] BHS에선 이 부분이 불확실하다고 한다. 그리스어역에서는 ἀδολεσχία αὐτῷ ἐστιν καὶ ἅμα
μήποτε χρηματίζει αὐτός(그가 한담 중인지, 그리고 동시에 아마 벗고 있는지)라 옮기고 있다.

25) שִׂיחַ의 뜻은 논란이 있으나 전후 문맥을 보아 조롱하는 뜻이 분명하므로 이렇게 번역한
다. HAL [IV], 1231; Walsh, 248f 참고.

26) 여기서도 강조하기 위하여 3인칭 남성 단수 대명사를 추가하였다.

a) 그러자 그들은 큰 소리로 불렀다. 그리고 난 후에 그들은 그들의 관습대
   로 그 칼들과 그 창들로 그었다.

b) 자신들에게 피가 흘러내리기까지.

29[27]   וַיְהִי כַּעֲבֹר הַצָּהֳרַיִם וַיִּתְנַבְּאוּ עַד לַעֲלוֹת הַמִּנְחָה
              וְאֵין־קוֹל וְאֵין־עֹנֶה וְאֵין קָשֶׁב[a]:

a) 그러다 그 점심때가 지났을 즈음에 그들은 발광하여 소제 드리는 시간까
   지 이르렀다.

b) 그러나 소리도 없었고, 대답하는 이도 없었고, 기척도 없었다.

30[28]   וַיֹּאמֶר אֵלִיָּהוּ לְכָל־הָעָם גְּשׁוּ אֵלַי וַיִּגְּשׁוּ כָל־הָעָם אֵלָיו
              [a]וַיְרַפֵּא אֶת־מִזְבַּח יְהוָה[b] הֶהָרוּס:

a) 그러자 엘리야후가 그 전체 백성을 향하여 말했다. "당신들은 내게 가까
   이 오시오!" 그러자 그 모든 백성이 그에게 왔다.

b) 그러자 그는 야흐베의 제단, 그 무너진 것을 수축하였다.

31[29]   [b]וַיִּקַּח אֵלִיָּהוּ שְׁתֵּים עֶשְׂרֵה אֲבָנִים כְּמִסְפַּר שִׁבְטֵי בְנֵי־יַעֲקֹב[a]

---

27) [a] 칠십인역과 페쉿타에는 몇 단어가 더 들어 있다.

28) [a] 칠십인역 추정원본은 여기에 32a를 가져오고 그 뒤에 이 부분을 연결시키고 있다. 그러
    나 32a의 הָאֲבָנִים(그 바위들)은 31절에 나오는 열두 돌을 가리키는 것이니 마소라 본
    문의 순서가 맞는 것 같다.
    [b] 칠십인역 추정원본은 이 단어를 빼고 있지만 이는 매우 중요한 단어다. 바알의 단과 대조되는
    야흐베의 단을 규정하기 때문이다.

29) [a] 몇 개의 히브리어 필사본과 칠십인역에는 이 단어가 빠졌다. 그러면 '야아콥의 지파의
    수대로'가 된다. 본래의 표현, '야아콥의 자손들'이라는 표현은 창세기 외에는 별로 나오
    지 않는 칭호다.(왕하 17:34; 대상 16:13; 시 77:16; 105:6; 말 3:6) 그리고 열왕기에선
    여기 외에 열왕기하 17:34에 다시 나타나는데, 거기에도 '야흐베께서 이스라엘이라 이름
    을 주신 야아콥의 자손'이라는 문구가 등장한다. 본문과 같은 맥락이다. 또한 말라기 3
    장 6절에 다시 발견되는데, 거기서도 하나님이 보내실 사자, 즉 엘리야후와 연관되어 있
    다. 그러므로 이 칭호는 엘리야후 전승에서 뺄 수 없는 칭호임이 분명하다.

אֲשֶׁר הָיָה דְבַר־יְהוָה אֵלָיו לֵאמֹר יִשְׂרָאֵל יִהְיֶה שְׁמֶךָ:

a) 그러고 난 후에 엘리야후는 야아콥의 아들들의 숫자와 같이 열두 개의
바위들을 취하였다.

b) 야흐베의 말씀이 그에게 있어서, 이르시되 "이스라엘이 너의 이름이 될 것이
라" 하셨었다.

32[30)]   וַיִּבְנֶה אֶת־הָאֲבָנִים מִזְבֵּחַ [b] [a]בְּשֵׁם[b] יְהוָה
וַיַּעַשׂ תְּעָלָה כְּבֵית סָאתַיִם זֶרַע סָבִיב לַמִּזְבֵּחַ:

a) 그러고 나서 그는 그 돌들로 야흐베의 이름으로 된 제단을 만들었다.

b) 그러고 나서 그는 두 스아의 씨를 뿌릴 정도의 면적으로 그 제단 주위에 도
랑을 만들었다.

33   וַיַּעֲרֹךְ אֶת־הָעֵצִים
וַיְנַתַּח אֶת־הַפָּר וַיָּשֶׂם עַל־הָעֵצִים:

a) 그러고 나서 그는 그 나무들을 쌓았다.

b) 그러고 나서 그는 그 황소를 쪼개었고, 그것을 그 나무들 위에 놓았다.

34[31)]   [a]וַיֹּאמֶר מִלְאוּ אַרְבָּעָה כַדִּים מַיִם וְיִצְקוּ עַל־הָעֹלָה וְעַל־הָעֵצִים[a]
וַיֹּאמֶר שְׁנוּ וַיִּשְׁנוּ וַיֹּאמֶר שַׁלֵּשׁוּ וַיְשַׁלֵּשׁוּ:

---

[b] 몇 개의 히브리어 필사본과 칠십인역 추정원본에는 ישראל(이스라엘)이라 되어 있다.
이 문제도 위의 31절의 [a]에 붙은 각주를 참고하라.

30) [a] 칠십인역에는 이 단어가 빠졌는데, 위의 30절의 a에서 언급한 사항을 고려하더라도 여
기에 '제단'이 빠지는 것은 좋지 않다. 먼저 돌을 쌓고 다음에 제단을 수축한다는 것
은 적절하지 않다.

[b-b] 루키안 수정본에는 이 문구가 빠졌다. 그리고 수리아 헥사플라에서는 괄호 속에 두었다.
그러나 야흐베의 이름으로 제단을 쌓는다는 것은 중요하다.

31) [a] 칠십인역 추정원본에서는 여기에 καὶ ἐποίησαν οὕτως(그러자 그들이 그렇게 행했다)를
덧붙이고 있다. 두 번째와 세 번째에 그들이 순종했다는 언급이 있으니 첫 번째도 그
렇게 했다는 언급을 칠십인역에서 보탠 것 같다.

a) 그러고 난 후에 그는 말했다. "당신들은 네 단지에 물을 채우시오! 그러
고 난 후에 당신들은 그 번제물과 그 나무들 위에 부으시오."

b) 그러고 난 후에 그는 말했다. "반복하시오!" 그들은 반복했다. 그러자 그
는 말했다. "세 번째로 하시오!" 그러자 그들은 세 번째로 하였다.

35　　　　　　　　　　　　　　　　　　　　　　　וַיֵּלְכוּ הַמַּיִם סָבִיב לַמִּזְבֵּחַ

　　　　　　　　　　　　　　　　　　　　　　　וְגַם אֶת־הַתְּעָלָה מִלֵּא־מָיִם׃

a) 그리고 나자 그 물이 그 제단 사방으로 흘렀다.

b) 그리고 그 도랑조차도 물로 가득 찼다.

36 [32)] [a]וַיְהִי בַּעֲלוֹת הַמִּנְחָה[a] [b]וַיִּגַּשׁ אֵלִיָּהוּ הַנָּבִיא[b] וַיֹּאמַר יְהוָה אֱלֹהֵי אַבְרָהָם

---

32) [a-a] 칠십인역에는 이 문구가 빠졌다. 아마 이미 29절에 나온 말이었기 때문으로 보인다. 바
알의 선지자들이 이미 소제 드릴 무렵까지 발광을 했다는 말을 이미 했는데, 그 후에
제단을 수축하고 소를 잡고 물을 붓고 하면서 오랜 시간이 지난 터에, 다시 소제 시간
이라고 나오니 모순이라 생각했을 것이다. 그러나 엘리야후의 작업은 이미 그들이 발광
하고 있을 때에 시작되었다(Walsh, 250 참고.). 그리고 그들의 발광이 끝났을 무렵에
엘리야후가 기도를 시작하였을 것이다.

[b-b] 칠십인역에는 καὶ ἀνεβόησεν Ηλιου εἰς τὸν οὐρανὸν(그리고 난 후에 엘리야후는 하늘을 향하여
부르짖었다)라고 되어 있다. 전혀 다른 내용이니 혹시 다른 사본을 보고 번역한 것이 아닐까?

[c] 히브리어 필사본 하나와 칠십인역과 페쉿타에는 וְיִצְחָק(그리고 이츠하크)를 상정하고 있다.
'아브라함, 이츠하크와 이스라엘'이 아니라, '아브라함과 이츠하크와 이스라엘'이라는 뜻이
다. 물론 그것이 더 잘 어울리지만, 성경에는 아브라함 다음에 '그리고'(וְ)가 없이 연결되는
이런 형태도 없지 않다[출 3:16; 왕하 13:23(이상은 아브라함, 이츠하크와 야아콥); 대상
29:18; 대하 30:6(이상은 아브라함, 이츠하크와 이스라엘)].

[d] 칠십인역 추정원본에는 37절의 앞부분 "제게 응답하소서, 야흐베시여! 제게 응답하소서!"가
덧붙어 있다. 그러나 문맥을 보더라도 히브리어 본문이 훨씬 더 낫다. 처음부터 명령문을
반복하는 것보다 마지막에 열정적으로 기도하는 모습이 낫기 때문이다.

[e] 칠십인역 추정원본에서는 ἐν πυρί καὶ γνώτωσαν πᾶς ὁ λαὸς οὗτος로 되어 있다. 이는 그 앞의
구절과 연결시키면 "나를 들어 주소서, 주여! 오늘 불 가운데서 나를 들어 주소서! 그리고
이 모든 민중이 알게 하소서!"라는 뜻이 된다. 이는 히브리어 본문을 부연하며 번역한 결과
인 듯하다.

[f] 많은 히브리어 필사본과, 페쉿타, 타르굼, 불가타, 쿰란에서 וּבִדְבָרֶךָ를 상정하고 있다. 가운
데의 요드(י)를 뺌으로써 '주님(당신)의 말씀들'에서 '주님(당신)의 말씀'으로 단수로 변한

יִצְחָק‍ᶜ וְיִשְׂרָאֵל‍ᵈ הַיּוֹם יִוָּדַע‍ᵉ כִּי־אַתָּה אֱלֹהִים בְּיִשְׂרָאֵל וַאֲנִי עַבְדֶּךָ
וּבִדְבָרֶךָ‍ᶠ עָשִׂיתִי אֵת כָּל־הַדְּבָרִים הָאֵלֶּה:

a) 그러자 소제 올릴 시간이 되었다. 그래서 그 예언자 엘리야후가 나서서 말
했다. "아브라함, 이츠하크와 이스라엘의 하나님 야흐베시여! 오늘 주님(당
신)이 이스라엘 가운데 하나님이시며, 제가 주님(당신)의 종이라는 것이 알
려지게 되기를 바랍니다.

b) 그리고 주님(당신)의 말씀들 가운데서 제가 이 모든 일을 행했다는 것이.

37³³⁾   עֲנֵנִי יְהוָה עֲנֵנִי‍ᵃ וְיֵדְעוּ‍ᵇ הָעָם הַזֶּה כִּי־אַתָּה יְהוָה הָאֱלֹהִים
וְאַתָּה הֲסִבֹּתָ אֶת־לִבָּם אֲחֹרַנִּית:

a) 제게 응답하소서, 야흐베시여! 제게 응답하소서! 그러면 이 백성이 주님
(당신)이 그 하나님 야흐베시란 것을 알게 될 것입니다.

b) 그리하여 주님(당신), 주님(당신)이 그들의 마음을 뒤로 돌이키십시오!"

38³⁴⁾ וַתִּפֹּל אֵשׁ־יְהוָה‍ᵃ וַתֹּאכַל אֶת־הָעֹלָה וְאֶת־הָעֵצִים וְאֶת־הָאֲבָנִים וְאֶת‍ᵇ

모습을 취하는 것이다. BHS에서도 그렇게 고쳐 읽을 것을 제안한다. 고치지 않은 현재의
모습은 문법적으로 맞지 않고, וּבִדְבָרֶיךָ로 되어야 마땅하다. 아마 모음을 잘못 찍은 것이
전승된 것 같다. 그러므로 우리는 현재의 모습을 그대로 두고 복수로 읽는 게 좋을 듯하다.
칠십인역자가 번역한 대본도 벌써 애매하였던지, 칠십인역은 καὶ διὰ σε[그리고 주님(당신)
을 통하여]라고 하여 in deinem Auftrag(당신의 위탁으로)이라고 번역한 헨첼(Hentschel/1,
114.)과 같이 선택을 회피하였다.

33) ᵃ⁻ᵃ 36절의 ᵈ를 참고하라.
  ᵇ 히브리어 필사본 둘과 칠십인역 소문자사본과 페쉿타에서는 여기에 כָּל־(모든)을 덧붙이고
  있다. 그러나 이는 번역판이 더 강조한 것 같다.

34) ᵃ 히브리어 필사본 하나와 타르굼에서는 אֵשׁ־מֵיהוָה(야흐베에게서 나온 불)의 형태를 보
  이고 있다. 그러나 '야흐베의 불'이 '야흐베에게서 나온 불'보다 여기선 더 맞는다. 후자
  가 되면 제단에서 불이 나온 것 같은 인상을 준다. 그러나 불은 분명히 하늘에서 떨어
  진 것 같다(וַתִּפֹּל). 칠십인역은 절충을 하여, παρὰ κυρίου ἐκ τοῦ οὐρανου(주께로부터
  하늘에서)라 옮기고 있다.
  ᵇ⁻ᵇ 칠십인역 추정원본은 이 부분을 38절 맨 끝에 붙이고 있어서 BHS는 본래 난외주였을 것으
  로 추측한다. 그러나 도랑의 물을 핥는 것이 맨 마지막이 되는 것이 좋으므로 맨 끝에 올

הֶעָפָר[b]

וְאֶת־הַמַּיִם אֲשֶׁר־בַּתְּעָלָה לִחֵכָה:

a) 그러자 야흐베의 불이 떨어졌다. 그래서 그것은 그 제물과 그 나무들과
   그 돌들과 그 흙을 먹었다.

b) 그리고 그것은 그 도랑에 있는 물을 핥았다.

39[35)]   וַיַּרְא[a] כָּל־הָעָם וַיִּפְּלוּ[b] עַל־פְּנֵיהֶם

וַיֹּאמְרוּ[c] יְהוָה הוּא[d] הָאֱלֹהִים יְהוָה[b] הוּא הָאֱלֹהִים:

a) 그러자 그 모든 백성이 보고 그들의 얼굴을 땅에 대고 엎드렸다.

b) 그리고 난 후에 그들은 말했다. "야흐베! 그 분이 그 하나님이시다! 야흐
   베! 그 분이 그 하나님이시다!"

40 וַיֹּאמֶר אֵלִיָּהוּ לָהֶם תִּפְשׂוּ אֶת־נְבִיאֵי הַבַּעַל אִישׁ אַל־יִמָּלֵט מֵהֶם וַיִּתְפְּשׂוּם

וַיּוֹרִדֵם אֵלִיָּהוּ אֶל־נַחַל קִישׁוֹן וַיִּשְׁחָטֵם שָׁם:

a) 그러자 엘리야후가 그들에게 말했다. "그 바알의 예언자들을 잡으시오! 그

수는 없는 것이며, 번제물, 나무에 이어 돌을 태우고, 먼지를 태우는 것은 번제단의 위에서부
터 내려온 순서 같으므로 그대로 두는 것이 좋겠다.

35) [a] 칠십인역 추정원본에서는 καὶ ἔπεσεν(그러자 그가 떨어졌다. 백성이 엎드렸다)이라고 옮
기고 있다. 이는 두 단어 뒤에 나오는 단어를 앞당긴 것 같다. 아니면 38절 맨 앞에 나
온 것을 잘못 보았는지도 모른다. 그러나 백성들이 보지도 못하고 엎드렸을 리는 없으
니 본문을 그대로 둔다. 왕상 19:3; 왕하 3:26; 6:17, 30; 9:17 참고.

[b] 칠십인역 추정원본에는 이 말들이 빠져 있다. וַיִּפְּלוּ(그러자 그들이 떨어졌다)가 빠진 것은
그리스어에서 그 말이 없어도 ἐπὶ πρόσωπον αὐτῶν(그들의 얼굴 위에)라 하면 엎드렸다는 뜻이
되므로 틀린 번역이라 할 수 없다. 그러나 יהוה(야흐베)를 뺀 것은 같은 구호를 반복하는
상황이므로 적합하지 않다.

[c] 칠십인역에서는 여기에 ἀληθῶς를 덧붙이고 있다. 이는 אָמֵן에 해당하며, '참으로'란 뜻이다.
그러나 히브리어 본문 그대로가 더 나아 보인다. '참으로'가 붙는다면, 그러리라고 예상하고
있었다는 뜻인데, 대결 이전의 상황은 전혀 그렇지 않았다.

[d] 히브리어 필사본 둘과 칠십인역 추정원본에서는 이 단어를 빼고 있으나, 이는 이 문맥에서
결정적으로 중요한 단어다. 야흐베가 하나님임을 확인하는 것을 강조함이다.

들 중에 한 사람도 피하지 못하게 하시오!" 그러자 그들이 그들을 잡았다.

b) 그리고 난 후에 엘리야후는 그들을 키숀 시내로 끌고 내려갔다. 그러고 나서 그는 거기서 그들을 도살했다.

41

וַיֹּאמֶר אֵלִיָּהוּ לְאַחְאָב עֲלֵה אֱכֹל וּשְׁתֵה
כִּי־קוֹל הֲמוֹן הַגָּשֶׁם:

a) 그러고 나서 엘리야후는 아흐압에게 말했다. "올라가시오! 드시오! 마시시오!

b) 그 비가 쏟아지는 소리가 있기 때문입니다."

42[36)]

וַיַּעֲלֶה אַחְאָב לֶאֱכֹל וְלִשְׁתּוֹת
וְאֵלִיָּהוּ עָלָה אֶל־רֹאשׁ[a] הַכַּרְמֶל וַיִּגְהַר אַרְצָה וַיָּשֶׂם פָּנָיו בֵּין
בִּרְכָּו[b]:

a) 그래서 아흐압은 먹고 마시기 위하여 올라갔다.

b) 그리고 엘리야후는 그 카르멜산 꼭대기에 올라갔다. 그러고 난 후에 그는 땅에 꿇어앉았다. 그러고 난 후에 그는 그의 얼굴을 그의 무릎 사이에 넣었다.

43[37)] וַיֹּאמֶר אֶל־נַעֲרוֹ עֲלֵה־נָה הַבֵּט דֶּרֶךְ־יָם וַיַּעַל[a] וַיַּבֵּט וַיֹּאמֶר אֵין מְאוּמָה

---

36) [a] 칠십인역 추정원본에는 이 단어가 빠졌다. 그러면 이때에 비로소 엘리야후가 카르멜산에 올랐다는 뜻이 되므로 문맥에 맞지 않는다.

[b] 많은 히브리어 필사본과 크레(Qere)에서는 בִּרְכָּיו(그의 두 무릎)의 형태를 보이고 있다. 이 경우에는 문법적으로 맞지 않는 현재의 본문을 그렇게 고치는 수밖에 없을 듯하다.

37) [a] 칠십인역 추정원본에는 이 단어가 빠졌다. 그 앞에 엘리야후가 올라가 보라고 했는데, 칠십인역대로라면 사환이 올라가 보지도 않고 보았다는 뜻이므로, 이는 문맥에 맞지 않는다.

[b] 루키안 수정본에는 καὶ ἐπίβλεψον(또 네가 쳐다보아라)라고 되어 있으나 히브리어 본문을 쉽게 바꾼 것 같다.

[c] 칠십인역에는 "그래서 그 사환이 일곱 번 되돌아갔다"가 덧붙어 있어서, BHS는 그것을 첨가하기를 제안한다. 그래야 명령―순종의 등식이 성립되고 문맥에 맞는다. 그러나 엘리야후 엘리샤 이야기에는 명령만 나오고 실행은 안 나오는 경우가 여러 번 있으므로(왕하 1:4-5; 4:6, 10f, 26) 굳이 바꿀 필요가 없다.

וַיֹּאמֶר שֻׁב[b] שֶׁבַע פְּעָמִים[c]:

a) 그리고 나서 그는 그의 사환에게 말했다. "너는 제발 올라가서 바닷길을
바라보아라!" 그러자 그 사환이 올라가서 바라보았다. 그리고 난 후에 그
가 말했다. "아무것도 없습니다."

b) 그러자 그는 말했다. "너는 일곱 번 돌아가거라!"

44[38)]   וַיְהִי בַּשְּׁבִעִית [a]וַיֹּאמֶר הִנֵּה[a] עָב קְטַנָּה כְּכַף־אִישׁ [b]עֹלָה מִיָּם[b]
וַיֹּאמֶר עֲלֵה אֱמֹר אֶל־אַחְאָב אֱסֹר[c] וָרֵד וְלֹא יַעַצָרְכָה[d] הַגָּשֶׁם:

a) 그러다 일곱 번째가 되었다. 그러자 그가 말했다. "사람의 손바닥 같은
작은 구름이 바다에서부터 올라옵니다."

b) 그러자 그가 말했다. "너는 올라가서 아흐압에게 말해라! '매고 내려가십
시오. 그러면 그 비가 당신을 가로막지 못할 것입니다.'"

45[39)] וַיְהִי עַד־כֹּה וְעַד־כֹּה וְהַשָּׁמַיִם הִתְקַדְּרוּ עָבִים וְרוּחַ וַיְהִי גֶּשֶׁם גָּדוֹל
[a]וַיִּרְכַּב אַחְאָב וַיֵּלֶךְ יִזְרְעֶאלָה:

a) 그리고 난 후에 이런 일이 있었다. 그럭저럭하는 동안에 그 하늘이 구름
들과 바람으로 어두워졌다. 그리고 난 후에 큰 비가 있었다.

b) 그러자 아흐압이 말을 타고 이즈르엘로 갔다.

---

38) [a-a] 칠십인역에는 καὶ ἰδου(그런데 보라!)로 되어 있다. 칠십인역을 따르면 엘리야후가 직접
보았다는 뜻이 되나, 44b를 보면 사환이 엘리야후 앞에 있음이 분명하므로 이 부분도
사환이 보고한 내용으로 보는 게 좋다.

[b] 칠십인역 추정원본은 ἀνάγουσα ὕδωρ(= מַעֲלָה מַיִם. 물을 끌어올리는)의 형태를 보이지만,
מִיָּם(바다에서부터)을 מַיִם(물)로 잘못 읽은 듯하다.

[c] 칠십인역(라틴어 필사본들)에는 τὸ ἅρμα σου(당신의 수레를)가 덧붙어 있다.

[d] 레닌그라드 사본에는 이렇게 되어 있으나, 많은 히브리어 필사본들과 히브리어 인쇄본에는
יַעַצָרְכָה(당신을 잡을 것이다)로 되어 있다. 문법적으로 후자가 맞고(HAL Ⅲ, 823 참고.),
의미의 차이도 없으므로 고치는 게 좋겠다.

39) [a] 칠십인역에서는 καὶ ἔκλαιεν(그러자 그가 울었다)로 되어 있다. 병거를 탄 이야기는 빼
고, 울면서 갔다고 하는 것은 상황에 어울리지 않는다.

46[40]   וְיַד־יְהוָה הָיְתָה אֶל־[a]אֵלִיָּהוּ וַיְשַׁנֵּס מָתְנָיו
וַיָּרָץ לִפְנֵי אַחְאָב עַד־בֹּאֲכָה יִזְרְעֶאלָה:

a) 그런데 야흐베의 손이 엘리야후에게 임했다. 그래서 그는 그의 허리를 동여매었다.

b) 그리고 나서 그는 아흐압의 앞에서 이즈르엘에 이르기까지 달렸다.

B. 논쟁점

1. 전후 문맥과의 연관성

뷔르트바인은 본문이 후대에 첨가될 때에 핍박 모티프가 붙었다고 보며, 아흐압이
말한 부분은 후대의 편집자가 넣은 것이니 실제로 그가 무슨 말을 했는지는 전해지
지 않는다고 한다(ATD 11/2, 211, 213). 헨첼도 18:1-2a가 17:2-5a, 8f, 16의 편집
자가 위탁, 약속, 순종의 형식을 갖추는 가운데 들어간 것이라 보았다(Hentschel/1,
108). 그에게 전해진 전승은 엘리야후와 아흐압의 만남 이야기(18:17-18a), 백성과
바알의 예언자를 카르멜산으로 초대하는 이야기(18:19f), 이스라엘인들의 결단 이야
기(18:21-40), 기근의 종식(18:41-46) 등이었다고 한다(Hentschel/1, 108f). 그리고
그 편집자는 비가 온 원인을 백성의 결단이 아니라 엘리야후가 핍박자 앞에 나서는
용기로 보았다고 한다(Hentschel/1, 109).

그러나 본문을 그렇게 나누는 근거는 매우 자의(恣意)적인 것이다. 헨첼은 기근
이야기의 연결 부분을 다 편집자의 것으로 돌려버리고 이야기를 토막 내어 서로
상관이 없는 것으로 보는데, 분명하지 않은 이유로 본문을 산산조각 내어서는 안
될 것이다. 우리는 먼저 본문의 앞뒤 부분과의 연관성을 찾아보고, 그런 것이 발견

---

40) [a] 칠십인역을 참고하면 עַל(위에)이 되어야 한다고 BHS는 제안하고 있다. 왕하 3:15; 겔
   3:22; 40:1 등에는 야흐베의 손과 עַל이 같이 나오고 있고, אֶל(에게)과 같이 오는 예는
   발견되지 않는다.

되지 않을 때에 그 독립성을 말할 수 있을 것이다. 18장이 엘리야후 이야기에 나오는 앞뒤 장들과 가지는 연관성은 다음과 같다.

a. 18장 1절의 날들(יָמִים)은 17:7, 15를 이어 18장에서도 일정하지 않은 날들을 표시하는 데 사용되었고, 이는 엘리야후의 기근이야기의 한 특징이라 할 수 있다.[41]

b. 18장 1절의 야흐베의 말씀(דְבַר יהוה)은 17:2, 8을 이어 본문에도 새로운 전환을 알리는 장치로 나타나고 있다. 이는 다시 21장 17절에 이어진다.

c. 본문에 나타난 기근의 현상은 엘리야후 주변이 아닌 쇼므론의 기근을 표현하는 유일한 부분이다. 우리는 이를 통해 엘리야후의 예언(17:1)의 결과를 알 수 있다. 또한 17장 1절에서 선언된 기근이 18장 45절에서 끝난다(Walsh, 261).

d. 오바드야후는 17장의 까마귀, 차르파트의 과부를 잇는 역할을 한다. 까마귀나 차르파트의 과부는 엘리야후 한 사람을 공궤하였지만 오바드야후는 100명을 공궤한다. 그리고 '박해에 굴하지 않는 신앙인'이라는 모티프는 19장 18절에서 바알에게 무릎을 꿇지 않은 칠천 명에 연결된다.[42]

e. כול('공궤하다'. 18:4, 13)은 앞의 17:4, 9에서 나타났다가 여기 오바드야후의 입에 다시 나타나 두 장을 잇고 있다.

f. 물. 이 평범한 단어는 열왕기상에서 그리 흔하지 않다. 13장에서 베트엘로 간 예언자가 도중에 빵도 물도 마시지 말라고 명을 받은 상황에서 여러 번 나타나고, 그 외엔 엘리야후 이야기에만 등장한다. 즉 17:10; 18:34, 35, 44; 19:6이다. 그러므로 이 단어는 18장 21절 이하와 41절 이하를 연결시킴은 물론이고, 17장과 18장, 19장을 연결하고 있다.

g. 불. 이 단어도 열왕기상에는 지므리가 자살하는 장면 외엔 엘리야후 이야기에서만 등장한다(왕상 18:23-25, 38; 19:12). 열왕기하에선 아이를 불 가운데로 지나가게 하거나(16:3; 17:17; 21:6; 23:10), 아들을 불에 태워 제사 드리

---

41) 이것은 엘리야후 이야기를 제외하면 열왕기에서 열왕기하 20장 17절에서만 발견된다.

42) 왈쉬(Walsh, 238)는 오바드야후가 18장을 17, 19장과 연결하는 역할을 맡고 있다고 한다.

는 장면(17:31), 앗슈르왕이 타국의 우상들을 불사르는 장면(19:18), 요쉬야후 왕이 우상들을 불사르는 장면(23:11) 외엔 '엘리야후 엘리샤 이야기'에만 등장한다: 열왕기하 1:10, 12, 14; 2:11; 6:17; 8:12.

h. 이제벨. 이제벨은 '엘리야후 엘리샤 이야기' 전체에서 가장 중요한 지점에 나타나고 있다. 즉 처음과 중간과 클라이맥스에 등장하여 결정적인 역할을 하고 있다(왕상 16:31; 18:4, 13, 19; 19:2; 21:5, 7, 11, 14, 23, 25; 왕하 9:7, 10, 22, 36). 이제벨은 이스라엘에 비가 내리지 않게 된 결정적인 원인을 제공하였고(왕상 16:31), 야흐베의 예언자들을 죽였고(왕상 18:4, 13; 왕하 9:7), 아셰라의 예언자들을 자기 상에서 먹게 하였으며(왕상 18:19), 엘리야후까지 죽이겠다고 위협하였으며(왕상 19:2), 나보트를 죽이고 그 포도원을 빼앗아 하나님의 진노를 사게 하였고(왕상 21), 각종 음행과 술수로 혁명을 촉발하게 하였고(왕하 9:22), 결국 하나님의 심판을 받아 개들에게 먹힌 여자였다(왕하 9:36). 이 이름이 16; 18; 19장을 연결시키고 있는 고리가 되고 있다.

i. 크리트 시내(17:3, 5)가 암시하는 '크리트'(כְּרִית)가 18:4-5에서 '하크리트'(הַכְּרִית)와 '나크리트'(נָכְרִית)로 연결된다(Walsh, 262).

j. 17-19장의 카르멜산 대결을 중심으로 한 대칭구조(아래 "2. 17-19장의 클라이맥스" 참고)

k. 과부의 손바닥(כַּף)만한 밀이 수년 동안의 양식이 되고(17:12), 손바닥만한 구름이 큰 폭우를 가져온다(18:44).

2. 17-19장의 클라이맥스

왈쉬는 지리적인 요소를 중심으로 하여 17-19장의 구조를 다음과 같이 분석하여 도표를 만들었다(Walsh, 283).

A. 엘리야후가 야르덴 계곡43)으로 가다(17:2-7)
　　B. 엘리야후가 이스라엘 밖으로, 북쪽으로 가다(17:8-24)
　　　C. 야흐베의 말씀: 엘리야후가 이스라엘로 돌아오다(18:1)
　　　　D. 아흐압과 엘리야후가 길에서 만나다(18:2-20)
　　　　　E. 엘리야후가 카르멜산에 서다(18:21-45)
　　　　D'. 아흐압과 엘리야후가 이즈르엘로 가다(18:46)
　　　C'. 이제벨의 말: 엘리야후가 이스라엘에서 도망치다(19:1-3)
　　B'. 엘리야후가 이스라엘 밖으로, 남쪽으로 가다(19:4-18)
A'. 엘리야후가 야르덴 계곡으로 가다(19:19-21)

왈쉬의 분석은 지리적인 면에서 엘리야후의 출발점과 종착점의 일치, 엘리야후가 한 번은 북으로 한 번은 남으로 이동하며 이스라엘을 떠났던 점에서의 일치 등을 지적하며 이 글이 통일성 있게 짜여진 글이라는 것을 성공적으로 증명하고 있다. 무엇보다 중요한 것은 엘리야후의 카르멜산 대결이 그 중심이라는 점이다. 이를 정점으로 하여 기근이라는 문제가 해결되며, 이제벨의 반격과 엘리야후의 후퇴와 재정비가 이어진다. 기근이라는 문제가 없이 카르멜산 대결을 상정하는 것도 어렵고, 카르멜산 대결이 없이 기근이 해결되는 구도도 상상하기 어렵다(Walsh, 258). 그러므로 17-19장은 하나의 통일된 문단이며, 18장은 그 중심에 있다.

3. 18장의 구조

18장의 통일성은 그 구조의 분석에서 드러난다. 18장은 엘리야후와 바알의 예언자들과의 대결(X)을 중심으로 하여 다음과 같은 대칭적인 구조를 갖고 있다.

---

43) 크리트 시내와 아벨므홀라의 위치에 대해서는 논란이 있으나, 왈쉬(Walsh, 283)는 이 둘이 공히 야르덴 동편에 있는 것으로 간주하고 있다.

A. 1-6 비를 내리겠다

B. 7-15 이제벨이 야흐베의 예언자들을 죽였다

C. 16-24 엘리야후가 이스라엘에게 호소하다

X. 25-38 대결

C'. 39 이스라엘이 고백하다

B'. 40 엘리야후가 바알의 예언자들을 죽였다

A'. 41-46 비가 내렸다

A와 A'의 구조는 누구나 알 수 있다.[44] 18장의 기본 구조는 17장에서 제기된 문제인 기근을 해결하는 것이므로 17장과의 연관이 분명히 나타난다. 중요한 것은 B와 B'의 연관이다. 오바드야후와 엘리야후의 만남은 이제까지 엘리야후 이야기에서 드러나지 않은 새로운 사건 하나를 가르쳐 주고 있다. 즉 이제벨이 야흐베의 예언자들을 많이 죽였다는 사실이다. 이 내용의 중요성은 본문에서 그것이 두 번이나 강조된 데서 나타난다(4, 13). 이미 많은 예언자들이 죽었고, 100명은 오바드야후가 숨겨 놓았다. 100명이 남았다는 정보는 야흐베의 예언자는 엘리야후 혼자라는 말(22)과 긴장을 일으키지만, 19장의 남은 자 칠천명 부분에 이르러 갈등이 해소된다. 즉 엘리야후가 잘못 생각하고 있었던 것이다. 이제벨이 야흐베의 예언자들을 죽인 이야기는 엘리야후가 바알의 예언자 450명을 죽이는 이야기와 대칭을 이룬다. B는 B'의 사건을 부분적으로나마 정당화한다.

C는, 그중에서도 16-19절은 아흐압과 엘리야후의 대결로 보이지만 실상은 이스라엘에 초점이 모여져 있다. 엘리야후는 아흐압과 설전을 벌이거나 아흐압을 설득하려고 아흐압을 만난 게 아니었다. 엘리야후가 아흐압에게 소집을 명한 두 대상 중에서 첫째가 '전체 이스라엘'이었다. 그는 바알의 예언자들에게 먼저 말하지 않고, 먼저 모든 백성에게 나서서 말했다. 16-24절의 마지막 부분에 대답하는 것도 이스라엘 백성이었다. 이스라엘은 둘 사이에서 하나를 택하라는 엘리야후의 요구에는 침묵을 지키다가, 대결의 결과 불을 내리는 신을 참 하나님으로 받아들이라는 주문에는 찬성

---

44) 왈쉬(Walsh, 259)는 18장 전체의 구도를 일목요연하게 보여주지 못했다.

한다. 카르멜산에서 엘리야후가 진정으로 노린 대상은 이런 이스라엘 백성이었다. 그래서 그는 하나님의 산에서 야흐베께 보고할 때에도 아흐압이나 이제벨이 아니라 이스라엘 백성을 탄핵하고 있다(19:10, 14). 그러므로 C와 C′는 18장과 19장을 연결하는 역할도 하고 있다. 요약하면 18장은 카르멜산의 대결을 중심으로 하여 정교하게 짜여진 대칭구도를 보여주고 있다.

4. 18장 21-40절과 18장 41-46절이 별개의 이야기인가?

바알 예언자와의 대결(18:21ff)과 비를 내리게 한 기사(18:41ff)를 별개의 이야기로 보는 사람들 중에 먼저 뷔르트바인을 들 수 있다. 그는 21-39절의 이야기도 엘리야후가 백성과 대결하는 이야기와 엘리야후가 바알의 예언자들과 대립하는 두 가지 이야기로 구성된 독립적인 이야기로 보고, 41절 이하도 별개의 기사로 보는데, 그 이유를 정리하면 다음과 같다.45)

> 첫째, 엘리야후가 바알 예언자들과 대결한 이야기 혹은 제물로 시험하는 이야기(Opfer-probe)는 기근이라는 주제와 아무 상관이 없다. 기근과 관련된 기사는 크리트 시냇가의 엘리야후 이야기(17:5b, 6, 7)와 차르파트의 엘리야후 이야기(17:10-13, 14a [사자어구는 제외]), 엘리야후가 아흐압에게 간 이야기(18:2a, 17abα , 41-45)뿐이다.
> 둘째, 대결 이야기에 아흐압이 등장하지 않는다.
> 셋째, 바알의 예언자들은 엘리야후가 제물로 하나님을 찾자는 제안에 아무 말도 하지 않는다.
> 넷째 이는 역사적인 사선도 아니오, 어떤 성소의 제의전설도 아니오, 교훈적인 이야기일 뿐이다. 그러므로 42b 이하와는 무관하다.

헨첼은 21-40절이 네 명의 화자에 의해서 늘어났다고 보지만, 뷔르트바인과 달리

---

45) ATD 11/2, 210-218 참고. 여기에서 뷔르트바인은 18장 40절을 가장 후대의 신명기사 문서로 보아 21-39절을 하나의 단위로 다루었다. 번호는 필자가 붙였다.

엘리야후와 백성의 대결로 구성된 이야기가 있었다고는 보지 않는다(Hentschel/1, 111). 그러나 그도 아흐압왕이 21-39절에 나타나지 않고, 41-46에는 나타나는 현상을 두고 각각의 독립성을 주장한다(Hentschel/1, 111, 115).

헨첼과 뷔르트바인의 공통적인 논거부터 먼저 다루어 보자. 18장 21-40절에서 아흐압이 명시적으로 나타나지 않는 것은 사실이다. 그러나 그것이 이 부분의 독립성을 주장하는 근거가 될 수는 없다. 아흐압은 관전자의 입장이었으니 언급되지 않은 것뿐이다. 그는 전체 이스라엘 백성과 바알의 예언자들을 소집하였고(20),[46] 대결규정에 따라 바알의 예언자들이 처형되는 것을 방관함으로써 허락하였고, 그 뒤에 그는 엘리야후가 시키는 대로 먹고 마셨다.[47] 그는 다만 이제벨에게 그 결과를 알려 주었고(19:1), 이제벨이 엘리야후를 죽이려는 것도 그냥 방조하였다(19:2). 이는 아흐압의 교활한 정치를 보여 주는 특징이라 할 수 있다. 그러므로 이 부분은 41-46절뿐 아니라 19장과도 완벽하게 연결되고 있다.

뷔르트바인은 18:21-40에 기근 주제와 관련된 내용이 나오지 않는다는 점을 강조하고 있다. 그러나 이 이야기는 기근 이야기에서 클라이맥스를 차지하고 있다.[48] 16장 29절 이하에서 바알신전이 기근의 원인이 되었고, 18장 21-40절에서 바알의 예언자들을 죽임으로써 기근의 원인이 제거되어 비가 다시 오게 되는 이야기이기 때문이다.

뷔르트바인은 카르멜산의 대결이 본래 엘리야후와 백성의 대결이었다고 하면서, 엘리야후가 23절에서 바알의 예언자들을 3인칭으로 말하고 24절에선 2인칭으로 말하는 현상이 그 증거라 한다(ATD 11/2, 215). 그러나 24절에서 '여러분'이 반드시 바알의 예언자들을 가리킨다고 볼 수는 없다. 오히려 24절은 23절을 이어서 백성들에게 한 말이고, 그 뜻은 '너희 하나님이 누구든지(야흐베/바알) 그 이름을

---

46) 돈너는 아흐압이 카르멜산에서 이스라엘 왕으로서 완전히 이스라엘적인 방식으로 처신하였다고 본다. Donner/2, 271 참고.

47) 헨첼(Hentschel/1, 115)은 41-42a절을 후대에 21-40절과 42bff절을 연결시키는 편집자가 첨가한 구절로 본다. 그러나 뷔르트바인(ATD 11/2, 214)은 41-45절의 통일성을 인정하면서 46절을 신명기사 편집자 이후의 글로 본다.

48) 돈너(Donner/2, 271)는 이 부분이 '엘리야후 이야기에서 가장 위대한 대목'이라고 한다. 또한 "그것은 많이 다듬고 이상화했음에도 불구하고 오므리왕조 시대의 국내정치와 종교 정책적인 관계에 밝은 빛을 비춰주고 있다"고도 한다.

부르라'는 ·말로 보인다. 이어지는 "그러나 나는, 나는 야흐베의 이름을 부르겠소"라는 말은 여호슈아의 말(수 24:14f)을 상기시킨다. 엘리야후가 바알의 예언자들에게 한 말은 25절에 비로소 시작된다.

그는 이 부분이 교훈적인 이야기일 뿐이라고 하지만, 21-40절은 41-46절과 이어져야만 하지, 별도로 있을 때에는 별 의미가 없을 것이다.[49] 기근이라는 위기상황이 없이 그냥 바알이 하나님인지 야흐베가 하나님인지 따지는 시합이 생겼다는 것은 상상하기 어렵다. 기근이라는 위기가 바알과 야흐베의 대결을 가져오고, 그 대결에서 야흐베가 이김으로써 다시 비가 주어진다는 스토리는 전혀 이상하지 않다. 위의 학자들과 같이 독립적인 이야기로 볼 때에 오히려 그 당시의 역사적 상황을 이해하기 어려워지게 될 것이다.[50]

C. 본문해설

1. 비를 내리겠다(1-6)

18장은 비를 다시 주시겠다는 하나님의 의지로 시작한다. 언제나 그랬듯이 이번에도 하나님은 이스라엘 편에서 회개와 변화가 없어도 먼저 은총을 베푸신다. 비가 다시 내리는 것은 45절이니까 이 장 전체를 '비 모티프'가 둘러싸고 있다고 볼 수 있다. 이스라엘 국내에서 겪었던 기근의 참상은 아흐압왕과 재무대신 오바드야후가 물을 찾아 헤매는 모습 가운데서 극적으로 클로즈업되어 나타난다.

---

49) 민영진(1970/3, 162)은 카르멜산 사건의 클라이맥스는 "하늘로부터 불이 내려와 제물을 태우는 것이 아니라 41-46절의 가뭄의 해제와 강우의 시작"이라고 한다.

50) 카이저(Kaiser, 1984, 169)는 대체로 뷔르트바인의 입장을 수용하고 있다. 즉 18장 21-39절의 이야기는 신명기/신명기사 그룹에서 생겨났으며 기적적인 요소를 가미하여 기근 이야기에 편입되었다고 보았다.

1 בַּשָּׁנָה הַשְּׁלִישִׁית(삼 년째 되던 해에). 그 당시의 이스라엘에서는 한 해가 가을에 시작되고 우기는 겨울에 시작되며, 시작하던 해도 한 해로 간주하므로, 3년이라고 해도 만 1년이 조금 넘었을 수 있다(Hentschel/1, 109). 반면에 누가복음 4장 25절에서 언급하듯이 3년 반으로 잡을 수도 있다. 그러나 전적으로 하늘에만 의지하던 그 당시의 농업 환경에서는 1년의 기근이라 해도 결과가 끔찍했을 것이다.

אֶל־אַחְאָב(아흐압에게). 17장 1절에 나타났던 어구 그대로다. 엘리야후는 기근의 선언도 해결도 아흐압을 만나 처리한다. 17장 2, 8절과 마찬가지로 하나님은 먼저 명령을 내리고 난 후에 이유를 설명하신다(Walsh, 237).

2 וְהָרָעָב חָזָק(그런데 그 기근이 심했다). 아흐압을 다시 만나는 이야기는 오바드야후 이야기(3-16절)를 넘어서 펼쳐진다. 저자는 오바드야후 이야기 속에 쇼므론의 기근 상황(2b, 3a, 5-6)을 섞어서 소개하고 있다. 여기서 처음으로 차르파트와 다른 상황이 대조적으로 나타난다. 차르파트에서는 물이 없었다는 징후가 발견되지 않으나, 쇼므론에서는 물이 거의 다 말랐다(5절). 저자는 그동안 의도적으로 이스라엘의 기근의 참상을 묘사하지 않고 예언자에게만 초점을 맞추었다. 그러나 여기선 주어와 술어의 위치를 바꾸어 굶주림이 심했다는 사실을 강조한다. 하나님은 기근의 원인을 제공한 사마리아에 가장 심한 재앙을 내리셨을 것이다.

3 עֹבַדְיָהוּ אֲשֶׁר עַל־הַבַּיִת(그 궁궐 위에 있는 오바드야후). 궁궐을 맡는 직책은 왕 다음으로 높은 자리였다(사 22:15-24; 왕하 15:5 참고). 그가 아흐압과 같이 물샘을 찾아나선 것은 그가 왕궁의 재산을 책임지고 있었기 때문인 것 같다(Walsh, 238). 오바드야후란 '야흐베의 종'이란 말인데, '야흐베의 종'이 어떻게 아흐압의 궁궐을 맡고 있을까? 저자는 3절의 a)와 b)의 대조를 강조하고 있다. 오바드야후는 하나님과 아흐압의 양쪽에 다리를 걸치고 있었다.[51]

4 בְּהַכְרִית אִיזֶבֶל(이제벨이 멸절할 때에). 헨첼은 이제벨이 예언자들을 핍박한 것은 아흐압이 죽고 난 후에 그녀가 태후가 되었을 때라고 보며, 본문은 후대의 편집자가

---

51) 실제로 궁궐에서 아흐압 다음으로 높은 자는 이제벨이었다(Walsh, 238). 그 여자는 자기 상에서 먹는 아세라의 예언자들을 카르멜산에 보내지 않은 점으로 보아, 아흐압의 명을 무시할 수도 있었던 것 같다.

집어넣은 부분이라 한다(Hentschel/1, 109). 그러나 본문에서 그렇게 판단할 근거는 찾을 수 없다. 16장 31절에 처음 언급되었던 이제벨이 여기에 다시 등장한다. 그녀는 그동안 하나님의 예언자들을 잡아 죽이고 바알과 아세라를 후원하고 있었다(18:19). 기근은 오히려 하나님의 예언자들이 핍박을 받게 되는 계기가 된 듯하다(출 5:21 참고).

וַיְכַלְכְּלֵם(그리고 그가 그들을 공궤하였다). 아흐압의 신하 오바드야후의 다른 한 면이 나타난다. 그는 까마귀와 과부와 같은 역할을 하고 있었다. כּוּל(필팔형: 부양하다)은 17장(4, 9절)과 18장(4, 13절) 및 20장(27절)에 나타나 이 장들을 연결시킨다.

5 הַמַּיִם(그 물). 쇼므론 근처에 있는 샘과 시내는 다 마른 것 같다. 그러나 오바드야후는 동굴에 100명분의 물을 공급하고 있었다(Walsh, 239). 이것도 하나의 아이러니다. 또한 카르멜산에도 그렇게 물이 많았다는 것이 뒤에 나타나(18:33-35), 쇼므론과 대조를 이루고 있다. 저자는 특히 아흐압의 인근에 물이 없었다는 사실을 청중들에게 강조한다. 그런데 아흐압은 백성들을 생각하지 않고 자기의 말과 노새, 가축을 걱정하고 있다. 말이 제일 먼저 나오는 것은 전쟁의 수단이었기 때문이리라. 노새도 병참에 속했다(삼하 18:9).

6 לְבַדּוֹ(그 혼자). 혼자라는 말에 아흐압의 어려운 상황이 나타난다.

2. 이제벨이 예언자들을 죽였다(7-15)

오바드야후 이야기는 이제벨이 야흐베의 예언자들을 죽였다는 사실을 우리에게 알려 준다. 화자는 이 사실을 먼저 부가하여 엘리야후의 바알 예언사 도살을 예비하고 있다. 엘리야후의 바알 예언자 도살은 이제벨이 야흐베의 예언자들을 도살한 것에 비하면 아무것도 아니었을 것이다.

7 וַיַּכִּרֵהוּ(그래서 그가 그를 알아보고서). 오바드야후는 금방 엘리야후를 알아본다. 삼 년 전에 아흐압을 찾아갔을 때에 보았던 때문인가? 오바드야후는 엘리야

후 앞에 엎드리며 그를 '나의 주님'이라고 칭한다. 엘리야후에 대한 존경과 친밀감을 드러낸 것이다.

8 אֱמֹר לֵךְ(가시오. 말하시오). 그러나 엘리야후는 오바드야후를 별로 반가워하는 것 같지 않다. 다소 무뚝뚝하게 자신의 신분을 확인한 엘리야후는 오바드야후의 '나의 주님'을 받아서 '당신의 주'에게 가보라고 한다. "당신의 주인은 따로 있지 않소?"라는 뜻이다. 그리고 여기에 엘리야후가 있다며 고발하라고 한다. 그러나 그의 말 "הִנֵּה אֵלִיָּהוּ"(보십시오! 엘리야후입니다)는 문자 그대로 하면, "보십시오! 나의 하나님은 야흐베입니다"가 되어 야흐베께 대한 신앙고백이 된다.[52] 그러므로 엘리야후는 오바드야후에게 심부름을 하라는 말과 함께, 아흐압 앞에서 신앙고백을 분명히 하라는 뜻을 포함시키고 있었다.

9 אֶת־עַבְדְּךָ בְּיַד־אַחְאָב[주님(당신)의 종을 아흐압의 손에]. 오바드야후는 엘리야후가 자기에게 밀고자가 되라는 줄 알고 놀라는 것 같다(Walsh, 240). 자기는 예언자를 밀고하는 사람이 아니라 숨겨 주는 사람이다(13절). 그는 아흐압이 자기 주인이 아니라는 것을 드러내기 위해, 아흐압에게 왕의 칭호를 붙이지 않는다. 그리고 여전히 엘리야후의 종으로 처신한다. 오바드야후는 섭섭한 감정을 과장하여 엘리야후가 자기를 죽이려고 하는 것같이 몰아간다. 이는 엘리야후가 자기 아들을 죽이려고 왔다고 항의한 과부(17:18)를 연상시킨다.[53] 하나님의 예언자를 두고 자기를 죽이러 온 사람으로 몰아세우는 것은 기가 막힌 아이러니다.

10 אֲדֹנִי(제 주인). 오바드야후는 이제야 자기 주인이 아흐압이라는 것을 드러낸다.[54] 그러면서 그는 자기가 항의한 진정한 이유를 드러낸다. 그는 예언자를 염려하는 게 아니라 자신을 걱정하고 있다. 그는 아흐압이 이웃나라에까지 철저히 조사한 사실을 고하고 있다. 아마도 오바드야후가 말한 대로 당시에 국제간 범죄인 인도협약은 존재했던 것 같다(Montgomery, 299). 그렇게 찾아도 안 보이던 분이

---

52) Walsh, 240.

53) 왈쉬(위의 곳)는 오바드야후의 말이 구조가 느슨하고 반복이 많은 것을 보아 겁을 많이 먹고 있음을 드러낸다고 했다.

54) 왈쉬(Walsh, 242)도 오바드야후의 이런 면을 이중적이라 본다. 김정우(2000 가을, 6)는 그를 오묘한 사람이라 부른다.

이렇게 순순히 잡힐 리가 없으니, 이는 자기를 골탕 먹이려는 뜻임이 분명하다는 것이다.

11 חַי־יְהוָה אֱלֹהֶיךָ[주님(당신)의 하나님 야흐베께서 사시거니와]. 그가 맹세한 형식은 과부의 형식(17:12)과 문자적으로 완전히 일치한다. 그와 과부는 예언자를 공궤하는 것 외에 엘리야후와 똑 같은 맹세문을 쓴다는 공통점을 지니고 있었다.

12 וְרוּחַ יְהוָה(그러면 야흐베의 영이). 엘리야후가 오바드야후를 죽이려고 한다는 근거를 오바드야후는 네 가지로 내세운다.

1) 아흐압이 엘리야후를 찾지 않은 곳이 없었다(10)
2) 그런데 지금 나타난 엘리야후는 왕에게 신고하라고 한다(11)
3) 그동안 하나님의 영이 엘리야후를 다른 곳으로 옮겨 버릴 것이다(12).
4) 그러면 아흐압이 오바드야후를 죽일 것이다(12).

동시에 오바드야후는 자신을 3인칭으로 말했다가 1인칭으로 바꾸며 쩔쩔매는 모습을 보이고 있다(위의 12절의 본문비평 참고).

13 מֵאָה אִישׁ(100명). 오바드야후의 보고는 화자의 보고(4)와 완전히 일치한다. 이는 그가 자기의 공적을 과장하지 않는 정직한 사람이라는 것을 암시한다. 왈쉬(Walsh, 242)는 오바드야후가 스스로 숨겨 주고 있는 예언자들이 위험하게 될까봐 조심하고 있다고 풀이하지만, 문맥을 볼 때에 그는 무엇보다 자기의 생명 때문에 두려워하고 있는 것 같다.

14 וַהֲרָגָנִי(그러면 그가 나를 죽일 것입니다). 오바드야후는 아흐압이 자기를 죽일 것이라는 말을 세 번째 하고 있다. 이런 반복은 그가 얼마나 불안하게 살고 있었는지를 짐작하게 한다. 그의 불안은 엘리야후의 대담함과 대조되지만, 19장에 나오는 엘리야후상(像)과 통한다.

15 חַי־יְהוָה צְבָאוֹת אֲשֶׁר עָמַדְתִּי לְפָנָיו(내가 그 앞에 서 있는 만군의 야흐베께서 살아계시거니와). 엘리야후의 입에서 나온 두 번째 맹세문이다. '이스라엘의 하나님'(17:1) 대신에 여기선 '만군의 하나님 야흐베'를 두고 맹세하고 있다. 공통

점은 엘리야후가 자신을 하나님의 시종으로 인식하고 있다는 점이다. 비가 그치게
도 하고 오게도 하는 이 맹세문은 17장 1절과 18장 15절을 연결하고 있다.

3. 이스라엘에게 호소하다(16-24)

엘리야후와 아흐압의 만남은 예상과 달리 간단하게 끝난다. 엘리야후의 목표가
아흐압이 아니라 이스라엘 백성이었고, 아흐압은 어떻게든 비만 오면 그만이라는
마음에서 엘리야후에게 협조하였기 때문이었다. 엘리야후는 이스라엘 백성들에게
결단을 촉구하지만 그들은 아무 반응을 보이지 않았다. 그러나 그들은 엘리야후의
제사시험에는 찬성한다.

16 וַיֵּלֶךְ עֹבַדְיָהוּ(그러자 오바드야후는 갔다). 오바드야후는 우여곡절 끝에 비
로소 엘리야후의 말에 순종한다. '엘리야후 엘리샤 이야기'에서 "그래서 그가/그
여자가 갔다"는 문구는 대체로 하나님의 명에 순종하는 모습을 표현한다: 17:5(2
회), 10; 18:2(이상 엘리야후), 15(과부가 엘리야후의 말에). 오바드야후가 설전 끝
에 순종하는 모습은 과부와 같았다.

וַיֵּלֶךְ אַחְאָב(그러자 아흐압이 갔다). 아흐압이 예언자를 만나러 갔다는 것은 엘
리야후가 권위와 지체에서 더 높다는 것을 암시한다(Hentschel/1, 110). 그만큼 답
답한 쪽이 아흐압이었으리라.

17 וַיְהִי(그런데 이런 일이 일어났다). 새로운 단락을 표시하는 구절이다. 이제
오바드야후와의 만남은 끝나고, 아흐압과의 만남이 시작된다. 아흐압의 첫마디는
오바드야후의 인사(7절)와 대조적이다.

7 הַאַתָּה זֶה אֲדֹנִי אֵלִיָּהוּ	이것이 당신입니까? 저의 주님 엘리야후님!
17 הַאַתָּה זֶה עֹכֵר יִשְׂרָאֵל	이것이 당신이오? 이스라엘을 불행하게 하는 자!

아흐압은 '엘리야후'란 이름 대신에 '이스라엘을 불행하게 하는 자'라 하여 그 이름이 의미하는 '나의 하나님은 야흐베'란 고백을 피해 버린다.[55] 아흐압은 엘리야후가 야흐베를 이스라엘의 유일한 하나님으로 받드는 일로 인해 비와 폭풍의 신 바알이 화가 나서 비를 내리지 않는다고 생각한 것 같다(Walsh, 243).[56]

18 אַתָּה וּבֵית אָבִיךָ(당신과 당신의 아비의 집). 엘리야후는 아흐압이 한 말, '불행하게 하다'(עכר)라는 말을 받아 그대로 그에게 돌려주었다. 이 단어는 열왕기에서 여기의 두 절에만 나타난다. 화자는 기근이 누구의 책임인가를 이 두 절에서 부각시킨다. 화자는 이 핵심적인 주제를 교차대구법으로 표현한다.

A 당신(18a)	B′ 당신들이 야흐베의 계명들을 버렸다(18b)
B 당신의 아비 집(18a)	A′ 당신이 그 바알들의 뒤를 걸어갔다(18b)

19 שְׁלַח קְבֹץ(보내시오, 모으시오). 이니시어티브를 잡은 엘리야후가 두 번의 명령법으로 아흐압을 압도한다. 전체 이스라엘을 부르고, 예언자들을 부르라는 요구는 간단한 요구가 아니었다.

20 וַיִּשְׁלַח אַחְאָב[그러자 아흐압은 (사람을) 보냈다]. 아흐압은 아무 말도 못하고 지명수배범의 명을 따른다. 이것도 아이러니다. 기근문제를 해결하는 게 급했기 때문이리라. 그러나 아흐압은 엘리야후의 명에 완벽하게 순종하진 않아서(Walsh, 244), 아세라 예언자 400명은 소집하지 않았다.

21 וַיִּגַּשׁ(그러고 나서 그가 나섰다). 이것과 똑같은 형태가 36절에서 다시 나타난다. 그러므로 엘리야후는 이 장에서 한 번은 백성들에게 나서고, 한 번은 하나님께 나서는 셈이다. '나선다'는 말은 적극적으로 행동했다는 뜻이리라. 또한 30절에선 백성들에게 나서라고 명한다. 그리하여 '나가쉬'(나서다)는 18장, 특히 제사대결

---

55) 아흐압의 말의 삶의 자리는 재판관의 형벌 선포였다. 민영진, 1970/2, 163 참고.

56) 민영진(위의 곳)은 아흐압을 종교혼합주의자 및 종교적 관용주의자였다고 본다. 헨첼 (Hentschel/1, 110)은 아흐압이 엘리야후를 체포하지 않은 것을 모순으로 보고, 여기에는 두 가지 전승이 들어 있다고 추정하지만 아흐압이 엘리야후 앞에서 그럴 수 있는 용기가 없었을 것이다.

장면을 이끌어 나가는 역할을 하고 있다.[57]

הַסְּעִפִּים(그 두 나뭇가지). 두 나뭇가지 사이에서 절룩거리는 존재는 오바드야후와 아흐압으로 대변되는 이중적인 입장을 취하는 사람들이다. 이스라엘 백성들도 이들과 다르지 않았다. 그것은 위험한 곡예지만, 백성들은 그것을 그만두지 못한다. 엘리야후의 질문은 여호슈아의 요구사항(수 24:14f)과 닮았다.

וְלֹא־עָנוּ(그러나 그들은 대답하지 않았다). עָנָה(아나) 동사는 이 문단을 이끄는 (Leitwort) 역할을 담당한다. 이 단어는 24(2회), 26(2회), 29, 37(2회)절에도 나타난다. 본문에서 백성들은 한 마디도 대답하지 않음으로써 그들의 이중성을 드러낸다. 우리는 여기서 아흐압과 오바드야후에 이어서 제삼의 이중적인 인물들을 발견할 수 있다. 엘리야후는 배타적인 신앙을 가질 것이냐 포괄적인 신앙을 가질 것이냐 하는 것을 요구하고 있었다(Walsh, 245). 그러나 어느 신 하나만 택한다는 생각부터가 야흐베 종교 식이었다(Walsh, 246). 다신교 전통에서는 여러 신을 섬기는 것이 전혀 이상하지 않았다.

22 נָבִיא לַיהוָה לְבַדִּי(야흐베의 예언자는 나 혼자). 예언자, 즉 '나비'는 엘리야후 이야기에서 오직 여기와 36절에만 나온다. 그래서 헨첼은 이것이 후대의 편집자가 붙인 명칭이라고 한다(Hentschel/1, 112f). 엘리야후는 대개 티쉬베 사람으로 일컬어졌고(왕상 17:1; 21:17, 28; 왕하 1:3, 8; 9:36), 스스로는 야흐베의 종임을 암시하는 말로, '내가 그 앞에 서 있는'(왕상 17:1; 18:15)이라는 말을 썼는데, 나중에 엘리샤도 자신을 그렇게 불렀다(왕하 3:14; 5:16). 그러나 엘리야후를 예언자라 일컫는 두 곳의 공통점은 바알의 예언자들과 대조되고 있다는 점이다. 그러므로 화자가 여기서 엘리야후를 예언자로 부른 이유는, 바알의 (거짓) 예언자들과 대조되는 야흐베의 참예언자로서 엘리야후를 부각시키기 위해서인 것 같다.

혼자 남은 엘리야후지만,[58] 여기서 바알의 예언자 450명과 전체 이스라엘을 이

---

57) נגש ('나가쉬': 나서다, 다가서다)는 '엘리야후 엘리샤 이야기'에서 오직 왕상 18; 20(22, 28); 22(24); 왕하 2(5); 4장(27)에만 나타나는데, 모두 예언자들과 연관되어 나타난다.

58) 적어도 그 당시에 앞으로 나선 사람은 그 혼자였다. 나중에 우리는 그 외에 칠천명이 바알에게 무릎을 꿇지 않았음을 알게 된다(왕상 19:18).

끈다. 그는 게임의 규칙을 설명한다. 처음부터 이니시어티브는 엘리야후가 취하고 있다. 엘리야후가 혼자 남았다고 선언한 것은 앞의 동굴에서 살아남은 100명의 예언자들이 있다는 사실과 맞지 않는다. 그런데 엘리야후는 19장에서도 하나님께 자기 혼자 남았다고 말한다(10, 14). 이로 미루어 볼 때에, 엘리야후는 본문에서 왕과 백성 앞에 나서서 싸우는 예언자만 예언자라 생각한 것 같다.[59]

23 וְיִתְּנוּ־לָנוּ(그런데 그 남자들은 우리들에게 줄 것입니다). 왈쉬(Walsh, 246)는 여기서 황소들을 주는 주체가 따로 있는 게 아니라, 바알의 예언자들이 스스로 공급한다는 뜻으로 본다. 그러나 본문의 뜻은 제삼자들이 주면 바알의 예언자들이 먼저 그중에서 선택한다는 뜻이다.

אֵשׁ(불). 이 단어는 열왕기에서 '엘리야후 엘리샤 이야기' 중에 여기서 두 번 나오고, 열왕기상 18:24, 25, 38; 19:12; 열왕기하 1:10, 12, 14; 2:11; 6:17; 8:12에 등장한다. '불'은 열왕기상 18; 19장, 열왕기하 1; 2; 6; 8장을 연결시키고 있다(위의 C.1 참고).

24 טוֹב הַדָּבָר(그 말씀이 좋습니다). 이스라엘 백성들은 자기들이 결단하지 않고 결과만 보겠다는 것에 찬성한다. 그러나 결과적으로 그들은 바알이나 야흐베 둘 중에서 하나만 참 신일 거라는 이스라엘적 신관에 찬성한 셈이다. 21절과 비교해서 달라진 점은 무엇일까? 21절에는 어느 한 신만 따르라는 것이었지만, 24절에서는 어느 한쪽만 참 신이라는 이론에 찬성한 것이다.

4. 대결(25-38)

18장의 클라이맥스인 이 부분에서는 바알 예언자들의 무력함이 엘리야후의 초능력과 대조되어 나타난다. 화자는 엘리야후와 함께 이방 종교의 허망함을 비웃으면서 야흐베의 승리를 부각시킨다.

---

59) 왈쉬(Walsh, 259.)는 엘리야후가 그들을 숨겨 주기 위하여서거나, 과감하게 나서지 못하는 그들을 무시하여 혼자 남았다고 했을 거라고 해석한다.

26 וַיִּקְחוּ אֶת־הַפָּר אֲשֶׁר־נָתַן(그래서 그들은 그가 준 그 황소를 받았다). 본래 황소는 백성이 골라 주게 되어 있었다(23). 그러나 그들은 중립을 지키려는 의도에서였는지, 소극적이었는지 모르나 골라 주지 않았다. 엘리야후는 바알의 예언자들에게 직접 고르라고 권한다(25). 그러나 그들도 고르지 않았다. 결국 그들은 엘리야후가 골라 준 황소를 받아서 제사를 드렸다. 대결을 할 당사자가 전의를 완전히 상실하고 있었다.[60]

הַבַּעַל עֲנֵנוּ(그 바알이여 우리에게 응답하소서). 그들은 아무 동기도 아뢰지 않고 호소하지도 않는 점이 엘리야후와 달랐다(Walsh, 247). 출발부터가 피동적이었고 과정도 피동적이었으며, 결과는 당연히 패배였다.

וַיְפַסְּחוּ(그러자 그들이 절룩거렸다). 그들이 절룩거린 것은 의식적인 춤을 가리키는 말이겠지만(Walsh, 248), 여기서 사용된 단어는 פסח('파사': 절룩거리다)의 피엘형이고, 앞의 21절에서 엘리야후가 백성들이 두 나뭇가지에서 절룩거린다고 했을 때에 쓴 표현은 같은 단어의 칼형이었다. 화자는 같은 단어를 사용함으로써 백성들이 바알의 예언자들의 영향을 받아서 절룩거린다고 하는 것을 암시하고 있다(Walsh, 248). 또한 화자는 바알의 예언자들은 절룩거리니 제사에 합당하지 않다(레 21:18)며 조롱하고 있다(Walsh, 247f).

עַל־הַמִּזְבֵּחַ(그 제단 위에서). 바알의 예언자들이 그 제단을 만들었다는 기사는 보이지 않는다. 거기엔 이미 바알의 제단이 놓여 있었다.

27 וַיְהַתֵּל(그러자 그가 조롱했다). 우가릿에서는 바알이 죽기도 한다(Hentschel/1, 113). 그러므로 잠자거나 변을 보는 것은 특별한 일도 아니었다(김정우, 2000 가을, 12-13).

28 בַּחֲרָבוֹת וּבָרְמָחִים(그 칼들과 그 창들로). 아이러니인 것은 바알의 예언자가 엘리야후의 조롱에도 순종한다는 사실이다(Walsh, 255). 그들은 그들의 신을 닮아서 아무 능력도 생각도 주관도 없었다. 자신에게 상처를 입히면서 그들은 상황의 급박함을 알리려 한 것 같다.[61] 이런 관습은 이스라엘에서도 죽은 자를 위해 통곡

---

60) 왈쉬(Walsh, 247)는 그 내용이 상반된다고 했으나, 23, 25, 26절의 내용이 다른 것을 두고 걱정할 필요는 없다. 엘리야후가 제안한 대로 되지 못했을 뿐이다.

할 때에 일부분 통용되었으나(렘 41:5; 슥 13:6), 이는 이방적인 것으로 치부되었고 (렘 47:5; 48:37), 율법에서 금지되었다(신 14:1; 레 19:28; Hentschel/1, 113).

29 וַיִּתְנַבְּאוּ(그들은 발광하였다). 여기서는 '나비'(예언자)에서 나온 동사 '나바' 의 히트파엘형이 사용되었다. 저자는 바알 예언자들의 행위를 비웃고 있다. 이런 표현은 열왕기상 22장 10절(거짓 예언자들)에서도 나타나는데, 흥미로운 것은 아흐 압이 미카여후의 예언을 두고 그렇게 표현했다는 점이다(왕상 22:8, 18) 저자는 바 알종교의 특징인 엑스터시를 소개하면서,62) 그들의 절망적인 시도를 드러낸다 (Walsh, 249).

וְאֵין־קוֹל וְאֵין־עֹנֶה וְאֵין קָשֶׁב(그러나 소리도 없었고, 대답하는 이도 없었 고, 기척도 없었다). 26절에 나타난 반응에 '기척도 없었다'가 더 들어가 사태의 심각성을 부각시킨다. '케셰브'(기척)는 여기 외엔 열왕기하 4장 31절에만 나온다.

30 גְּשׁוּ(가까이 오시오). 엘리야후는 백성들을 자기에게로 부름으로써 준비를 시 작한다(Walsh, 250). 이 '그슈'는 여호슈아가 야르덴강을 건너기 전에 백성에게 한 말(수 3:9)을 연상시킨다. 또한 이 단어 '나가쉬'(נגשׁ)는 21절에서 엘리야후가 백 성에게 나섰던 때, 36절에서 다시 나서는 데 사용되었다. 백성들은 엘리야후에게 순종한다. 백성의 순종은 엘리야후의 순종(왕상 17:9; 18:1; 왕하 1:3; 2:2), 까마귀 (왕상 17:6)와 과부(17:15)의 순종, 오바드야후의 까다로운 순종(18:16), 아흐압의 마지못한 순종(18:20)을 잇고 있다.

וַיְרַפֵּא אֶת־מִזְבַּח יְהוָה הֶהָרוּס(그러자 그는 야흐베의 제단, 그 무너진 것을 수축하였다). 저자는 야흐베의 제단이 무너져 있었다는 것을 강조한다. 이는 카르 멜산이 이전에는 야흐베께 제사를 드리던 곳이었다는 것과, 왕가에서 야흐베 신앙 을 체계적으로 탄압하여 예언자들을 죽이고 제단들을 파괴하였다는 것을 알게 해 준다(Walsh, 250). 그가 제단을 수리하기 시작한 시각은 아직 바알의 예언자들이 고함지르고 있을 때였던 것 같다. 여기서부터 화자는 매우 느리게 38절의 절정을 향하여 나아간다.63) 그는 극적인 효과를 노리고 있다. 불이 떨어지는 절정(38)에서

---

61) 그들의 자해행위에 대해선 김정우, 2000 가을, 13f; Hentschel/1, 113 참고.
62) 위의 곳. 소위 열광예언에 대해서는 민영진, 1970/3, 158-160 참고.

는 템포가 빨라져 단 두 절 뒤에 바알의 모든 예언자들이 도살된다(40).

31 שְׁתֵּים עֶשְׂרֵה אֲבָנִים(열두 개의 바위). 저자는 일견 중요하지 않은 것 같은 이야기로 넘어간다. 그러면서 그는 이것이 야아콥의 열두 아들을 상징하는 것이라고 설명하고 있다. 엘리야후는 열두 개의 바위에 이어 열두 통의 물을 붓게 함으로써(34) 이스라엘 열두 지파의 종교, 조상의 종교를 강조한다. 이 '열둘'은 엘리샤의 열두 겨리 소에서 다시 나타나 이스라엘의 예언자들이 대를 이어 야흐베께 충성할 것을 암시하고 있다(19:19).

יִשְׂרָאֵל(이스라엘). 이스라엘은 야흐베에게서 얻은 이름이므로(창 32:29) 이 백성은 야흐베의 것이라는 암시가 들어 있다(Walsh, 251).

32 כְּבֵית סָאתַיִם זֶרַע(두 스아의 씨를 뿌릴 정도의 면적). 도랑을 파는 것은 본래 제사에 속하는 것이 아니었다(Walsh, 251). 그런데 엘리야후는 물을 부을 생각으로 도랑을 파게 한다. 본문의 뜻은 도랑의 용적이 두 스아를 용납한다는 의미가 아니라, 도랑으로 둘러싸이는 땅이 두 스아의 씨를 뿌릴 만한 넓이라는 뜻으로 보인다. 두 스아는 약 26리터, 그 만큼을 뿌릴 정도의 넓이면 약 985평방미터, 성전 뜰의 넓이만 하였을 것이며(출 27:18; 38:9-13), 원형으로 도랑을 팠다면 지름이 17,7m를 넘지는 않았을 것이다(Hentschel/1, 114). 이는 백성이 들어서지 못하던 거룩한 구역의 넓이만 하다(위의 곳).

34 מַיִם(물). 3년 기근 뒤에 이 막대한 양의 물이 카르멜산 위에서 발견되었다는 것도 이미 작은 기적이었다.

36-37 יְהוָה אֱלֹהֵי אַבְרָהָם יִצְחָק וְיִשְׂרָאֵל(아브라함, 이츠햐크와 이스라엘의 하나님). 하나님을 이렇게 부르는 것은 성경에서 여기 외엔 역대상 29:18; 역대하 30:6뿐이다. 보통은 이스라엘 대신에 야아콥이라 했으나, 여기서 이렇게 바뀐 것은 31절과 연관되었기 때문이다. 엘리야후는 이스라엘 앞에 처음 등장할 때에 '이스라엘의 하나님 야흐베'를 내세웠다(17:1). 그러나 그 뒤로는 과부에게 한 말(17:14)

---

63) Walsh. 254f 참고. 그는 이를 'breaking frame'(휴식구도)이라 부른다. 왈쉬는 30절 앞의 부분부터의 속도도 일부러 늦추어졌다고 하나, 화자의 속도가 유별나게 늦어진 것은 30절부터라 보는 것이 옳다.

외에 다른 곳에서는 한 번도 그렇게 하나님을 칭한 적이 없다. 그는 민족의 하나님이 불로 응답해야 할 이유로 다음의 넷을 들었다.

> 1) 오늘 주님(당신)이 이스라엘에서 하나님이라는 것이 알려져야 함(36a).
> 2) 내가 주님(당신)의 종이라는 것과(36a), 주님(당신)의 말씀을 따라서 내가 이 모든 일을 했다는 것이 알려져야 함(36b).
> 3) 이 백성이 주님(당신)이 그 하나님 야흐베라는 것을 알아야 함(37a)
> 4) 이 백성이 주님(당신)이 그들의 마음을 뒤로 돌이킨다는 것을 알아야 함(37b).

이 중에서 특히 주목되는 것은 두 번째, 즉 엘리야후가 한 모든 일이 하나님의 명을 받아서 한 것이라는 것을 사람들이 알게 해 달라고 한 점이다. 이는 백성 중에는 엘리야후가 개인적인 감정에서 기근을 일으켰을 거라고 생각하고 엘리야후를 원망하는 사람들이 많이 있었음을 시사한다.

38 וַתִּפֹּל אֵשׁ־יְהוָה(그러자 야흐베의 불이 떨어졌다). 헨첼은 본디 불이 떨어졌던 것이었는데, 나중의 두 화자가 번개가 쳐서 제단을 파괴한 것으로 해버렸다고 한다(Hentschel/1, 114). 그러나 현재의 본문에서 제단이 파괴되었다는 증거는 보이지 않는다. 왈쉬는 번개가 떨어졌을 거라고 하지만, 본문에서 번개라고 볼 근거는 발견되지 않는다. 도랑의 물까지 핥았다고 하는 것으로 보아 번개가 아니라 불덩이가 떨어진 것 같다. 하나님이 불로 제물을 태우시는 이야기는 성경에서 드물지 않다(창 15:17; 레 9:24; 삿 6:21 등). 불이 번제물, 나무, 바위들, 흙을 먹었고, 물을 핥았다는 건 하나님의 능력을 보여준다(Walsh, 259).

5. 이스라엘이 고백하다(39)

엘리야후는 이 기적으로 이스라엘의 고백을 끌어낸다. 그러나 그들이 진정으로 개심한 것은 아니었다. 기적을 보고 일순간 흥분하고 고백한 것에 불과했다.

39 וַיַּרְא כָּל־הָעָם(그러자 그 모든 백성이 보았다). 헨첼은 백성이 본 게 아니라 '두려워했다'(וַיִּרָא)로 해석하지만, 다른 사본들의 뒷받침을 받지 못하고 있다. 본문의 뜻은 백성들이 불만 본 것이 아니라, 온종일 거기서 진행되는 상황을 다 보았다는 뜻이다. '바야르'(그러자 그가 보았다)는 19장 3절에서 엘리야후에게 문자 그대로 적용되었다. 엘리야후도 본문의 백성들과 같이 그 상황을 종합적으로 보고 판단을 내렸다는 뜻이다. 이 단어는 18장과 19장을 연결하고 있다.

6. 엘리야후가 바알의 예언자들을 죽이다(40)

엘리야후는 백성들의 고백을 그들의 신앙적 행위로 연결시키려 한다. 즉 바알 선지자들을 다 잡아 죽이라는 것이었다. 그러나 이스라엘 백성은 바알 선지자들을 잡기만 하고 죽이지는 않았다. 백성들이 슬그머니 발을 빼려 했으므로, 엘리야후는 절반의 성공밖에 거두지 못했다.

40 וַיִּשְׁחָטֵם(그러고 나서 그는 그들을 도륙했다). 화자가 선택한 단어 '샤하트'는 짐승을 도살할 때에 쓰는 단어다.[64] 이 단어를 사람에게 적용할 경우는 아이들을 제물로 드리는 외엔 대량 학살에 제한되었다.[65] 본디 바알 예언자들을 도살하는 것과 비를 주시는 것과는 직접적인 연관이 없다. 기근은 본래 아흐압의 범죄에서 시작되었으나(16:29-17:1), 이제 하나님은 그의 회개와 상관없이 비를 다시 내리기로 하셨다(18:1). 그러나 18장에 나타난 엘리야후의 행적을 보면 하나님이 비를 주시기 전에 최소한의 무엇을 요구하셨음에 틀림없고(18:36), 엘리야후는 그 명대로 바알의 예언자들과 대결하여 승리를 거두고, 백성들의 회개와 협력을 얻어 바알의 예언자들을 도살하였을 것이다. 본문에서는 엘리야후가 직접 바알의 예언자 450명을 도살한

---

64) HAL Ⅳ, 1353 참고. 성경의 예로는 창 37:31; 레 17:3; 삼상 14:34 등 참고.

65) 삿 12:6; 렘 39:6; 41:7; 52:10. 그런데 열왕기하 10:7, 14에 바로 이 단어가 다시 나타나 아흐압의 아들 칠십 명과 아햐즈야의 형제 마흔 두 명이 학살당하는 경우에 나타난다.

것으로 보도하고 있다(Hentschel/1, 115). 이는 셔무엘이 아각왕을 찍어 쪼갠 것을 연상시킨다(삼상 15:33). 이즈르엘 골짜기를 북으로 흘러가는 와디였던 키숀강에[66] 이제 물 대신 바알의 예언자들의 피가 흐르게 되었다(Walsh, 262).

7. 비가 내리다(41-46)

18장 첫 문단(1-6)에서 나타난 하나님의 의지가 이제 마지막 문단에서 실현된다. 그러나 이미 하나님이 약속하신 것임에도 불구하고 엘리야후는 간절히 기도해야 했다.

41-42 עֲלֵה אֱכֹל וּשְׁתֵה(올라가시오! 드시오! 그리고 마시시오!). 엘리야후의 명령이 아흐압에게 연달아 떨어진다. 아흐압은 겉으로는 그의 말을 따른다. 그러나 중심에선 450명의 바알 예언자들이 죽은 이 사태를 어떻게 해결해야 할지, 이제벨에게 뭐라고 해야 할지를 두고 걱정하고 있었을 것이 분명하다(19:1 참고). 그래서 그는 아무 말도 하지 않는다. 다만 비가 올 때까지 엘리야후의 말에 순종할 수밖에 없어서 올라가 먹고 마신다. 그는 엘리야후 앞에선 엘리야후의 말을 듣고 이제벨 앞에선 엘리야후를 고발한다(19:1). 헨첼과 뷔르트바인은 아흐압이 금식 중이었으므로 엘리야후가 먹고 마시게 하였다고 하나 근거가 없다.[67]

한편 '올라가다'는 이 문단의 네 절에 일곱 번 등장하여 카르멜산의 마지막 장면을 이끌고 있다(Walsh, 255f): 41, 42(2회), 43(2회), 44(2회). 아흐압은 제사 음식을 먹으러 올라가야 했고, 엘리야후는 기도하러 올라갔고, 그의 사환은 구름을 관찰하러 올라가야 했고, 마침내 구름이 올라왔다. 이는 모두 긍정적인 요소를 지니고 있다. 반면에 내려가다는 40절과 44절에 나와 바알의 예언자들이 처형당하러 내려가는 장소로, 아흐압이 이제벨에게 보고하러 가는 장면에 나타난다. 저자는 재

---

66) Walsh, 253. 이전에 시스라가 이 와디의 범람 때문에 패전하였다(삿 4-5).
67) Hentschel/1, 115; ATD 11/2, 213 참고. 이런 추론을 통하여 뷔르트바인은 아흐압이 매우
    경건한 왕이었다고 본다.

치 있는 언어의 유희로 재미있게 이야기를 이끌어 가고 있다. 이는 청중들이 기억하게 하는데도 도움이 되었을 것이다.

בֵּין בִּרְכָּיו(그의 무릎 사이에). 헨첼은 엘리야후가 애굽과 우가릿의 예대로 무릎 사이에 머리를 집어넣고 걱정한다고 주장한다(Hentschel/1, 115). 그러나 이는 기도의 모습으로 보인다.[68] 사환을 자주 보내어 결과를 알아보게 하는 것은 그가 기도한 결과를 보려는 것이지, 걱정을 확인하려는 것이라 볼 수 없음이다. 그는 이미 차르파트에서 기도로 아이를 살린 경험을 갖고 있어서 전과 같이 그리 당황하지는 않았을 것이다.

43 שֶׁבַע פְּעָמִים(일곱 번). 뷔르트바인은 일곱 번이란 숫자가 마술적인 요소를 가지고 있다고 하지만(ATD 11/2, 214), 아이를 살릴 때에 세 번 엎드린 것(17:21)과 마찬가지로 최선을 다하는 모습을 보이는 것으로 보아야 할 것이다. 마술을 하려 했다면 좀더 쉽게 했을 것이고, 아이를 살릴 때에도 일곱 번 엎드렸을 것이다. 뷔르트바인은 왕이 경건하게 기도로 해결하려 하였던 것을 엘리야후가 마술로 해결했다고 주장한다(ATD 11/2, 215). 그러나 그의 주장은 성경 전체의 흐름을 역행하며, 전혀 근거가 없는 내용이다.

44 כַּף(손바닥). 과부의 손바닥만한(한 움큼) 밀가루가 수년 동안의 양식이 되었듯이(17:12), 손바닥만 한 구름은 엄청난 폭우를 가져온다. 그러나 이제벨은 몸을 다 개들에게 먹히고 두골과 발과 손바닥밖에 남지 못했다(왕하 9:35). 저자는 이제벨의 손과 과부의 손을 대조시키며, 작은 일이 큰 열매를 거두는 것을 보여주고 있다.

45 גֶּשֶׁם גָּדוֹל(큰 비). 18장 1절의 약속이 이제 이루어져 수미상응의 모습을 보인다. 그러므로 '비'는 18장 전체를 묶어 주는 역할을 한다.

וַיִּרְכַּב אַחְאָב(그리고 난 후에 아흐압은 올라탔다). 아흐압은 엘리야후가 아이를 시켜서 빨리 수레를 매고 달아나라는 말에 순종하지 않았다. 그것은 그가 비를 자기 눈으로 꼭 확인하려고 했기 때문으로 보인다. 비가 아니라면 엘리야후를 살려둘 필요도 없고, 바알 선지자들의 죽음을 묵인할 필요도 없었다. 실리적인 정치

---

68) 뷔르트바인(ATD 11/2, 214)은 엘리야후가 기도하고 있었다고 하면서, 그 자세에는 마술적인 요소가 있다고 한다.

가였던 그는 비가 오는 것을 보고서야 비로소 마차 대신에 급히 말을 타고 27킬
로미터 떨어진 이즈르엘궁으로 돌아가게 되었다(Walsh, 258). 그러나 이는 위험했
다. 어둡고 비가 심하게 내리쳐서 앞이 잘 보이지 않았고, 키숀강이 범람할 위험까
지 있었다(삿 5:21).

46 וַיָּרָץ לִפְנֵי אַחְאָב(그래서 그는 아흐압 앞에서 달렸다). 그래서 엘리야후는
이스라엘의 왕 아흐압을 돕기 위하여 아흐압의 말고삐를 잡고 그를 이즈르엘로 인도
한다. 이는 그가 아흐압과 친하여서가 아니라, 홍수에 휩쓸릴 위험에 처한 한 사람을
건져준 것에 불과했다. 그의 초능력은 하나님의 영이 충만하였기에 가능하였다고 기
자는 전하고 있다.

D. 오바드야후와 아흐압과 이스라엘

아흐압과 오바드야후는 전혀 어울리지 않을 것 같으면서도 쇼므론의 궁전에서
서로 긴밀히 협조하면서 지내고 있었다. 하나는 왕, 하나는 궁궐의 재산을 총괄하
는 대신으로 그들은 기근을 해결해야 할 공통의 책임을 갖고 있었다. 이들의 관계
는 엘리샤 이야기에 나오는 벤하다드와 나아만의 관계와 같았다(특히 왕하 5:18
참고). 오바드야후는 아흐압의 종교정책에 전혀 찬성하지 않았지만 궁내대신으로서
충실히 그 명을 수행하고 있다(18:5f). 그러나 그들에게도 공통점이 있으니, 화자가
그들의 등장을 통해서 보여주려고 하는 점이 바로 이 점이었다.

오바드야후는 야흐베를 경외하여 목숨을 걸고 야흐베의 예언자들을 돌보았지만,
엘리야후와 아흐압에게 공히 '주인'이라 칭함으로써 두 주인을 섬기고 있는 자임을
드러낸다. 그가 궁궐의 재산을 맡고 있는 직책을 수행하고 100명이나 돌볼 수 있는
재산을 가지고 있었다는 점이 그의 현실적인 면을 드러낸다. 그는 엘리야후가 자기
를 아흐압의 종으로 칭하는 것을 두고 항의하지만, 결국에는 아흐압을 자기 주인이

라 부르고 만다. 그리고 그는 엘리야후의 심부름을 하러 자기 주인에게 간다.

18장에 나타나는 아흐압은, 처음에는 엘리야후를 해치려고 찾기도 하고 그를 '이스라엘을 불행하게 하는 자'라 부르기도 했지만, 결국 엘리야후의 권위 앞에 그대로 굴복한다. 그러나 그는 완전히 순종하지 않고 아세라의 선지자들을 제외시켰으며, 비가 올 때까지 중립적인 태도를 취한다. 그러다가 19장에서는 이제벨 편으로 기울어버리고 만다. 이 이중성이 오바드야후와 아흐압의 공통점이다. 오바드야후는 중간에서 야흐베 편에 더 가까웠고, 아흐압은 중간에서 이제벨 편에 더 가까웠다고 볼 수 있다. 18장 21절에서 엘리야후가 외친 것이 바로 이들을 두고 한 말이었다.[69] 중간에서 머뭇머뭇하는 자들!

그런데 여기에 제삼의 무리가 나타난다. 그들은 이스라엘 백성으로서 오바드야후같이 예언자를 숨겨 줄 생각도 없고, 아흐압같이 이제벨에 가까운 것도 아니었다. 그들은 중간적인 입장에 선 사람들 중에서도 중간에 서 있었다. 엘리야후는 바로 이들을 향하여 메시지를 전하고, 그들을 위해 바알의 예언자들과 싸웠고, 그들을 위해 비가 오도록 기도하였고, 그들의 마음을 뒤로 돌이켜 줄 것을 하나님께 기도했다. 그들은 아흐압이 소집하니 응했고, 둘 사이에서 하나를 결단하라고 할 때엔 응답하지 않았으나, 대결의 결과를 받아들이는 데는 찬성하는 부류였다. 이들은 엘리야후가 가까이 오라고 하니까 가까이 갔고, 물을 길어 오라고 하거나 부으라고 하거나 모두 순종했고, 하늘에서 불이 떨어지는 것을 보고는 땅에 엎드렸다(39).[70] 그들은 바알의 예언자들을 다 붙들라고 할 때에나 끌고 내려가라고 할 때에도 순종하였으나, 정작 바알의 예언자들을 죽이진 않았다. 그래서 그 일은 결국 엘리야후가 맡게 되었다. 이들은 여기에선 엘리야후의 편에 섰으나, 다음 순간에는 또 중간 입장에 섰을 것이 분명하다. 19장에서 엘리야후가 이들 이스라엘 백성을 고발하고 있음이 그것을 뒷받침한다(10, 14). 18장에서는 이 세 타입의 이중적인 사람들이 화자에게 고발당하고 있다.

---

69) 이들은 예수님의 비유 중에 가시떨기 속에 떨어진 씨앗과 같다고 할 수 있다.

70) 땅에 엎드린 것은 오바드야후와 같았다(7). 왈쉬(Walsh, 260)도 오바드야후와 백성의 공통점을 비슷한 관점에서 논하고 있다.

엘리야후
이야기

Ⅵ. 효렙산의 하나님(왕상 19:1-21)

A. 히브리어 본문과 번역

1[1)] וַיַּגֵּד אַחְאָב לְאִיזֶבֶל אֵת כָּל־אֲשֶׁר עָשָׂה אֵלִיָּהוּ[a]
  [b]וְאֵת כָּל־אֲשֶׁר הָרַג אֶת־כָּל־[c]הַנְּבִיאִים בֶּחָרֶב:

a) 그러고 난 후에 아흐압은 이제벨에게 엘리야후가 행한 모든 것을 보고했다.

b) 그리고 그가 그 모든 예언자들을 칼로 죽인 모든 일을.

2[2)] וַתִּשְׁלַח אִיזֶבֶל מַלְאָךְ[a] אֶל־אֵלִיָּהוּ לֵאמֹר[b]

---

1) [a] 칠십인역 추정원본은 여기에 γυναικὶ αὐτοῦ(그의 아내)를 덧붙이고 있다. 그러나 그것은 부연하는 번역으로 보인다.

   [b] 칠십인역은 καὶ ὡς(그리고 ……한 것같이)라고 번역하여, 히브리어 본문이 וְכַאֲשֶׁר(그리고 …… 와 같이)일 것을 전제하고 있고 페쉿타와 불가타도 이를 따르고 있다.

   [c] 몇 개의 히브리어 사본과 칠십인역 추정원본에는 빠져 있어서, BHS는 생략할 것을 제안하고 있다. 그러나 '그 선지자들'이 빠지면 누구를 죽였는지가 분명하지 않다.

2) [a] 칠십인역 추정원본에서는 이 단어가 빠져 있다. 그러나 19장에서 '사자'는 2, 5, 7절에 나타나 문단을 이끌어가는 역할을 하고 있다. 즉 이제벨의 사자와 하나님의 사자가 대조되는 역할을 하고 있으며, 열왕기하 1:15; 5:10에서도 이 단어는 중요한 역할을 하고 있다.

   [b] 칠십인역에서는 여기에 (εἰ) σὺ εἶ Ηλιου καὶ ἐγὼ Ιεζαβελ(네가 엘리야후이면 나는 이제벨이다) 라는 말이 덧붙여져 있다. 이는 아마 후대의 필사자가 난외주를 단 것 같다.

   [c] 많은 히브리어 필사본과 거의 대부분의 번역판들이 여기에 20:10과 같이 לִי를 첨가하고 있다. 이는 20:10을 미루어 볼 때에 충분히 가능한 일이다. 그러나 현재의 본문은 자기가 엘리야후를 죽이지 않으면 신들이 이제벨을 죽일 것이라는 뜻을 보여준다. Rosenberg, 1980, 196f 참고.

כֹּה־יַעֲשׂוּן[c] אֱלֹהִים וְכֹה יוֹסִפוּן כִּי־כָעֵת מָחָר אָשִׂים אֶת־נַפְשֵׁךְ
כְּנֶפֶשׁ אַחַד מֵהֶם:

a) 그러자 이제벨이 한 사자를 엘리야후에게 보냈다. 이르기를,

b) "내가 내일 이때쯤에 당신의 목숨을 그들 중의 하나와 같이 만들지 않으
면 신들이 (내게) 그렇게 하고 또 그렇게 더해도 좋다."

3[3)]   וַיַּרְא[a] וַיָּקָם וַיֵּלֶךְ אֶל[b]־נַפְשׁוֹ וַיָּבֹא בְּאֵר שֶׁבַע אֲשֶׁר לִיהוּדָה
וַיַּנַּח אֶת־נַעֲרוֹ שָׁם:

a) 그러자 그는 보았다. 그래서 그는 일어났다. 그러고 난 후에 그는 갔다—
그의 목숨을 향하여. 그리하여 그는 도착하였다—브에르셰바에. 여후다에
있는.[4)]

b) 그러고 나서 그는 그의 사환을 거기에 두었다.

4[5)]   וְהוּא־הָלַךְ בַּמִּדְבָּר דֶּרֶךְ יוֹם וַיָּבֹא וַיֵּשֶׁב תַּחַת רֹתֶם[a] אֶחָת

---

3) [a] 몇 개의 히브리어 필사본과 중요한 여러 번역판들(칠십인역, 페쉿타, 불가타)에서는 וַיִּרָא
(그러자 그가 두려워했다)를 반영하고 있다. 엘리야후의 권위를 생각하여 본래 두려워했
다는 내용을 그가 보았다는 것으로 바꾸었을 수도 있다. 그러나 이는 18:39에서도 나온
단어로서, 백성이 불이 떨어지는 것을 보고 엎드렸다는 것과 엘리야후가 이제벨의 협박
을 전하는 사자를 보고 도망치는 장면에서 공히 중요한 역할을 한다. 즉 백성은 이중적
인 자세에서 불이 떨어지는 것을 보고 야흐베만이 하나님이라는 것을 깨달았고, 엘리야
후는 이제까지 하나님을 잘 섬기다가 이제벨의 사자를 보고 갑자기 도망쳤는데, 두 가지
경우 모두 상황의 급전을 묘사하는 단어로 사용되었다.
[b] 동방의 마소라 필사본에는 אֶל('엘': 에게) 대신에 עַל('알': 위에)이 사용되었다. '알'도 '때문
에'라는 뜻이 있고, '엘'도 '(목숨을) 향하여', '(목숨을) 배려하여'라는 뜻이 된다.

4) 3a는 엘리야후의 도망하는 자취를 보이기 위하여 히브리어 어순대로 옮긴다.

5) [a] BHS는 십수 개의 필사본과 크레(Qere)를 예로 들어서 אֶחָד(하나: 남성형)로 읽을 것을
권하고 있다. 레닌그라드 사본은 여성형을 취하고 있다. 그런데 5절에서도 אֶחָד가 나온
다. 통일하자면 크레를 따라 אֶחָד로 바꾸는 것이 좋겠다.
[b] 페쉿타나 타르굼에선 여기에 'לִי(내게)'가 들어 있는 것으로 번역하고 있다. 불가타도 이를
따르고 있다. '이제 충분합니다'인가, '이제 내게 충분합니다'인가가 문제다.
[c] 칠십인역 추정원본에서는 이 말이 빠져 있으나, 엘리야후가 하나님을 부를 때에 야흐베라고

וַיִּשְׁאַל אֶת־נַפְשׁוֹ לָמוּת וַיֹּאמֶר רַב[b] עַתָּה יְהוָה[c] קַח נַפְשִׁי[d]

כִּי־לֹא־טוֹב אָנֹכִי מֵאֲבֹתָי:

a) 그러고 나서 그는, 그는 그 광야에서 하룻길을 갔다. 그러고 나서 그는 가서 한 로템나무 밑에 앉았다.

b) 그러고 난 후에 그는 그의 목숨이 죽게 되기를 간구했다. 그리하여 그는 말했다. "야흐베님! 이제 충분합니다. 제 목숨을 취하십시오. 저는 제 조상들보다 낫지 못하기 때문입니다."

5⁶⁾   וַיִּשְׁכַּב וַיִּישַׁן [a]תַּחַת רֹתֶם אֶחָד[a]

וְהִנֵּה־זֶה מַלְאָךְ[b] נֹגֵעַ בּוֹ וַיֹּאמֶר לוֹ קוּם אֱכוֹל:

a) 그러고 나서 그는 한 로템나무 밑에 누워서 잠들었다.

b) 그런데 보라! 이 사람, 그를 건드리는 한 사자가 있었다. 그리고 난 후에 그는 그에게 말했다. "일어나라! 먹어라!"

6⁷⁾   וַיַּבֵּט וְהִנֵּה מְרַאֲשֹׁתָיו עֻגַת רְצָפִים וְצַפַּחַת מָיִם[a]

וַיֹּאכַל וַיֵּשְׁתְּ וַיָּשָׁב וַיִּשְׁכָּב:

a) 그래서 그가 보았다. 그랬더니 보라! 그의 머리맡에 숯불에 타는 전병과 물 항아리가 있었다.

b) 그래서 그는 먹고 마셨다. 그러고 나서 그는 다시 누웠다.

부른 적이 여러 번 있으므로 뺄 이유가 없다[17:20, 21; 18:36, 37(2회)].

[d] 히브리어 필사본 하나와 페쉿타에서는 여기에 מִמֶּנִּי(제게서부터)가 더 들어 있다.

6) [a] 칠십인역에서는 ἐκεῖ ὑπὸ φυτόν(거기에 나무 밑에)라고 되어 있으므로, BHS는 שָׁם(거기에)이라 읽을 것을 제안하고 있다. 칠십인역은 앞에 4절에서 나온 '한 로템나무 밑에'라는 말이 반복되므로, 세련된 문장을 위하여 반복을 피하려고 이렇게 번역한 듯하다. 그러나 히브리어 기자는 일부러 그것을 강조하려고 반복한 것 같다.

[b] 칠십인역에서는 '사자'를 빼버렸다. 이는 위의 2절에서도 나타난 현상이다. 그러나 위에서 밝혔듯이 이 '사자'는 핵심적인 단어이므로 생략해선 안 된다.

7) [a] 칠십인역에서는 여기에 καὶ ἀνέστη(그래서 그는 일어났다)를 덧붙이고 있다. 물론 엘리야후는 일어나서 먹었겠지만, 일어났다는 말이 없어도 되므로 본문을 바꿀 필요가 없다.

7 וַיָּשָׁב מַלְאַךְ יְהוָה שֵׁנִית וַיִּגַּע־בּוֹ וַיֹּאמֶר קוּם אֱכֹל

כִּי רַב מִמְּךָ הַדָּרֶךְ:

a) 그런데 야흐베의 사자가 두 번째로 돌아왔다. 그러고 난 후에 그는 그를
건드렸다. 그러고 난 후에 그가 말했다. "일어나라! 먹어라!

b) 네게서 그 길이 멀기 때문이다."

8[8)] וַיָּקָם וַיֹּאכַל וַיִּשְׁתֶּה

וַיֵּלֶךְ בְּכֹחַ הָאֲכִילָה הַהִיא אַרְבָּעִים יוֹם וְאַרְבָּעִים לַיְלָה עַד הַר
הָאֱלֹהִים[a] חֹרֵב:

a) 그래서 그는 일어나서 먹고 마셨다.

b) 그리고 난 후에 그는 그 음식의 힘으로 그 하나님의 산 효렙까지 40일 40야를
걸었다.

9[9)] וַיָּבֹא־שָׁם אֶל־הַמְּעָרָה וַיָּלֶן שָׁם

וְהִנֵּה דְבַר־יְהוָה אֵלָיו וַיֹּאמֶר לוֹ[a] מַה־לְּךָ פֹה אֵלִיָּהוּ:

a) 그러고 나서 그는 거기서 그 동굴로 가서 거기서 밤을 지냈다.

b) 그런데 보라! 야흐베의 말씀이 그에게 있었다. 그런데 그는 그에게 말씀
하셨다. "네게 여기에 무슨 일이 있는가, 엘리야후?"

10[10)] וַיֹּאמֶר קַנֹּא קִנֵּאתִי לַיהוָה אֱלֹהֵי צְבָאוֹת כִּי־עָזְבוּ[a] בְרִיתְךָ[a] בְּנֵי יִשְׂרָאֵל

---

8) [a] 칠십인역 추정원본에선 이 단어가 빠져서 '그 하나님의 산 효렙' 대신에 '그 산 효렙'이
라 번역하고 있다. '그 산 효렙'은 출 33:6에만 다시 나타나고, 본문의 형태와 꼭 같은
어형도 출 3:1에만 다시 나타난다. 대개는 그냥 '효렙'이라 했다. 마소라와 칠십인역의
형태가 공히 드물게 나타나므로 마소라 본문을 칠십인역을 따라 고칠 필요가 없다. 그냥
'하나님의 산'만 나타나는 경우는 출 18:5; 24:13을 들 수 있다.

9) [a] 몇 개의 히브리어 사본과 칠십인역은 이 단어를 빼고 있다. 두 단어 앞에 '그에게'라는
단어가 나왔으니 중복을 피하려는 것 같다. 그러나 반복은 히브리어 산문에서 강조를 위
해 매우 자주 사용되는 수단이며, 여기서도 강조의 뜻이 분명하므로 그대로 두어야 한다.

אֶת־מִזְבְּחֹתֶיךָ הָרָסוּ וְאֶת־נְבִיאֶיךָ הָרְגוּ בֶחָרֶב

וָאִוָּתֵר אֲנִי לְבַדִּי וַיְבַקְשׁוּ אֶת־נַפְשִׁי לְקַחְתָּהּ:

a) 그러자 그가 말했다. "만군의 하나님 야흐베를 위하여 저는 질투가 매우 많았습니다. 이스라엘 자손들이 주님(당신)의 언약을 버렸기 때문입니다. 주님(당신)의 제단들을 그들은 허물었습니다. 그리고 주님의 예언자들을 그들은 그 칼로 죽였습니다.

b) 그래서 저는, 저는 저 혼자 남았습니다. 그런데 그들이 제 생명을 **빼앗으**려고 찾고 있습니다."

11[11] וַיֹּאמֶר צֵא וְעָמַדְתָּ בָהָר לִפְנֵי יְהוָה וְהִנֵּה יְהוָה עֹבֵר וְרוּחַ גְּדוֹלָה

וְחָזָק מְפָרֵק הָרִים וּמְשַׁבֵּר סְלָעִים[a] לִפְנֵי יְהוָה לֹא בָרוּחַ יְהוָה

וְאַחַר הָרוּחַ רַעַשׁ לֹא בָרַעַשׁ יְהוָה:

a) 그러자 그가 말씀하셨다. "너는 나가거라! 그리고 그 산에서 야흐베 앞에 서라!" 그런데 보라! 야흐베께서 지나가시는데, 크고도 강한 바람이 야흐베 앞에서 산들을 쪼개고 바위들을 산산조각으로 만들었다. 그 바람 가운데 야흐베는 계시지 않았다.

b) 그리고 그 바람 뒤에 지진이 있었다. 그 지진 가운데 야흐베께서 계시지 않았다.

---

10) [a-a] BHS는 칠십인역을 참고하면서 '그들이 주님(당신)의 계약을 버렸습니다' 대신에 עֲזָבוּךָ '그들이 주님(당신)을 버렸습니다'라고 고칠 것을 제안한다. 그러나 14절에서도 여기와 똑같은 형태가 나타나며, 칠십인역도 14절에서는 '주님(당신)의 계약을 버렸다' 고 되어 있으니, 현재의 형태를 유지하는 것이 옳다.

11) [a-a] BHS는 이것이 앞뒤 문맥과 어울리지 않는다고 보고, 후대에 첨가된 것이거나, 지진 (רַעַשׁ) 뒤에 오는 것이라고 본다. 그러면 '큰 지진이 있어서 산들을 **빠개고** 바위들을 산 산조각으로 만들었다'고 되어 바람이 산들과 바위들을 파괴하는 것보다 지진이 그렇게 했 다고 보는 것이 더 낫다고 읽는 것이다. 그러나 다른 사본의 뒷받침이 없을 뿐만 아니라, 이 세 가지 자연현상이 하자엘, 예후, 엘리샤를 암시하는 것이므로(본문해설 참고) 현재대 로 두는 게 좋다.

12[12)] וְאַחַר הָרַעַשׁ אֵשׁ לֹא בָאֵשׁ יְהוָה

וְאַחַר הָאֵשׁ קוֹל דְּמָמָה דַקָּה[a]:

   a) 그리고 그 지진 다음에는 불이 있었다. 그 불에는 야흐베께서 계시지 않
았다.

   b) 그리고 그 불 뒤에 세미(細微)한 정적(靜寂)의 소리가 있었다.[13)]

13   וַיְהִי כִּשְׁמֹעַ אֵלִיָּהוּ וַיָּלֶט פָּנָיו בְּאַדַּרְתּוֹ וַיֵּצֵא וַיַּעֲמֹד פֶּתַח הַמְּעָרָה

וְהִנֵּה אֵלָיו קוֹל וַיֹּאמֶר מַה־לְּךָ פֹה אֵלִיָּהוּ:

   a) 그러자 이런 일이 있었다. 엘리야후는 듣자마자 그의 얼굴을 자신의 외투
로 가렸다. 그러고 난 후에 그는 나가서 그 동굴 입구에 섰다.

   b) 그런데 보라! 그에게 소리가 있었다. 그런데 그가 말씀하셨다. “네게 여기
에 무슨 일이 있는가, 엘리야후?”

14[14)] וַיֹּאמֶר קַנֹּא קִנֵּאתִי לַיהוָה אֱלֹהֵי צְבָאוֹת כִּי־[a]עָזְבוּ בְרִיתְךָ[a]

בְּנֵי יִשְׂרָאֵל אֶת־מִזְבְּחֹתֶיךָ הָרָסוּ וְאֶת־נְבִיאֶיךָ הָרְגוּ בֶּחָרֶב

וָאִוָּתֵר אֲנִי לְבַדִּי וַיְבַקְשׁוּ אֶת־נַפְשִׁי לְקַחְתָּהּ:

   a) 그래서 그가 말했다. “만군의 하나님 야흐베를 위하여 저는 질투가 매우 많

---

12) ^a 바티칸 사본과 루키안 수정본을 뺀 칠십인역은 모두 여기에 κἀκεῖ κύριος(그런데 거기에
주님이 계셨다)를 덧붙이고 있다. 그러나 이는 불필요할 뿐 아니라 오히려 문맥의 긴장
을 해치고 있다. 강한 바람ᅳ지진ᅳ불로 연결되는 가운데 청중들은 긴장하고 있다가 적
막한 소리가 있었다는 대목에 와서는 완전히 숨을 멈추게 되는데, 그때에 ‘거기에 주님
이 계셨다’고 하면 오히려 긴장을 풀게 된다. 하나님은 13절에서 הִנֵּה(‘힌네’: 보라!)가
나온 후에 비로소 소리로 나타나신다.

13) 11-12절의 하나님 현현 장면을 하나님의 말씀의 일부로 해석하는 사람도 있고, 그 중의
일부만 하나님의 말씀으로 보는 사람도 있으나(Walsh, 274f 참고), 화자의 서술로 보는
것이 옳다고 본다. 소리를 듣고 엘리야후가 동굴 입구에 섰다고 한 것은 그것이 사건에
대한 서술이니까 가능한 것이다.

14) ^{a-a} 알렉산드리아 사본과 루키안 수정본은 ἐγκατέλιπον (σε) [그들은 (주님/당신을) 버렸습
니다]이라 번역하고 있다. 그러나 이는 두 번역판이 10절의 칠십인역과 맞추려고 노력
한 결과로 보인다.

앞습니다. 이스라엘 자손들이 주님(당신)의 언약을 버렸기 때문입니다. 주님
(당신)의 제단들을 그들은 허물었습니다. 주님(당신)의 예언자들을 그들은
그 칼로 죽였습니다.

b) 그래서 저는, 저는 저 혼자 남았습니다. 그런데 그들이 제 생명을 **빼앗으**
려고 찾고 있습니다."

15¹⁵⁾ וַיֹּ֤אמֶר יְהוָה֙ אֵלָ֔יו לֵ֛ךְ שׁ֥וּב לְדַרְכְּךָ֖^a מִדְבַּ֣רָה דַּמָּ֑שֶׂק
וּבָ֗אתָ וּמָשַׁחְתָּ֛ אֶת־חֲזָאֵ֖ל לְמֶ֥לֶךְ עַל־אֲרָֽם׃

a) 그러자 야흐베께서 그에게 말씀하셨다. "가거라! 돌아가거라! 너의 길을,
담메세크 광야로!

b) 그리고 너는 가서 하자엘을 아람 위의 왕으로 기름 부어라!

16¹⁶⁾ וְאֵת֙ יֵה֣וּא בֶן־נִמְשִׁ֔י תִּמְשַׁ֥ח לְמֶ֖לֶךְ עַל־יִשְׂרָאֵ֑ל
וְאֶת־אֱלִישָׁ֤ע בֶּן־שָׁפָט֙ מֵאָבֵ֣ל מְחוֹלָ֔ה^a תִּמְשַׁ֥ח לְנָבִ֖יא תַּחְתֶּֽיךָ׃

a) 그리고 님쉬의 아들(손자) 예후를 너는 이스라엘 위의 왕으로 기름 부어라!

b) 그리고 아벨므홀라에서 온 샤파트의 아들 엘리샤를 너를 대신하는 예언자
로 기름 부어라!

17 וְהָיָ֗ה הַנִּמְלָ֛ט מֵחֶ֥רֶב חֲזָאֵ֖ל יָמִ֣ית יֵה֑וּא
וְהַנִּמְלָ֛ט מֵחֶ֥רֶב יֵה֖וּא יָמִ֥ית אֱלִישָֽׁע׃

---

15) ^a BHS는 칠십인역을 따라 이 단어 뒤에 15b의 וּבָ֗אתָ(그리고 너는 가거라)를 옮길 것을
제안하고 있다. 그러면 문장이 좀더 부드러워진다. '가거라'와 '기름 부어라'가 연속해서
나오는 것을 피할 수 있음이다. 그러나 히브리어 본문이 조금 어색한 것 같아도 그대로
두면 더 독특한 맛이 난다. "가거라! 돌아가거라! 너의 길로. 담메세크 광야로. 그리고
가거라(וּבָ֗אתָ)! 기름 부어라! 아람왕 하자엘을!"

16) ^a 타르굼에는 이 부분이 없다. 엘리샤의 출신지가 빠진 것이다. 그러나 그것 때문에 베트샨
과 야르덴 사이에 위치한 엘리샤의 고향을 **빼** 버릴 필요는 없다(HAL Ⅰ, 7 참고). 그리고
바티칸 소문자 사본에서는 '아벨므홀라'를 תִּמְשַׁח(너는 기름 부어라) 뒤에 옮겨놓았다. 그
러면 엘리샤를 아벨므홀라에서 기름을 부으라는 뜻이 되지만, 필사자의 실수로 보인다.

a) 그러면 이렇게 될 것이다. 햐자엘의 칼에서 피한 자를 예후가 죽일 것이다.

b) 그리고 예후의 칼에서 피한 자를 엘리샤가 죽일 것이다.

18[17)] וְהִשְׁאַרְתִּי‎ᵃ בְיִשְׂרָאֵל שִׁבְעַת אֲלָפִים

כָּל־הַבִּרְכַּיִם אֲשֶׁר לֹא־כָרְעוּ לַבַּעַל וְכָל־הַפֶּה אֲשֶׁר לֹא־נָשַׁק לוֹ׃

a) 그리고 나는 이스라엘에 칠천 명을 남겨 두었다.

b) 그 바알에게 꿇지 않은 그 모든 무릎들과, 그에게 입 맞추지 않은 그 모든
입을.”

19[18)] וַיֵּלֶךְ מִשָּׁם וַיִּמְצָא אֶת־אֱלִישָׁע בֶּן־שָׁפָט וְהוּא חֹרֵשׁ שְׁנֵים־ᵃעָשָׂר צְמָדִים

לְפָנָיו וְהוּא בִּשְׁנֵים הֶעָשָׂר

וַיַּעֲבֹר אֵלִיָּהוּ אֵלָיו וַיַּשְׁלֵךְ אַדַּרְתּוֹ אֵלָיוᵇ׃

a) 그래서 그는 거기서부터 갔다. 그리고 난 후에 그는 샤파트의 아들 엘리
샤를 만났다. 그런데 그는 열두 겨리를 그의 앞에 두고 갈고 있었다. 그
리고 그는 열두 번째에 있었다.

b) 그래서 그는 그에게 건너갔다. 그리고 난 후에 그는 그의 외투를 그에게
던졌다.

---

17) ᵃ 루키안 수정본을 뺀 모든 칠십인역은 ‘너는 남길 것이다’라고 하여 엘리야후가 바알에
무릎을 꿇지 않은 자 칠천명을 남길 것같이 번역하는데, 이는 앞뒤 문맥상으로 맞지 않
는다. 하나님은 엘리야후가 전혀 예상치 못한 방식으로 남은 자를 예비해 주셨다는 뜻
으로 보아야 한다. 또한 불가타는 여기에 mihi(나를 위하여)를 첨가하였지만, 이는 부연
인 것 같다.

18) ᵃ 몇 개의 히브리어 사본과 패쉿타는 שְׁנַיִם(그리고 둘)이라고 전하고 있다. 그렇게 되면
엘리샤는 밭을 갈고 있고, 그 앞에 열두 겨리의 소가 있었다는 말이 된다. 열두 겨리의
소를 앞세우고 밭을 간다는 장면은 좀 과장된 것 같기에 그렇게 전한 것 같다. 그러나
열둘이라는 숫자는 18장에서도 나타났듯이 이스라엘을 상징하는바, 그가 열두 겨리의
소를 직접 다루고 있었다는 뜻의 마소라판이 깊은 뜻을 지니고 있다.
   ᵇ 소수의 히브리어 필사본과 거의 대부분의 번역판이 עָלָיו(그의 위에)를 전제하고 있다.

20[19)] וַיַּעֲזֹב אֶת־הַבָּקָר וַיָּרָץ אַחֲרֵי אֵלִיָּהוּ וַיֹּאמֶר אֶשְּׁקָה־נָּא לְאָבִי

וּלְאִמִּי וְאֵלְכָה אַחֲרֶיךָ

וַיֹּאמֶר לוֹ לֵךְ שׁוּב [a]כִּי מֶה־[a]עָשִׂיתִי לָךְ׃

a) 그러자 그는 그 소 떼를 버리고 엘리야후의 뒤를 뛰어갔다. 그리고 난 후
에 그는 말했다. "저는 꼭 저의 아버지와 저의 어머니에게 입을 맞추겠습
니다. 그리고 난 후에 저는 선생님(당신)의 뒤를 따라가겠습니다."

b) 그러니까 그가 그에게 말했다. "가거라! 돌아가거라! 왜냐하면, 내가 네게
무엇을 했단 말이냐?"

21[20)] [a] וַיָּשָׁב מֵאַחֲרָיו וַיִּקַּח אֶת־צֶמֶד הַבָּקָר וַיִּזְבָּחֵהוּ וּבִכְלִי הַבָּקָר בִּשְּׁלָם

הַבָּשָׂר וַיִּתֵּן לָעָם וַיֹּאכֵלוּ

וַיָּקָם וַיֵּלֶךְ אַחֲרֵי אֵלִיָּהוּ וַיְשָׁרְתֵהוּ׃

a) 그러자 그는 그의 뒤에서부터 돌아갔다. 그리고 난 후에 그는 그 소 한
겨리를 취하여 그것을 잡았다. 그리고 그 소의 기구를 가지고 그들을, 그
고기를 삶았다. 그리고 난 후에 그는 그 백성에게 주었다. 그러자 그들이
먹었다.

b) 그리고 난 후에 그는 일어났다. 그리고 난 후에 그는 엘리야후의 뒤를 따
라갔다. 그리고 난 후에 그는 그를 섬겼다.

---

19) [a] 칠십인역 추정원본에는 이 단어가 빠져서, 어머니께 입 맞추겠다는 부분이 없다.

   [b] 불가타에서는 quod enim meum erat(그것이 나와 무슨 상관이 있는가)이라 되어 있으나, 의역
으로 보인다.

20) [a] 칠십인역에는 이 단어가 빠졌다. 그 소를 삶았다고 하면 되지, '그 살'을 굳이 첨가할
필요가 없다고 생각했으리라. BHS는 이 단어를 빼거나 וַיִּתֵּן(그러고 난 후에 그는 주
었다) 뒤에 넣을 것을 제안하고 있다.

B. 논쟁점

1. 헨첼의 주장에 대한 검토

헨첼은 1-3aα 절과 3aβ -18절이 별도의 이야기라는 근거를 다음과 같이 열거하였다.[21]

> 1) 첫 부분에서 이제벨의 위협을 피해 도망간 엘리야후가 두 번째 부분에선 죽여 달라고 하나님께 말한다.
> 2) 엘리야후는 하나님께 이제벨이 아닌 이스라엘 백성의 핍박을 말한다.
> 3) 이제벨은 왕비일 때가 아닌 태후 때에 핍박을 하였을 것이기에, 앞부분은 그때에 만들어졌다.

그의 첫 번째 근거부터 검토해 보자. 죽여 달라는 말과 피하여 도망하는 것은 상충되지 않는다. 엘리야후는 이제벨에게 잡혀 치욕스럽게 곤욕을 당하며 죽는 것보다 하나님의 품에서 편히 죽겠는 게 낫겠다는 뜻으로 말했을 것이다. 이런 말은 일종의 투정으로서, 모세에게서도 발견되고(민 11:15) 이르므야후(렘 20:18), 욥(3:11; 7:16)에게서도 발견되는 것이다.

두 번째로, 이제벨이 아닌 이스라엘이 핍박한다는 말은 엘리야후의 관심이 이스라엘 백성에게 있었기 때문이다.[22] 이스라엘 백성은 엘리야후의 제단에 하나님이 불을 내리시는 것을 보고도 아직 엘리야후의 편이 아니었다. 아마 바알의 선지자들이 죽는 것을 보고 반감이 생겼을지 모른다. 백성이 완전히 엘리야후 편이었더라면 그는 도망하지 않아도 되었을 것이다.

마지막으로 이제벨이 왕비였을 때에 아무 권력이 없었으며 태후가 된 뒤에 야흐베의 예언자들을 핍박하였을 것이라는 주장은 아무런 근거가 없다. 이제벨이 아무

---

21) Hentschel/1, 116. 번호는 필자가 붙인 것이다.
22) 위의 V장 B.3 참고. 18장에서도 엘리야후는 아흐압이 아니라 백성에게 호소하였다.

영향력이 없었다면 야흐베의 예언자들이 그렇게 많이 잡혀 죽지 않았을 것이다 (18:4, 13). 또한 이제벨의 위협이 없는 가운데, 효렙산 도피가 있었다는 것은 상상하기 어렵다. 돈너(Donner)에 의하면 아흐압이 이제벨과 결혼하면서 쇼므론을 남쪽의 여루샬라임에 해당하는 도시로 삼고자 했으며, 바알의 신전은 북이스라엘에 사는 크나안인들의 중앙 성소였다고 한다(Donner/2, 268f). 그는 더 나아가 엘리야후 이야기에 나타난 이스라엘인들의 반발은 이미 오래전부터 존재하던 크나안종교에 대한 것이 아니라, 이스라엘 국가 속에 크나안 국가를 만들어 가려는 오므리왕조에 대한 반발이었다고 한다(Donner/2, 269). 이 모든 종교-정치적인 상황 전개는 이제벨의 영향 때문이었음이 분명하다.

그리고 헨첼은 19장 19-21절을 엘리샤의 소명을 다룬 별도의 이야기라면서 엘리샤 전통에 집어넣는다(Hentschel/1, 120). 그러나 그가 내세운 근거는 엘리야후가 "내가 네게 무엇을 했단 말이냐?"고 반문한 부분뿐이다. 그는 본문의 인물들 간의 갈등을 모두 문서가 다르다는 증거로 보는 우를 범하고 있다.

2. 뷔르트바인의 주장과 반박

뷔르트바인은 이 기사를 좀더 복잡하게 보고 있다. 그는 본문을 넷으로 나누면서 각 부분이 별개라고 보고 있다.[23]

1) 1-4절. 엘리야후가 이제벨의 위협 때문에 광야에 가서 야흐베께 죽여 달라고 간청한다. 그러나 이 간청에 대해서 이 전설은 다시 다루지 않고 있다.

2) 5-9a절. 한 천사가 엘리야후에게 두 번이나 음식을 제공하며 먼 길을 가라고 하여, 엘리야후는 효렙산에 가서 한 동굴에서 밤을 새운다.

3) 9b-14. 야흐베는 엘리야후에게 여기서 무엇을 하느냐고 묻고, 엘리야후는 자신이 야흐베를 위하여 열심이 있었으며, 이스라엘 백성들의 핍박으로 이제 자기만 남았다고 한다. 하나님은 그에게 다른 말씀은 않고 산에서 야흐베 앞에 서라고 한다.

---

23) ATD 11/2, 226. 번호는 뷔르트바인이 붙인 것이다.

폭풍, 지진, 불 가운데 안 계시던 야흐베가 낮은 정적 가운데 나타나시자 엘리야후는 동굴 입구에 선다. 그러자 여기서 무엇을 하느냐는, 앞에서와 같은 질문이 하나님께로부터 나오고 엘리야후는 다시 이스라엘 백성의 핍박을 호소한다.

4) 15-18절. 야흐베는 엘리야후의 말에는 직접적으로 대꾸하지 않고, 하자엘과 예후와 엘리샤를 기름 부으라고 하신다. 이 세 사람은 이스라엘을 치는 치명적인 징벌도구가 될 것이라는 말씀이다. 그러나 하나님은 바알에게 무릎을 꿇지 않은 7,000명을 남기겠다고 하신다.24)

뷔르트바인은 이 넷이 내용과 양식이 전혀 다른 네 개의 문서이며, 그 증거로는 전체에 흐르는 모순점들을 다음과 같이 들 수 있다고 한다.25)

1) 2절에서 이제벨이 엘리야후를 죽이겠다고 위협했지만, 그 뒤로는 이제벨이 언급되지 않았다.
2) 엘리야후는 이스라엘 일반 백성들에 의한 핍박을 말하지만, 18절을 보면 바알에게 무릎을 꿇지 않은 7,000명이 언급되어 있다.
3) 4b에서 엘리야후는 죽음을 원하지만 이스라엘의 상황에서 매우 특이한 이 간청에 대해 한 마디도 언급이 없다.
4) 6, 7a에선 천사가 음식을 준 기적에 대해서 매우 기뻐하면서 진술하는데, 하나님의 현현 장면에선 사역(Werk)에 대한 미묘한 반성이 있다.
5) 이 반성에 의하면 야흐베는 파괴적인 자연현상에는 계시지 않은데, 역사(Geschichte) 가운데서는 자신의 도구들을 끔찍하게 사용하신다(15-18).

뷔르트바인은 이런 모순점들을 볼 때에 본래의 순례전설이 두 번이나 신명기사 편집자에 의해 각색되었고(überarbeitet), 그 뒤에 여러 번 추가되었으며, 끝에 가서는 축약되었다고 한다(ATD 11/2, 226).

먼저 뷔르트바인이 주장한 모순점들에 대해 살펴 보자. 첫 번째 것은 헨첼이 언

---

24) 뷔르트바인(ATD 11/2, 225)은 "הִשְׁאַרְתִּי"를 예언적인 과거로 해석하여 "내가 남기겠다"로 번역하였다.

25) 위의 책, 226. 번호는 뷔르트바인이 붙인 것이다.

급한 두 번째 모순점에 대한 대답으로 해결할 수 있을 것이다. 즉 엘리야후에게는 이제벨이 아니라 이스라엘이 문제였다는 점이다.

두 번째 문제에서, 자기만 남았다고 생각한 것은 엘리야후의 판단착오지, 텍스트가 잘못되었다고 판단할 근거는 될 수 없다. 엘리야후 이야기에서 엘리야후는 자주 낮춰지고 하나님은 높임을 받는다.

세 번째로, 엘리야후는 죽여 달라고 했지만, 하나님은 햐자엘, 예후, 엘리샤에게 기름을 부을 것을 명하는 것으로 대답하셨다. 모세가 광야에서 죽여 달라고 했을 때에(민 11:15), 하나님은 모세의 짐을 나누어 맡을 칠십명의 장로들을 세워 하나님의 영을 부어 주시는 것으로 대신하셨듯이(민 11:16-30), 본문에서도 하나님은 엘리야후의 짐을 나누어 맡을 세 사람을 지명하셨다.

네 번째와 다섯 번째 문제점에 대해서는 한데 묶어서 다루는 게 좋을 것 같다. 우선 광풍, 지진, 불 가운데 야흐베께서 계시지 않았다는 부분에 대한 해석이다. 뷔르트바인은 이것이 카르멜산의 기적에 대한 부정이나 되는 것같이 주장하고, 천사가 두 번이나 엘리야후를 먹인 사건과 조화되지 않는다고 한다. 그러나 광풍 등의 세 가지 파괴적인 자연현상은 하나님의 사자들을 암시하는 것으로 보아야 할 것이다. 이는 바로 햐자엘, 예후, 엘리샤의 세 사람이 수행할 하나님의 심판을 뜻하는 것으로 보인다. 하나님은 그들 세 사자들을 앞세우고 나타나셨으며, 적막한 가운데 낮은 소리로 엘리야후에게 명하셨다. 이를 하나님의 파괴적인 심판에 대한 반성으로 볼 수는 없다. 그러므로 이런 반성과 햐자엘 등을 보낸 심판이 어울리지 않는다는 주장도 해소되었다. 하나님은 엘리야후를 통하여 카르멜산에서 바알의 예언자들을 심판하셨지만, 그것으로는 부족하였다. 이제벨은 오히려 엘리야후까지 죽이려 하고, 백성들도 이제벨의 편에 섰기 때문이었다. 이제 하나님은 햐자엘, 예후와 같은 정치적 지도자까지 동원하고 엘리야후의 제자 엘리샤를 통하여 남은 역사를 감당하게 하신다.

이상의 설명을 통하여 19장 1-18절을 서로 다른 네 부분으로 나누어 보아야 한다는 뷔르트바인의 논리가 극복이 된 것 같다. 그가 여러 차례에 걸쳐서 덧붙이고 또 줄였다고 보는 근거는 매우 불완전하다. 본문은 18장부터의 흐름에 잘 맞는 이야기다. 또한 뷔르트바인은 하나님이 바알에게 무릎을 꿇지 않은 7,000명을 남기겠다고 해석하여 미래로 보았다. 그는 햐자엘, 예후, 엘리샤에게 멸망당하지 않는 7,000명을 뜻하는 것으로 보았지만, 이는 앞뒤 문맥으로 보아 맞지 않는다. 오히려 엘리야후의 생각과는 달리 하나님은 이미 7,000명의 의인들을 예비하고 계셨다는 뜻이다. 이는 혼자 남았다는 엘리야후의 탄식에 대한 대답도 되었다.[26]

3. 통일성의 증거

헨첼은 19장을 1-3aa, 3ab-18, 19-21의 세 독립적인 부분으로 보았고, 뷔르트바인은 1-4, 5-9a, 9b-14, 15-18, 19-21의 독립적인 부분 다섯으로 나누었다. 그러므로 여기선 그들이 나눈 각 부분 사이의 연관성을 밝혀보기로 하자.

a. 2절에 나타난 이제벨의 위협은 19장 전체를 이끌어가고 있는 모티프가 되었다. 그 후에 이제벨이 나오지 않는다고 해도 핍박 모티프는 19장 전체를 흐르고 있다. 4절의 죽기를 바라는 장면, 6절에서 빵과 물을 먹고 다시 누워버리는 장면, 8절에서 40일을 걸어서 효렙에 가는 장면, 10절과 14절의 탄식 등이 이제벨의 직접적인 영향이요, 하나님이 햐자엘, 예후, 엘리샤를 통해 이스라엘을 심판하시겠다는 것도 이제벨의 협박에 대한 응답이었다.

b. 9절과 13절에 나타나는 '동굴'은 뷔르트바인이 별개로 취급하는 5-9a절과 9b-14 절에 공히 나타난다. 더구나 이 '동굴'은 열왕기에서 18장과 19장에만 집중되어 등장한다.

c. 16절에서 하나님이 엘리샤를 기름 부으라고 하시는 부분이 나타나고, 19절에서는 엘리야후가 엘리샤를 부르는 장면이 나타난다.

---

26) 돈너(Donner/2, 273)도 이 부분에서 칠천명의 신앙인을 남겨 두었다는 의미로 해석하고 있다.

d. 엘리야후는 10절과 14절에서 자기밖에 안 남았다(יתר)고 했는데 이것에 대한 응답으로 하나님은 18절에 칠천 인을 남겼다(שער)고 했다. 대응하는 단어가 히브리어로는 다르지만, 10절과 14절의 탄식이 없었다면 18절의 언급은 필요 없었을 것이다. 10, 14, 18절의 연결은 뷔르트바인의 분석이 잘못되었음을 보여준다.

e. 엘리야후의 외투가 13절과 19절에 나타나 헨첼과 뷔르트바인이 별개의 이야기로 보았던 두 이야기를 연결시키고 있다.

f. נשק('나샤크': 입 맞추다)가 본문의 18절과 20절에 나와서 헨첼과 뷔르트바인이 별개의 이야기로 보았던 두 부분을 잇고 있다. 더구나 이 단어는 열왕기에서 이곳에만 두 번 나타나고 있다.

g. לך שוב('레크 슈브': 가거라 돌아가거라)라는 문구는 구약성경에서 사무엘하 3장 16절 외엔 열왕기상 19장에만 나타나는데, 그 문구가 15절과 20절에 똑같은 형태로 나타나고 있다. 엘리야후는 하나님이 자기에게 한 말을 흉내 내어 새 제자 엘리샤에게 하고 있음이 분명하다. 그러므로 15-18절과 19-21절의 통일성이 입증된다.

h. חרב('헤레브': 칼)은 이 장을 이끄는 역할을 하고 있다. 먼저 아흐압이 엘리야후가 예언자들을[27] 칼로 죽였다고 보고한다(1). 그 뒤에 엘리야후는 이스라엘이 예언자들을—이번에는 야흐베의 예언자들을—칼로 죽였다고 보고한다(10, 14). 이상의 세 번의 예에서 칼은 항상 הרג(살인하다)와 짝이 되어 나왔다. 마지막으로 하나님도 칼을 언급하셨다(17).[28]

i. נפש('네페쉬': 목숨, 생명)도 일곱 번 나타나 이 장을 이끌고 있다. 이제벨의 말에서 두 번(2), 화자의 설명에서 두 번(3), 엘리야후의 입에서 세 번(4, 10, 14) 등장한다. 그리하여 이 단어는 이 장 전체를 생사의 문제로 이끌어 가고 있다.

---

27) 그는 바알의 예언자라고 하지 않는다. 그냥 예언자라고 하면 그에게는 바알의 예언자였을 것이다.

28) 엘리야후가 찾아간 '효렙'산도 히브리어로 자음이 '칼'과 똑같은 חרב이다. 이는 우연의 일치일까? 시내산을 본문에선 '하나님의 산'이나 '효렙'이라고만 하고 있는데, 이는 '칼'에 밀려서 온 엘리야후를 칼로 무장하여 보낸다는 뜻을 숨기고 있는 것 아닐까?

j. וַיָּשָׁב(바야쇼브: 그러고 난 뒤에 그가 다시 돌아왔다/그가 다시 ……을 했다)이 6, 7, 21절에 나타나 여러 부분의 연결고리 역할을 하고 있다. 엘리야후가 빵과 물을 먹고 다시 돌아와 누웠고, 천사가 다시 돌아와 일으켜서 빵과 물을 먹여서 먼 길을 갈 수 있게 했다. 또한 엘리야후가 엘리샤를 부를 때에 엘리샤는 다시 돌아가서 부모에게 작별하는 잔치를 베푼다.

4. 19장의 구조

19장 전체는 18장과 같이 정교한 대칭적인 구조를 보여주지 않는다. 그 대신에 19장은 세 문단이 발단(1-10), 전개(11-18), 종결(19-21)의 구성을 가지고 밀접하게 연결되어 있다. 그리고 각 문단은 동일한 구조를 지니고 있다. 이런 구조는 19장의 통일성을 증명하고 있다.

a. 19:1-10 이즈르엘에서 효렙산까지(발단)

    A 아흐압의 보고(1)
     B 이제벨이 사자를 보내어 엘리야후를 추방하다(2-4)
     B′ 하나님이 사자를 보내어 엘리야후를 살리시다(5-8)
    A′ 엘리야후의 보고(9-10)

교차대구법을 보여주는 이 문단은 아흐압의 보고에서 시작하여 엘리야후의 보고로 끝난다. 이 구조로 미루어 보면 엘리야후에게는 야흐베가 신이었고, 아흐압에게는 이제벨이 신이었다. 아흐압의 보고를 받은 이제벨은 곧 사자를 보내어 엘리야후를 협박하여 로템나무 아래까지 쫓아버리는 데 성공한다. 그러나 5절부터 하나님의 대응이 나타난다. 하나님도 사자를 보내어 두 번이나 빵과 물을 주어 절망에 빠진 엘리야후를 소생시켜 효렙으로 인도하신다. 효렙산에 도착한 엘리야후는 동굴에서 하나님께 지금까지의 상황을 보고한다.

b. 19:11-18 하나님을 뵙다(전개)

A 하나님의 능력: 현현(11-13)
　B 문제: 엘리야후의 보고(14)
　B′ 해결: 하나님의 지시(15-17)
A′ 하나님의 능력: 칠천명(18)

19장의 중심, 즉 전개 부분을 이루는 이 문단에서도 발단 부분과 마찬가지로 A-B-B′-A′의 형식을 갖고 있다. 엘리야후의 보고를 들으신 하나님은 먼저 그 엄위하심을 바람, 지진, 불을 통하여 보이시며 또다시 엘리야후에게 물으신다. 질문은 엘리야후가 하나님의 엄위를 체험하고 난 뒤에 변화가 있는지를 확인하기 위함인 듯하다. 그러나 엘리야후는 아직 이제벨의 공포에서 헤어나지 못하고 이스라엘 백성의 배역을 고발하기에 급급하다. 하나님은 햐자엘, 예후, 엘리샤를 기름 부어서 이스라엘을 치게 하라고 지시하신다. 이는 엘리야후의 보고에 대한 하나님의 응답이요, 조처였다. 그리고 난 후에 하나님은 다시 한번 하나님의 능력을 보여주시는데, 바알에게 무릎을 꿇지 않은 사람이 칠천명이나 남았음을 가르쳐 주신다.[29] 이는 엘리야후가 자기 혼자 남았다고 했던 보고가 잘못되었음을 지적하고, 엘리야후를 격려하려 함이었다. 19장의 중심인 이 부분의 기능은 엘리야후를 다시 무장시키는 것이다.

c. 19:19-21 엘리샤를 부름(19-21)(종결)

A 엘리샤를 부르다(19)
　B 엘리샤의 간청: 부모에게 입 맞추게 하소서(20a)

---

29) 칠이란 숫자는 "너는 일곱 번 돌아가거라!"(왕상 18:43)을 연상시키는 완전수다.

　　B′ 엘리야후의 답변: 돌아가거라(20b)

　　A′ 엘리샤가 따르다(21)

　　19장의 종결 부분인 여기서도 A-B-B′-A′의 구조가 드러난다. 엘리야후는 예언자의 상징인 외투를 던짐으로써 엘리샤가 자기를 따라와 예언자가 되라는 메시지를 전한다. 그러나 엘리샤는 엘리야후에게 부모와 입 맞출 시간을 달라고 요청한다. 엘리야후는 돌아가라고 하며 역정을 내지만 엘리샤는 잠시 잔치를 베풀어 동네 사람들을 대접한 후에 엘리야후를 따라 나선다.

　　위의 세 문단에서 AB 부분과 A′B′ 부분은 정확히 나누어진다. 그리고 각 문단에서 B′는 이야기의 반전을 보여주며 긴장을 고조시키는 역할을 하고 있다. 이렇게 같은 양식의 이야기가 발단, 전개, 종결 부분을 이루며 진행되는 짜임새가 매우 정교하다. 더구나 엘리야후의 보고(10, 14)가 두 문단에 걸쳐서 똑같은 내용으로 나누어져 있고, “가거라, 돌아가거라”는 명령이 15절과 21절에 나누어져 있어서 각 문단의 연관성이 드러나고 있다.

　　또한 이 간단한 구도는 위에서 언급한 바와 같이 핵심단어들로 긴밀하게 서로 연결되어 있다. 예를 들어 아흐압의 보고(1)에 불길하게 들어간 ‘칼’이 엘리야후의 보고(10, 14)에도 나타나며, 하나님의 예언(17: 두 번)에도 등장한다.[30] 또한 이제벨이 엘리야후의 ‘네페쉬’(목숨)를 위협하니(2), ‘그’는 ‘네페쉬’를 위하여 남쪽으로 도망하며(3), 광야에 들어가서 로템나무 밑에서 ‘네페쉬’를 죽여 달라고 부르짖는다(4). 그리고 효렙산에 가서도 이스라엘 백성이 자신의 네페쉬를 죽이려 한다고 두 번이나 호소한다(10, 14).

　　첫 번째 단락(1-10)은 엘리야후의 추락을 보여주고 있으나, 두 번째 단락(11-18)은 첫 번째 단락으로 인한 충격을 해소하는 역할을 한다. 카르멜로 안 되면 햐자엘과 예후와 엘리샤가 있다. 이것으로 반격하라! 세 번째 문단(19-21)은 뜻밖에도

---

30) 왈쉬(Walsh, 265)는 이제벨이 엘리야후를 위협한 이야기를 기근 이야기와 효렙산 이야기를 연결시키기 위한 편집으로 보았으나, 이는 잘못이다. 18장과 19장을 이어주는 고리는 많다. 위의 V.B.1/2/3.h를 참고하라.

엘리야후가 하나님의 명을 다 이행하지 않는 장면으로 넘어간다. 그는 엘리샤만 역사에 등장시킨다. 그러나 이런 면이 오히려 19장의 통일성과 진정성을 증명하는 단서가 될 수 있다. 햐자엘과 예후에게 기름 붓는 일은 엘리샤의 과업으로 넘겨지는데, 이것이 '우리와 같은 성정'(약 5:17)을 지닌 인간 엘리야후의 진면목을 엿보게 하기 때문이다.

5. 앞뒤 문맥과의 연관성

19장에 나타난 여러 모티프들은 17, 18장에도 나타나며, 엘리야후 이야기의 다른 장에서도 나타난다.

a. 부양자 모티프. 까마귀(17:4, 6)와 차르파트의 과부(17:8ff), 오바드야후(18:4, 13)가 맡았던 일을 19장에서는 천사가 담당하고 있다(5-8). 이런 모티프는 20장에서도 나타난다(27절).

b. 동굴 모티프. 오바드야후가 야흐베의 예언자들을 동굴 속에 숨기고 부양했듯이(18:4, 13) 엘리야후도 하나님을 동굴 속에서 만난다(9, 13). '동굴'은 열왕기에서 18-19장에서만 발견되는 단어여서 두 장의 연관성이 더욱더 분명하다.

c. 엘리야후라는 이름. '힌네 엘리야후'는 18:8, 11, 14에서 '보십시오. 나의 하나님은 야흐베입니다'라는 고백의 뜻을 지니고 있었다. 이런 현상은 19장에서도 발견된다. 이제벨의 위협 한 마디에 도망치는 상황부터 저자는 엘리야후라는 이름을 부르지 않는다. 즉 3-8절 사이에 엘리야후는 그냥 '그'라고 불린 것이다. 이제벨의 위협에 도망하는 동안의 그는 '엘리야후'라는 이름을 지닐 자경이 없었다. 그리고 하나님이 효렙산 동굴 속에서 '네게 여기에 무슨 일이 있는가, 엘리야후?' 할 때에도 힐책의 뜻이 느껴진다. "'엘리야후'라는 이름을 지닌 자가 어떻게 이런 모습을 보일 수가 있는가?" 엘리야후에게 예언자라는 칭호가 잘 붙지 않는 현상도 이것

때문으로 보인다. 화자는 '야흐베는 나의 하나님이다'라는 이름을 반복함으로써 '그 예언자'라는 말 이상의 효과를 얻고 있는 것이다.

C. 본문해설

1. 이즈르엘에서 효렙산까지(1-10)

카르멜산의 영웅 엘리야후는 정말 어처구니없게 이제벨의 말 한 마디에 남쪽으로 도망하고, 효렙산에 가서 예언자직을 사임하려 한다. 가장 수치스러운 행위가 가장 영광스러운 순간 직후에 나타났다는 것이 우리를 두렵게 한다. 그러나 하나님은 완전히 무너져 버린 엘리야후를 내버려 두시지 않았다.

1 וַיַּגֵּד אַחְאָב(그러고 난 후에 아흐압은 보고했다). 아흐압은 이중적인 자세를 드러낸다. 그는 엘리야후 앞에서는 엘리야후의 종같이 모든 말에 순종했으나, 비가 다시 오게 된 것을 기뻐하지 않았고, 그를 폭우 가운데서 이즈르엘궁까지 인도해 준 엘리야후에 대해 감사하지 않았다. 오히려 엘리야후의 행위를 낱낱이 이제벨에게 고했다. 1b는 그가 특히 바알의 예언자들을 죽였던 일을 자세히 고발했다는 것을 강조하고 있다. 화자는 כָּל(모든)을 세 번이나 동원하여 아흐압의 보고의 세밀함과 그 충격을 강조한다(Walsh, 265). 아흐압의 보고는 엘리야후의 하나님께 대한 보고와 대조되어, 그가 이제벨의 절대적인 영향하에 있었음을 보여준다.[31]

2 וַתִּשְׁלַח אִיזֶבֶל מַלְאָךְ(그러자 이제벨이 한 사자를 보냈다). 아흐압의 보고를 들은 이제벨은 사자를 엘리야후에게 보낸다. 그녀의 조처는 잘 계산된 하나의 작

---

31) 김정우(2000 겨울, 4)는 그를 '공처가의 원형'으로 부른다. 그러나 그는 아내를 정치적으로 이용한 것 같다.

전같이 보인다. 사실 그녀는 카르멜산의 후광을 업고 있는 엘리야후를 죽일 수 없었다(김정우, 2000 겨울,4). 죽이려면 자객을 보냈을 것이다. 그렇다고 가만히 있을 수도 없었다. 결국 그녀는 고심 끝에 위협해 보기로 작정하였을 것이다. 한편으로 화자는 자기 자신에게 저주를 초래하는 이제벨의 언행을 비웃고 있다. 그 맹세대로 그녀는 비참한 최후를 맞이하기 때문이다.

  3 וַיַּרְא וַיָּקָם וַיֵּלֶךְ(그러자 그는 보았다. 그래서 그는 일어났다. 그리고 난 후에 그는 갔다). 그런데 뜻밖의 일이 일어났다. 상대방은 어쩔 수 없어서 사자 한 사람을 보내어 위협했을 뿐인데, 엘리야후는 기겁을 하고 달아난다. 청중들은 뜻밖의 사태에 놀란다. 그러나 이는 엘리야후 이야기에서 빠뜨릴 수 없는 요소다. ‘그러자 그가 보았다’를 많은 주석가들이 칠십인역대로 ‘그가 두려워했다’로 해석하지만, 우리는 히브리어 본문대로 두고 엘리야후가 그 당시의 상황을 보았다는 뜻으로 해석해야 한다(위의 본문비평 참고).

  그러면 엘리야후는 무슨 상황을 보았다는 말인가? 카르멜산에서 불이 떨어진 직후에는 군중들이 엘리야후를 지지하였고, 바알의 예언자들을 죽이는 데 협조도 하였지만, 시간이 지나자 그 사건을 간접적으로 전해들은 사람들을 중심으로 바알 예언자들에 대한 동정론이 일어나기 시작했을 것이다.[32] 아무리 양보해서 생각해도 450명을 도살한 것은 너무 지나치다고 생각되었을 것이다. 바알의 선지자들은 졸지에 순교자가 되어 버렸다. 그리하여 엘리야후는 전투에 이기고 전쟁에는 진 장수가 되었다. 엘리야후가 나중에 하나님께 보고할 때에 이스라엘이 자기를 죽이려 한다는 것은 바로 이런 배경 때문이었을 것이다. 여론의 동정론을 업고 때마침 이제벨은 사자를 보냈다. 엘리야후는 이런 상황을 ‘보고’ 흔들려 버렸다. 그는 과부의 아들이 죽었을 때에 하나님께 항의하였던 적이 있었다. 화자는 이 기사에서 엘리야후도 우리와 성정이 같은 인간임을 전하고 있다(약 5:17). ‘쿰’과 ‘할라크’의 연속은 보통 예언자가 하나님의 명을 받아 움직일 때에 쓰이던 문구인데(왕상 17:9), 여기선 패

---

32) 민 26:41 참고. 왈쉬(Walsh, 273)는 이스라엘 군중이 카르멜산에서 완전히 개심하였다고 보지만, 이는 전후 문맥을 통해 볼 때에 맞지 않다. 그가 효렙산에서 이스라엘을 탄핵한 것(왕상 19:10, 14)을 보라!

주하는 데 사용되었다. 이런 아이러니는 엘리야후 이야기에서 자주 발견된다.

화자는 엘리야후의 반응을 매우 **빠른** 템포로 말하고 있다. "그러자 그는 보았다. 그래서 그는 일어났다. 그러고 난 후에 그는 갔다—그의 목숨을 향하여. 그리하여 그는 도착하였다—브에르셰바에." 일곱 단어 만에 그는 벌써 브에르셰바에 와 있다.[33] 엘리야후가 단숨에 여후다국으로, 그리고 그중에서도 제일 남쪽도시인 브에르셰바로 순식간에 달려간 것은 카르멜산에서 이즈르엘로 한걸음에 달려간 사건과 대조된다. 하나님의 영에 사로잡혀서 달려간 거리보다 이제벨의 말에 충격을 받고 달려간 거리가 훨씬 길었다. 브에르셰바에서도 엘리야후는 아직 안전하지 못하다고 생각했는지, 아니면 이제 죽으러 가는 길이니 그랬는지 알 수 없으나, 사환조차 거기에 남겨 두고 계속해서 달아났다. 엘리야후는 이제 웃음거리가 되고 있다.

그리하여 화자는 엘리야후가 도망치던 장면인 3절부터 엘리야후의 이름을 부르지 않고 3인칭 인칭어미를 사용하거나 한 번은 대명사 '후'(그 남자)를 쓴다. '나의 하나님은 야흐베'라는 이름이 부끄러운 상황이었음이다. 9절에 이르러서야 우리는 그의 이름을 듣는다. "너 여기서 뭐하니, 엘리야후야?" 오랜만에 청중은 그 이름을 듣는다. '내 하나님은 야흐베'라면서 왜 도망쳤니?

4 וְהוּא('브후': 그리고 그). 화자는 다른 사람이 아닌 엘리야후가 도망갔다는 사실을 강조하기 위하여 평소에 쓰지 않던 대명사를 동원하여 '브후'를 맨 앞에 내세웠다. 문장의 순서를 바꾼 것도 그 사실을 강조하기 위함이다. 그러나 화자가 이런 모습의 예언자에게 명예로운 이름을 붙이기 꺼려한 면도 있다.

נַפְשִׁי(내 목숨). 3절에서 자기의 목숨(נַפְשׁוֹ)을 향하여 도망친 사람이 자기의 목숨을 위하여 간구했는데, 죽여 달라고 한다.

לֹא־טוֹב(낫지 못 합니다). 조상보다 못하다는 것은 누구보다 못하다는 뜻일까? 헨첼은 바알과의 투쟁에서 그들보다 못하다는 뜻이라고 풀이하지만(Hentschel/1, 116f), 누가 엘리야후만큼 바알과 싸웠던가? 이 순간에 엘리야후는 매우 감정적인 판단으로 자신을 과소평가하고, 열등감과 좌절감에서 헤어나지 못하고 있다. 이는

---

33) 브엘과 세바는 히브리어에서 두 단어로 되어 있어 청중들은 여섯 단어 만에 브엘, 일곱 단어 만에 세바에 도달한다. Walsh, 265 참고.

18장의 승리 다음에 오는 것이기에 더 컸다(Walsh, 268). 엘리야후는 자기에게 너무 큰 기대를 하지 말 것을 하나님께 청하고 있다고 볼 수도 있다. 그러나 그는 기도(17:21; 18:36f)라기보다 탄식을 하고 있다. 그것은 바알 예언자들(18:26)처럼 간단한 명령문으로 되어 있다.

5 תַּחַת רֹתֶם אֶחָת(한 그루의 로템 밑에서). 이미 4절에 나온 로템나무지만 화자는 정관사를 쓰지 않고, '한 그루의 로템 밑에서'라고 하여 엘리야후의 외로움을 드러낸다(Walsh, 268).

מַלְאָךְ(사자). 이제벨의 사자에게 쫓겨 온 엘리야후를 하나님의 사자가 만난다. 화자는 청중의 주의를 기울이게 하기 위하여 '보라!' 대신에 '이것을 보라!'고 한다.[34] 하나님의 사자를 발견하는 화자의 놀라움이 청중에게 전달된다.

קוּם אֱכוֹל(일어나라! 먹어라!). '쿰'(일어나라)은 17장 9절에선 차르파트로 가게 할 때에 사용되었고, 21장 18절에서와 열왕기하 1장 3절에서는 하나님이 엘리야후에게 사명을 맡기실 때에 씌었다. 여기와 6절에선 먹으라고 지시하는 말씀과 같이 씌었다. 생명을 거두어 달라는 엘리야후에게 하나님은 먹으라 하신다. 하나님의 뜻은 너무나 자주 인간의 뜻과 다르다.

6 עֻגַּת(전병). 전병(우가)은 17장 13절에 등장한 중요한 단어다. 이는 성경에 일곱 번밖에 나오지 않는 단어요, 열왕기에서는 이 두 곳 외엔 등장하지 않으면서, 열왕기상 17장과 19장을 연결하는 역할을 한다. 이 '우가'는 이스라엘이 애굽에서 나올 때에 구워 먹었던 무교전병이요(출 12:39), 이스라엘이 광야에서 만나를 가지고 만들어 먹었다고 했던 것(민 11:8)이다. 이상에서 '우가'는 모두 기적적인 양식이었다.

וְצַפַּחַת מַיִם(그리고 물 항아리). 항아리는 차르파트 과부의 기름 항아리를 연상시킨다(왕상 17:14, 16).[35] 그것도 역시 여기서와 같이 기적의 항아리였다. 17장에서 까마귀와 과부, 18장에서는 오바드야후가 맡았던 역할을 이제 천사가 이어받는

---

34) הִנֵּה זֶה(보라 이 사람)는 아 2:8f; 겔 16:39에만, 본문과 같이 접속사가 붙은 וְהִנֵּה זֶה (그리고 보라 이 사람)는 본문 외에 사 21:9밖에 없다.
35) '차파하트'의 용례: 삼상 26:11f, 16; 왕상 17:14, 16; 19:6.

다. 그리고 부양자 모티프는 17-19장을 묶어 준다.

7 וַיָּשָׁב(그러자 그가 돌아왔다/반복했다). '바야숍'은 6절의 '바야숍'을 반복하고 있다. 엘리야후는 이미 생명과 사명을 포기한 사람이라서 물과 빵을 먹고도 다시 쓰러져 버리지만 하나님의 사자는 그를 포기하지 않는다.36) 엘리야후가 '반복'하면, 천사도 '반복'한다.

מַלְאַךְ יְהוָה(야흐베의 사자). 화자는 5절에 '말아크'라고만 했는데, 이제는 '야흐베의 말아크'라고 분명히 밝힌다. 처음에는 궁금증을 일으키고 주의를 집중시키기 위함이었으나, 이제는 분명히 할 필요가 있음이다.

הַדֶּרֶךְ(그 길). '그 길'이 무슨 길인지 우리는 당장 알기 어렵다. 그러나 9절에서 하나님이 '네가 여기 웬 일이냐?'라고 물으신 것으로 보아, 하나님은 엘리야후가 이스라엘로 돌아가기를 원하셨던 게 분명하다. 그러나 엘리야후는 효렙산으로 가려 한다(Walsh, 270).

8 וַיָּקָם('바야콤': 그래서 그는 일어났다). 기자는 왜 6절에선 엘리야후가 일어났다는 말을 하지 않다가 8절에서는 일어났다고 했을까? 화자는 6절의 엘리야후는 물리적으로는 일어났지만, 그의 마음으로는 일어나지 못했음을 암시하려고 했던 것 같다. 이 '바야콤'은 3절의 '바야콤'과 대조를 보이고 있다. 이제 그는 죽여 달라고 하지 않았다. 영적으로 완전히 회복되었다고는 할 수 없어도, 이제 단기적인 목표가 생긴 것이다.

בְּכֹחַ הָאֲכִילָה(그 음식의 힘으로). 천사가 준 전병과 물은 보통의 음식이 아니어서 기적적인 힘을 엘리야후에게 공급해 주었다. 40일간의 여행은 모세가 40일을 시내산에 머물렀다는 기사(출 24:18)를 연상시킨다(Walsh, 270).

9 הַמְּעָרָה(그 동굴). 엘리야후도 오바드야후가 숨겨준 예언자들(18:4, 13)처럼 동굴에 들어간다. '동굴'은 열왕기에서 오직 엘리야후 이야기에만 등장한다.37) 이는 18, 19장을 연결하는 고리 역할을 한다.38)

---

36) 화자는 엘리야후가 다시 누웠다고 했지, 잠이 들었다고 하지는 않는다. Walsh, 269 참고.
37) 열왕기상 18:4, 13; 19:9, 13. 김정우(2000 겨울, 8)는 이 동굴을 모세와 연관시킨다.
38) 왈쉬(Walsh, 272)는 '그 동굴'이 모세가 반석 사이에 갈라진 틈에서 하나님을 뵈었던 곳

וּדְבַר־יהוה(야흐베의 말씀). 천사에 이어 야흐베의 말씀이 엘리야후를 만난다. 아직 하나님은 뵙지 못했다.

מַה־לְּךָ פֹה(네게 여기에 무슨 일이 있는가). 하나님은 마치 엘리야후가 거기 온 것이 뜻밖이라는 어투로 말씀하신다. 이 질문은 40일간 걸어온 엘리야후를 맥 빠지게 한다.[39] 하나님과 사람의 뜻이 어긋나고 있음을 암시하는 부분이다.

10 קַנֹּא קִנֵּאתִי(나는 질투가 매우 많았습니다). 부정사 절대형을 앞세운 문장이 엘리야후의 하나님에 대한 사랑을 강조하고 있다.[40] 엘리야후는 자기가 하나님을 위해 질투할 만큼 사랑했기에 바알의 예언자를 죽였고, 그래서 이스라엘 사람들 사이에선 더 못 살겠다고 한다((Rosenberg, 1980, 199).

לַיהוָה אֱלֹהֵי צְבָאוֹת(만군의 하나님 야흐베를 위하여). 엘리야후는 군사적인 칭호를 입에 올린다.[41] 이는 하나님에게서 이스라엘에 대한 심판을 기대하는 것으로 생각할 수 있다.

עָזְבוּ בְרִיתְךָ[그들은 주님(당신)의 언약을 버렸습니다]. 이스라엘의 범죄를 한 마디로 요약하면 야흐베의 언약을 저버린 것이었다. 그래서 엘리야후는 그것을 언약의 산 효렙산(출 24:1-11)에 와서 아뢴다(van der Woode, THAT Ⅱ, 502ff). 이스라엘의 죄는 첫째, 언약을 저버렸고, 둘째는 그 결과로 제단들을 부수었고(왕상 18:30), 세 번째로 예언자들을 죽였고(18:4, 13), 네 번째로 엘리야후를 죽이려 한다는(19:2) 점이다. 가장 크고 근원적인 죄에서부터 엘리야후를 죽이려는 문제에 까지 강도가 점점 더 약해진다. 바람, 지진, 불의 강도와 같이 처음이 강하고 나중 이 약했다.

그런데 10b에서 엘리야후는 '나'를 세 번이나 반복하고 있다.[42] 그러나 그것은

이나 오바드야후가 예언자를 숨겼던 곳을 암시한다고 한다. 그러나 반드시 그들과 연관시 킬 필요는 없다.

39) 왈쉬(위의 곳)는 엘리야후가 '여기'로 달려온 것 자체가 하나님께 대한 반항이었다고 본다.

40) 하나님도 질투가 많으시다(출 20:5; 34:14). 엘리야후는 하나님과 비슷한 속성을 지녔다. Walsh, 272 참고.

41) '츠바옷'에 대하여는 van der Woode, 1984, 502ff 참고.

42) 대명사(אֲנִי) 한 번과 어미 두 번(לְבַדִּי, אֶת־נַפְשִׁי)에서 '나'가 발견되며, לְקַחְתָּהּ(그것

야흐베를 위하여 질투가 심한 것과 대조가 되지 않는가? 엘리야후는 야흐베를 위하여 자기에 대해선 질투하지 않는가? 그는 굴속에 숨은 100명을 예언자로 치지도 않고 자기 혼자 남았다고 했지만, 자기도 이제 굴속에 들어와 있다(왈쉬, 273). 여기에도 아이러니가 있다.

2. 하나님을 뵙다(11-18)

절망한 엘리야후와 달리 하나님은 전혀 흔들림이 없으시다. 하나님은 엘리야후에게 다시 임지로 돌아가라 하시고, 엘리야후가 모르는 칠천 명을 언급하신다. 그리고 엘리샤, 예후, 햐자엘 등의 생각지도 못했던 인물들을 들어 쓰시려고 하신다.

11 וְעָמַדְתָּ בָהָר לִפְנֵי יְהוָה(그리고 너는 그 산에서 야흐베 앞에 서라). 17장 1절과 18장 15절에서 엘리야후는 자기가 야흐베 앞에 서 있는 사람(종)이라고 사람들 앞에 소개하였다. 엘리야후에게 임한 하나님의 말씀은 문자 그대로의 뜻 외에도 다시 이스라엘로 돌아가 예언자로 활동하라는 뜻이다.[43] 그러나 엘리야후는 문자 그대로의 명에도 순종하지 않고, 굴속에 머무른다.

וְרוּחַ גְּדוֹלָה וְחָזָק(그리고 크고 강한 바람). '큰 바람'은 욥 1:19; 욘 1:4에서 발견되나, '크고도 강한 바람'은 이곳에서밖에 발견되지 않는다.[44] 그 바람의 위력이 대단했음을 기자는 상세히 전하고 있다. 그러나 화자는 바람에 대해서 아무 접속사도 없이―'그러나'가 없었다―그 안에 야흐베께서 계시지 않았다고 한다. 두 번째 현상인 지진의 영향에 대해선 별 묘사가 없었다.[45] 화자는 다시 간결하게,

---

을 **빼앗으려고**)에 들어 있는 '그것'도 자기의 목숨이니 모두를 합하면 '나'가 네 번 나온다. 왈쉬(위의 책, 273)는 이것을 엘리야후의 이기주의라고 본다.

43) 위의 책, 274. 로젠베르그(Rosenberg, 1980, 199)는 이 장면이 모세가 하나님을 뵐 때의 장면을 연상시킨다고 한다.

44) 18:45에 나타나는 바람이 크고 강해서 많은 비를 가져왔을 거라고 짐작되지만, 거기에선 '크고 강한 바람'이라 하지는 않았다.

접속사 없이, 거기에 야흐베께서 계시지 않았다고 한다.

12 אֵשׁ(불). 불은 18장에서 핵심적인 역할을 한 단어다.[46] 그러나 불에 대해서도 화자는 아무 접속사가 없이 그 안에 야흐베가 계시지 않았음을 밝히고 있다.

קוֹל דְּמָמָה דַקָּה(세미한 정적의 소리). 이 소리는 무슨 뜻일까? 천사들의 합창일까(Rosenberg, 1980, 199)? 하나님이 에덴을 거니시던 소리인가? 분명한 것은 밀가루같이 세미하고 태초의 정적 같은 소리 가운데 하나님이 계셨다는 사실이다. 이 기사를 출애굽기 33장 22절의 모방으로 보는 헨첼의 시각은 옳다 할 수 없다(Hentschel/1, 117f). 그때에는 모세가 뒷모습만 볼 수 있었지만, 여기선 엘리야후가 스스로 얼굴을 가린다. 거기선 모세가 하나님을 뵈려고 하였지만, 여기선 하나님이 산으로 엘리야후를 부르신다. 헨첼은 하나님이 바람, 지진, 불 가운데 안 계신다는 것이 바알과의 차별화라고 보았지만(Hentschel/1, 118), 하나님은 18장에서 불의 하나님으로 나타나셨다(앞의 C.4 참고).

וַיֵּצֵא(그리고 난 후에 그는 나가서 그 동굴 앞에 섰다). 그는 이제야 하나님의 명령(11)에 응하여 나갔고(יצא), 섰다(עמד). 그러나 하나님이 명하신 장소였던 산이 아니라 동굴 입구에 섰다.[47] 그는 아직 완전히 순종하지 못한다.

מַה־לְּךָ פֹה(네게 여기에 무슨 일이 있는가). 두 번째 물으시는 말씀은, 첫 번 질문과 똑같지만, 그 동일성이 첫 번째보다 더 거리감을 느끼게 하고 질책도 감지된다. 엘리야후가 이미 대답한 것을 다시 물으시기 때문이다.

14 וַיֹּאמֶר(그러자 그가 말했다). 이 절은 10절과 한 자도 틀리지 않고 똑같다. 엘리야후도 군인과 같이 정확히 한 자도 틀리지 않고 첫 번째와 같은 대답을 반복한다. 하나님의 질문이 반복되었으면, 엘리야후의 대답은 조금 달라져야 할 것 같

---

45) 지진은 바람에 비하면 미약했던 것 같다. 지진은 하나님의 현현 때에 이미 나타난 적이 있었다(출 19:18).

46) 그 불로 엘리야후는 바알 예언자들과의 대결에서 이겼다. 불은 하나님의 현현 때에 이미 여러 번 나타났던 요소다(출 3:2; 19:18).

47) 왈쉬(Walsh, 277)는 엘리야후가 얼굴을 가린 것도 서라고 한 명을 어긴 것이라 보지만, 본문에는 엘리야후가 분명히 나가서 섰으므로 명을 어겼다고 볼 수는 없다. 얼굴을 가린 것은 하나님 앞에 서는 사람의 당연한 도리로 보인다. 출 33:22f; 삿 6:22; 13:22 참고.

은데, 그렇지 않은 데서 엘리야후의 특별한 고집이나 반항이 느껴진다. 그는 하나님의 현현에도 전혀 마음을 바꾸지 않았다(Walsh, 277).

15 שֻׁב לֵךְ(가거라 돌아가거라). 하나님은 엘리야후의 보고를 못 들으시기라도 한 것같이, 엘리야후에게 그를 죽이겠다는 사람들에게 돌아가라고 하신다. 근무지 이탈은 무슨 이유로도 변명이 되지 않음이다. 하나님이 이런 명령을 내리신 것은 성경에서 여기뿐이다. 하나님은 세 가지 사명을 주시면서 세 곳을 들러서 돌아가라고 하신다. 그 첫째는 아람이다. 전에는 북서쪽으로 가라고 하시더니(차르파트), 이번에는 북동쪽으로 가게 하신다. 담메세크 광야는 성경에서 여기만 나오는 표현이지만, 아마 담메세크으로 가는 길에 만나게 될 광야를 지칭하는 것 같다(Walsh, 277). 여기서 치돈도 아람도 하나님의 영역임이 드러난다(Walsh, 278). 엘리야후는 햐자엘이 누군지도 몰랐을 것이나, 하나님은 그에게 기름을 부으라 하신다.

16 וְאֵת יֵהוּא(그리고 예후를). 두 번째 사명은 예후를 기름 붓는 일이다. 엘리야후가 그를 알았을지는 알 수 없다.[48] 주목할 만한 일은 엘리야후가 이 두 가지 사명을 수행하지 않았다는 점이다. 오직 그의 후계자 엘리샤에 관한 일만 엘리야후는 수행하는데, 그것도 기름 붓는 장면은 나오지 않는다. 나중에 엘리샤가 예언자로 활동하는 것을 보아선 언젠가 엘리야후가 엘리샤에게 기름을 부었을 것이다. 왜 처음의 둘은 순종하지 않고 끝의 것 하나만 했을까? 햐자엘과 예후를 통한 심판이 너무 가혹할 것을 두려워한 것일지도 모른다. 그래서 엘리야후는 그의 선지자직을 사임하고 오직 후임자만 선임하려 했던 것 같다. 나머지 두 가지 임무는 자연히 엘리샤에게 넘겨졌다(왕하 8:7-15; 9:1-13 참고). 그는 완전히 지쳐 버렸다.[49] 한편 아벨므홀라는 야르덴강 서안에 있는데, 벧산에서 동남쪽으로 약 15킬로미터 떨어져 있다((Hentschel/1, 119).

17 וְהָיָה(그러면 이렇게 될 것이다). 하나님은 세 가지 사명의 연관성을 설명하신다. 카르멜산의 기적에도 돌이키지 않으면 외적(햐자엘)을 통해 치는 수밖에 없다.

---

48) 예후는 엘리야후를 알았다. 열왕기하 9:36; 10:10 참고. 민영진(1970/5, 166)은 하나님이 햐자엘과 예후에게 기름 부으라고 명한 일을 세속정치에 참여하라는 뜻으로 해석한다.

49) 헨첼(Hentschel/1, 119)은 엘리야후가 이행하지 않은 사실을 편집자의 탓으로 돌린다.

그래도 회개하지 못하면, 내부의 적(예후)에게, 그도 안 되면 예언자가 직접 치게 하겠다는 말씀이었다. 하나님은 엘리야후의 탄식에 응하지 않으시는 듯하나 대책을 강구해 두셨다. 실제로는 예후의 칼로 충분했던 때문인지, 엘리샤의 칼은 사용되지 않았다.[50]

18 שִׁבְעַת אֲלָפִים(칠천). 너는 너 혼자라는 것을 그렇게 강조하지만, 나는 칠천 명이나 남겨 두었다. 이 얼마나 엄청난 대조인가(롬 11:4)!

3. 엘리샤를 부르다(19-21)

엘리야후는 아직 하나님의 권능과 세계경영에 대해 실감하지 못하고 얼떨떨하기만 하다. 그래서 그는 우선 가장 쉬운 일, 즉 엘리샤를 자기 제자로 삼는 일부터 시작한다. 그는 결국 나머지 두 가지 사업은 감당하지도 못하고 세상을 떠나게 된다. 이제 벨의 타격은 그를 예전의 모습으로 돌아가지 못할 정도로 황폐화시켰던 것 같다.

19 וַיִּמְצָא אֶת־אֱלִישָׁע(그러고 난 후에 그는 엘리샤를 만났다). 이야기는 엘리샤의 고향으로 넘어간다. 본래는 햐자엘부터 찾아가야 하지만, 엘리야후는 이쪽으로 길을 잡았다. 엘리샤를 만나는 게 제일 쉬웠고, 짐을 벗기에도 좋았기 때문이리라. 효렙산 직후, 이때의 엘리야후는 예전과는 달리 하나님께 무조건 순종하지 않았다. 그러나 하나님은 금방 엘리야후의 짐을 벗겨 주시지는 않았다. '브후'(וְהוּא 그런데 그 남자)는 청중으로 하여금 엘리샤의 모습에 주목하게 한다. 그 뒤에 나오는 분사는 '가는 사람'(חֹרֵשׁ)이라 번역할 수도 있다. 이렇게 많은 소를 앞세우다니 부잣집 도련님 아닌가!

שְׁנֵים־עָשָׂר(열둘). 그런데 엘리샤는 이스라엘을 상징하는 열두 겨리 소를 앞세우고 있었다. 이는 18장 31절의 열두 바위, 33-34절에 나오는 열두 통의 물을 연상시킨다. 제단, 물에 이어 이번에는 소다. 모두 제사와 연관되는 단어들이다. 엘리

---

50) 다만 엘리샤가 저주하여 아이들 마흔 두 명이 죽은 사건은 열왕기하 2:23에 기록되었다.

샤가 선택받은 사람이라는 것이 이런 숫자에서도 확인된다.

אַדַּרְתּוֹ(그의 외투). 열왕기하 2장에 나타나 중요한 역할을 하는 외투가 여기서 등장하여 그곳과의 연관성을 증명한다. 예언자 엘리야후의 외투는 야외생활을 하는 사람이 입기에 좋은 거친 털옷이었다. 외투를 던지는 것은 자신의 임무를 넘겨준다는 뜻이 있었던 것 같다. "이제는 네가 이 옷을 입어라!" 그러나 실제로 엘리야후는 계속해서 그 옷을 입어야 했고, 승천할 때에야 비로소 엘리샤에게 넘겨줄 수 있었다(왕하 2:13).

20 וַיָּרָץ(그러자 그는 뛰어갔다). 엘리샤는 엘리야후의 상징행위의 뜻을 알았다. 엘리야후는 외투를 던져 버리고 그냥 걸어가 버린 듯한데, 엘리샤는 소를 버려두고 그 뒤를 따라간다(막 1:16ff 등 참고).

לֵךְ שׁוּב(가거라 돌아가거라). 이는 엘리야후가 방금 하나님께로부터 들은 말이다(15). 사직하려는 엘리야후의 요구에 하나님은 이렇게 대꾸하셨는데, 조금 지체하려는 엘리샤의 요청에 엘리야후는 하나님과 똑같이 대응한다. 엘리야후의 짜증과 피곤을 느낄 수 있다.

21 וַיָּשָׁב(그러자 그는 돌아갔다). 엘리샤는 엘리야후의 짜증 섞인 대응에도 상관하지 않고 돌아가 집안과 이별하는 절차를 밟는다. 엘리샤는 엘리야후가 하나님께 완전히 순종하지 않고 있음을 알고 있었던가? 어쨌든 완전히 순종하지 않는 선지자 엘리야후는 역시 완전히 순종하지 않는 엘리샤를 제자로 맞을 수밖에 없었다. 엘리샤도 역시 순종하지 않는 게하지(왕하 4:12, 14, 25 …… 8:5)를 제자로 두었다. 소 두 마리를 잡아서 잔치한다는 것은 작은 일이 아니었을 것이다. 화자는 특히 고기를 삶아 나누어 주었다는 것을 강조하고 있다. 기근의 뒤끝이라 모두들 굶주리고 있었기 때문이리라. '바야숍'은 앞의 6절과 7절에서 엘리야후와 천사와의 승강이에서 나왔던 단어다. 그때에 엘리야후는 천사에게 질 수밖에 없었다. 그러나 엘리샤는 엘리야후의 질책에 지지 않는다. 그는 스승의 꾸지람에도 불구하고 돌아가 잠시 동안 이별의 잔치를 벌인다.

וַיִּזְבָּחֵהוּ(그러고 난 후에 그는 그것을 잡았다). '자바흐'(제사 드리다)는 주로 제

사 때에 동물을 잡는다는 뜻으로 쓰이며(HAL Ⅰ, 251), 그것도 화목제를 드릴 때에 사용되는 단어다. 본문의 잔치는 엘리샤의 감사예배를 겸한 것으로 보인다(Walsh, 280).

וַיְשָׁרְתֵהוּ(그러고 난 후에 그는 그를 섬겼다). 엘리야후는 엘리샤를 자기의 후계 자로 삼은 게 분명하다. 여기서 쓰인 '샤라트'는 출애굽기 33장 11절의 여호슈아 가 모세에 대해 가졌던 위치를 뜻하고 있다(Walsh, 280).

엘리야후
이야기

Ⅶ. 예언자는 엘리야후뿐이었던가
(열왕기상 20장)?[1]

A. 히브리어 본문과 번역

20[a],1[2) וּבֶן־הֲדַד [b] מֶלֶךְ־אֲרָם[c] קָבַץ אֶת־כָּל־חֵילוֹ וּשְׁלֹשִׁים וּשְׁנַיִם מֶלֶךְ אִתּוֹ

וְסוּס וָרָכֶב

וַיַּעַל וַיָּצַר עַל־שֹׁמְרוֹן וַיִּלָּחֶם בָּהּ׃

a) 그런데 벤하다드, 아람왕이 그의 모든 군대를 모았다. 그리고 서른두 왕
   이 그와 함께 하였고, 말과 병거도 있었다.

b) 그리고 나서 그는 올라왔다. 그러고 나서 그는 쇼므론을 포위하였다. 그
   러고 난 후에 그는 그것과 싸웠다.

---

1) 이 장에 대해서는 이승현, "열왕기상 20장이 엘리야후 이야기에서 지니는 의미", 『신학과
문화』 15집(2006), 9-34 참고.

2) [a] 칠십인역에서는 20장이 21장 뒤에 나와 있다. 그들은 20장에 엘리야후 이야기가 나오지
않으므로 21장을 19장에 연결시키고, 20장은 아람과의 전쟁 이야기로 한데 묶은 것 같
다. 그러나 아래에서 밝혀지듯이 19장의 연속은 분명히 20장이다. 아래의 B.3 참고.
[b] 몇 개의 히브리어 필사본과 칠십인역에선 15:18, 20에 나오는 아람왕의 이름을 בֶּן־הֲדַר(벤하
다르)로 표기하고 있다. 그러나 아람에 벤하다드(아람어 이름은 바르하다드)란 왕이 셋 나오지
만 벤하다르는 나오지 않는다. Donner/2, 261 참고.
[c-c] 바티칸 소문자사본에는 '아람왕'이 빠졌다. 벤하다드가 아람왕이라는 것은 대개의 청중들이
이미 알고 있다. 그러나 효렙산의 엘리야후 이야기에서 갑자기 벤하다드로 넘어가는 상황이니
'아람왕'이라 해 주는 것이 필요했을 것이다.

2) וַיִּשְׁלַח מַלְאָכִים^a אֶל־אַחְאָב מֶלֶךְ־יִשְׂרָאֵל הָעִירָה^b:

그러고 난 후에 그는 사자들을 아흐압, 이스라엘 왕에게, 그 성으로 보냈다.

3) וַיֹּאמֶר לוֹ כֹּה אָמַר בֶּן־הֲדַד כַּסְפְּךָ וּזְהָבְךָ לִי־הוּא
וְנָשֶׁיךָ וּבָנֶיךָ הַטּוֹבִים^a לִי^b־הֵם:

a) 그러고 난 후에 그는 그에게 말했다. "벤하다드가 이렇게 고하노라. 너의 은, 너의 금, 내 것이다ㅡ그것은.

b) 그리고 너의 좋은5) 아내들과 좋은 아들들, 내 것이다ㅡ그들은."

4 וַיַּעַן מֶלֶךְ־יִשְׂרָאֵל וַיֹּאמֶר כִּדְבָרְךָ אֲדֹנִי הַמֶּלֶךְ
לְךָ אֲנִי וְכָל־אֲשֶׁר־לִי:

a) 그러자 이스라엘 왕이 대답했다. 그런데 그는 말했다. "전하(당신)의 말씀과 같이 저의 주인은 그 왕이십니다.

b) 전하(당신)의 것입니다ㅡ저, 그리고 제게 속한 모든 것도."

5) וַיָּשֻׁבוּ הַמַּלְאָכִים וַיֹּאמְרוּ כֹּה אָמַר בֶּן־הֲדַד לֵאמֹר

---

3) ^a 칠십인역에는 이 말이 **빠졌다**. '사자들'이란 말이 빠져도 שׁלח(보내다)가 있으니 사람을 보냈다는 뜻이 된다. 그러나 이는 19장에서 매우 중요한 역할을 한 단어이므로(위의 VI.C.1의 5절 참고) 빠질 수 없다.

  ^b 루키안 수정본과 페쉿타에서는 이 단어가 **빠졌다**. 아마 '그 성으로'라는 말이 없어도 말이 되기 때문일 것이다. 그러나 '성'은 20장의 핵심단어 중 하나이므로 지울 수 없다. 20:2, 12, 19, 30, 34 참고. 엘리야후 엘리샤 이야기에서는 이 단어가 열왕기상 17:10; 21:8, 11, 13, 24; 22:26, 36, 39, 51; 열왕기하 2:19, 23; 3:19, 25; 6:14f, 19; 7:4, 10, 12; 8:24; 9:15, 28; 10:2, 5, 25; 11:20; 12:22에서 발견된다.

4) ^a 칠십인역 추정원본에는 이 단어가 없다. 그러나 이는 벤하다드가 오만하여 아흐압의 '예쁜' 여자와 '좋은'(정실의) 아들들을 데려가겠다는 의지를 드러낸 것으로 보인다.

  ^b BHS는 이를 לְךָ(너의 것이다)로 고칠 것을 제안한다. 아마 그것이 외교적인 표현이어서 그러겠으나, 벤하다드는 매우 노골적으로 아흐압의 아내들과 아들들을 요구한 것 같다. 5절에서는 더 지나친 요구가 등장한다.

5) '토빔'(좋은)은 아내들과 아들들에게 다 걸리는 것으로 본다. 뷔르트바인(ATD 11/2, 232)은 아들들에만, 로젠베르그(1980, 203)는 아내들에게만 걸리는 것으로 보았다.

כִּי־[a]שָׁלַחְתִּי אֵלֶיךָ לֵאמֹר כַּסְפְּךָ וּזְהָבְךָ וְנָשֶׁיךָ וּבָנֶיךָ[b] לִי תִתֵּן׃

a) 그런데 그 사자들이 돌아왔다. 그러고 나서 그들은 말했다. "벤하다드께서
이렇게 고하노라. 가라사대

b) '내가 너에게 사람을 보내어 너의 은과 너의 금과 너의 아내들과 너의
아들들을 너는 내게 내놓으라라고 말했으므로[7]

6[8)] כִּי אִם־כָּעֵת מָחָר אֶשְׁלַח אֶת־עֲבָדַי אֵלֶיךָ וְחִפְּשׂוּ אֶת־בֵּיתְךָ[a] וְאֵת
בָּתֵּי עֲבָדֶיךָ

וְהָיָה כָּל־מַחְמַד עֵינֶיךָ[b] יָשִׂימוּ בְיָדָם וְלָקָחוּ׃

a) 오히려 내일 이때쯤에 내가 나의 부하들을 네게 보내겠다. 그러면 그들이
너의 집을 뒤질 것이다. 그리고 너의 부하들의 집들을.

b) 그러면 이렇게 될 것이다. 네 눈에 귀한 모든 것을 그들이 그들의 손들에
둘 것이고 가져올 것이다.'"

7[9)] וַיִּקְרָא מֶלֶךְ־יִשְׂרָאֵל לְכָל־[a]זִקְנֵי הָאָרֶץ[a] וַיֹּאמֶר דְּעוּ־נָא וּרְאוּ כִּי

---

6) [a] 칠십인역에서는 ἐγώ로 번역하고 있어서 원본에서는 אָנֹכִי(나)이었을 가능성을 보이고 있
다. 그렇게 되면 벤하다드의 권위를 강조하는 결과가 되므로 그런 본문이 불가능하지 않
으나 아무 하자가 없는 본문을 고칠 이유는 없다.
[b] 두 개의 히브리어 필사본과 칠십인역 추정원본에서는 이 말이 빠졌다. 그러나 3절의 요구에서
도 들어 있던 것이므로 뺄 이유가 없다.

7) כִּי를 '참으로'라고도 번역할 수 있다. Walsh, 296 참고.

8) [a] 몇 개의 히브리어 필사본과 페쉿타에서는 בָּתֶּיךָ(너의 집들)을 반영하고 있다. 물론 아흐
압의 궁전이 하나만은 아니겠지만, 굳이 복수로 하지 않고 '너의 집'이라고 해도 히브리
어에서 충분히 의미가 통한다고 본다.
[b] BHS는 칠십인역을 참고하여 עֵינֵיהֶם(그들의 눈들)로 바꿀 것을 제안한다. 그렇게 해도 뜻이
통하지만, 벤하다드는 상대방을 조롱하려는 의도임이 분명하므로 여헤즈켈 24장 16절에서와
같이 상대방이 귀히 여기는 것을 빼앗겠다는 뜻으로 말한 것 같다.

9) [a-a] BHS는 칠십인역을 참고하여 הַזְּקֵנִים(그 장로들)로 읽을 것을 제안하고 있다. 마소라
형태가 성경에서 여기밖에 발견되지 않지만, 문법적으로나 문맥에서나 아무 문제도 없는
문구를 역본을 따라 바꿀 필요는 없다. 국가존망의 위기에 '그 장로들'보다 '그 땅의 모
든 장로들'을 불러 의논했다는 것이 더 문맥에 맞는다고 본다.

רָעָה זֶה מְבַקֵּשׁ

כִּי־שָׁלַח אֵלַי לְנָשַׁי [b]וּלְבָנַי וּלְכַסְפִּי וְלִזְהָבִי וְלֹא[b] מָנַעְתִּי מִמֶּנּוּ:

a) 그러자 이스라엘 왕이 그 땅의 모든 장로들을 불러서 말했다. "당신들은 제발 아시오! 그리고 보시오! 이 사람이 재앙을 추구하고 있는 것을.

b) 왜냐하면 그가 내게 내 아내들과 내 아들들과 내 은들과 내 금들을 달라고 사람을 보냈소. 그러나 나는 그에게 거절하지 못했소."

8 וַיֹּאמְרוּ אֵלָיו כָּל־הַזְּקֵנִים וְכָל־הָעָם
אַל־תִּשְׁמַע וְלוֹא תֹאבֶה:

a) 그러자 그 모든 장로들과 그 모든 백성이 그에게 말했다.

b) "전하(당신)는 듣지 마십시오! 더구나 동의는 하지 마십시오."[10]

9[11] וַיֹּאמֶר לְמַלְאֲכֵי בֶן־הֲדַד אִמְרוּ [a]לַאדֹנִי הַמֶּלֶךְ[a] כֹּל אֲשֶׁר־שָׁלַחְתָּ אֶל־
עַבְדְּךָ בָרִאשֹׁנָה אֶעֱשֶׂה וְהַדָּבָר הַזֶּה לֹא אוּכַל לַעֲשׂוֹת
וַיֵּלְכוּ הַמַּלְאָכִים וַיְשִׁבֻהוּ דָּבָר:

a) 그래서 그는 벤하다드의 사자들에게 말했다. "당신들은 저의 주 그 왕께 말하시오. '전하(당신)가 전하(당신)의 종에게 처음에 보내신 모든 것은 제가 실행할 것입니다. 그러나 이 말씀은 제가 실행할 능력이 없습니다.' 라고."

b) 그러자 그 사자들이 갔다. 그리고 그에게 말을 전했다.

10[12] וַיִּשְׁלַח אֵלָיו בֶּן־הֲדַד וַיֹּאמֶר כֹּה־יַעֲשׂוּן לִי אֱלֹהִים וְכֹה יוֹסִפוּ

[b-b] 칠십인역에서는 '나의 아들들'이 빠진 모습, כַּסְפִּי וּזְהָבִי לֹא(나의 은과 나의 금. 못했다)라고 읽고 있다.

10) וְלֹא를 '더구나 ……은 하지 마십시오.'라고 번역한다. Walsh, 297 참고.

11) [a-a] 칠십인역은 τῷ κυρίῳ ὑμῶν(너희들의 주께)라고 번역하고 있다. 그러나 '내 주 왕께'라고 하는 표현도 사무엘하 4:8; 19:29; 열왕기상 1:2(2회)에서 발견된다.

אִם־יִשְׂפֹּק עֲפַר שֹׁמְרוֹן לִשְׁעָלִים[a] לְכָל־הָעָם אֲשֶׁר בְּרַגְלָי:

a) 그러자 벤하다드가 그에게 사람을 보내어 말했다. "신들이 내게 이렇게 하고 이렇게 더할 것이다.

b) 만일 쇼므론의 흙이 나의 발들을 따르는 그 모든 백성의 손들에 충분할 것 같으면."

11   וַיַּעַן מֶלֶךְ־יִשְׂרָאֵל וַיֹּאמֶר דַּבְּרוּ אַל־יִתְהַלֵּל חֹגֵר כִּמְפַתֵּחַ:

그러자 이스라엘 왕이 대답했다. 그래서 그가 말했다. "너희는 말해라. '입는 사람이[13) 벗는 사람같이 자랑하지는 말지니라![14)'고."

12[15)   וַיְהִי כִּשְׁמֹעַ[a] אֶת־הַדָּבָר הַזֶּה וְהוּא שֹׁתֶה הוּא וְהַמְּלָכִים[b] בַּסֻּכּוֹת
וַיֹּאמֶר אֶל־עֲבָדָיו שִׂימוּ וַיָּשִׂימוּ עַל־הָעִיר:

a) 그러자 이런 일이 일어났다. 이 말을 듣자마자—그런데 그는 마시고 있었다. 그, 그리고 그 왕들도 그 장막들에서—

b) 그런데 그가 그의 부하들에게 말했다. "너희는 진을 쳐라[16)" 그러자 그들은 그 성에 대하여 진을 쳤다.

---

12) [a] 루키안 수정본은 ταῖς ἀλώπεξιν = לִשְׁעָלִים(자칼들에게)라고 번역하고 있으나, 자칼과 먼지와는 맞지 않는다. 벤하다드는 쇼므론을 다 부수어 먼지로 만들어 그 먼지를 병사들이 나누어 가져도 한 움큼밖에 안 된다는 뜻으로 말했다.

13) '칼을 차는 사람'이라 할 수도 있다. 단순히 옷을 입는 사람이라 번역할 수도 있다. Walsh, 298 참고.

14) 자랑해서는 안 된다고 번역할 수도 있다.

15) [a] 칠십인역은 ὅτε ἀπεκρίθη αὐτω = בַּעֲנֹתוֹ(그의 대답에/대답을 들었을 때에)라고 번역한다. '듣자마자'라고 해 놓고 술 마시고 있는 상황으로 이야기가 흘러가니까, 문장을 부드럽게 하기 위하여 그렇게 고쳤을 것이다. 그러나 화자는 일부러 이렇게 쓴 것 같다. 벤하다드의 반응은 듣자마자 나왔는데, 그것은 술 마시는 도중이었다는 것이다.
   [b] 히브리어 필사본 하나와 칠십인역에서는 וְכָל־הַמְּלָכִים(그리고 그 모든 왕들)이라 읽고 있다.

16) 공격하는 진영을 베풀라는 뜻이지만, 문자 그대로는 세운다는 뜻이다. 진을 세운다고 할 수도 있다.

13[17)] וְהִנֵּה נָבִיא אֶחָד נִגַּשׁ אֶל־אַחְאָב[a] מֶלֶךְ־יִשְׂרָאֵל וַיֹּאמֶר כֹּה אָמַר

יְהוָה הֲרָאִיתָ[b] אֵת כָּל־[c]הֶהָמוֹן הַגָּדוֹל הַזֶּה

הִנְנִי נֹתְנוֹ בְיָדְךָ הַיּוֹם וְיָדַעְתָּ כִּי־אֲנִי יְהוָה:

a) 그런데 보라! 한 예언자가 아흐압, 이스라엘 왕에게 다가갔다. 그러고 난 후에 그는 말했다. "야흐베께서 이렇게 말씀하십니다. '너는 이 큰 모든 시끄러운 무리를[18)] 보느냐?

b) 보라! 나는 오늘 그를 너의 손에 준다. 그러면 너는 내가 야흐베임을 알게 될 것이다.'"

14[19)] וַיֹּאמֶר אַחְאָב בְּמִי וַיֹּאמֶר כֹּה־אָמַר יְהוָה [a]בְּנַעֲרֵי שָׂרֵי[a] הַמְּדִינוֹת

וַיֹּאמֶר מִי־יֶאְסֹר הַמִּלְחָמָה וַיֹּאמֶר אָתָּה:

a) 그러자 아흐압이 말했다. "누구와?" 그러자 그가 말했다. "야흐베께서 이렇게 말씀하십니다. '각 도 수령들의 청년대들로.'"[20)]

b) 그러자 그가 말했다. "누가 그 전투를 시작해야 할까요?"[21)] 그러자 그가 말했다. "전하(당신)입니다."

---

17) [a] 바티칸사본과 루키안 수정본, 월튼(Walton)의 페쉿타에서는 '아흐압'이 빠졌다. 그러나 아흐압은 20장에서 2절, 14절에서도 나오므로 지울 이유가 없다.
[b] 레닌그라드 사본의 형태(הֲרָאִיתָ)는 문법적으로 맞지 않아 다수의 히브리어 필사본과 히브리어 인쇄본들(Edd)을 따라 הֲרָאִיתָ로 읽는다.
[c] 히브리어 사본 하나와 바티칸 사본에는 이 말이 빠져 있으나 그렇게 고칠 이유가 없다. הָמוֹן 은 28절에도 나타나며, 하나님이 아람군에 대한 평가를 보여준다.

18) הָמוֹן을 HAL I, 240을 따라 '시끄러운 무리'라 번역한다. 무리, 소동, 흥분이라 번역할 수도 있다.

19) [a-a] 페쉿타는 여기와 15, 17, 19절에서 נְעָרִים וּבְשָׂרֵי(청년들 그리고 도지사들로)을 반영하고 있다. 그러나 청년대가 겨우 232명밖에 안 되는데, 거기에 지방장관까지 포함되어 있다면 너무 적은 수 같으므로, 마소라 본문을 고칠 필요가 없다.

20) HAL II, 521 참고: "d. Jungmannschaft d. Gauvorsteher". 문자 그대로는 '각 도지사들의 젊은이들'이다: 'the youths of the governors of the provinces'(Rosenberg, 1980, 207).

21) 혹은 "공격을 개시해야 할까요?"

15[22)] וַיִּפְקֹד אֶת־נַעֲרֵי שָׂרֵי הַמְּדִינוֹת וַיִּהְיוּ מָאתַיִם[a] שְׁנַיִם[b] וּשְׁלֹשִׁים

וְאַחֲרֵיהֶם פָּקַד אֶת־כָּל־הָעָם[c] כָּל־בְּנֵי יִשְׂרָאֵל[d] שִׁבְעַת אֲלָפִים[e]:

a) 그래서 그가 각 도 수령들의 청년대들을 사열하니 232인이었다.

b) 그리고 그들 뒤에 그는 그 백성 전체, 이스라엘 자손 전체, 칠천 명을 사열하였다.

16[23)] וַיֵּצְאוּ[a] בַּצָּהֳרַיִם

וּבֶן־הֲדַד שֹׁתֶה שִׁכּוֹר בַּסֻּכּוֹת הוּא וְהַמְּלָכִים שְׁלֹשִׁים־וּשְׁנַיִם מֶלֶךְ

עֹזֵר אֹתוֹ:

a) 그러고 난 후에 그들은 점심 때에 나갔다.

b) 그런데 벤하다드는 만취되어 그 장막들에서 마시고 있었다—그와 그 왕
들, 서른두 명의 왕, 그를 돕던.

17[24)] וַיֵּצְאוּ נַעֲרֵי שָׂרֵי הַמְּדִינוֹת בָּרִאשֹׁנָה

---

22) [a] 알렉산드리아 사본은 200 대신에 300이라 옮기고 있으나, 기드온 부대의 숫자를 본뜬
것 같다.

[b] 바티칸 사본에서는 '둘'이란 단어가 빠졌으나 현재의 본문을 바꿀 필요는 없다.

[c] 히브리어 필사본 하나와 칠십인역 추정원본, 불가타에서는 '백성'이 빠졌다. '전체 이스라엘
사람'과 중복되니까 뺀 것 같다.

[d-d] 히브리어 필사본 하나에는 이 말이 빠졌고, 칠십인역에선 πᾶν υἱὸν δυνάμεως = בֶּן־חַיִל
כֹּל(모든 용사)라 읽고 있다. 그러나 '브네 이스라엘'은 20장에서 여기뿐 아니라 27, 29절에
도 등장하는 중요한 요소이므로 고칠 수 없다. 본문에 나오는 '브네 이스라엘'(이스라엘 자
손)이 엘리야후 엘리샤 이야기에서 나오는 곳은 20장을 제외하고도 다음과 같이 많다: 왕상
8:20; 19:10, 14; 20:15, 27, 29; 21:26; 왕하 13:5.

[e-e] 루키안 수정본과 소문자사본에는 60000명이라 되어 있다. 이스라엘의 군인 수가 너무 작은
것 같아서 고친 것 같다. 그러나 칠천이란 숫자는 19장 18절에 나오는 숫자이며, 화자가
일부러 강조하여 넣은 것이므로 고쳐선 안 된다.

23) [a] 히브리어 필사본 하나와 칠십인역에서는 וַיֵּצֵא(그래서 그가 나갔다)로 읽고 있다. 그러
나 그렇게 되면 '그'가 누군지 애매하다. 물론 이스라엘을 집단적인 단수로 보아 그렇
게 할 수도 있으나, 15절에서 청년대와 이스라엘을 언급했으니 복수로 되어야 마땅하다
(17절에서도 복수로 나왔다).

24) [a] BHS는 칠십인역 추정원본을 참고하여 וַיִּשְׁלְחוּ אֶל(그러자 그들이 ……에게 사람을 보
냈다)로 고칠 것을 제안한다. 아람 병사들이 벤하다드에게 보고했다는 뜻이 된다. 그러

וַיִּשְׁלַח [a] [b]בֶּן־הֲדַד[b] וַיַּגִּדוּ לוֹ[c] לֵאמֹר אֲנָשִׁים יָצְאוּ מִשֹּׁמְרוֹן:

a) 그런데 각 도 수령들의 청년대들이 먼저 나갔다.

b) 그러자 벤하다드가 사람을 보냈다. 그랬더니 그들이 그에게 보고했다. 이
르기를, "사람들이 쇼므론에서 나왔습니다."

18　　וַיֹּאמֶר אִם־לְשָׁלוֹם יָצָאוּ תִּפְשׂוּם חַיִּים
וְאִם לְמִלְחָמָה יָצָאוּ חַיִּים תִּפְשׂוּם:

a) 그러자 그가 말했다. "만일 그들이 평화를 위해서 나왔으면 그들을 생포
하라!

b) 그러나 만일 그들이 전쟁하러 나왔으면, 그들을 생포하라!"

19[25)]　　וְאֵלֶּה[a] יָצְאוּ מִן־הָעִיר נַעֲרֵי שָׂרֵי הַמְּדִינוֹת
[b]וְהַחַיִל אֲשֶׁר אַחֲרֵיהֶם[b]:

a) 그런데 이들 각 도 수령들의 청년대는 그 성에서 나갔다.

b) 그리고 그들의 뒤에 있던 그 군대도.

20[26)]　　וַיַּכּוּ אִישׁ אִישׁוֹ וַיָּנֻסוּ אֲרָם [a]וַיִּרְדְּפֵם יִשְׂרָאֵל

나 현재의 본문대로도 뜻이 통한다. 즉 벤하다드가 술 마시다가 이스라엘군이 함성을
지르며 나오는 것을 보고 부하를 시켜서 무슨 일이냐고 물었는데, 부하들이 보고했다는
뜻이 된다. BHS대로 고치면 병사들이 먼저 보고했고, 마소라대로 읽으면 벤하다드가
먼저 물었다는 뜻이 된다.

b-b 칠십인역 추정원본에는 '벤하다드'가 빠졌다. 그렇게 되면 부하들이 사람을 보내어 알아보
고 보고도 했다는 뜻이 된다. 그렇게 해도 말이 되지만 마소라 본문을 고칠 이유는 없다.

c 칠십인역 추정원본에서는 τῷ βασιλεῖ Συρίας(수리아 왕에게)라 되어 있다. 그럴 수도 있으나
본문대로도 뜻이 통하므로 고칠 필요가 없다.

25) a 루키안 수정본은 καὶ로 번역하고 있고, 이를 제외한 칠십인역은 모두 καὶ μὴ로 옮기고
있다. '엘레'(이들)가 없으면 동사＋주어가 되어 어순에 맞는다. 그러나 '엘레'는 술 취
한 아람왕과 대조되는 것을 강조하고 있다.

b-b BHS는 이 문구를 20aα 뒤로 옮길 것을 제안한다. 그러면 '그들 뒤'라는 게 아람군의 뒤라는
뜻이 된다. 그러나 사본의 뒷받침이 없다.

וַיִּמָּלֵט בֶּן־הֲדַד מֶלֶךְ אֲרָם עַל־סוּס וּפָרָשִׁים[a]:

a) 그러자 각 사람이 그의 사람을 죽였다. 그러자 아람이 도망갔다. 그래서
   이스라엘이 그들을 추격하였다.

b) 그러나 벤하다드, 아람왕은 말을 타고 피신하였다. 그리고 그의 군마들도.

21[27)]   וַיֵּצֵא מֶלֶךְ יִשְׂרָאֵל וַיַּךְ[a] אֶת־הַסּוּס וְאֶת־הָרֶכֶב
           וְהִכָּה בַאֲרָם מַכָּה גְדוֹלָה:

a) 그러고 난 후에 이스라엘 왕이 나갔다. 그러고 난 후에 그는 그 말과 그
   병거를 쳤다.

b) 그래서 그는 아람에게 큰 패배를 안겼다.

22[28)]   וַיִּגַּשׁ הַנָּבִיא אֶל־מֶלֶךְ יִשְׂרָאֵל וַיֹּאמֶר לוֹ לֵךְ[a] הִתְחַזַּק[b] וְדַע וּרְאֵה אֵת אֲשֶׁר־
           תַּעֲשֶׂה
           כִּי לִתְשׁוּבַת הַשָּׁנָה מֶלֶךְ אֲרָם עֹלֶה עָלֶיךָ:

a) 그런데 그 예언자가 이스라엘 왕에게 다가갔다. 그러고 난 후에 그는 그
   에게 말했다. "전하(당신)는 가시오! 용기를 드러내시오! 그리고 아시오!
   그리고 보시오! 전하(당신)가 해야 할 일을.

---

26) [a-a] BHS는 이 부분을 21절 뒤로 옮길 것을 제안하고 있다. 그러나 이는 19[b-b]에서와 같은
   이유로 허용되어선 안 된다.

27) [a] 칠십인역에서는 καὶ ἔλαβεν = וַיִּקַּח(그래서 그가 취하였다)라 번역하고 있다. 뷔르트바인
   (ATD 11/2, 236)은 칠십인역을 따른다. 말과 병거를 약탈했다는 것이다. 그러나 '나카'
   는 20장에서 자주 나오는 핵심단어 중의 하나이므로 바꿀 수 없다. 즉, 열왕기상 20장
   20f, 29, 35절에 나오며, 엘리야후 엘리샤 이야기 중에는 22:24, 34; 열왕기하 2:8, 14;
   3:19, 23; 6:18, 21; 8:21, 28; 9:7, 15, 24, 27; 10:9, 11, 17, 25, 32에서 발견된다.

28) [a] 칠십인역에는 빠졌다. 그러나 이는 일반적으로 히브리어 산문에 많이 등장하고, 엘리야
   후 엘리샤 이야기에 매우 자주 등장하는 요소다: 왕상 17:3, 9; 18:1, 5, 8, 11, 14;
   19:9, 13, 15, 20; 20:4, 22, 25, 34; 21:2ff, 6, 15; 왕하 2:9f; 3:13; 4:2f, 13, 24, 26;
   5:5, 10, 19; 6:7, 28; 8:10, 14; 9:18f, 26; 10:30.
   [b] 몇 개의 히브리어 사본과 불가타에서는 여기에 וְ(그리고)가 붙어 있는 것으로 읽고 있다.
   그러나 명령들이 접속사 없이 연결되는 경우는 많이 있다.

b) 왜냐하면 그 해가 돌아올 때[29]에 아람왕이 전하(당신)에게 올라올 것입니다.”

23[30] וְעַבְדֵי מֶלֶךְ־אֲרָם אָמְרוּ אֵלָיו אֱלֹהֵי הָרִים אֱלֹהֵיהֶם[a] עַל־כֵּן חָזְקוּ מִמֶּנּוּ
וְאוּלָם נִלָּחֵם אִתָּם בַּמִּישׁוֹר אִם־לֹא נֶחֱזַק מֵהֶם׃

a) 그런데 아람왕의 신하(종)들이 그에게 말했다. “그들의 신은 산들의 신입니다. 그러므로 그들이 우리보다 강했습니다.

b) 그러므로 그 반대로 우리가 그들과 그 평지에서 싸웁시다. 우리가 그들보다 강하지 않겠습니까?

24 וְאֶת־הַדָּבָר הַזֶּה עֲשֵׂה
הָסֵר הַמְּלָכִים אִישׁ מִמְּקֹמוֹ וְשִׂים פַּחוֹת תַּחְתֵּיהֶם׃

a) 그러므로 이 일을 전하(당신)는 하십시오.

b) 그 왕들을 각자의 자리에서 해임하십시오. 그리고 그들 대신에 총독들을[31] 세우십시오.

25[32] וְאַתָּה[a] תִמְנֶה־לְךָ חַיִל כַּחַיִל הַנֹּפֵל מֵאוֹתָךְ[b] וְסוּס כַּסּוּס וְרֶכֶב כָּרֶכֶב

---

29) HAL Ⅳ, 1656f 참고.

30) [a] 칠십인역에는 θεὸς Ισραηλ καὶ οὐ θεὸς κοιλάδων [이스라엘의 하나님은 (산들의 신이요) 골짜기 평원의 신은 아닙니다]이라 되어 있다. 이는 28절에 나오는 말을 그대로 옮긴 것 같다. 마소라는 28절과 조금 다르지만, 의미를 전달하는 데는 이상이 없으므로 그대로 두는 게 좋다.

31) פֶּחָה(총독)는 다양한 자리에 모호하게 사용된 명칭이다. HAL Ⅰ, 872 참고. 드프리스(DeVries, 242)는 사령관(commander)이라 했고, 로젠베르그(Rosenberg, 1980)는 장교(officer)라 했고, 헨첼(Hentschel/1, 124)과 뷔르트바인(ATD 11/2, 235)은 총독(Statthalter)이라 하였다. 여기선 왕을 대신하는 사람으로 간주하여, 헨첼과 뷔르트바인의 역을 따라 총독이라 옮긴다.

32) [a-a] 칠십인역에서는 καὶ ἀλλάξομέν(그러므로 우리가 바꿉시다)으로, 루키안 수정본은 ἀλλάξόν(당신은 바꾸십시오)으로 번역하고 있어, וְנַחֲלִיפָה(그러므로 우리가 바꿉시다)가 원문이었을 것을 반영하고 있다. 그러나 현재의 본문이 전혀 문제가 없으므로 그대

וְנִלְחֲמָה אוֹתָם[c] בַּמִּישׁוֹר אִם־לֹא נֶחֱזַק מֵהֶם

וַיִּשְׁמַע לְקֹלָם וַיַּעַשׂ כֵּן:

a) 그리고 전하(당신)! 전하(당신)는 전하(당신)에게서 떨어진 그 군대와 같이 군대를 사열하시고, 그리고 말은 그 말과 같이, 그리고 병거는 그 병거와 같이 하십시오. 그리고 우리가 그들과 그 평지에서 싸웁시다. 우리가 그들보다 강하지 않겠습니까?"

b) 그래서 그는 그들의 말을 들었다. 그러고 난 후에 그는 그렇게 했다.

26[33)]

וַיְהִי לִתְשׁוּבַת הַשָּׁנָה וַיִּפְקֹד בֶּן־הֲדַד אֶת־אֲרָם

וַיַּעַל אֲפֵקָה לַמִּלְחָמָה עִם־[a]יִשְׂרָאֵל:

a) 그런데 그 해가 돌아오자 이런 일이 있었다. 그러자 벤하다드는 아람을 사열하였다.

b) 그리고 나서 그는 이스라엘과 싸우려고 아페크로 올라왔다.

27[34)]

וּבְנֵי יִשְׂרָאֵל הָתְפָּקְדוּ וְכָלְכְּלוּ[a] וַיֵּלְכוּ לִקְרָאתָם

[b]וַיַּחֲנוּ בְנֵי־יִשְׂרָאֵל נֶגְדָּם[b] כִּשְׁנֵי חֲשִׂפֵי עִזִּים וַאֲרָם מִלְאוּ אֶת־

הָאָרֶץ:

a) 그러자 이스라엘 자손들은 사열을 받고 군량을 받고 그들을 맞으러 나갔다.

로 두는 게 좋겠다.

[b] 몇 개의 히브리어 필사본과 인쇄본에서는 מֵאִתָּךְ(당신으로부터)로 적고 있다. 문법적으로는 그것이 옳다. 그러나 열왕기하 3:11에서도 מֵאוֹתוֹ(그로부터)라 적고 있으니 본문의 경우도 그대로 두고 '당신으로부터'라고 해석하면 될 것 같다.

[c] 몇 개의 히브리어 필사본과 페쉿타, 타르굼에서는 אִתָּם(그들과 함께)으로 읽고 있다. 그것이 문법적으로 맞지만, 현재대로 두어도 그런 뜻이 통하므로 그대로 둔다.

33) [a] 몇 개의 히브리어 필사본과 칠십인역은 עַל(위에)을 반영하고 있다. 그러나 현재대로 두어도 뜻이 통한다.

34) [a] 원래의 칠십인역에는 이 말이 빠졌다. 그러나 이는 앞의 17-19장과 이 장을 잇는 핵심 단어이므로 지울 수 없다. 아래의 논쟁점과 본문해설을 참고.

[b-b] 페쉿타에는 이 부분이 빠졌으나 그 다음의 부분을 위해서 이는 꼭 필요한 부분이다.

b) 그리고 난 후에 이스라엘 자손들은 그들의 맞은편에 진을 쳤다. 염소 새
끼들 두 떼와 같이. 그러나 아람은 그 땅을 채웠다.

28[35)] וַיִּגַּשׁ אִישׁ הָאֱלֹהִים וַיֹּאמֶר אֶל־מֶלֶךְ יִשְׂרָאֵל וַיֹּאמֶר[b] כֹּה־אָמַר יְהוָה
יַעַן אֲשֶׁר אָמְרוּ אֲרָם אֱלֹהֵי הָרִים יְהוָה וְלֹא־אֱלֹהֵי עֲמָקִים הוּא
וְנָתַתִּי אֶת־כָּל־הֶהָמוֹן הַגָּדוֹל הַזֶּה בְּיָדֶךָ וִידַעְתֶּם[c] כִּי־אֲנִי יְהוָה:

a) 그러자 그 하나님의 사람이 나섰다. 그러고 난 후에 그는 이스라엘 왕에
게 말했다. 그런데 그가 말했다. "야흐베께서 이렇게 말씀하셨습니다. 아
람이 '야흐베는 산들의 신이다. 그리고 그는 평원의 신은 아니다'라고 말
했기 때문에,

b) 그래서 나는 이 큰 시끄러운 무리 전체를 너의 손에 주겠다. 그러면 너희
들이 내가 야흐베임을 알게 될 것이다"

29[36)] וַיַּחֲנוּ אֵלֶּה נֹכַח אֵלֶּה שִׁבְעַת יָמִים
וַיְהִי בַּיּוֹם הַשְּׁבִיעִי וַתִּקְרַב הַמִּלְחָמָה וַיַּכּוּ בְנֵי־יִשְׂרָאֵל[a] אֶת־אֲרָם
מֵאָה[b]־אֶלֶף רַגְלִי בְּיוֹם אֶחָד:

a) 그런데 이들이 이들을 대적하여 칠 일 동안 진을 쳤다.

---

35) [a] 히브리어 필사본 하나와 알렉산드리아 사본과 페쉿타에는 이 말이 빠졌다. 이는 그 다
음에 또 이 말이 나오기 때문일 것이다. 몇 개의 히브리어 필사본과 칠십인역, 불가타
는 두 번째 나오는 '바요메르'(그리고 난 후 에 그가 말했다)를 생략하고 있다. 그러나
반복은 히브리어 문장의 특성이므로 지울 수 없다.
 [b] 소수의 히브리어 필사본과 그리스어, 불가타에서는 이 말이 빠졌다. 이 말이 두 단어 앞에
이미 나왔기 때문이나, 중복이라고 뺄 수는 없다.
 [c] 칠십인역은 13절에서와 같이 단수로 '네가 알 것이다'로 읽고 있다. 그러나 이는 13절과
같이 맞추려는 의도인 것 같다. 화자의 의도는 13절에서는 아흐압이, 28절에서는 이스라엘
백성이 알 차례라고 하는 것 같다.
36) [a] 칠십인역에는 '브네 이스라엘'(이스라엘 자손) 대신에 '이스라엘'만 나와 있다. 그러나
'브네 이스라엘'은 15, 27절에도 나오므로 바꿀 필요가 없다.
 [b] 베네딕트의 불가타는 '십만' 대신에 '12만' 명이라고 번역하고 있다. 이는 이스라엘 12지파를
따서 고친 것 같다.

b) 그러다가 그 칠 일째 되던 날에 이런 일이 있었다. 그런데 그 전투가 벌어졌다.[37] 그래서 이스라엘 자손들이 아람을 치되, 하루에 10만의 보병을 쳤다.

30[38]) וַיָּנֻסוּ הַנּוֹתָרִים אֲפֵקָה אֶל־הָעִיר וַתִּפֹּל הַחוֹמָה עַל־עֶשְׂרִים וְשִׁבְעָה

אֶלֶף אִישׁ הַנּוֹתָרִים

וּבֶן־הֲדַד נָס וַיָּבֹא אֶל־הָעִיר חֶדֶר בְּחָדֶר:

a) 그러나 그 남은 사람들은 아페크로, 그 성으로 도망갔다. 그러나 그 성벽이 27000명, 그 살아남은 자들 위에 무너졌다.

b) 그러나 벤하다드는 도망하였다. 그래서 그는 그 성으로, 내실 중의 내실로 들어갔다.

31[39]) וַיֹּאמְרוּ אֵלָיו עֲבָדָיו הִנֵּה־נָא שָׁמַעְנוּ כִּי מַלְכֵי בֵּית יִשְׂרָאֵל כִּי־מַלְכֵי

---

37) 전쟁이 '가까이 다가왔다'라고 번역할 수도 있다. Walsh, 306 참고.

38) [a-a] 월튼(Walton)의 페쉿타에는 27000 대신에 25000이라 옮기고 있다. 그러나 27000은 이스라엘군 칠천과 연관을 보이고 있다.

[b-b] 칠십인역에서는 εἰς τὸν οἶκον τοῦ κοιτῶνος(집안으로 침실로)이라 옮기고 있다. '그 성으로, 내실 중의 내실로'는 너무 큰 공간에서 너무 작은 공간으로 갑자기 들어간 느낌을 주고, '집으로 침실로'는 작은 공간에서 조금 더 작은 공간으로 들어갔다는 뜻이어서 더 자연스럽다. 그러나 현재의 히브리어 표현을 통하여 화자는 허둥지둥 도망치는 벤하다드를 해학적으로 잘 그리고 있다. 벤하다드는 성에서 바로 내실로, 그중에서도 더 내실로 도망했다는 뜻이다.

39) [a-a] 칠십인역 추정원본에는 καὶ εἶπεν τοῖς παισὶν αὐτοῦ οἶδα[그러자 그가 그의 부하(종)들에게 말했다. 내가 들었다]로 번역하고 있다. 그러나 23절에서도 신복들이 꾀를 내고 있고, 신복들이 먼저 나가서 항복하는 것으로 보아 히브리어 본문이 문맥에 더 맞는다.

[b] 칠십인역 추정원본과 페쉿타에서는 이 말이 **빠졌다**. '이스라엘 집의 왕들'이 아니라 '이스라엘의 왕들'로 되어 있다는 뜻이다. 히브리어 본문이 희귀한 표현이어서 뺀 것 같다. 구약에서 מַלְכֵי בֵּית יִשְׂרָאֵל(이스라엘 집의 왕들)은 이곳뿐이고, '베트 이스라엘'(이스라엘 집)은 열왕기엔 열왕기상 12:21과 여기뿐이다. 그러나 잘못된 표현은 아니므로 고칠 이유가 없다.

[c] 몇 개의 히브리어 필사본에는 이것이 **빠졌는데**, 그 앞에 한 번 더 이 단어가 나오기 때문에 **뺀** 것 같다. 그러나 화자는 강조하기 위하여 반복하고 있다.

[d] 많은 히브리어 사본과 그리스역, 아람어역, 불가타에서는 בְּרָאשֵׁינוּ(우리들의 머리들에)라고 읽고 있다. 문법적으로 보면 그들이 맞다. 그러나 히브리어에서는 실제로 '우리들의 머리', '너희들의 머리', '그 남자들의 머리' 등의 단수 명사와 복수의 어미가 붙은표현이 얼마든지

חֶסֶד הֵם

נָשִׂימָה נָּא שַׂקִּים בְּמָתְנֵינוּ וַחֲבָלִים בְּרֹאשֵׁנוּ[d] וְנֵצֵא אֶל־מֶלֶךְ

יִשְׂרָאֵל אוּלַי יְחַיֶּה אֶת־נַפְשֶׁךָ[e]:

a) 그러자 그의 종들이 그에게 말했다. "제발 좀 보십시오.[40] 우리가 듣기에 이스라엘 집의 왕들, 참으로 그들은 진실의 왕들이라고 합니다.[41]

b) 베들을 꼭 우리 허리에,[42] 그리고 줄들을 우리 머리에 두릅시다. 그리고 우리 이스라엘 왕에게 나갑시다. 혹시 그가 전하(당신)의 목숨을 살릴지 모릅니다."

32[43)] וַיַּחְגְּרוּ שַׂקִּים בְּמָתְנֵיהֶם וַחֲבָלִים בְּרֹאשֵׁיהֶם וַיָּבֹאוּ[a] אֶל־מֶלֶךְ יִשְׂרָאֵל

וַיֹּאמְרוּ עַבְדְּךָ בֶן־הֲדַד אָמַר תְּחִי־נָא נַפְשִׁי

וַיֹּאמֶר הַעוֹדֶנּוּ חַי אָחִי הוּא:

a) 그래서 그들은 그들의 허리에 베들을, 그리고 띠들을 그들의 머리에 둘렀다. 그러고 난 후에 그들은 이스라엘 왕에게 갔다. 그러고 난 후에 그들이 말했다. "전하(당신)의 종 벤하다드가 말했습니다. '제발 저의 목숨이 살기를 바랍니다.'라고요."

b) 그러자 그가 말했다. "그가 아직 살았느냐? 그는 나의 형제다."

33[44)] וְהָאֲנָשִׁים יְנַחֲשׁוּ וַיְמַהֲרוּ וַיַּחְלְטוּ הֲמִמֶּנּוּ[a] וַיֹּאמְרוּ אָחִיךָ בֶן־הֲדַד וַיֹּאמֶר

있으므로 고칠 필요가 없다. HAL IV, 1086 참고.

[e] 그리스역, 아람어역, 불가타에 보면 '당신의 목숨'이 아니라 '우리의 목숨'이라고 되어 있다. 그러나 여기선 벤하다드의 목숨이 문제였으므로 히브리어 본문이 더 이치에 맞는다.

40) 왈쉬는 נָא를 'please'로 번역하는 것은 너무 강한 표현이 된다며, 'm'lord'로 번역하기를 제안한다.

41) חֶסֶד는 계약을 잘 이행한다는 의미에서 '진실', '성실'이라 번역할 수 있다.

42) 왈쉬는 נָא를 'if you will'이라고 번역하기를 제안한다.

43) [a] 칠십인역은 이 말 다음에 바로 '그들이 말했다'를 넣고 있다.

44) [a-a] 현재의 이 부분은 '그들은 유효한 선언으로 받아들였다. 그에게서냐?'가 되므로 이해하기 어렵다. 그러므로 BHS, 약간의 히브리어 필사본들, 서방 마소라 학파의 '크레'와 거의 대부분의 번역판을 따라 מִמֶּנּוּ וַיַּחְלְטוּהָ(그러자 그들은 그것을 그에게서 유효한 선

בֹּאוּ קָחֻהוּ

וַיֵּצֵא אֵלָיו בֶּן־הֲדַד וַיַּעֲלֵהוּ[b] עַל־הַמֶּרְכָּבָה:

a) 그러니까 그 사람들이 좋은 징조로 받아들이고 서둘러서 그에게서 그것을 유효한 선언으로 받아들였다. 그래서 그들이 말했다. "벤하다드는 전하(당신)의 형제입니다." 그러자 그가 말했다. "너희들은 가서 그를 모셔 오너라!"

b) 그러자 벤하다드가 그에게 나왔다. 그러자 그가 그를 병거에 태웠다.

34⁴⁵⁾ וַיֹּאמֶר אֵלָיו הֶעָרִים אֲשֶׁר־לָקַח־אָבִי מֵאֵת אָבִיךָ אָשִׁיב[a] וְחוּצוֹת תָּשִׂים
לְךָ בְדַמֶּשֶׂק כַּאֲשֶׁר־שָׂם אָבִי בְּשֹׁמְרוֹן[b] וַאֲנִי בַּבְּרִית אֲשַׁלְּחֶךָּ
וַיִּכְרָת־לוֹ בְרִית וַיְשַׁלְּחֵהוּ:

a) 그러고 난 후에 그가 그에게 말했다. "저의 아비가 전하(당신)의 부친에게서 취한 그 성들을 제가 돌려드리겠습니다. 그리고 전하(당신)는 저의 아비가 쇼므론에 세운 것과 같이 전하를 위하여 담메세크에 거리들을 세우십시오." "그렇다면 나는, 그 계약으로 나는 당신을 놓아 주겠소."

b) 그래서 그는 그와 계약을 맺었다. 그리고 난 후에 그는 그를 놓아 주었다.

35 וְאִישׁ אֶחָד מִבְּנֵי הַנְּבִיאִים אָמַר אֶל־רֵעֵהוּ בִּדְבַר יְהוָה הַכֵּינִי נָא
וַיְמָאֵן הָאִישׁ לְהַכֹּתוֹ:

a) 그런데 그 예언자들의 아들들 중의 한 사람이 그의 동료에게 말했다. "야흐베의 말씀 안에서 당신은 제발 나를 치시오"

언으로 받아들였다)로 고쳐서 읽는다.

[b] 히브리어 필사본 하나와 칠십인역, 페쉿타에서는 여기에 אֵלָיו(그에게)를 덧붙이고 있다.

45) [a] 칠십인역에서는 여기에 σοι(당신에게)를 덧붙이고 있다. 그러나 그 말이 없어도 뜻은 통한다.

[b-b] BHS는 이 앞에 וַיֹּאמֶר(그러고 난 후에 그가 말했다)를 넣거나, אֲשַׁלְּחֶךָ(내가 당신을 놓아 주겠소) 대신에 '당신이 나를 풀어 주십시오'라는 뜻의 תְּשַׁלְּחֵנִי를 넣을 것을 제안한다. 그러나 이는 아무런 사본의 뒷받침도 없을 뿐 아니라, 아흐압의 성급한 결정을 묘사하려는 화자의 의도에도 맞지 않는다. 본문은 그대로가 멋있다.

b) 그러나 그 사람은 그를 치기를 거절했다.

36 וַיֹּאמֶר לוֹ יַעַן אֲשֶׁר לֹא־שָׁמַעְתָּ בְּקוֹל יְהוָה הִנְּךָ הוֹלֵךְ מֵאִתִּי וְהִכְּךָ הָאַרְיֵה
וַיֵּלֶךְ מֵאֶצְלוֹ וַיִּמְצָאֵהוּ הָאַרְיֵה וַיַּכֵּהוּ:

a) 그러자 그가 그에게 말했다. "당신이 야흐베의 말씀을 듣지 않았으므로, 보
라! 당신은 나로부터 떠나갈 것이오. 그러면 그 사자가 당신을 칠 것이오."
b) 그러고 난 후에 그는 그의 곁에서 떠났다. 그런데 그 사자가 그를 만났
다. 그러고 난 후에 그는 그를 쳤다.

37 וַיִּמְצָא אִישׁ אַחֵר וַיֹּאמֶר הַכֵּינִי נָא
וַיַּכֵּהוּ הָאִישׁ הַכֵּה וּפָצֹעַ:

a) 그러고 난 후에 그는 한 사람을 만났다. 그래서 그는 말했다. "당신은 제발
나를 치시오."
b) 그러자 그 사람이 그를 계속해서 쳤다. 그래서 그는 부상을 입었다.

38[46] וַיֵּלֶךְ הַנָּבִיא וַיַּעֲמֹד לַמֶּלֶךְ עַל־הַדָּרֶךְ
וַיִּתְחַפֵּשׂ בָּאֲפֵר[a] עַל־עֵינָיו:

a) 그러고 난 후에 그 예언자는 갔다. 그러고 난 후에 그는 그 왕 앞에 섰
다. 그 길에서.
b) 그런데 그는 그의 눈을 붕대로 변장하였다.

39[47] וַיְהִי הַמֶּלֶךְ עֹבֵר וְהוּא צָעַק אֶל־הַמֶּלֶךְ
וַיֹּאמֶר עַבְדְּךָ יָצָא בְקֶרֶב־הַמִּלְחָמָה וְהִנֵּי־אִישׁ סָר[a] וַיָּבֵא אֵלַי

---

46) [a] 칠십인역은 τελαμῶνι(= בַּפְּאֵר: 머리띠, 터번)으로 번역하고 있고, 페쉿타는 원문이
בַּאֲפֵר(흙으로)였을 것으로 번역하고 있지만, 히브리어 본문에 아무 이상이 없으므로
그대로 두는 것이 좋다.

47) [a] 칠십인역에서는 이 말이 빠졌다. 없어도 말이 되기 때문이다.

אִישׁ וַיֹּאמֶר שְׁמֹר אֶת־הָאִישׁ הַזֶּה אִם־הִפָּקֵד יִפָּקֵד וְהָיְתָה נַפְשְׁךָ
תַּחַת נַפְשׁוֹ אוֹ כִכַּר־כֶּסֶף תִּשְׁקוֹל:

a) 그런데 이런 일이 일어났다. 그 왕이 지나가고 있었다. 그런데 그는 그 왕을 향해 고함을 질렀다.

b) 그러고 난 후에 그는 말했다. "전하(당신)의 종이 그 전장 한가운데에 나갔습니다. 그런데 보십시오. 한 사람이 돌이켰습니다. 그러고 난 후에 그는 제게 한 사람을 데리고 왔습니다. 그러고 나서 그가 말했습니다. '너는 이 사람을 지켜라! 만일 놓치기만 하면 너의 목숨이 그의 목숨을 대신해야 한다. 혹은 은 한 달란트를 달아주어야 한다.'

40[48]   וַיְהִי עַבְדְּךָ עֹשֵׂה[a] הֵנָּה וָהֵנָּה וְהוּא אֵינֶנּוּ
וַיֹּאמֶר אֵלָיו מֶלֶךְ־יִשְׂרָאֵל כֵּן מִשְׁפָּטֶךָ אַתָּה חָרָצְתָּ:

a) 그런데 이런 일이 생겼습니다. 전하(당신)의 종이 이리로 저리로 일을 보고 있었습니다. 그런데 그 남자가, 그가 없어졌습니다."

b) 그러자 이스라엘 왕이 그에게 말했다. "너의 판결이 그러하다. 네가 결정했다."

41[49]   וַיְמַהֵר וַיָּסַר אֶת־הָאֲפֵר מֵעֲלֵי[a] עֵינָיו
וַיַּכֵּר אֹתוֹ מֶלֶךְ יִשְׂרָאֵל כִּי מֵהַנְּבִאִים הוּא:

a) 그러자 그가 서둘러서 그의 눈에서[50] 그 붕대를 벗겼다.

b) 그러자 이스라엘 왕이 그가 그 예언자들 중에서 온 줄을 알아보았다.

---

48) [a] 칠십인역에서는 περιεβλέψατο ＝ שָׂעָה(둘러보고 있었다)로 읽고 있다. 한편 페쉿타에서는 פֹּנֶה(향하고/옆을 향하고/돌이키고 있었다)로 읽고 있다. 그러나 히브리어 본문에 아무 문제가 없으므로 고칠 이유는 없다.

49) [a] 십수 개의 히브리어 필사본과 '크레'에서는 מֵעֲלֵי[(눈)꺼풀에서부터]라고 기록하고 있으나 오히려 현재의 본문이 더 좋다. 다만 모음은 '크티브'와 같이 מֵעַל(에서부터)로 읽어야 한다.

50) BHS의 제안대로 מֵעֲל을 מֵעַל로 읽는다.

42[51]   ויאמר אליו כה אמר יהוה יען שלחת את־איש־חרמי מיד[a]

וְהָיְתָה נַפְשְׁךָ תַּחַת נַפְשׁוֹ וְעַמְּךָ תַּחַת עַמּוֹ:

a) 그러고 난 후에 그가 그에게 말했다. "야흐베께서 이렇게 말씀하십니다.

  '네가 내가 진멸할 것을 손에서 놓았으니

b) 너의 목숨이 그의 목숨을 대신하고 너의 백성이 그의 백성을 대신할 것이다.

43[52]   וַיֵּלֶךְ מֶלֶךְ־יִשְׂרָאֵל [a]עַל[b]־בֵּיתוֹ[a] סַר וְזָעֵף

וַיָּבֹא שֹׁמְרוֹנָה:

a) 그러자 이스라엘 왕은 속상하고 격분하여 그의 집으로 돌아갔다.

b) 그래서 그는 쇼므론으로 갔다.

B. 논쟁점

1. 20장의 통일성과 전후의 연관성을 부인하는 논리들

a. 뷔르트바인[53]

뷔르트바인은 20장 전체를 신명기사 이후의 편집자(nachdtr)가 후대에 집어넣은

---

51) [a] 히브리어 필사본 하나와 바티칸 사본과 루키안 수정본을 뺀 칠십인역과 수리아 핵사플라, 타르굼 필사본에는 מידי(손들에서)라고 읽고 있으며, 바티칸 사본과 루키안, 불가타는 '너의 손'으로 읽었다. 이들은 좀더 합리적으로 고친 것이라 생각된다. 그러나 현재의 히브리어 본문도 충분히 의미를 전달하고 있다.

52) [a-a] 칠십인역 추정원본에는 이 부분이 빠졌다. 그 뒤에 쇼므론으로 간다는 말이 나오므로 집으로 간다는 게 필요 없을 것 같지만, 화자는 집으로, 쇼므론으로 속상해서 번민하며 돌아가는 아흐압의 뒷모습을 자세히 보여주려고 한 것 같다.
   [b] 몇 개의 히브리어 사본은 עַל(위에) 대신에 אֶל(에게)을 쓰고 있다.

53) ATD 11/2, 236f. 문장마다 주를 다는 것은 생략한다.

이야기라 본다. 그리고 본래는 두 개의 독립적인 이야기(1-21a*; 26-34, 43*)였던 것이 합쳐진 것이라 본다. 그리고 22-25절은 후대에 다시 첨가된 것이라고 한다. 또한 35-42절도 후대에 첨가된 것이라며, 처음에 좋게 서술하였던 아흐압에 대해 좋지 않게 평가한 것이 그 증거라 한다.

그러나 20장 전체는 아래에서 볼 수 있는 대로 전체적으로 하나의 이야기다(아래의 B.4 참고). 핵심단어들이 전체를 일관하고 있음이 그 첫 번째 증거다. 그리고 20장은 앞뒤의 18-19, 21-22장과 긴밀하게 연결되어 있다. 20장의 앞부분에서 아흐압을 좋게 평가했다고 보는 것은 잘못된 것이다. 그는 자기 아내들과 아들들을 다 내놓으라고 하는 무리한 주장을 받아들일 수 없었을 뿐이다. 예언자가 제일 앞서 나가 싸우라는 명을 전했으나(14), 그는 적들이 도망하는 것을 보고, 벤하다드까지 도망친 후에 성에서 나가 잔적을 쳤을 뿐이었다(21).

b. 헨 첼

헨첼도 20장의 통일성을 인정하지 않는다.[54] 그는 1-21; 22-34; 35-43절의 세 부분으로 본문을 나누고 각각이 독립적이라 본다. 그는 1-21절과 22-34절이 독립적이라는 근거로 다음과 같은 주장을 내세우고 있다.

1) 첫 번째 이야기는 전쟁 상황을 자세히 서술하는 데 비해 두 번째 이야기에선 그렇지 않다.
2) 첫 이야기에서 아람이 이스라엘을 압도하였지만 둘째 이야기에선 서로 대치가 계속된 것을 보아 대등했다.
3) 첫 번째는 여호아하즈 시대를 반영하고 두 번째는 요아쉬 때를 반영하는 것 같다.
4) 세 번째는 예언자 편집인데, 처음에는 좋게 서술된 아흐압이 정죄를 당하는 것이 증거다.

마지막 논지는 이미 위의 헨첼의 예에서 검토하였으므로, 그 앞의 세 주장을 살

---

54) Hentschel/1, 120-122. 문장마다 주를 다는 것은 생략한다.

퍼보자. 두 번째 이야기에서 자세한 서술이 없는 것은, 초점이 포로가 된 벤하다드를 어떻게 처리하느냐에 놓여 있었음이다.

헨첼은 양측이 두 번째 이야기에서는 군세가 대등했던 것같이 설명하지만, 이스라엘이 염소 새끼 두 떼와 같다고 하지 않았던가(27)? 양측이 7일 동안 대치했던 것은 아람이 지난해에 당한 경험이 있어서 세력의 우위에도 불구하고 조심했던 때문이다. 전투에서 7일 동안의 대치는 대등한 군세를 뜻하는 기간이 될 수 없다. 쇼므론은 삼 년간 앗슈르와 대치하지 않았던가(왕하 17:5)?

그리고 헨첼의 세 번째 주장, 두 이야기를 여호아햐즈와 요아쉬 때로 맞추는 것은 매우 자의(恣意)적이다. 또한 그런 주장은 두 번째 이야기를 대등한 군세라고 판단한 데서 나왔다.[55]

2. 20장의 통일성

20장의 통일성은 무엇보다 어휘의 분포를 보면 알 수 있다. 같은 단어가 20장 전체를 일관하여 흐르고 있는 것이다. 특별히 헨첼과 뷔르트바인이 별개라고 한 1-22절과 23절 이하의 두 부분에서 같은 어휘들이 통용되고 있음을 관찰할 수 있다.

- a. לִתְשׁוּבַת הַשָּׁנָה(그해가 돌아오자): 22, 26. תְּשׁוּבָה(돌아옴)는 열왕기에서 20장에서만 나타나고, 20장 안에서도 이 두 절에서 똑같은 표현을 쓰고 있다.
- b. מָהַר(서두르다): 33, 41. 열왕기에 네 번밖에 안 나오는 단어가 여기에 두 번이나 나타난다.
- c. נוּס(도망하다): 20, 30(2회). 열왕기상에 여섯 번 나오는데, 그 반이 이 장에 집중되었다.

---

[55] 그 외에 디트리히(Dietrich, 1972, 120)는 20장과 22장이 본래 별개였으나 하나로 연결되었다고 하면서, '아흐압'이 네 번 나타나는 반면에 이스라엘 왕은 26번이나 나타나므로 '아흐압'이란 이름은 후대에 들어갔다고 주장하며(위의 책, 121), 20장과 22장이 예언자적인 신명기사 편집자(DtrP)에 의해 신명기사에 들어갔으며 엘리야후의 예언이 실현되었다는 것을 보이기 위함이라 한다(위의 책, 121f). 그러나 아흐압이 적게 나타나고 '이스라엘 왕'이란 말이 나타나는 이유에 대해서는 아래의 본문해설 중의 4절을 참고하라.

d. הָמוֹן(시끄러운 무리): 13, 28절에 나타난다. 열왕기에 여섯 번밖에 안 나오는 단어가 여기서 두 번 나타난다.[56]

e. נָגַשׁ(다가서다, 접근하다): 13, 22, 28절에 나타나며, 18장과 19장에 이어 여기서도 이 장을 이끄는 역할을 하고 있다.

f. נָכָה(치다): 20, 21(2회), 29, 35(2회), 36(2회), 37(3회). 적을 치는 경우가 많지만, 친구를 치는 것, 사자가 치는 것도 포함하여 11회나 등장한다.

g. יָצָא(나가다): 전체에 걸쳐서 10번 나온다. 16, 17(2x), 18(2x), 19, 21, 31, 33, 39. 열왕기에서 한 장에 이렇게 많이 '야차'가 나오는 예는 없다.

h. פָּקַד(사열하다): 15(2회), 26, 27, 39(2x). 전쟁 이야기라서 나올 수 있지만. 성경에서 '파카드'가 한 장에 이렇게 많이 나온 경우는 없다.

i. שָׁלַח(사람을 보내다): 2, 5, 6, 7, 9, 10, 17, 34(2), 42절에 10번이나 나타나 20장 전체를 이끌고 있다. 처음엔 외교사절을 주고받는 일에, 나중에는 석방한다는 뜻으로 썼다.

j. 벤하다드: 1, 2, 5, 9, 10, 12, 16, 20, 26, 32[57])에 두루 나타난다.

k. 아람: 1, 20(2회), 22, 23. 26, 27, 28, 20에 나타난다.

l. שִׂים(두다): 6, 12(2회), 24, 31, 34(2회)에서 모두 일곱 번 등장하여 이 장을 이끌고 있다

m. נָבִיא(예언자): 13, 22, 35, 38, 41절에 나타나며, 20장의 핵심단어가 되었다.

n. יָדַע(알다): 7, 13, 22, 28절에 분산되어 나타난다.

o. חָפַשׂ(찾다): 6, 38절에 나타난다.

이상의 어휘분포도는 20장이 분명히 하나의 단위라는 것을 증명하고 있다.

---

56) 이 단어는 열왕기에서는 왕상 18:41; 왕하 7:13(2회); 25:11에만 나타난다.

57) 벤하다드는 20장 외에도 '엘리야후 엘리샤 이야기' 전반에 걸쳐서 나타난다: 왕상 15:18, 20; 20:1f, 5, 9, 10, 12, 16, 20, 26, 30, 32; 왕하 6:24; 8:7, 9, 14; 13:3, 24.

3. '엘리야후 엘리샤 이야기'와의 연관성

a. 어휘의 분포

20장에 나오는 어휘는 17-19장 및 21-22; 열왕기하 1-13장에도 많이 나온다. 특히 인접한 18-19장과의 공통점이 확연하다.

1) וַיָּשֻׁבוּ הַמַּלְאָכִים (5: "그런데 그 사자들이 돌아왔다")

19:7 וַיָּשָׁב מַלְאַךְ יְהוָה …… וַיֹּאמֶר	그런데 야흐베의 사자가 돌아왔다…… 그러고 난 후에 그는 말했다.
20:5 וַיָּשֻׁבוּ הַמַּלְאָכִים וַיֹּאמְרוּ	그런데 그 사자들이 돌아왔다. 그러고 난 후에 그들은 말했다.

שׁוּב(돌아오다), מַלְאָךְ(사자), אמר(말하다)의 공통점 외에도 하나님의 사자는 엘리야후를 살리러 꾸준히 다시 돌아오고, 벤하다드의 사자들은 이스라엘을 약탈하려고 집요하게 다시 돌아왔다는 점이 좋은 대조를 보이고 있다.

2) 20장 10절의 맹세문은 19장 2절의 맹세문과 연관성을 가지고 있다.

19:2 כֹּה־יַעֲשׂוּן אֱלֹהִים וְכֹה יוֹסִפוּן כִּי	……않으면 신들이 이렇게 하고 이렇게 더할 것이다.
20:10 כֹּה־יַעֲשׂוּן לִי אֱלֹהִים וְכֹה יוֹסִפוּ אִם	신들이 내게 이렇게 하고 이렇게 더할 것이다. 만일……

이 두 절은 문자적으로 거의 일치하고 있다. 19장 2절을 기준으로 하면 20장 10절에서는 중간에 לִי(내게)가 첨가되었고, 뒤에 כִּי(않으면) 대신에 אִם(만일)이 들어갔을 뿐이다. 성경의 다른 곳에는 이와 비슷한 맹세문이 발견되지 않는다. 이

제벨의 엘리야후에 대한 저주(19:2)가 벤하다드를 통해 아흐압에게(20:10) 돌아왔
다. 이런 구성은 두 장의 저자가 하나임을 증명하는 것이다.

3) 20장 13절에서 예언자가 나타나는 장면은 19장 5절에서 천사가 나타나는
   장면과 매우 흡사하고 구조도 거의 같다.

19:5		20:13	
וְהִנֵּה־זֶה	그런데 이것을 보라	וְהִנֵּה	그런데 보라
מַלְאָךְ	한 천사가	נָבִיא אֶחָד	한 예언자가
נֹגֵעַ	건드렸다	נִגַּשׁ	가까이 왔다
בּוֹ	그를	אֶל־אַחְאָב מֶלֶךְ־יִשְׂרָאֵל	아흐압, 이스라엘 왕에게
וַיֹּאמֶר לוֹ	그러고 난 후에 그가 그에게 말했다	וַיֹּאמֶר	그러고 난 후에 그가 말했다.

이 두 대목의 내용과 상황도 유사하다. 하나는 엘리야후의 위기를, 또 하나는
이스라엘의 위기를 반전시키는 이야기를 전하고 있다.

4) נגשׁ(나가쉬: 다가서다)는 열왕기에서 거의 '엘리야후 엘리샤 이야기'에 제한
   되어 나타나 예언자의 행위를 설명한다: 왕상 18:21, 30(2회), 36; 20:13, 22,
   28; 22:24; 왕하 2:5; 4:5, 6, 27; 5:13. 예외는 열왕기상 5장 1절뿐이다.

5) שִׁבְעָה אֲלָךִ(칠천명). 19장 18절에 나타난 7,000명이 20장 15절에서 이스라
   엘군의 숫자로, 30절에는 적들 중에서 성에 깔려 죽은 27,000명 속에 나타
   난다. 이는 열왕기에 나타난 '7,000'의 전부다.

6) כּוּל(쿨: 부양하다: 27). 17장(4, 9)과 18장(4, 13)에서 핵심적인 단어
   (Leitwort)였던 '쿨'이 20장에 다시 나타나 그들과의 연관성을 증명한다. 성
   경에서 전쟁 이야기가 많지만 군량을 받고 나가서 싸운다는 말은—당연한

이야기여서인지—여기밖에 없다. 그리고 이 단어는 오직 '엘리야후 엘리샤
이야기'에서만 발견된다.[58] 19장에서는 이 단어가 나타나지 않지만 엘리야후
가 천사에게서 부양을 받았다.

7) נֶפֶשׁ(네페쉬: 목숨: 31f, 39, 42). 이 단어는 19장(2ff, 10, 14)과 20장 후반
부에서 중심적인 역할을 하고 있다.[59] 두 장의 핵심어가 같다고 하는 것은
두 장의 깊은 연관성을 드러내는 것이다. 또한 19장에서는 이제벨이 엘리야
후의 목숨을 **빼앗**으려 하고, 20장에서는 하나님이 벤하다드의 목숨 대신에
아흐압의 목숨을 요구하여, 대조를 보이고 있다.

	19장	20장
죽이려는 주체:	이제벨	하나님
위협을 받는 존재:	엘리야후	아흐압
근거:	죽였기 때문에	살렸기 때문에
누구를 죽였나/살렸나:	바알의 예언자들	벤하다드
어디서:	카르멜산의 대결에서	아페크의 대결에서

이상의 구조는 이제벨이 아흐압에게는 하나님과 같은 존재임을 알게 한다.

8) חֶדֶר בְּחֶדֶר(내실 중의 내실). 20장 30절의 이 숙어는 22장 25절에 다시 똑
같은 형태로 나타난다. 둘 다 적 앞에서 피하여 숨는 상황에서 사용되었다.
열왕기하 9장 2절에서는 이 장소가 예후를 기름 붓는 장소가 되었다.

9) יָדַע(알다: 13, 28). 20장에서 두 개의 전쟁을 묶어 주는 다발 역할을 하는
'야다'가(7, 13, 22, 28) '엘리야후 엘리샤 이야기'의 다른 부분들과도 연결
시키고 있다. 과부는 엘리야후에게 엘리야후가 하나님의 사람이요, 그의 입에
서 나오는 말이 참되다는 것을 알았다고 고백했고(17:24), 엘리야후가 카르멜

---

58) 열왕기에서 이 단어는 17, 18, 20장 외에는 왕상 4:7; 5:7; 7:26, 38; 8:27, 64에만 나타난다.

59) 열왕기에서 '네페쉬'의 용례는 다음과 같다(19, 20장 제외). 왕상 1:12, 29; 2:4, 23; 3:11;
8:48; 11:37; 17:21f; 왕하 1:13f; 2:2, 4, 6; 4:27, 30; 7:7; 9:15; 10:24; 12:5; 23:3, 25. 대
개가 '엘리야후 엘리샤 이야기'에 집중되어 있다.

산에서 한 기도의 핵심은 사람들이 알게 해 달라고 하는 것이었고(18:36f), 20장에서는 아람을 아흐압의 손에 붙이는 이유가 아흐압이 하나님이 야흐베라는 것을 알게 하려는 것(13절)과 이스라엘에게 하나님이 야흐베라는 것을 알게 하기 위함이었다(28절). 이런 '야다'의 신학은 열왕기하 5장에 연결되고 있으며(8, 15), 예후 혁명 이야기에도 나타난다(10:10).[60]

10) מלט(피신하다: 20). 이 단어는 18장 40절에서 바알의 예언자들을 놓치지 말라는 문맥에서 나왔고, 19장 17절에서는 하나님이 햐자엘의 칼을 피한 자, 예후의 칼을 피한 자를 거론하실 때에 나왔으며, 열왕기하 10장 24절에서는 바알 숭배자들을 모두 참살하는 상황에서 사용되었다.[61]

11) סר וזעף(속상하고 격분하여: 43). 이런 표현은 성경에서 오직 21장 4절에 다시 나온다.

12) נביא(예언자). '나비'는 20장에서 다섯 번 나오면서 이 장을 이끌고 있는데 (13, 22, 35, 38, 41), 18장(12회), 19장(4회), 22장(7회), 열왕기하 2장(4회) 을 합하면 엘리야후 이야기(왕상 17-22; 왕하 1-2)에서 32회 나타난다. 엘리샤 이야기(왕하 3-13)에는 17회 등장하고, 열왕기의 나머지 부분(합 27장) 을 모두 합하면 44회 등장한다. 이는 '나비'가 엘리야후 이야기에 집중적으로 나타나서 선도 역할을 한다는 것을 의미한다.[62]

13) 아람(1, 20[2회], 22, 23, 26, 28, 29). 이는 19:15; 22:1, 3, 11, 31, 35에 다시 나타나는데, 특히 19장에서 하나님이 아람왕을 말씀하신 이후에 20장에 바로 아람왕이 등장하므로 19장과의 연관이 강하고, 또한 22장에서 다섯 번 등장하며(1, 3, 11, 31, 35), 그 뒤로는 자주 '엘리야후 엘리샤 이야

---

60) 이외에도 '야다'는 '엘리야후 엘리샤 이야기'에서 왕상 20:7, 22; 22:3; 왕하 2:3, 5; 4:1, 9, 39; 5:7; 7:12; 8:12; 9:11; 10:11에서 발견된다.

61) 열왕기에서 이 단어는 그 외에 왕상 1:12; 19:37; 23:18에서 발견된다. 8회 중 6회가 '엘리야후 엘리샤 이야기'에 사용되었다.

62) 엘리야후 엘리샤 이야기에 나오는 '나비'(예언자)의 용례는 다음과 같다. 왕상 18:4(2), 13(2), 19(2), 20, 22(2), 25, 36, 40; 19:1, 10, 14, 16; 20:13, 22, 35, 38, 41; 22:6f, 10, 12, 22, 23; 왕하 2:3, 5, 7, 15; 3:11, 13(2); 4:1, 38(2); 5:3, 8, 13, 22; 6:1, 12; 9:1(2), 4, 7; 10:19.

기'에 등장한다.63)

14) שָׁלַם(두다: 6, 12[2회], 24, 31, 34[2회]). 이는 18장에서도 일곱 번 등장했던 단어로서, 열왕기하 4장에서 네 번, 10장에서 다섯 번 등장하고 있다. 그 외에 19; 21; 22장; 열왕기하 2장에서 한 번씩 등장하고 있다.64)

15) מַלְאָךְ(사자: 2, 5, 9[2회], 12). 열왕기상 19장(2, 5, 7)과 열왕기하 1장을 이끄는 단어(2, 3[2회], 5, 15, 16)65)이므로 열왕기상 19장과 열왕기하 1장과의 연관성이 두드러진다.

16) כָּעֵת מָחָר(내일 이때쯤: 6). 19장 2절에도 나오는데, 이제벨의 엘리야후에 대한 최후통첩에 사용되었다. 열왕기하 10장 6절에서는 예후의 통첩에 나온다.

17) הָמוֹן(시끄러운 무리: 13). 이 단어는 열왕기에 오직 다섯 번만 나타나는데, 그중에 네 번은 '엘리야후 엘리샤 이야기'에 나타난다: 열왕기상 18:41; 20:13, 28; 열왕기하 7:13.

18) בַּצָּהֳרַיִם(점심때에: 16). '점심때'라는 말은 본문 외에 열왕기에서 열왕기상 18:26, 27, 29; 열왕기하 4:20에만 발견된다. 모두 '엘리야후 엘리샤 이야기'에서다. 18장과 20장에서 이 단어는 대결의 시간을 암시한다. 열왕기하 4장에서는 슈넴 여인의 아이가 죽는 위기의 시간이었다. 어쨌든 결정적인 시간을 표시하고 긴장을 더해 주는 용도로 쓰인 이 단어는 열왕기상 20장과 18장, 열왕기하 4장을 이어 주는 역할을 한다.

19) תָּפַשׂ(생포하다: 18). 이는 18장 40절에도 나타나 18장과 20장을 연결시켜 준다. 18장에선 엘리야후가 바알의 예언자를 잡으라고 했는데, 이제는 벤하다드가 이스라엘군을 잡으라고 하여 대조되고 있다.66)

---

63) 왕하 5:1, 5; 6:8f, 11, 23; 7:4ff, 10, 12, 14; 8:7, 9, 13, 28; 9:14f; 12:18f; 13:3ff, 7, 17, 19, 22, 24.

64) '엘리야후 엘리샤 이야기'에서 나타나는 용례: 왕상 18:23(3회), 25, 33, 42; 19:2; 21:27; 22:27; 왕하 2:20; 4:10, 29, 31, 34; 6:22; 8:11; 9:13, 30; 10:3, 7, 8, 24, 27; 11:16, 18; 12:18; 13:7, 16.

65) 열왕기의 용례는 다음과 같다: 왕상 13:18; 19:2, 5, 7; 20:2, 5, 9; 22:13; 왕하 1:2, 3(2x), 5, 15, 16; 5:10; 6:32f; 7:15; 9:18; 10:8.

20) חזק(강하다 22, 23[2회], 25). 이는 비교적 흔한 단어이긴 하나, 20장에서 네 번 나타나고, 17:17; 18:2; 19:11; 열왕기하 2:12에도 나타나 엘리야후 이야기와의 연관성을 암시한다. 특히 19장은 아흐압과 벤하다드가 스스로 강하게 하는 것과 하나님의 강함을 대조시키고 있다.[67]

21) נכה(대적하여, 대치하여 29). 이 단어는 열왕기에선 딱 한 차례 더 나타난다. 즉 열왕기상 22:35이다. 이는 20장과 22장의 연관성을 암시한다.

22) שק(베: 31, 32). 21장 28절에 두 번이나 나온다. 이번에는 아흐압이 베옷을 입고 참회한다. 그 외에 이 단어는 열왕기하 6:30; 19:1, 2에 나타나는데, 모두 왕이 베옷을 입은 경우이며, 열왕기의 용례 7번 중에서 5번이 '엘리야후 엘리샤 이야기'에 사용되었다. 그중에서 네 번이 20장과 21장에 나타난다.

23) חיה(살아나다). '햐야'는 주로 '엘리야후 엘리샤 이야기'에 등장한다. 엘리야후는 죽은 아이를 살리고(17:22; 엘리샤는 왕하 8:1), 아흐압은 짐승들이나 살리려고 했고(18:5), 아햐즈야는 자기가 살게 될지 바알즈붑에게 물었고(왕하 1:2), 예후는 바알을 믿는 사람들을 살리지 않는다(왕하 10:19). 그리고 엘리샤의 뼈에 닿기만 해도 시체가 살아났다(왕하 13:21).

24) מהר(서두르다: 33, 41). 이는 열왕기에서 오직 '엘리야후 엘리샤 이야기'에만 등장한다(22:9; 열왕기하 9:13). 또한 중요한 상황의 변전이 있는 경우들에 나타났다.

25) שלח(보내다). 이 단어는 드물지 않게 나타나지만, 엘리야후 이야기에서 그 빈도가 높고, 엘리샤 이야기에서도 열왕기의 다른 곳보다 자주 나타난다. 20장에서 10번 나타나는 '샬라흐'는 열왕기상 17장과 22장을 제외하곤 18장(3회), 19장(1), 21장(4), 열왕기하 1장(7), 2장(6)에 걸쳐 골고루 나타난다.[68]

---

66) 왕상 11:30; 13:4; 18:40; 20:18; 왕하 7:12; 10:14; 14:7, 13; 16:9; 18:13; 25:6.

67) 엘리야후 이야기에 8회에 걸쳐 등장하는 '햐자크'는 특히 엘리샤 이야기에 10회(3:26; 4:8, 27; 12:6, 7, 8, 9, 13(2), 15)나 등장하므로, 열왕기에서 엘리야후/엘리샤 이야기를 제외한 나머지 부분의 용례를 합한 11회에 근접해 있다.

68) 엘리야후 이야기에서 '샬라흐'는 31회 나타난다. 왕상 18:10, 19, 20; 19:2; 20:2, 5, 6, 7, 9, 10, 17, 34(2), 42; 21:8, 11(2), 14; 왕하 1:2, 6(2), 9, 11, 13, 16; 2:2, 4, 6, 16, 17(2).

26) שׁפשׂ(찾다: 6, 38). 20장의 두 부분에 등장하면서, 22장 30절에 두 번, 열왕기하 10장 23절에 한 번 나오는 이 단어는 열왕기에서 오직 '엘리야후 엘리샤 이야기'에만 나타난다. 이는 20장과 22장을 연결해 주고 있다.

27) נכר(알아보다: 41). 열왕기에서 네 번 나오는 이 단어는 '엘리야후 엘리샤 이야기' 중에는 18장 7절에서 다시 발견된다.[69]

28) תחת[대신에: 39, 42(2회)]. 누구 대신에 자기 목숨을 내놓아야 한다는 맥락에서 사용된 것은 열왕기하 10장 24절을 들 수 있다. 이는 이 장이 열왕기하 10장과 연관이 있음을 드러낸 것이다.

29) 32명(1, 15, 16). 22장 31절에도 나와서 20장과 22장의 연관성을 암시한다.

b. 20장의 '엘리야후 엘리샤 이야기'와의 연관성

위의 관찰들을 종합하여 우리는 20장과 각 장들과의 연관성을 다음과 같이 정리할 수 있다.

1) 열왕기상 19장. 위의 1), 2), 3) 외에 칠천 명, כול(공궤/부양하다), נפשׁ(목숨:), מלט(피신하다), נביא(예언자), 아람, מלאך(사자), כעת מחר(내일 이때쯤), חזק(강하다), שׁלח(보내다)에서 13회나 20장과의 연관성이 드러내므로,[70] 20장은 무엇보다 19장과의 연관성이 가장 두드러진다고 할 수 있다. 특히 사자가 돌아오는 장면(19:7; 20:5)이라든지 천사나 예언자가 나타나는 상황(19:5; 20:13), 맹세문(19:2; 20:10)은 문자적인 일치를 보인다. 19장에서 이제벨이 맡은 역할을 20장에서 벤하다드가 맡았고, 19장의 천사 대신에 익명의 예언자

또한 엘리샤 이야기에는 29회 나타난다: 3:7; 4:22; 5:5, 6, 7, 8, 10, 22, 24; 6:7, 9, 10, 13, 14, 23, 32(2); 7:13, 14; 8:9, 12; 9:17, 19; 10:1, 5, 7, 21; 11:4; 12:19. 그 외의 열왕기 용례는 모두 58회에 달한다.

69) 그 외엔 14:4f에 나타날 뿐이다.

70) 여기선 구가 많으므로 장황함을 피하기 위하여 번호로 대신한다.

가 등장하는 구도가 어휘의 공통점을 초래한 듯하다.

2) 열왕기상 18장. נגשׁ(나서다), כּול(공궤하다), ידע(알다), מלט(피신하다), נביא(예언자), 아람, מלאְך(사자, 천사), הָמוֹן(시끄러운 무리), 점심 때, תפשׂ(생포하다), חזק(강하다), חיה(살아나다), שׁלח(보내다)에서 20장과 공통되는 어휘가 발견된다(13회). 특히 '하몬'(무리), '타파스'(생포하다), '점심 때'는 엘리야후 이야기 안에서 18장과 20장에만 나타난다. 이는 대결 모티프가 두 장의 공통점을 이루고 있기 때문인 듯하다.

3) 열왕기상 22장. נגשׁ(나서다), כּול(공궤, 부양하다), חֶדֶר(내실), נביא(예언자), 아람, נכה(대적하여), חפשׂ(찾다), 32명, מהר(서두르다)에서 연관되어 있다(9회). 특히 חֶדֶר, חפשׂ, 32명, נכה, מהר 등은 엘리야후 이야기 안에서 오직 20장과 22장에서만 발견된다. 두 장이 공히 아람과의 전쟁이라는 주제를 다루고 있는 점도 주목된다.

4) 열왕기하 10장. ידע(알다), מלט(피신하다), שׂים(두다), כָּעֵת מָחָר(내일 이때쯤), חיה(살아나다), חפשׂ(찾다), תחת(대신에) 등이 두 장을 잇고 있다(7회). 이렇게 멀리 떨어져 있는 장과의 연관성은 '엘리야후 엘리샤 이야기'의 연속성을 암시하는 것 같다. 특히 열왕기하 10장은 열왕기상 18장과 비슷하게 대결 모티프를 갖고 있는 것이 주목된다.

5) 열왕기상 17장. כּול(공궤하다), חזק(강하다), חיה(살아나다), ידע(알다) 등이 20장과 공통되는 단어들이다(4회). 특히 부양(כּול) 모티프는 17-19장과 20장을 잇는 중요한 단서가 된다.

6) 열왕기하 2장. נגשׁ(나서다), נביא(예언자), חזק(강하다), שׁלח(보내다) 등의 공통점을 지니고 있다(4회). 이는 두 장이 공히 예언자들의 이야기를 다루기 때문인 듯하다.

7) 열왕기하 4장. נגשׁ(나서다), שׂים(두다), בַּצָּהֳרַיִם(점심 때에), חזק(강하다) 등의 공통점을 지니고 있는 4장은 엘리샤 이야기에 속하면서도 엘리야후 이야기(왕상 17:17-24)와 공통점이 많은 장이라는 점에서 주목된다.

8) 열왕기하 1장. 열왕기상 20장과 מַלְאָךְ(사자), חיה(살아나다), שלח(보내다) 등의 공통 어휘를 갖고 있는 열왕기하 1장은 왕이 등장하는 것 외엔 별로 공통적인 주제를 갖지 않고 있다.

9) 열왕기상 21장. סַר וְזָעֵף(속상하고 격분하였다), שַׂק(베, 베옷) 등의 공통점을 갖고 있어서 다른 장에 비해 공통의 어휘가 적은 셈이다. 그러나 '속상하고 격분하였다'는 성경에서 이 두 곳밖에 발견되지 않으므로 두 장의 연관성을 증명하는 결정적인 증거라 할 수 있다.

10) 열왕기하 9장. חֶדֶר(내실), מהר(서두르다)의 두 단어밖에 없지만, 군사적인 내용이 두 장의 공통점이어서 주목된다.

11) 열왕기하 6장. חֶדֶר(내실), שַׂק(베)의 공통점을 지닌다. 두 장은 공히 아람과의 전쟁을 다루고 있다.

이상을 종합해 볼 때에 20장은 엘리야후 엘리샤 이야기 전체와 연관을 가지고 있으므로 엘리야후 이야기임이 분명하다. 이 장은 특히 18/19/22장과의 연관이 강하다. 엘리샤 이야기 중에서 열왕기하 4, 6, 9, 10장과의 연관성이 많은 것은, 이들이 '엘리야후 엘리샤 이야기' 중에서도 엘리야후 이야기와 특별히 더 가까운 부분들이라는 것을 암시한다.

4. 20장의 구조

20장의 구조는 다음과 같이 도표로 나타낼 수 있다.[71]

    Ⅰ 아람의 첫 번째 침략(쇼므론 포위 전투. 1-22)

     A 발단: 벤하다드가 올라왔다(1-12)[72]

---

71) 왈쉬(Walsh, 293f)는 20장의 구조를 분석하는 데 실패하여 이 장을 예언자의 정죄만 없으면 정확히 대칭을 이루는 것이라 하여 예언자 부분을 후대의 첨가로 보았다.

72) 왈쉬는 1절과 12절을 각각 도입(A)과 종결(A′)로 보고, 세 번의 사자들의 왕래를 B,

1 쇼므론을 포위하다(1): 32명의 왕도 같이 오다

2 세 번의 협상이 결렬되다(2-12)

B 전개: 전투(13-21)

1 '나비'의 약속(13-14): '하몬'을 네 손에 넘겨 내가 야흐베임을 알게 한다

2 이스라엘의 사열(15): 232명과 칠천명

3 승리(16-21)

a 공격(16-18): 점심 때에 청년대가 나가니 벤하다드는 생포하라고 하다

b 이스라엘의 승리(19-21): 맨 나중에 아흐압도 나가 살육.

C 종결(22): 예언자의 재침 예고

II 아람의 두 번째 침략(아페크 전투: 23-43)

A 발단: 벤하다드가 올라왔다(23-26)

1 세 가지 준비(23-25): 평지, 총독, 지난번과 같은 군세

2 아페크로 침입(26)

B 전개: 전투(27-30)

1 사열(27): 염소 새끼 두 떼

2 '하나님의 사람'의 약속(28): '하몬'을 넘겨 야흐베를 알게 한다

3 승리(29-30)

a 전장에서(29): 7일 대치, 십만 살상

b 아페크에서(30): 27000명 사망, 벤하다드는 내실로.

C 종결(31-43): 하나님의 심판

1 아흐압의 죄: 벤하다드 석방(31-34)

2 판결(35-42): '네 목숨을 내 놔라'

a 예언자의 질문(35-40): '포로를 놓쳤는데……'

b 예언자의 선고(41-42): '네 목숨을 내놔라'

3 아흐압의 반응(43): 속상하고 격분했다

헨첼과 뷔르트바인은 각각 21절과 21a를 첫 이야기의 끝 부분으로 보았다

B´, B˝로 보았다. 그렇게 되면 두 번째 이야기와의 교묘한 대칭은 놓칠 수밖에 없다.

(Hentschel/1, 120; ATD 11/2, 236). 그러나 위의 도표에서 보듯이 두 이야기는 같은 구조를 갖고 있다. 22절을 뒷이야기에 포함시킨다면, 첫 번째 이야기는 종결 부분이 없는 이야기가 되어 버린다. 또한 두 이야기는 공히 서두에 '멜레크 아람' (아람왕: 1, 23)으로 시작한다.[73]

두 번의 전쟁은 각각 세 가지 단계로 진행되었다. 즉 "벤하다드가 올라왔다"는 것으로 발단이 되고, 이어서 전투가 벌어지고, 마지막에는 하나님의 사자가 나타나서 마무리를 한다. 그것은 재침에 대한 준비였을 때도 있었고, 아흐압의 실수에 대한 책망일 때도 있었다.

두 전쟁기사의 첫 문단은 공히 벤하다드의 침공을 다루며 וַיַּעַל(바야알: 그러고 난 후에 그가 올라왔다 1, 26)을 공유하고 있다. 첫 문단에서는 공히 세 번이란 횟수가 등장한다. 세 번 협상사절이 오가고, 세 번의 준비가 있었다. 두 번째 문단들은 모두 전투상황을 그리고 있다. 쇼므론 전투는 자세히 묘사되었고, 아페크 전투는 간단히 서술되었다. 그리고 '전투' 문단에서는 똑같이 세 요소를 포함하고 있다. 즉 사열('파카드'), 예언자나 하나님의 사람의 전언, 승리의 세 요소다. 세 번째 문단은 두 번째 문단과는 반대로 쇼므론 전투의 종결은 간단하고, 아페크 전투의 종결은 매우 길다. 아페크 전투의 종결은 두 번 전투의 총결산이 될 수 있으므로 이 장 전체의 결론이 되는 셈이다.

각 문단의 길이들이 서로 다른 것은 두 전쟁의 강조점이 다르기 때문이다. 첫 번째 전쟁은 하나님이 함께 하시면 압도적인 적도 이길 수 있다는 것에['하몬'(시끄러운 무리), '야다'(알다)가 핵심어휘], 두 번째 이야기는 하나님이 맡기신 포로를 제 맘대로 놓아 준 아흐압의 과오에 초점이 맞춰져 있다('하몬', '야다' 외에 '네페쉬'가 핵심어휘로 등장). 두 전쟁사의 구조가 이렇게 같음은 같은 저자가 같은 의도로 썼음을 확신하게 한다.

흥미로운 사실은 두 이야기에서 기묘하게 나타나는 교차대구법이다. 먼저 두 번째 기사의 발단 부분인 23-26절은 아람의 전쟁 준비(23-25)와 침공(26) 부분으로

---

73) BHS에서도 22절 뒤에 '스투마'(סְתוּמָה)가 있다.

나뉘어져 있고, 이 형태는 첫 번째 이야기의 1-12절과 교차대구법을 이루고 있다.

    1-12   23-26

    A 침공(1)   B' 세 가지 전략(23-25)
    B 세 번의 협상(2-12)   A' 침공(26)

A와 A'는 공히 아람의 침공을 다루고 있고, B와 B'는 '셋'이란 숫자를 공유하면서 교
차대구법을 보여 준다.
이런 현상은 13-15; 27-30절에서도 나타난다.

    13-15   27-28

    A 예언자의 약속(13f)   B' 사열(27)
    B 사열(15)   A' 예언자의 약속(28)

A와 A'는 예언자의 약속을 보여 주고, B와 B'는 사열을 소개하여 교차대구법
을 이룬다. 이렇게 두 번의 교차대구법이 나타나는 것은 이 두 이야기가 같은 저
자의 작품임을 짐작하게 한다. 이상을 통해서 우리는 20장이 매우 조밀하게 짜여
진 하나의 이야기라는 것과, 그것이 앞뒤의 '엘리야후 엘리샤 이야기'들과 긴밀하
게 연결되어 있음을 알 수 있다.[74]

---

74) 디트리히(Dietrich, 1972, 120)도 열왕기상 20장이 벨하우젠(Wellhausen, 1963, 284) 등이
    주장한 바와 같이 '아람 전쟁 이야기'가 아니라 '예언자 이야기'라 규정하였다. '예언자
    이야기'가 '아람 전쟁 이야기'에 첨가된 흔적을 찾을 수 없기 때문이었다.

 본문해설

1. 첫 번째 전쟁 이야기(1-22)

20장은 19장의 연속편인 이야기를 전하고 있다. 엘리야후가 자기 혼자만 남았다고 한 것에 대하여 하나님이 다른 예언자들을 보이고 있고, 이제벨이 맹세하며 내일 이 때까지 엘리야후를 죽이겠다고 한 것은, 벤하다드가 내일 이때까지 이제벨을 비롯한 왕비들과 아들들을 데려가겠다고 하는 말로 이어진다. 20장의 발단 부분인 1-12절은 19장에서의 이제벨 역할을 하는 벤하다드가 올라와 아흐압과 이스라엘을 위협하는 내용이다.

a. 벤하다드가 올라왔다(발단: 1-12)

아람왕 벤하다드는 아흐압을 시험하는 도구로 등장하고 있다. 하나님은 벤하다드를 통하여 아흐압의 하나님에 대한 믿음을 테스트하였으나, 아흐압은 인간적인 전술과 용기로 벤하다드에게 맞선다.

1 בֶּן־הֲדַד מֶלֶךְ־אֲרָם(벤하다드, 아람왕). 첫 이야기의 첫 문단은 아람왕 벤하다드로 시작한다. 정상적인 어순을 바꾸어 주어를 먼저 앞세운 것은 벤하다드를 강조하기 위함이다. '아람왕'은 19장 15절에 나온 '아람왕'에서 연결된다. 하나님은 아람왕으로 햐자엘을 세우라고 하셨는데, 엘리야후가 아직 순종하지 않고 있었다. 그러나 하나님은 벤하다드를 통하여 이스라엘과 아흐압을 시험하신다. 32명의 왕은 이스라엘의 232명의 '청년대'의 밥이 될 것을 암시한다.[75]

וַיִּלְחֶם בָּהּ(그러고 난 후에 그것과 싸웠다). 1절은 여샤야후 7장 1절과 같이 이

---

[75] 이런 식의 숫자 암시는 두 번째 전투에서 이스라엘 칠천명(문맥으로 미루어 앞의 전투와 숫자가 같았을 것이다) 앞에서 도망하다 성벽에 깔려 죽는 27000명에서도 나타난다. 두 가지 숫자 암시에서 각각 그 숫자의 맨 앞에 2자를 덧붙인 것도 같은 기교로 보인다.

전쟁 기사의 제목 역할을 하는 것 같다. 그러므로 아직 공격하지 않았는데도, 싸웠다고 한다.

2 מַלְאָכִים(사자들). 그 당시 앗슈르식의 성 공격은 대개 먼저 포위를 하고 공성공사를 하는 것으로 시작되는데, 공사 도중에 협상이 진행된다(ATD 11/2, 237). 그런데 19장을 이끌었던 단어 '말아크'(2, 5, 7)가 복수가 되어 다시 나타난다(20: 2, 5, 9(2회), 12). 19장 2절에서 이제벨이 사자를 보내어 엘리야후의 목숨을 위협했는데, 20장 2절에서는 아람의 사자들이 와서 이제벨을 내놓으라고 한다. 19장에 나온바 이제벨의 위협이 그대로 자신에게 되돌아오고 있다.

19:2(이제벨의 위협)	20:2-10(벤하다드의 위협)
מַלְאָךְ אֶל־אֵלִיָּהוּ לֵאמֹר	(2f)מַלְאָכִים אֶל־אַחְאָב ‥‥‥ וַיֹּאמֶר
한 사자를 엘리야후에게, 이르기를,	사자들을 아흐압에게……그리고 난 후에
	그가 말했다.
כֹּה־יַעֲשׂוּן אֱלֹהִים וְכֹה יוֹסִפוּן	(10)כֹּה־יַעֲשׂוּן לִי אֱלֹהִים וְכֹה יוֹסִפוּ
신들이 이렇게 하고 이렇게 더할 것이다.	신들이 내게 이렇게 하고 이렇게 더할 것이다.
כִּי־כָעֵת מָחָר	(6)כִּי אִם־כָּעֵת מָחָר
내가 내일 이때쯤에……않으면	오히려 내일 이때쯤에
אָשִׂים אֶת־נַפְשְׁךָ כְּנֶפֶשׁ אַחַד מֵהֶם	(6)וְשָׂמוּ בְיָדָם
내가 당신의 목숨을 그들 중의 하나와	그들이 그들의 손들에 둘 것이다.
같이 두지 않으면	

이는 화자가 벤하다드의 위협을 온전히 이제벨의 말로 구성한 것이나 다름없다. 이제벨의 말은 19장의 한 절에 나타나지만, 20장에서는 네 절(2, 3, 6, 10)에 걸쳐 나타난다. 이는 19장과 20장의 연관성을 증명하는 것이다.

3 לִי־הוּא(내 것이다—그것은). 벤하다드는 간단명료한 명사문으로 아흐압의 재물과 아내들, 왕자들을 다 요구하고 있다. 그는 왕의 포고문 형식으로 글을 쓰고 있다(Walsh, 295). 그리고 강조하기 위하여 '내 것이다—그것은'을 끝에 덧붙였다.

그가 요구한 내용의 순서는 아마 덜 중요한 것부터 더 중요한 것의 차례인 것 같다. 벤하다드는 왕자들을 가장 귀하게 생각한 듯하다. 아내들과 아들들에게는 ‘그좋은’(정실 출신의)이란 수식어를 붙여서 아흐압의 마음을 자극하고 있다.[76] 그는 암몬이 길아드 야베스 사람들에게 한 것(삼상 11:2)과 흡사하게 과도한 요구를 하고 있으나 아흐압은 거절하지 못한다.

וְנָשֶׁיךָ(그리고 너의 아내들). 이제벨이 벤하다드의 요구품목 가운데 들었다!

4 מֶלֶךְ־יִשְׂרָאֵל(이스라엘 왕). 20장에서는 아흐압이란 말 대신에 이스라엘 왕이란 말이 압도적으로 많이 등장한다. 그 이유는 무엇일까? 언어 선택에 매우 민감하고 조심스러운 저자가 유독 여기서만 이스라엘 왕이라 한 이유는 하나님이 그를 돕고 있기 때문으로 보인다. 하나님은 우상을 숭배하고 바알 신전을 세운 ‘아흐압’을 도운 게 아니라, 야아콥의 자랑스러운 이름 이스라엘의 왕을 도우셨다는 뜻이다.

לְךָ אֲנִי(당신의 것입니다—나는). 아흐압은 자신에게 부과된 봉신의 위치를 이의없이 받아들인다(Walsh, 295). 조공의 액수가 높은 경우는 많았지만(왕하 12:19; 18:14-16 참고), 아내들과 아들들까지 내라는 요구는 전례가 없었다.

5 וַיָּשֻׁבוּ הַמַּלְאָכִים(그런데 그 사자들이 돌아왔다). 아흐압의 굴종에도 불구하고 벤하다드의 사자들은 다시 돌아와 더 무리한 요구를 내놓는다.[77] 사자들이 다시 돌아온 것은 엘리야후에게 천사가 다시 돌아온 것(19:7)과 똑같은 형식이지만, 내용은 정반대다. 벤하다드는 자기가 지난번에 말하지 않은 것까지 상기하라고 한다. 즉 ‘내 것이라’고 선언했던 것(3)을 ‘내놓으라’고 했다 한다(Walsh, 296).

6 כִּי־אִם(오히려).[78] 벤하다드는 아흐압의 공식적인 응답에 만족하지 않았다.[79]

---

76) 뷔르트바인(ATD 11/2, 238)은 ‘그 귀한 아들들’이란 왕 부부의 아들들을 뜻한다고 본다. 그리고 벤하다드의 요구는 고대관습에 잘 맞는 것이라 본다.

77) 헨첼(Hentschel/1, 122)은 아흐압이 너무 저자세였기 때문이라 본다. 그러나 왈쉬(Walsh, 296)는 원칙적인 선언을 받아들이라는 요구를 아흐압이 수긍하였음에도 불구하고 벤하다드가 구체적으로 과한 요구를 해 온 것이라 본다.

78) ‘키 임’(오히려)은 ‘엘리야후 엘리샤 이야기’에서 자주 나타난다. 왕상 17:1, 12; 18:18; 20:6; 22:8, 18, 31; 왕하 4:2, 24; 5:15, 17, 20; 7:10; 9:35; 10:23 등 참고.

79) 그는 아흐압이 종속국가였다가 반란을 일으킨 경우에서와 같이 요구한다. 이는 지나친 것이 분명하다. Walsh, 296 참고.

그들은 내일 이때쯤에 와서 왕가와 신하들의 집을 약탈하겠다고 한다. 선언(3)에서 양도(5: נתן)로, 약탈(6: לקח)로 요구조건이 급격히 변화하고 있다. '내일 이때쯤' 은 이제벨이 엘리야후에게 주었던 시간이다. 화자는 아이러니를 즐기고 있다. 엘리야후를 위협했던 시간이 이제 이제벨 자신을 위협하는 시간이 되었다.

וְשִׂימוּ(그들이 둘 것이다). '씸'도 19장 2절에서 이제벨의 위협에 등장한 단어다. 엘리야후의 목숨을 바알의 예언자들의 목숨들 중의 하나와 같이 둔다고 했었다. 이제 아흐압의 모든 가족과 재물이 벤하다드의 부하들의 손에 놓이게 되었다.

7 לְנָשַׁי וּלְבָנַי(내 아내들을, 내 아들들을). 아흐압은 장로들을 소집하여 그들의 결전의지를 고양시킨다. 그가 말한 '당신들은 제발 아시오! 그리고 보시오!'라는 말은 22절의 예언자의 말에서 다시 나타난다. 아흐압은 벤하다드의 요구사항을 알리면서 두 가지 변화를 꾀한다. 그 첫 번째는 요구사항의 순서를 바꾸어 아내와 아들들을 앞세웠다. 그들이 더 귀했기 때문이다. 그리고 '내 눈에 귀한 모든 것'을 뺀다. 아내들과 아들들, 은금을 빼고 난 뒤에 자기 눈에 귀한 것은 그리 큰 의미가 없었을 것이다. 두 번째로, 그는 벤하다드가 신하들의 집도 약탈하겠다는 말을 뺐다. 그것이 장로들에게 가장 큰 자극제가 될 터인데도 아흐압이 말하지 않은 것은 그의 교묘한 전술인 것 같다. 장로들에게 아흐압이 아닌 그들의 안녕을 위해 싸워야 한다고 하면 정직하지 못하게 비칠 수 있었다. 대신들은 사실 다른 경로로 —사자들의 전언은 고관들에게 비밀이 될 수 없었을 것이다— 이미 자기들의 가정도 위협받고 있음을 알고 있었는데, 그들은 이제 왕의 가족을 위해 싸운다는 명분을 얻게 되었다.[80) 그는 또한 요구물마다 לְ(을/를)를 붙임으로써 하나하나를 강조하며 말하고 있다. 그의 화술은 뛰어났다.

8 אַל־תִּשְׁמַע[전하(당신)은 듣지 마십시오]. 아흐압의 화술은 놀라운 효과를 드러내어 기대 이상의 반응을 얻는다. 그는 장로들에게 물었는데, 대답은 장로들과 전체 백성에게서 나왔다. 전의가 일반 백성들에게까지 충만했다는 이야기다. 백성들은 왕에게 듣지도 말고, 동의하지도 말라고 함으로써 단호한 결전의지를 보여주었다.

---

80) 아흐압이 말을 교묘하게 바꾸는 것은 21장에서 나보트의 말을 이제벨에게 전하는 과정에서도 나타난다(21:6).

9 לֹא אוּכַל לַעֲשׂות(나는 실행할 능력이 없습니다). 이미 전의를 다지고 난 뒤지만, 아흐압은 외교적으로 공손하게 대답한다. 두 번째 것은 실행할 권한이 자기에게 없다면서 첫 번째 것은 바치겠다고 한다. 아직 이제벨은 적에게 진상할 물품 목록에 올라 있다.

10 וַיִּשְׁלַח(그러자 그가 보냈다). 이는 최후통첩으로서, 산혜립의 사자들을 연상시킨다(왕하 19:9ff).

כֹּה־יַעֲשׂוּן לִי אֱלֹהִים וְכֹה יוֹסִפוּ(신들이 내게 이렇게 하고 이렇게 더하시기를 원하노라). 이는 이제벨의 맹세문(19:2)에 나오던 구절이다. 저주한 사람이 저주를 받았고, 위협하던 사람이 위협을 받았다.

עֲפַר שֹׁמְרוֹן(쇼므론의 흙/먼지). 쇼므론을 완전히 부수어 먼지로 바꾸어 자기 군사들이 나누어 갖게 할 경우에 한 병사에 한 줌도 안 될 정도로 자기들의 군세가 강하다는 뜻이다.

11 אַל־יִתְהַלֵּל(그는 자랑하지 말지니라). 아흐압은 처음으로 속담까지 사용하며 단호한 전의를 내비친다(Hentschel/1, 122). 이제 전쟁을 피할 수 없게 되었기 때문이었다.

12 וְהוּא(그런데 그). 벤하다드가 진중에서 술을 마시고 있었다는 것을 강조하기 위하여 저자는 הוּא(그/ 저 남자)를 두 번이나 언급하고, 어순도 바꾸었다. 화자는 벤하다드가 이기지 못할 것임을 암시하고 있다. 엘라도 술 취해 있다가 피살되었다(왕상 16:9). '진을 베풀라'(שִׂימוּ: 두어라/착수하라)는 것은 당장 공격하라는 게 아니라 공성장비들을 배치하라는 뜻인 것 같다.[81]

b. 전투(전개: 13-21)

뜻밖에도 하나님은 아흐압을 도우신다. 하나님은 아흐압에게 경고만 하고 형벌은 면해 주시려는 것임을 짐작할 수 있다. 그러나 하나님은 이번에 '나만 남았다'고 한 엘리야후를 쓰지 않고 익명의 한 예언자를 쓰신다. 하나님의 자원은 무한하다.

---

81) ATD 11/2, 239. '씸'(두다, 세우다)이 이제벨의 말 속에 있었다는 것은 이미 앞(Ⅶ.C.4)에서 언급하였다.

13 וְהִנֵּה נָבִיא אֶחָד נִגַּשׁ(그런데 보라 한 예언자가 다가갔다). 한 예언자가 나타나는 광경은 19장 5절에서 엘리야후 앞에 천사가 나타나는 장면과 똑같았다. 절체절명의 위기 상황, '힌네'(보라!), '나가쉬'(그가 나섰다, 다가갔다),[82] '바요메르'(그리고 난 후에 그가 말했다)의 단어들이 두 장에서 공통적으로 사용되었다. 이제는 아흐압이 엘리야후의 위치에, 예언자가 천사의 위치에 서 있다. 여기서는 19장에서 사의를 표명한 엘리야후 대신에 다른 예언자가 나선다(위의 VII.C.3.a.3 참고).

הֶהָמוֹן(그 '하몬': 그 시끄러운 것들). 이는 소음을 일으키는 것들이란 뜻으로서, 하나님이 아람군대를 어떻게 보는가를 보여주는 단어다. 하나님은 수사적인 질문(설의법)을 통해서 아람군을 어떻게 보시는지를 내비치신다.[83]

וְיָדַעְתָּ(그러면 너는 알 것이다). '내가 야흐베임을 알 것이다'는 20장 28절에 다시 나타난다. 거기는 아흐압이 아니라 '너희'가 알 것이라고 되어 있어, 하나님이 아흐압이 아닌 백성들을 상대하신다는 것을 알 수 있다. '야다'는 17장의 과부의 고백(24), 18장 36절의 엘리야후의 기도, 18장 39절의 백성들의 고백과 연결된다. 아흐압도 7절에서 '당신들은 제발 아시오! 그리고 보시오!'라고 했었다. 이 말을 받아서 예언자는 22절에서 왕에게 알 것과 볼 것을 촉구한다.[84]

14 בְּנַעֲרֵי שָׂרֵי הַמְּדִינוֹת(각 도 수령들의 청년대). 우리는 그 당시 이스라엘의 도에 대해서도, 청년대에 대해서도 별로 아는 것이 없다. 각 도 수령들의 청년대는 직업군인이었을 가능성이 있다.[85] 하나님께는 우리가 모르는 비밀병기가 많으시다. 예를 들어 19장에서 거론한 햐자엘, 예후, 엘리샤를 보라!

מִי יֶאְסֹר(누가 시작할까요). '시작한다'는 말은 전투를 지휘하는 것을 뜻한다. 232명 앞에서 전투를 지휘할 사람은 아흐압이었다. 그러나 그는 하나님의 명을 어

---

82) '나가쉬'(나서다, 다가서다)는 18장에서 엘리야후가 백성에게 결단을 요구할 때와 하나님께 제사를 드릴 때에 나타났던 단어로서, 20장에선 13, 22, 28절에 다시 나타난다.

83) Walsh, 299. 하나님은 28절에서도 아람군을 '시끄러운 것들'이라 지칭하신다. 사 7:4 참고.

84) 여헤즈켈서에는 알게 될 것이란 말이 57번 나오지만, 이 글이 그렇게 후대에 된 것이라 볼 수는 없다. Hentschel/1, 123 참고.

85) 위의 곳 참고. 다비드 때에도 직업 군인은 있었다(삼하 8:18; 20:23).

기고 적들이 도망간 뒤에 출전한다(21).[86]

15 שִׁבְעַת אֲלָפִים(7,000). 갑자기 나타난 숫자 7,000은 19장 18절을 연상시킨다. 화자는 그들이 이 7,000명이라고 하지 않지만, 암시하고 있다. 상대방이 압도적으로 많은 것은 18장(450:1)과 같은 상황이다. 232명은 벤하다드를 돕는 32명의 왕들과 대조되고 있다.

16 בַּצָּהֳרָיִם(그 점심때에). '점심때'는 18:26f, 29에서도 대결의 시간을 표현하는 데 사용되었다. 18장에서 점심때가 지났을 때에 바알의 예언자들이 발광을 하였듯이, 벤하다드도 점심때가 되니 술에 만취되어 있었다. 이는 18장과 20장에서 하나님의 적들이 점심때에 겪는 공통된 현상이었다. 전투 장면은 18장을 재현하고 있다. 술 마시는 데 서른두 명의 왕들이 도왔다는 것은 아이러니다. 16b의 어순은 점층법을 보여준다. 마셨다, 만취되었다, 장막 안에 있었다(적은 공격해 오는데), 그 왕들도, (한두 사람이 아니라) 32명 모두. 점심때는 군사들에게도 휴식 시간이 있을 것이다(ATD 11/2, 239). 이스라엘은 적의 허를 찔렀다.[87]

17 בָּרִאשֹׁנָה(먼저). 아흐압은 예언자의 명을 따르면서도, 완전히 순종하지 않고 청년대와 7,000명을 먼저 내보냈다. 한편 벤하다드는 술 마시면서도 청년대의 고함 소리는 들었다. 무슨 소리인지 알아보게 하니, 이스라엘 사람들이 나왔단다.

18 תִּפְשׂוּם(너희는 그들을 생포하라). 술 취한 모습이 역력하다. 스스로 두 가지 경우를 상정하고, 각각 다른 명령을 내릴 것을 기대하는 부하에게 같은 명령을 내린다. 평화 사절이면 왜 사로잡아야 할까? 아흐압의 지난번 대꾸가 불쾌했기 때문이리라. 그러나 전쟁하러 나왔는데, 생포하는 게 가능한가? 쇼므론의 군세를 얕보

---

86) יֶאְסֹר의 뜻이 '그가 묶는다'이므로 맨 마지막에 전투를 마감하는 일이라는 해석이 있지만(Walsh, 300), 문맥으로 볼 때에나 사전적인 의미로 볼 때나 먼저 공격하거나 지휘하는 사람을 뜻하는 게 분명하다. 맨 나중에 나가는 사람이 중요하지도 않고, 22절의 예언자의 꾸중과도 맞지 않음이다.

87) 왈쉬는 점심 때에 쳐들어간 것을 전술로 이해하지 않고, 하나님의 명에 무조건 순종하다 보니 그렇게 되었다고 하지만, 아흐압은 순종형이 아니라, 책략이 발달한 인간이었다. 이 전투에서 맨 나중에 나간 것, 22장에서 변장하고 여호샤파트를 왕으로 믿게 하는 술책, 21장에서 이제벨을 이용하여 나보트를 제거하는 방식, 18장에서 굿이나 보고 떡이나 먹다가 19장에서 이제벨에게 일러바쳐 이제벨이 엘리야후를 공격하게 하는 방식 등을 보라!

는 것이리라(Walsh, 301). 한편 이 생포하라는 명은 이미 18장 40절에서 나왔었다
(תָּפְשׂוּ). 엘리야후가 바알의 예언자들을 잡으라고 할 때였다. 화자는 18장과 연결
하여 엘리야후와 비교하면서 벤하다드를 웃음거리로 만든다. 누가 누구를 잡아?

19 וַיֵּצְאוּ אֵלֶּה(그런데 이들은 나갔다). 처음에는 200여 명으로 보였지만, 술
취한 왕이 엉망으로 지시를 내리고 있는 사이에 뒤이어 7,000명이 나왔다. 화평사
절을 그렇게 많이 보낼 리는 없다. 머뭇거리던 아람군은 이때에야 비로소 이스라
엘의 의도를 알았다. 산 채로 사로잡기엔 너무 많지 않은가!

20 וַיַּכּוּ אִישׁ אִישׁוֹ(그들은 쳤다. 각자가 그의 사람을). 포위하고 있는 적에게
청년대가 나갔는데, 생포 명령에 따라 아람군은 그들을 잡으려 하였다. 그러자 이
스라엘이 자기들을 잡으려던 아람군을 각자 쳤다.

וַיָּנֻסוּ(그러자 그가 도피했다). 18:40; 19:17(2회)에 연결되는 고리다. 엘리야후
는 바알의 예언자가 도피하지 말게 하라고 했고, 하나님은 하자엘의 칼을 피한 자
를 예후가, 예후의 칼을 피한 자를 엘리샤가 치리라고 하셨다. 또한 열왕기하 10
장 24절에서 바알을 섬기는 자들을 참살할 때에도 이 말이 등장한다. '엘리야후
엘리샤 이야기'에서 이 단어는 도피해선 안 될 사람을 가리키는 데 사용되었다. 화
자는 벤하다드가 말 한 마리에 올라 도망했다고 한다. 기병들도 벤하다드와 같이
도망한다.88) 이들은 병거보다 민첩하게 전장을 헤쳐나갈 수 있었기 때문이다. 놓쳐
선 안 될 사람을 놓친 것은 사령관인 아흐압이 맨 나중에 나갔기 때문이었다.

21 וַיֵּצֵא מֶלֶךְ(그러자 왕이 나갔다). 아흐압이 하나님의 명을 반만 좇는 것도
18장과 같다. 18장에서 아흐압이 아세라의 예언자를 빼고 바알의 예언자만 모았듯
이, 비가 온다며 빨리 내려가라고 할 때에 지체하였듯이, 20장에서는 맨 앞장에
서라는 명을 어기고 맨 뒤에 나간다.

---

88) פָּרָשִׁים(파라쉼)은 기병으로 번역할 수도 있고, 잘 조련된 군마들로도 번역할 수 있다. 왈
  쉬(위의 곳)는 군마들이 도망한 것으로 본다.

c. 예언자의 재침 예고(종결: 22)[89]

예언자는 아흐압왕의 비굴함을 꾸짖으며, 다음번의 전투를 준비하라는 하나님의 명을 전한다.

22 הַתְחַזֵּק[전하(당신)은 용기를 보이시오]. 여기서 예언자는 다시 왕에게 다가 간다(נגשׁ). '그 예언자'는 맨 나중에 성을 나간 왕을 꾸짖는다.[90]

לִתְשׁוּבַת הַשָּׁנָה(해가 돌아오면). 예언자는 다음 전쟁에 대해 준비하라고 한다. '가라＋명령형'은 보통 하나님이 엘리야후에게 내린 지시의 방식이었는데(17:3, 9; 18:1; 19:15), 이제는 예언자가 왕에게 명하는 양식으로 사용되었다. '해가 돌아오 면'(לִתְשׁוּבַת הַשָּׁנָה)이라는 표현은 22절과 26절(재침 보고)을 연결하고 있다. 화 자는 아람왕의 분주한 준비만 보도하고, 이스라엘 측의 대비는 전혀 언급하지 않 음으로써 아흐압의 불순종을 암시한다.

2. 두 번째 전쟁 이야기(23-43)

a. 벤하다드가 올라왔다(발단: 23-26)

아람은 열심히 준비하여 다시 이스라엘을 공격한다. 반면에 이스라엘은 아무 준 비가 없었다. 그러나 아람은 이스라엘의 하나님을 깔보고 있어 청중들은 그들의 패배를 예상할 수 있다.

23 בַּמִּישׁוֹר(그 평지에서). 여기의 '평지'는 모든 평지를 가리키는 게 아니라 구 체적으로 골란고원을 뜻한다.[91] 그들은 패전을 신들의 책임으로 돌리고, 전투에 동

---

89) 뷔르트바인(ATD 11/2, 239f)은 이 기사가 열왕기하 6:24-7:16의 사건을 기록한 것으로 보 지만, 이는 세부적인 면에서 너무 다르다.

90) 예언자에게 정관사가 붙은 것을 보아 13절에 나온 예언자가 분명하다. 첫 번째 이야기는 예 언자가 승리를 약속하고 결과를 평가하는 두 가지 일을 다 하고, 두 번째 전쟁이야기는 '하 나님의 사람'이 승리를 약속하고, '예언자의 아들들 중의 한 사람'이 아흐압을 책망한다.

참한 왕들의 책임으로 돌린다. 첫 번째 전쟁 이야기에서 세 번의 협상이 있었듯이
(2-12), 아람은 세 가지 전략을 세운다. '평지에서 싸운다', '왕 대신에 총독을 세
운다', '전과 같은 군세를 회복한다'. 그러나 그들이 하나님을 '산들의 신'이라고
단정한 것은 28절에서 하나님의 심판을 초래한다.

24 פחות(총독들). 벤하다드의 신하들은 지난 전투에서 왕들이 벤하다드가 술
마시는 것을 도운(16) 책임을 물어 그들을 해임하고, 전투를 잘하는 장군 출신들을
총독으로 세우자고 한다. 이들 32명은 22장 31-33절에서 벤하다드의 명을 받아 여
호사파트에게 달려든다. 이는 20장과 22장을 잇는 고리 역할을 한다.

25 ואתה[그리고 전하(당신)]. 전과 같은 군세는 10만과 27000을 잃는 데서 그
결과가 나타난다(29f). 벤하다드의 부하들은 숫자를 더 늘릴 필요도 없이 그냥 그대
로만 충원해서 같은 조건을 만들고, 산 대신에 평지에서만 전투를 하면 반드시 이긴
다고 주장하다. 그들은 마치 실험을 해 보자는 듯이 자신 있게 말한다. 그러나 그들
은 하나님을 완전히 무시하고 있었다. 지난번에는 벤하다드가 사열도 하지 않았던지
(Walsh, 304), 이제는 벤하다드가 직접 사열하라고 주문한다. 술만 마셔선 곤란하다.

אם־לא נחזק מהם(우리가 그들보다 강하지 않겠는지요?). 그들은 23절에 이
어 두 번째로 이렇게 말한다. 그들의 작전은 불확실한 예측으로 끝을 맺는다(25).

26 אפקה(아페크로). 여기의 아페크는 갈릴리 호수 동편의 담메세크 – 베트샨
길목의 도시를 가리킨다(ATD 11/2, 240).

b. 전투(전개: 27-30)

이스라엘은 아람에 비하면 염소 떼 둘에 불과했지만, 하나님의 능력으로 큰 승
리를 거둔다.

27 כול(쿨: 부양하다). 엘리야후 이야기의 핵심 단어 중의 하나인 '쿨'이 다시
나타났다. 이는 20장이 엘리야후 이야기에 속한다는 증거 중의 하나다.[92] 여기선

---

91) HAL I, 547. 그러나 헨첼(Hentschel/1, 124)은 이스라엘이 초기에 평지를 정복하지 못한
   것 때문에 난 소문이라 본다.

엘리야후 대신에 이스라엘 군병들이 공궤를 받는다. 그리고 엘리야후 대신에 그들이 '이스라엘의 병거와 마병'의 역할을 담당한다. 이스라엘의 군세가 염소 새끼 두 떼와 같다는 것은 하나님의 능력으로만 승리가 가능했다는 것을 드러낸다. 적진에서는 벤하다드가 사열을 하는 등으로 주체가 되어 있지만(26), 이스라엘 진영에서 아흐압은 보이지도 않고 이스라엘만 나타난다(Walsh, 304f). 또한 '이스라엘 자손들'이 동사보다 먼저 나와, 현재의 상황을 강조하고 있다. 이는 아흐압이 아니라 하나님이 승리를 거두신다는 것을 암시한다.

מלא(가득차다). 열왕기하 10장 21절에서 바알을 섬기는 자들이 바알신전에 가득 찬 것을 연상시킨다. 도륙을 당하기 위해 모인 무리들! 헨첼은 카르카르 전투(843년)에 대한 살만에셀 Ⅲ세의 비문을 인용하면서 아람군은 이 전투에서도 2만 명밖에 되지 않았다고 하면서, 본문의 아람군의 수가 많지 않았을 거라고 한다(Hentschel/1, 125). 그러나 이만 명은 하다드에제르(הֲדַדְעֶזֶר)의 보병의 숫자에 불과하다. 하다드에제르는 그 외에도 1,200대의 병거, 1,200명의 기병을 거느리고 있었고, 햐마트(חֲמָת)에서 보병 일만, 병거 700대, 700명의 기병이 참여하였다(Galling, 1979, 49f). 본문의 전쟁에는 하다드에제르의 군세도 포함시켜야 한다(20:1 참고). 병거 한 대에 3명이 탄다고 계산하면, 아람군은 모두 37,600명이다. 그 정도의 인원만 동원했다고 해도 게네사렛 호수 동편의 평원을 가득 채울 수 있었을 것이다. 29절과 30절을 보면 아람군의 수는 최소한 127,000명이었다. 이는 동맹군의 수를 포함한 결과일 것이다.

28 וַיִּגַּשׁ אִישׁ הָאֱלֹהִים(그러자 그 하나님의 사람이 나섰다). 13, 22절에서와 똑같은 방식으로 '하나님의 사람'이 아흐압 왕에게 나선다. 정관사가 붙은 것으로 보아 이 '하나님의 사람'은 앞에 나왔던 '예언자'와 동일한 사람으로 보인다.[93] '하나님의 사람'은 예언자의 다른 호칭이기 때문이다(Walsh, 305).

---

92) 열왕기에 나타나는 '쿨'의 용례. 왕상 4:7; 5:7; 7:26, 38; 8:27, 64; 17:4, 9; 18:4, 13; 20:27(열왕기하 없음). 앞의 C.3.a.6) 참고.

93) 이 무명의 예언자는 13절에서는 נָבִיא אֶחָד(한 예언자)로, 22절에서는 הַנָּבִיא(그 예언자)로, 여기선 אִישׁ הָאֱלֹהִים(그 하나님의 사람)으로 점차 분명히, 존중되며 묘사되었으므로 그 일관성을 짐작할 수 있다.

וִידַעְתֶּם(그러면 너희들이 알 것이다). 13절에 나왔던 '야다'가 다시 나온다. 하나님은 13절에선 아흐압이 알도록, 28절에선 이스라엘 백성이 알도록 기적적인 승리를 베푸신다. 아흐압에 대해선 더 이상 기대를 하지 않으시는 것 같다.[94]

29 וַתִּקְרַב הַמִּלְחָמָה(그런데 그 전투가 벌어졌다/가까이 다가왔다). 7일간 대치한 것은 전력이 같아서가 아니라,[95] 지난번에는 방심하고 있는 아람을 이스라엘이 점심때의 쉬는 시간에 기습했지만, 이번에는 지난번의 패배 때문에 아람이 먼저 공격하지 못했기 때문이었다.

30 וַתִּפֹּל הַחוֹמָה(그러자 그 성이 무너졌다). 성이 무너진 것은 여리효를 연상시킨다(수 6:20). 하나님은 도피하는 자라고 놓아두지 않으신다(암 5:19 참고). 27,000은 7,000과 연관이 있음이 분명하다. 지난 번 전투에서는 232명이 32명의 왕들을 물리쳤는데, 이번에는 7000명이 나선 전투에서 27000명이 성에 깔려 죽는다. 저자는 숫자에서 하나님의 뜻을 찾기를 좋아하는 것 같다.

חֶדֶר בְּחָדֶר(내실 중의 내실). 왕이 성 안으로 도망간 것으로 부족해서 내실 중의 내실로 도망간 것은 그가 공포에 사로잡혔다는 뜻이다. 그는 패잔병을 수습하여 성을 방어할 책임을 저버렸다(Walsh, 306). 내실은 '엘리야후 엘리샤 이야기'에서 중요한 역할을 하는 장소다(위의 C.3.a.8) 참고).

c. 하나님의 심판(종결: 31-43)

두 번째 이야기의 종결 부분은 첫 번째에 비해서 매우 길지만, 예언자의 판결을 전하는 면에서 둘은 공통적이다. 이 부분은 아흐압이 벤하다드를 놓아주는 이야기와 하나님의 판결 부분으로 나누어진다. 아흐압은 벤하다드를 놓아줌으로써 하나님의 진노를 산다. 화자는 친구를 치라고 하는 명을 어겨 사자에게 죽임을 당하는 이야기를 통해서 하나님의 명을 어긴 아흐압에 대한 판결이 중할 것을 예고한다. 그리고 아흐압 스스로가 자기의 벌을 선고하게 한다(삼하 12:1-15 참고). 끝이 좋지 않아서, 이제까지의 모든 승리는 다 물거품이 되었다. 마지막(43a)의 '사르 브

---

94) 왈쉬(Walsh, 305)는 아흐압, 이스라엘과 아람 측 모두를 가리키는 것으로 본다.
95) 헨첼(Hentschel/1, 121)은 양측이 대등한 전력이었다고 본다.

자에프'(속상하고 격분했다)는 본문을 21장과 연결시키는 고리라 할 수 있다.

1) 벤하다드를 놓아주다(31-34)

궁지에 몰린 아람왕과 신하들은 마지막으로 아흐압을 속여 보기로 작정하는데, 그들의 말에 아흐압은 간단히 속아 넘어가 하나님의 포로를 방면하는 실수를 저지른다.

31 חֶסֶד(헤세드: 진실). '헤세드의 왕'이란 한번 언약을 하면 그것을 잘 지키는 왕이란 뜻이다(ATD 11/2, 241). 그 당시에는 패자가 승자의 승리를 인정하면, 어떤 조건하에서 패자를 놓아 주는 관습이 있었던 듯하다. 한편으로 신하들의 말은 짝을 이루고 있다.

| 키 말케 베트 이스라엘 | כִּי מַלְכֵי בֵית[b] יִשְׂרָאֵל | 왜냐하면 이스라엘 집의 왕들은 |
| 키 말케 헤세드 헴 | כִּי־[c] מַלְכֵי חֶסֶד הֵם | 왜냐하면 진실의 왕이기 때문에- 그들은 |

32 עַבְדְּךָ בֶן־הֲדַד[전하(당신)의 종 벤하다드]. 상황은 4절에서 아흐압이 스스로를 칭했던 '내 주 왕'과 반대가 되어 버렸다. 그러나 아흐압은 하나님의 은총을 잊었다.

אָחִי הוּא(아히 후: 나의 형제다, 그는). '아흐압'이란 이름이 '아비의 형제'라는 좀 이상한 뜻인데,[96] 그는 자신의 종이 되기를 청한 벤하다드를 자기 형제라고 선언해 버린다. '나의 형제'란 동급의 사람을 칭하는 궁중용어다(왕상 9:13; ATD

---

96) 아비의 형제라는 것은 그 어머니가 할아버지와 관계를 맺어 낳은 아이라는 뜻일까? 외국에 비문에도 나타나는 것으로 보아 그 이름이 저자의 창작은 아닌 것 같다. 그러나 화자는 그 뉘앙스를 충분히 이용하는 것 같다. 그는 이제 하다드 신의 아들이란 뜻의 벤하다드와 형제가 되었으니, 하다드의 아들이 되어 버린 셈이다.

11/2, 241). 그러나 그는 하나님의 적을 형제라 부른 것이다.

33 וַיְמַהֲרוּ(그러자 그들이 서둘렀다). 벤하다드의 영리한 신하들은 아흐압이 실수로 성급하게 말한 것을 알았다(Walsh, 308). 그래서 아흐압이 다른 소리를 못하게 서둘러 아흐압의 말을 복창한다. "전하(당신)의 형제입니다 - 벤하다드는."

וַיַּעֲלֵהוּ עַל־הַמֶּרְכָּבָה(그러자 그는 그를 병거에 올라오게 했다). 우쭐한 아흐압은 작은 경제적 이익을 탐내어(34절), 자기 마음대로 적을 살린다. 이런 과오는 샤울이 아말레크의 왕 아각을 살린 때(삼상 15장)를 연상시킨다. '알라'(עלה '올라가다')는 벤하다드가 이스라엘을 침공할 때에 사용된 단어인데, 아흐압이 벤하다드를 올라오게 해 주었다(Walsh, 308).

34 וַאֲנִי בַּבְּרִית אֲשַׁלְּחֶךָ(그렇다면 나는, 그 계약으로 나는 당신을 놓아주겠소). 아흐압이 얼마나 경솔했는지를 화자는 잘 보여주었다. 아흐압의 말은 그가 말했다는 문구도 없이 바로 나왔다. 청중은 그게 벤하다드의 말이라고 착각할 정도였다. '바아니'(그렇다면 나는)가 맨 앞에 나오는 것은 아흐압이 상대방의 말을 가로막고 자기의 너그러움을 과시한 것을 보여준다. 이스라엘 자손들은 각자가 자기의 상대방(사람)을 쳤는데(20), 아흐압만은 자기의 사람을 치지 못했다(Walsh, 308). 라모트 길아드는 양측이 여러 번 다투었던 도시인데(왕상 22:3; 왕하 8:28), 벤하다드는 이런 분쟁지역의 도시들을 돌려주겠다고 한다. 또한 담메세크에 이스라엘 무역기지를 세우라고 한다(ATD 11/2, 241).

2) 하나님의 판결(35-43)[97]

a) 예언자의 질문(35-40)

무명의 예언자는 아흐압의 실수를 빗대어 다른 이야기를 들려주지만, 아흐압은 자신의 죄를 전혀 실감하지 못하고 상대방에게 가혹한 심판을 선언한다.

---

97) 왈쉬(Walsh, 310, 313)는 이 부분이 앞부분과 맞지 않는 것이라 본다.

35 בִּדְבַר יְהֹוָה(야흐베의 말씀으로). 뷔르트바인과 헨첼은 이 부분을 예언자가 한 말에 집어넣지 않는다.[98] 그렇게 되면 친구를 치지 않은 사람에게 죄가 없을 것이다. '나카'(치다)는 칼로 치는 것도 되고, 죽인다는 뜻도 되며, 전쟁에서 이기는 것도 내포하는 20장의 핵심단어다.[99] 야흐베의 이름으로 청했는데 응하지 않았으므로 사자가 그 동료를 친다.[100]

36 לֹא־שָׁמַעְתָּ בְּקוֹל יְהֹוָה(당신은 야흐베의 말씀을 듣지 않았다). 친구라도 하나님의 명이 있으면 쳐야 하는데, 하물며 하나님의 적을 아흐압의 손에 붙여 주신 일이랴! 이 이야기는 베트엘의 예언자(왕상 13장) 이야기를 연상시킨다.[101]

37 וַיַּכֵּהוּ(그러자 그가 쳤다). 예언자가 만난 두 번째 사람은 사자에게 죽은 사람의 이야기를 전해들은 것 같다(Rosenberg, 1980, 214). 그래서 그는 그 예언자를 부상당할 때까지 충분히 쳤다. 예언자는 이제 상이군인의 행세를 할 수 있게 되었다.

38 וַיִּתְחַפֵּשׂ(그런데 그는 변장하였다). 헨첼은 현재의 본문이 붕대가 부상을 가리려는 것인지, 예언자의 표를 가리려는 것인지 분명하지 않다고 했지만(Hentschel/1, 122), 본문에는 분명히 얼굴을 못 알아보게 한 것이라 되어 있다. 부상자가 아니면 참전한 사람으로 인정하기 어려운 탓에 그렇게 하였을 것이다. 헨첼이 언급한 예언자의 표는(Hentschel/1, 122), 스가랴 9장 4-6절을 보면 이마가 아니고 가슴이다. 여호스켈 13장 6절은 예언자의 표라고 보기 어려운 대목이다.

39 וַיֹּאמֶר(그러자 그가 말했다). 예언자가 이야기한 내용은 나탄이 말한 것(삼하 12:1 이하)과 비슷하다. 비유를 통해 예언자는 아흐압이 스스로를 재판하게 만든다. 은 한 달란트는 3,600세겔로서, 노예 한 사람을 죽이면 30세겔을 내게 되어 있으므

---

98) ATD 11/2, 237; Hentschel/1, 125. 이는 개역한글판성경도 마찬가지다. 반면에 Rosenberg(1980, 214)는 이를 따옴표 속에 넣는다.

99) 이 단어는 20장에서 20, 21(2회), 29, 35(2), 36(2), 37(3)절에서 모두 11회 등장한다.

100) 왈쉬(Walsh, 310)는 그 예언자가 자기 동료에게 야흐베의 이름으로 요청하지 않았다고 보는데, 이는 잘못이다.

101) 사자는 열왕기에서 열왕기하 17:25f에서도 나타나 야흐베를 경외하지 않은 사람들을 물어 죽인다.

로(출 21:32) 노예 120명에 해당하는 몸값이다(Hentschel/1, 126). 이 정도 몸값이면 어지간한 사람의 경우에 자기 목숨으로 대신할 수밖에 없었을 것이다.

40 כֵּן מִשְׁפָּטֶךָ(그러하다 너의 판결이). 아흐압의 판결은 간결하게 네 단어로 이루어졌다. '그러하다 너의 판결이! 네가 결정했다!' 아흐압은 조금의 이해도 양해도 허락하지 않는다. 다비드와 같이 그도 남에 대한 판결은 정확하게 내렸다.

b) 하나님의 판결(41-43)

하나님의 은총을 인정할 줄 몰랐던 아흐압은 자신의 실수도 깨닫지 못한다. 오히려 그는 화가 잔뜩 나서 돌아간다. 이렇게 회개할 줄 모르는 사람은 곧이어—21장에서—더 큰 죄를 저지르게 되어 있다.

41 וַיַּכֵּר אֹתוֹ(그러자 그가 알아보았다). 벤하다드의 종들이 서둘러 아흐압에게 대답한 것과 같이 예언자는 서둘러 붕대를 벗겼다. 방금 한 말을 잊거나 부인하지 말라는 뜻이다. 예언자인 줄 알아보았다는 것은 안면이 있는 예언자란 뜻이지, 얼굴에 무슨 표가 있었다는 뜻은 아닌 것 같다.[102]

42 נַפְשְׁךָ תַּחַת נַפְשׁוֹ(그의 목숨 대신에 너의 목숨). 하나님은 아람군을 아흐압의 '손에' 붙여 주셨다(28). 벤하다드를 놓아준 것은 남의 포로를 놓치는 것과 같다. 그것도 하나님의 포로를!

43 סַר וְזָעֵף(사르 브자에프: 속상하고 격분하여). '사르'는 마음속에 완고하게 자리잡아서 없애려고 해도 지워지지 않는 상태, 즉 속이 상했다는 뜻이고, '자에프'는 폭풍처럼 몰려오는 격노를 뜻한다(Walsh, 313). 그는 하나님의 책망이 부당하다고 느낀 것 같다. '사르 브자에프'는 성경에 단 한 곳, 즉 나보트의 포도원 이야기(21:4)에 다시 등장하여 20장과 21장을 연결한다.

---

102) '나카르'는 오바드야후가 엘리야후를 알아보았을 때에 썼었다. 이 단어는 열왕기에서 모두 예언자와 관련되어 나타난다. 위의 두 용례 외엔 열왕기상 14:5f에 나타날 뿐이다.

D. 예언자는 엘리야후뿐이었던가?

열왕기상 20장은 19장에서 엘리야후가 야흐베의 예언자가 다 죽고 자기 혼자 남았다고 탄식한 것(10, 14)을 반박하는 글이다. 20장에서 청중들은 이름을 밝히지 않은 예언자들을 만난다. 두 번의 전쟁에서 첫 번째 전쟁에서 한 사람, 두 번째 전쟁에서 두 사람이 나타나 전 같으면 엘리야후가 했었을 일을 훌륭히 감당하였다. 그중의 한 사람은 '하나님의 사람'이라고 불렸다. 엘리야후는 도망했지만, 도망하지 않고 떳떳이 왕 앞에 나아가 하나님의 말씀을 전하고 전술을 가르쳐 주기도 하고 책망하기도 하는 예언자들이 있었다. 화자는 그들의 이름을 전할 필요성을 못 느낀 것 같다. 다만 엘리야후의 생각처럼 예언자가 다 죽은 것은 아니었다는 것을 분명히 보여주고 있다. 이는 우리들의 독선을 경계하는 말씀으로 보인다.

20장은 또한 하나님이 바알에게 입 맞추지 않은 7,000명을 나라를 구하는 데 사용하신다는 것을 보여주었다. 엘리야후가 없어도 하나님은 이스라엘을 지키시는 데 아무 어려움이 없었다. 법궤를 빼앗겨도 하나님이 스스로 싸우시듯이(삼상 5장), 엘리야후가 떠난 중에도 하나님은 이스라엘을 여전히 다스리고 계셨다. 그러나 하나님과 이제벨 사이에서 시소놀이를 하던 아흐압은 그동안에도 하나님께 책망받을 일만 했다. 이제 21장에서 다시 엘리야후가 아흐압에게 나설 일이 생겼다.

VIII. 나보트의 포도원(왕상 21)[1]

A. 히브리어 본문과 번역

וַיְהִי אַחַר הַדְּבָרִים הָאֵלֶּה כֶּרֶם הָיָה לְנָבוֹת הַיִּזְרְעֵאלִי אֲשֶׁר בְּיִזְרְעֶאל[d][ba] 1[2)

אֵצֶל הֵיכַל אַחְאָב מֶלֶךְ שֹׁמְרוֹן:

a) 이 일들 후에 이런 일이 있었다. 그 이즈르엘 사람 나보트에게는 포도원
이 있었는데, 그것은 이즈르엘에 있었다.

b) 쇼므론왕 아흐압의 궁전 옆에.

וַיְדַבֵּר אַחְאָב אֶל־נָבוֹת לֵאמֹר תְּנָה־לִּי אֶת־כַּרְמְךָ וִיהִי־לִי לְגַן־יָרָק 2[3)

---

1) 열왕기상 21장 및 열왕기하 9-10장의 여러 가지 문제에 대해선 이승현, 2003, 9-44 참고.

2) [a] 칠십인역 추정원본에서는 21장이 19장 뒤에 연결되어 있는데, 이는 20장의 본문비평에
서도 언급했듯이 20장이 엘리야후 이야기가 아니라는 번역자의 인식 때문이었다고 본
다. 그러나 위에서 보았듯이 20장도 엘리야후 이야기임에 틀림없다.

[b-b] 바티칸사본에서는 καί뿐이다. 그리고 수리아 헥사플라에서는 이 부분을 괄호 속에 넣었다.
이 두 문서는 21장이 앞부분과 무관하므로 '이 일들 후에'라는 말이 불필요하다고 느껴서
그런 것 같으나, 20장과 21장의 연결이 분명하므로 그렇게 고칠 이유가 없다.

[c] 칠십인역에는 여기에 εἰς가 덧붙어 있다. 이는 판단하기 어려우나, 히브리어본문을 고칠 이유
가 되진 못한다.

[d-d] 칠십인역에는 이 부분이 빠졌다. 이 부분을 빼면 쇼므론왕 아흐압의 궁전 옆이라 했으니
포도원은 쇼므론에 있는 것이 된다. 그러나 21:8 이하에서 이제벨이 편지를 보냈다는 것이나,
그 성의 장로들이 그 편지대로 집행했다는 정황과, 열왕기하 9:21, 26에서 나타나듯이 포도원
은 분명히 이즈르엘에 있었다.

כִּי הוּא קָרוֹב אֵצֶל בֵּיתִי וְאֶתְּנָה לְךָ תַּחְתָּיו[a] כֶּרֶם טוֹב מִמֶּנּוּ

אִם[b] טוֹב בְּעֵינֶיךָ אֶתְּנָה־לְךָ כֶסֶף מְחִיר זֶה[c]:

a) 그런데 아흐압이 나보트에게 말했다. 이르기를, "제발[4] 당신의 포도원을 내게 주시오. 그러면 그것이 내 채소밭이 될 것이오.[5] 왜냐하면 그것이 내 집 옆에서 가깝기 때문이오. 그러면 내가 그 대신에 당신에게 꼭[6] 그것보다 더 좋은 포도원을 주겠소.

b) 만일 당신의 눈에 좋다면, 나는 당신에게 이것의 가치대로 은을 꼭 주겠소."

3[7)]

וַיֹּאמֶר נָבוֹת אֶל־אַחְאָב

חָלִילָה לִּי מֵיהוָה[a] מִתִּתִּי אֶת־נַחֲלַת אֲבֹתַי לָךְ:

a) 그러자 나보트가 아흐압에게 말했다.

b) "야흐베께서 제가 제 조상의 유업을 전하(당신)께 드리는 것을 금하십니다."

4[8)] וַיָּבֹא אַחְאָב אֶל־בֵּיתוֹ סַר וְזָעֵף עַל־הַדָּבָר אֲשֶׁר־דִּבֶּר אֵלָיו נָבוֹת[a]

---

3) [a] 루키안 수정본을 뺀 나머지 칠십인역은 다 '그 대신에'를 뺐다. 그러나 '타햐트'는 20장 마지막 부분에서 중요한 역할을 했고 문맥에도 문제가 없다.

[b] 히브리어 필사본 하나는 וְאִם(그리고 만일)이라 기록하고 있다. 그렇게 되면 좀더 부드럽게 말하는 것이 된다. BHS에서는 אוֹ(혹은)를 그 앞에 붙일 것을 제안한다. 이는 6절의 아흐압의 말에 나타나기 때문이다. 그러나 아흐압의 말은 화자가 말하는 부분과 많이 달라졌으므로 그것을 기준으로 삼을 수는 없다.

[c] 칠십인역에는 ἀντάλλαγμα τοῦ ἀμπελῶνός σου τούτου καὶ ἔσται μοι εἰς κῆπον λαχάνων(너의 이 포도원에 해당하는. 그러면 그것이 나에게 채소밭이 될 것이다)이 덧붙어 있다. 그러면 아흐압 은 나보트의 포도원을 자기의 채소밭으로 한다는 내용을 같은 절에서 두 번이나 말했다는 뜻이 된다. 강조하기 위해서 그랬을 수도 있으나 본문을 바꿀 필요는 없다.

4) תְּנָה(트나). 명령형에 강조어미가 붙어서 '제발 주시오'라고 번역한다.

5) וִיהִי(비히). '그러면 ……이 될 텐데……'. 희구법(Jussive)을 썼다.

6) אֶתְּנָה(에트나). 여기엔 권고형 어미(the cohortative)가 붙었다.

7) [a] 칠십인역에는 παρα(:루키안 수정본 κυρίου) θεοῦ μου [내 (주) 하나님으로부터]이라 옮겼 다. 야흐베 대신에 내 하나님이라 했는데, 18:24에서도 마소라의 יהוה(야흐베)를 그렇게 번역한 것을 고려하면 이는 그리스 역자의 취향을 반영한 것 같다.

8) [a-a] 바티칸사본과 루키안 수정본에는 καὶ ἐγένετο τὸ πνεῦμα Αχααβ τεταραγμένον(그래서 아흐

הַיִּזְרְעֵאלִי וַיֹּאמֶר לֹא־אֶתֵּן לְךָ אֶת־נַחֲלַת אֲבוֹתָי[a]

וַיִּשְׁכַּב עַל־מִטָּתוֹ וַיַּסֵּב אֶת־פָּנָיו[b] וְלֹא־אָכַל לָחֶם:

a) 그래서 아흐압은 그의 집으로 갔다. 그는 그 이즈르엘 사람 나보트가 그에게 한 말에 속상하고 격분하였다. 그래서 그가 말했다. "나는 당신에게 내 조상의 유업을 주지 않겠소."

b) 그리고 난 후에 그는 그의 침상9)에 누워서 그의 얼굴을 돌리고 빵을 먹지 않았다.

5　　　　　　　　　　　וַתָּבֹא אֵלָיו אִיזֶבֶל אִשְׁתּוֹ

וַתְּדַבֵּר אֵלָיו מַה־זֶּה רוּחֲךָ סָרָה וְאֵינְךָ אֹכֵל לָחֶם:

a) 그러자 그에게 이제벨, 그의 아내가 들어왔다.

b) 그리고 난 후에 그 여자가 그에게 말했다. "이게 무슨 일입니까? 전하(당신)의 기분10)이 상하다니요? 그리고 전하(당신)께서 빵을 안 먹다니요?"

6[11]　　וַיְדַבֵּר אֵלֶיהָ כִּי־אֲדַבֵּר אֶל־נָבוֹת הַיִּזְרְעֵאלִי וָאֹמַר לוֹ תְּנָה־לִי

압의 영이 뒤집어졌다)이라 옮겼다. 이는 마소라에 비해 너무 짧아서 비교하기 어렵다. 그러나 [a-a] 속에 들어 있는 וַיֶּעֶף סַר는 20장과 연결되는 고리요(위의 VII.B.3.a.11) 참고), 아흐압이 혼자 중얼거리는 말도 매우 독특한데(아래의 본문해설 참고), 마소라의 이런 본문을 바꿀 이유가 없다.

[b] 칠십인역에서는 καὶ συνεκάλυψεν(= וַיְכַס. 그리고 난 후에 그가 가렸다)라 번역하고 있다.

9) מִטָּה(밋타)는 요즈음의 침대가 아니고 식사 때에도 사용되는, 누울 수 있는 긴 의자다. Gesenius/17, 27 참고.

10) רוּחַ(루아흐). 본래는 '바람', '영'이라는 뜻인데, 여기선 '기분'이란 뜻으로 사용되었다. HAL IV, 1117-1119 참고.

11) [a] 칠십인역(아람역도)에서는 καί라 되어 있다. 아흐압의 말을 윗부분의 화자의 말과 맞추려 한 것 같다.

　　[b] 루키안 수정본을 뺀 칠십인역에는 여기에 ἄλλον(다른)이 덧붙어 있다. 그렇게 되면 문장이 더 부드러워진다.

　　[c] 페쉿타와 불가타 필사본에는 2절과 같이 טוֹב מִמֶּנּוּ(그것보다 좋은)의 뜻이 덧붙여져 있다. 이것도 2절과 같이 맞추려고 한 역자들의 시도인 것 같다.

　　[d] 칠십인역에는 κληρονομίαν πατέρων μου[제 조상의 유업(3절)]이 더 붙어 있다. 이것도 3절과

אֶת־כַּרְמְךָ בְכֶסֶף אוֹ [a] אִם־חָפֵץ אַתָּה אֶתְּנָה־לְךָ כֶרֶם [b] תַּחְתָּיו [c]

וַיֹּאמֶר לֹא־אֶתֵּן לְךָ אֶת־כַּרְמִי [d]:

a) 그러자 그가 그 여자에게 말했다. "내가 그 이즈르엘 사람 나보트에게 말했기 때문이오. 내가 그 사람에게 말했지요. '당신은 제발 은을 받고 당신의 포도원을 내게 주시오. 혹은 당신이 원한다면 나는 당신에게 그것 대신에 포도원을 주겠소.'

b) 그런데 그 사람이 말했소. '나는 당신에게 내 포도원을 주지 않겠습니다.'"

7[12)] וַתֹּאמֶר אֵלָיו אִיזֶבֶל אִשְׁתּוֹ אַתָּה עַתָּה [a] תַּעֲשֶׂה מְלוּכָה עַל־יִשְׂרָאֵל

קוּם אֱכָל־לֶחֶם וְיִטַב לִבֶּךָ אֲנִי אֶתֵּן לְךָ אֶת־כֶּרֶם נָבוֹת הַיִּזְרְעֵאלִי:

a) 그러자 이제벨, 그의 아내가 말했다. "전하(당신)! 지금 전하(당신)께서 이스라엘 위에 왕권을 행사할 겁니다![13)]

b) 일어나십시오! 빵을 드십시오. 그러면 전하(당신)의 마음이 좋아질 것입니다. 제가![14)] 제가 전하(당신)께 그 이즈르엘 사람 나보트의 포도원을 드리겠습니다."

8[15)] וַתִּכְתֹּב סְפָרִים בְּשֵׁם אַחְאָב וַתַּחְתֹּם בְּחֹתָמוֹ

동일하게 하려는 시도였던 것 같다.

12) [a] 칠십인역에는 οὕτως(이렇게)가 첨가되어 있다. 그렇게 하면 이제벨식 암살정치 혹은 공포정치를 뜻하게 되어 의미가 축소된다. 마소라 본문대로 두면, 백성이 임금에게 밭을 안 팔겠다는 식의 유약한 정치는 하지 않을 것이라는 뜻이 된다.

13) 대명사를 넣어서 강조하고 있다. 이제벨의 말은 비꼬는 말로 해석될 수도 있다. "당신이 이스라엘의 왕 맞아?" Gray, 439 참고.

14) 대명사를 넣어서 강조하고 있다.

15) [a] 레닌그라드 사본은 뭔가 잘못되었음이 분명하다. 많은 히브리어 필사본들은 '크레'대로 סְפָרִים(편지들)이라 적고 있다. 그러나 그 '편지들'이 이미 8a절에 나왔으므로 '그 편지들'이란 뜻에서 הַסְּפָרִים(그 편지들)이라 적는 게 좋을 것 같다. 이는 '크티브'와 BHS의 제안을 따른 것이다.

[b] 레닌그라드 사본은 그렇게 적고 있지만, 문법에 맞게, 많은 필사본이나 인쇄본을 따라 הַזְּקֵנִים(그 장로들: 자인에 중복점을 찍음)이라 읽는 것이 옳다.

וַתִּשְׁלַח הַסְּפָרִים ᵃאֶל־הַזְּקֵנִים ᵇוְאֶל־הַחֹרִים ᶜאֲשֶׁר בְּעִירוֹᶜ הַיֹּשְׁבִים ᵈ
אֶת־נָבוֹת:

a) 그러고 난 후에 그 여자는 아흐압의 이름으로 편지들을 썼다. 그러고 난 후에 그녀는 그의 인장으로 도장을 찍었다.

b) 그러고 나서 그 여자는 그 편지들을 그의 성에서 나보트와 함께 살고 있는 그 장로들에게와 그 귀인들16)에게 보냈다.

9
וַתִּכְתֹּב בַּסְּפָרִים לֵאמֹר
קִרְאוּ־צוֹם וְהוֹשִׁיבוּ אֶת־נָבוֹת בְּרֹאשׁ הָעָם:

a) 그런데 그 여자는 그 편지들 가운데 썼다. 이르기를,

b) "너희는 금식을 선포하라!17) 그리고 나보트를 그 백성의 맨 앞에 앉혀라!

1018) וְהוֹשִׁיבוּ שְׁנַיִם אֲנָשִׁים בְּנֵי־בְלִיַּעַל נֶגְדּוֹ וִיעִדֻהוּ לֵאמֹר בֵּרַכְתָּ ᵃאֱלֹהִים וָמֶלֶךְ
וְהוֹצִיאֻהוּ וְסִקְלֻהוּ וְיָמֹת:

a) 그리고 너희는 두 남자들을, 불한당19)들을 그의 앞에 앉혀라! 그러면 그

ᶜ⁻ᶜ 칠십인역에는 이 부분이 빠졌다. 그 뒤에 나오는 '그와 함께 살고 있는 사람들'이란 말과 중복되니까 그런 것 같지만, 화자는 분명히 반복을 통하여 이 점을 강조하고 있다. 즉 고향 사람들이 나보트를 죽였다는 문제다.

ᵈ 페쉿타에서는 어순이 반대로 되어 있다. BHS에서는 11절을 예를 들며 그것이 옳다고 한다. 그러나 끝에 אֶת־נָבוֹת(나보트를)가 나오기 때문에 이대로 두는 게 좋다.

16) הַחֹרִים(효림)은 자유인이라고도 번역될 수 있다. Gesenius/18, Ⅱ, 390f 참고. 왈쉬(Walsh, 322)는 장로와 '효림'을 같은 그룹으로 본다.

17) 금식을 선포한 것은 아칸(수 7), 요나(욘 1), 셔무엘(삼상 7)의 경우에도 발견된다.

18) ᵃ 칠십인역 추정원본이나 페쉿타, 불가타에서는 3인칭으로 번역하고 있고, 루키안 수정본은 Ναβουθαι를 첨가한다. 이들은 13절의 영향을 받은 것으로 보인다. 실제로 두 불한당은 나보트를 3인칭으로 지칭했다. 그리고 나보트의 이름도 불렀다. 그러나 지시사항과 이행사항이 다른 것이 정상이고, 화자는 이를 청중들에게 알려주려고 한 것 같다. 그들은 나보트의 얼굴을 보며 거짓말을 하진 못한 것이다.

19) בְּנֵי־בְלִיַּעַל(아무 짝에도 못 쓰는 사람들)은 '불량배', '깡패' 등의 뜻으로 쓰였다. Gesenius/18, Ⅰ, 152f 참고.

들이 증언하게 될 것이다. 말하기를, '너는 하나님과 왕을 저주했다!20)'

b) 그러고 나서 너희는 그를 끌고 나가서 그를 돌로 쳐라. 그러면 그가 죽을 것이다."

11[21]) וַיַּעֲשׂוּ אַנְשֵׁי עִירוֹ הַזְּקֵנִים וְהַחֹרִים אֲשֶׁר הַיֹּשְׁבִים בְּעִירוֹ כַּאֲשֶׁר שָׁלְחָה

אֲלֵיהֶם אִיזָבֶל

ᵃכַּאֲשֶׁר כָּתוּב בַּסְּפָרִים אֲשֶׁר שָׁלְחָה אֲלֵיהֶםᵃ:

a) 그래서 그들은 행했다. 그의 성 사람들, 그의 성에 살고 있던 그 장로들
과 그 귀인들이. 그들에게 이제벨이 보낸 대로.

b) 그 여자가 그들에게 보낸 그 편지들에 쓰인 대로.

12   קָרְאוּ צוֹם

וְהוֹשִׁיבוּ אֶת־נָבוֹת בְּרֹאשׁ הָעָם:

a) 그들은 금식을 선포했다.

b) 그리고 "너희는 나보트를 그 백성의 맨 앞에 앉혀라!"22)

13[23])   וַיָּבֹאוּ שְׁנֵי הָאֲנָשִׁים בְּנֵי־בְלִיַּעַל וַיֵּשְׁבוּ נֶגְדּוֹ וַיְעִדֻהוּ ᵇᵃאַנְשֵׁי

---

20) בֵּרַכְתָּ. 문자 그대로는 '네가 축복했다'라는 뜻이나 이는 '네가 저주했다'의 미화법이다.
    욥 1:5, 11; 2:5, 9; 시 10:3와 Gesenius/18, Ⅰ, 179 참고. 하나님이나 왕을 모독하면 죽게
    되어 있었다(출 22:28).

21) ᵃ⁻ᵃ 루키안 수정본에는 이 부분이 빠졌다. 반복되기 때문이었을 것이다.

22) הוֹשִׁיבוּ(호쉬부). 문자 그대로는 명령형으로서 '너희는 그 남자를 앉혀라!'의 뜻이다. 이는
    9절과 10절에 나오는 '호쉬부'와 일치한다. 물론 삼인칭 공성 복수로 해석하여 '그들이
    앉혔다'라고 볼 수도 있다. 그러나 그런 뜻이라면 대개의 주석들이 하는 대로 'וַיּשִׁיבוּ'로
    고쳐서 '그리고 나서 그들은 앉혔다'로 만드는 게 낫다. 여기선 일단 마소라 본문대로 적
    는다. 그 이유는 아래의 본문해설에서 12절을 참고하라.

23) ᵃ⁻ᵃ 칠십인역 추정원본에는 없다. 바로 앞에 같은 말이 나오기 때문일 것이다. 그러나 화자
    는 이를 반복하면서 강조하려고 했던 것 같다.
    ᵇ⁻ᵇ BHS는 ᵃ⁻ᵃ를 지적하면서 이 부분도 지우기를 제안하지만, 화자가 반복하면서 강조하는 부분
    으로 보인다.
    ᶜ⁻ᶜ 칠십인역 추정원본에서는 ηὐλόγηκας(너는 축복했다)라 되어 있다. BHS는 10절을 참고하라

הַבְּלִיַּעַל אֶת־נָבוֹת[b] נֶגֶד הָעָם[a] לֵאמֹר [c]בֵּרַךְ נָבוֹת[c] אֱלֹהִים וָמֶלֶךְ

וַיֹּצִאֻהוּ מִחוּץ לָעִיר וַיִּסְקְלֻהוּ בָאֲבָנִים וַיָּמֹת:

a) 그러고 난 후에 그 두 남자들, 불한당들이 들어와서 그의 앞에 앉았다. 그러고는 그 불한당들이 그 백성 앞에서 나보트에 대해 증언했다. 이르기를, "나보트가 하나님과 왕을 저주했습니다.24)"

b) 그러고 나서 그들은 그를 그 성의 거리에서부터 끌고 나가 그를 돌들로 쳐 죽였다. 그러자 그가 죽었다.

14

וַיִּשְׁלְחוּ אֶל־אִיזֶבֶל לֵאמֹר

סֻקַּל נָבוֹת וַיָּמֹת:

a) 그런 후에 그들은 이제벨에게 사람을 보내어 전했다. 이르기를,

b) "나보트가 돌에 맞았습니다. 그래서 그가 죽었습니다."

1525)

וַיְהִי כִּשְׁמֹעַ אִיזֶבֶל כִּי־[a]סֻקַּל נָבוֹת וַיָּמֹת[a]

וַתֹּאמֶר אִיזֶבֶל[b] אֶל־אַחְאָב קוּם רֵשׁ אֶת־כֶּרֶם נָבוֹת הַיִּזְרְעֵאלִי

אֲשֶׁר מֵאֵן לָתֶת־לְךָ בְכֶסֶף כִּי אֵין נָבוֹת חַי כִּי־[c]מֵת:

고 한다. 그렇게 되면 이제벨이 이인칭으로 나보트를 지칭하라고 한 그대로 불한당들이 이인칭으로 말했다는 결과가 된다. 그러나 마소라판이 더 설득력이 있다.

24) בֵּרַךְ(베라크). 위의 주 18) 참고. 불한당들은 이제벨의 지시와 달리 나보트를 3인칭으로 칭하는데, 이는 눈을 맞대고 거짓말을 못했다는 증거다. Rofé, 1988/1, 93 참고.

25) [a-a] 칠십인역 추정원본에는 없으므로 BHS는 삭제할 것을 제안한다. 나보트가 돌에 맞아 죽었다는 내용이 이미 14b에 나오기 때문일 것이다. 그러나 이런 반복은 강조하기 위한 것이다.

[b] 칠십인역 추정원본이나 불가타에는 이제벨이란 이름이 빠졌다. 그 상반절에 이제벨이 나왔기 때문에 빠져도 말이 되기 때문일 것이다. 그러나 화자는 나보트가 죽었다는 사실을 반복하듯이 이제벨이란 범인의 이름을 반복하여 강조한다.

[c] 몇 개의 히브리어 필사본에서는 여기에 אִם을 첨가하여 כִּי אִם("……이 아니고 ……이다") 구절을 만들고 있다. 그러나 본문 그대로 "그가 살아 있지 않기 때문에, 그가 죽었기 때문에"로 읽는 것이 더 좋다. 그것이 기쁨에 날뛰는, 그래서 말까지 더듬는 것같이 보이게 하기 때문이다.

a) 그런데 이제벨이 나보트가 돌에 맞아 죽었다는 말을 듣자마자 다음과 같
은 일이 일어났다.

b) 그래서 이제벨이 아흐압에게 말했다. "일어나십시오. 차지하십시오. 이즈
르엘 사람 나보트의 포도원을! 돈으로 전하(당신)에게 넘기기를 거절했
던…… 나보트가 살아 있지 않거든요. 그가 죽었거든요."

16[26)]   וַיְהִי כִּשְׁמֹעַ אַחְאָב כִּי מֵת נָבוֹת[a]

וַיָּקָם אַחְאָב לָרֶדֶת אֶל־כֶּרֶם נָבוֹת הַיִּזְרְעֵאלִי לְרִשְׁתּוֹ:

a) 그러자 이런 일이 일어났다. 아흐압이 나보트가 죽었다는 소식을 듣자마자

b) 아흐압은 일어났다. 그 이즈르엘 사람 나보트의 포도원으로 내려가려고,
그것을 차지하기 위해.

17   וַיְהִי דְּבַר־יְהוָה

אֶל־אֵלִיָּהוּ הַתִּשְׁבִּי לֵאמֹר:

a) 그런데 야흐베의 말씀이 있었다.[27)]

b) 그 티쉬베 사람 엘리야후에게. 이르시기를,

18   קוּם רֵד לִקְרַאת אַחְאָב מֶלֶךְ־יִשְׂרָאֵל אֲשֶׁר בְּשֹׁמְרוֹן

הִנֵּה בְּכֶרֶם נָבוֹת אֲשֶׁר־יָרַד שָׁם לְרִשְׁתּוֹ:

a) "너는 일어나라! 너는 내려가거라! 쇼므론에 있는 이스라엘 왕 아흐압을 만나러.

b) 보라! 나보트의 포도원에, 그는 거기에 내려갔다. 그것을 차지하려고.[28)]

19[29)]   וְדִבַּרְתָּ אֵלָיו לֵאמֹר[a] כֹּה אָמַר יְהוָה הֲרָצַחְתָּ[b] וְגַם־יָרַשְׁתָּ

---

26) [a] 칠십인역에는 몇 단어가 더 들어 있다.

27) וַיְהִי(바여히). 1절, 15절, 16절 맨 앞에 나오던 말로서 극적인 반전을 보여주는 장치다.

28) 이 문장도 원문의 감각을 살리기 위해 어순대로 옮겼다.

29) [a] 히브리어 필사본 몇 개와 루키안 수정본, 페쉿타에는 이 말이 빠졌다.

וְדִבַּרְתָּ אֵלָיו לֵאמֹר ^dכֹּה אָמַר יְהוָה^d בִּמְקוֹם אֲשֶׁר לָקְקוּ^e

הַכְּלָבִים אֶת־דַּם נָבוֹת יָלֹקּוּ הַכְּלָבִים אֶת־דָּמְךָ גַּם־אָתָּה:

a) 그러니 너는 그에게 말해라! 이르기를, '야흐베께서 이렇게 말씀하신다. 네가 죽였느냐? 그리고 심지어 네가 상속까지 받았느냐?'

b) 그리고 너는 그에게 말하라! 이르기를, '야흐베께서 이렇게 말씀하신다. 그 개들이 나보트의 피를 핥은 그 장소에서, 그 개들이 너의 피도 핥을 것이다. 심지어 너도'"

20³⁰⁾

וַיֹּאמֶר אַחְאָב אֶל־אֵלִיָּהוּ הַמְצָאתַנִי אֹיְבִי

וַיֹּאמֶר מָצָאתִי יַעַן הִתְמַכֶּרְךָ לַעֲשׂוֹת הָרַע בְּעֵינֵי יְהוָה:

a) 그러자 아흐압이 엘리야후에게 말했다. "당신이 나를 찾았는가?³¹⁾ 나의 원수야!"

b) 그러니까 그가 말했다. "내가 찾았소! 당신이 야흐베의 눈에 악한 일을

---

^b 루키안 수정본을 뺀 칠십인역에서는 ὡς σὺ가 ה대신에 들어 있다. 즉 '네가 죽였느냐?'라는 의문문이 아니라, '네가 죽였듯이'라고 옮기고 있다. 그러면 그 다음에 나오는 וְיָרַשְׁתָּ도 고쳐야 한다. 그러나 먼저 수사법적인 질문을 던지고 선언을 하는 것은 20장의 13절에서도 나타나는 양식이므로 바꿀 필요가 없다. 반면에 루키안 수정본과 불가타, 페쉿타는 '보라!'로 읽고 있는데, 다소 급작스런 질문을 부드럽게 하기 위한 것으로 보인다.

^{c-c} 페쉿타에는 이 부분이 빠졌다. 칠십인역에서는 διὰ τοῦτο(그러므로)라고 읽고 있다. 그러나 현재의 히브리어 본문에서 아무 문제가 없고, 이 부분이 질문과 선고를 구분하는 어구이므로 지워선 안 될 것이다.

^{d-d} 칠십인역 소문자사본 44, 106에서는 이 부분이 빠졌다. 그래서 BHS는 이 부분을 삭제할 것을 제안한다. 이는 그 윗줄에 똑같은 어구가 들어 있기 때문이다. 그러나 질문과 선고 부분에서 각각 '야흐베께서 이렇게 말씀하신다'고 하는 사자어구가 들어간 것은 그만큼 강조하기 위함 것이므로, 또한 이 선언이 앞으로의 사건 전개에 결정적이므로 그대로 두는 것이 낫다.

^e 칠십인역에는 여기에 αἱ ὕες καὶ(그 암퇘지들과)를 덧붙였다. 그러면 돼지와 개들이 아흐압의 피를 핥을 거라는 내용이 된다. 번역자의 과장이 아닌가 생각된다.

^f 칠십인역에는 여기에 ἐκεῖ(거기에)가 첨가되었다. 그러나 이는 그 장소를 강조하기 위해 첨가된 듯하다.

30) ^a BHS는 칠십인역을 참고하여 לְהַכְעִיסוֹ(그를 진노하게 하기 위하여)를 첨가할 것을 제안한다.

31) הַמְצָאתַנִי. 우연히 만난 게 아니고, 일부러 찾아다니다가 마침내 찾아냈다는 뜻이다. Gesenius/17, 450f 참고.

하는 데에 자신을 팔았기 때문이오."

21[32)]   הִנְנִי[ᵃ] מֵבִי[ᵇ] אֵלֶיךָ רָעָה וּבִעַרְתִּי אַחֲרֶיךָ
וְהִכְרַתִּי לְאַחְאָב מַשְׁתִּין בְּקִיר וְעָצוּר וְעָזוּב בְּיִשְׂרָאֵל׃

a) "보라! 나는 너에게 재앙[33)]을 가져다주겠다. 그리고 나는 너의 후손들을 쓸어 버리겠다.

b) 그리고 나는 아흐압에게 속한 벽에다 오줌 누는 자들을,[34)] 이스라엘에서 갇힌 자든지 놓인 자든지 상관없이 전멸시킬 것이다.

22[35)]   וְנָתַתִּי אֶת־בֵּיתְךָ כְּבֵית יָרָבְעָם בֶּן־נְבָט וּכְבֵית בַּעְשָׁא בֶן־אֲחִיָּה
אֶל־הַכַּעַס אֲשֶׁר הִכְעַסְתָּ וַתַּחֲטִא אֶת־יִשְׂרָאֵל׃

a) 그리고 나는 너의 집을 느바트의 아들 야로브암의 집과 같이, 아히야의 아들 바으샤의 집과 같이 만들 것이다.

b) 네가 진노하게 한 진노 때문에, 그리고 이스라엘 집을 범죄하게 하였기 때문에."

23[36)]   וְגַם־לְאִיזֶבֶל דִּבֶּר יְהוָה לֵאמֹר

---

32) [ᵃ] 바티칸 사본과 알렉산드리아 사본을 뺀 칠십인역은 τάδε λέγει κύριος(이것을 주님께서 말씀하신다)를 이 앞에 두고 있다. 이는 19절에 "야흐베께서 이렇게 말씀하셨다"가 두 번이나 나온 데서 영향을 받은 것 같다.
[ᵇ] 이는 많은 히브리어 필사본들과 '크레'대로 **מֵבִיא**로 고치는 게 좋다. 필사자의 실수로 보이기 때문이다.

33) **רָעָה**. '불행', '악', '해', '재앙'이란 말인데, 20절에 나온 '악'(**רַע**)과 같은 어근에서 나왔다. 두 단어가 다 악과 불행의 뜻이 있지만, 후자는 도적적인 악의 뉘앙스가 더 강하고, 전자는 재앙이란 뜻이 더 강하다. HAL Ⅳ, 1165-1169, 1177-1179 참고. '라아'(**רָעָה**)는 다시 재앙이란 뜻으로 아래의 29절에서 두 번이나 나온다.

34) 벽에다 오줌 눈다는 말은 남자를 낮추어 부른 말이다. HAL Ⅳ, 1371 참고.

35) [ᵃ] BHS는 **אֶל**을 **עַל**로 읽기를 제안한다. 히브리어 필사본 하나가 그렇게 적고 있고, 그리스역, 라틴역, 타르굼이 그렇게 읽고 있다. 이 경우의 '엘'을 ……때문에'라고 읽어야 하는 건 분명하다. 그러나 '엘'에도 '알'과 같은 용법이 있으므로(HAL Ⅰ, 49), 그대로 두어도 무방하다.

36) [ᵃ] BHS는 몇 개의 히브리어 사본과 페쉿타, 타르굼, 불가타를 참고하여, 또한 열왕기하 9:36

הַכְּלָבִים יֹאכְלוּ אֶת־אִיזֶבֶל בְּחֵל[a] יִזְרְעֶאל׃

a) "그리고 이제벨에게도 야흐베께서 말씀하셨소. 이르시기를,

b) '그 개들이 이즈르엘 안성벽37)에서 이제벨을 먹을 것이다.

24[38)]   הַמֵּת לְאַחְאָב בָּעִיר יֹאכְלוּ הַכְּלָבִים
               וְהַמֵּת[a] בַּשָּׂדֶה יֹאכְלוּ עוֹף הַשָּׁמָיִם׃

a) 아흐압에게 속한 자로서 그 성 안에서 죽은 사람은 그 개들이 먹을 것이다.

b) 그리고 그 들에서 죽은 사람은 그 하늘의 새가 먹을 것이다.'"

25[39)]   רַק לֹא־הָיָה כְאַחְאָב אֲשֶׁר הִתְמַכֵּר לַעֲשׂוֹת הָרַע בְּעֵינֵי יְהוָה
               אֲשֶׁר־הֵסַתָּה[a] אֹתוֹ אִיזֶבֶל אִשְׁתּוֹ׃

a) 오직, 야흐베의 눈에 악한 일을 행하는 데 자신을 팔아먹은 아흐압 같은 사람이 없었는데,

b) 그는 이제벨, 그의 아내가 그를 교사하였었다.

26   וַיַּתְעֵב מְאֹד לָלֶכֶת אַחֲרֵי הַגִּלֻּלִים
               כְּכֹל אֲשֶׁר עָשׂוּ הָאֱמֹרִי אֲשֶׁר הוֹרִישׁ יְהוָה מִפְּנֵי בְּנֵי יִשְׂרָאֵל׃

a) 그래서 그는 그 우상들의 뒤를 좇아가는, 매우 가증스러운 일을 행했다.

b) 야흐베께서 이스라엘 사람들 면전에서 몰아내신 그 에모리 사람들이 행하

을 참고하여 בְּחֶלְקַת로 읽을 것을 제안한다. 그러나 이제벨이 죽은 장소가 성안이므로 성 밖에 있는 나보트의 토지보다는 현재의 본문대로 안성벽으로 두는 게 더 좋을 것이다.

37) חֵיל(헬) 혹은 חֵל(헬)은 도시를 둘러싼 방호벽 앞에 있는 좀더 작은 성벽을 의미한다. Gesenius/18, Ⅰ, 346f 참고.

38) [a] 많은 히브리어 필사본과 칠십인역, 페쉿타, 타르굼의 필사본들은 여기에 לוֹ를 첨가하고 있다. 그냥 '그 들에서 죽은 사람'이 아니라, '그(아흐압)에게 속한 자로서' 들에서 죽은 사람이라는 뜻이다. 그러나 24a에서 이미 '아흐압에게 속한 자로서'라는 말이 들어 있으니 '로'를 첨가하지 않아도 같은 뜻이 된다.

39) [a] BHS의 지적대로 이는 סות의 히필형이므로 הֵסִית로 읽는 게 마땅하다. 그러나 사전에도 이런 형이 나와 있으므로 굳이 본문을 바꿀 필요는 없다.

던 모든 것대로.

27[40)]   ^aוַיְהִי כִשְׁמֹעַ אַחְאָב אֶת־הַדְּבָרִים הָאֵלֶּה וַיִּקְרַע בְּגָדָיו וַיָּשֶׂם־שַׂק

עַל־בְּשָׂרוֹ וַיָּצוֹם

וַיִּשְׁכַּב בַּשַּׂק וַיְהַלֵּךְ^b אַט׃

a) 그러자 이런 일이 생겼다. 이 말씀들을 듣자마자 아흐압은 그의 옷들을 찢어버렸다. 그러고 나서 그는 그의 살에 베를 걸쳤다. 그러고 나서 그는 금식을 했다.

b) 그러고 나서 그는 그 베 위에 누웠다. 그러고 나서 그는 고요히[41)] 걸어 다녔다.

28[42)]   וַיְהִי דְּבַר־יְהוָה

^aאֶל־אֵלִיָּהוּ^a הַתִּשְׁבִּי לֵאמֹר׃

a) 그러자 야흐베의 말씀이 있었다.

b) 그 티쉬베 사람 엘리야후에게. 이르시기를,

29[43)]   הֲרָאִיתָ כִּי־נִכְנַע אַחְאָב מִלְּפָנָי

---

40) ^a 칠십인역은 앞부분이 완전히 다르다. καὶ ὑπὲρ τοῦ λόγου ὡς κατενύγη Αχααβ ἀπὸ προσώπου τοῦ κυρίου καὶ ἐπορεύετο κλαίων καὶ (그런데 이 말 때문에 아흐압은 주님 면전에서 마음에 찔린 듯이 울면서 다녔다. 그리고)가 앞에 붙어 있다. 그러나 이는 아흐압의 회개를 과장하는 듯하다.

   ^b 몇 개의 히브리어 필사본에서는 וַיִּתְהַלֵּךְ라 적고 있으나, 힛파엘형뿐 아니라 피엘형도 걸어 다닌다는 뜻이 되므로 바꿀 필요가 없다.

41) אַט(아트). ‘leises, sanftes, gemächliches Verhalten’(낮고 부드럽고 고요한 태도). Gesenius/18, I, 43 참고

42) ^{a-a} 칠십인역은 ἐν χειρὶ δούλου αὐτοῦ Ηλιου περὶ Αχααβ καὶ εἶπεν κύριος (그런데 주님은 아흐압에 대해서 그의 종 엘리야후의 손에 말씀하셨다)라고 번역하였다. 이는 엘리야후의 손을 통해 하나님이 말씀하셨다는 열왕기하 9:36; 10:10을 만족시키기 위하여 칠십인역자가 바꾼 것 같다.

43) ^{a-a} 칠십인역 추정원본에는 이 부분이 빠졌다. BHS는 그 위 줄의 단어들을 잘못 필사했을

[a]יַעַן כִּי־נִכְנַע מִפָּנַי לֹא־אָבִי[b] הָרָעָה בְּיָמָיו בִּימֵי בְנוֹ אָבִיא
הָרָעָה [c]עַל־בֵּיתוֹ[c]:

a) "너는 아흐압이 내 면전에서 자신을 낮추는 것을 보았느냐?

b) 그가 내 면전에서 자신을 낮추었으므로 나는 그 재앙을 그의 날들에 오
게 하지 않겠다. 나는 그의 아들의 날들에 그 재앙을 그의 집에 오게 하
겠다."

B. 논쟁점

1. 21장의 통일성과 20장과의 연관성[44]

1-16절까지의 통일성은 별로 부인되지 않는다. 그러나 17-19절이 먼저 있었는데
1-16절이 붙었다든지, 1-16절이 먼저 있었는데 17-19절이 붙었다든지, 20-29절이
후대의 첨가라든지 하는 논란이 있다.[45] 그러나 25-26절이 화자의 코멘트라는 것
외엔 분명한 근거를 가지고 본문의 이야기에서 떼어낼 부분은 없는 것 같다. 로페
는 17절에서 갑작스레 엘리야후가 등장하는 것을 두고 통일성이 없는 증거라고 하
지만(Rofé, 1988/1, 94), 이는 다비드의 범죄 이야기에서도 똑같은 구도가 나타나

가능성을 묻고 있다. 그러나 이는 자주 등장하는, '강조를 위한 반복'인 것 같다.

[b] 많은 히브리어 필사본은 '크레'대로 אָבִיא라 적고 있다. 그것이 문법에 맞지만, 사전
에서도 이 형태를 소개하고 있고, 미 1:15에도 같은 형태가 나타나므로 그대로 두어도
좋다. HAL Ⅰ, 110 참고.

[c-c] 칠십인역 추정원본에는 이 부분이 빠졌다. 그러나 22절에 하나님이 아흐압의 '집'을 바으샤
의 집과 같이 만들겠다고 하셨고, 24절에서도 '아흐압에게 속한 자'라고 하였으니, 히브리어
사본대로 두는 게 좋다.

44) 대체적인 견해들에 대해선 Long, 1984, 224 참고.

45) 중요한 논란에 대해선 Welten, 21ff 참고.

지 않는가(삼하 12:1)? 22절과 24절이 열왕기하 9장에도 다시 나타나고, 특히 24절이 열왕기상 14:11; 16:4의 심판어구와 문자적으로 일치하지만, 이는 예언자들의 고정된 심판어구로 볼 수 있다.[46]

a. 21장과 20장의 구조 비교

21장의 통일성을 증명하기 위해 우리는 먼저 21장의 구조를 살펴볼 필요가 있다.

> A. 발단: 협상의 실패(1-4): 나보트의 포도원
>
>   1. '포도원을 주시오'(1f)
>
>   2. '야흐베께서 금하십니다'(3)
>
>   3. 속상하고 격분했다(4)
>
> B. 전개: 나보트 죽이기(5-14)
>
>   1. 이제벨의 약속(5-7): '전하(당신)가 왕권을 행사할 겁니다.'
>
>   2. 편지로 살인을 지시하다(8-10): '그를 돌로 쳐라'
>
>   3. 편지대로 나보트를 죽이다(11-14): '나보트가 돌에 맞았습니다.'
>
> C. 종결(15-29): 하나님의 심판
>
>   1. 아흐압의 죄: 포도원 접수(15-16)
>
>   2. 하나님의 판결(17-26): '개가 먹고 새가 먹고……'
>
>   a. 질문(17-19): '죽이고 상속받았느냐?'
>
>   b. 선고(20-26): '개가 먹고 새가 먹고……'
>
>   3. 아흐압의 반응: 회개(27-29)

발단, 전개, 종결의 각 부분은 세 부분으로 다시 나누어진다. 우리는 이것이 20장과 같은 구조임을 알아볼 수 있다. 즉 20장에서 두 번이나 되풀이되었던 구조, 즉 발단, 전개, 종결의 구조다. 21장의 발단 부분은 쇼므론 전투의 발단 부분(20:1-12)과 닮았다.

---

46) 롱(Long, 1984, 225)은 21장이 편집된 과정을 알 수 없다며 본문을 'a redacted unity'(편집된 단일문단)라고 한다.

20:1-12   21:1-4

벤하다드가 올라왔다(1)[26][47]   아흐압이 나보트에게 말했다(1)
은, 금, 아내들, 아들들을 내놔라(3, 5f)   포도원을 팔아라(2)
안 됩니다(9)   야흐베께서 금하십니다(3)
진을 베풀어라(12)   빵을 먹지 않았다(4)

두 가지 이야기에서 1) 강자(가해자)가 약자(피해자)에게 찾아와서 2) 약자에게 무리한 요구를 내세웠는데, 3) 약자가 이를 거절하니까, 4) 강자가 분노하는 구성이 공통적이다.

21장의 전개 부분은 20장에 나오는 두 이야기의 전개’ 부분과 똑같은 구조를 보여주고 있다. 단, 20장에서는 전투를 다루고 있고, 21장에서는 양민을 쳐 죽이는 살인사건을 보고하고 있다는 점이 다르다. 그러나 두 사건은 강자가 약자를 짓밟는 행위라는 점에서 공통점을 지니고 있다(20장의 구조에 대해서는 Ⅶ.C.4 참고).

20:13-21(전투)   20:27-30(전투)   21:5-14(나보트 죽이기)

예언자의 승리 약속(13-14) 사열(27)   이제벨의 약속(5-7)
사열(15)   하나님의 사람의 약속(28) 편지를 쓰다(8-10)
승리(16-21)   승리(29-30)   살인(11-14)

특이한 것은 20장에서 예언자나 하나님의 사람이 하는 역할을 21장에서는 이제벨이 하고 있다는 점이다. 21장에서는 누워 있는 아흐압에게 예언자 대신 이제벨이 다가간다.[48] 또한 앞 장에서 사열에 해당하는 부분이 편지를 쓰는 작업으로 대

---

47) [ ] 속에는 아페크 전투(20:23-43)와 닮은 부분을 적었다.

48) 여기선 נגשׁ 대신에 בוא가 사용되었지만, 그 구조나 기능 혹은 역할은 19:5의 천사의 등장, 20:13, 28의 예언자/하나님의 사람의 등장과 똑같았다. 화자는 이제벨의 기능이 천사나 예언자와 정반대여서 일부러 נגשׁ를 피하고 בוא를 선택한 것인지도 모른다.

치되었다. 편지로 사람을 죽이는 일이니, 편지 쓰고 도장 찍는 일은 병사를 사열하
는 일과 같은 성격이었다. 20장에서는 예언자가 약속한 대로 승리했고, 21장에서
는 이제벨이 약속한 대로 나보트가 죽었다. 화자는 두 개의 동일한 구조로 이 끔
찍한 아이러니를 청중에게 부각시키고 있다.

종결 부분은 20장의 아페크 전투 이야기 중에서 종결 부분과 구조가 같다.

<table>
<tr><td>20:31-43</td><td>21:15-29</td></tr>
</table>

20:31-43	21:15-29
1 아흐압의 죄: 벤하다드 석방(31-34)	아흐압의 죄: 포도원 접수(15-16)
2 판결(35-42): '네 목숨을 내놔라'	판결(17-26): '개가 핥을 것이다'
[질문(35-40): '포로를 놓쳤는데']......	[질문(17-19): '죽이고 상속하였느냐?']
[선고(41-42): '네 목숨을 내놔라']	[선고(20-26): '개가 먹고 새가 먹고......']
3 아흐압의 반응: 속상하고 격분하다(43)	아흐압의 반응: 회개(27-29)

아흐압이 나보트의 포도원에 내려간 것은 자신이 살인자임을 자인하고, 그가 이
사건의 주모자임을 공식적으로 드러낸 셈이었다. 그리고 바로 그 범행의 현장에,
두 이야기에서 공히 예언자가 등장한다. 예언자들은 아흐압에게 먼저 질문을 던진
다. 이는 그 다음에 나오는 선고를 더욱 강조하기 위해서였다. 20장에서는 포로를
놓쳤을 때엔 어떻게 하면 되느냐고 물어서 아흐압이 스스로의 사건에 재판하게 하
였지만, 21장에서는 하나님이 엘리야후에게 지시한 내용에 질문이 나온다. 네가 죽
이고 또 상속했느냐는 질문이다. 그리고 난 뒤에는 두 이야기에서 모두 엄중한 심
판이 선언되었다. 두 이야기는 공히 아흐압의 반응으로 끝나고 있다. 앞에서는 아
흐압이 격분하고 돌아갔는데, 이번에는 아흐압이 회개했다는 점이 달랐다.

이상에서 볼 때에 20장과 21장은 매우 정교하게 만들어진 하나의 이야기임이
분명하다. 두 장은 세밀한 부분까지 완전히 같은 구조로 만들어졌다. 20/21장의 통
일성 문제도 이로 인해 간단히 해결되었다고 본다. 같은 구조를 가진 것이 하나의

단위가 아니라면 오히려 퍼즐의 한 조각이 빠지는 결과가 되기 때문이다.

b. 어휘의 연관성

20장에서 이미 언급한 공통점 중에서, 21장과 20장만의 연관성을 확인하자면 다음과 같다.

הֲרָאִיתָ(네가 보았느냐)	20:13; 21:29
סַר וְזָעֵף(속상하고 격분했다)	20:43; 21:4
שִׂים+שַׂק(베옷을 입다)	20:31; 21:27
יַעַן(- 했기 때문에)	20:28, 36, 42; 21: 20, 29
שָׁלַח(보내다)	20:2, 5, 6, 7, 9, 10, 17, 34(2회), 42; 21:8, 11(2회), 14

무엇보다 특이한 것은 하나님의 질문에 나타나는 הֲרָאִיתָ(네가 보았느냐)가 열왕기에서 20장13절과 21장 29절에만 나타난다는 점이다. 화자는 20장과 21장의 구조가 같게 하고, 어휘도 같은 것을 몇 개 써서 청중들이 그 연관성을 확인하게 하였다.

또 한 가지 주목할 것은 רָעָה(해악, 불행, 재앙)로서, 20:7; 21:21, 29; 22:23에 나타나지만 '엘리야후 엘리샤 이야기'에서 다른 곳에서는 한 번도 발견되지 않고 20-22장에만 나타난다는 점이다. 이는 20-22장이 엘리야후 이야기에 속하면서도 그 안에서 독특한 응집력을 가진다는 것을 시사한다.

한편 יָרַשׁ(차지하다, 소유하다, 상속하다)는 21장을 이끌어 나가는 단어지만 (15, 16, 18, 19, 26절) 21장 이전에는 한 번도 발견되지 않는다는 점이 주목된다. 이는 21장이 개인 기업을 탈취하는 독특한 소재를 다루고 있기 때문인 듯하다.

c. 내용의 연관성

20장과 21장은 내용면에서도 연관을 가지고 있다. 첫째, 부당한 요구를 당했던 자가 부당한 요구를 하고 있다. 20장에서 벤하다드에게서 은, 금, 아내들을 다 약탈당할 뻔했던 아흐압이, 이제는 자기 나라의 한 소시민의 재산을 강제로 약탈한다. 물론 팔라고 했지만, 그 요구에 응하지 않으니 죽여 버린다. 이런 행위는 20장의 강대국이 약소국을 침략하는 것과 같은 범주의 범죄행위라 할 수 있다. 더구나 자기가 방금 당했던 일을 남에게 요구하고 자기는 더 심하게 처리하는 과정이 강조되고 있다.[49]

둘째로, 20장 전반부의 무대가 되었고 마지막에도 나타나는 쇼므론이 21장에서도 계속하여 강조되고 있다(20:1, 10, 37, 38; 21:1, 18). 특히 두 장의 첫머리(1절)에서 쇼므론이 등장하는 것은 우연이라 할 수 없다. 20장에서 쇼므론은 위협 당하는 도시의 대명사였다. 그런데 21장에서 쇼므론은 부당한 요구를 하고 사람을 죽이는 왕의 도시가 되었다.[50] 이런 연관을 통하여 저자는 아흐압의 죄를 강조하고 있다.

셋째로, 20장에서 두 번 등장하여 아흐압에게 승리의 약속을 해 주었던 예언자(들) 대신에 21장에서는 이제벨이 등장하여 똑같은 기능을 하고 있다. 즉 그녀는 아흐압에게 약속하고 그 약속을 실현시켜 준 것이다. 여기서 이제벨은 단순히 분수에 지나친 여인이거나 남편밖에 모르는 아낙네가 아니라, 예언자를 죽이고 예언자를 적대하는 역할을 하는 '마녀'임이 드러난다. 이렇게 구도, 어휘, 내용 면에서 20장과 21장은 삼중으로 단단히 얽혀 있는 것이 분명하다.

2. 18-19장과 20-21장의 연관성

20-21장은 18-19장과 내용 면에서 같은 구조를 갖고 있다. 즉 엘리야후는 18장에서 카르멜산의 대승리를 거두지만(바알예언자와의 대결에서 이김＋비가 오게 함), 19장에서 이제벨에게 너무나 허무하게 무너진다. 그러나 하나님의 산 효렙에서 그는 새롭게 사명을 받고 엘리샤를 부르는 등으로 새 출발을 하게 된다. 그러나 엘리야후는 하나님의 명을 완전히 수행하지 않고, 햐자엘, 예후 건은 뒤로 미루어 버린다. 똑같은 구도가 아흐압에게도 나타난다. 아흐압은 20장에서 자기의 공로

---

49) 이런 주제는 예수님의 만 달란트 빚진 자의 비유를 연상시킨다.
50) '쇼므론 왕'(21:1), '쇼므론에 있는 이스라엘 왕'(21:18) 참고.

없이 대승리를 두 번이나 거둔다. 그러나 21장에서 작은 포도원 때문에 어이없는 실수를 저질러 심판을 당하게 된다. 그러나 그는 다시 회개함으로써 새 출발을 하게 된다. 그러나 그의 회개는 완전하지 못하였음이 22장을 통하여 나타난다. 이를 도표로 표시하면 다음과 같다.

엘리야후	아흐압
18장의 대승리	20장의 대승리
1) 바알예언자들을 이김	1) 쇼므론 전투 승리
2) 비가 오게 함	2) 아페크 전투 승리
19장의 실족	21장의 실수
1) 하찮은 위협에 도망함	1) 하찮은 포도원 하나에 실족
2) 효렙산에서 다시 출발함	2) 회개함
3) 불완전한 순종(하자엘, 예후)	3) 불완전한 순종(22장: 여호샤파트)[51]

화자는 짝이 되는 이 네 장들을 통하여 예언자의 삶과 왕의 삶의 공통점을 보여주었다. 엘리야후와 아흐압은 서로 비견되기 어려울 정도로 차원이 다른 삶을 살았지만, 그들도 공통점을 지니고 있었다. 즉 엘리야후와 아흐압은 공히 하나님의 은총을 많이 받았고, 실수하고 죄를 지었다. 또한 그 용맹스러운 엘리야후도 하찮은 말 한 마디에 도망하고 죽기를 원하였으며, 그 간교하고 악한 아흐압왕도 하나님 앞에서 철저히 회개하는 면을 지니고 있었다. 그러나 엘리야후는 예언자로서의 삶 가운데 잠시 낙심한 것이고, 아흐압은 많은 범죄 이후에 나보트까지 죽여 버렸다는 점에서 차이가 있었다. 또한 엘리야후는 마지막에 엘리샤에게 영을 물려주고 승천하나, 아흐압은 다시 여호샤파트를 죽음으로 내모는 악으로 인해 하나님의 심판을 자초한다.

---

51) 엘리야후가 하자엘과 예후에게 기름 붓지 않은 것같이, 아흐압은 자기 대신에 여호샤파트를 위험에 빠뜨리려고 한다.

1. 협상의 실패(발단: 1-4): 나보트의 포도원

아흐압왕은 나보트에게 포도원을 팔라고 제안한다. 그러나 나보트는 조상의 유업은 넘겨줄 수 없다고 대답한다. 아흐압은 격분하여 집으로 돌아가 단식투쟁을 벌인다.

a. 궁전 옆의 포도원(1)

1절은 이즈르엘에 있는 포도원 이야기로 시작된다. 1절 상반절까지 읽는 동안 청중들은 무슨 목가적인 이야기가 나올 것같은 착각에 빠진다. 실제로 1절 하반절이 없다면 나보트나 이즈르엘이나 포도원이나 다 평화로웠을 것이다. 그러나 하반절, "쇼므론왕 아흐압의 궁전 옆에"는 일순간에 분위기를 반전시킨다. 이즈르엘과 쇼므론의 대조, 나보트란 의인과 아흐압이란 악인의 대조다.

1 וַיְהִי[바여히: 그런데 이런 일이 있었다(생겼다)]. 21장의 이야기를 이끌어 나가는 어구다. 이 어구는 21장에서 여기 외에 15, 16, 17, 27, 28절에 나오면서 화자가 청중의 시선을 새로운 장면으로 바꾸는 데 쓰고 있다.

אַחַר הַדְּבָרִים הָאֵלֶּה(이 일들 후에). 대개의 학자들은 이것을 편집자가 쓴 것이라고 주장한다(ATD 11/2, 247). 칠십인역에선 21장이 19장 끝에 바로 연결되어 있다. 칠십인역의 역자들은 본문이 20장과 아무 상관없다고 생각했을 것이다. 그러나 예를 들어 20장 43절에서 나타난 וַיָּבֹא סַר וְזָעֵף(속상하고 화가 났다)가 21장 4절에도 똑같은 모습으로 다시 나타나므로, 본문은 20장에 연결되는 것이 분명하다(위의 VIII.B.1.b 참고). 또한 이 사건이 아흐압의 대승리 이후에 일어난 범죄라는 측면이 강조되고 있다.

כֶּרֶם(포도원). 나보트 이야기의 핵심 소재다. 아흐압은 그것을 사서 자신의 채소 밭으로 만들려고 했으나, 포도원은 채소밭과 비교될 수 없다. 만들기도 훨씬 어렵고 오래 걸리고, 가치도 훨씬 뛰어나다.

הַיִּזְרְעֵאלִי(그 이즈르엘 사람). 나보트에게는 항상 이런 호칭이 따라 붙었는데, 아마 이즈르엘에서 존귀한 위치에 있었던 것 같다. 이제벨이 그를 맨 앞자리에 앉히라고 한 것도 그의 지위를 짐작하게 하고 있다. 이즈르엘은 오므리 왕가의 두 수도 중 하나였다. 아마 크나안인 출신이었을 오므리는 쇼므론을 건설하여 바알종교의 중심지로 만들고, 이즈르엘은 이스라엘인의 중심지로 만들었던 것 같다(Gray, 369).

מֶלֶךְ שֹׁמְרוֹן(쇼므론의 왕). 아흐압왕은 여기서 쇼므론왕으로 기록되었다. 학자들은 이를 두고 이 이야기가 수리아-에브라임전쟁(734-732) 이후에 쇼므론이 한 구역명이 되었을 때나 앗슈르의 지배하에 들어간 722년 이후의 상황을 드러낸다고 주장하기도 하나(Rofé, 1988/2, 97 참고), 여기선 이즈르엘 사람과 쇼므론왕의 대립구도를 분명히 하기 위한 시도라고 보인다.[52] 이방의 전통이 통하는 곳, 바알의 신전이 버티고 있는 도시 쇼므론은 높은 곳이고, 정직한 이스라엘 평민이 사는 곳은 낮은 땅 이즈르엘이었다.[53] 이로써 지금부터 말하려는 이야기의 대립구도가 분명해졌다. 쇼므론 왕 아흐압과 이즈르엘 사람 나보트의 대결![54] 한편 '쇼므론'은 20장 1절에서 연결된다. 전쟁 이야기에서 포도원 이야기로 갑자기 넘어가고 있지만, 이것도 -계급간의, 신앙이 다른 사람들 사이의- 전쟁이었고, 20장보다 더 끔찍한 살육을 다룬다.

b. '포도원을 주시오'(2)

포도원을 달라고 한 아흐압은 그것이 거절당하리라고는 전혀 상상하지 못한 모양이다. 그는 이런저런 좋은 조건들을 제시했고, 무엇이든 들어 줄 자세가 되어 있

---

52) Walsh, 318 참고. 헨첼(Hentschel/1, 128)은 '쇼므론'이 '북이스라엘'을 가리키는 말일 뿐이라고 한다.

53) 21:16 참고. 쇼므론에서 이즈르엘로 가기 위해선 내려가야 했다.

54) 21장에서 아흐압은 20장에서와 같이 이스라엘의 왕이 아니다. 20장에서 아흐압은 은총을 받은 사람이어서 화자가 이스라엘의 왕이라 했고, 여기선 악역을 맡으므로 쇼므론의 왕이라 하였다. 그 영적인 위치에 따라 호칭이 달라진 것이다.

었으나, 하나님의 법도가 무엇인지는 염두에 두지 않았다. 그만큼 그는 하나님의 법도에서 멀리 떨어져 살았던 것이다.

2 כֶּסֶף('케세프': 은). '케세프'는 20장의 아람왕 벤하다드가 두 번이나 자기 것이라고 주장했던 대상이고, 아흐압도 두 번이나 그것을 시인했던 것이다(3-6, 9). 앞 장에서는 억울하게 요구를 받았던 아흐압이 이제 여기선 요구하는 입장이 된다. 아흐압은 그 대신에 더 좋은 포도원을 주겠다고 한다. 돈보다 포도원을 먼저 말한 이유는 농부에게는 포도원이 더 중요했기 때문이다. 아흐압의 제안은 전혀 강압적인 게 아니었다. 달라고 할 때엔 명령형의 강조법을 쓰고, 더 좋은 포도원으로 보상하겠다는 말을 할 때엔 자기가 꼭 약속을 지키겠다고 하는 의미에서 두 번이나 권고법을 썼으며, 채소밭으로 만들고 싶다고 할 때엔 희구법을 썼다. 그러나 부드럽게 말해도 자기의 요구가 거부당할 것은 상상하지 못했으리라.

c. '야흐베께서 금하십니다'(3)
나보트의 대답은 전혀 아흐압이 예상하지 못한 곳, 엉뚱한 데서 나왔다. 즉 하나님이 금하신다는 말이었다.

3 חָלִילָה(맙소사). 이는 다비드가 샤울을 죽이기를 거부하였을 때(삼상 24:7[개역한글판은 6절]; 26:11)와, 부하들이 목숨을 걸고 퍼온 물을 마시기를 거절하였을 때에 한 말이다(삼하 23:17). 모두 야흐베께서 금하신다는 말과 연관되어 있어서, 어길 경우에 하나님께로부터 벌을 받을 것을 두렵다는 뜻이었다(Gesenius/18, Ⅱ, 354). 나보트의 거절도 같은 어투였다. 포도원이어서 못 파는 것이 아니라, 조상의 유업을 외인에게 넘기는 것은 하나님께 벌 받을 일이었다(민 36:7-9). 나보트가 팔았더라면 친족들에게서도 비난받았을지 모른다(Gray, 439). 야흐베께서 금하신다고 한 것이 아흐압의 바알 숭배를 은근히 지적하는 것같이 보였을지 모른다(Rosenberg, 1980, 217). 그러나 다음 절을 보면 아흐압은 나보트가 그의 청을 거절했다는 사실 그 자체

가 참을 수 없는 일로 생각한 것 같다.

d. 속상하고 격분했다(4)

아흐압은 한 대 맞은 느낌인 듯하다. 그가 보인 반응은 20장에서 벤하다드를 놓아준 대가로 자기의 목숨을 내놔야 한다고 하는 말을 들었을 때와 같았다. '열심히 싸웠는데 이것은 너무 억울하다'고 느낀 만큼, 이번에는 '내가 왕인데 평민이 내게 이럴 수 있나' 하는 느낌을 가진 것 같다. 드러내 놓고 반대하지 못하지만, 그만큼 속에 쌓인 울분은 더 강했을 것이다.

4 סַר וְזָעֵף(속상하고 격분하여).[55] 권력자가 그만큼 속상했다면 나보트가 위험해지리라는 것을 청중들은 짐작할 수 있다.

לֹא־אֶתֵּן לְךָ אֶת־נַחֲלַת אֲבוֹתָי(나는 당신에게 내 조상의 유업을 주지 않겠소). 이때의 '그'는 화자가 나보트의 말을 다시 인용하는 것일 수도 있고, 아흐압이 스스로 되뇌는 말일 수도 있는데, 후자일 가능성이 더 크다. 아흐압은 화를 삭이지 못하고 나보트의 말을 중얼거린 것이다(Walsh, 313). 나보트는 하나님이 금하신다는 말만 했지, '나는 당신에게 내 조상의 유업을 주지 않겠소.'라고 말하지 않았다. 그러므로 이 말은 아흐압이 나보트의 말을 왜곡하여 혼자 중얼거린 것이었다. 그는 분노를 되새김질하고 있었다. 왕이 식사를 하지 않는다는 것은 궁중에서는 큰 사건이었을 것이다.

2. 편지로 한 살인 (I)(전개: 5-14)

a. 이제벨의 약속(5-7)

격분한 아흐압에게 예언자(20:13, 28) 대신에 이제벨이 나타나 아흐압에게 포도

---

55) סַר(사르)는 '아무리 얼굴 표정을 바꾸려 해도 안 되는 정도'를 זָעֵף(자에프)는 '고집 센 왕의 폭풍 같은 진노'를 뜻한다고 한다. Walsh, 313 참고.

원을 약속한다. 이것이 그의 불행이었다.

5 אִיזֶבֶל(이제벨). 문제는 이 여자였다(왕상 16:31). 자기 이름 속에 '즈불'(바알)을 갖고 있는 여자가 아흐압에게 접근한다. 천사(19:5)나 예언자(20:13, 28)가 아니라 이제벨이 접근한 것이 아흐압의 화근이었다. 저자는 이제벨이 아흐압의 아내라는 것을 강조한다. 엘리야후를 죽인다고 위협했던 여자(19:2)가 아흐압에게 충고하려 한다.

6 תְּנָה־לִּי(내게 주시오). 아흐압은 아내에게 나보트의 이야기를 자기 나름대로 각색하여 말한다. 먼저 포도원을 바꾸자고 하고서도, 먼저 돈을 줄 것을 제안했다고 했고, 나보트가 조상의 유업이기 때문에 못 판다는 말은—그게 결정적인데—생략해 버렸다. 이제벨은 나보트가 개인적인 감정 때문에 왕의 겸손한 청을 거절한다고 생각하게 되었을지 모른다.

7 אַתָּה עַתָּה תַּעֲשֶׂה מְלוּכָה עַל־יִשְׂרָאֵל[전하(당신)! 이제 전하(당신)가, 이스라엘 위에 왕권을 행사할 겁니다].[56] 이제벨은 아흐압의 근심을 이해할 수 없다.[57] 그녀는 이스라엘에서 왕권이 이렇게 무시되어선 안 된다고 생각한 듯하다. 그리고 자기가 이스라엘의 왕권을 강화시킬 수 있는 것같이 말한다. 예언자들이 승리를 약속했듯이, 이제벨은 아흐압에게 나보트의 포도원을 주겠다고 약속한다. 마치 아이에게 엄마만 믿으라고 하는 것 같다.

b. 편지로 살인을 지시하다(8-10)

이제벨의 생각은 간단했다. "왕을 저주하면 반역자이고, 반역자의 재산은 나라에 몰수된다." 이 부분은 20장에서 예언자가 일러준 작전(14)을 연상시키며, 아흐압이 도장을 찍는 장면은 아흐압의 사열(15)과 같다.

---

56) "이것이 이스라엘의 왕으로서 통치하는 방법인가요?"라고 물었다는 해석도 있다. Rosenberg, 1980, 218.

57) 크나안 전통으로선 왕이 영토에 대해선 무한정으로 권한을 행세할 수 있었다. Fohrer, 1968, 25; 민영진, 1970/6, 163 참고.

8 סְפָרִים(편지들). 이제벨은 아흐압의 이름으로 된 편지들을 써서 나보트를 죽인다.58) 이는 다비드가 우리야를 죽일 때에 쓴 수법으로서(삼하 11:14ff), 권력을 잡은 사람이 자기 손에 피를 묻히지 않고 사람을 죽일 수 있음을 보여주는 사례다. 그녀는 자신의 행위에 전혀 문제를 느끼지 않았던 것 같다. 불한당이란 말을 태연히 쓴 것을 보라! 그러나 하나님은 이 일 때문에 이제벨의 자녀들도 예후의 '편지들'로 죽게 하신다(왕하 10:1). 주목할 것은 아흐압이 자기의 인장반지를 빼내어 전권을 이제벨에게 넘겨주었다는 점이다. 이를 보면 이 살인사건에서 아흐압이 실제적인 주범이었다는 것을 알 수 있다. 편지 속에 모든 불법적인 것까지 지시했을까를 의심하는 자들도 있다(Gray, 441). 그러나 이제벨은 여러 사람들에게 여러 종류의 편지들을 쓴 것같이 보이는데, 본문은 그것들을 요약한 것 같다. 이제벨의 지시는 그가 이스라엘 법에 정통하였기 때문일 수도 있고, 그를 보좌하는 자들이 나쁜 꾀를 빌려 주었을 수도 있다. 금식은 전쟁이나 메뚜기 재앙이나 기근 같은 위기상황에서 선포되었다(렘 36:6, 9; 욜 1:14; 2:15; 대하 20:3f).59) 편지들은 '그의 성'에 보내졌다. 이즈르엘은 나보트의 성이었던 셈이다. 그만큼 그는 이즈르엘에서 존귀한 사람이었다. 이제벨의 편지는 장로들과 귀인들에게 보내졌는데,60) 불한당들(10절)에게는 별도로 보내졌을 것이다.

9 צוֹם(금식). 종교적 이유('야흐베께서 금하신다')로 못 판다고 한 나보트가 아이러니하게도 종교적인 이유로 재판을 받는다. 이제벨은 나보트에게 가장 수치스런 죽음을 부여하려 했다. 재앙의 원인이 나보트에게 있다고 말하게 함으로써 그는 하나님의 저주를 받은 사람으로 죽게 되었다.

10 בְּנֵי־בְלִיַּעַל(불한당들). 이제벨은 이즈르엘에 측근들과 기관원들을 많이 포진시켜 두었는데, 자기의 부당한 방법을 숨길 필요를 느끼지 않았다. 혹은 이제벨이 다르게 표현했는데 화자가 그들을 '불한당'이라고 칭한 건지도 모른다(Walsh,

---

58) 본래는 상거래를 하려던 것이었는데, 결과적으로 왕권의 행사가 되었다. Long, 1984, 226.

59) Fohrer, 1968, 26 참고. 그 위기가 나보트가 왕과 하나님을 욕한 때문이라고 뒤집어씌우려는 음모다.

60) '이즈르엘에 살고 있는'이란 말은 (나보트와 같이) '이즈르엘 평의회의 회원으로 앉아 있는'이라고도 번역할 수 있다. Rosenberg, 1980, 218 참고.

324). 또한 이즈르엘이 본래 오므리집안의 고향이었기 때문에 두 번째 수도가 되었고, 그곳에 아흐압의 친척들이 많았을 가능성도 있다.61) 그녀는 윤리에 구애받지 않았다. 왕비는 '불한당'들에게 나보트를 이인칭으로 부르며 고소하라고 한다. 그러나 이 명령은 그대로 시행되지 못하고 나보트는 삼인칭으로 불렸다.62)

c. 편지대로 나보트를 죽이다(11-14)

20장에서 아흐압이 예언자의 지시대로 수행하여 전쟁에 이겼듯이(16-21), 여기선 나보트의 고향 사람들이 이제벨의 지시대로 수행하여 나보트를 죽여 버린다. 화자는 같은 성에 살던 장로들과 귀인들이 편지 하나에 나보트를 죽였다는 것을 강조한다.

11 וַיַּעֲשׂוּ(그래서 그들은 행했다). 엘리야후가 하나님의 명을 받들듯이(왕상 17:3-6등), 이즈르엘의 지도자들은 이제벨의 지시에 순종한다. '카아셰르'(כַּאֲשֶׁר: -한 대로)를 반복하는 것은 청중들에게 이제벨의 지시를 되새기게 하는 효과를 지닌다. 이로써 청중들은 아흐압뿐 아니라 온 이스라엘이 하나님을 떠났다고 한 엘리야후의 탄식(19:10, 14)이 과장이 아님을 확인하게 된다. 본문은 이즈르엘 사람 나보트가 '그의 성 사람들, 그의 성에 살고 있던 그 장로들과 그 귀인들'(11)에게 '그 성의 거리에서부터 끌려 나가'(13) 살해당함을 강조하고 있다. 이것은 아흐압의 아들들이 쇼므론에 있던 '그들을 양육한 사람들'(10:6)에 의해 살육당하는 것과 같은 구도다.

12 וְהוֹשִׁיבוּ(그리고 너희는 앉혀라!). 갑자기 나온 명령형이어서 주석가들은 וַיֹּשִׁיבוּ(그러고 난 뒤에 그들은 앉혔다)로 고친다. 그러나 본문 그대로가 더 실감이 난다. 성의 장로들은 외친다. "나보트를 맨 앞에 앉혀라!"63) 마치 신나는 일이

---

61) Noth, 1969, 221, 주 6) 참고. 10:1에는 '이즈르엘의 장수들'이 쇼므론에 가 있고, 10:11에서 예후에게 죽는 사람들의 긴 명단을 보라.

62) 위의 본문비평 및 아래의 13절 본문해설 참고.

63) 왈쉬(Walsh, 323)는 문자 그대로의 충성을 강조하기 위한 것이라고 보았다.

라도 벌어지듯이, 자기들이 권위 있는 재판관이라도 된 듯이 이제벨의 말을 문자 그대로 반복한다. 섬뜩한 긴장이 청중들을 사로잡는다.

13 בֵּרַךְ נָבוֹת אֱלֹהִים(나보트가 하나님을 축복했다). 살인은 각본대로 진행되었다. 두 불한당들은 나보트를 두고 이인칭으로 말하지 못하고, 삼인칭으로 말한다. 아무리 왕(왕비)의 지시라도 나보트의 눈을 보며 거짓말을 하기는 어려웠던 모양이다. 그래도 증언은 효력을 발휘했다. 불한당들은 사람을 죽이려 하면서도 미화법을 써서 '축복했다'고 하지만, 사람들은 '저주했다'로 알아들었다(Rosenberg, 1980, 219).

14 בְּנֵי־בְלִיַּעַל(불한당들). 증언한 이후부터 처형과 보고에 이르기까지의 주체는 이들이었다. 그들은 아흐압의 이름으로 내린 편지에 대해 이제벨에게 답을 한다. 보고도 기관원답게 핵심만을 전한다(Walsh, 324). 누가 시켰다는 말도, 재판과 처형의 과정도 필요 없었다. 왕을 저주한 '반역자'는 두 사람 이상의 증언에 의해 형이 확정되면 그 증인들이 중심이 되어 끌고 나간다. 처형은 바깥 성 꼭대기에서 바깥 성과 안 성 사이의 공간을 향하여 뒤로 밀어뜨려서 일차로 처형을 시도하고, 그래도 안 죽을 경우엔 직접 증인들이 무거운 돌로 가슴을 쳐서 죽이는 게 관습이었다(ATD 11/2, 250).

3. 하나님의 심판(종결: 15-29)

a. 아흐압의 죄: 포도원 접수(15-16)

살인조직이 보고한 것을 이제벨이 아흐압에게 알리자, 금식 중이던 아흐압은 포도원을 인수하기 위하여 이즈르엘로 달려간다.

15 וַיְהִי(그러자 이런 일이 일어났다). 나보트가 죽음으로써 사건이 다 끝난 것 같으나, 새로운 이야기를 시작하는 어구 '바여히'가 연속해 나오며, 15절에선 이제벨의 반응, 16절에선 아흐압의 반응, 17절에선 하나님의 반응을 보여준다. 사건은 이제부터다. 이제벨도 꼭 필요한 말만 한다. 나보트가 왜 죽었는지 설명하지 않았다.

כִּשְׁמֹעַ(듣자마자). 주어 이제벨이 한 문장에서 두 번이나 나온 건, 16절의 아흐

압과 마찬가지로, 그들이 얼마나 반가워했는가를 강조하기 위함이다. 명령은 아흐압의 이름으로 나갔지만, 보고는 이제벨이 받는다. 불한당들도 상황을 잘 알고 있었다는 증거다. 이제벨은 아흐압에게 명령한다. "일어나라(קוּם)! 차지하라(רֵשׁ) 포도원을!"

16 וַיְהִי(그러자 이런 일이 생겼다). 아흐압은 그때까지 금식하며 누워 있었다. 그러나 이제벨의 말을 '듣자마자(כִּשְׁמֹעַ)' 벌떡 일어나 포도원을 차지하러 이즈르엘로 내려간다.64) 이상하게도 그는 이제벨에게 나보트가 어떻게, 왜 죽었는지 묻지 않는다. 그리고 나보트가 죽었으면 그 아들이 상속하게 되어 있고, 아들도 없으면 딸이나 친척이 상속하게 되어 있는데(잠 19:14; 민 27:1-11; 36:1-12), 어떻게 자기 소유가 될 수 있는지 묻지 않았다. 살인의 원흉 아흐압은 금식으로 이제벨을 충동하고, 자신의 도장을 찍는 것을 허용하고 자기가 원하던 결과를 기다리고 있었던 것이다.65) 교묘한 기회주의자 아흐압의 성격이 여기서도 나타난다.66)

b. 하나님의 판결(17-26): '개가 먹고 새가 먹고……'

1) 질문(17-19): '죽이고 상속받았느냐?'

갑자기 하나님이 개입하셔서, 오랫동안 쉬고 있던 엘리야후를 통해 아흐압에게 사형선고를 내리신다.

17 וַיְהִי(그러자 이런 일이 있었다). 세 번째 '바여히'는 결정적인 전환점을 만든다. 하나님은 갑자기 개입하신다(17:1참고).67) 학자들 중에는 17절 이하를 따로 떼어내는 사람들이 있으나,68) 17절은 וַיְהִי로 15, 16절에 이은 정점을 이룬다.

---

64) 재산을 인수하기 위해선 직접 그 땅에 발을 디뎌 놓아야 했던 것 같다. ATD 11/2, 250, 251 참고.

65) Walsh, 326 참고. 로페(Rofé, 1988/2, 93)는 아흐압이 묵인했다고 하는 보도가 없다며 그의 속마음을 알 수 없다고 한다.

66) 아흐압은 18장에서는 구경만 했고, 20장에서는 제일 마지막에 전투에 참여했고, 22장에서는 여호샤파트에게 왕복을 입게 하고 자기는 일반 장교의 옷을 입었다.

67) Long, 1984, 226 참고.

18 םוק(쿰). '일어나라!' 이제벨이 아흐압에게 일어나라고 했듯이(7), 하나님은 엘리야후에게 일어나라고 하신다.

לֵאָרְשִׂי ךְלֶמֶ(이스라엘 왕). 하나님은 이즈르엘에 있는 아흐압을 '쇼므론에 있는 이스라엘 왕'이라 부르신다. 이는 그의 영적인 상태를 지칭한다. 이스라엘 왕이긴 하지만, 영적으로는 우상의 도시 쇼므론에 머물러 있다는 뜻이다. 이즈르엘 평원으로 가려면 쇼므론에서 내려가야 한다. 아흐압도 이즈르엘로 내려갔다.

19 אּֽתְּחַצָרֽה(네가 죽였느냐). 하나님은 먼저 물어보게 하신다. 죽이고 상속받았느냐고.[69] 이는 20장 39-42절에서 어떤 예언자가 아흐압에게 포로를 놓친 사람을 어떻게 해야 하느냐고 물은 후에 아흐압의 죄를 선고한 것과 같은 형식이었다. 질문은 선고의 효과를 높인다.[70] 하나님의 질문은 핵심을 파고든다. 아흐압은 살인자며 강탈자다![71] 묘하게도 그는 강탈자면서도 상속자가 되었다.

םיבָלָכְּהַ(그 개들이). 이는 나보트의 피를 핥은 그 개들이 아흐압의 피도 핥을 것이라는 말이다. 하나님의 심판은 죽음으로 끝나지 않고, 시체가 버려져 개들의 밥이 되는 데까지 이른다. 그런 상황은 집안이 다 망하고 왕조가 끝나 후손이나 친척, 친지들이 그의 시체를 거두어 줄 형편이 못 되는 경우를 전제한다. 이 '개들'은 열왕기상 21장과 열왕기하 9장을 이어주는 한 고리가 되기도 한다. 19절의 예언이 열왕기하 9장 25절 이하와 다르다는 점을 두고 의심할 필요는 없다. 오히려 다른 점이 19절의 진정성을 증명한다(Gray, 435).

2) 선고(20-26): '개가 먹고 새가 먹고……'

범행 현장에서 들킨 아흐압은 엘리야후를 향하여 원수라고 부르지만, 엘리야후

---

68) 예를 들어 ATD 11/2, 251 참고. 뷔르트바인은 1-16절로 된 독립적인 이야기에 17절 이하를 후대에 붙였다고 본다.

69) "나보트를 죽인 사람이 그의 아들같이 상속받을 수 있는가"라고 묻는 의미도 된다. Rosenberg, 1980, 220 참고.

70) 엘리야후는 아흐압의 대답을 기다린다. 자기가 시켰다는 것을 인정하는지. 위의 책, 221 참고.

71) 아흐압의 죄는 6계명과 8계명에 걸린다. ATD 11/2, 251 참고.

는 주저 없이 하나님의 판결을 선고한다.

20 הַמְצָאתַנִי אֹיְבִי(당신이 나를 찾았는가. 내 원수야). 전에도 엘리야후를 '이스라엘을 불행하게 하는 자'라고 말한 적이 있었던 아흐압이(18:17), 이제는 엘리야후를 원수라 한다.[72] 19절에서 하나님이 지시한 것을 엘리야후가 그대로 전하는 과정이 없음을 두고 의심하는 사람들이 있다.[73] 그러나 엘리야후가 하나님의 명령을 실행하는 부분이 없다고 하여 엘리야후가 명을 수행하지 않았다고 볼 수는 없다(왕하 1:4ff 참고). 다만 똑같은 이야기를 반복하지 않고 스토리를 신속하게 진행시키기 위해서였을 것이다.

הִתְמַכֶּרְךָ(당신이 자신을 팔았음). מכר(마카르)의 히트파엘은 '자신을 팔다', '나쁜 일에 뛰어늘다'라는 뜻인데, 성경에선 아래의 25절 외엔 이스라엘의 멸망 원인을 설명하는 열왕기하 17장 17절에만 나온다(Gesenius/17, 423 참고). 아흐압은 본래 나보트의 포도원을 사거나 바꾸려 했지만, 이제 자신의 목숨을 팔아 그 포도원을 산 셈이 되었다.[74] 그가 저지른 죄가 크지만, 나보트의 포도원에서 그 정점을 이룬다. 그러므로 21장은 엘리야후 이야기에서 중심을 차지하고 있다(아래 결론 참고).

21 הָרָצָה(재앙). 주범 아흐압이 하나님께로부터 받을 재앙의 리스트는 엄청나다. 1) 하나님이 아흐압의 후손을 바람이 겨를 날리듯 날려 버리신다. 즉 모든 남자 후손을 전멸시킬 것이다(21). 2) 야로브암이나 바으샤의 왕조같이 왕조가 완전히 막을 내린다(22). 3) 개들이 이제벨을 먹는다(23). 이 세 가지는 모두 열왕기하 9:1-10:11에서 실현되었다. 재앙의 정점은 이제벨이다.[75] 24절에선 2)의 차원에서

---

72) 자기가 한 일이 아니고 이제벨이 한 일인데, 자기에게 죄를 뒤집어씌우려고 왔느냐고 해석할 수도 있다. Rosenberg, 1980, 221 참고.

73) 뷔르트바인(ATD 11/2, 252) 참고. 헨첼(Hentschel/1, 127)은 어떤 사람이 예언자의 말을 예언자에게 한 말로 바꾸었다고 본다. 그리고 열왕기상 21:21-29를 열왕기하 9:25f와 비교하여 후자엔 예언자의 이름이 명기되지 않았고, 나보트의 아들들도 처형되었다고 한 점을 들어 21:21ff가 오래된 전통과 편집의 결과라고 한다. 또한 그레이(Gray, 436)는 20절 이하를 이차적인 자료로 본다.

74) 뷔르트바인(ATD 11/2, 271)은 본래 엘리야후가 아흐압과 적대적인 관계가 아니었는데, 후대의 편집자들에 의해 적대적인 사이로 변했다고 한다.

야로브암과 바으샤 집안에 선포되었던 심판어구가 반복된다.[76]

22 כְּבֵית יָרָבְעָם(야로브암의 집과 같이). 야로브암 집안의 종결은 열왕기상 15장 27-29절에, 바으샤 집안의 종말은 16장 9-12절에 나타난다. 모두 후손이 끊어졌고, 바으샤의 경우는 지지자들(친구들)까지 죽음을 당했다.[77]

23 וְגַם־לְאִיזֶבֶל(그리고 심지어 이제벨에게도). 하나님은 이 사건의 행동책으로 이제벨을 지목하신다. 그러므로 그녀는 개의 밥이 될 것이다.

24 הַמֵּת לְאַחְאָב(아흐압에게 속한 죽은 자). 아흐압에게 속한 자는 그의 가족과 그의 대신들을 포함한다(왕하 9:26, 35f; 10:1-11 참고).

25 רַק('다만'). 화자는 19절부터 24절까지에 이르는 긴 심판예언을 끝내고 잠시 청중들을 향하는 것 같다. '나보트 한 사람의 일로 하나님이 그렇게까지 처벌하시는 것은 너무하지 않은가' 하는 청중들의 의구심을 의식해서일 것이다. 처벌의 이유는 첫째로, 그의 아내의 교사를 받아 악을 행했기 때문이고(25), 두 번째로, 역시 이제벨 때문이지만, 우상을 숭배하였기 때문이다(26). 도덕적, 종교적 죄가 다 이제벨 때문이었다. 이제벨이 그의 아내라는 것은 위의 5절에 이어 다시 한번 강조되었다.

26 כְּכֹל אֲשֶׁר עָשׂוּ הָאֱמֹרִי(그 에모리인이 행한 그 모든 것과 같이). 아흐압이 바알의 전을 세우고 아세라 목상을 만든 것을 가리킨다(왕상 16:32f).

3) 아흐압의 반응: 회개(27-29)

엘리야후의 책망은 뜻밖에도 아흐압을 회개시킨다. 하나님은 아흐압의 회개를 받아들이셔서 형벌의 집행을 유예시키신다.

27 וַיְהִי(그러자 이런 일이 일어났다). 1, 15, 16, 17절에 이은 새로운 상황전개

---

75) 포러(Fohrer, 1968, 28)는 23절을 열왕기하 9:36f의 영향을 받은 거라고 한다. 그러나 이제벨에 대한 처벌은 심판의 정점이었다. 이는 열왕기하 9장의 혁명에서도 그러했다. Cohn, 1999, 66 참고. הֵל(헬)에 대한 다양한 해석의 가능성에 대해선 Gray, 443 참고.

76) 롱(Long, 1984, 226)은 23-26을 화자가 청중을 향해 말하는 부분으로 본다.

77) 아흐압의 집안도 그렇게 되었다. 열왕기하 9-10장 참고.

로서, 놀랍게도 아흐압의 새로운 반응, 즉 회개를 소개하고 있다. 아흐압의 회개는 다비드의 회개(삼하 12:13ff)를 연상시키지만 그보다 더 철저했다. 많은 주석가들은 이 부분이 나중에 아흐압이 비참한 최후를 당하지 않고, 그 아들 세대에 이르러 망한 것을 정당화하기 위한 첨가물이라고 주장한다(예를 들어 Gray, 443). 그러나 아흐압은 전사하고 그 피를 쇼므론의 개들이 핥았다.[78] 사건 이후의 예언이라면 사건과 일치하게 평안히 죽었다고 했을 것이다. 그러므로 우리는 역사적 사실과 맞지 않은 이 예언에 대해서 오히려 진정성을 인정하여야 할 것이다.

28 וַיְהִי(그러자 이런 일이 일어났다). 아흐압의 회개에 대해 야흐베는 금방 반응을 보이신다. 하나님은 엘리야후에게 당신의 새로운 결정을 통고하신다.

29 הֲרָאִיתָ(네가 보았느냐). 하나님의 새로운 선고도 '질문＋선고'의 형식을 갖추었다. 이는 20장 13절과 같은 맥락에서 나온 하나님의 질문이며, 20장과 21장을 연결시키고 있다. 청중들은 아흐압의 회개보다 하나님의 용서에 더 놀라게 된다. 하나님이 이렇게 빨리 마음을 여시는가! 엘리야후가 아흐압에게 이 메시지를 전달했다는 언급은 없으나, 19절의 경우와 같이, 화자는 엘리야후가 하나님의 지시를 실행했단 말을 생략한 것 같다. 하나님은 다비드를 용서하셨듯이(삼하 12:13) 아흐압의 회개도 받아 주신다. 그러나 하나님은 심판을 잠시 미루셨을 뿐이다. 아흐압의 죄는, 26절에 이미 밝혔듯이 이 한 가지뿐이 아니었기 때문이다. 그 결과는 열왕기하 9-10장에 나타난다.

D. 요 약

우리는 앞에서 나보트의 이야기를 간단한 주해와 함께 더듬어 보았다. 그 결과로 우리는 그것이 매우 정교하게 잘 다듬어진 이야기라는 것을 알 수 있었다. 저

---

78) 열왕기상 22:29-38 참고. 뷔르트바인(ATD 11/2, 252)은 열왕기상 22:40을 가리켜 아흐압
   이 전사한 게 아니고 자연사했다고 하나, 이는 화자가 왕들의 교체를 소개할 때에 사용하
   는 고정적인 어투로 보인다.

자가 단어 하나의 선택에도 매우 신경을 써서, 아흐압왕을 '쇼므론왕'(21:1)이라 부른다든지 '쇼므론에 있는 이스라엘 왕'이라든지 하는 부분은, 저자가 단순히 사실만을 전하려는 것이 아니고 의도적으로 청중에게 무엇을 느끼게 하려는 뜻을 가지고 있었음을 알게 한다. 또한 서술형식을 깨고 갑자기 '너희는 나보트를 그 백성의 맨 앞에 앉혀라!'고 외치는 장면(21:12)은 왕비가 그 자리에 나타나 호령하는 느낌을 주어 청중을 섬뜩하게 한다. 엘리야후의 예언이 너무하다고 생각되었는지, 화자가 중간에 끼어들어 나보트 이야기와 상관없는 우상 숭배 이야기와 이제벨 때문이라고 관중을 향하여 한 마디 하는 모습은, 판소리 도중에 관중을 향하여 한 마디 사설을 늘어놓는 장면을 연상하게 한다. '바여히'로 연결되는 구조는 능숙한 이야기꾼이나 가수의 솜씨를 보는 것 같다. 지금까지 많은 학자들이 본문전승의 착오라든가 시대착오적이라고 부르든가, 후대의 편집이라고 부르짖는 곳일수록, 자세히 보면 마소라 본문이 주는 묘미가 드러나는 경우가 많다.

나보트의 포도원 사건은 타락한 종교가 사회윤리에 어떻게 영향을 미치는가를 잘 보여주는 사건이었다. 바알종교에 빠진 두 남녀는 그게 범죄이며 자기들의 패망을 초래할 것이라는 점을 의식하지 못하고 나보트의 사망 소식에 얼마나 기뻐했던가! 그래서 하나님은 엘리야후를 통하여 그전의 어떤 때보다 더 엄하게 아흐압을 책망하며 심판을 선포하였고, 화자도 21장 뒷부분에서 주를 단 것이다. 그리고 그 잘못된 종교와 연관된 사회윤리는 곧 그 사회체제와 종교를 모두 말살시키는 결과로 나타난다. 화자는 21장을 엘리야후 이야기의 중심에 둔다.[79] 부주인공 아흐압이 멸망하는 결정적 원인을 제공하는 장이기 때문이다. 또한 고난받는 의인 나보트는 헤벨과 즈카르야를 잇는 선 가운데 한 점을 이루고 있다.

---

79) 아래의 결론 참고.

엘리야후
이야기

IX. 열왕기상 21장과
열왕기하 9-10장의 연관

A. 열왕기하 9-10장의 본문과 번역[1]

9:1
וֶאֱלִישָׁע הַנָּבִיא קָרָא לְאַחַד מִבְּנֵי הַנְּבִיאִים

וַיֹּאמֶר לוֹ חֲגֹר מָתְנֶיךָ וְקַח פַּךְ הַשֶּׁמֶן הַזֶּה בְּיָדֶךָ וְלֵךְ רָמֹת גִּלְעָד׃

a) 그러고 난 후에 그 예언자 엘리샤가 그 예언자들의 아들들 가운데 하나를 불렀다.

b) 그러고 난 후에 그가 그에게 말했다. "너의 허리를 묶어라! 그리고 네 손에 이 기름병을 들어라! 그리고 너는 라모트 길아드로 가거라!

2
וּבָאתָ שָׁמָּה

וּרְאֵה־שָׁם יֵהוּא בֶן־יְהוֹשָׁפָט בֶּן־נִמְשִׁי וּבָאתָ וַהֲקֵמֹתוֹ מִתּוֹךְ אֶחָיו וְהֵבֵיאתָ אֹתוֹ חֶדֶר בְּחָדֶר׃

a) 그리고 네가 거기에 도착했다.

b) 거기서 너는 님쉬의 손자, 여호샤파트의 아들 예후를 보아라! 그리고 너는 가서 그를 그의 형제들 가운데서 일으켜 세우고, 너는 그를 내실 중의 내실로 데려가거라!

---

1) 여기에서는 그 내용의 연관성만 보려는 것이므로 부득이한 경우가 아니면 본문비평을 신지 않는다.

3   וְלָקַחְתָּ פַךְ־הַשֶּׁמֶן וְיָצַקְתָּ עַל־רֹאשׁוֹ וְאָמַרְתָּ כֹּה־אָמַר יְהוָה מְשַׁחְתִּיךָ
לְמֶלֶךְ אֶל־יִשְׂרָאֵל

וּפָתַחְתָּ הַדֶּלֶת וְנַסְתָּה וְלֹא תְחַכֶּה:

a) 그러고 나서 너는 그 기름병을 취하여 그의 머리 위에 부어라! 그리고 너
는 말해라! '야흐베께서 이렇게 말씀하셨습니다. 나는 너를 이스라엘에 왕
으로 기름을 붓는다.'

b) 그리고 너는 그 문을 열고 달아나라! 지체하지 말아라!"

4   וַיֵּלֶךְ הַנַּעַר הַנָּבִיא רָמֹת גִּלְעָד:

그래서 그 소년은, 그 예언자의 소년은 라모트 길아드로 갔다.

5   וַיָּבֹא וְהִנֵּה שָׂרֵי הַחַיִל יֹשְׁבִים וַיֹּאמֶר דָּבָר לִי אֵלֶיךָ הַשָּׂר
וַיֹּאמֶר יֵהוּא אֶל־מִי מִכֻּלָּנוּ וַיֹּאמֶר אֵלֶיךָ הַשָּׂר:

a) 그러고 난 후에 그가 도착했다. 그런데 보라! 그 군대의 장수2)들이 앉아
있었다. 그런데 그는 말했다. "장군님(당신)3)께 (드릴) 저의 말이 있습니
다. 장군님!"

b) 그러자 예후가 말했다. "우리 모두 중에서 누구에게요?" 그러자 그가 말
했다. "장군님(당신)께입니다. 장군님!"

6   וַיָּקָם וַיָּבֹא הַבָּיְתָה וַיִּצֹק הַשֶּׁמֶן אֶל־רֹאשׁוֹ
וַיֹּאמֶר לוֹ כֹּה־אָמַר יְהוָה אֱלֹהֵי יִשְׂרָאֵל מְשַׁחְתִּיךָ לְמֶלֶךְ אֶל־עַם יְהוָה
אֶל־יִשְׂרָאֵל:

a) 그래서 그는 일어나서 그 집으로 들어갔다. 그러자 그가 그 기름을 그의
머리에 부었다.

---

2) שַׂר(싸르): 개역한글판성경에 흔히 방백이라고 번역되는 말로서, 관리, 귀족, 장교, 장군으
로도 번역될 수 있다. HAL Ⅳ, 1259f 참고.

3) 원문에는 '당신'이나 우리 어법을 따라 장군이라 번역하고 '당신'을 괄호 속에 넣는다.

b) 그리고 난 후에 그는 그에게 말했다. "이스라엘의 하나님 야흐베께서 이렇게
말씀하셨소. '내가 너를 야흐베의 백성의, 이스라엘의 왕으로 기름을 붓는다.

7　　　　　　　　　　　　　　　　　　　　וְהִכִּיתָה אֶת־בֵּית אַחְאָב אֲדֹנֶיךָ

וְנִקַּמְתִּי דְּמֵי עֲבָדַי הַנְּבִיאִים וְדְמֵי כָּל־עַבְדֵי יְהוָה מִיַּד אִיזָבֶל:

a) 그러므로 너는 꼭⁴⁾ 너의 주인 아흐압의 집을 쳐라!

a) 그래서 나는 나의 종들, 그 예언자들의 피들에 대해, 그리고 야흐베의 모
든 종들의 피들에 대해 이제벨의 손에 보복하리라.

8　　　　　　　　　　　　　　　　　　　　　　וְאָבַד כָּל־בֵּית אַחְאָב

וְהִכְרַתִּי לְאַחְאָב מַשְׁתִּין בְּקִיר וְעָצוּר וְעָזוּב בְּיִשְׂרָאֵל:

a) 그래서 아흐압의 모든 집이 망할 것이다.

b) 그리고 내가 아흐압에게 속한, 벽에다 오줌 누는 자들을, 이스라엘에서
갇힌 자든지 해방된 자든지 상관없이 전멸시킬 것이다.

9　　　　　　　　　　　וְנָתַתִּי אֶת־בֵּית אַחְאָב כְּבֵית יָרָבְעָם בֶּן־נְבָט

וּכְבֵית בַּעְשָׁא בֶן־אֲחִיָּה:

a) 그리고 나는 아흐압 집을 느바트의 아들 야로브암의 집같이 만들 것이다

b) 아히야의 아들 바으샤의 집같이.

10　　　　　וְאֶת־אִיזֶבֶל יֹאכְלוּ הַכְּלָבִים בְּחֵלֶק יִזְרְעֶאל וְאֵין קֹבֵר

וַיִּפְתַּח הַדֶּלֶת וַיָּנֹס:

a) 그리고 이제벨을 이즈르엘 들의 개들이 먹을 것이다. 그래서 묻어 줄 사
람이 없을 것이다.'"

b) 그리고 난 후에 그는 그 문을 열고 달아났다.

---

4) הַכֵּיתָה(너는 꼭 쳐라): 명령형에 강조법을 썼다.

11 וַיֵּהוּא יָצָא אֶל־עַבְדֵי אֲדֹנָיו וַיֹּאמֶר לוֹ הֲשָׁלוֹם מַדּוּעַ בָּא־הַמְשֻׁגָּע הַזֶּה אֵלֶיךָ
וַיֹּאמֶר אֲלֵיהֶם אַתֶּם יְדַעְתֶּם אֶת־הָאִישׁ וְאֶת־שִׂיחוֹ:

   a) 그 후에 예후는 그의 주인의 부하들에게 나갔다. 그러자 그가5) 그에게
      말했다. "평화입니까? 이 미친 자가 왜 장군(당신)에게 온 겁니까?"

   b) 그래서 그가 그들에게 말했다. "여러분(당신들)! 여러분(당신들)이 그 사
      람을 알고 그의 말6)을 알지요."

12 וַיֹּאמְרוּ שֶׁקֶר הַגֶּד־נָא לָנוּ
וַיֹּאמֶר כָּזֹאת וְכָזֹאת אָמַר אֵלַי לֵאמֹר כֹּה אָמַר יְהוָה מְשַׁחְתִּיךָ לְמֶלֶךְ אֶל־יִשְׂרָאֵל:

   a) 그러자 그들이 말했다. "거짓말입니다! 제발 우리한테 말씀해 주십시오!"

   b) 그래서 그가 말했다. "그가 내게 이와 같이 그리고 이와 같이 말했소. 이르기를,
      '야흐베께서 이렇게 말씀하셨소. 내가 너를 이스라엘에 왕으로 기름 붓는다!'"

13 וַיְמַהֲרוּ וַיִּקְחוּ אִישׁ בִּגְדוֹ וַיָּשִׂימוּ תַחְתָּיו אֶל־גֶּרֶם הַמַּעֲלוֹת
וַיִּתְקְעוּ בַּשּׁוֹפָר וַיֹּאמְרוּ מָלַךְ יֵהוּא:

   a) 그러자 그들은 서둘러 각자가 자기의 옷을 취하여 그의 아래에, 계단 맨 바닥에

      깔았다.

   b) 그리고 난 후에 그들은 나팔을 불었다. 그리고 난 후에 그들은 말했다. "예후가
      왕이 되었다."

14 וַיִּתְקַשֵּׁר יֵהוּא בֶּן־יְהוֹשָׁפָט בֶּן־נִמְשִׁי אֶל־יוֹרָם
וְיוֹרָם הָיָה שֹׁמֵר בְּרָמֹת גִּלְעָד הוּא וְכָל־יִשְׂרָאֵל מִפְּנֵי חֲזָאֵל מֶלֶךְ־אֲרָם:

   a) 이리하여 님쉬의 손자, 여호샤파트의 아들 예후는 요람에게 반역하였다.

---

5) 대개의 주석가들은 많은 사본들과 BHS의 주를 따라 וַיֹּאמְרוּ(그들이 말했다)로 읽는다. 그
   러나 여기선 마소라 본문(וַיֹּאמֶר)대로 단수로 읽는다.
6) שִׂיחוֹ: '그의 말'. 이는 혼자서 중얼거리는 말이란 뜻이다. Gray, 542 참고.

b) 그런데 요람은, 그와 전체 이스라엘이 아람왕 햐자엘과 맞서서 길아드 라
모트에서 지키고 있었었다.

15 וַיָּשָׁב יְהוֹרָם הַמֶּלֶךְ לְהִתְרַפֵּא בְיִזְרְעֶאל מִן־הַמַּכִּים אֲשֶׁר יַכֻּהוּ אֲרַמִּים
בְּהִלָּחֲמוֹ אֶת־חֲזָאֵל מֶלֶךְ אֲרָם
וַיֹּאמֶר יֵהוּא אִם־יֵשׁ נַפְשְׁכֶם אַל־יֵצֵא פָלִיט מִן־הָעִיר לָלֶכֶת לָגִּיד בְּיִזְרְעֶאל:

a) 그런데 그 왕 여호람은 아람왕 햐자엘과 아람인들이 그와 전투 중에 친
상처를 치료하기 위하여 이스르엘에 돌아와 있었다.

b) 그런데 예후가 말했다. "만일 당신들의 마음이 있다면 이즈르엘에 알리기
위하여[7] 가는 도망자가 그 성에서 나가지 말아야 합니다."

16 וַיִּרְכַּב יֵהוּא וַיֵּלֶךְ יִזְרְעֶאלָה כִּי יוֹרָם שֹׁכֵב שָׁמָּה
וַאֲחַזְיָה מֶלֶךְ יְהוּדָה יָרַד לִרְאוֹת אֶת־יוֹרָם:

a) 그러고 난 후에 예후는 병거에 올라타고 이즈르엘로 갔다. 요람이 거기에
누워 있었기 때문이었다.

b) 그리고 여후다왕 아햐즈야가 요람을 보러 내려갔다.

17 וְהַצֹּפֶה עֹמֵד עַל־הַמִּגְדָּל בְּיִזְרְעֶאל וַיַּרְא אֶת־שִׁפְעַת יֵהוּא בְּבֹאוֹ
וַיֹּאמֶר שִׁפְעַת אֲנִי רֹאֶה
וַיֹּאמֶר יְהוֹרָם קַח רַכָּב וּשְׁלַח לִקְרָאתָם וְיֹאמַר הֲשָׁלוֹם:

a) 그런데 파수꾼이 이즈르엘에 있는 망대 위에 서 있었다. 그런데 그가 예후가
가까이 올 때에 예후 무리를 보았다. 그래서 그가 말했다. "한 무리를 내가 보
았습니다."

b) 그러자 여호람이 말했다. "기병을 한 명 취하여 그들을 맞으러 보내라!
그리고 그가 말할 것이다. '평화냐?' 라고."

---

7) '크티브'대로 '락기드'로 두고, '르학기드'(לְהַגִּיד)와 같은 의미로 읽는다.

18 וַיֵּלֶךְ רֹכֵב הַסּוּס לִקְרָאתוֹ וַיֹּאמֶר כֹּה־אָמַר הַמֶּלֶךְ הֲשָׁלוֹם וַיֹּאמֶר יֵהוּא מַה־
לְּךָ וּלְשָׁלוֹם סֹב אֶל־אַחֲרָי

וַיַּגֵּד הַצֹּפֶה לֵאמֹר בָּא־הַמַּלְאָךְ עַד־הֶם וְלֹא־שָׁב׃

a) 그러자 말을 탄 기병이 그를 맞으러 나갔다. 그리고 난 후에 그가 말했다. "그 임금님께서 이렇게 말씀하십니다. '평화냐?'라고요." 그러자 예후가 말했다. "너와 평화가 무슨 상관이 있느냐? 내 뒤로 돌이켜라!"

b) 그러자 그 파수꾼이 보고하여 말했다. "그 사자가 그들에게까지 갔습니다. 그러나 돌아오지 않았습니다."

19 וַיִּשְׁלַח רֹכֵב סוּס שֵׁנִי וַיָּבֹא אֲלֵהֶם וַיֹּאמֶר כֹּה־אָמַר הַמֶּלֶךְ שָׁלוֹם
וַיֹּאמֶר יֵהוּא מַה־לְּךָ וּלְשָׁלוֹם סֹב אֶל־אַחֲרָי׃

a) 그러자 그는 두 번째로 말을 탄 기병을 보냈다. 그러자 그가 그들에게 갔다. 그리고 난 후에 그가 말했다. "그 임금님이 이렇게 말씀하십니다. '평화!'"

b) 그러자 예후가 말했다. "너와 평화가 무슨 상관이 있느냐? 내 뒤로 돌이켜라!"

20 וַיַּגֵּד הַצֹּפֶה לֵאמֹר בָּא עַד־אֲלֵיהֶם וְלֹא־שָׁב
וְהַמִּנְהָג כְּמִנְהַג יֵהוּא בֶן־נִמְשִׁי כִּי בְשִׁגָּעוֹן יִנְהָג׃

a) 그러자 그 파수꾼이 보고했다. 이르기를, "그가 그들에게까지 갔습니다. 그러나 돌아오지 않았습니다.

b) 그런데 그 모는 방식이 님쉬의 손자 예후의 모는 것 같습니다. 그가 미쳐서 몰기 때문입니다."

21 וַיֹּאמֶר יְהוֹרָם אֱסֹר וַיֶּאְסֹר רִכְבּוֹ
וַיֵּצֵא יְהוֹרָם מֶלֶךְ־יִשְׂרָאֵל וַאֲחַזְיָהוּ מֶלֶךְ־יְהוּדָה אִישׁ בְּרִכְבּוֹ וַיֵּצְאוּ
לִקְרַאת יֵהוּא וַיִּמְצָאֻהוּ בְּחֶלְקַת נָבוֹת הַיִּזְרְעֵאלִי׃

a) 그러자 요람이 말했다. "매어라!" 그리고 나서 그는 그의 병거를 매었다.

b) 그러고 난 후에 이스라엘 왕 요람이 나갔다. 여후다왕 아하즈야후도. 각
자가 자기의 병거를 타고 그들은 예후를 맞으러 나갔다. 그런데 그들은
그를 그 이즈르엘 사람 나보트의 들에서 만났다.

22 וַיְהִי כִּרְאוֹת יְהוֹרָם אֶת־יֵהוּא וַיֹּאמֶר הֲשָׁלוֹם יֵהוּא

וַיֹּאמֶר מָה הַשָּׁלוֹם עַד־זְנוּנֵי אִיזֶבֶל אִמְּךָ וּכְשָׁפֶיהָ הָרַבִּים׃

a) 그런데 이런 일이 있었다. 여호람이 예후를 보자마자 말했다. "평화요, 예후?"

b) 그러자 그가 말했다. "뭐라고? 그 평화? 당신의 어머니 이제벨의 음행들
에까지? 그리고 그 여자의 많은 주술에도?"

23 וַיַּהֲפֹךְ יְהוֹרָם יָדָיו וַיָּנֹס

וַיֹּאמֶר אֶל־אֲחַזְיָהוּ מִרְמָה אֲחַזְיָה׃

a) 그러자 요람은 그의 두 손을 돌려서 달아났다.

b) 그러고 난 후에 그는 아하즈야후에게 말했다. "반역이오! 아햐즈야!"

24 וְיֵהוּא מִלֵּא יָדוֹ בַקֶּשֶׁת וַיַּךְ אֶת־יְהוֹרָם בֵּין זְרֹעָיו וַיֵּצֵא הַחֵצִי מִלִּבּוֹ

וַיִּכְרַע בְּרִכְבּוֹ׃

a) 그런데 예후는 그의 손으로 활시위를 당기고 있었다. 그래서 그는 여호람을
그의 양팔 사이를 맞추었다. 그러자 그 화살이 그의 심장을 뚫고 지나갔다.

b) 그러자 그는 그의 병거 안에서 고꾸라졌다.

25 וַיֹּאמֶר אֶל־בִּדְקַר שְׁלֹשֹׁה שָׂא הַשְׁלִכֵהוּ בְּחֶלְקַת שְׂדֵי נָבוֹת הַיִּזְרְעֵאלִי

כִּי־זְכֹר אֲנִי וָאַתָּה אֵת רֹכְבִים צְמָדִים אַחֲרֵי אַחְאָב אָבִיו וַיהוָה נָשָׂא

עָלָיו אֶת־הַמַּשָּׂא הַזֶּה׃

a) 그러자 그는 그의 부관8) 비드카르에게 말했다. "너는 그를 들어서 그 이

---

8) '크티브' שְׁלֹשֹׁה(삼, 셋) 대신에 שָׁלִשׁוֹ(그의 부관)으로 읽는다.

즈르엘 사람 나보트의 들,⁹⁾ 그 들판¹⁰⁾에 던져라!

b) 왜냐하면 너는 기억해 보라! 너와 내가 함께 짝이 되어 그의 아비 아흐
   압의 뒤에서 병거를 몰았을 때에, 야흐베께서 그에게 이런 선언을 하셨다.

26 אִם־לֹא אֶת־דְּמֵי נָבוֹת וְאֶת־דְּמֵי בָנָיו רָאִיתִי אֶמֶשׁ נְאֻם־יְהוָה וְשִׁלַּמְתִּי
לְךָ בַּחֶלְקָה הַזֹּאת נְאֻם יְהוָה

וְעַתָּה שָׂא הַשְׁלִכֵהוּ בַּחֶלְקָה כִּדְבַר יְהוָה:

a) '내가 어제 나보트의 피들과 그의 아들들의 피를 보지 않았더라면! 야흐
   베의 말씀이니라. 그러므로 내가 너에게 이 들판에서 갚아 주리라. 야흐
   베의 말씀이니라.'

b) 그러므로 너는 이제 야흐베의 말씀과 같이 들어서 그를 들판에 던져라!"

27 וַאֲחַזְיָה מֶלֶךְ־יְהוּדָה רָאָה וַיָּנָס דֶּרֶךְ בֵּית הַגָּן
וַיִּרְדֹּף אַחֲרָיו יֵהוּא וַיֹּאמֶר גַּם־אֹתוֹ הַכֻּהוּ אֶל־הַמֶּרְכָּבָה בְּמַעֲלֵה־גוּר
אֲשֶׁר אֶת־יִבְלְעָם וַיָּנָס מְגִדּוֹ וַיָּמָת שָׁם:

a) 그런데 여후다의 왕 아햐즈야는 보고 베트학간¹¹⁾ 길로 달아났다.

b) 그러자 예후는 그의 뒤를 추격하며 말했다. "그도 쳐라! 그 병거를 이블
   르암 근처의 구르 오르막에서!" 그래서 그는 므깃도로 달아나서 거기서
   죽었다.

28 וַיַּרְכִּבוּ אֹתוֹ עֲבָדָיו יְרוּשָׁלַיְמָה

---

9) שָׂדֶה(שָׂדֵי: 싸데): 평야, 농경지, 들, 들판, 지역이란 뜻이다. 열왕기상 21:24 참고.

10) חֶלְקַת: חֶלְקָה(헬카)의 연계형. '헬카'는 들판으로서, 열왕기하 9:21에서 나온 말. '싸데'
   와 비교할 때에 개인의 부지인 밭의 성격이 강하다. Gesenius/18, II, 361 참고.

11) בֵּית הַגָּן. 개역한글판성경에는 '동산 정자길'이라 하였고 로젠베르그(Rosenberg, 1989,
   307)도 'garden house'라 하였으나, 지명으로 보는 게 좋을 것 같다. 헨첼(Hentschel/2, 44)
   는 'Bet Gan'(오늘날의 ğenīn), 뷔르트바인(ATD 11/2, 332)은 'Bet-Haggan'으로, 콘(Cohn,
   1999, 69)도 'Beth-haggan'으로 읽고 있다.

וַיִּקְבְּרוּ אֹתוֹ בִקְבֻרָתוֹ עִם־אֲבֹתָיו בְּעִיר דָּוִד:

a) 그런데 그의 종들이 그를 수레에 태워 여루샬라임으로 운반하였다.

b) 그러고 난 후에 그들은 다비드성에서 그를 그의 조상들과 함께 그의 무덤에 묻었다.

29 וּבִשְׁנַת אַחַת עֶשְׂרֵה שָׁנָה לְיוֹרָם בֶּן־אַחְאָב

מָלַךְ אֲחַזְיָה עַל־יְהוּדָה:

a) 그런데 아흐압의 아들 요람의 11년째에

b) 아햐즈야가 여후다 위에 왕이 되었었다.

30 וַיָּבוֹא יֵהוּא יִזְרְעֶאלָה

וְאִיזֶבֶל שָׁמְעָה וַתָּשֶׂם בַּפּוּךְ עֵינֶיהָ וַתֵּיטֶב אֶת־רֹאשָׁהּ וַתַּשְׁקֵף בְּעַד הַחַלּוֹן:

a) 그러고 난 후에 예후는 이즈르엘 안으로 들어갔다.

b) 그런데 이제벨은 들었다. 그리고 그 여자는 그 여자의 눈들에 검은 칠을 하고 그 여자의 머리를 잘 꾸미고 그 창문을 통하여 내려다보았다.

31 וְיֵהוּא בָּא בַשָּׁעַר

וַתֹּאמֶר הֲשָׁלוֹם זִמְרִי הֹרֵג אֲדֹנָיו:

a) 그런데 예후가 그 문으로 들어왔다.

b) 그러자 그 여자가 말했다. "지므리야, 평화냐? 자기 주인을 죽인 놈아!"

32 וַיִּשָּׂא פָנָיו אֶל־הַחַלּוֹן וַיֹּאמֶר מִי אִתִּי מִי

וַיַּשְׁקִיפוּ אֵלָיו שְׁנַיִם שְׁלֹשָׁה סָרִיסִים:

a) 그러자 그는 그의 얼굴을 그 창문으로 들었다. 그리고 난 후에 그는 말했다. "누가 나와 함께하는가? 누가?"

b) 그러자 두세 환관들이 그를 내려다보았다.

33　　　　　　　　　　　　　וַיֹּאמֶר שִׁמְטֻהוּ וַיִּשְׁמְטוּהָ

וַיִּז מִדָּמָהּ אֶל־הַקִּיר וְאֶל־הַסּוּסִים וַיִּרְמְסֶנָּה:

a) 그러자 그가 말했다. "그 놈을 내려 던져라!12)" 그러자 그들이 그 여자를
　　내려 던졌다.

b) 그러자 그 여자의 피가 그 담과 그 말들에 튀었다. 그래서 그들이 그 여
　　자를 짓밟았다.

34　　　　　　　　　　　　　　　　וַיָּבֹא וַיֹּאכַל וַיֵּשְׁתְּ

וַיֹּאמֶר פִּקְדוּ־נָא אֶת־הָאֲרוּרָה הַזֹּאת וְקִבְרוּהָ כִּי בַת־מֶלֶךְ הִיא:

a) 그러고 나서 그는 들어가서 먹고 마셨다.

b) 그러고 난 후에 그가 말했다. "너희는 이 저주받은 여자를 좀 찾아보아
　　라! 그리고 그 여자를 묻어 주어라! 그 여자는 왕의 딸이기 때문이다."

35　　　　　　　　　　　　　　　　　וַיֵּלְכוּ לְקָבְרָהּ

וְלֹא־מָצְאוּ בָהּ כִּי אִם־הַגֻּלְגֹּלֶת וְהָרַגְלַיִם וְכַפּוֹת הַיָּדַיִם:

a) 그래서 그들은 그 여자를 매장하러 갔다.

b) 그러나 그들은 그 여자를 찾지 못했다. 그 해골과 그 발들과 그 손바닥들
　　외에는.

36　וַיָּשֻׁבוּ וַיַּגִּידוּ לוֹ וַיֹּאמֶר דְּבַר־יְהוָה הוּא אֲשֶׁר דִּבֶּר בְּיַד־עַבְדּוֹ אֵלִיָּהוּ

הַתִּשְׁבִּי לֵאמֹר

בְּחֵלֶק יִזְרְעֶאל יֹאכְלוּ הַכְּלָבִים אֶת־בְּשַׂר אִיזָבֶל:

a) 그래서 그들은 돌아와서 그에게 보고하였다. 그러자 그가 말했다. "그것은
　　야흐베께서 그의 종 그 티쉬베 사람 엘리야후의 손을 통하여 하신 말씀

---

12) 마소라 본문(שִׁמְטֻהוּ)를 그대로 번역한다. 마소라의 '크레'와 많은 사본은 שִׁמְטוּהָ(그 여
　　자를 던져라)로 읽는다.

이다. 가라사대,

b) '이즈르엘의 들판에서 그 개들이 이제벨의 살을 먹을 것이다.

37

וְהָיָת נִבְלַת אִיזֶבֶל כְּדֹמֶן עַל־פְּנֵי הַשָּׂדֶה בְּחֵקֶל אִיזְרְעֶאל
אֲשֶׁר לֹא־יֹאמְרוּ זֹאת אִיזָבֶל׃

a) 그리고 이제벨의 시체는 이즈르엘의 들판에서 그 들바닥의 거름같이 되어 서[13]

b) 그들은 이것이 이제벨이라고 말하지 못할 것이다.'"

10:1

וּלְאַחְאָב שִׁבְעִים בָּנִים בְּשֹׁמְרוֹן
וַיִּכְתֹּב יֵהוּא סְפָרִים וַיִּשְׁלַח שֹׁמְרוֹן אֶל־שָׂרֵי יִזְרְעֶאל הַזְּקֵנִים וְאֶל־
הָאֹמְנִים אַחְאָב לֵאמֹר׃

a) 그런데 아흐압에게는 쇼므론에 칠십명의 아들이 있었다.

b) 그래서 예후는 편지들을 썼다. 그리고 나서 그는 쇼므론에 보냈다. 이즈르엘의 장수들에게와 그 장로들에게와 아흐압의 양육자들에게 이르기를,

2

וְעַתָּה כְּבֹא הַסֵּפֶר הַזֶּה אֲלֵיכֶם וְאִתְּכֶם בְּנֵי אֲדֹנֵיכֶם
וְאִתְּכֶם הָרֶכֶב וְהַסּוּסִים וְעִיר מִבְצָר וְהַנָּשֶׁק׃

a) "그런데 이제 이 편지가 당신들에게 도착할 때쯤이면, 그러면 당신들과 함께 당신들 주인의 아들들이 있겠지요.

b) 그리고 당신들과 함께 그 병거와 그 말들이 있겠지요. 그리고 요새화된 도시도 있고 그 무기도 있지요.

3

וּרְאִיתֶם הַטּוֹב וְהַיָּשָׁר מִבְּנֵי אֲדֹנֵיכֶם וְשַׂמְתֶּם עַל־כִּסֵּא אָבִיו
וְהִלָּחֲמוּ עַל־בֵּית אֲדֹנֵיכֶם׃

---

13) '크티브'인 וְהָיָת 대신에 문법에 맞는 וְהָיְתָה로 읽는다.

a) 그러니까 당신들은 당신들 주인의 아들들 가운데서 가장 뛰어나고 올바른
   사람을 찾아보시지요. 그리고 당신들은 그의 아버지의 보좌에 앉히시지요.

b) 그리고 당신들 주인의 집을 위해 싸우시지요.”

4 וַיִּרְאוּ מְאֹד מְאֹד וַיֹּאמְרוּ הִנֵּה שְׁנֵי הַמְּלָכִים לֹא עָמְדוּ לְפָנָיו
וְאֵיךְ נַעֲמֹד אֲנָחְנוּ:

a) 그러자 그들은 매우 매우 놀랐다. 그러고 난 후에 그들은 말했다. “보라!
   그 두 왕들이 그의 앞에 서지 못했다.

b) 그런데 어떻게 우리가 설 수 있는가? 우리가!”14)

5 וַיִּשְׁלַח אֲשֶׁר־עַל־הַבַּיִת וַאֲשֶׁר עַל־הָעִיר וְהַזְּקֵנִים וְהָאֹמְנִים אֶל־יֵהוּא
לֵאמֹר עֲבָדֶיךָ אֲנַחְנוּ וְכֹל אֲשֶׁר־תֹּאמַר אֵלֵינוּ נַעֲשֶׂה
לֹא־נַמְלִיךְ אִישׁ הַטּוֹב בְּעֵינֶיךָ עֲשֵׂה:

a) 그래서 그 궁전의 책임자들15)과 그리고 그 성의 책임자들16)과 그 장로들
   과 그 양육자들이 예후에게 사람을 보냈다. 이르기를, “우리는 전하(당신)
   의 종들입니다. 그러니 전하(당신)께서 우리에게 말씀하시는 모든 것을 우
   리는 이행하겠습니다.

b) 우리는 어떤 사람도 왕으로 세우지 않겠습니다. 전하(당신)의 눈에 좋은
   대로 하십시오.”

6 וַיִּכְתֹּב אֲלֵיהֶם סֵפֶר שֵׁנִית לֵאמֹר אִם־לִי אַתֶּם וּלְקֹלִי אַתֶּם שֹׁמְעִים קְחוּ אֶת־
רָאשֵׁי אַנְשֵׁי בְנֵי־אֲדֹנֵיכֶם וּבֹאוּ אֵלַי כָּעֵת מָחָר יִזְרְעֶאלָה
וּבְנֵי הַמֶּלֶךְ שִׁבְעִים אִישׁ אֶת־גְּדֹלֵי הָעִיר מְגַדְּלִים אוֹתָם:

a) 그러자 그는 그들에게 두 번째로 편지를 썼다. 이르기를, “만일 당신들이

---

14) 대명사가 나와서 강조하고 있다: אֲנָחְנוּ(우리)

15) אֲשֶׁר־עַל־הַבַּיִת. 문자 그대로는 ‘그 집(궁전) 위에 있는 자들.’

16) אֲשֶׁר עַל־הָעִיר. 문자 그대로는 ‘그 성 위에 있는 자들.’

내게 속하고, 당신들이 내 말을 듣는 사람들이라면, 당신들의 주인의 아들들, 사람들의 머리들을 취하여 당신들이 내일 이 시간에 이즈르엘로 오시오."

b) 그런데 그 왕자들 칠십 명은 그 성의 고관들과 함께 있었고, 그들은 그들을 양육한 사람들이었다.

7   וַיְהִי כְּבֹא הַסֵּפֶר אֲלֵיהֶם וַיִּקְחוּ אֶת־בְּנֵי הַמֶּלֶךְ וַיִּשְׁחֲטוּ שִׁבְעִים אִישׁ
וַיָּשִׂימוּ אֶת־רָאשֵׁיהֶם בַּדּוּדִים וַיִּשְׁלְחוּ אֵלָיו יִזְרְעֶאלָה:

a) 그러자 이런 일이 있었다. 그 편지가 그들에게 도착하자마자, 그들은 그 왕자들을 잡았다. 그러고 나서 그들은 칠십명을 도살하였다.

b) 그러고 난 후에 그들은 그들의 머리들을 그 단지들[17)에 담았다. 그러고 난 후에 그들은 그에게, 이즈르엘로 보냈다.

8   וַיָּבֹא הַמַּלְאָךְ וַיַּגֶּד־לוֹ לֵאמֹר הֵבִיאוּ רָאשֵׁי בְנֵי־הַמֶּלֶךְ
וַיֹּאמֶר שִׂימוּ אֹתָם שְׁנֵי צִבֻּרִים פֶּתַח הַשַּׁעַר עַד־הַבֹּקֶר:

a) 그러자 그 사자가 들어와서 그에게 보고하였다. "그들이 그 왕자들의 머리들을 보내었습니다."

b) 그러자 그가 말했다. "너희는 그것들을 그 문 입구에 아침까지 두 무더기로 쌓아 두어라!"

9   וַיְהִי בַבֹּקֶר וַיֵּצֵא וַיַּעֲמֹד וַיֹּאמֶר אֶל־כָּל־הָעָם צַדִּקִים אַתֶּם
הִנֵּה אֲנִי קָשַׁרְתִּי עַל־אֲדֹנִי וָאֶהְרְגֵהוּ וּמִי הִכָּה אֶת־כָּל־אֵלֶּה:

a) 그러고 난 후에 그 아침에 이런 일이 있었다. 그는 나가서 섰다. 그러고 난 후에 그는 그 전체 백성에게 말했다. "여러분은 의롭습니다.

b) 보십시오! 나, 나는 내 주인에게 반역하여 그를 죽였습니다. 그런데 이

---

17) הַדּוּדִים: '단지들'. '바구니'(Gray, 554)로 번역하기보다 피가 뚝뚝 떨어지는 머리를 담았으므로 '단지'가 낫다.

모두를 누가 쳤습니까?

10 הֲדְעוּ אֵפוֹא כִּי לֹא יִפֹּל מִדְּבַר יְהוָה אַרְצָה אֲשֶׁר־דִּבֶּר יְהוָה עַל־בֵּית אַחְאָב
וַיהוָה עָשָׂה אֵת אֲשֶׁר דִּבֶּר בְּיַד עַבְדּוֹ אֵלִיָּהוּ:

a) 그러니까 여러분은 야흐베께서 아흐압 집안에 대해서 하신 야흐베의 말씀
가운데 아무것도 땅에 떨어지지 않았다는 것을 아십시오.

b) 그리고 야흐베께서는 그의 종 엘리야후의 손을 통하여 말씀하신 것을 실
행하셨습니다.”

11 וַיַּךְ יֵהוּא אֵת כָּל־הַנִּשְׁאָרִים לְבֵית־אַחְאָב בְּיִזְרְעֶאל וְכָל־גְּדֹלָיו
וּמְיֻדָּעָיו וְכֹהֲנָיו
עַד־בִּלְתִּי הִשְׁאִיר־לוֹ שָׂרִיד:

a) 그리고 난 후에 예후는 이즈르엘에 있는 아흐압 집안의 남은 자들 모두
와, 그의 모든 고관들, 그의 친지들, 그의 제사장들을 쳤다.

b) 그에게 남아 있는 자들 중에 피하는 사람이 하나도 없을 때까지.

12 וַיָּקָם וַיָּבֹא וַיֵּלֶךְ שֹׁמְרוֹן
הוּא בֵּית־עֵקֶד הָרֹעִים בַּדָּרֶךְ:

a) 그리고 나서 예후는 일어나 갔다. 그리고 난 후에 그는 쇼므론으로 갔다.

b) 그는 도중에 목자들의 베트에케드에[18] 이르렀다.

13 וְיֵהוּא מָצָא אֵת־אֲחֵי אֲחַזְיָהוּ מֶלֶךְ־יְהוּדָה וַיֹּאמֶר מִי אַתֶּם
וַיֹּאמְרוּ אֲחֵי אֲחַזְיָהוּ אֲנַחְנוּ וַנֵּרֶד לִשְׁלוֹם בְּנֵי־הַמֶּלֶךְ וּבְנֵי הַגְּבִירָה:

---

18) 이 지명을 로젠베르그(Rosenberg, 1989, 314)는 ‘the meeting place of the shepherds’로,
헨첼(Hentschel/2, 47)은 ‘Bet-Eked-Roim’, 뷔르트바인(ATD 11/2, 327)은 ‘Bet-Eked der
Hirten’(목자들의 베트─에케드)으로, 표준새번역개정판(2003)에서는 ‘벳에케드하로임’이라
했다. 여기선 뷔르트바인을 따랐다.

a) 그런데 예후는 여후다 왕 아햐즈야의 형제들을 만났다. 그래서 그가 물었다. "당신들은 누구요?"

b) 그러자 그들이 말했다. "우리는 아햐즈야의 형제들이요. 그리고 그 왕의 아들들에게와 그 태후의 아들들에게 인사하려고 내려왔소."

14   וַיֹּאמֶר תִּפְשׂוּם חַיִּים וַיִּתְפְּשׂוּם חַיִּים

וַיִּשְׁחָטוּם אֶל־בּוֹר בֵּית־עֵקֶד אַרְבָּעִים וּשְׁנַיִם אִישׁ וְלֹא־הִשְׁאִיר אִישׁ מֵהֶם:

a) 그러자 그가 말했다. "그들을 생포하라" 그래서 그들은 그들을 생포하였다.

b) 그리고 나서 그들은 그들을 베트에케드의 웅덩이에서 도살하였다. 마흔 두 명을. 그래서 그들 중 한 사람도 남지 않았다.

15 וַיֵּלֶךְ מִשָּׁם וַיִּמְצָא אֶת־יְהוֹנָדָב בֶּן־רֵכָב לִקְרָאתוֹ וַיְבָרְכֵהוּ וַיֹּאמֶר אֵלָיו
הֲיֵשׁ אֶת־לְבָבְךָ יָשָׁר כַּאֲשֶׁר לְבָבִי עִם־לְבָבֶךָ וַיֹּאמֶר יְהוֹנָדָב יֵשׁ וָיֵשׁ
תְּנָה אֶת־יָדֶךָ

וַיִּתֵּן יָדוֹ וַיַּעֲלֵהוּ אֵלָיו אֶל־הַמֶּרְכָּבָה:

a) 그리고 난 후에 그는 거기서부터 가다가 레캅의 아들 여호나답을 만났는데, 그는 그를 만나러 오는 길이었다. 그래서 그는 그에게 축복하고 그에게 말했다. "당신의 마음이 내가 당신의 마음에 그러하듯이 바릅니까?" 그러자 여호나답이 말했다. "그렇습니다." "그렇다면 당신의 손을 주시오."

b) 그래서 그는 그에게 그의 손을 주었다. 그러자 그가 그를 자기에게로, 병거 위로 끌어 올렸다.

16   וַיֹּאמֶר לְכָה אִתִּי וּרְאֵה בְּקִנְאָתִי לַיהוָה

וַיַּרְכִּבוּ אֹתוֹ בְּרִכְבּוֹ:

a) 그리고 난 뒤에 그는 말했다. "나와 함께 갑시다. 그리고 야흐베께 향한 나의 열심을 보십시오."

b) 그리고 난 후에 그는 그를 자기 병거에 태우고 갔다.

17   וַיָּבֹא שֹׁמְרוֹן וַיַּךְ אֶת־כָּל־הַנִּשְׁאָרִים לְאַחְאָב בְּשֹׁמְרוֹן עַד־הִשְׁמִידוֹ

כִּדְבַר יְהוָה אֲשֶׁר דִּבֶּר אֶל־אֵלִיָּהוּ׃ פ

a) 그리고 난 후에 그는 쇼므론에 도착했다. 그리고 난 후에 그는 쇼므론에
있는 아흐압의 남은 사람들을 모두 멸절되기까지 쳤다.

b) 엘리야후에게 하신 야흐베의 말씀과 같이.

18 וַיִּקְבֹּץ יֵהוּא אֶת־כָּל־הָעָם וַיֹּאמֶר אֲלֵהֶם אַחְאָב עָבַד אֶת־הַבַּעַל מְעָט

יֵהוּא יַעַבְדֶנּוּ הַרְבֵּה׃

a) 그리고 난 후에 예후는 그 모든 백성을 모으고 그들에게 말했다. "아흐압
은 그 바알을 조금 섬겼소.

 b) 예후는 그를 많이 섬길 것이오.

19 וְעַתָּה כָל־נְבִיאֵי הַבַּעַל כָּל־עֹבְדָיו וְכָל־כֹּהֲנָיו קִרְאוּ אֵלַי אִישׁ אַל־יִפָּקֵד

כִּי זֶבַח גָּדוֹל לִי לַבַּעַל כֹּל אֲשֶׁר־יִפָּקֵד לֹא יִחְיֶה

וְיֵהוּא עָשָׂה בְעָקְבָּה לְמַעַן הַאֲבִיד אֶת־עֹבְדֵי הַבָּעַל׃

a) 그러니 이제 그 바알의 모든 예언자들과 그의 모든 종들, 그리고 그의 모든
제사장들을 너희는 내게 불러라. 한 사람도 빠져선 안 된다. 바알에게 바치
는 나의 큰 제사가 있을 것이기 때문이다. 빠지는 사람은 아무도 살지 못할
것이다."

b) 그런데 예후는 그 바알의 종들을 오게 하기 위하여 속임수를 썼었다.

20   וַיֹּאמֶר יֵהוּא קַדְּשׁוּ עֲצָרָה לַבַּעַל וַיִּקְרָאוּ׃

그리고 난 후에 예후는 말했다. "너희는 그 바알에게 축제를 봉헌하라!" 그
래서 그들은 소집하였다.

וַיִּשְׁלַח יֵהוּא בְּכָל־יִשְׂרָאֵל וַיָּבֹאוּ כָּל־עֹבְדֵי הַבַּעַל וְלֹא־נִשְׁאַר אִישׁ אֲשֶׁר 21
לֹא־בָא
וַיָּבֹאוּ בֵּית הַבַּעַל וַיִּמָּלֵא בֵית־הַבַּעַל פֶּה לָפֶה:

a) 그래서 예후는 전체 이스라엘에 사람을 보냈고, 그 바알의 모든 종들이
   왔다. 오지 않은 사람은 하나도 없었다.

b) 그리하여 그들은 그 바알의 신전에 들어왔고, 그래서 그 바알의 신전은
   이쪽 끝부터 저쪽 끝까지 가득 찼다.

22   וַיֹּאמֶר לַאֲשֶׁר עַל־הַמֶּלְתָּחָה הוֹצֵא לְבוּשׁ לְכֹל עֹבְדֵי הַבַּעַל
וַיֵּצֵא לָהֶם הַמַּלְבּוּשׁ:

a) 그러고 나서 그는 옷을 맡은 사람에게 말했다. "그 바알의 모든 종들에게
   의상을 꺼내주어라."

b) 그래서 그는 그들에게 그 의상들을 꺼내주었다.

23   וַיָּבֹא יֵהוּא וִיהוֹנָדָב בֶּן־רֵכָב בֵּית הַבָּעַל
וַיֹּאמֶר לְעֹבְדֵי הַבַּעַל חַפְּשׂוּ וּרְאוּ פֶּן־יֶשׁ־פֹּה עִמָּכֶם מֵעַבְדֵי יְהוָה כִּי
אִם־עֹבְדֵי הַבַּעַל לְבַדָּם:

a) 그러고 나서 예후와 레갑의 아들 여호나답은 그 바알의 신전으로 들어갔다.

b) 그리고 난 후에 그는 그 바알의 종들에게 말했다. "너희는 찾아보아라!
   그리고 살펴보아라! 여기에 너희와 함께 야흐베의 종들이 없도록. 오직
   바알의 종들만 있도록."

24   וַיָּבֹאוּ לַעֲשׂוֹת זְבָחִים וְעֹלוֹת
וְיֵהוּא שָׂם־לוֹ בַחוּץ שְׁמֹנִים אִישׁ וַיֹּאמֶר הָאִישׁ אֲשֶׁר־יִמָּלֵט מִן־הָאֲנָשִׁים אֲשֶׁר אֲנִי
מֵבִיא עַל־יְדֵיכֶם נַפְשׁוֹ תַּחַת נַפְשׁוֹ:

a) 그리하여 그들은 제사들과 번제들을 드리기 위하여 들어갔다.

b) 그런데 예후는 그를 위하여 밖에 80명을 세워 두었다. 그러고 난 후에
   그는 말했다. "내가 너희의 손들에 붙여 준 사람들 중에서 하나가 도망하
   는 그 사람은, 그 사람의 목숨은 그의 목숨을 대신한다."

25 וַיְהִי כְּכַלֹּתוֹ לַעֲשׂוֹת הָעֹלָה וַיֹּאמֶר יֵהוּא לָרָצִים וְלַשָּׁלִשִׁים בֹּאוּ הַכּוּס
   אִישׁ אַל־יֵצֵא וַיַּכּוּם לְפִי־חָרֶב
   וַיַּשְׁלִיכוּ הָרָצִים וְהַשָּׁלִשִׁים וַיֵּלְכוּ עַד־עִיר בֵּית־הַבָּעַל:

a) 그런데 이런 일이 있었다. 그가 그 번제 드리기를 마치자마자 예후가 경
   호대와 부관들에게 말했다. "너희는 들어가 그들을 쳐라! 한 사람도 나가
   선 안 된다." 그래서 그들이 그들을 칼날로 쳤다.

b) 그러고 난 후에 그 경호대와 그 부관들은 그들을 밖으로 내던졌다. 그러
   고 난 후에 그들은 그 바알 신전의 성까지 갔다.

26   וַיֹּצִיאוּ אֶת־מַצְּבוֹת בֵּית־הַבַּעַל וַיִּשְׂרְפוּהָ:
그러고 난 후에 그들은 그 바알 신전의 석상들을 끌어내어 불살랐다.

27   וַיִּתְּצוּ אֵת מַצְּבַת הַבָּעַל
                     וַיִּתְּצוּ אֶת־בֵּית הַבַּעַל וַיְשִׂמֻהוּ לְמַחֲרָאוֹת עַד־הַיּוֹם:

a) 그러고 난 후에 그들은 그 바알의 석상을 허물었다.

b) 그러고 난 후에 그들은 그 바알의 신전을 허물어 변소로[19] 만들었다. (그
   것은) 오늘날까지 (남아 있다.)

28   וַיַּשְׁמֵד יֵהוּא אֶת־הַבַּעַל מִיִּשְׂרָאֵל:
그리하여 예후는 그 바알을 이스라엘로부터 근절시켰다.

---

19) '크티브' לְמַחֲרָאוֹת를 '크레'대로 לְמוֹצָאוֹת로 읽는다.

רַק חֲטָאֵי יָרָבְעָם בֶּן־נְבָט אֲשֶׁר הֶחֱטִיא אֶת־יִשְׂרָאֵל לֹא־סָר יֵהוּא מֵאַחֲרֵיהֶם29
עֶגְלֵי הַזָּהָב אֲשֶׁר בֵּית־אֵל וַאֲשֶׁר בְּדָן : ס

a) 오직 이스라엘을 죄로 이끌었던 느바트의 아들 야로브암의 죄들로부터, 그들의 뒤를 좇는 데서부터는 예후가 돌아서지 않았다.

b) 베트엘과 단에 있는 금송아지들.

וַיֹּאמֶר יְהוָה אֶל־יֵהוּא יַעַן אֲשֶׁר־הֱטִיבֹתָ לַעֲשׂוֹת הַיָּשָׁר בְּעֵינַי כְּכֹל אֲשֶׁר30
בִּלְבָבִי עָשִׂיתָ לְבֵית אַחְאָב
בְּנֵי רְבִעִים יֵשְׁבוּ לְךָ עַל־כִּסֵּא יִשְׂרָאֵל :

a) 그러고 난 후에 야흐베는 예후에게 말씀하셨다. "네가 내 눈에 옳은 것을 행하기를 잘 하였고, 내 마음에 있는 모든 것대로 네가 아흐압 집에 행하였으므로,

b) 너의 사대가 이스라엘의 보좌에 앉을 것이다."

וְיֵהוּא לֹא שָׁמַר לָלֶכֶת בְּתוֹרַת־יְהוָה אֱלֹהֵי־יִשְׂרָאֵל בְּכָל־לְבָבוֹ   31
לֹא סָר מֵעַל חַטֹּאות יָרָבְעָם אֲשֶׁר הֶחֱטִיא אֶת־יִשְׂרָאֵל :

a) 그러나 예후는 이스라엘의 하나님 야흐베의 율법 안에서 행하기를 그의 온 마음으로 지키지 아니하였다.

b) 그는 온 이스라엘을 범죄하게 한 야로브암의 죄들에서도 돌이키지 않았다.

בַּיָּמִים הָהֵם הֵחֵל יְהוָה לְקַצּוֹת בְּיִשְׂרָאֵל   32
וַיַּכֵּם חֲזָאֵל בְּכָל־גְּבוּל יִשְׂרָאֵל :

a) 그 날들에 야흐베께서 이스라엘에서 조금씩 잘라내기 시작하셨다.

b) 그리하여 햐자엘이 이스라엘 전역에서 그들을 쳤다.

מִן־הַיַּרְדֵּן מִזְרַח הַשֶּׁמֶשׁ אֵת כָּל־אֶרֶץ הַגִּלְעָד הַגָּדִי וְהָראוּבֵנִי וְהַמְנַשִּׁי   33

מֵעֲרֹעֵר אֲשֶׁר עַל־נַחַל אַרְנֹן וְהַגִּלְעָד וְהַבָּשָׁן׃

a) 그 야르덴 강으로부터 그 해 뜨는 쪽으로, 그 길아드 모든 땅, 갓 사람들,
르우벤 사람들, 그리고 므낫세 사람들,

b) 아르논 강 유역의 아로엘에서부터 그 길아드와 그 바샨까지

34   וְיֶתֶר דִּבְרֵי יֵהוּא וְכָל־אֲשֶׁר עָשָׂה וְכָל־גְּבוּרָתוֹ

הֲלוֹא־הֵם כְּתוּבִים עַל־סֵפֶר דִּבְרֵי הַיָּמִים לְמַלְכֵי יִשְׂרָאֵל׃

a) 그리고 예후의 사적과 그가 한 모든 일과 그의 권력에 대한 남은 이야기는,

b) 그것들이 '이스라엘 왕들의 일지'란 책에 기록되지 않았느냐?

35   וַיִּשְׁכַּב יֵהוּא עִם־אֲבֹתָיו וַיִּקְבְּרוּ אֹתוֹ בְּשֹׁמְרוֹן

וַיִּמְלֹךְ יְהוֹאָחָז בְּנוֹ תַּחְתָּיו׃

a) 그러고 난 후에 예후는 그의 조상들과 함께 누웠다. 그래서 사람들이 그를 쇼므론에 매장했다.

b) 그러고 난 후에 여호아햐즈, 그의 아들이 그의 대신에 왕이 되었다.

36 וְהַיָּמִים אֲשֶׁר מָלַךְ יֵהוּא עַל־יִשְׂרָאֵל עֶשְׂרִים וּשְׁמֹנֶה־שָׁנָה בְּשֹׁמְרוֹן׃ פ

예후가 쇼므론에서 이스라엘 위에 왕이 된 날들은 28년이었다.

B. 간단한 본문해설

1. '예후가 왕이 되었다' (9:1-15)

예후 혁명은 엘리샤의 지시 하나로 촉발되었다. 그 절묘한 방법과 타이밍에 우리

는 감탄할 수밖에 없다. 미치광이로도 취급당할 수 있는 소년 하나가 기름병 하나를 들고 예후를 찾아가 기름을 붓고 도망친다. 예후도 너무 갑작스럽고 엉뚱한 일이라 잠시 당황하였으나, 그 부하들의 지지로 왕이 된다. 예후 혁명은 시작되었다.

1 וֶאֱלִישָׁע(그런데 엘리샤가). 본문은 열왕기하 8장 25절부터 시작되는 여후다 왕 아햐즈야의 치세를 소개하는 가운데 아햐즈야가 북쪽 왕 요람을 방문하는 이야기 가운데 놓여 있다. 8장 29절에서 잠시 중단된 아햐즈야 이야기는 9장 27-28절에 그 사망 기사가 나오고, 29절에 새삼스레 그의 등극한 연대가 소개된다. 결국 형식적으로는 아햐즈야가 어떻게 죽었는지를 설명하려다가 예후의 혁명을 소개한 형국이 되었다. 1절은 8장 14절에 나오던 엘리샤가 다시 나옴으로써 새로운 단락이 시작되고 있음을 알리고 있다. 또한 주어가 먼저 나오고 동사가 나중에 나오는 역순이 새로운 단락의 표시가 되기도 한다.[20]

רָמֹת גִּלְעָד(라모트 길아드). 열왕기상 21장에서 쇼므론과 이즈르엘이 대립되었다면, 여기선 라모트 길아드와 이즈르엘이 대치된다. 8장 29절에 의하면 이제 이즈르엘에는 아흐압의 아들 요람 왕이 부상을 치료하며 누워 있다. 요람은 바알의 주상을 제거하기도 한, 비교적 착한 왕(왕하 3:2)이었다. 그러나 본문에서 요람은 아흐압 집안의 일원일 뿐이다. 나보트를 죽인 아흐압 집안이 이제 심판을 받는다. 화자는 하나님이 나보트의 수난의 장소를 아흐압 집안에 대한 심판의 장소로 택하셨다는 사실을 강조한다. 반면에 전방의 라모트 길아드[21]에는 일찍이 나보트의 포도원과 관련하여 엘리야후의 예언을 들은 적이 있는(9:25-26) 다혈질의 장수(9:20) 예후가 있었다. 엘리샤는 요람왕이 없는 틈을 타서 제자 하나에게 기름병을 들려서 혁명을 촉발시킨다. 자신이 직접 가지 않고 아무도 모르는 제자를 보낸 것은 기밀을 위해서였다.[22] 기름병은 엘리야후 이야기(왕상 17:12)에서도 중요한 역할을

---

20) 9장 1, 11, 17, 24, 27절에서 역순으로 시작되는 문장이 나타난다. Long, 1984, 116f 참고.
21) 이 도시는 열왕기상 22장에서 아흐압의 죽음을 초래한 도시였는데, 이제 아흐압의 아들이 이 도시 때문에 죽게 된다.
22) 셔무엘이 다비드를 기름 부을 때의 상황(삼상 16:1-5)을 참고하라.

한다. 열왕기상 17장에서 사용된 것은 찹파하트(צַפַּחַת)였고, 여기의 것은 그보다 작은 파크(פַּךְ)로서, 셔무엘이 몰래 다비드에게 기름을 부으러 갈 때에 지참한 것과 같았다(삼상 16:1, 13). 혁명을 촉발하는 비밀 업무에 적당한 도구였다.

3 וְיָצַקְתָּ[그리고 네가 (기름을) 부어라]. 제자에게 명령된 것은 단지 예후에게 기름을 부어 왕으로 세우는 일뿐이었다.

5 הַשַּׂר(장군님). 예후의 얼굴을 모르는 제자는 모두 똑같은 복장을 하고 있는 장수들을 향해 '장군님'이라고 한다. '누구 말이냐'고 묻는 사람이 아마 가장 높고, 성격이 급한 예후일 거라고 생각했을 것이다.23) 그러나 하나님이 셔무엘에게 다비드를 지목해 주셨듯이(삼상 16:6-12) 예후가 물을 때에 깨우쳐 주셨을 가능성도 있다.

7 וְהִכִּיתָה(그러므로 너는 꼭 쳐라). 엘리샤의 위탁에는 없던 말이다. 제자는 스승이 시키지 않은 말을, 아마 평소에 듣던 대로 스승의 스승인 엘리야후의 예언을 그대로 전한 것 같다. 핵심적인 표적은 이제벨이다. 이유는 그 여자가 야흐베의 종들의 피를 흘린 일 때문이다. 그 종 가운데 나보트도 포함되었다(9:26).

8 הַכְרַתִּי לְאַחְאָב(그리고 내가 아흐압에게 속한 자들을 치겠다). 예후가 치는 게 아니라 하나님이 치신다. 이 부분부터 '……개들이 먹을 것이다'까지는 열왕기상 21장 21b-23절과 거의 같다. 열왕기상 21장 22절의 '너의 집'을 여기의 9절에선 '아흐압의 집'이라고 한 점, 열왕기상 21장 23절에서 개들이 이제벨을 '이즈르엘 안성벽(חֵל)'에서 먹을 것이라고 한 것을 본문 10절에선 '이즈르엘의 들판(חֵלֶק)'에서 먹을 것이라고 한 점, '그래서 묻어 줄 사람이 없을 것이다'라는 말이 여기에 덧붙여져 있는 것만 다르다. 이 가운데서 중요한 차이점은 개들이 이제벨을 먹는 장소다.

헨첼과 뷔르트바인은 7-10a절 부분이 후대의 첨가라고 본다(Hentschel/2, 41; ATD 11/2, 329f). 어떤 이들은 21장 23절의 חֵל(헬)을 חֵיל(헬)이 아닌 חֵלֶק('헬레크': 들, 들판)로 읽어서 해결하려 하고, 어떤 이는 둘 다를 9장 35-36절에서 나온 첨가물이라고 한다(논란에 대해서는 Gray, 443 참고). 그러나 '헬레크'로 읽는

---

23) 헨첼(Hentschel/2, 41)은 예후가 높지 않은 장교였다고 하나 그 뒤의 흐름을 볼 때에 야전 사령관의 지위에 있었던 듯하다.

데는 문제가 있다. 가운데 요드가 빠지면 몰라도 끝의 코프가 빠지기는 어렵기 때문이다. 또한 '헬레크'로 읽어도 9장 35-36절(궁전에서의 죽음)과는 맞지 않는다. 그러므로 열왕기상 21장과 열왕기하 9장은 상이한 전승을 보여주는 것일 수도 있다. 그러나 엘리샤의 제자가 엘리야후의 말을 잘못 암송하여 전했을 수도 있다.

11 הַשָׁלוֹם(평화입니까). 본문에서 '바요메르'('그리고 난 후에 그가 말했다')가 단수로 나온 것은 필사자의 실수가 아니라, 모든 장수들이 한목소리로 물었음을 시사한다.24) 이는 열왕기상 21장 12절에서 갑자기 등장하는 명령형과 같이 극적인 효과를 높이고 있다.25) '샬롬'은 9장에서 핵심적인 단어로서 스토리 전체를 묶어 주는 단어다[11, 17, 18(2회), 19(2회), 22(2회), 31]. 예후의 동료들은 예후의 얼굴도 잘 모르는 듯한 젊은 예언자가 예후와 함께 깊숙한 방으로 들어갔다가 얼마 못 되어 급히 문을 열고 도망치는 모습이 괴이쩍어서 '미친 자'라고 부른 것이지, 예언자를 경멸한 것은 아니었을 것이다. 예후도 대답을 회피하려고 그들과 같이 예언자를 미친 사람 취급하려 한다(Cohn, 1999, 67). 예후는 방금 일어난 일에 대해 자신이 없어졌는지도 모른다.

13 מָלַךְ יֵהוּא(예후가 왕이 되었다). 예후가 사실을 털어놓자마자, 동료들은 급히 복종의 표시로 자기들의 옷을 예후의 계단 밑에 깔고 예후를 왕으로 선포한다(Gray, 542). 이는 직업군인들 사이에 요람과 정부에 대한 불만이 높고, 예후가 군인들 사이에 지지도가 높았다는 증거가 될 것 같다. 그러나 예언자의 기름 부음이 결정적이었을 것이다(Gray, 540).

14 וְיוֹרָם(그런데 요람은). 예후는 라모트 길아드에서 반역을 일으켰으나(14a), 요람은 이즈르엘에서 아무것도 모르고 상처를 치료하고 있었다(14b-15a). 이런 장면의 대비가 21절까지 계속되고 있다. 이는 8장 28-29절에서는 이즈르엘의 상황, 9장 1-13절은 길아드 라모트의 상황을 대조시키는 것과 같은 구도다. 이런 대비가 14-21절에는 좀더 자주 반복되면서 청중들에게 긴장을 더해 준다: 14a 예후; 14b-15a 요람; 15b-16 예후; 17 요람; 18a 예후; 18b 요람…… '미친 자'에게서

---

24) 위의 주 5) 참고.
25) 위의 책, 538 참고. 그레이는 역사적 정확성이 극적인 효과를 위해 희생되었다고 본다.

기름 부음을 받은 예후는 '미친 것같이' 모는 사람이었다. 여기서 우리는 화자의 기교(wordplay)를 볼 수 있다(Gray, 546). 아흐압의 범죄는 아들 요람을 어처구니 없는 죽음으로 몰아넣는다. 나보트가 아무것도 모르고 당했듯이, 요람도 아무것도 모르고 자기 부하에게 당한다.

2. 예후가 요람왕을 죽이다(9:16-26)

혁명은 예후의 마차만큼 빠르게 진행되었지만, 요람왕의 대처는 부상병만큼 느렸다. 아흐압과 이제벨의 죄로 그 아들 요람은 어이없는 최후를 맞는다.

17 הַשָׁלוֹם(평화요?). 전방의 군대가 병거를 갖추고 떼를 지어 달려오면 당연히 경계해야 할 텐데, 요람은 쓸데없이 기병 한 명씩만 보낸다. 첫 번째 기병은 평화냐고 물었지만(18절), 두 번째 기병은 '평화!'라고 외칠 뿐이었다(19절). 그는 긴박한 상황을 알아차리고, '제발 평화가 있기를!' 하는 뜻으로 그렇게 말한 듯하다. 제발 내전이 일어나지 않았으면 좋겠다는 뜻일 것이다.

21 וַיֶּאְסֹר רִכְבּוֹ(그러고 나서 그는 그의 병거를 매었다). 두 기병이 돌아오지 않았지만 요람은 눈치를 채지 못하고 혼자서 병거를 몰고 나간다. 왜 혼자 나갔을까? 예후를 전혀 의심하지 않아서였을까? 그는 왜 혼자 병거를 매었을까? 부하들은 이미 다 도망가 버린 것일까? 숙명적인 이 장면은 바로가 혼자 병거를 매는 모습을 연상시킬 뿐만 아니라 단어도 완전히 같다(출 14:6). 그 당시의 병거는 마부가 따로 있고, 부관이 같이 타서 세 사람이 함께 타게 되어 있었는데도(H. Weippert, [2]BRL, 250), 요람은 다친 몸으로 혼자 병거를 몰고 나간다. 한 사람이라도 같이 탔더라면 그리 허무하게 당하지는 않았을 것이다. 위급한 경우에 도울 힘이 전혀 없는 아햐즈야는 따로 다른 병거를 탄다. 이 모든 것은 이 일이 하나님께로부터 나왔음을 청중들에게 알게 한다. 세 번째로 '평화'를 물은 요람은 비로소 진실을 알고 죽는다.

22 עַד־זְנוּנֵי אִיזֶבֶל(이제벨의 음행들에까지). 이제벨이 혁명의 명분이다. 태후

이제벨은 바알종교의 의식대로 음행들을 일삼고 있었다(Gray, 547). 전방의 군인들은 싸우다 죽거나 다치거나 하는데, 태후는 후방에서 음행이나 일삼고 있었다!

25 בְּחֶלְקַת שָׂדֵה נָבוֹת(나보트의 들판, 들에). '쓰데'(들판)는 마치 쓸데없이 들어간 것 같다. 몇몇 사본에도 빠져 있다. 그러나 예후가 흥분하여 같은 말을 되풀이했을 수도 있다. 중요한 것은 여기서 다시 나보트란 이름이 나타난다는 사실이다. 예후는 오래전에 부관 비드카르과 함께 아흐압의 부하로 근무할 때에 엘리야후에게서 들었던 말을 회상한다. 여기서 우리는 엘리샤가 왜 예후에게 기름을 부으라고만 했는지 알 수 있다. 그는 예후가 엘리야후의 예언을 직접 들었기 때문에 기회만 되면 일을 스스로 알아서 할 것이라고 생각했을 것이다(Cohn, 1999, 68). 예후의 고백은 과부의 고백(왕상 17:24)과 같이 9-10장의 이야기에서 하나의 정점을 이루고 있다. 그의 고백은 열왕기하 9:36-37; 10:10에서도 이어지는데, 이런 객관적인 고백은 신약에 나오는 백부장의 고백과 같았다(막 15:39). 예후는 나보트의 아들들도 죽임을 당했다고 하는 새로운 사실을 전한다. 또한 화자는 화살이 요람의 염통을 뚫었다고 하면서 하나님의 심판을 즐거워하고 있다.

3. 예후가 아햐즈야를 죽이다(9:27-29)

악인의 꾀대로 행동하던(시 1:1) 아햐즈야는 예후에게 죽임을 당하지만, 그 부하들이 그를 여루샬라임까지 운반하여 장사지낸다.

27 גַּם־אֹתוֹ הַכֻּהוּ(그도 쳐라). 예후는 요람의 조카뻘인 아햐즈야가 보복할 것을 우려하였던가, 아니면 아흐압의 피가 섞였다고 그랬을까? 예후의 말대로 부하들이 아햐즈야를 쳤다는 말은 없다. 그러나 하나님의 지시가 대개 그대로 예언자들에 의해 실행되었듯이, 예후의 지시도 부하들에 의해서 시행되었음이 분명하다.[26] 오르막에선 병거가 기병들보다 느리므로, 예후는 구르 오르막에서 치라고 지시한

---

26) 앞의 열왕기상 21:19. 29 참고. 또한 Cohn, 1999, 69 참고.

다. 부상한 아햐즈야는 아직 요람의 부하들이 지키고 있을, 혁명의 기운이 전달되지 않았을 므깃도로 도망하여 거기서 죽는다. 그러나 시신은 부하 장수들에 의해 무사히 고향으로 옮겨져 조상의 무덤에 안치될 수 있었다.27) 이는 아흐압의 아들 요람과 대조되는 부분이다.

29 וּבִשְׁנַת(그런데 …… 년에). 화자는 8장 25절에 나온 아햐즈야의 등극 기록인 요람 12년을 8장 26절에 나오는 아햐즈야의 재위 기간 1년과 맞추어 요람 11년이라 고치고 있다(Gray, 549).

4. 예후가 이제벨을 죽이다(9:30-37)

혁명은 두 왕을 죽이고 이제 그들의 배후세력인 이제벨을 향한다. 이제벨은 화장을 고치고 용기를 뽐내다가 개밥이 된다. 이는 이미 엘리야후의 예언을 통해 선포된 대로였다.

30 וְאִיזֶבֶל שָׁמְעָה(그런데 이제벨이 들었다). 아들의 사망 소식을 듣고도 이제벨은 눈 화장을 하고 머리를 꾸미는데, 아마 태후의 위엄을 보이려 했던 것 같다. 그녀는 어머니가 되기보다 태후가 되려 했다. 화자는 이런 모습과 개에게 물어뜯기는 모습을 대비시키고 있다. 나보트가 고향 사람들에게 죽임을 당했듯이(왕상 21:11 이하), 이제벨은 옆에서 섬기던 환관들에게 죽임을 당한다. 화자가 예후의 잔인성을 공격하거나 비난하러 사건을 자세히 묘사하고 있다고 하는 이도 있으나(ATD 11/2, 335), 화자는 하나님의 심판을 즐기고 있는 듯하다. 실제로 하나님은 예후의 행위에 대해 칭찬하셨다(왕하 10:30). 마소라 본문에서 예후가 이제벨을 가리켜 남자로 취급한 듯이 '그 놈을 내려 던져라'고 한 장면은 매우 흥미롭다. 그것

---

27) 뷔르트바인(ATD 11/2, 328)은 여후다의 군대가 출전하지 않았다고 한다. 그렇다면 친위군을 거느렸을 요람도 당한 판국에 군대도 없는 아햐즈야가 예후의 손길을 벗어난 것을 설명하기 어렵다.

은 이제벨을 여자로 생각할 수 없다는 뜻이었던 것 같다. 피가 벽에 튀었다는 말은 '벽에 오줌을 누는 자들'에 대한 예언과 연관이 있다.[28] 결국 이제벨의 피는 남자들의 소변과 섞이게 되었다는 뜻이다. 33절에서 그 여자를 짓밟은 것은 놀란 말들인 것 같다.

37 כְּדֹמֶן(거름같이). 예후는 이제벨이 마치 들판의 거름같이 될 것이라던 엘리야후의 예언을 회상한다(Gray, 549). 화자는 이제벨의 이름 '제벨'('거름', '오물', '똥')을 엘리야후의 예언과 연관시키려는 듯하다. 이제벨의 살은 들이 아니라 궁전에서 먹혔지만, 개에게 먹힐 것이라는 예언은 성취되었다.

5. 편지로 한 살인(Ⅱ): 예후가 아흐압의 아들들 칠십명을 죽이다(10:1-11)

이제벨이 나보트를 편지로 죽였듯이, 예후도 아흐압의 아들들 칠십명을 편지 한 장으로 죽여 버린다. 이것도 엘리야후의 예언대로였다.

1 סְפָרִים(편지들). 이제벨이 나보트를 편지들로 죽였듯이 예후는 아흐압의 아들들을 편지들로 죽인다. '머리들'(רָאשֵׁי)이란 말은 '우두머리들'이란 뜻도 지니고 있으므로 예후는 애매한 표현으로 자기의 책임을 면하려 했던 것 같다(Gray, 549).

7 שׁחט(도살/학살하다). 이 단어는 열왕기에서 네 번 나오는데, 그중에서 세 번이 '엘리야후 엘리샤 이야기'에 나온다(왕상 18:40; 왕하 10:7, 14). 이는 열왕기하 9-10장이 엘리야후 이야기와 밀접한 관련을 맺고 있다는 것을 다시 확인시켜 주기도 한다. 흥미로운 것은 열왕기상 18장에서 바알의 예언자들을 죽일 때에 쓰인 단어가 열왕기하 10장에서는 바알 신자들을 죽이는 데는 사용되지 않고 아흐압의 아들들을 죽이고, 여후다 왕 아햐즈야의 형제 마흔 두 명을 죽이는 데만 사용되었다는 점이다. 이는 열왕기하 9-10장의 저자가 예후의 숙청을 바알신앙보다 나보트 사건

---

28) Cohn, 1999, 70 참고. 또한 아흐압의 피가 섞인 곳에서는 창기가 목욕을 했다(왕상 22:38). 위의 X.D.3.c 참고.

으로 인해 아흐압 집안에 내린 심판으로 이해하고 있음을 반영한다. 칠십이란 숫자는 대강의 숫자로 보이지만(출 1:5; 삿 8:30), 많은 숫자임엔 틀림없다. 왕자들은 그들을 보호할 책임을 지닌 양육자들에게 죽어, 나보트가 자기 동네 사람들에게 맞아 죽은 사건의 보응을 받았다(6).

'이즈르엘의 장수들'이 왜 쇼므론에 가 있었을까?[29] 그들은 아마 요람의 친위대로서 요람이 죽임을 당하는 것을 보고 도망간 장수들일 것이다. 그런데 이들도 아흐압의 아들들을 죽이는 데 참여한다. 예후는 자기가 애매하게 편지만 썼는데, 칠십명의 머리가 운반된 것이 하나님의 손길이라 느낀다(9). 그는 다시 한번 엘리야후의 예언을 회상하고, 그 예언을 충족시키기 위하여 아직 이즈르엘에 남아 있는 아흐압의 친지들과 제사장들까지 다 죽인다. 나보트를 죽인 도시 이즈르엘은 이제 피비린내 나는 도살장이 되었다.[30] 예후는 다시 바알의 신전이 있는 도시 쇼므론(아흐압은 쇼므론의 왕으로 불렸다)에 가서 아흐압 집안에 남아 있는 자들을 진멸한다(17). 이리하여 하나님의 아흐압 집안에 대한 심판은 일단 끝난다.[31]

6. 예후가 아햐즈야의 형제들을 죽이다(10:12-14)

예후의 칼날은 아햐즈야의 형제 마흔 두 명에게도 임한다. 그러나 그들이 무고한 사람이라 할 수 있을까?

13 לִשְׁלוֹם(인사하기 위하여). 아햐즈야의 형제들 마흔 두 명이 요람왕의 아들들에게와 태후의 아들들에게 인사하러 온 건 남왕국이 북왕국에 대해 외교적으로 약한 상태에 있었던 것을 뒷받침한다(왕상 22:3; 왕하 3:7 참고). 남왕국의 왕족들에겐 북왕국 요람왕의 부상이 큰 사건이었을 것이다. 예후는 아마 그들이 혁명 소식을 본

---

29) 칠십인역과 몇 사본들은 그 성이라고 했거나, 쇼므론의 장수들이라고 했으나, 마소라 본문 그대로도 해석이 가능하다.

30) "예후는 오래된 범죄를 청산하는 데 적합하다고 뽑힌 인물이다"(Long, 1991, 116.).

31) 아흐압의 딸 아탈야에 대한 심판은 11장에 계속된다.

국에 알리게 될까 우려해서 죽인 것 같다. 마흔 둘이란 숫자는 열왕기하 2장 24절
에서 엘리샤를 대머리라고 조롱하다 곰에 물려 죽은 아이들의 숫자와 동일하다. 화
자는 바알 숭배 정권에 인사하러 온 사람들은 엘리샤를 조롱한 아이들과 별로 차이
가 없다는 것을 암시한다.32) 이제벨과 그 아들들에게 인사하러 온 것만으로도 그들
은 무죄하다 할 수 없다는 게 저자의 뜻인 듯하다.

7. 예후가 바알 숭배자들을 죽이고 바알신전을 파괴하다(10:15-28)

예후는 여호나답과 함께 종교적 숙청에 들어간다. 즉 전국의 모든 바알 숭배자
들을 도륙하는 일이었다.

16 אֶל־הַמֶּרְכָּבָה(그 병거로). 예후는 이념적인 지도자 여호나답을 만나 그를
자기 수레에 태운다. 이는 아흐압이 벤하다드를 자기 수레에 태운 행위(왕상
20:33)에 대칭되는 행위였다. 또한 내시가 빌립을 태운 이야기(행 8:31)도 참고하
라. '야흐베께 대한 열심'은 엘리야후를 연상시킨다(왕상 19:10, 14).33)

17 אֶל־אֵלִיָּהוּ(엘리야후에게). 예후가 쇼므론에 남은 아흐압의 사람들을 다 죽
인 것은 아흐압의 아들 칠십명만 넘겨주면 될 것같이 한 약속을 넘어선 것 같다.
그러나 기자는 이것이 하나님이 엘리야후에게 하신 말씀대로라고 하며 정당화한다.

19 כָּל־נְבִיאֵי הַבַּעַל(그 바알의 모든 예언자들). 예후는 공권력으로 바알종교
의 모든 예언자들과 바알의 종들과 제사장들을 잡아 죽이려 한다. 이는 열왕기상
18:4, 13; 19:10, 14에 나타난 내용, 즉 이제벨이 야흐베의 예언자들을 말살한 것
에 대응되는 이야기다.

בְּעָקְבָה(속임수를). 화자는 청중들이 혹시 오해할까봐 잠시 주를 단다. 이것은

---

32) 마흔 둘이라는 숫자는 열왕기뿐 아니라 구약 전체에서 이 두 곳밖에 없다. 기자는 애매한
　　사건에 대한 자기 의견을 마흔 둘이라는 숫자 속에다 감추어둔 것 같다.

33) 하나님의 열심에 대해선 즈카르야 1:14; 8:2 참고.

속임수를 쓰는 거니까 놀라지 말라는 뜻이다.

27 **אֶת־בֵּית הַבַּעַל**(그 바알의 신전을). 바알의 신전을 변소로 만든 일은 이제
벨과 아흐압 정권이 야흐베의 단을 헌 것(18:30; 19:10, 14)에 상응된다. 예후의
숙청은 이제벨에 비해 과한 것이 아니었다.

8. 예후 치세의 요약(10:29-36)

예후는 혁명의 대가로 하나님께로부터 사대를 보장받는다. 그러나 그는 혁명 이
후에 하나님께 그리 충성스럽지 못했다.

29 **חַטָּאֵי יָרָבְעָם**(야로브암의 죄들). 예후에 대한 평가 중 첫 번째는 그가 야로
브암의 죄, 즉 베트엘과 단의 금송아지들을 좇는 일에서부터 돌아서지 않았다는
점이었다. 그러나 기자는 예후를 그것 때문에 정죄하진 않았다.

30 **הַיָּשָׁר בְּעֵינַי**(내 눈에 옳은 것). 하나님은 예후의 아흐압 집안과 바알 종교
에 대한 숙청을 긍정적으로 평가하셨다. 현대의 청중들이 보기에는 좀 가혹한 것
도 하나님이나 기자, 그 당시 청중들에게는 통쾌한 설욕전이었다는 점이 드러난다.
하나님은 숙청의 공로로 예후에게 4대에 걸친 왕좌를 약속하신다.

31 **וְיֵהוּא לֹא שָׁמַר**(그러나 예후는 지키지 않았다). 예후가 율법을 온 마음으로
지키지는 않았다는 점, 야로브암의 죄를 반복했다는 점이 예후나 그의 후손들이
그렇게 오랫동안 국토를 잠식당한 이유였다. 야로브암의 죄는 앞에선 그냥 넘어갔
던 요소였는데, 이제 그것이 다른 죄와 결합되어 국토의 상실로 연결되었다.

뷔르트바인은 열왕기하 8:28-10:36을 예후 모음(Komplex)이라 하면서, 이를 셋으로 나눈다(ATD 11/2, 324).

1. 오므리 왕조에 대한 예후의 조처에 대한 이야기와 해설(8:28-10:17).
2. 바알 숭배자들을 살육한 사건에 대한 서술(10:18-27).
3. 신명기사 편집자(DtrG)의 도식적인 (후대에 확대된) 기록.

또한 열왕기하 9장 1-13절과 14-24절은 서로 다른 전통이라고 한다(ATD 11/2, 328). 예후 혁명에 대한 종교적인 해석과 정치적인 해석으로 된 두 가지 전통이 있었다는 것이다. 그러나 그의 분류를 따르면 '정치적 전통' 속에 포함되는 '이제벨의 음행들'(22)은 설명할 길이 없고, 1-13절의 전제 없이 14절 이하의 혁명을 설명할 수 없다. 뷔르트바인은 두 전통이 너무 많이 융합되어 있어서 그렇다고 변명하지만, 그렇다면 구별하지 말았어야 한다.[34] 또한 역순으로 시작하는 문장들이 새 단락들을 표기하는 것, הַשָּׁלוֹם(하샬롬)이 11, 18, 19, 22절에 나타나고, '미친 자'(מְשֻׁגָּע 므슉가: 11)와 미친 것(שִׁגָּעוֹן 쉭가온: 20)의 공통의 뿌리 שָׁגַע(싸가), 장면의 대비를 계속하는 방식[35] 등도 통일성의 단서가 될 수 있다(Long, 1991, 115).

---

34) 롱(Long, 1991, 115)은 신명기사 편집자의 손길이 여러 번 있었겠지만, 편집인지 작은 손질인지를 판단할 수 없다고 한다.

35) 1-3 엘리샤가 제자에게 말한다. 4-10 제자가 예후에게 가서 기름을 붓다 11-15 예후가 왕이 되다. 16a 예후가 병거를 타고 이즈르엘로 가다 16b 요람이 누워 있다. 17 요람의 지시 18a 사자와 예후의 대화 18b 파수꾼의 보고 19a 사자와 예후의 대화 20 파수꾼의 보고 21 요람의 질문 22 예후의 대답 23 요람의 도주 24 요람 살해 25-26 예후의 엘리야후 예언 회상 27-29 아햐즈야의 죽음 30 이제벨의 화장 31 이제벨의 인사 32-33 이제벨 살해 34 예후의 잔치 35 이제벨을 개가 먹었다 36-37 예후의 엘리야후 예언 회고. 장면이 자주 바뀌는 특이한 기법이 9장 전체에 흐르고 있다. 이런 장면 전환은 처음에는 천천히 진행되다가 예후가 요람을 죽이러 마차를 몰고 오는 부분에 와서는 매우 빨라지고 끝에 와서는 다시 완만해진다. 이는 전체를 한 사람이 썼음을 암시하는 것이다. 위의 B.2.14 참고.

헨첼은 9장 1-14a절(예후의 반역), 14b-29절(두 왕의 최후), 30-37절(이제벨의 추락), 10장 1-17절(아흐압 집안의 최후), 18-29절(바알 숭배자 제거), 30-36절(예후에 대한 다양한 평가) 등으로 나누면서, 본문이 고대의 다양한 짤막한 이야기들로 구성되어 있다고 한다(Hentschel/2, 39). 또한 그는 이 이야기들이 서로 조화를 일으키지 못하고 갈등을 보여주고 있다고 한다. 즉 이스라엘의 왕자들이 쇼므론에도(10:1-9), 이즈르엘에도(10:12-14) 있는 점, 예후가 레캅족속과 함께 쇼므론에 들어갔다면(10:15f) 속임수를 못 썼을 것이라는 점(10:18-27), 예후가 기름 부음을 받는 이야기(왕하 9:1-6)와 예후의 선언(왕하 10:10b-13)은 엘리샤에 가까운 어떤 예언자적인 기자가 썼을 것이라는 점 등을 들었다(Hentschel/2, 39f). 그러나 예후가 여호나답과 동행했다 해도 바알의 숭배자들을 죽이는 데 속임수를 쓰는 것에 찬동하였을 수 있고, 예후가 여호나답에게 물어보지 않고 속임수를 썼을 수도 있다. 그가 예후 혁명의 역사성을 부인하는 이유는 엘리샤가 평소에 아흐압 정권과 가까웠다는 점인데(Hentschel/2, 41), 외적의 침입 시에 나라를 도운 것이 정권을 도운 것이라 할 수는 없다.

반면에 콘은 9-10장을 하나의 단위로 보면서 다음과 같이 문단을 나누고 있다(Cohn, 1999, 65f).

A. 예후가 왕이 되다(9:1-15)
  B. 예후가 요람왕을 이즈르엘 밖에서 죽이다(9:16-26)
  C. 예후가 아햐즈야를 벧학간에서 죽이다(9:27-29)
  D. 예후가 이즈르엘에서 이제벨을 죽이다(9:30-37)
  B'. 예후가 이즈르엘에서 아흐압의 식구들을 학살하다(10:1-11)
  C'. 예후가 베트에케드에서 아햐즈야왕의 친척들을 학살하다(10:12-14)
  D'. 예후가 쇼므론에서 바알 숭배자들을 학살하다(10:15-28)
A'. 예후의 치세 요약(10:29-36)

그러나 이는 그리 일목요연하지 못하다. 오히려 B'는 D'로 보아야 하고, D'를

B'로 보아야 할 것이다. 9-10장은 다음과 같은 구조를 보여주고 있다.

    A. 예후가 왕이 되다(9:1-15)

      B. 예후가 이제벨 때문에 요람왕을 이즈르엘에서 죽이다(9:16-26)

        C. 예후가 아햐즈야를 베트학간에서 죽이다(9:27-29)

          D. 예후가 이즈르엘에서 이제벨을 죽이다(9:30-37)

          D'. 예후가 이즈르엘에서 아흐압의 아들 칠십인을 학살하다(10:1-11)

        C'. 예후가 아햐즈야의 형제들을 베트에케드에서 학살하다(10:12-14)

      B'. 예후가 바알 숭배자들을 학살하고 신전을 헐다(10:15-28)

    A'. 예후의 치세 요약(10:29-36)

    예후는 9장(ABCD)에서 이즈르엘에 있는 아흐압의 친척들을 쳤고, 10장(A'B'C'D')에선 주로 쇼므론에 있는 (혹은 도상에서) 친척들을 쳤다.[36] 9장에선 개인을 죽였지만, 10장에선 집단적인 학살이 일어났다. D와 D'의 공통점은 이즈르엘이라는 장소다. 여기서 예후는 이제벨과 왕자 칠십명을 죽임으로써 본문의 정점을 장식한다.[37] 이제벨은 악의 정점이었고, 왕자 칠십명은 요람 후계구도의 정점이었다. C와 C'의 대칭은 아햐즈야라는 공통점을 가지고 있다. C에서는 아햐즈야가, C'에서는 그의 형제들이 죽었다. B와 B'의 대칭은, 앞에선 예후가 정치의 중심(요람)을 쳤고, 뒤에선 종교의 중심(신전, 제사장)을 쳤다는 점에서 찾아볼 수 있다. 또한 B에서는 예후가 이제벨 때문에 그 아들 요람을 죽였고, B'에서는 이제벨이 세운 신전과 그 종교적인 세력을 쳤으므로, 이제벨이 남긴 것들을 쳤다는 것이 공통점이다. 흥미로운 것은 각 문단마다 저자나 예후의 해설이 들어 있다는 점이다:[38] 9:14-15a, 25-26, 29, 36; 10:10, 28, 31-32. 예외는 C' 부분이다. 그러나 저자는 예후가 아

---

36) 예외적으로 10:11에는 이즈르엘에 있는 아흐압의 친지들을 다 죽였다고 되어 있다.

37) 이제벨은 북왕국에서 실제적인 주인이었고, 예후 혁명의 명분을 제공해 주었다. 왕자들은 요람을 계승할 사람들이었다.

38) 코건과 타드모르는 9:25-26, 36-37; 10:10에서 엘리야후 예언이 성취되었다는 말이 일관되게 나오는 현상을 두고 본문이 한 저자의 작품이라는 증거의 하나로 제시한다. Cogan; Tadmor, 118 참고.

햐즈야의 형제들 마흔 두 명을 죽인 일을 두고 마흔 둘이라는 숫자 속에다 자신의 평가를 숨겨 놓았다(위의 간단한 본문해설<B.6> 참고). 9장과 10장의 대칭은 한 저자가 이 두 장을 세심한 손길로 가다듬었음을 확신하게 한다.

D. 열왕기상 21장과 열왕기하 9-10장의 장르

열왕기상 21장은 ‘예언자 이야기’라 할 수 있다. 아흐압의 이야기, 즉 왕의 역사 이야기가 아니고 ‘엘리야후 이야기’ 가운데 하나에 불과하기 때문이다. 열왕기하 9-10장도 예후의 혁명 과정을 상술하려는 데 목적이 있지 않고, 엘리야후의 예언의 실현과정을 상세히 전하고 있으며, 열왕기상 19:16-17; 21:19-24에서 예언한 것이 어떻게 실현되었던가를 알려 주고 있다. 그러므로 이 두 이야기는 예언과 성취의 도식으로 연결되고 있는 ‘예언자 이야기’라 할 수 있다.

E. 나보트와 예후 이야기의 역사성

위에서 살펴본 바대로 너무나 생생하게 그려진 이야기들을 허구라고 보는 것은 무리가 있다. 뷔르트바인은 예후의 혁명을 정당화하기 위하여 예후가 기름 부음을 받은 이야기(왕하 9:1-13)가 원용되었다고 한다(ATD 11/2, 251). 또한 나보트 이야기(왕상 21:1-16)도 본래는 그것만으로 끝나는 이야기를 후대의 편집자들이 나머지를 보탰다고 한다. 그러나 그가 제시하는 근거들은 매우 빈약하다. 나보트 이야기는 우리가 보았듯이 왕조의 멸망의 근원이라 간주될 만큼 충격적인 사건이었고, 그렇기에 예후가 그렇게 여러 번 나보트의 건과 엘리야후의 예언을 인용한 것 같다.39) 예후가 아햐즈야를 치라고 명할 때에 '이블르암 근처의 구르 오르막'에서 치라고 한 점, 아햐즈야가 부상당한 뒤에 므깃도로 간 점, 엘리샤의 제자가 예후의 얼굴을 몰라서 허둥대는 모습, 예언자의 제자를 '미친 자'라고 불렀던 장수들이 금방 예후를 추대한 점 등은 역사적 사실이 아니라면 설명하기 어렵다. 허구였다면 좀더 그럴듯하게 꾸몄을 것이다.40)

F. 열왕기상 21장과 열왕기하 9-10장의 연관성

학자들 사이에는 두 이야기의 연관성을 부인하거나 신명기사 편집자의 작업으로 돌리려는 시도가 많다.41) 그러나 두 장 사이의 연관성을 암시하는 단서는 많다.

1. 예후의 혁명 이야기에서 예후는 엘리야후의 예언을 무려 세 번이나 인용하고 있다.
   a. '나보트의 들판에서 갚아 준다'(왕하 9:24-25): 왕상 21:19절과 연관.
   b. '개들이 이제벨의 살을 먹는다.'(왕하 9:36): 왕상 21장 23절과 연관.
   c. '엘리야후의 예언의 성취.'(왕하 10:10): 왕상 21:21-22절과 연관.

   물론 이 모두가 신명기사 편집자의 작업이라고 주장할 수 있겠지만, 그렇다면 그 두 이야기의 차이점에 대해선 설명할 수 없을 것이다. 엘리야후의 전승은 본래 하나였던 것이 조금씩 상이하게 양쪽으로 흘러갔을 것이다.
2. 엘리샤의 제자도 9장 8-10절에서 엘리야후의 예언(왕상 21:21-23)을 인용하고 있다. 엘리샤는 9-10장에서 큰 역할을 하지 않고, 예후 혁명에서는 엘리

---

39) '나보트 이야기'를 'Novelle'(단편소설)라고 부른 벨텐(Welten, 30)도 그 역사성은 인정하였다.
40) 벨텐(Welten, 31)은 나보트 이야기가 생겨난 시대를 9-8세기로 보았다.
41) 로페(1988/2, 96)는 열왕기하 9장이 먼저 되었고, 열왕기상 21장은 전통이 현실을 변화시킨 사례라고 한다.

샤보다 오히려 엘리야후의 영향이 더 큰 것으로 보인다. 이는 열왕기상 21장과의 연관성을 입증한다.

3. 이제벨이 열왕기상 21장 8-14절에서 편지들로 나보트를 죽이듯이, 예후도 편지들로 아흐압의 아들 칠십명을 죽인다(10:1-7).

4. 예후가 엘리샤의 이름 없는 제자에게 갑작스럽게 기름 부음을 받고도 그렇게 일관성 있게 혁명을 추진하는 과정이 엘리야후의 예언을 전제하지 않고는 설명하기가 어렵다.

5. 나보트가 자기 성 사람들에게 죽듯이(왕상 21:11-13), 아흐압의 아들들도 자기 성 사람들에게 죽는다(왕하 10:6-7). 또한 이제벨은 자기의 환관들에게 죽임을 당한다(왕하 9:33)

6. 아흐압 왕조가 망할 때에도 대체로 열왕기상 21장 21-24절에서 서술한 순서를 밟는다.

   a. '아흐압에게 속한 벽에다 오줌 누는 자들'의 죽음(왕상 21:21): 요람과 아햐즈야의 죽음(왕하 9:23-27)

   b. 이제벨의 죽음(왕상 21:23; 왕하 9:31-37)

   c. '아흐압에게 속한 자들'의 죽음(왕상 21:24): 아흐압의 아들들(왕하 10:1-10), '이즈르엘에 있는 아흐압 집안의 남은 자들 모두와 그의 모든 고관들, 그의 친지들, 그의 제사장들'(왕하 10:11), 아햐즈야의 형제들(왕하 10:12-14).

7. 개들이 열왕기상 21장에서와 열왕기하 9장에서 공히 중요한 소재가 된다. '개'는 열왕기에 열 번 나오는데, 그중에 여덟 번이 '엘리야후 엘리샤 이야기'에 나온다.42) 그중에서 열왕기상 21:19(2), 23, 24; 열왕기하 9:10은 아흐압과 그 집의 식구들이 개에게 먹힐 거라고 했고, 9장 36절도 예후판 엘리야후 예언을 전하고 있다. 그리고 열왕기상 22장 38절은 아흐압의 피를 개들이 실제로 핥았다는 것을, 열왕기하 9장 35절은 개들이 실제로 이제벨의

---

42) 왕상 14:11; 16:4; 22:19(2), 23, 24; 22:38; 왕하 8:13; 9:10, 36.

고기를 먹어 버렸다는 것을 전하고 있으며, 9장 36절은 그 사건을 두고 예후가 다시 자기가 들은 엘리야후의 예언을 상기시키고 있다. 결국 엘리야후의 예언과 관련된 용례는 모두 6회에 달하고, 그중의 다섯 번은 열왕기상 21장과 열왕기하 9장에 걸쳐서 나타난다. 이는 열왕기상 21장과 열왕기하 9장의 연관성을 웅변으로 말해 주는 것이다.

G. 요 약

예후 이야기는 나보트의 이야기가 미친 영향사를 기록하고 있다(Fohrer, 1968, 29). 예후는 중요한 고비마다 예수님의 사형을 집행한 백부장처럼(막 15:39) 객관적인 고백을 발하고 있다(왕하 9:25-26, 36-37; 10:10). 그것을 단순히 후대의 첨가물이라고 여기며 스토리에서 배제하는 것은 본문의 역사성을 말살하는 것이며, 성경 말씀의 묘미를 잃는 결과가 될 것이다. 예후 이야기는 바로 그의 고백들을 위해 존재하고 있는 것 같다. 또한 본문비평의 대상이 되었던 부분이 실제로는 장수들의 한 목소리를 그린 것이라는 점(9:11), '미친 자'가 '미친 것처럼 병거를 모는 사람'에게 기름을 붓게 하는 장면(9:11, 20)은 화자의 세밀한 손길을 느끼게 한다. 또한 열왕기상 21장의 '바여히'같이 열왕기하 9장에서 '샬롬'이 극을 이끌어 나가는 것도 주목해야 할 일이라 생각한다. 특히 요람이 세 번이나 '평화냐'라고 묻다가 죽는데(9:18, 19, 22), 그 어머니 이제벨이 또 '하샬롬'(9:31) 하다가 죽는 것도 화자가 우리에게 주의 깊게 살피고 즐거워하라고 넣어둔 장치(아이러니) 아닐까? 나보트의 이야기나 예후의 이야기는 예언자의 말씀이 역사적으로 어떻게 열매를 거두었느냐를 보여주기 위해 재미있게 쓴 이야기임에 틀림없다.

나보트의 이야기는 편지로 한, 공적인 재판을 통하여 합법적으로 된 살인과 강탈이라는 점에서 매우 현대적인 범죄를 다루고 있다. 그리고 예후의 혁명 이야기는 일견 무식한 무부들의 반란과 같은 이야기에서, 하나님이 저 세련되고 은폐된 범죄를 어떻게 철저하게 벌하시는가를 잘 보여주고 있다. 예를 들어, 이제벨의 음행과 주술이 예후의 입에서 나온 혁명의 명분이었다(왕하 9:22). 우상 숭배(주술)와 윤리의 타락(음란)은 병행되는 법이다.43) 그 윤리의 타락 가운데 남의 자산을 강탈하는 행위가 포함됨은 물론이다. 그래서 요람의 주검 앞에서 예후는 나보트 사건과 그에 연관된 엘리야후의 예언을 회상한다(왕하 9:25-26). 그리고 이제벨의 시체를 개들이 먹어버렸을 때에도 예후는 열왕기상 21장 23을 떠올리고 있다(왕하 9:36). 예후는 열왕기하 10장 10절에서도 아흐압의 칠십명의 아들이 죽은 것은 엘리야후의 예언의 성취라고 선언하고 있으며, 화자도 열왕기하 10장 17절에서 예후가 아흐압의 남은 식구들을 모두 죽인 일을 엘리야후의 예언의 결과라 해석하고 있다. 무엇보다 엘리야후가 아흐압 집안에 대해 파멸을 예언한 것은 열왕기상 21장뿐이므로, 열왕기하 9-10장은 열왕기상 21장의 결과라 하지 않을 수 없다.

---

43) "크나안 종교의 부도덕적인 제의와 절대왕권이라는 페니키아의 이데올로기에서 나보트의 사건과 같은 사회적 남용이 생겼다"(Gray, 547).

X. 아흐압의 최후
(왕상 22:1-40)[1]

A. 히브리어 본문과 번역

1[2]   וַיֵּשְׁבוּ[a] שָׁלֹשׁ שָׁנִים

אֵין מִלְחָמָה בֵּין אֲרָם וּבֵין יִשְׂרָאֵל׃

a) 그리고 난 후에 그들은 삼 년을 살았다.

b) 아람과 이스라엘 사이에는 전쟁이 없었다.

2   וַיְהִי בַּשָּׁנָה הַשְּׁלִישִׁית

וַיֵּרֶד יְהוֹשָׁפָט מֶלֶךְ־יְהוּדָה אֶל־מֶלֶךְ יִשְׂרָאֵל׃

a) 그런데 이런 일이 있었다. 그 삼 년째 되는 해에.

b) 여호샤파트, 여후다의 왕이 이스라엘 왕에게 내려갔다.

---

1) 열왕기상 22장은 54(한글 개역판 본문은 53)절로 구성되어 있다. 히브리어 본문의 43, 44절이 한글에는 43절로 되어 있다. 그 중 52(51)절부터는 열왕기하 1장의 이야기에 속하므로(XI장 참고) 거기서 다룬다. 남은 부분(41-52)은 여호샤파트 이야기이므로 이 책의 연구 대상에서 제외되었다.

2) [a] 칠십인역에는 단수로 되어 있다. 복수가 되면 아람과 이스라엘이 주어가 되고, 단수가 되면 아흐압이 주어가 된다. 그러나 1b에서 이스라엘과 아람이 나오니 현재의 본문대로 놔두는 것이 좋겠다.

3³⁾

וַיֹּאמֶר מֶלֶךְ־יִשְׂרָאֵל אֶל־עֲבָדָיו הַיְדַעְתֶּם כִּי־לָנוּ רָמֹת^a גִּלְעָד

וַאֲנַחְנוּ מַחְשִׁים מִקַּחַת אֹתָהּ מִיַּד מֶלֶךְ אֲרָם:

a) 그러자 이스라엘 왕이 그의 종들에게 말했다. "그대들은 아는가? 라모트 길아드가 우리의 것이라는 것을

b) 그런데 우리는, 그것을 아람왕의 손에서부터 취하지 않고 가만히 있다."

4⁴⁾

וַיֹּאמֶר אֶל־יְהוֹשָׁפָט הֲתֵלֵךְ אִתִּי^a לַמִּלְחָמָה רָמֹת גִּלְעָד

וַיֹּאמֶר יְהוֹשָׁפָט ^bאֶל־מֶלֶךְ יִשְׂרָאֵל^b כָּמוֹנִי כָמוֹךָ כְּעַמִּי כְעַמֶּךָ

כְּסוּסַי כְּסוּסֶיךָ:

a) 그러다 그는 여호샤파트에게 말했다. "전하(당신)는 나와 함께 전투하러 라모트 길아드로 갈 수 있겠소?"

b) 그러자 여호샤파트가 이스라엘 왕에게 말했다. "저는 전하(당신)와 같고, 저의 백성은 전하(당신)의 백성과 같고, 저의 말들은 전하(당신)의 말들과 같습니다."

5⁵⁾

וַיֹּאמֶר יְהוֹשָׁפָט אֶל־מֶלֶךְ יִשְׂרָאֵל

דְּרָשׁ^a־נָא כַיּוֹם אֶת־דְּבַר^b יְהוָה:

---

3) ^a 칠십인역 추정원본에는 4장 13절과 같이 '라마트(רָמַת) 길아드'라 읽고 있다. 이는 '라모트 길아드'라고 불리는 곳이 '라마'(רָמָה)라고도 불렸고, 그것의 연계형이 라마트이므로 '길아드의 라마'라는 뜻으로 그렇게 읽힌 것 같다. 열왕기하 8장 28절에서는 '라모트 길아드'라 했고, 29절에서는 '라마'라 한 것을 참고하라. 그러나 히브리어 성경에서는 '라모트 길아드'로 기록되어 있으므로 그대로 읽는 게 좋다. HAL Ⅳ, 1086 참고.

4) ^a 루키안 수정본을 뺀 칠십인역은 모두 μεθ' ἡμῶν(우리와 함께)라고 번역하고 있다. 그러나 4b에 나타나는 여호샤파트의 말을 보면 아흐압과 여호샤파트가 짝이 되었으므로 '나와 함께'가 더 문맥에 맞는다.

   ^{b-b} 칠십인역 추정원본과 페쉿타에는 이 부분이 빠졌다. 그러나 본문에서 '여호샤파트'는 거의 다 '아흐압'이 아니라 '이스라엘 왕'과 짝이 되어 나타난다.

5) ^a 칠십인역에는 복수(당신들은 물어보시오)로 나와 있다.

   ^b 칠십인역에는 이 단어가 빠졌다. 그러나 '다라쉬'는 누구에게 물어 본다는 뜻도 되지만, 누구의 말씀을 찾아본다는 뜻도 된다. HAL Ⅰ, 224 참고.

a) 그리고 난 후에 여호샤파트가 이스라엘 왕에게 말했다.

b) "전하(당신)는 제발 오늘 야흐베의 말씀을 여쭈어 보십시오."

6) וַיִּקְבֹּץ מֶלֶךְ־יִשְׂרָאֵל אֶת־הַנְּבִיאִים כְּאַרְבַּע מֵאוֹת אִישׁ וַיֹּאמֶר אֲלֵהֶם[a]
הַאֵלֵךְ עַל־רָמֹת גִּלְעָד לַמִּלְחָמָה אִם־אֶחְדָּל
וַיֹּאמְרוּ עֲלֵה וְיִתֵּן אֲדֹנָי[b] בְּיַד הַמֶּלֶךְ:

a) 그러자 이스라엘 왕이 그 예언자들을 사백 명 가량 모았다. 그리고 난 후에 그는 그들에게 말했다. "내가 라모트 길아드로 전쟁하러 갈까? 혹은 그만둘까?"

b) 그러니까 그들이 말했다. "올라가십시오! 그러면 주님이 그 왕의 손에 주실 것입니다."

7) וַיֹּאמֶר יְהוֹשָׁפָט הַאֵין פֹּה נָבִיא לַיהוָה עוֹד[a]
וְנִדְרְשָׁה מֵאוֹתוֹ:[b]

a) 그러자 여호샤파트가 말했다. "여기에 야흐베의 예언자가 더 없습니까?

b) 그러면 우리가 그에게 물어 봅시다."

8) וַיֹּאמֶר מֶלֶךְ־יִשְׂרָאֵל אֶל־יְהוֹשָׁפָט עוֹד[a] אִישׁ־אֶחָד לִדְרֹשׁ אֶת־יְהוָה מֵאֹתוֹ[b]

---

6) [a] 칠십인역에는 여기에 πάντας(모든)가 덧붙어 있다. 약 400명의 예언자가 모든 선지자라 할 수 있을까? 그렇게 금방 모은 것으로 보아, 이들은 아마 궁전예언자들이 아니었던가 생각된다. 다른 지방에도 선지자들이 있었을 것이고, 미카여후와 엘리야후도 빠졌으므로 '모든' 선지자라 할 수는 없다.
  [b] 타르굼과 많은 히브리어 사본들이 '주' 대신에 '야흐베'를 넣고 있다. 사실 엘리야후 엘리샤 이야기에서 하나님을 '주'라 부른 경우는 여기뿐이다. 그러나 이는 엘리야후가 한 말이 아니라, 거짓 선지자들이 한 말이다. 화자는 그들의 말과 엘리야후의 말을 구별하려고 한 것으로 보인다.

7) [a] 칠십인역 추정원본에는 이 말이 빠졌다.
  [b] BHS는 십수 개의 히브리어 사본을 예로 들면서 מֵאֹתוֹ(그 남자로부터)로 읽기를 제안한다. 문법적으로는 그것이 맞으나 사전에도 이런 형태는 자주 발견된다.

8) [a] 7절의 [a]와 같다.

וַאֲנִי שְׂנֵאתִיו כִּי לֹא־יִתְנַבֵּא עָלַי טוֹב כִּי אִם־רָע מִיכָיְהוּ בֶּן־יִמְלָה[c]

וַיֹּאמֶר יְהוֹשָׁפָט אַל־יֹאמַר הַמֶּלֶךְ כֵּן:

a) 그러자 이스라엘 왕이 여호샤파트에게 말했다. "아직 그에게 야흐베에 대해 물을 수 있는 사람이 하나 있습니다. 그러나 나는, 나는 그를 미워합니다. 그는 내게 대하여 좋게 예언하지 않고, 나쁘게만 예언하기 때문입니다. 이믈라의 아들 미카여후!"

b) 그러자 여호샤파트가 말했다. "그 왕께선 그렇게 말씀하시면 안 됩니다."

9   וַיִּקְרָא מֶלֶךְ יִשְׂרָאֵל אֶל־סָרִיס אֶחָד

וַיֹּאמֶר מַהֲרָה מִיכָיְהוּ בֶן־יִמְלָה:

a) 그러자 이스라엘 왕이 한 내시를 불렀다.

b) 그러고 난 후에 그가 말했다. "너는 제발 서둘러라! 이믈라의 아들 미카여후다!"

10[9]) וּמֶלֶךְ יִשְׂרָאֵל וִיהוֹשָׁפָט מֶלֶךְ־יְהוּדָה יֹשְׁבִים אִישׁ עַל־כִּסְאוֹ מְלֻבָּשִׁים בְּגָדִים[a]

בְּגֹרֶן[ab] פֶּתַח שַׁעַר שֹׁמְרוֹן

וְכָל־הַנְּבִיאִים מִתְנַבְּאִים לִפְנֵיהֶם:

a) 그러고 난 후 이스라엘 왕과 여후다왕 여호샤파트가 각자가 자기 의자에서 의상을 갖추어 입고, 쇼므론 성문 입구의 타작마당에 앉아 있었다.

b) 그러자 그 예언자들 전부가 그들의 앞에서 예언하였다.

11   וַיַּעַשׂ לוֹ צִדְקִיָּה בֶן־כְּנַעֲנָה קַרְנֵי בַרְזֶל

---

[b] 7절의 [b]와 같다.

[c] 많은 히브리어 사본들이 יִמְלָא(이믈라)라고 적고 있다. 대하 18장 7-8절에서 그런 형태를 선보이고 있다.

9) [a] 칠십인역은 ἔνοπλοι(무장을 하고)라고 번역하고 있다.

[b] 히브리어 필사본 하나에는 '광장에서'가 없다.

וַיֹּאמֶר כֹּה־אָמַר יְהוָה בְּאֵלֶּה תְּנַגַּח אֶת־אֲרָם עַד־כַּלֹּתָם:

a) 그런데 크나아나의 아들 치드키야가 그를 위하여 쇠뿔들을 만들었다.

b) 그러고 난 후에 그는 말하였다. "야흐베께서 이렇게 말씀하셨습니다. '이 것들로 너는 아람을 끝장낼 때까지 들이받을 것이다.'"

$12^{10)}$ וְכָל־הַנְּבִאִים נִבְּאִים כֵּן לֵאמֹר

עֲלֵה רָמֹת גִּלְעָד וְהַצְלַח וְנָתַן יְהוָה ᵃבְּיַד ᵃהַמֶּלֶךְ:

a) 그리고 그 모든 예언자들이 그렇게 예언하고 있었다. 이르기를

b) "올라가십시오! 라모트 길아드로! 그리고 승리하십시오! 그러면 야흐베께 서 그 왕의 손에 주실 것입니다."

$13^{11)ᵃ}$ וְהַמַּלְאָךְ אֲשֶׁר־הָלַךְ לִקְרֹא מִיכָיְהוּ דִּבֶּר אֵלָיו לֵאמֹר הִנֵּה־נָא דִבְרֵי

הַנְּבִיאִים פֶּה־אֶחָד טוֹב אֶל־הַמֶּלֶךְ

יְהִי־נָא דְבָרֵיךָ ᵇכִּדְבַר אַחַד מֵהֶם וְדִבַּרְתָּ טּוֹב:

a) 그런데 미카여후를 부르러 간 사자가 그에게 말했다. 이르기를, "보십시 오, 제발! 그 예언자들의 말들이 한 입이어서 그 왕에게 좋았습니다.

b) 제발 당신의 말씀도 그들 중의 하나와 같게 되기를 바랍니다. 그러니까 당신은 좋은 것을 말씀하십시오!"

14   וַיֹּאמֶר מִיכָיְהוּ

---

10) 12 ᵃ⁻ᵃ 칠십인역에는 εἰς χεῖράς σου(바티칸 사본, 루키안 수정본: ⁺καὶ) τὸν βασιλέα Συρίας (알렉산드리아 사본에는 빠짐)[= בְּיָדְךָ אֶת־מֶלֶךְ אֲרָם: 당신의 손에 수리아 왕을(까지 도)]라고 번역되어 있다. 거짓 예언자들이 아첨하느라 아예 아람 전체를 얻을 것이라고 했을 수는 있으나, 거짓 선지자들의 말을 과장한 번역일 가능성이 크다.

11) ᵃ 칠십인역에서는 λαλοῦσιν πάντες = וְדִבְּרוּ כָל[모든 (선지자들이) 말했다]이라 번역하고 있다. 그것도 가능하지만 역대하 18장 12절은 현재의 히브리 본문을 따르고 있다.

ᵇ 많은 히브리어 필사본들, 페쉿타, 타르굼, 불가타, 역대하 18장 12절, '크레'가 דְבָרְךָ(당신의 말씀)로 읽고 있고, 이 주어와 상응하는 동사도 단수이므로, 그렇게 바꾸는 것이 좋다.

חַי־יְהוָה כִּי אֶת־אֲשֶׁר יֹאמַר יְהוָה אֵלַי אֹתוֹ אֲדַבֵּר:

a) 그러자 미카여후가 말했다.

b) "야흐베께서 살아계시거니와, 참으로 야흐베께서 내게 말씀하시는 것을, 그것을 나는 말하겠소!"

15[12)] וַיָּבוֹא אֶל־הַמֶּלֶךְ וַיֹּאמֶר הַמֶּלֶךְ אֵלָיו מִיכָיְהוּ הֲנֵלֵךְ[a] אֶל־רָמֹת גִּלְעָד לַמִּלְחָמָה אִם־נֶחְדָּל[b]

וַיֹּאמֶר אֵלָיו עֲלֵה וְהַצְלַח וְנָתַן יְהוָה בְּיַד הַמֶּלֶךְ:

a) 그러고 난 후에 그는 그 왕에게 갔다. 그러자 그 왕이 그에게 말했다. "미카여후! 우리가 라모트 길아드로 전쟁하러 갈까요? 혹은 그만둘까요?"

b) 그러자 그가 그에게 말했다. "올라가십시오! 그래서 승리하십시오! 그러면 야흐베께서 왕의 손에 주실 것입니다."

16[13)] וַיֹּאמֶר אֵלָיו הַמֶּלֶךְ עַד־כַּמֶּה פְעָמִים אֲנִי מַשְׁבִּעֶךָ

אֲשֶׁר לֹא־תְדַבֵּר אֵלַי רַק־אֱמֶת[a] בְּשֵׁם יְהוָה:

a) 그러자 그 왕이 그에게 말했다. "몇 번쯤이나 내가 당신에게 맹세하게 해야 되겠소?

b) 야흐베의 이름으로 내게 오직 진실 외에는 말하지 않기를."

17[14)] וַיֹּאמֶר[a] רָאִיתִי אֶת־כָּל־[b]יִשְׂרָאֵל נְפֹצִים אֶל־[c]הֶהָרִים כַּצֹּאן אֲשֶׁר אֵין־לָהֶם רֹעֶה

---

12) [a] 칠십인역과 라가르드판 타르굼은 단수로 적고 있다. 그러면 '우리'가 아니라 '내'가 갈까를 묻는 것이다. 6절에서 아흐압이 단수로 물었기 때문일 것이다. 그러나 복수는 아흐압과 그의 군대를 가리킬 수도 있다.

13) [a] 칠십인역에는 빠졌다.

14) [a] 칠십인역에서는 οὐχ οὕτως(= לֹא כֵן: 그렇지 않고)가 덧붙어 있다.
   [b] 페쉿타에는 빠졌다.

וַיֹּאמֶר יְהוָה לֹא־אֲדֹנִים לָאֵלֶּה יָשׁוּבוּ אִישׁ־לְבֵיתוֹ בְּשָׁלוֹם׃

a) 그러니까 그가 말했다. "저는 전체 이스라엘이 그 산들에 흩어진15) 것을 보았습니다. 그들에게 목자가 없는 양 떼와16) 같았습니다.

b) 그러고 난 후에 야흐베께서 말씀하셨습니다. '이들에게 주인들이 없구나. 그들은 각자가 자기의 집으로 평안히 돌아갈 것이다.'"

18

וַיֹּאמֶר מֶלֶךְ־יִשְׂרָאֵל אֶל־יְהוֹשָׁפָט
הֲלוֹא אָמַרְתִּי אֵלֶיךָ לוֹא־יִתְנַבֵּא עָלַי טוֹב כִּי אִם־רָע׃

a) 그러자 이스라엘 왕이 여호샤파트에게 말했다.

b) "내가 전하(당신)에게 말하지 않았습니까? 그는 내게 좋은 것은 않고 나쁜 것만 예언한다고."

1917)

וַיֹּאמֶר לָכֵן שְׁמַע[a] דְּבַר־יְהוָה
רָאִיתִי אֶת־יְהוָה[b] יֹשֵׁב עַל־כִּסְאוֹ וְכָל־צְבָא הַשָּׁמַיִם עֹמֵד עָלָיו
מִימִינוֹ וּמִשְּׂמֹאלוֹ׃

a) 그러자 그가 말했다. "그러므로 전하(당신)는 야흐베의 말씀을 들으시오.

b) 나는 보았습니다. 야흐베께서 그의 보좌에 앉아 계시고, 그 하늘의 전체 군대가 그에게 좌우로 시립한 것을.

2018)

וַיֹּאמֶר יְהוָה מִי יְפַתֶּה אֶת־אַחְאָב[a] וְיַעַל וְיִפֹּל בְּרָמֹת גִּלְעָד

---

15) 니팔형이니 누군가에 의해 흩어짐을 당했다는 뜻이다.

16) '촌'은 집합명사이므로 '양'이라 할 수도 있다.

17) [a] 몇 개의 히브리어 필사본과 역대하 18장 18절에서는 שִׁמְעוּ(너희는 들어라)라고 적고 있다. 그러나 23절을 보면 미카여후는 아흐압을 향하고 있다.
[b] 칠십인역에서는 θεὸν Ισραηλ(이스라엘의 하나님)이 덧붙어 있다. '이스라엘의 하나님 야흐베'는 엘리야후 엘리샤 이야기에서 17:1, 14; 22:54(한글 개역판에는 22:53); 열왕기하 9:6; 10:31에 나타난다.

18) [a] 칠십인역과 불가타, 역대하 18장 19절은 여기에 מֶלֶךְ יִשְׂרָאֵל(이스라엘 왕)이 덧붙어

וַיֹּאמֶר זֶה בְּכֹה [b] וְזֶה אֹמֵר בְּכֹה [b]:

a) 그런데 야흐베께서 말씀하셨습니다. '누가 아흐압을 유인할까? 그래서 그 가 올라가서 라모트 길아드에서 쓰러지게.'

b) 그러자 이 사람은 '이렇게 함으로써!', 저 사람은 '저렇게 함으로써!'라고 말하고 있었습니다.

21 וַיֵּצֵא הָרוּחַ וַיַּעֲמֹד לִפְנֵי יְהוָה וַיֹּאמֶר אֲנִי אֲפַתֶּנּוּ וַיֹּאמֶר יְהוָה אֵלָיו בַּמָּה:

a) 그런데 그 영이 나와서 야흐베 앞에 섰습니다. 그러고 난 후에 그가 말했 습니다. '제가, 제가 그를 유인할 수 있습니다.'

b) 그러자 야흐베께서 그에게 말씀하셨습니다. '무엇으로?'

22[19)] וַיֹּאמֶר אֵצֵא וְהָיִיתִי רוּחַ [a] שֶׁקֶר בְּפִי כָּל־נְבִיאָיו וַיֹּאמֶר תְּפַתֶּה וְגַם־תּוּכָל צֵא וַעֲשֵׂה־כֵן:

a) 그러자 그가 말했습니다. '저는 나가서 그의 모든 예언자들의 입들에서 거짓 영이 되겠습니다.'

b) 그러자 그가 말씀하셨습니다. '너는 유인할 것이다. 그리고 너는 할 능력 도 있을 것이다. 나가거라! 그리고 그렇게 시행하라!'

23 וְעַתָּה הִנֵּה נָתַן יְהוָה רוּחַ שֶׁקֶר בְּפִי כָּל־נְבִיאֶיךָ אֵלֶּה

있다. 20장과 22장에서 아흐압은 자주 '이스라엘 왕'으로 나온다. 그러나 하나님께서는 그를 그냥 '아흐압'으로 보시는 경우가 더 많다. 하나님이 아흐압을 거론하실 때에는 '아 흐압'(18:1; 21:29)이라 한 경우가 '이스라엘 왕 아흐압'(21:18)이라 한 경우보다 많았다.

[b] 역대하 18장 19절에는 כָּכָה(이렇게/저렇게)라고 기록하고 있다. 직접화법을 간접화법으로 간략하게 바꾼 것 같다.

19) [a] 몇 개의 히브리어 필사본과 역대하 18장 21절에는 לְרוּחַ(영으로)라 기록하고 있다. '⋯⋯이 된다'라고 할 때에 보통 לְ를 붙이는 경우가 많지만, 붙이지 않는 경우도 많이 있다. HAL Ⅰ, 234 참고.

וַיהוָה דִּבֶּר עָלֶיךָ רָעָה׃

a) 그러므로 이제 보십시오! 야흐베께서는 거짓 영을 전하(당신)의 이 모든 예언자들의 입에 주셨습니다.

b) 그러나 야흐베께선 전하(당신)에게 재앙을 말씀하셨습니다."

24[20)]

וַיִּגַּשׁ צִדְקִיָּהוּ בֶן־כְּנַעֲנָה וַיַּכֶּה אֶת־מִיכָיְהוּ עַל־הַלֶּחִי

וַיֹּאמֶר אֵי־זֶה [a]עָבַר רוּחַ־יְהוָה מֵאִתִּי לְדַבֵּר אוֹתָךְ[ac]׃

a) 그러자 크나아나의 아들 치드키야가 나섰다. 그리고 난 후에 그는 미카여후의 **뺨**을 쳤다.

b) 그리고 나서 그가 말했다. "야흐베의 영이 너와 말하려고 내게서 어디로 건너갔는가?"

25[21)]

וַיֹּאמֶר מִיכָיְהוּ הִנְּךָ רֹאֶה בַּיּוֹם הַהוּא

אֲשֶׁר תָּבֹא חֶדֶר בְּחֶדֶר לְהֵחָבֵה[a]׃

a) 그러자 미카여후가 말했다. "보라! 너는 그날에 볼 것이다.

b) 네가 내실 중의 내실로 숨으러 갈 때에."

---

20) [a-a] 칠십인역 추정원본은 ποῖον πνεῦμα κυρίου τὸ λαλῆσαν ἐν σοί(주님의 어느 영이 네 속에서 말씀하셨는가?)라고 번역했다. 히브리어 본문은 '하나님의 영이 내 속에서 지금 말하고 있는데 그 영이 네게로 건너가 그렇게 거짓말을 했을 리가 없다'는 뜻이고, 칠십인역은 '네 속에 있는 영은 주님의 영이 아니다'라는 뜻이다. 역대기하의 본문(18:23)은 마소라와 가깝다.

[b] 히브리어 필사본 하나와 역대하 18장 23절은 여기에 הַדֶּרֶךְ을 첨가하고 있다. '어느 길로'라는 뜻이 되어 본문의 뜻이 좀더 분명해지게 하려는 의도 같다.

[c] 카이로의 게니자 사본에는אִתָּךְ(너와 함께)라 되어 있어서 BHS는 그렇게 바꿀 것을 제안한다. 문법적으로는 그것이 맞으나, 위의 7절의 경우와 같이 '오트'와 '이트'는 자주 혼용되고 있다.

21) [a] 카이로 단편과 많은 히브리어 필사본, 역대하 18장 24절이 לְהֵחָבֵא(숨기 위하여)라 적고 있다. 그것이 문법적으로 맞는 표기지만, 본문의 형태는 왕하 7:12; 렘 4:12에도 나타나고, 사전(HAL Ⅰ, 273).에도 실려 있다.

26[22]) וַיֹּאמֶר מֶלֶךְ יִשְׂרָאֵל קַח[a] אֶת־מִיכָיְהוּ וַהֲשִׁיבֵהוּ[b] אֶל־אָמֹן[c] שַׂר־הָעִיר
וְאֶל־יוֹאָשׁ בֶּן־הַמֶּלֶךְ׃

a) 그러자 이스라엘 왕이 말했다. "너는 미카여후를 데려가거라! 그리고 그
   를 그 성주 아몬에게 돌려보내라!

b) 그리고 그 왕자 요아쉬에게.

27[23]) וְאָמַרְתָּ[a] [b]כֹּה אָמַר הַמֶּלֶךְ[b] שִׂימוּ אֶת־זֶה בֵּית הַכֶּלֶא
וְהַאֲכִילֻהוּ לֶחֶם לַחַץ[c] וּמַיִם לַחַץ עַד בֹּאִי[d] בְשָׁלוֹם׃

a) 그리고 너는 말해라! '그 왕께서 이렇게 말씀하셨다. 너희는 이 자를 그
   감옥소에 두어라!

b) 그리고 그에게 구박의 빵과 구박의 물을 먹여라! 내가 평안히 들어올 때
   까지.'"

28[24]) וַיֹּאמֶר מִיכָיְהוּ אִם־שׁוֹב תָּשׁוּב בְּשָׁלוֹם לֹא־דִבֶּר יְהוָה בִּי

---

22) [a] 칠십인역, 페쉿타, 불가타, 대하 18:25는 복수형인 קְחוּ(너희는 데려가거라)를 반영하고
     있다.
   [b] 칠십인역과 페쉿타, 역대하에서는 이 단어도 복수 형태를 취하고 있다. 이는 앞과 맞추기
     위해선 불가피했을 것이다. 또한 불가타는 הוֹשִׁיבֻהוּ(그를 앉혀라)를 반영하고 있는데, 이는
     21장 9, 12절에서 나보트를 앉힌 것과 연관을 지으려고 한 일 같다.
   [c] 바티칸사본 19, 82번은 Σεμ(μ)ηρ, 즉 Εμ(μ)ηρ = אִמֵּר(임메르)를 원본으로 가정하고 있다.
23) [a] 칠십인역, 불가타, 역대하 18장 26절은 וַאֲמַרְתֶּם(그리고 너희는 말해라)을 반영하고 있
     다. 28절의 [a] 참고.
   [b-b] 칠십인역 추정원본에는 빠졌다. 사자어투를 왕이 그대로 일러 주는 경우는 여기뿐이어서(왕
     상 2:30; 왕하 1: 11; 9:18, 19; 18:19, 29 등 참고), 좀 어색하게 보인다. 그러나 화자는 아흐압
     이 잘못된 명을 내리면서 사자어투까지 보태는 것을 비웃고 있는 것 같다.
   [c] 몇 개의 히브리어 필사본은 רַחַץ(불안, 공포)라 기록하고 있다. 그러나 아흐압의 분노를 비웃
     고 있는 화자는 같은 말을 되풀이하는 것 같다.
   [d] 히브리어 필사본 하나와 칠십인역, 불가타, 역대하에서는 שׁוּבִי(나의 돌아오는 것)라 적고
     있다. 문맥으로 보아서는 그렇게 하는 것이 더 낫다. 28절의 미카여후의 말에도 '슈브'가
     나온다. 그러나 히브리어 본문은 아흐압이 전투에서 돌아와서 미카여후를 찾아가겠다는 것
     을 강조하고 있다. 또한 37절에서 아흐압이 죽어서 '오는'(בֹא) 장면이 나오므로 이 부분은
     그대로 두어야 한다.

ⁿוַיֹּ֣אמֶר שִׁמְע֖וּ עַמִּ֥ים כֻּלָּֽם׃ᵃ

a) 그러자 미카야후가 말했다. "만일 전하(당신)가 정말 평안히 돌아온다면 야흐베께서 제게 말씀하시지 않았을 것이오."

b) 그러고 난 후에 그가 말했다. "여러분은 들으시오! 모든 백성들이여!"

29²⁵⁾　　　　וַיַּ֧עַל מֶֽלֶךְ־יִשְׂרָאֵ֛ל וִיהוֹשָׁפָ֥טᵃ מֶ֥לֶךְ יְהוּדָ֖הᵇ רָמֹ֥ת גִּלְעָֽד׃

그러고 난 후에 이스라엘 왕과 여호샤파트, 여후다 왕은 라모트 길아드로 올라갔다.

30²⁶⁾ וַיֹּאמֶר֩ מֶ֨לֶךְ יִשְׂרָאֵ֜ל אֶל־יְהוֹשָׁפָ֗ט ᵃהִתְחַפֵּשׂ֙ וָבֹ֣אᵃ בַמִּלְחָמָ֔ה וְאַתָּ֖ה לְבַ֣שׁ בְּגָדֶ֑יךָᵇ

וַיִּתְחַפֵּשׂ֙ מֶ֣לֶךְ יִשְׂרָאֵ֔ל וַיָּב֖וֹא בַּמִּלְחָמָֽה׃

---

24) ᵃ⁻ᵃ 칠십인역 추정원본에는 빠졌다. BHS는 미카 1장 2절에도 나오는 구절임을 상기시키며, 이것을 난외주로 볼 것을 제안한다. 그러나 이것은 역대하 18장 27절에도 나타나고, 이것이 오히려 미카 1장 2절에 인용되었을 가능성도 있다.

25) ᵃ 레닌그라드 사본에는 이렇게 되어 있으나 많은 히브리어 필사본과 인쇄본에는 וִיהוֹשָׁפָט(그리고 여호샤파트)이라 되어 있다. 이는 문법적으로 맞고 당연한 것이므로 고친다.

ᵇ 칠십인역은 μετ' αὐτοῦ(그와 함께) 덧붙였다. 칠십인역은 하나님의 뜻을 물어 보자고 한 여호샤파트가 같이 간 것을 강조하려고 한 것 같다. 그러나 히브리어 본문의 화자는 본래 선지자들에게 물어보는 것은 요식행위였음을 암시하고 있다.

26) ᵃ⁻ᵃ BHS는 칠십인역, 페쉿타, 타르굼을 참고하여 아마도 וָאֶתְחַפֵּשׂ וָאָבֹא(내가 변장하고 들어간다)였을 거라고 제안한다. 그러나 좀 어색하고 이상한 표현이 본래의 아흐압의 표현이었을 것이다. 그는 자기가 살아서 돌아오지 못할 것이라고 한 미카여후의 말이 걸려서 변장을 하려고 했으나 그것을 여호샤파트에게 당당하게 말할 수 없어서 얼버무렸을 것이다. 마치 남의 일인 듯 주어도 인칭어미도 없이 부정사를 써서, '변장하고 들어간다(들어가는데/들어가기)'라고 하면서 일인칭적인 표현을 생략해 버린 것 같다.

ᵇ 칠십인역은 어미를 일인칭으로 하여, '내 옷(왕복)'을 입으라고 한 것으로 되어 있다. 그러나 자기의 행위를 일인칭으로 표현하기도 꺼렸던 아흐압이 자기 옷을 입으라고까지 하진 않았을 것이다. 아람군들은 실제로 여호샤파트의 왕복을 보고 이스라엘의 왕인 줄로 생각했다. 그렇다고 하여 여호샤파트가 아흐압의 옷을 입었다고 볼 수는 없다. 또한 이스라엘의 왕복이나 여후다의 왕복이나 큰 차이가 없었는지 모른다.

a) 그런데 이스라엘 왕이 여호샤파트에게 말했다. “변장하고 그 전투에 들어
간다. 그러나 전하(당신)! 전하(당신)는 전하(당신)의 의상을 입으시오!”

b) 그리고 난 후에 이스라엘 왕은 변장하였다. 그리고 난 후에 그는 그 전투
에 들어갔다.

31²⁷⁾ 생략

וּמֶלֶךְ אֲרָם צִוָּה אֶת־שָׂרֵי הָרֶכֶב אֲשֶׁר־לוֹ ^aשְׁלֹשִׁים וּשְׁנַיִם^a לֵאמֹר לֹא

תִּלָּחֲמוּ אֶת־קָטוֹן^b וְאֶת־גָּדוֹל^c

כִּי אִם־אֶת־מֶלֶךְ יִשְׂרָאֵל לְבַדּוֹ:

a) 그런데 아람왕은 그에게 속한 그 병거대장들 서른두 명에게 말했다. 이르
기를, “너희는 작은 자나 큰 자와 싸우지 말아라!

b) 오직 이스라엘 왕 그 하나와만!”

32²⁸⁾ וַיְהִי כִּרְאוֹת שָׂרֵי הָרֶכֶב אֶת־יְהוֹשָׁפָט וְהֵמָּה אָמְרוּ אַךְ מֶלֶךְ־יִשְׂרָאֵל הוּא

וַיָּסֻרוּ^a עָלָיו לְהִלָּחֵם

וַיִּזְעַק יְהוֹשָׁפָט:

a) 그런데 이런 일이 일어났다. 그 병거대장들이 여호샤파트를 보자마자, 그
러자 그들이, 그들이 말했다. “참으로 저것이 이스라엘의 왕이다.” 그리고

---

27) ^a 이 부분이 역대하 18장 30절에는 빠졌다. BHS는 20:1, 16에서 나온 난외주가 아닐까
의심하고 있다. 그러나 20장 24절에 보면 왕들 32명을 총독으로 바꾸자는 제안이 나오
고, 25절에는 벤하다드가 그렇게 했다고 했으므로 이들 32명은 총독들 32명으로 보아야
한다.
^b 역대하와 몇 개의 히브리어 필사본에서는 정관사가 붙었다(הַקָּטוֹן 그 작은 자). 아마 그것이
문법적으로 더 맞을 것이다. HAL Ⅲ, 1022에는 הַקָּטוֹן – הַגָּדוֹל =niemand(아무도 안 된
다)라고 적고 있다.
^c ^b와 같이 몇 개의 히브리어 필사본과 역대하에서는 정관사가 붙었다.

28) ^a 칠십인역과 역대하 18장 34절에서는 וַיָּסֹבּוּ(그래서 그들이 포위했다)를 보여주고 있다.
그러나 32명이나 되는 사람이 포위했다면 여호샤파트 주변은 다 죽거나 도망쳤을 것이
고 그런 가운데서 여호샤파트가 살아나기는 어려웠을 것이다. 본문은 마소라 본문대로
두어야 여기저기 흩어져 있던 아람총독(병거대장)들이 몰려든 상황을 잘 묘사하게 된다.

그들은 그에게로, 그와 싸우려고 돌이켰다.

b) 그러자 여호샤파트가 전투의욕을 높이는 소리를 질렀다.[29]

33 וַיְהִי כִּרְאוֹת שָׂרֵי הָרֶכֶב כִּי־לֹא־מֶלֶךְ יִשְׂרָאֵל הוּא
וַיָּשׁוּבוּ מֵאַחֲרָיו:

a) 그런데 이런 일이 일어났다. 그 병거대장들이 그가 이스라엘 왕이 아님을 보자마자,

b) 그래서 그들은 그에게서부터 돌아갔다.

34[30] וְאִישׁ מָשַׁךְ בַּקֶּשֶׁת לְתֻמּוֹ וַיַּכֶּה אֶת־מֶלֶךְ יִשְׂרָאֵל בֵּין הַדְּבָקִים וּבֵין הַשִּׁרְיָן
וַיֹּאמֶר לְרַכָּבוֹ הֲפֹךְ יָדְךָ[a] וְהוֹצִיאֵנִי מִן־הַמַּחֲנֶה[b] כִּי הָחֳלֵיתִי:

a) 그런데 한 사람이 아무런 고의가 없이 그 활을 당겼는데, 그것이 이스라엘 왕을 쳤다. 그 비늘들과 그 갑옷 사이를.

b) 그래서 그가 그의 병거에 탄 사람들에게 말했다. "너의 손을 돌려라. 그리고 나를 그 전장(진)에서 나가게 하라! 내가 중상을 당했기 때문이다."

35[31] [a]וַתַּעֲלֶה הַמִּלְחָמָה בַּיּוֹם הַהוּא וְהַמֶּלֶךְ הָיָה מָעֳמָד בַּמֶּרְכָּבָה נֹכַח אֲרָם[a]

---

29) 비명을 지른 게 아니라 전투의욕을 높이는 소리를 질렀다는 뜻이다. "Feldgeschrei erheben" HAL Ⅰ, 266 참고.

30) [a] 히브리어 필사본들과 칠십인역은 יָדֶיךָ(너의 손들)이라 적고 있다. 병거를 모는 마부가 두 손으로 고삐를 잡고 있으므로 논리적으로는 '손들'이 옳다. 그러나 히브리어에서는 יֶדְכֶם(너희들의 손)과 같은 표현도 가능하다.
[b] BHS는 칠십인역을 참고하여 הַמִּלְחָמָה(그 전투)라 읽을 것을 제안한다. 그러나 아흐압이 자기들의 병거대에 막혀서 빠져나가지 못했으므로 마소라대로 '진'이라 읽는 게 더 낫다.

31) [a] 칠십인역은 여기에 ἀπὸ πρωὶ ἕως ἑσπέρας(아침부터 저녁까지)를 덧붙이고 있다. 그래서 BHS는 역대하 18장 34절을 참고하여 עַד הָעֶרֶב(저녁까지)를 첨가할 것을 제안한다. 그러나 칠십인역이나 역대하는 아흐압의 불행을 과장하려는 의도가 있는 듯하고, 본문의 화자는 다소 간략하고 냉정하게 서술하는 것 같다.
[b-b] 두 개의 히브리어 필사본에는 이 부분이 빠졌다. 칠십인역은 이 부분이 피가 바닥에 흘렀다는 말 뒤에 나온다. 글의 순서대로는 칠십인역이 맞다. 그러나 화자가 그 순서를 바꾸어

וַיָּ֧מָת בָּעֶ֛רֶב וַיִּ֥צֶק דַּם־הַמַּכָּ֖ה אֶל־חֵ֥יק הָרָֽכֶב׃ [b...b]

a) 그러나 그 날에 그 전투가 치열해졌다. 그래서 그 왕은 그 병거에 아람을 마주보게 세워져 있었다.

b) 그러다가 그는 그 저녁에 죽었다. 그런데 그 상처의 피가 그 병거의 안 (바닥)에 흘렀다.

36   וַיַּעֲבֹ֤ר הָרִנָּה֙ בַּֽמַּחֲנֶ֔ה כְּבֹ֥א הַשֶּׁ֖מֶשׁ לֵאמֹ֑ר
אִ֥ישׁ אֶל־עִיר֖וֹ וְאִ֥ישׁ אֶל־אַרְצֽוֹ׃

a) 그러자 그 해가 지자마자 한 고함소리가 퍼져나갔다. 이르기를,

b) "각자 자기 성으로, 그리고 각자 자기 땅으로!"

37[32)]   [a]וַיָּ֣מָת הַמֶּ֔לֶךְ וַיָּב֖וֹא[b] שֹׁמְר֑וֹן[a]
וַיִּקְבְּר֥וּ אֶת־הַמֶּ֖לֶךְ בְּשֹׁמְרֽוֹן׃

a) 그러나 그 왕은 죽었다. 그래서 그는 쇼므론으로 들어왔다.

b) 그리고 난 후에 그들은 그 왕을 쇼므론에 매장했다.

38[33)] [a]וַיִּשְׁטֹ֣ף אֶת־הָרֶ֗כֶב עַ֚ל בְּרֵכַ֣ת שֹׁמְר֔וֹן וַיָּלֹ֤קּוּ[b] הַכְּלָבִים֙ אֶת־דָּמ֔וֹ וְהַזֹּנֽוֹת

피가 흐른 것을 나중에 쓴 것은, 사람들이 나중에 그 피를 어떻게 처리했는가를 강조하기 위함이라 생각된다.

32) [a-a] BHS는 칠십인역을 따라 כִּי־מֵת הַמֶּלֶךְ(그 왕이 죽었으므로)으로 읽기를 제안한다. 그러나 히브리어 본문의 화자는 무뚝뚝하게 그 사실을 반복한다.

 [b] BHS는 칠십인역을 바탕으로 하여 וַיָּבֹאוּ(그들이 왔다)라고 읽을 것을 제안한다. 죽은 사람이 왔다는 표현이 이상해서였을 것이다. 그러나 화자는 27절에서 아흐압이 בָּאוּ라고 한 것과 연관시키며 쓴 것 같다.

33) [a] 칠십인역과 불가타는 복수로 표기하고 있다. 그러나 화자는 엘리야후의 예언이 이루어진다고 하는 점을 강조하고 있어서, 마치 죽은 사람이 병거를 씻은 것 같이 쓰고 있다.

 [b] 21장 19절과 같이 칠십인역에는 여기에 암퇘지들까지 덧붙었다. 위의 21장19절의 [c]에 나타나는 본문비평을 참고할 것.

 [c] 히브리어 필사본 둘과 라가르드판 타르굼, 타르굼 필사본 하나에는 여기에 덧붙여 אֵלִיָּהוּ
בְּיַד(엘리야후의 손을 통하여)가 기록되어 있다. 사실상 현재의 마소라 본문은 뭔가가 빠진

וַיִּרְחָ֑ץ

כִּדְבַ֥ר יְהוָ֖ה אֲשֶׁ֥ר דִּבֵּֽר:[c]

a) 그러고 난 후에 그는 그 병거를 쇼므론 못에 씻었다. 그러자 그 개들이
그의 피를 핥았다. 그리고 그 창녀들이 씻었다.

b) 야흐베께서 말씀하신 말씀대로였다.

39 וְיֶ֩תֶר דִּבְרֵ֨י אַחְאָ֜ב וְכָל־אֲשֶׁ֣ר עָשָׂ֗ה וּבֵ֤ית הַשֵּׁן֙ אֲשֶׁ֣ר בָּנָ֔ה וְכָל־הֶעָרִ֖ים אֲשֶׁ֣ר בָּנָ֑ה
הֲלֽוֹא־הֵ֣ם כְּתוּבִ֗ים עַל־סֵ֛פֶר דִּבְרֵ֥י הַיָּמִ֖ים לְמַלְכֵ֥י יִשְׂרָאֵֽל:

a) 그리고 아흐압의 일들의 남은 것과 그가 한 모든 일, 그가 지은 상아궁과
그가 건축한 그 모든 성들,

b) 그것들은 ‘이스라엘 왕들의 일지’란 책에 기록된 것들 아니냐?

40   וַיִּשְׁכַּ֥ב אַחְאָ֖ב עִם־אֲבֹתָ֑יו

וַיִּמְלֹ֛ךְ אֲחַזְיָ֥הוּ בְנ֖וֹ תַּחְתָּֽיו:

a) 그리하여 아흐압은 그의 조상들과 함께 누웠다.

b) 그러고 난 후에 그의 아들 아햐즈야후가 그의 대신에 왕이 되었다.

것 같은 느낌을 준다. דִּבֶּר כִּדְבַר יְהוָה אֲשֶׁר(야흐베가 말씀하신 말씀대로)라는 구는 이본
들의 기록대로 בְּיַד(……의 손을 통하여)가 붙는 경우가 대부분이고, 그냥 אֵלִיָּהוּ(엘리야후)
만 붙는 경우가 한 번, אֶל־אֵלִיָּהוּ(엘리야후에게)가 붙는 경우가 한 번, 본문과 같이 그
뒤에 아무것도 안 붙는 경우는 본문밖에 없다. ‘야흐베가 말씀하신 대로’는 열왕기에만 나타
난다. 1) ‘엘리야후의 손을 통하여’가 붙은 경우: 열왕기상 13:26; 14,18; 15,39; 16:12, 34;
17:16; 열왕기하 24:2. 2) ‘엘리야후’가 붙은 경우: 열왕기하 1:17. 3) ‘엘리야후에게’가 붙은
경우: 열왕기하 10:17.

1. 헨첼과 뷔르트바인의 주장

헨첼은 22장이 네 단계에 걸쳐서 이루어진 것이라 한다(Hentschel/1, 129-132). 즉 이 장에서는 1) 3, 5f, 9f, 24f, 26f, 29f, 31-33, 34-35a, 36f 2) 13f. 17, 19-24 3) 4, 7f, 12, 15f, 18 4) 1-2a, 35-43의 네 층이 발견된다고 한다. 뷔르트바인은 전쟁 이야기(2b-4, 29-37)와 예언자들 이야기(5-28a)의 두 독립적인 이야기가 합쳐졌다고 하면서 예언자들 이야기는 또한 여러 층에 걸쳐서 이루어졌다고 한다(ATD 11/2, 255). 주목할 만한 것은 헨첼은 예언자 이야기와 전쟁 이야기가 처음부터 같이 자라왔다고 보는 반면에 뷔르트바인은 둘이 별개로 자랐다고 보는 점이다. 이는 양식비평에 의한 분석이 매우 상이한 결론들을 도출하는 것을 보여주는 현상이다.

2. 22장 1-40절의 통일성과 20-21장과의 연관성

본문은 20/21장과 같은 구조를 갖고 있다.[34] 즉 발단(1-5), 전개(5-28), 종결(29-40)의 삼 단계를 보여주고 있다.

    A. 발단: '라모트 길아드로 올라가자'(전쟁을 도발함: 1-5)

      1. 여호샤파트가 내려왔다(심판의 도래: 1-2)

      2. '라모트 길아드는 우리 것이다'(아흐압의 도전: 3)

      3. '여호샤파트도 같이 가자'(약자에게 강요함: 4)

---

34) 왈쉬(Walsh, 342)는 예언자의 정죄부분을 **빼어야** 나머지가 대칭구조를 이루게 된다는 점에서 20-21장과 같다고 한다.

    4. '야흐베께 여쭈어 보자'(약자의 모면책: 5)

  B. 전개: 예언자들의 대결(400:1의 대결: 6-28)

    1. '올라가라. 그러면 주실 것이다'(거짓 '나비'들의 약속: 6-12)

    2. '목자 없는 양 떼와 같았다'(미카여후의 예언: 13-25)

    3. '이 자를 감옥소에 두어라'(미카여후의 구속: 26-28)

  C. 종결: 아흐압의 죽음(하나님의 뜻: 29-40)

    1. '변장하고 들어간다'(아흐압의 간계: 29-33)

    2. '그러나 그 왕은 죽었다'(아흐압의 전사: 34-37)

    3. '그 개들이 그의 피를 핥았다'(시신의 처리: 38-40)

a. 라모트 길아드로 올라가자(발단: 22:1-5)

먼저 발단 부분을 앞의 두 장과 비교해 보자.

20:1-12	21:1-4
벤하다드가 올라왔다(1)[26][35]	아흐압이 나보트에게 말했다(1)
은, 금, 아내들, 아들들을 내놔라(3, 5f)	포도원을 팔아라(2)
안 됩니다(9)	야흐베께서 금하십니다(3)
진을 베풀어라(12)	빵을 먹지 않았다(4)

22:1-5; 20:1-12; 21:1-4의 비교

1. 여호샤파트가 내려왔다(2); '벤하다드가 올라왔다'(20:1); [아흐압은 이즈르엘로 내려
   갔다 21:1]

2. '라모트 길아드는 우리 것이다'(3); '네 은은 내 것이다'(20:3); [포도원을 팔아라!
   21:2]

3. '여호샤파트도 같이 가자'/'나는 당신과 같다'(4); '나의 것은 다 왕의 것입니
   다'(20:4)

4. '야흐베께 여쭈어보자'(5); '야흐베께서 금하십니다'(21:3)

---

35) [ ] 속에는 아페크 전투(20:23-43)와 닮은 부분을 적었다.

이상의 구조에서 22장의 발단 부분이 20장과 21장을 모자이크한 것같이 되어 있음을 알 수 있다. 특히 '벤하다드가 올라왔다'(20:1, 26) 대신에 '여호샤파트가 내려왔다'는 기묘한 대조를 이룬다. 이방 민족이 쳐들어온 것은 '올라왔다'고 하고, 여호샤파트가 여루샬라임에서 간 것은 '내려왔다'고 했다. 이는 여루샬라임이 지리적으로 더 높았다는 뜻도 있겠으나, 화자는 의로운 왕이 악한 왕에게 왔으므로 '내려왔다'는 표현을 썼을 것이다. 21장에서는 명백히 나타나 있진 않으나 아흐압은 쇼므론에서 이즈르엘로 내려갔던 게 분명하다. 좌우간 세 장에서 한결같이 다른 어떤 왕이 쇼므론에 오거나 쇼므론에서 이즈르엘에 옴으로써 사건은 시작된다. 아흐압이 라모트 길아드의 소유권을 주장하는 장면은 벤하다드가 아흐압의 은, 금, 아내, 아들들이 자기 것이라고 하는 것과 상통하며, 아흐압이 나보트의 포도원을 팔라고 강요하는 것과 같다. 아흐압이 여호샤파트에게 부당하게 참전을 강요하는 장면은 아흐압이 어느새 벤하다드의 위치에 서 있음을 보여준다. 어제의 약자 혹은 피해자가 오늘의 폭군이 된 것이다. 반면에 여호샤파트는 자기에게 아무 유익이 없고 위험만 초래할 전쟁을 찬성할 수밖에 없었다는 점에서 20장의 아흐압, 21장의 나보트와 같은 약자의 위치에 서 있다. 여호샤파트가 야흐베를 거론하며 위기를 모면해 보려는 모습도 21장의 나보트가 야흐베의 율법을 내세우며 거부한 것과 같은 구조를 보여 준다.

b. 예언자들의 대결(전개: 22:6-28)

전개 부분에서는 20/21장과 조금 다른 모습을 보이고 있다. 전투나 살인을 다루는 이야기가 아니라 예언자들의 대결이 나타나고 있음이다. 그러나 여기서도 참 예언자와 거짓 예언자의 대결을 다루고 있으니, 18장의 대결과 같이 전투에 해당한다. 이 부분을 20:13-21; 20:27-30; 21:5-16과 비교해 보면 다음과 같다.

20:13-21(전투 1)	20:27-30(전투 2)	21:5-16(나보트 죽이기)
'나비'의 승리 약속(13-14)	사열(27)	이제벨의 약속(5-7)

사열(15)   하나님의 사람의 약속(28)   편지를 쓰다(8-10)

승리(16-21)   승리(29-30)   살인(11-14)

22:6-28 예언자들의 대결

1 거짓 '나비'들의 약속(6-12): 이제벨의 약속(21:5-7)

2 미카여후의 반대/예언(13-25): '나비'들의 약속/예언(20:13f, 28)

3 미카여후의 구속(26-28): 살인(21:11-14)

이 전개 부분에서도 저자는 20장과 21장의 요소들을 교차시켜 보여주고 있다. 거짓 '나비'들 사백 명은 바알의 예언자 사백오십 명(18:22)을 암시하며, 그들의 약속은 이제벨의 약속을 잇고 있다. 그러나 그 약속을 믿으면 21장에서와 같이 아흐압은 망할 수밖에 없다. 미카여후는 20장에 나타난 참 예언자들의 계보를 잇고 있다. 그는 20장에 나오는 예언자들과 같이 하나님의 뜻을 알고 있고, 20장에 나오는 '나비'들과 같이 예언으로 아흐압을 도와주려 하고 살리려 한다. 그러나 21장에서 나보트가 죽은 것과 같이 미카여후는 투옥된다.

c. 아흐압의 죽음(종결: 29-40)

22장에서는 20/21장과 달리 전쟁 장면이 종결을 이룬다.

종결(20:31-43)   종결(21:15-29)

1 아흐압의 행위: 벤하다드 석방(31-34)   1 아흐압의 행위: 나보트의 포도원 접수(15-16)

2 하나님의 심판(35-42):   2 하나님의 심판(17-26):

   '네 목숨을 내놔라'   '네 피를 개가 핥을 것이다'

   질문(35-40): '포로를 놓쳤다'   질문(17-19): '죽이고 뺏었느냐'

   선고(41-42): '네 목숨을 내놔라'   선고(20-26): '개가 먹고 새가 먹고'

3 결과: 아흐압이 속상하고 격분하다(43)   3 결과: 심판이 연기되다(27-29)

종결: 아흐압의 죽음(22:29-40)

　1 아흐압의 행위: 변장(29-33):
　　=벤하다드 석방(20:31-34), 나보트의 포도원 접수(21:15-16)의 연속
　2 하나님의 심판: 아흐압이 중상을 입고 죽다(34-37):
　　='네 목숨을 내놓라'(20:35-42), '네 피를 개가 핥을 것'(21:17-26)의 연속
　3 결과: 개가 아흐압의 피를 핥았으나 아햐즈야가 뒤를 잇다(38-40):
　　=아흐압의 격분(20:43), 심판의 연기(21:27-29)

　종결 부분은 앞의 발단, 전개와 달리 20:31-43; 21:15-29와 같은 구조를 가지고 있다. 아흐압의 행위(범죄)로 첫 부분이 시작되고, 하나님의 심판 부분이 뒤를 잇고, 그 심판의 결과가 아흐압에게 어떻게 나타나는가를 세 번째 부분에서 다루었다. 22장의 종결에서도 아흐압은 죄를 짓는다. 벤하다드를 석방하고, 나보트의 포도원을 인수하러 갔던 아흐압이 이제는 예언자 미카여후의 경고를 무시하고 라모트 길아드로 전투에 나간다. 그는 여호샤파트에게 왕복을 입히고 자신은 변장함으로써 죄악의 극치에 이른다. 자기 대신 남을 죽게 하려는 시도였음이다.

　그러나 아흐압의 간계를 '하나님의 심판'은 부수어 버리신다(22:34-37). 적이 아무 생각 없이 날린 화살 하나가 아흐압에게 중상을 입히고, 아흐압은 빠져나오려고 하지만 전쟁 중에 병거들이 얽혀 있어서 빠져나갈 수가 없었다. 하나님의 그물에 걸린 아흐압은 부하들이 병거에 세워 놓은 상태에서 피를 흘리다가 저녁에 이르러 죽는다. 왕이 죽고 해도 졌으므로 전령이 후퇴명령을 전한다. 20장 35-42절에서 아흐압이 아람왕 대신 죽을 거라고 선고한 것이 실현되고, 아흐압의 피를 개가 핥을 것이라는 예언(21:17-26)은 병거에 피가 고였다고 하는 것을 강조함으로써 성취될 것을 예감하게 하고 있다.

　'결과' 부분에서 아흐압의 피를 개들이 핥는다. 이 부분은 20장 43절에서 아흐압이 속상하고 격분해서 돌아간 부분과 통한다. 아흐압이 주인공이란 점이 공통점이고, 20장에서 그 아흐압이 격분한 것과 같이 22장에서도—그가 알았으면—격분했을 일이 일어났다. 또한 21장 27-29절과 통하는데, 아흐압이 회개하여 하나님이 아흐

압의 시대에 그 집안을 다 멸하지 않으시고 그 아들 대에 이르러 화를 내리신다는 예언이 이루어졌다. 그 아들 아햐즈야가 대를 이었음이다. 이상을 통하여 볼 때에 22장은 20장과 21장과 같은 구조를 가지고 있음이 분명하며, 20/21장의 내용과 소재를 빌려 오거나 병행되게 쓰는 방식으로 같은 구조 속에 담고 있음이 관찰된다. 이는 이 세 장의 저자가 같고 일관되게 써 나가고 있음을 입증하는 것이다.

3. 카르카르 전투와 아흐압의 최후

헨첼과 뷔르트바인은 카르카르 전투가 853년에 있었고 852년에 아흐압이 죽은 사실을 지적하며, 1년 전의 동맹군이었던 두 나라가 싸웠을 리가 없다고 본다 (Hentschel/1, 135; ATD 11/2, 261). 그래서 헨첼은 이때의 이스라엘 왕을 여호아햐즈였을 것이라 주장하고, 뷔르트바인은 여러 가지 자료를 섞어서 만든 이야기라고 하는 휘틀리(Whitley)의 제안을 지지한다. 그러나 1년 전의 동맹국이 1년 후에 서로 싸운 예는 역사에 수없이 많다. 유다왕 아사 때에 아람은 이스라엘과의 동맹 관계를 깨고 바으샤 치하의 이스라엘을 공격한 적이 있었다(왕상 15:20). 오히려 아흐압이 카르카르 전투를 통하여 아람의 전력이 이스라엘보다 약한 것을 알고 공격할 마음을 먹었을 수도 있다.[36] 또한 아흐압이 "그 조상과 함께 누웠다"(22:40)는 표현이 자연사를 전제로 한 것이라면서 아흐압의 전사를 부인하는 주장 (Hentschel/1, 132, 135; ATD 11/2, 262)도 잘못된 것이다. 열왕기하 14장 22절에서 모반에 죽은 아마츠야후도 그의 조상과 함께 누웠다고 했기 때문이다.

---

36) 이스라엘은 병거를 2000대 동원하였으나, 아람은 1200대밖에 동원하지 못했다. Galling, 1979, 50 참고.

1. '라모트 길아드로 올라가자'(발단: 1-5)

a. 여호샤파트가 내려왔다(1-2)

20장에서 벤하다드가 올라온 것이 사건의 발단이 되었듯이, 여기서도 여호샤파트가 내려옴으로써 사건이 시작되었다. '야흐베께서 심판하신다'는 뜻의 이름을 가진 왕이 내려왔지만, 아흐압은 전혀 깨닫지 못하고, 오히려 자기 유익을 위해 그를 이용하려고 한다.

1 שָׁלֹשׁ שָׁנִים(3년). 20장의 사건 후 3년이란 뜻일 것이다(Walsh, 342f). 헨첼은 이 부분이 20장 1-4절과 연관을 짓기 위해 후대에 첨가한 부분이라 하지만(Hentschel/1, 131), 근거를 제시하진 못했다. 저자는 21장을 통해서 20장의 대승리가 어떤 연유로 아흐압의 비극적인 최후로 끝나게 되는지를 설명한다. 아흐압은 21장에서의 회개로 3년의 세월을 더 보장받았고, 그의 아들들이 연이어 왕위를 지키게 되었다(22:40; 왕하 1:17).

2 וַיֵּרֶד יְהוֹשָׁפָט(그런데 여호샤파트가 내려왔다). 여호샤파트는 아흐압과 대조되는 인물로 등장한다. 여호샤파트는 하나님의 뜻을 여쭈어 보자고 하는 사람이고(22:7; 왕하 3:11), 아흐압은 하나님의 뜻을 전하는 미카여후를 잡아 가두는 사람이다(왕상 22:27). 또한 아흐압은 변장하고 전쟁에 나가는 비겁한 사람이요(22:30), 여호샤파트는 32명의 병거대장들을 향해 고함지르며 돌진한 용감한 사람이다(22:32). 화자는 하나님이 여호샤파트를 통해서 아흐압을 심판하러 왔음을 암시한다.

b. '라모트 길아드는 우리 것이다' (3)[37]

아흐압은 라모트 길아드가 이스라엘의 것임을 상기시키지만, 여호샤파트를 이용하여 쉽게 국토를 회복하려는 술책에 불과했고, 하나님의 뜻은 안중에 없었다.

3 הַיְדַעְתֶּם(그대들은 아는가). 이 수사적인 질문은 20장 7절의 '당신들은 아시오! 그리고 보시오!'를 연상시킨다. '라모트 길아드는 우리 것이다'는 벤하다드가 한 말, '네 은은 내 것이다'(20:3)의 재판(再版)이다. 그때에는 침략을 당했던 사람이 이제는 침략을 하려고 한다. 아흐압은 약속을 지키지 않은 벤하다드를 징계하려 한다(20:34; Walsh, 343). '그대들' 가운데는 여호샤파트도 들어 있어서, 여호샤파트도 '그의 종들' 속에 포함된 것 같다(Walsh, 344).

c. 여호샤파트도 같이 가자(4)

약한 나라의 왕 여호샤파트는 아흐압의 명령에 가까운 권유를 뿌리칠 수 없었다. 아흐압이 벤하다드에게 답한 대로 여호샤파트는 대답한다.

4 אִתִּי הֲתֵלֵךְ(당신은 나와 같이 갈 수 있는가?). 이것은 수사적인 질문이 아니고 요구나 명령에 해당한다(Walsh, 343). 여호샤파트는 국력이 이스라엘의 절반도 되지 않는 나라의 왕으로서 겸손한 자세를 취한다.[38] 아마 여후다는 이스라엘의 제후국 정도의 위치였을 것이다(Walsh, 344; ATD 11/2, 255). '나는 전하(당신)와 같고……' 하는 말은 아흐압이 벤하다드의 사자 앞에서 한 말과 같아서(20:4), 아흐압의 요구가 벤하다드의 말과 같이 부당한 것임을 암시한다. 아흐압왕은 서른 두 명의 왕을 거느리고 출전했던 벤하다드를 흉내 내려 한다(20:1).[39]

---

37) 헨첼은 열왕기하 9장 1절 이하를 내세워 이때에도 이 성이 이스라엘의 소유였다고 주장한다(위의 책, 132). 그러나 변경의 도시는 자주 그 주인이 바뀌는 법이고, 아흐압이 죽은 때(852)와 예후 혁명(842) 사이에는 10년의 간격이 있으므로 열왕기하 9장은 본문의 역사성을 부인할 근거가 되지 못한다.

38) 이는 열왕기하 3장 7절에도 나타나는 관례적인 표현이다. 이것으로는 여호샤파트의 본심이 드러났다고 볼 수는 없다. ATD 11/2, 256 참고.

d. 야흐베께 여쭈어 보자(5)

그러나 여호샤파트는 먼저 하나님의 뜻을 묻는다.

5 דְּרָשׁ־נָא(제발 여쭈어보십시오). 아흐압의 참전 요청을 거절할 수 없었던 여호샤파트는 나보트처럼 야흐베의 뜻을 내세운다. 아흐압은 21장에서도 전혀 하나님을 고려하지 않다가 나보트에게서 하나님의 법도를 들었고, 이번에는 하나님의 뜻을 물어야 한다는 대답을 듣게 된다. 그의 제안은 본문의 전개 부분인 예언자들 간의 대결을 야기하는 계기가 되었다.[40]

2. 예언자들의 대결(전개: 6-28)

18장 25-38절에서 나타난 바알의 예언자들과 엘리야후와의 대결이 여기선 거짓 예언자들과 참예언자의 대결로 나타난다.

a. 거짓 예언자들의 약속: '올라가라 그러면 주실 것이다'(6-12)

치드키야를 비롯한 거짓 선지자들은 아흐압에게 라모트 길아드 정복을 약속한다. 바알 선지자들보다 이런 거짓 선지자들이 아흐압에게 더 해로웠다.

6 כְּאַרְבַּע מֵאוֹת אִישׁ(400명 가량). 아흐압이 그렇게 많은 예언자들을 가까이에 두고 있었다는 것은 놀라운 일이다. 이는 18장과 20장의 사건이 있은 후로 사회의 분위기가 달라져서 야흐베를 믿는 사람들이 많아졌음을 암시한다. 한편 여호샤파트의 요청은 관습에 어긋나는 것이 아니었다. 고대 중동의 왕들은 출전 전에 길흉을

---

39) 헨첼(Hentschel/1, 131)은 아흐압이 여호샤파트에게 물어보는 대목이 열왕기하 3장 7절에서 따온 것이라 한다.

40) 뷔르트바인(ATD 11/2, 255.)은 4절에서 여호샤파트의 말이 끝났는데 5절에 다시 여호샤파트의 말이 이어지므로 두 부분(예언자 이야기와 전쟁 이야기)은 서로 상관이 없는 것이라 한다. 그러나 화자는 여호샤파트가 아흐압의 제안에 동의하고 난 뒤에 다시 제안한 것을 전하고 있다.

점치는 습관이 있었기 때문이다(ATD 11/2, 257). 아흐압은 보통의 관습대로 제사장의 신탁을 묻지 않고 순식간에 예언자 사백 명을 불러 모으는데, 이는 점을 치는 제사장의 신탁보다 예언자들의 예언이 조작이 쉬웠기 때문인 듯하다. 사백이란 숫자는 바알의 예언자 사백 오십 명을 암시한다(18:22). 아흐압의 예상대로 예언자들은 전형적인 질문에 전형적인 대답을 한다(ATD 11/2, 257f). 20장에서 바알의 예언자들이 했던 역할을 21장에서는 이제벨이, 22장에서는 거짓 예언자들이 담당하게 되었다.

7 עוֹד לַיהוָה נָבִיא(또 한 야흐베의 예언자). 여호샤파트는 사백 명의 한결같은 예언이 미심쩍었던 것 같다. 헨첼은 이 부분이 열왕기하 3장 11절에서 따온 것이라 하지만 근거가 없다.41)

8 אַל־יֹאמַר הַמֶּלֶךְ כֵּן(그 왕께선 그렇게 말씀하시면 안 됩니다). 작은 나라의 왕 여호샤파트는 아흐압에게 예언자를 자기 주관에 따라 판단하는 일은 잘못이라고 충고한다.

9 מִיכָיְהוּ בֶן־יִמְלָה(이믈라의 아들 미카여후). 내시가 대화를 다 듣고 있었던 것 같다. 아흐압은 길게 설명할 필요가 없었다. "서둘러라! 미카여후다!"

10 מִתְנַבְּאִים[예언(발광)하는 사람들]. '나바'의 히트파엘형이 18장 29절에서 '발광하다'의 뜻으로 나타난 이후에 다시 여기 약 사백 명의 거짓 예언자들에게서 나타난다. 그러나 이 단어는 8절에 이미 아흐압의 입에서 나왔다. 즉 미카여후가 '예언한다'고 할 때였는데 좋지 않은 의미였음이 분명하다. 아흐압은 18절에도 다시 그렇게 미카여후의 예언을 지칭한다. 그러나 화자는 오직 사백 명에게만 그 단어를 썼다. 화자와 아흐압의 시각의 차이가 드러난다.

11 כְּנַעֲנָה(크나아나). 치드키야의 아버지 이름 '크나아나'는 '크나안'(כְּנַעַן)을 연상시키는 이름이므로 화자가 언어의 유희(word play)를 하고 있다는 것을 알 수 있다. 크나안의 아들이니 당연히 거짓 예언자다. 뿔은 힘을 상징하는 것인데(신 33:17), 치드키야는 그것을 투구에 붙여 가지고 온 듯하다(Hentschel/1, 133). 여기

---

41) Hentschel/1, 131 참고. 뷔르트바인(ATD 11/2, 258)은 여호샤파트가 예언자들의 (조작의) 문제점을 알고 있었기 때문이라 한다.

에는 주술적인 요소가 분명히 나타난다(ATD 11/2, 259).

12 עֲלֵה(올라가십시오). '알라'(올라가다)는 20장의 벤하다드가 이스라엘에 쳐들어올 때에 사용된 말이다.[42] 이 단어는 22장을 이끄는 역할을 담당하고 있어서 20장과의 연관을 보이고 있다. 아흐압은 두 번째의 벤하다드의 역할을 맡게 된다.

b. 미카여후의 예언: '목자 없는 양과 같았다' (13-25)

미카여후는 '작은 엘리야후'였다. 400:1로 맞서는 장면에서나, 그 확신에서 그는 엘리야후를 닮았다. 그러나 그는 엘리야후가 싸웠던 바알의 예언자들보다 훨씬 더 뻔뻔스럽고 공격적인 예언자들과 맞서야 했다.

13 וְהַמַּלְאָךְ(그런데 그 사자). '사자'는 19장(2, 5, 7)과 20장(2, 5, 9)에서 중요한 역할을 담당한 핵심용어다. 이 '사자'는 이제벨의 '사자'(19:2)와 같이 악한 역할을 담당한다. 그는 위협 대신에 회유를 시도하는데, 예언을 조작하자고 한다(ATD 11/2, 258 참고).

14 חַי־יְהוָה(야흐베께서 살아계시거니와). 17:1; 18:15에서 엘리야후의 입에서 나온 말이다. 청중은 미카여후가 엘리야후와 같은 참 예언자임을 짐작한다.

15 וַיֹּאמֶר אֵלָיו עֲלֵה(그러자 그가 그에게 말했다 올라가십시오). 미카여후의 대답은 12절에서 거짓 예언자들이 대답하는 말과 거의 같은데, '라모트 길아드'란 지명만 빠졌다.[43] 미카여후는 예언자들의 예언을 사자를 통해서 듣고 그대로 흉내 내었던 것 같다. 아흐압왕도 미카여후의 조롱을 알아차렸다.[44]

16 עַד־כַּמֶּה פְעָמִים(몇 번쯤까지). 이전에도 미카여후가 그런 식으로 말한 적이 있었던 것 같다. 서로는 그런 면에서 서로를 잘 알았다.

17 רָאִיתִי(나는 보았습니다). 이미 미카여후는 다 보고 들었다.[45] 예, 아니오로

---

42) 20:1, 22, 26(33); 22: 6, 12, 15, 20, 29, 35.

43) 헨첼(Hentschel/1, 131)은 이것을 편집자의 수정의 결과라 간주한다.

44) 뷔르트바인(ATD 11/2, 258)은 왕이 다시 한번 묻게 하기 위한 것이라 본다.

45) 헨첼은 미카여후가 선견자 전통에 서 있다고 본다(Hentschel/1, 133).

대답하기를 원하는 왕에게 그는 그 이상의 것, 즉 그가 본 것을 말한다(ATD 11/2, 258). 그는 우선 전장의 마지막 장면을 말한다. 라모트 길아드 전투의 종결이 중요하기 때문이다. 목자가 없다거나 주인이 없다는 것은 아흐압왕이 전사한다는 것을 의미한다.

18 לוֹא־יִתְנַבֵּא עָלַי טוֹב(그는 내게 좋게 예언하지 않는다). 아흐압은 미카여후의 예언을 개인의 개성이나 자기에게 대한 감정 탓으로 돌린다.

19 יֹשֵׁב עַל־כִּסְאוֹ(그의 보좌에 앉아 계시는 분). 쇼므론 성문 광장에는 아흐압과 여호샤파트가 보좌에 앉아 있었지만, 하늘에는 참 임금이 앉아 계셨다. 이 장면은 성경의 여러 부분에 나타나는 천상의 묘사와 유사하다.46)

20 מִי יְפַתֶּה אֶת־אַחְאָב(누가 아흐압을 유인할까?). 하늘에서도 땅에서와 같이 의견이 분분하다. 다만 하늘의 목적은 아흐압을 죽이는 것이다. 장소는 이미 결정되었다. 문제는 아흐압을 라모트 길아드로 꾀어내는 방법이었다.

21 וַיַּעֲמֹד לִפְנֵי יְהוָה(그러자 그는 야흐베 앞에 섰다). 엘리야후가 야흐베 앞에 서듯이, 하늘에서는 영이 하나님을 모시고 시중든다.

בַּמָּה(무엇으로). 아흐압이 예언자에게 물었던 말, 'בְּמִי'('누구로' 왕상 20:14)와 상통한다. 하나님은 영에게 물으신다.

22 וְגַם־תּוּכָל(그리고 너는 할 능력도 있을 것이다). יָכֹל(할 수 있다)은 아흐압이 벤하다드에게 대답할 때에 쓴 말이다(20:9). 하나님은 아흐압의 말투를 흉내내신다.

23 דִּבֶּר עָלֶיךָ רָעָה(그는 당신에게 재앙을 말씀하셨습니다). '라아'는 20:7; 21:21에서도 나왔다. 20장에 나타난 '라아'는 하나님의 은총으로 물리칠 수 있었지만, 21장의 화는 하나님이 주시기로 천명하신 것이고, 그것이 잠시 연기되었다가 이제 본문에서 다시 나타난다.

24 וַיַּכֶּה אֶת־מִיכָיְהוּ(그리고 난 후에 그는 미카여후를 쳤다). 20장에서 많이

---

46) 욥 1:6-12; 2:1-6; 사 6:1-13; 겔 1:4-28. 뷔르트바인(ATD 11/2, 260)은 하늘궁전이 본래 다신교 전통, 즉 크나안 종교에서 나왔지만, 여기서 다른 신적인 존재들은 힘을 잃고 하나님을 시중들고 있다고 한다.

나온 단어 '나카'가 여기선 거짓 예언자가 참 예언자의 **뺨**을 치는 데 나타난다.[47]
이는 거짓 예언자와 참 예언자의 전쟁을 암시하고 있다.

רוּחַ־יְהוָה(야흐베의 영). 치드키야는 하나님의 영이 미카여후가 아닌 자기에게
있음을 주장한다.[48]

25 חֶדֶר בְּחָדֶר(내실 중의 내실). '내실 중의 내실'은 20장 30절에서 벤하다드
가 숨었던 곳이다. 그리고 아흐압 집안을 멸할 예후에게 기름을 부을 장소다(왕하
9:2). 뷔르트바인은 내실로 숨는 것이 쇼므론의 점령을 뜻하는 것으로 해석하여,
이 본문과 맞지 않는다고 하지만(ATD 11/2, 260), 여기선 치드키야가 자기 예언
이 이루어지지 않은 것이 부끄러워 숨는 것으로 보아야 한다.

c. 미카여후의 구속: '이 자를 감옥에 두어라' (26-28)

아흐압은 선지자에게 보복적인 조처를 취하지만, 미카여후는 오히려 아흐압을
측은히 여긴다. 그는 모든 백성을 증인으로 불러 세운다.

26 וַהֲשִׁיבֵהוּ(그리고 그를 돌려보내라). 아흐압의 마음에 들지 않는 예언을 한
미카여후는 감옥에서 다시 감옥으로 돌아가게 되었다. 돌려보낸다는 말은 그전에도
미카여후가 예언 때문에 갇혀 있었다는 것을 암시한다. 27절에서 '그 감옥'이라고
한 것도 같은 맥락에서 이해된다. 하나님의 말씀을 내세우는 사람은 나보트처럼
(21:3) 수난을 당한다. 왕자 요아쉬는 열왕기하 13장 10-13절에서 여호아햐즈의
아들로 나온다. 그래서 헨첼은 본문에서 죽은 왕이 여호아햐즈일 가능성을 제기하
고 있지만, 칠십명에 달했다는 아흐압의 아들들(왕하 10:1) 중에 요아쉬란 이름을
지닌 왕자가 있었을 수 있다(Hentschel/1, 134). 또한 왕자가 높은 관리를 지칭하
는 말일 수도 있다(Walsh, 352).

---

47) 20:20, 21(2), 29, 35(2), 36(2), 37(3). 20장에서 11번 나온 이 단어가 22장에서는 두 번
(34절에도) 나온다.

48) ATD 11/2, 257. 뷔르트바인은 치드키야가 엑스터시의 대변자이고 미가는 환상과 들음
(Audition)의 대변자라고 한다. 또한 엑스터시는 문명지의 잔재, 선견자는 유목민의 유산
이라 한다.

27 וְהַאֲכִילֻהוּ לֶחֶם לַחַץ וּמַיִם לַחַץ(그리고 그에게 핍박의 **빵**과 핍박의 물을 먹여라). אָכַל(먹다), לֶחֶם(빵), מַיִם(물)은 17장과 19장에 나오는 핵심단어로서 엘리야후가 하나님의 도움으로 **빵**과 물을 먹는 기사 가운데 나타난다.[49] 이 단어들이 미카여후에게 집중됨으로써 미카여후가 작은 엘리야후임이 암시되고 있다. 다만 미카여후는 감옥에서 **빵**과 물을 먹게 된다.[50]

בֹאִי(내가 오기/오는 것): 아흐압은 자기의 생환을 의심하지 않았다(ATD 11/2, 258). 화자는 이 말을 받아서 37절에서 아흐압이 죽었다고 하면서 '그래서 그는 쇼므론으로 왔다'고 한다. 저자는 아흐압의 장담을 웃고 있는 것이다. 아흐압은 신명기 18장 22절의 규정과 같이 전장에서 돌아온 후에 미카여후를 거짓 예언자로 몰아서 죽이려 했던 것 같다(ATD 11/2, 259).

28 שִׁמְעוּ עַמִּים(여러분은 들으시오 모든 백성들이여). 미카여후는 아흐압을 이미 죽은 사람으로 간주하고 살아남을 백성들을 향해 외침으로써 그들을 증인으로 삼는다. 뷔르트바인은 미카여후가 다시 나타나지 않는다며 본문의 통일성이 의심스럽다고 한다(ATD 11/2, 255). 그러나 본문은 20장과 21장의 예언의 결과를 알리는 데 목적을 두고 있어서 미카여후에 대해 더 이상 서술하지 않은 것 같다.

3. 아흐압의 죽음(종결: 29-40)

a. '변장하고 들어간다'(29-33)

아흐압은 변장함으로써 자신의 생명을 보호하고 여호샤파트는 위태롭게 하려 하였다. 그러나 용감한 여호샤파트는 그 용기로 오히려 병거대장들을 물리친다.

29 וַיַּעַל מֶלֶךְ־יִשְׂרָאֵל(그러나 이스라엘 왕은 올라갔다). 아흐압에게는 예언자

---

49) אָכַל: 17:15; 19:5, 6, 7, 8; לֶחֶם: 17:6, 11; 18:4, 13; מַיִם: 17:10; 18:4, 13; 19:6. 18장에서는 오바드야후가 예언자들을 부양한 데서 나타난다.

50) 17/19장과 22장의 연관성에 대해선 위의 VII.C.3 참고.

들에게 물어보는 것이 요식행위에 불과했다. 여호샤파트는 예언자에게 물어보자고
는 할 수는 있었으나, 어느 예언자의 말이 옳다고 판단할 권한이 없었다.[51]

30 וְאַתָּה לְבַשׁ בְּגָדֶיךָ(그러나 전하(당신)! 전하(당신)는 전하(당신)의 의상을
입으시오). 아흐압은 남을 이용하는 데 명수였다. 나보트의 포도원은 이제벨을 이
용하여 빼앗았고, 엘리야후도 이제벨을 이용하여 쫓아 버렸다. 이제 그는 여호샤파
트에게 왕복을 입게 하여(ATD 11/2, 256), 남을 위험하게 하고 자신은 안전하게
하려 한다.

31 שָׂרֵי הָרֶכֶב(그 병거대장들). 서른 두 명의 왕들(20:1, 16)이 서른 두 명의
병거대장들로 대치되었다. 이제 그들은 술 마시는 것을 돕는 자들(20:16)이 아니다.
아람의 전력은 많이 향상되었다.

32 וַיִּזְעַק יְהוֹשָׁפָט(그러자 여호샤파트가 소리를 질렀다). 그는 전투의욕을 불러
일으키는 함성을 지름으로써 적을 놀라게 한다. 여호샤파트가 32명의 병거대장들
을 전혀 두려워하지 않고 영웅적으로 대처한 것은 장교의 복장을 하고 자신의 신
분을 숨겼던 아흐압의 비겁한 행위와 대조된다. 여호샤파트의 용기는 그의 일생을
정리하는 보고에서도 나타난다[22:46(한글 성경은 45절)].

33 כִּי־לֹא־מֶלֶךְ יִשְׂרָאֵל הוּא(그가 이스라엘 왕이 아님을). 아람군은 아흐압
의 비겁함을 알고 있었다. 20장의 쇼므론 전투에서도 아람군이 궤멸되고 난 뒤에
성을 나온 사실을 그들은 알고 있었다. 뷔르트바인은 여호샤파트가 유대말을 했기
때문에 아람인들이 물러갔다고 하지만(ATD 11/2, 256), 남북의 언어가 달랐다는
증거도 없고, 그 정도는 상대방을 속이려는 기도로 보일 수도 있었을 것이다.

b. '그러나 그 왕은 죽었다' (34-37)

여호샤파트는 살고 아흐압은 죽었다. 백성들은 집으로 돌아가고, 아흐압은 죽었다.
살려던 자는 죽었고, 죽으려 하던 자는 살았다.

---

51) 뷔르트바인은 미카여후가 반대했는데도 아흐압이 출전한 것과 여호샤파트가 말없이 따라
    나선 것이 편집의 증거라고 한다(ATD 11/2, 255). 그러나 아흐압의 불순종과 여후다의
    국력이 약한 데서 원인을 찾아야 할 것이다.

34 בֵּין הַדְּבָקִים וּבֵין הַשִּׁרְיָן(그 비늘들과 그 갑옷 사이를). 아흐압은 소위 어린갑(魚鱗甲)을 입었는데, 그것이 다른 장교들과 다르지는 않았을 것이다.[52] 갑옷의 비늘과 갑옷 사이를 일부러 겨냥해서 맞추기는 실제로 불가능한 일이다. 하나님의 섭리였고, 미카여후의 예언대로였다(19-23절).

הֲפֹךְ יָדֶךָ(너의 손을 돌려라). 아흐압은 헨첼의 주장과 같이 중상을 당하고도 전장을 지키는 왕이 아니었다(Hentschel/1, 130). 그는 빨리 위험지대를 벗어나려고 했다. 다만 '하나님의 그물'이 완벽했을 뿐이다.

הָחֳלֵיתִי(내가 중상을 당했다). חלה는 열왕기상 17:17; 열왕기하 1:2에도 나온다. 여기서는 아흐압이, 다음 장에는 그의 아들 아햐즈야가 치명적인 부상을 당한다.

35 וַתַּעֲלֶה הַמִּלְחָמָה(그러나 그 전투가 올라갔다/치열해졌다). 아흐압은 하나님이 짜 놓은 그물에 걸려들었다. 부하들은 아흐압이 변장했기에 어디서 어떻게 싸우는지, 다쳤는지 죽었는지도 모르고 자기 앞의 적들과만 싸웠다. 그러다 보니 아흐압은 전장에서 빠져나갈 수가 없었다. 아흐압이 변장하지 않았더라면 부하들은 그를 위해 길을 텄을 것이다. 결국 그는 그의 병거 안에서 부하들이 세워 놓은 대로 서서 출혈과다로 죽었다.[53] 화자는 피가 병거의 바닥에 고였다는 것을 강조한다. 그것은 아흐압이 단숨에 숨이 끊어진 게 아니라 긴 고통의 시간을 보내고 죽었다는 뜻이다.

36 אִישׁ אֶל־עִירוֹ(각자 자기 성으로). 해가 져서 더 이상 싸울 수도 없었고, 왕도 죽었으므로 전령이 퇴각 명령을 전한다.[54] '자기 성'이란 직업군인들의 주둔지라는 뜻인 것 같다(ATD 11/2, 257). 나머지는 자기 고향으로 돌아가면 되었다. 미카여후가 본 환상대로였다(27절). 저자는 하나님의 심판은 피할 수 없다는 것을 강조하고 있다.

---

52) Galling, 1977, 248. 헨첼(Hentschel/1,134f)은 어린갑이 왕만 입는 값비싼 것이라고 하였으나, 그랬다면 변장하려던 아흐압의 기도가 실패하였을 것이므로 수긍하기 어렵다.

53) 헨첼은 왕이 37절에 이르러 죽었는데(전투가 다 끝나기까지 버티다가 끝난 뒤에), 후대의 편집자가 35절에 앞당겨 놓았다고 하지만(Hentschel/1, 133), 히브리어의 습관인 중복적인 서술을 편집자의 소행으로 보는 것은 잘못이다.

54) 뷔르트바인(ATD 11/2, 256)도—헨첼(Hentschel/1, 133)과 달리—왕의 죽음과 철수 명령이 연관이 있다고 본다.

37 וַיָּבֹא שֹׁמְרוֹן(그래서 그는 쇼므론으로 돌아왔다). 아흐압은 그가 말한 대로 ('내가 평안히 들어올 때까지': 27절) 오기는 왔다. 다만 죽어서 왔을 뿐이다. 벤하다드의 생명을 살려준 대가(20:35-42), 나보트를 죽인 대가(21:17-26)를 이제 치렀다.

c. 그 개들이 그의 피를 핥았다(38-40)

아흐압의 수치는 죽음으로 끝나지 않았다. 그의 피가 개의 주둥이와 창녀들의 음부와 만나게 되었다.

38 וְהַזֹּנוֹת רָחֲצוּ(그런데 그 창녀들이 씻었다). 화자는 어순을 반대로 함으로써 창녀들의 성기와 아흐압의 피의 접촉을 강조했다. 아흐압과 이제벨 부부는 최후가 비슷했다. 이제벨의 피는 담벼락에 튀었다고 했는데(왕하 9:33), 담은 남자들이 소변을 보는 곳이어서(왕상 21:21) 소변과 피의 혼합을 암시하고 있다. 두 사람의 죽음은 가장 수치스럽고 저주스러운 죽음이었다. 그러면서도 저자는 '레켑'(병거)을 '레케트'(못)에 씻었다고 하면서 언어의 유희(word play)를 즐기고 있다.

39 וּבֵית הַשֵּׁן(그리고 그 상아궁). 아흐압이 상아궁과 성들을 건축했다는 기사가 처음으로 나타난다. 나보트를 죽이고 포도원을 빼앗았던 아흐압이 궁은 화려하게 지었다. 이는 여후다의 여호야킴왕을 연상시킨다(렘 22:13ff). 쇼므론에서는 소위 상아궁에서 벽이나 가구의 장식으로 사용된 상아판들이 발견되었는데, 대개 애굽의 모티프를 가진 릴리프였다.[55]

40 בְּנוֹ תַחְתָּיו(그의 대신에 그의 아들이). 그러나 아흐압의 왕조는 완전히 망하지 않았다. 이는 21장에서 아흐압의 회개를 받아들이신 하나님의 약속(21:29)대로였다. 아흐압 집안의 멸망은 다음 세대로 연기되었다.

---

55) 고고학적인 발견에 따르면 아흐압 시대에 하솔, 므깃도, 쇼므론에 대규모의 확장공사가 있었고, 쇼므론의 성벽은 넓이가 10미터가 되게 했다고 한다. 벽과 가구의 상아장식은 페니키아, 애굽, 미케네식이 섞여 있었다. ATD 11/2, 260; Hentschel/1, 135 참고.

열왕기상 20-22장은 엘리야후 이야기 안에서도 나름대로의 응집력을 지니는 이야기였다. 20장에서는 아흐압에게 임한 하나님의 은총 이야기가 두 번이나 나타나는데, 아흐압은 첫 번째 전투에서 비겁한 행위로 큰 승리를 거두지 못하고 적을 격퇴하는 데 머물렀고, 두 번째는 하나님이 잡아 주신 벤하다드를 마음대로 놓아 주는 죄를 범한다. 이로 말미암아 하나님은 아흐압이 벤하다드의 목숨을 대신하라는 심판을 내리셨지만, 아흐압은 깨닫지 못하고 이즈르엘의 궁궐을 넓히는 일로 나보트를 죽이는 죄를 저지른다. 그에 따른 하나님의 심판은 아흐압과 이제벨과 온 가족에 미치는데, 아흐압이 회개함으로 말미암아 잠시 집행이 유예되었다. 그러나 22장에서 그는 다시 여호샤파트를 이용하여 실지를 회복하고, 여호샤파트의 목숨을 담보로 자신의 안전을 도모하려다 죽게 된다. 아직 심판은 아흐압에게만 임하지만, 이는 열왕기하 9-10장에 나타나는 심판의 서론에 불과하였다. 20-22장은 나름대로 독특한 연관성을 지니지만, 열왕기상 16장 29절부터 시작된 아흐압 이야기의 종결 부분이요, 같이 시작된 엘리야후 이야기(왕하 2:18까지)의 한 마디를 이루며, 열왕기하 9-10장에 나타나게 될 하나님의 심판의 서곡으로서 '엘리야후 엘리샤 이야기'(왕상 16:29 - 왕하 13:25)의 한 마당을 구성하고 있다.

엘리야후
이야기

XI. 이스라엘에는 신이 없는가?

(왕상 22:52[1]) – 왕하 1:18)[2]

A. 히브리어 본문과 번역

52[3]) אֲחַזְיָהוּ בֶן־אַחְאָב מָלַךְ עַל־יִשְׂרָאֵל בְּשֹׁמְרוֹן בִּשְׁנַת ᵃשְׁבַע עֶשְׂרֵהᵃ
לִיהוֹשָׁפָט מֶלֶךְ יְהוּדָה
וַיִּמְלֹךְ עַל־יִשְׂרָאֵל שְׁנָתָיִם:

a) 아흐압의 아들 아햐즈야후가 여후다왕 여호샤파트 제17년에 쇼므론에서 왕이 되었다.

b) 그래서 그는 이스라엘을 2년 동안 다스렸다.

53[4]) וַיַּעַשׂ הָרַע בְּעֵינֵי יְהוָה
וַיֵּלֶךְ בְּדֶרֶךְ אָבִיו וּבְדֶרֶךְ אִמּוֹ וּבְדֶרֶךְ ᵃ יָרָבְעָם בֶּן־נְבָט אֲשֶׁר
הֶחֱטִיא אֶת־יִשְׂרָאֵל:

---

1) 히브리어 원문의 열왕기상 22장 52-54절이 개역한글판에선 22장 51-53절로 되어 있다. 여기선 히브리어 본문을 따른다.

2) 이 장의 여러 가지 문제에 대해서는 이승현, 2004, 28-64 참고.

3) ᵃ '17년'을 루키안 수정본은 '24년'이라 하지만, 다른 뒷받침이 없다.

4) ᵃ '길' 대신에 칠십인역은 '죄들'($\dot{\alpha}\mu\alpha\rho\tau\acute{\iota}\alpha\iota\varsigma$)이라 번역하고, BHS도 그 가능성을 제기한다. 그러나 야로브암의 죄(왕상 16:3; 왕하 3:3; 10,29 등)뿐 아니라, '야로브암의 길'(왕상 15:34; 16:2, 19, 26 등)도 구약에서 하나의 숙어와 같이 굳어진 것이다.

a) 그런데 그는 야흐베의 눈에 악을 행하였다.

b) 그리고 그는 그의 아비의 길과, 그의 어미의 길과, 이스라엘을 범죄하게
한 느바트의 아들 야로브암의 길을 걸었다.

54⁾ וַיַּעֲבֹד אֶת־הַבַּעַל[a] וַיִּשְׁתַּחֲוֶה לוֹ
וַיַּכְעֵס אֶת־יְהוָה אֱלֹהֵי יִשְׂרָאֵל כְּכֹל [b]אֲשֶׁר־עָשָׂה אָבִיו[b]:

a) 그리하여 그는 그 바알을 섬기고, 그에게 절을 하였다.

b) 그래서 그는 그의 아비가 한 모든 일과 같이 이스라엘의 하나님 야흐베
를 진노하시게 하였다.

1 וַיִּפְשַׁע מוֹאָב בְּיִשְׂרָאֵל
אַחֲרֵי מוֹת אַחְאָב:

a) 그랬더니 모압이 이스라엘에게 반역하였다.

b) 아흐압의 죽음 이후였다.

2⁶⁾ וַיִּפֹּל אֲחַזְיָה בְּעַד הַשְּׂבָכָה בַּעֲלִיָּתוֹ אֲשֶׁר בְּשֹׁמְרוֹן וַיָּחַל
וַיִּשְׁלַח מַלְאָכִים וַיֹּאמֶר אֲלֵהֶם לְכוּ דִרְשׁוּ בְּבַעַל זְבוּב אֱלֹהֵי עֶקְרוֹן

---

5) ᵃ 칠십인역은 '바알' 대신에 복수로 '바알들'(τοῖς Βααλιμ)이라 번역하고, '그에게'(לוֹ) 대신
에 '그들에게'(αὐτοῖς)라고 하여 바알을 복수로 표기하였다.

  ᵇ⁻ᵇ 칠십인역은 '그의 아비가 한' 대신에 τὰ γενόμενα ἔμπροσθεν αὐτοῦ(그의 앞에 있었던 것
들)이라 하여 아흐압뿐 아니라 오므리까지 포함한 아햐즈야의 조상들이 행한 악행들을
지칭하였다. 그렇게 되면 아햐즈야의 죄가 더욱더 역사적인 것이 되고 심화되는 결과가
된다.

6) ᵃ BHS가 주에서 지적하듯이, '나의 이 병에서'라는 뜻이 되려면 문법적으로는 히브리어로
מֵחָלְיִי הַזֶּה (이 병에서부터)가 되어야 하는데, 여기선 마치 히브리어 철자 요드(י)와 헤
(ה)를 빠뜨린 것 같다. 칠십인역은 정상적인 것을 전제를 하고 있다: ἐκ τῆς ἀρρωστίας μου
ταύτης(나의 이 병에서). Hobbs, 2 참고. 그리고 거의 대부분의 번역판도 그런 뜻으로 번역
하고 있다. 그런데 열왕기하 8장 8, 9절에서도 거의 비슷한 상황에서 본문과 똑같은 형태
를 취하고 있다. 그렇다면 문법적인 실수가 아니라 일부러, '병에서, 이것에서'란 뜻으로
강조해서 말했을 것이다.

אִם אֶחְיֶה מֵחֳלִי[a] זֶה׃

a) 그러고 난 후에 아햐즈야가 쇼므론에 있는 그의 이층의[7] 격자 사이로 떨어졌다. 그래서 그는 부상을 입었다.

b) 그러자 그는 사자들을 보내면서 그들에게 말했다. "너희는 가거라! 에크론의 신 바알즈붑에게 물어라! 내가 병에서, 이것에서 살아날 것인지를."

3 וּמַלְאַךְ יְהוָה דִּבֶּר אֶל־אֵלִיָּה הַתִּשְׁבִּי קוּם עֲלֵה לִקְרַאת מַלְאֲכֵי מֶלֶךְ־שֹׁמְרוֹן

וְדַבֵּר אֲלֵהֶם הַמִבְּלִי אֵין־אֱלֹהִים בְּיִשְׂרָאֵל אַתֶּם הֹלְכִים לִדְרֹשׁ בְּבַעַל זְבוּב אֱלֹהֵי עֶקְרוֹן׃

a) 그러나 야흐베의 사자가 그 티쉬베 사람 엘리야에게 말했다. "일어나라! 쇼므론 왕의 사자들을 만나러 올라가거라!

b) 그리고 너는 그들에게 말하라! '이스라엘에 하나님이 없기 때문이냐? 너희, 에크론의 신 바알즈불에게 물으러 가는 사람들아!

4 וְלָכֵן כֹּה־אָמַר יְהוָה הַמִּטָּה אֲשֶׁר־עָלִיתָ שָּׁם לֹא־תֵרֵד מִמֶּנָּה כִּי מוֹת תָּמוּת וַיֵּלֶךְ אֵלִיָּה׃

a) 바로 그렇기 때문에[8] 야흐베께서 이렇게 말씀하셨다. 네가 거기에 올라간 그 침상, 거기서 너는 내려오지 못할 것이다. 너는 분명히 죽을 것이기 때문이다.'"

b) 그래서 엘리야[9]는 갔다.

---

7) 개역성경에서 '다락'이라 번역하는 '알리야'는 단층건물의 평평한 지붕 일부를 차지한 건축물이다. '다락'보다는 '이층'이라 옮기는 것이 좋겠다.

8) '브라켄'은 보기 드문 표현이지만, 아주 없는 것은 아니다(삼상 3:14; 사 8:7 등). 문자 그대로는 '그리고, 그러므로'이지만, 문맥에서의 뜻을 살펴 '바로 그렇기 때문에'라고 옮긴다. 그레이(Gray, 461, 주 [b])도 ךְ(바로)가 붙어 있으면 그 문장을 그 앞과 가깝게 연결시키므로 여기에 있는 게 좋다고 본다.

9) 여기선 본문에서 엘리야후가 아니라 단축형 엘리야로 나타나므로 그대로 표기한다.

5 וַיָּשׁוּבוּ הַמַּלְאָכִים אֵלָיו

וַיֹּאמֶר אֲלֵיהֶם מַה־זֶּה שַׁבְתֶּם:

a) 그러자 그 사자들이 그에게 돌아갔다.

b) 그러니까 그가 그들에게 말했다. "이게 무슨 일이냐? 너희가 돌아왔구나!"

6[10] [a] וַיֹּאמְרוּ אֵלָיו אִישׁ עָלָה לִקְרָאתֵנוּ וַיֹּאמֶר אֵלֵינוּ לְכוּ שׁוּבוּ אֶל־הַמֶּלֶךְ

אֲשֶׁר־שָׁלַח אֶתְכֶם וְדִבַּרְתֶּם אֵלָיו כֹּה אָמַר יְהוָה הַמִבְּלִי אֵין־

אֱלֹהִים בְּיִשְׂרָאֵל אַתָּה שֹׁלֵחַ [b] לִדְרֹשׁ בְּבַעַל זְבוּב אֱלֹהֵי עֶקְרוֹן

לָכֵן הַמִּטָּה אֲשֶׁר־עָלִיתָ שָּׁם [c] לֹא־תֵרֵד מִמֶּנָּה כִּי־מוֹת תָּמוּת:

a) 그러자 그들이 그에게 말했다. "한 사람이 우리를 만나러 올라왔었습니다. 그리고 난 후에 그는 우리에게 말했습니다. '너희는 가거라! 너희를 보낸 그 왕에게로 돌아가거라! 그리고 너희는 그에게 말하라! 야흐베께서 이렇게 말씀하셨다. 이스라엘에는 하나님이 없기 때문이냐? 너 에크론의 신 바알즈붑에게 물으러 보내는 사람아!

b) 그러므로 네가 거기에 올라간 그 침상, 거기서 너는 내려오지 못할 것이다. 너는 분명히 죽을 것이기 때문이다'"

7 וַיְדַבֵּר אֲלֵהֶם מֶה מִשְׁפַּט הָאִישׁ אֲשֶׁר עָלָה לִקְרַאתְכֶם

וַיְדַבֵּר אֲלֵיכֶם אֶת־הַדְּבָרִים הָאֵלֶּה:

a) 그러자 그가 그들에게 말했다. "그 사람의 외모가 어떠한가? 너희를 만나러 올라왔고,

---

10) [a] 히브리어 필사본 하나와 페쉿타에서는 '그 왕에게' 대신에 '그 사람에게'라고 표기하고 있다. 그것은 아햐즈야를 낮추려는 의도인 것 같다.

[b] 칠십인역에선 πορεύῃ (= הֹלֵךְ)라고 번역하여 '보내는 사람' 대신에 '가는 사람'이라고 했다. 그러나 아햐즈야가 가는 게 아니고 사자를 보낸 거니까 마소라 본문이 옳다.

[c] 히브리어 필사본 하나와 칠십인역에선 이 단어가 빠져 있지만, 이것은 우리 어법에선 필요 없다고 생각하는 곳에 많이 들어간다. 본문 4, 16절을 보라!

b) 그리고 너희에게 이 말들을 한……”

8　　　וַיֹּאמְרוּ אֵלָיו אִישׁ בַּעַל שֵׂעָר וְאֵזוֹר עוֹר אָזוּר בְּמָתְנָיו

וַיֹּאמַר אֵלִיָּה הַתִּשְׁבִּי הוּא׃

a) 그러자 그들이 그에게 말했다. “털북숭이 사람이었습니다. 그리고 가죽 띠
를 그의 허리에 두르고 있었습니다.”

b) 그러자 그가 말했다. “그 티쉬베 사람 엘리야다, 그건.”

9[11]　　　וַיִּשְׁלַח אֵלָיו שַׂר־חֲמִשִּׁים וַחֲמִשָּׁיו

וַיַּעַל[a] אֵלָיו וְהִנֵּה[b] יֹשֵׁב עַל־רֹאשׁ הָהָר וַיְדַבֵּר אֵלָיו אִישׁ הָאֱלֹהִים

הַמֶּלֶךְ דִּבֶּר רֵדָה׃

a) 그러고 난 후에 그는 그에게 오십부장과 그의 오십 명을 보냈다.

b) 그래서 그는 그에게 올라갔다. 그런데 보라! 그 산꼭대기에 앉아 있는 사
람![12] 그래서 그는 그에게 말했다. “그 하나님의 사람님! 그 왕께서 말씀
하셨습니다. 너는 꼭 내려오라!’”[13]

10[14]　　　וַיַּעֲנֶה אֵלִיָּהוּ וַיְדַבֵּר אֶל־שַׂר הַחֲמִשִּׁים וְאִם[a]־אִישׁ אֱלֹהִים אָנִי תֵּרֶד

---

11) [a] 루키안 수정본 수정본과 페쉿타에선 복수로 되어 있다. 오십부장 혼자만 간 게 아니라
부하들도 같이 갔으니, 이치로 보면 복수가 마땅하나, 히브리어에선 이런 경우에 단수로
표기하는 예가 드물지 않다.

　[b] 루키안 수정본은 αὐτὸς δε(그런데 그는)라고 하여 히브리어로 וְהוּא가 본래의 모습인 것같이
하고 있다. 그러나 루키안 수정본은 문법적인 데 치중하여 원문을 많이 고치는 경향이 있으
므로, 신뢰하기 어렵다(Würthwein, 1988, 70 참고). 이 수정본에서는 그 다음에 ‘엘리야
후’(Ηλιου)라는 이름도 나타난다.

12) ‘요셉’. 분사이므로 ‘그가 앉아 있었다.’라고도 번역할 수 있으나, 앞뒤 문맥에 따라 ‘앉아
있는 사람’이라 옮긴다.

13) ‘레다’: ‘야라드’의 명령법에 ‘권유법 헤’가 붙었다.

14) [a] 십수 개의 히브리어 필사본들과 페쉿타, 타르굼, 불가타에서는 וְ(그래)를 생략하고 있다.
그러나 이것은 엘리야후의 감정을 드러내는 말이므로 그냥 두어야 한다.

אֵשׁ מִן־הַשָּׁמַיִם וְתֹאכַל אֹתְךָ וְאֶת־חֲמִשֶּׁיךָ

וַתֵּרֶד אֵשׁ מִן־הַשָּׁמַיִם וַתֹּאכַל אֹתוֹ וְאֶת־חֲמִשָּׁיו:

a) 그랬더니 엘리야후가 대답하였다. 그리고 그는 그 오십부장에게 말했다. "그래 내가 만일 하나님의 사람이면 그 하늘에서 불이 내려올 것이고, 너와 너의 오십 명을 삼킬 것이다."

b) 그랬더니 그 하늘에서부터 불이 내려왔다. 그리고 그것은 그와 그의 오십 명을 삼켰다.

11[15] וַיָּשָׁב וַיִּשְׁלַח אֵלָיו שַׂר־חֲמִשִּׁים אַחֵר[a] וַחֲמִשָּׁיו

וַיַּעַן[b] וַיְדַבֵּר אֵלָיו אִישׁ הָאֱלֹהִים כֹּה־אָמַר הַמֶּלֶךְ מְהֵרָה רֵדָה:

a) 그러나 그는 다시 그에게 다른 오십부장과 그의 오십 명을 보냈다.

b) 그래서 그는 대답하였다. 그리고 난 후에 그는 그에게 말했다. "그 하나님의 사람님! 그 왕께서 이렇게 명령하셨습니다. '그대는 꼭 빨리 내려오라!'"

12[16] וַיַּעַן אֵלִיָּה וַיְדַבֵּר[a] אֲלֵיהֶם[b] אִם־אִישׁ הָאֱלֹהִים[c] אָנִי תֵּרֶד אֵשׁ מִן־הַשָּׁמַיִם

---

15) [a] 페쉿타와 타르굼 필사본들에는 복수로 되어 있지만, 오십부장을 여러 명 보내지는 않았을 것 같다.

 [b] 히브리어 필사본 하나와 칠십인역 바티칸사본과 불가타에는 이 말이 빠져 있다. 그리고 바티칸사본을 제외한 칠십인역에는 καὶ ἀνέβη라고 번역하여, 히브리어원문이 וַיַּעַל(그래서 그가 올라갔다)이었음을 시사하고 있다. 이 단어가 9절에도 나타나므로 그런 가정이 불가능하지 않다. 그래서 많은 현대 번역판들과 주석들은 칠십인역을 따르고 있다. Revidierte Lutherbibel (1984); New Revised Standard Version(1989); Revidierte Elberfelder Bibel(1993); Gray, 461; Beck, 1999, 140 참고. 그러나 현재의 본문을 그대로 두고 보면, 오십부장이 아햐즈야왕에게 확실하게 임무를 수행하겠다고 복창을 하였다는 뜻이 되므로 앞뒤 문맥에 맞는다. 그래서 그는 첫 번째 오십부장보다 더 강경한 어투로, 엘리야후에게 올라가지도 않고 멀리서 엘리야후에게 명령하였을 것이다.

16) [a] 소수의 히브리어 필사본과 동방의 마소라 본문과 페쉿타에선 וַיֹּאמֶר(그래서 그가 대답했다)라 기록하고 있다. 그런 사본들은 두 번째 오십부장이 '왕이 명령했다'(אמר)에 맞추어, 엘리야후도 '말했다'(אמר)고 했을 것이다.

 [b] BHS는 אֵלָיו(그 남자에게)라고 읽을 것을 제안한다. 두 개의 히브리어 필사본과 칠십인역, 페쉿타의 뒷받침을 얻고 있기 때문이다. 10절에서 엘리야후가 '그 오십부장에게' 말한 것을

וַתֹּאכַל אֹתְךָ וְאֶת־חֲמִשֶּׁיךָ

וַתֵּרֶד אֵשׁ־אֱלֹהִים[d] מִן־הַשָּׁמַיִם וַתֹּאכַל אֹתוֹ וְאֶת־חֲמִשָּׁיו׃

a) 그러자 엘리야가 대답하였다. 그리고 그는 그들에게 말했다. "만일 내가 그 하나님의 사람이라면, 그 하늘에서 불이 내려와서 너와 너의 오십 명을 삼킬 것이다."

b) 그랬더니 하나님의 불이 그 하늘에서 내려와서 그와 그의 오십 명을 삼켰다.

13[17)] וַיָּשָׁב וַיִּשְׁלַח שַׂר־חֲמִשִּׁים שְׁלֹשִׁים[a] וַחֲמִשָּׁיו

참조하면, 이번에도 '그에게'라고 하는 것이 맞을 것이다. 그러나 마소라 본문대로 보면 새로운 뜻이 발견된다. 두 번째에는 모든 정황이 첫 번째와 많이 달랐다. 두 번째 오십부장은 가까이 올라가지도 않고 멀리서 오십 명의 부하들과 같이 있으면서 소리 질렀고, 엘리야후는 멀리 모여 있는 '그들에게' 외쳤을 것이다. 거기에는 전번에 불이 내려왔다는 것을 알고도 따라온 오십 명을 같이 꾸짖는 의미가 있다.

[c] 몇 개의 히브리어 필사본과 칠십인역은 정관사 없이 אֱלֹהִים[하나님(의 사람)]이라 기록하고 있다. 정관사가 없으면 '신의 사람'이라 뜻이고, 정관사가 있으면 '그 하나님(야훼)의 사람'이란 뜻이 된다. 10절에서 정관사 없이 씌었기에 이본들의 상태가 가능하기도 하다. 그러나 마소라 본문은 엘리야후가 자신이 야훼 하나님의 사람이라는 것을 더욱더 강조하고 있다는 것을 보여준다. 오십부장들은 한결같이 엘리야후를 '그 하나님의 사람'(הָאֱלֹהִים אִישׁ)으로 부르고(9, 11, 13), 엘리야후는 처음엔 자신이 '신의 사람'(אִישׁ־אֱלֹהִים)인 것을 상정했다가(10), 두 번째엔 '그 하나님의 사람'임을 전제한다(12). 엘리야후는 처음에 자신이 '신 중의 하나의 사람'이라 할지라도 불이 내려올 것이라고 했다가, 두 번째엔 자신이 '야훼의 사람'인데도 체포하려는 것임을 책망하고 있는 듯하다.

[d] 몇 개의 히브리어 필사본과 칠십인역과 불가타 필사본들은 그냥 '불'이라고 하여 '하나님'이란 말을 빼버렸다. 첫째 경우에도 그러하였기 때문일 것이다. 그러나 위에서 지적했듯이, 첫 번째와 두 번째는 분명히 다르다. 오십부장의 어투, 엘리야후의 답변이 더 강해졌고, 그에 따라 하늘에서 내려온 불도 더 강해졌다. 그러므로 본문을 그대로 두어야 한다. 홉스(Hobbs, 3)는 이것이 그 앞줄의 הָאֱלֹהִים אִישׁ(그 하나님의 사람)의 중복일 가능성이 있다고 하였으나, 앞뒤 문맥이나 내용으로 볼 때에 용납하기 어렵다.

17) [a] 마소라 본문대로라면 아하즈야왕이 세 번째엔 30명의 오십부장을 보냈다는 얘기가 된다. 그러나 바티칸 사본을 뺀 나머지 칠십인역(불가타도)은 다 τρίτον(세 번째)이라고 하였다. 마소라 그대로도 불가능한 것은 아니나, 본문 뒤에 나머지 29명의 장교에 대한 이야기도 없으므로, 칠십인역을 따라 '세 번째'(שְׁלִישִׁי)로 읽는다. 같은 절에서 הַשְּׁלִישִׁי 가 다시 나오는 것을 참고하라. Beck, *1999*, 140, 주 549 참고. 페쉿타는 שְׁלִישִׁית(삼분

וַיַּ֩עַל֩ [b]וַיָּבֹ֨א[c] [d]שַׂר־חֲמִשִּׁ֤ים הַשְּׁלִשִׁי֙[d] וַיִּכְרַ֣ע עַל־בִּרְכָּ֗יו לְנֶ֙גֶד֙ אֵלִיָּ֔הוּ

וַיִּתְחַנֵּ֣ן אֵלָ֔יו וַיְדַבֵּ֤ר אֵלָיו֙ אִ֣ישׁ הָאֱלֹהִ֔ים תִּֽיקַר־נָ֣א נַפְשִׁ֗י וְנֶ֨פֶשׁ

עֲבָדֶ֥יךָ אֵ֛לֶּה חֲמִשִּׁ֖ים בְּעֵינֶֽיךָ:

a) 그러나 그는 다시 세 번째의 오십부장과 그의 오십 명을 보냈다.

b) 그래서 그는 올라갔다. 그런데 그 세 번째의 오십부장은 와서 엘리야후
앞에서 무릎을 꿇고 절하고 그에게 자비를 구하며 그에게 말했다. "그 하
나님의 사람님! 제 생명과 주님(당신)의 이 오십 명 종들의 생명이 제발
주님(당신)의 눈에 귀하게 되기를 바랍니다.

14[18) הִנֵּ֤ה יָֽרְדָה֙ אֵ֣שׁ מִן־הַשָּׁמַ֔יִם וַתֹּ֗אכַל אֶת־שְׁנֵ֞י שָׂרֵ֧י הַחֲמִשִּׁ֛ים הָרִאשֹׁנִ֖ים וְאֶת־
חֲמִשֵּׁיהֶ֑ם

וְעַתָּ֕ה תִּיקַ֥ר נַפְשִׁ֖י [a]בְּעֵינֶֽיךָ:

a) 보십시오! 불이 그 하늘에서 내려와서 먼저의 그 두 오십부장들과 그들의
오십 명들을 삼켰습니다.

b) 그런데 이제, 제 생명이 주님(당신)의 눈에 소중하기를 바랍니다."

의 일)로 읽고 있으나 별로 고려할 가치가 없어 보인다. BHS도 '세 번째'로 읽기를 제
안하고 있다.

[b] 본래의 칠십인역이나 불가타에서는 '올라갔다'는 단어를 빼고 있다. 반면에 페쉿타에서는
'나아갔다'는 단어를 빼고 있다. 두 단어가 같이 나오는 것은 분명히 중복으로 보인다. 그러
나 본문 그대로의 의미는, 첫 번째 장교는 올라가기만 했고, 두 번째 장교는 올라가지도 않고
멀리서 외쳤고, 세 번째 장교는 올라가서 가까이 다가가서 무릎을 꿇었다는 뜻이다. 마소라
본문은 첫 번째 장교와도 다른 세 번째 장교의 행동을 세밀히 묘사하고 있다.

[c] 페쉿타에서는 이 단어가 빠졌다. 올라갔다는 말에 또 다시 왔다는 말이 나오니 번거롭고
불필요하게 보였을 것이다. 그러나 올라가는 것과 엘리야후 앞에 나서는 것과는 다른 것이다.

[d-d] 불가타에서는 이 부분을 빼고 있다. 그러나 화자는 세 번째 오십부장을 강조하려는 것 같다.

18) [a] 바티칸사본을 뺀 나머지 칠십인역에선 ἡ ψυχὴ τῶν δούλων σου(당신의 종들의 생명)이
라고 번역하였다. 이는 13절의 '제 생명과 주님(당신)의 종들, 이 오십 명의 생명'과 맞
추기 위함으로 보인다. 그러나 본문은 당사자의 생명을 강조하는 것이다.

^bוַיְדַבֵּר מַלְאַךְ יְהוָה אֶל־אֵלִיָּהוּ רֵד אוֹתוֹ^a אַל־תִּירָא מִפָּנָיו

וַיָּקָם וַיֵּרֶד אוֹתוֹ^a אֶל־הַמֶּלֶךְ׃

a) 그러자 야흐베의 사자가 엘리야후에게 말했다. "너는 그와 함께 내려가거
라! 그의 앞에서 두려워하지 말아라!"

b) 그래서 그는 일어나서 그와 함께 그 왕에게로 내려갔다.

16²⁰⁾

וַיְדַבֵּר אֵלָיו כֹּה־אָמַר יְהוָה יַעַן אֲשֶׁר־שָׁלַחְתָּ מַלְאָכִים לִדְרֹשׁ בְּבַעַל זְבוּב

אֱלֹהֵי עֶקְרוֹן הַמִבְּלִי^a אֵין־אֱלֹהִים בְּיִשְׂרָאֵל לִדְרֹשׁ בִּדְבָרוֹ^a

לָכֵן הַמִּטָּה אֲשֶׁר־עָלִיתָ שָּׁם לֹא־תֵרֵד מִמֶּנָּה כִּי מוֹת תָּמוּת׃

a) 그래서 그는 그에게 말했다. "야흐베께서 이렇게 말씀하시오. '네가 에크
론의 신 바알즈붑에게 물으러 사자들을 보내었기 때문에……. 이스라엘에
는 그의 말을 물을 신이 없기 때문이냐?

b) 그러므로 네가 거기로 올라간 그 침상, 거기에서 너는 내려오지 못할 것
이다. 왜냐하면 너는 분명히 죽을 것이기 때문이다.'"

17²¹⁾

וַיָּמָת כִּדְבַר יְהוָה אֲשֶׁר־דִּבֶּר^a אֵלִיָּהוּ^b וַיִּמְלֹךְ יְהוֹרָם^c תַּחְתָּיו

---

19) ^a BHS는 אֹתוֹ(그와 함께)로 고칠 것을 제안하고 있다. 두 개의 히브리어 필사본과 거의
대부분의 번역판들의 뒷받침이 있고, 문법적으로도 그렇게 고치는 것이 옳다. 홉스와 벡
크도 그렇게 고치고 있다. Hobbs, 1995, 3; Beck, 1999, 140, 주 550 참고. 그러나 예를
들어 열왕기상 20장 16절에서도 אֹתוֹ(그와 함께) 대신에 אוֹתוֹ(그를 /그와 함께)가 나오
는 예가 발견되므로 그대로 두는 게 좋다.

^b 칠십인역에선 '그들의 앞에서'라고 번역하고 있다. 그러나 마소라 본문의 '그'는 아햐즈야를
가리킨다.

20) ^{a-a} 칠십인역에는 이 부분이 완전히 **빠졌다**. 그러나 재앙예언의 서론 격으로 나오는 이 질
문은 이 신탁이 나온 앞의 두 번의 예(3절, 6절)에서도 들어 있던 내용이다. 엘리야후가
본문에서 לִדְרֹשׁ בִּדְבָרוֹ(그의 말씀을 물을)이란 말을 첨가하였기에 더욱더 이 본문은
의미가 있다.

21) ^a 두 개의 히브리어 필사본과 바실리안─바티칸사본에는 여기에 בְּיַד(손에)가 붙어 있다.
그리고 하나의 히브리어 사본에선 אֶל(에게)를 첨가하고 있다.

^{b-b} 본래의 칠십인역에선 이 부분이 몽땅 **빠져** 있다. 이는 3장 1절과 겹치기 때문이다. 1장

^dבִּשְׁנַת שְׁתַּיִם לִיהוֹרָם בֶּן־יְהוֹשָׁפָט מֶלֶךְ יְהוּדָה^d כִּי לֹא־הָיָה לוֹ
בֵן^b:

a) 그러자 그는 엘리야후가 말한 야흐베의 말씀과 같이 죽었다. 그러고 난 후에 여호람이 그의 대신에 왕이 되었다.

b) 여후다왕 여호샤파트의 아들 여호람의 2년에. 그에게는 아들이 없었기 때문이었다.

18²²⁾ וְיֶתֶר דִּבְרֵי אֲחַזְיָהוּ^a אֲשֶׁר עָשָׂה
הֲלוֹא־הֵמָּה כְתוּבִים עַל־סֵפֶר דִּבְרֵי הַיָּמִים לְמַלְכֵי יִשְׂרָאֵל^b:

a) 그리고 아햐즈야가 한 일들의 나머지는,

b) 그것들이 '이스라엘 왕들의 일지'란 책에 적히지 않았느냐?

B. 논쟁점

그동안 제기된 문제들 중 가장 큰 것은 이 본문의 통일성 문제였다. 우선 군사들을 태워 죽이는 이야기는 너무 잔인하여 엘리야후답지 못하고, 오히려 엘리샤의

18절의 본문비평을 참고.

^c 루키안 수정본의 소문자사본에는 ὁ ἀδελφὸς αὐτοῦ(그의 형제)를 첨가하고 있다.

^{d-d} 루키안 수정본에는 이 부분이 없으나 별로 상관할 필요는 없을 것 같다.

22) ^a 루키안 수정본과 페쉿타에선 וְכָל־(그리고 모든)이 덧붙어 있다: "아무개 왕의 남은 사적과 그가 한 모든 일은 어디에 기록되지 않았느냐?" 이런 양식은 셸로모를 비롯하여 대개의 왕들에게 다 부과되었다. 그러나 아마츠야후(왕하 14:18), 즈카르야(왕하 15:11) 등에겐 '그의 한 모든 일'이란 표현이 생략되었고, 본문과 같이 '모든'이란 말이 빠져서 '아무개 왕이 행한 남은 사적은……'의 양식으로 된 경우는 오므리(왕상 16:27), 아하스(왕하 16:19), 아몬(왕하 21:25)을 들 수 있다.

^b 칠십인역에선 여기에 덧붙여져 마소라 본문의 3장 1-3절이 길게 수록되어 있다. 샨다(Šanda, 6.)는 칠십인역이 더 본래의 모습을 가지고 있는 것이라 본다. 그러나 몽고메리(Montgomery, 350f.)는 그리스판이 더 정확하게 보이는 것이 편집의 결과이기 때문이라고 설명한다.

행적과 닮았다고들 한다(Montgomery, 348; ATD 11/2, 269). 엘리샤는 곰들을 시켜서 아이들을 마흔 두 명이나 죽였다는 것이다. 또한 '하나님의 사람'이란 칭호도 주로 엘리샤에게 해당되는 칭호였으니 엘리샤의 이야기가 엘리야후에게 옮아 붙은 것이라고 간주한다(Hentschel/2, 6). 그래서 9-16절은 본래의 본문이 아니라고들 한다. 또한 이제까지와 달리 본문에는 '하나님의 사자'가 나타나 분부하고 있으니 이것도 엘리야후 이야기에선 이질적인 요소라 한다. 또한 바알을 섬긴 것이 죽음에 해당할 정도로 엘리야후 당시에 벌써 제일계명이 일반화되었겠느냐는 질문도 제기되었다. 그리고 이 이야기를 전설로 규정하면서 본문의 역사성도 의문시하였다. 우선 간단한 문제부터 풀어보자.

1. '하나님의 사람' 이란 칭호가 본문과 엘리샤 이야기에서 왔다는 것을 증명하는 단서가 될 수 있는가?

이 칭호는 본문 1장 9, 10, 11, 12, 13절에서 엘리야후에게 붙여져 있다. 홉스는 이 칭호가[23] 모세, 셔무엘, 엘리야후와 엘리샤에게만 적용된 것이라고 하였지만(Hobbs, 1995, 5f), 실제로 이 칭호는 그 외에도 베트엘에 간 익명의 예언자(왕상 13:1, 4ff, 11f, 14, 21, 26, 29, 31; 23:16f); 아흐압에게 간 익명의 예언자(왕상 20:28); 예언자 셔마야(왕상 12:22; 대하 11:2); 아마츠야후에게 간 익명의 예언자(대하 25:9); 엘리에게 간 익명의 예언자(삼상 2:27) 등의 다양한 예언자들에게와 쉼숀의 부모에게 나타난 천사(삿 13:6, 8)에게도 붙여졌으며, 후대에는 다비드(대하 8:14; 느 12:24, 36)까지도 그런 이름으로 불렸다. 위의 예 중 대부분은 소위 신명기사의 범위 안에 있다. 그뿐 아니라, 엘리야후에게도 본문 외에 여러 번 이 칭호가 적용되었다(왕상 17:18, 24). 그러므로 '하나님의 사람'이란 칭호를 가지고 엘리샤와의 연관성을 주장하는 것은 지나친 것 같다. '하나님의 사람'은 예언자를 가리

---

23) אִישׁ־אֱלֹהִים(신의 사람) 혹은 אִישׁ הָאֱלֹהִים(그 하나님의 사람)의 형태를 가리지 않고 열거한다.

키는 일반적인 호칭이었을 것이다.24)

2. '야흐베의 천사(사자)' 는 본문의 통일성을 해치는가?

뷔르트바인은 3, 4, 15a절에서 '야흐베의 사자'가 나오는 부분은 다 후대의 첨가
부분이라고 한다.25) '야흐베의 사자' 혹은 '사자'는 소위 신명기사에서 주로 기드
온 이야기(삿 6)와 쉼숀 이야기(삿 13)에 집중적으로 나오고, 다비드 이야기(삼하
24)에도 나오지만, 열왕기에 들어선 다섯 번밖에 나오지 않는다: 열왕기상 19:5, 7;
열왕기하 1:3, 15; 19:35. 이 중에 맨 마지막 예를 제외한 네 번이 엘리야후 이야
기에서 나타난다. 비록 천사가 엘리야후 이야기 중 기근이야기에는 나타나지 않았
다고 하나, 열왕기에서는 엘리야후 이야기에서 가장 많이 나타난 게 분명하다. 그
리고 그 희귀한 '야흐베의 사자'가 본문에선 두 번이나 나타나고, 그것도 많은 학
자들이 통일성을 부인하는 9-16절과 나머지 이야기 양쪽에 걸쳐 있다.26)

헨첼은 5-8절은 3-4절을 전제하고 있지 않다고 한다. 5-8절에선 마지막 순간까
지 누가 그런 말을 했는지 알 수 없는데, 3-4절에서는 그것을 밝히고 있다는 것이
다(Hentschel, 1977, 13f; 동 저자, 1995, 55). 그러나 3-4절은 청중들에게 하는
말이고, 5-8절은 궁중 안에서의 대화인데 그것을 두고 층이 다르다고 말할 수 없
다. 오히려 '야흐베의 천사'는 본문의 통일성을 뒷받침하는 근거가 되고 있다. 또

---

24) Fretheim, 133 참고.

25) 뷔르트바인의 주장(ATD 11/2, 267): 본문은 본래 이스라엘의 어떤 왕이 외국의 신에게
    물으려는 것을 엘리야후가 막았다는 일화였다(2.5-8.17aα *). 이 일화에다 하나님의 사람
    엘리야후에 대한 이야기가 첨가되었고(9-14. 15b.16), 나중엔 4.15a에서 '야흐베의 천사'가
    엘리야후에게 지시했다는 내용이 첨가되었다. 그래서 본래는 엘리야후가 그 사자들을 돌
    려보냈다는 것이 나중에 밝혀진 사실이었지만, 나중에는 처음부터 청중들이 엘리야후의
    행동이었음을 알게 되어 이야기에 긴장이 생기게 되었다. 그렇게 조작한 이유는 엘리야후
    가 스스로의 의지에 의해서가 아니라 하나님의 지시에 의해 움직인다는 것을 강조하기
    위함이었다.

26) 뷔르트바인(ATD 11/2, 267)은 3-4, 15a를 다 후대의 첨가라고 한다. 그러나 홉스(Hobbs,
    1995, 9)는 이 부분(3절)을 편집으로 볼 이유가 없다고 한다.

한 '야흐베의 사자'는 엘리샤 이야기에는 한 번도 나오지 않는다는 사실도, 이 이야기를 엘리샤 이야기의 영향을 받은 것으로 보려는 견해들을 반박하는 근거가 될 수 있다.

3. 그 당시에 제일계명이 통용되고 있었으며, 이 이야기 속에서 역사적인 단서를 발견할 수 있는가?

이 문제는 역설적이게도 이 본문의 통일성을 부인하고 네 단계에 걸쳐 이루어졌다고 주장하는 헨첼이 해결해 주고 있다. 그는 "엘리야후와 바알 숭배"라는 논문에서 엘리야후 당시(9세기)에 이미 제일계명이 존중되고 있었음을 증명하고 있다(Hentschel, 1995, 54-90). 그는 자기가 최초의 본문이라고 보는 2, 5-8절만을 대상으로 해서 분석하면서, '이스라엘에는 하나님이 없느냐'(6)라는 엘리야후의 질문은 '다른 신을 섬기는 사람을 죽이라'는 고대법(출 22:19)을 전제로 하고 있다고 말한다(위의 글, 58). 엘리야후의 말을 들은 사자들이나, 사자들의 말을 들은 아햐즈야의 태도에 제일계명을 요구하는 것이 잘못이라는 반응이 없고, 화자가 그런 이야기를 듣는 청중이 그 내용에 이의를 제기하지 않을 것을 전제로 이야기를 전개시키고 있다는 것이다(위의 글, 58f). 그러므로 초기의 화자들에게는 야흐베의 배타적인 요구가 소수의 이상이 아니라 모든 이스라엘인들에게 구속력이 있는 요구였다고 한다. 그리고 아햐즈야가 이층에서 떨어져 부상을 당한 사실, 에크론의 신에게 물으러 사람을 보낸 사건, 그것에 대해 엘리야후가 심판선언을 했다는 사실, 그 선언내용이 본문에 바르게 전승되었다는 점을 의심할 근거가 없다고 밝혔다(위의 글, 60-61). 이리하여 헨첼은 일부에 한한 것이긴 하나 본문의 역사성을 증명하였고, 제일계명이 9세기에 통용되고 있음을 증명하는 데 성공했다.[27] 그럼 나머지 부분의 역사성은 어떻

---

27) 민영진(1970/3, 161)도 "엘리야후의 예언활동에서는 특히 제일 계명이 강하게 반영되어 있음을 본다"고 하였다. 그는 또한 엘리야후의 예언이 율법에 기초해 있다는 점을 지적하고 있다. 민영진, 1970/6, 165f 참고.

게 증명될까? 이 이야기가 통일성 있는 이야기라면(아래 6 참고) 본문 전체의 역사성은 저절로 증명될 것이다.

4. 아햐즈야의 사자들은 왜 그냥 돌아갔는가?

아햐즈야의 사자들은 어떻게 낯선 사람의 말 한 마디에 그렇게 간단히 왕명을 포기하였던가? 주석가들이 별로 의문을 품지 않은 이 문제가 본문을 이해하는 데 큰 도움을 줄 수 있을 것이다.

우리는 우선 오바드야후가 엘리야후를 만났을 때의 반응을 떠올릴 필요가 있다 (왕상 18:7ff). 그는 엘리야후를 발견한 사실을 아흐압에게 말하기를 두려워했다. 그동안에 엘리야후가 도망가 버리면 자기가 책임을 면하기 어렵다고 했다. 그러므로 아흐압이 죽은 지 2년도 되지 않은 이 시점에서 궁중의 기강이 해이해졌으리라 보기는 어렵다. 그들은 엘리야후를 몰랐을까? 인상착의를 간단히 듣고도 아햐즈야는 알아맞혔는데, 아흐압왕의 신료들에게 익히 알려졌던 엘리야후가 그동안 궁중출입이 없어서 모르는 사람이 되었을까?28) 그런 가정은 받아들이기 어렵다. 아햐즈야는 어떻게 자기가 직접 보지도 않고 추측만으로 엘리야후를 체포하러 군대를 보냈을까? 군대를 보내더라도 사자들을 돌려보낸 것이 엘리야후라는 것을 확인하기 위하여 사자들을 같이 보냈어야 하는데, 왜 사자들은 보내지 않고 군대만 보냈을까? 우리는 또한 사자들이 엘리야후의 말을 매우 정확하게 옮겼다는 점, 왕의 처벌을 두려워하지 않았다는 점 등을 염두에 두어야 한다.

그렇다면 결론은 사자들이 엘리야후를 알고 돌아갔다는 것이다. 그들은 야흐베를 숭배하던 오바드야후 같은 부류여서 왕의 처사가 잘못되었다는 것을 알았고, 그래서 그들은 왕의 처벌을 두려워하지 않고 돌아가 엘리야후의 예언을 그대로 전

---

28) 헨첼은 아햐즈야가 즉위한 후에 엘리야후의 궁중출입이 어려워져 그렇게 되었을 것이라 한다(Hentschel, 1995, 61) 그러나 이는 믿기 어렵다. 우로가 없게 하고, 다시 오게도 하였고, 카르멜산의 대결로 유명한 그를 궁중의 관료들이 그동안에 잊었을 리가 없다.

했다는 이야기다. 아햐즈야는 예언자의 용모의 특색을 물었는데, 사자들은 간단히 핵심을 찔러 대답하였다. 아햐즈야는 그게 엘리야후였음을 아는 것과 동시에 자기의 사자들이 자기를 기만하고 있음도 알았을 것이다. 그래서 그는 사자를 군대와 함께 보내지 않고, 오직 명령에만 복종하는 군대를 보낸 것이다. 화자는 이 이야기를 하면서 청중들의 웃음을 기대하고 있다. 우상을 숭배하던 왕은 신하들에게 한 방 먹었다. 이제 천하의 웃음거리가 된 왕은 자기에게 남은 마지막 수단인 군대를 동원한다. 사자들은 아마 목숨을 잃었을지 모르나, 그래도 그의 수치는 풀리지 않는다. 이런 상황에서 군대를 파송하는 장면은 상세하게 묘사되지 않을 수 없었다.

5. 언어의 유희

화자는 사자(מַלְאָךְ: 말아크)란 말을 통해 언어의 유희를 보이고 있다. 아햐즈야가 '말아크'들(מַלְאָכִים)을 보내니까(1:2), 하나님의 '말아크'(천사)가 나선다(1:3, 15). 이는 열왕기상 19장의 상황과 똑같았다(2, 5). 결과는 아햐즈야의 '말아크'가 하나님의 '말아크'로 변해 버렸다(1:5-8).[29] 그들은 엘리야후 대신에 자세히 하나님의 심판예언을 전한다. 또한 아햐즈야의 사자들은 '바알 즈붑'(בַּעַל זְבוּב: 파리 대장)을 찾아가라고 보냄을 받았으나, '바알 세아르'(בַּעַל שֵׂעָר: 털북숭이)를 만나고 돌아갔다(1:8). '바알 즈불'(בַּעַל זְבוּל: 군주 바알)을 바꾸었음이 분명한 '바알 즈붑'도 풍자였고,[30] '바알 세아르'도 사자들의 위트였다. 결국 아햐즈야는 화자가 '파리의 대장'으로 폄하한 '군주 바알'을 만나러 가라고 하였으나, 사자들은 '털보 바알'(엘리야후)을 만났다.

이런 언어의 유희는 9-16절에서도 계속된다. 오십부장들은 '이쉬 하엘로힘'

---

29) 이런 내용은 열왕기하 9장 17절 이하에서 여호람이 보낸 사자가 예후의 대열에 합류하는 것을 연상시킨다. 또한 요한복음 8장 45절 이하에서 대제사장의 하속들의 대답을 참고하라. 한편 롱(Long, 1991, 12)도 말아크의 대비를 통하여 통일성을 주장한다.

30) Hentschel/2, 6 참고. 신약에선 바알스불이라고 했다(마 10:25 평행). 엘리야후 이야기에서는 바알에 대해 자주 희롱을 한다(왕상 18:27). 이승현, 2002, 25 참고.

('그 하나님의 사람' אִישׁ הָאֱלֹהִים 1:9, 11, 13)을 찾았는데, '에쉬 엘로힘'
(אֵשׁ אֱלֹהִים: 하나님의 불 1:10, 12)이 내려왔다. 이런 유머가 한 장에 세 번이나
나오는 것은 우연이 아니다. 화자는 아햐즈야에 대해 풍자를 늘어놓으면서 일관되
게 청중을 웃기고 있음이 분명하다. 이는 본문의 통일성을 암시하는 한 단서가 될
수 있다.

6. 대칭적인 구조

　　본문의 핵심적인 사건, 즉 아햐즈야가 이층에서 떨어져 생기는 사건은 2-17절에
수록되어 있는데, 이는 두 세력의 대결을 보여주는 장면을 중심으로 한 대칭구조
를 갖고 있다.[31] 그리고 그 주위를 아햐즈야의 치적과 승계라는 테두리(왕상
22:51- 53; 왕하 1:1, 17aβ -18)가 둘러싸고 있다.[32] 그리고 전체 본문은 아햐즈야
가 야흐베를 진노하시게 한 일들과(왕상 22:53 참고) 거기에 대한 하나님의 심판
을 기준으로 하여 다섯 번의 도전과 심판으로 분류될 수 있다.

> A 아햐즈야의 등극과 치적(왕상 22:52 − 왕하 1:1)[아햐즈야의 도전 Ⅰ; 하나님의 심판 Ⅰ]
> 　B 아햐즈야가 떨어지자, 바알에게 물으려 한다(2)[하나님의 심판 Ⅱ; 아햐즈야의 도전 Ⅱ]
> 　　C 하나님의 사자가 지시한다(3-4)
> 　　　D 아햐즈야의 측근이 돌아선다(5-8)
> 　　　　X 오십부장이 파견된다(9-12)[아햐즈야의 도전 Ⅲ/Ⅳ; 하나님의 심판 Ⅲ/Ⅳ]
> 　　　D′ 아햐즈야의 측근이 돌아선다(13-14)[아햐즈야의 도전 Ⅴ]
> 　　C′ 하나님의 사자가 지시한다(15-16)
> 　B′ 아햐즈야가 죽는다(17aα)[하나님의 심판 Ⅴ]

---

31) Hobbs, 1995, 12f 참고.

32) 롱(Long, 1991, 7)도 필자와 비슷하게 본문을 셋으로 나눈다. Ⅰ. 서론적인 왕정 회고[왕
　　상 22,52-54(히브리어 본문을 따라)] Ⅱ. 통치 기간의 사건들 열왕기하 1,1-17a A. 반란
　　언급: 열왕기하 1,1 B. 아햐즈야가 엘리야후와 맞서다가 죽은 일에 대한 전설: 열왕기하
　　1,2-17a Ⅲ. 결론적인 요약: 열왕기하 1,17b-18.

A′ 아햐즈야의 승계(왕하 1:17aβ -18)

아햐즈야가 야흐베를 진노하시게 하니(53-54) 하나님은 모압이 반란을 일으키게 하신다(1). 연이어 하나님은 아햐즈야를 이층에서 떨어지게 하시는데(2), 아햐즈야는 에크론의 바알에게 묻게 한다(2). 그리고 엘리야후가 사자들을 돌아가게 했다는 것을 안 아햐즈야는 그를 체포하려 한다(9). 하나님은 그들을 태우심으로 심판하시지만(10), 아햐즈야는 다시 하나님께 도전하다가(11), 다시 하나님께 불벼락을 맞는다(12). 아햐즈야는 다시 세 번째 군대를 보내어 하나님께 도전하지만(13), 하나님은 한 박자 쉬었다가 아햐즈야의 목숨을 거두신다(17). 그러므로 아햐즈야의 도전과 하나님의 심판은 1장 전체를 이끌어 가는 주제라 할 수 있다. 도전 - 심판(왕상 22:53-왕하 1:1)/ 심판 - 도전(왕하 1:2)/ 도전 - 심판(9-10)/ 도전 - 심판(11-12)/ 도전 - 심판(13-17). 대체로 아햐즈야의 도전이 먼저였지만, 두 번째엔 하나님의 심판이 먼저 임하는데, 이는 첫 번째 심판으로도 아햐즈야가 회개하지 않았기 때문인 것 같다.

절정의 대결은 9-12절, 즉 아햐즈야가 마지막 수단으로 두 번이나 오십부장을 보내는 장면에서 이루어진다. 특별히 두 번째의 오십부장이 더 강경하고 거만하게 하나님께 도전하고, 그에 대해 '그 하나님의 불'이 하늘에서 내려옴으로써 이야기는 절정에 이른다. 이런 구도는 17-19장이 카르멜산 대결을 중심으로 대칭을 이루는 이치와 같다.33) 그 장면을 중심으로 해서 아햐즈야의 사자들이 왕을 기만하는 이야기와 세 번째 오십부장이 엘리야후 편이 되어 버리는 이야기가 감싸고 있다. 그 이야기를 다시 감싸는 부분이 3-4절과 15-16절에 나타나는 하나님의 사자의 지시이고, 아햐즈야의 병과 죽음이 다시 테두리를 만들고 있다.34) 이로써 본문의 통일성과 역사성은 충분히 입증되었다고 본다.35)

---

33) 위의 V.C.2 참고.

34) 롱(1991, 14)도 본문의 대칭구조를 밝히려 했으나 사자들의 정체를 파악하지 못하여, 스스로도 절룩거리는 교차대구법이라 칭했던 구조를 보일 수밖에 없었다.

35) 베그는 본문(2-17a)의 통일성의 증거로 특히 보내기(שלח)와 사자(מלאך), 오르다(עלה)와 내려가다(ירד)의 공존과 대비를 들었다. 본문의 통일성에 대한 나머지 논란들은

1. 아햐즈야의 등극과 치적(왕상 22:52 – 왕하 1:1)[아햐즈야의 도전 Ⅰ; 하나님의 심판 Ⅰ]

아햐즈야는 그의 부모와 똑같이 하나님께 죄를 짓는다. 그리하여 하나님은 그에게서 모압을 빼앗아 버리신다.

22:52 אֲחַזְיָהוּ(아햐즈야후). 아햐즈야는 본문의 부주인공이다. 그는 아흐압의 아들로서, 남쪽의 의로운 왕 여호샤파트와 대조된다. 열왕기하 1장 17절에서는 여호람의 치세라고 하면서 여기선 여호샤파트의 치세라고 한 것은 그와 대조하기 위함이다.[36)]

53 בְּדֶרֶךְ אָבִיו(그의 아비의 길). 아흐압의 길은 이미 정죄가 되었지만(왕상 21:20ff) 아햐즈야는 잘못된 그 길을 고집하였다. 그뿐 아니라, 그의 어미 이제벨의 길도, 야로브암의 길도 걸었으니 그는 삼중으로 죄를 지은 것이다. '그의 아비의 길'로 행한 경우는 열왕기에서 야로브암의 아들 나답(왕상 15:26)을 제외하면 여기뿐이다. 역대하 22장 32절에서는 여호샤파트가 그 아비(아사)의 길로 행했다는 언급이 있어 아햐즈야와 여호샤파트의 대조가 이 면에서도 나타난다. '그 어미의 길'을 걸은 예는 아햐즈야뿐이다. 역대하 22장 3절에서는 아햐즈야가 잘못된 길로 간 것이 그 어미 때문이었다고 한다.

54 וַיַּעֲבֹד אֶת הַבַּעַל(또한 그는 그 바알을 섬기고). 왕이 바알을 섬겼다는 표현은 아흐압(왕상 16:31)에게 적용되었고, 그 외엔 이스라엘이 망한 원인을 들 때에만 나타난다(왕하 17:16; Hobbs, 1995, 7). 그러므로 아흐압과 아햐즈야의 부자

Begg, 1985, 75-86 참고.

36) 두 연대는 어긋나지 않는다. 여호람이 여호샤파트 17년 카르카르(Qarqar) 전투 때에 섭정을 시작했기 때문이다. Gray, 465; Hentschel/2, 5 참고.

는 성경 기자에게서 바알을 섬긴 대표적 왕으로 정죄를 받고 있는 셈이다.

וַיַּכְעִיסֻם אֶת־יְהוָה(그래서 그는 야흐베를 진노하시게 하였다). 이런 표현은 모두 이방신을 섬기는 사람이나 집단에 적용되었다: 삿 2:12(이스라엘); 왕상 14:9(야로 브암), 15(이스라엘); 15:30(야로브암); 16:2, 7(바으샤), 13(바으샤, 엘라), 26(오므 리), 33; 21:22(아흐압); 왕하 17:11, 17(이스라엘); 21:6(므낫세), 15(여루샬라임과 여후다); 22:17(여후다); 23:19(이스라엘 열왕), 26(므낫세).[37] 그중에서 야흐베를 가장 많이 진노하시게 한 것은 삼대에 걸친 오므리 왕가였다.

1 וַיִּפְשַׁע מוֹאָב(그리하여 모압이 반역하였다). 아햐즈야에게 임한 하나님의 첫 심판은 모압의 이반이다.[38] 이때에 쓰인 단어는 주로 하나님에 대한 반역을 일컬을 때에 쓰이는 '파샤'(פשע)였다.[39] 이 사건은 대략 1년간의 아햐즈야 치세(852-851) 중 가장 큰 사건이었을 것이다(ATD 11/2, 265). 헨첼은 이 부분이 본래 3장 5절에 있던 것인데, 편집자가 아햐즈야가 바알 숭배 때문에 벌을 받았다는 것을 강조하기 위해 여기 두었다고 하지만(Hentschel/2, 5), 양쪽 간에 아무 문맥의 연관성을 찾을 수 없다(ATD 11/2, 265 참고). 본래 모압은 아햐즈야 때에 반란을 일으켰으나, 아 마 아햐즈야의 부상 때문에 여호람 때에 비로소 이스라엘이 모압 정벌을 나선 것 같 다.[40]

---

37) HAL Ⅱ, 467 참고. 그런데 뷔르트바인(ATD 11/2, 265)은 이 표현이 신명기사 편집자 (DtrG)에선 오직 오므리 집안에만, 즉 아흐압과 아햐즈야에만 적용되었다고 주장한다.

38) Ehrlich, 1912, 278; Cohn, 1999, 3f: "그것이(1:1이 여기에 놓인 게: 필자 주) 잘못 놓인 것 같아도 변경에서 문제가 발생하는 것을 암시하면서 중심에서도 아햐즈야가 죄를 지은 것이 더욱더 치명적이라는 것을 보여준다."

39) 열왕기상 8:50; 사 1:2; 43:27; 66:24; 렘 2:8, 29; 3:13; 33:8; 겔 2:3 등. HAL Ⅲ, 922 참고.

40) 홉스(Hobbs, 1995, 8)는 본문을 편집자의 주로 보고, 모압의 이반이 아햐즈야 때에 일어 나지 않았다고 주장한다. 그러나 그레이(Gray, 460)는 실제로 반역이 아햐즈야 때에 일어 났을 거라고 본다.

2. 아햐즈야가 떨어지자, 바알에게 물으려 한다(왕하 1:2)[하나님의 심판 Ⅱ; 아햐즈야의 도전 Ⅱ]

하나님의 작은 심판(모압 배반)에도 회개할 줄 모르는 아햐즈야에게 하나님은 두 번째 재앙을 주시지만, 아햐즈야는 오히려 더 반발하여 바알즈붑에게 물으려 한다.

2 וַיִּפֹּל אֲחַזְיָה(그러고 난 후에 아햐즈야가 떨어졌다). 하나님의 징벌로 아햐즈야는 이층에서 떨어진다. 왕이 이층에서 떨어지다니! 물론 이층이라고 하는 것은 옥상의 일부를 차지하는 건축물로서, 전형적인 수리아식의 앞이 탁 트인 플랫폼이고(HAL Ⅲ, 787), 격자라고 번역한 '스바카'는 햇빛이나 사람들의 시야를 가리는 용도로 갈대나 나무껍질로 만든 그물 같은 것이어서 사람이 기대다 떨어지기 쉽다(HAL Ⅳ, 1214; Hobbs, 8). 후에 그의 어미도 거기서 내다보다가 (내시들이 던져서) 떨어진다.[41]

בְּבַעַל זְבוּב אֱלֹהֵי עֶקְרוֹן(에크론의 신 바알 즈붑에게). 그런데도 아햐즈야는 깨닫지 못하고 오히려 에크론에 있는 바알즈붑에게 신탁을 알아보라고 사자들을 보낸다(사 1:5 참고). 그 당시 사람들은 신들마다 각자의 장기가 있다고 생각했는데, 질병에는 에크론의 바알이 용하다고 하는 소문이 있었던 것 같다(Montgomery, 349; ATD 11/2, 267 참고). '군주 바알'을 '파리 바알'로 바꾼 화자는 아햐즈야의 도전이 어처구니없다는 분위기다. 외국인들은 야흐베께 묻는데, 이스라엘 왕은 에크론의 '파리 바알'에게 묻다니……(왕하 5:15; 8:7ff 참고).

3. 하나님의 사자가 지시하다(1:3-4)

하나님은 아햐즈야의 사자가 출발하기도 전에 엘리야후에게 지시하여 그들을 일

---

41) Montgomery, 349. 그러나 HAL(Ⅰ, 305)은 히브리어 창문과 수리아의 격자와는 상관이 없다고 한다.

찌감치 제지하게 하신다.

3 וַמַלְאַדְ יְהוָה(그러나 야흐베의 사자가). 간섭하시는 하나님, 개입하시는 야흐베의 모습이 두드러진다. 이는 열왕기상 16장 29-33절에서 아흐압의 행위를 기술하고 난 후, 17장 1절에서 바로 엘리야후를 등장시켜서 기근을 선언하게 하신 것과 똑같다. 아햐즈야의 사자들(2)을 맞으러 하나님의 사자는 엘리야후를 보낸다.[42]

הַתִּשְׁבִּי אֵלִיָּה(그 티쉬베 사람 엘리야). '티쉬베 사람'이란 표현은 결정적인 순간마다 나타났다: 열왕기상 17:1; 21:17; (왕하 9:36.) 하나님이 갑자기 엘리야후에게 일을 시키실 때마다 이 호칭이 나타난 것이다. 한편으로 예언자의 명칭은 위에서 항상 '엘리야후'라 나오다가, 여기서 처음으로 '엘리야'로 나타나는데, 이는 '엘리야후'의 축약형인 듯하다. 이런 축약형은 아래에서 1:4, 8, 12; 2:6에서도 나타난다.[43] 그러나 열왕기하에서도 '엘리야후'란 표기도 1:10, 13, 15, 17; 2:1 등에서 혼용되고 있다.

קוּם(일어나라). 하나님이 예언자에게 명령하시는 경우에 자주 쓰이는 명령형이지만, 열왕기에서 하나님께로부터 이 명을 받은 이는 엘리야후밖에 없다(왕상 17:9; 19:5, 7; 21:17f).[44] 이는 엘리야후 이야기가 최소한 17, 19, 21장이 서로 연관성을 가지고 있다는 증거다. 엘리야후는 법적인 고발자의 역할을 떠맡아서 개인에 대한 심판을 선언할 때에 쓰는 고전적인 언어를 사용하고 있다. 고소는 질문의 형태로 하고, 선고는 심판선언으로 된다(민 15:35; 겔 18:13; 렘 26:8; Hobbs, 1995, 10 참고).

מֶלֶךְ שֹׁמְרוֹן(쇼므론 왕). 이 단어는 구약에선 '나보트의 포도원' 이야기의 서두

---

42) 뷔르트바인은 엘리야후의 행위를 정당화하기 위해 '야흐베의 사자'를 등장시켰다고 하지만(ATD 11/2, 265), 정당화하려면 열왕기상 18장 같은 데 천사가 나와야 했을 것이다. 그는 또한 "열왕기상 17-19장에선 하나님의 말씀이 엘리야후를 이끌었다면 여기선 천사가 그 일을 담당한다."(같은 곳)라고 하지만, 19장에도 천사가 나타나고 있다. 홉스(Hobbs, 1995, 9)는 여기서 야흐베의 사자와 왕의 사자의 대립이 간과될 수 없다고 한다.

43) אֵלִיָּה란 표기는 BHS에서 이곳들 외에는 오직 대상 8:27; 스 10:21, 26; 말 3:23에서만 나타난다.

44) 그 외에 예언자에게 하나님이 이 말씀을 하신 경우는 다음과 같다. 삼상 16:2; 렘 13:6; 18:2; 겔 3:22; 욘 1:2; 3:2; 미 6:1.

인 열왕기상 21장 1절에서 아흐압을 지칭할 때에 사용되었고, 그 외엔 이곳에서만 나타난다. 이것은 아햐즈야를 경멸하는 표현이며 아햐즈야의 정체가 바알의 종이라는 뜻을 내포하고 있다(Hentschel/2, 6; Gray, 464; 이승현, 2003, 12f. 20 참고).

4 הַמִּטָּה אֲשֶׁר עָלִיתָ(네가 올라간 자리). 구약시대의 '밋타'는 모양이 오늘날의 침상과 비슷하고 잘 때도 사용되었지만, 식사할 때에 앉고, 쉴 때에도 앉는 의자의 역할도 하는 것으로서, 평민들에게는 없는 귀족이나 왕들의 전유물이었다(Hübner, 288-289). 그리고 본문에서는 거기에 올라갈 때에 디딤판이 필요했던 것을 암시하고 있다.[45] 그가 못 내려올 거라고 한 것을 보면 그가 올라갈 때엔 그래도 힘이 있어서 (부축을 받으면서) 스스로 올라갈 수 있었던 것 같다. 이제 그가 죽으면 남들이 끌어내린다.

וַיֵּלֶךְ אֵלִיָּה(그래서 엘리야가 갔다). 엘리야후가 가서 전하는 말은 나오지 않으나, 그것을 두고 문단의 단절이 있는 것같이 생각할 필요는 없다.[46] 슈넴 여인이 남편에게 이층을 하나 만들자고 제안한 이야기 뒤에 남편의 반응이 나타나지 않은 것과 같이(왕하 4:9-11), '엘리야후 엘리샤 이야기'에는 잦은 반복과 아울러 건너뛰는 대목도 자주 눈에 띈다.[47] 여기선 아햐즈야의 사자들이 하나님의 사자가 되어 엘리야후의 말을 소상히 옮기는 가운데서 하나님의 승리가 더 두드러진다. 또한 엘리야후는 하나님의 명령을 단순하게 수행하는 종에 불과하다는 것을 밝히려는 의도도 있었으리라(왕상 17:5; 18:2 참고).[48]

4. 아햐즈야의 측근이 돌아서다(1:5-8)

아햐즈야의 사자들은 엘리야후를 만나 책망을 듣고 곧장 돌아가 왕에게 보고한

---

45) Fohrer, 1962, 235 참고. 이 '미타'도 열왕기에서는 오직 엘리야후(왕상 17:19; 21:4; 왕하 1:4, 6, 16)와 엘리샤 이야기(4:21, 32)에만 등장한다.

46) 그레이(Gray, 464)는 여기에 한 문단이 실수로 빠진 것같이 생각한다. 그러나 당연히 순종한 것으로 여겨 생략했을 뿐이다. 왕하 4:10f, 26f, 41; 10:20 참고.

47) 열왕기하 4장 26a와 26b 사이에도 명대로 실행했다는 부분이 나타나지 않는다.

48) 슈테크는 본문에서 엘리야후는 말씀의 수령자와 전달자에 불과하고, 하나님의 역사에서 수단일 뿐이라 한다. Steck, 1967, 549-550.

다. 그들은 아햐즈야의 잘못을 잘 알았었다. 왕은 측근들에게 외면당한다.

5 מַה־זֶּה(이것이 무슨 일이냐?). 왕은 사자들이 너무 빨리 돌아온 것에 놀란다. 사자들이 한 사람이 '올라왔다'고 한 것을 보면 어디서 엘리야후를 만났는지 짐작할 수 있다. 쇼므론에서 에크론으로 가기 위해서는 서쪽으로 가서 해변 길을 따라가야 하는데, 그 해변 길 바로 앞에 있는 언덕(쇼므론에서 약 7마일 정도의 거리)에서 아마 엘리야후를 만났을 것이다(Gray, 464 참고). 아햐즈야의 사자들은 엘리야후를 만난 후에 하나님의 사자로 변해 버렸다. 아햐즈야는 그들이 빨리 돌아온 것에 놀라고, 무엇보다 자기에게 그렇게 대담하게 말하는 사람이 있다는 사실에 놀랐을 것이다.

6 הֲמִבְּלִי אֵין אֱלֹהִים בְּיִשְׂרָאֵל(이스라엘에는 하나님이 없기 때문이냐?). 본문의 주제가 되는 핵심적인 질문이다. 본문에는 이 말씀이 세 번 반복되는데, 그중에서도 6절이 아햐즈야 앞에서 처음으로 선포되는 것이기에 가장 중요하게 보인다. 질문 뒤에 심판을 선고하는 방식은 엘리야후 이야기에서 이미 여러 번 나왔다(왕상 20:39-43; 21:19-24). 설의법으로 제기된 하나님 질문의 참된 의도는 제일계명을 어긴 것을 추궁하는 데 있었다.[49] 이 말을 왕 앞에서 반복하면서, 사자들도 왕에게 이런 질문을 한다. 사자들은 전형적인 예언자의 말투, 즉 사자어투에 이어, '그러므로'(לָכֵן '라켄')라는 말로 시작하는 위협예언(Drohwort)으로 왕에게 말한다.[50]

מוֹת תָּמוּת(너는 분명히 죽을 것이다). 구약에서 하나님이 사람을 향하여 이인칭으로 이런 말씀을 하신 경우는 본문의 세 번을 포함하여 다섯 번뿐이다(창 2:17; 20:7).[51] 그중에 창세기 2장의 예는 선악과를 따 먹었을 때에 죽는다는 내용이었다. 이는 아햐즈야에 대한 하나님의 진노를 짐작하게 한다(왕상 18:40; Hentschel/ 2, 6 참고).

7 מַה מִשְׁפַּט(외모가 어떠하더냐?). '미쉬파트'는 (법정의) '선고, 송사, 법, 정의, 공의, 판단'이란 뜻 외에 '설계도, 외양'이란 뜻을 가지고 있는데, 여기선 외양의 뜻이다.[52]

---

49) 이런 수사법적인 질문은 렘 15:1; 2:5, 29; 4:21; 8:22에도 나타나는데, 자주 클라이맥스를 연출하는 효과를 낸다. Muilenburg, 1969, 18 참고.

50) ATD 11/2, 267 참고. '라켄'은 3, 16절에도 나오며, 심판을 선언할 때에 쓰이는 전형적인 단어다. 또한 Muilenburg, 1969, 15 참고.

51) 여헤즈켈 3장 18절 등에 몇 번 더 나오지만, 이는 가정하는 말씀이다.

52) HAL Ⅱ, 615f; Gray, 464 참고. 또한 비슷한 용례인 사사기 13장 12절을 참고하라.

왕은 그 예언 자체보다 누가 그 말을 했는가를 더 중히 여겼다(Cohn, 1999, 6 참고).

8 שֵׂעָר בַּעַל אִישׁ(털북숭이 남자). 문자 그대로는 털의 주인 남자. 이는 털북숭이 남자라 번역할 수도 있고, 털옷을 입은 사람이라 할 수도 있다.[53] 그러나 예언자들이 일반적으로 입던 털옷(슥 13:4)만으로는 엘리야후를 식별할 수 없었을 것이므로 털북숭이라 번역하는 것이 옳다.[54] 털로 된 외투는 성경에서 즈카르야 13장 4절에서만 발견된다.[55] 사자들은 최소한의 암시로 엘리야후를 지목한다.

הוּא הַתִּשְׁבִּי אֵלִיָּה(그 티쉬베 사람 엘리야다, 그건). 왕은 강조하기 위하여 역순으로 말한다(Cohn, 1999, 7). 당사자가 직접 엘리야후(나의 하나님은 야흐베다)를 입에 올리게 되어 극적인 효과는 배가된다. 그의 아비가 엘리야후를 만날 때마다 보인 반응(왕상 18:17; 21:20)과 같이, 아햐즈야는 충격과 놀람을 표시한다. 아햐즈야의 이 말은 성경에 나타난 그의 마지막 말이었다.

5. 오십부장을 보내다(1:9-12)[아햐즈야의 도전 Ⅲ/Ⅳ; 하나님의 심판 Ⅲ/Ⅳ]

아햐즈야는 측근(문신)들 대신에 군인들을 보내어 엘리야후를 잡아오게 한다. 이는 아흐압이 흉년을 맞아 엘리야후를 찾았던 것과 같았다. 그러나 첫 번째와 두 번째 오십 명은 모두 불에 타 죽는다.

9 אֵלָיו וַיִּשְׁלַח(그래서 그는 보냈다). 왕은 이제 정면으로 야흐베의 권위에 도전하려 한다. 에크론에 사자를 보냈던 왕이 이제 예언자에게는 군대를 보낸다. 세 번의 군대 파견은 카르멜산에서의 대결 이상의 긴장을 자아낸다. 그의 아비가 엘리야

הַנַּעַר הַמִּשְׁפָּט יִהְיֶה־מַה: (그 아이의 삶의 방식은 어떤 것입니까: 사역).

53) 헨첼(Hentschel/2, 6f)은 털외투로 보고, 홉스(Hobbs, 10)는 털이 많은 사람이라고 해석한다.

54) 엘리야후가 외투를 입은 것은 열왕기상 19:13, 19; 열왕기하 2:8, 13, 14에 나타난다. 에얼리히(Ehrlich, 278)는 오직 털이 많은 사람이란 뜻이지 다른 뜻일 수는 없다고 한다.

55) ATD 11/2, 268. 털외투와 가죽 띠는 광야시대의 의상으로서 어떤 예언자그룹에서 세련된 문명에 대한 반항으로 입었던 옷이었다.

후를 잡으려고 국내외에서 두루 찾았던 것과 같이(왕상 18:10), 아들도 엘리야후를 체포하려고 군대를 파견한다.[56] 그러나 엘리야후를 잡아서 어떻게 하려고 하는 계획도 없이 무작정 군사들만 보낸 점에서 아햐즈야의 어리석음을 짐작할 수 있다.[57]

וְהִנֵּה יֹשֵׁב עַל רֹאשׁ הָהָר(그런데 보라! 그 산꼭대기에 앉아 있는 사람). '산'은 정관사가 붙었으니 카르멜산일 가능성이 높다. 그곳에서 엘리야후가 바알의 예언자들과 대결을 했었고(왕상 18:21ff), 그의 후계자 엘리샤도 거기에 자주 머물렀었다(왕하 2:25; 4:25).[58] 아햐즈야의 발악적인 행동에 긴장한 청중들은 엘리야후가 산꼭대기에 앉아 군사들을 기다리는 모습에 숨을 멈춘다.[59] 오십부장은 사자어투로 왕의 명을 전한다. 이는 엘리야후가 전했던 하나님의 말씀과 똑같은 형식이어서 왕과 하나님의 대결을 실감나게 한다(Hobbs, 1995, 11).

10 וְאִם־אִישׁ אֱלֹהִים אָנִי(그래 내가 하나님의 사람이면). '브'(그래)는 엘리야후의 어투가 강경함을 보여준다(위의 본문비평 참고). 오십부장은 엘리야후를 조롱하여 '그 하나님의 사람'(야흐베의 사람)이라 부른다.[60] 엘리야후는 자신을 부른 그 말에서 정관사를 빼고 자신을 '하나님의 사람'(잡신의 사람)이라고 가정하여 한 단계 낮추어 부른다. "야흐베 하나님의 사람이 아니라, 그냥 잡신의 사람이라 할지라도 너희가 덤비지는 못했을 것이다"라는 뜻이었다.[61]

אֵשׁ מִן־הַשָּׁמַיִם(그 하늘에서부터 불이). 오십부장은 하나님의 '이쉬'(사람)이 내려오길 원했는데, 엘리야후는 '에쉬'(불)을 내려보낸다. 엘리야후는 언어의 유희(이쉬/에쉬)를 통하여 오십부장과 그 배후의 아햐즈야를 꾸짖는다. 이 장면의 잔혹성 때문

---

56) 오십인 단위의 부대는 성경의 다른 곳에도 나타난다: 삼상 8:12; 삼하 15:1; 왕상 1:5. Hobbs, 1995, 10 참고.

57) 홉스(위의 곳)는 아햐즈야가 예언자를 잠잠하게 하려 했다고 하지만, 왕의 나중 행동과는 맞지 않는다. 콘(Cohn, 1999, 7)은 우리가 그의 진정한 의도가 무엇인지 알 수 없다고 한다.

58) Hentschel/2, 7 참고. 헨첼은 카르멜산에 예언자들의 공동체가 있었을 거라고 추정한다.

59) 이 부분은 예수님이 기도하시던 겟세마네에 군사들이 찾아온 것을 연상시킨다. 마가복음 14장 32절 이하 평행 참고.

60) Šanda, 5 참고. 그레이(Gray, 464)도 오십부장이 엘리야후를 그 나라에 흔한 탁발승 정도로 생각하고 경멸하였다고 본다.

61) 이 부분은 예수님의 말씀(막 11:27-33)을 연상시킨다. Hobbs, 1995, 11 참고.

에 사람들은 이 부분의 역사성을 부인하고 후대에 첨가된 것이라고들 하지만,[62] 불로 사람을 태우시는 이야기는 성경에서 드물지 않다(레 10:2; 민 11:1, 3; 16:35; 욥 1:16). 더구나 예언자의 예언을 가로막으려는 사람이라(렘 28:12-17의 하나냐 참고)!

11 וַיִּשְׁלַח שָׁב(그러나 그는 다시 보냈다). 아하즈야는 바로와 같이 마음을 강퍅하게 하여(출 7-12) 또 다시 군대를 보낸다. '바야숍'은 열왕기상 19장과 20장에서 자주 나타나 그 장들을 이끌었던 단어인데, 여기서도 아하즈야의 미련한 집착을 묘사하는 데 사용되었다(위의 VI.C.3.10; VII.C.3.a.15 참고). 두 번째 오십부장은 왕에게 명령대로 하겠노라고 복창하고 엘리야후를 잡으러 나선다. 혹시 닥칠지 모르는 화를 면하기 위하여 그는 엘리야후 가까이에 올라가지도 않고 멀리서 고함을 지른다. 그러나 그 말투는 지난번의 오십부장보다 더 강경하다. 앞서의 장교가 '왕께서 말씀하셨다'(דִּבֶּר)고 한 반면에 이 장교는 '왕께서 명령하셨다(אָמַר)'고 한다(Montgomery, 1951, 350 참고). 앞서의 장교가 조금 약식으로 왕의 명을 전한 대신에, 이 사람은 정식의 사자어투를 내뱉는다: "그 왕께서 이렇게 명령하셨습니다." 또한 그는 '빨리'라는 말을 덧붙인다.

12 אֵשׁ אֱלֹהִים(하나님의 불). 그에 대한 엘리야후의 반응도 더 강경해졌다. 이번에는 '그 하나님의 사람'(אִישׁ הָאֱלֹהִים 이쉬 하엘로힘)에게 도전하는 오십부장을 책망한다. 멀리서 고함을 지르던 오십부장과 그 일행은 '하나님의 사람' 대신에 '하나님의 불'을 받았다(Cohn, 1999, 8). 첫 번째 오십인 부대에는 '하늘에서 불이' 내려왔는데, 이번에는 '하나님의 불'이 내려온 점이 달랐다. 그만큼 하나님의 진노가 컸다는 뜻이다. 그리하여 두 번째의 군대파송은 아하즈야와 하나님과의 대결의 절정을 이루었다.

6. 아햐즈야의 측근이 돌아서다(1:13-14)[아햐즈야의 도전 V]

아햐즈야는 완악한 바로와 같이 세 번째로 오십 명을 보내지만, 이번에는 오십

---

62) Hentschel/2, 7f 참고. 그는 불이 하늘에서 떨어지는 내용이 열왕기상 18장 21-40절에서 따온 것이라고 하면서, 야흐베의 불이 여기선 보통의 불로 바뀌었고, 기도 대신에 선언으로 불이 내려오게 된 점, 제물 대신 사람을 태운 점이 달라진 것이라고 한다.

부장이 엘리야후 편에 서 버린다.

13 וַיָּשָׁב וַיִּשְׁלַח(그러나 그는 다시 보냈다). 아햐즈야의 도전은 아흐압보다 더 집요했다(왕상 21:27-29의 아흐압의 회개 참고). 이는 모세 때의 바로를 연상시킨다. 그러나 세 번째 장교는 엘리야후가 있는 산 정상까지 올라갈 뿐 아니라, 그에게 가까이 갔다(문자 그대로는 들어갔다). 엘리야후 앞에서 무릎을 꿇은 그는 왕의 용건은 꺼내지 않고, 그저 자기들을 살려 달라고 한다. 그는 앞의 사람들과 달리 진정으로 엘리야후를 '그 하나님의 사람님'이라 불러서, 신약의 의로운 백부장들을 연상시킨다(막 15:39 평행; 마 8:5 평행; 행 10:1ff; 27:1ff).

7. 하나님의 사자가 지시하다(1:15-16)

하나님의 지시를 받고 이제 엘리야후는 직접 아햐즈야에게 가서 하나님의 심판을 전한다.

15 מַלְאַךְ יְהוָה(야흐베의 사자). 엘리야후는 천사의 지시에 순종하여 산을 내려간다. 전에는 천사의 지시로 올라갔던(1:3) 엘리야후가 이번에는 내려감으로써, 본문의 대칭적인 구조를 보여준다. 또한 '올라가서' 긴장을 일으켰던 엘리야후가 이제 '내려가서' 긴장을 종식시켰다고 볼 수 있다.

16 כֹּה־אָמַר יְהוָה(야흐베께서 이렇게 말씀하셨다). 이 부분은 두 번째 오십부장의 사자어투와 같은 형식이지만 주어가 다르다. 뷔르트바인은 엘리야후가 똑같은 말만 되풀이하는 점을 들어 이 부분의 진정성을 의심하지만(ATD 11/2, 269), 본래 하나님의 사자는 더 보탤 필요가 없으며, 보태서도 안 된다. 그리고 뷔르트바인은 엘리야후에게 아무 일이 일어나지 않은 점을 두고 의심하지만, 이는 열왕기상 18장 16절 이하에서도 같았다. 아햐즈야도 그의 아비와 같이 예언자 앞에서 무력했다.[63]

---

63) Cohn, 1999, 9: "화자는 그에 대해 전혀 기술하지도 않는다. 그는 오직 죽음으로써만 예

8. 아햐즈야가 죽다(1:17aα)[하나님의 심판 V]

17aα　וַיָּמָת כִּדְבַר יְהוָה(그러자 그는 야흐베의 말씀과 같이 죽었다). 아햐즈야가 엘리야후의 말을 듣는 순간에 바로 죽었는지, 조금 시간이 지난 후에 죽었는지는 알 수 없다.64) 그러나 분명한 것은 아햐즈야가 더 이상의 도전을 위한 기력도 협조자도 가지지 못했다는 것과 그가 하나님의 말씀대로 죽었다는 점이다.65) 뷔르트바인의 말대로 이 이야기는 하나의 케리그마를 담고 있다.66) 즉 하나님 외에 다른 신을 섬겨서는 안 된다는 것이었다.

9. 아햐즈야의 승계(1:17aβ −18)

아햐즈야는 엘리야후의 예언대로 그냥 죽어 버렸고, 아들조차 없었다.

17b　וְלֹא־הָיָה לוֹ בֵּן(그에게 아들이 없었다). 아들이 없이 죽었다는 것도 하나님의 심판 중의 하나였다(렘 22:30 참고; Hobbs, 1995, 11). 비슷한 예는 압살롬에게서도 찾아볼 수 있다(삼하 14:27; 18:18). 또한 기자는 여호샤파트가 아햐즈야와는 달리 왕위승계를 순조롭게 이루었음을 강조하고 있다.

18　וְיֶתֶר דִּבְרֵי אֲחַזְיָהוּ(그리고 아햐즈야의 일들의 나머지는). 열왕기에서 어떤 왕의 통치를 끝맺을 때에는 표준적인 방식이 a. "누구의 행위의 나머지는……" b. 그의 죽음과 매장과 그의 후계자를 밝히고, c. 어느 왕 몇 년 때와 같은 때라는

언자의 권위를 입증할 수 있었다."

64) 베그(Begg, 81)는 아햐즈야가 엘리야후 앞에서 바로 죽었다고 한다.

65) 열왕기에서 예언자의 말이 성취되었다는 것은 예언자의 징표였다(왕상 14,18; 22,13; 왕하 2,22; 10,17; 24,2). Hobbs, 1995, 11 참고. 또한 Cohn, 1999, 9 참고: "화자에게 가장 중요했던 것은 아햐즈야의 죽음이 예언의 성취였다는 점이었다."

66) ATD 11/2, 268: 이스라엘은 어려울 때에 아무 데나 향해선 안 된다는 케리그마. 그러나 우리는 좀더 근원적인 케리그 마를 생각해야 할 것이다. 홉스(Hobbs, 1995, 11)의 지적대로 이 이야기의 결말은 간단하지만 강력한 메시지를 담고 있다.

것을 밝힌다(Hobbs, 1995, 3). 그런데 여기선 아햐즈야의 죽음이 엘리야후 사건과 연관되었기에 먼저 b, c를 다루고 난 후에 a를 실었다.

D. 요 약

아햐즈야의 치적(왕상 22:51 – 왕하 1:18)과 관련되어 소개된 사건, 즉 '아햐즈야가 에크론의 바알에게 물으려 한 이야기'(왕하 1:2-17aα)는 마소라 본문 속에 매우 잘 보존되어 있으며, 몇 가지 예외적인 부분을 제외하면 그 대부분의 특이사항들은 오히려 마소라 본문이 번역본들의 추정보다 더 잘 보존된 텍스트라는 것을 보여주었다. 그리고 열왕기상 22:51 – 열왕기하 1:18의 매우 정교하게 짜여진 구조는 9-16절이 후대에 첨가된 것이라는 관측들을 무색하게 하였다. 그뿐 아니라 본문의 전체에서도 아햐즈야의 다섯 번의 도전과 하나님의 다섯 번의 심판이 나타나므로, 우리는 이 본문이 본래부터 의도적으로 잘 구성한 작품이라는 것을 시인하지 않을 수 없다. 화자는 제일계명을 알면서도 어긴 아햐즈야의 무지막지한 고집과 그 비극적인 결말과, 왕의 권력에 당당히 맞서 하나님의 말씀을 전한 엘리야후의 행적을, 풍자와 해학으로 청중들에게 재미있게 들려주고 있다. 그러면서 본문은 아햐즈야가 왜 그렇게 일찍 죽어야 했던가, 오므리 왕조가 왜 그렇게 참담한 최후를 맞아야 했던가(왕하 9-10)를 끝에서 왕의 두 번째 배반과 도전을 통해서 설명하였다.[67] 오므리 왕가 혹은 아햐즈야의 패망의 원인은 또한 나중에 북왕국 이스라엘 몰락의 원인(왕하 17:7-18)이 되었다.

---

67) 위에서도 지적했듯이 여호람은 아햐즈야만치 패역하진 않았고, 오히려 바알의 주상을 제거하였다(왕하 3:2).

엘리야후
이야기

XII. 엘리야후의 승천
(왕하 2:1-18)[1]

A. 히브리어 본문과 번역

1   וַיְהִי בְּהַעֲלוֹת יְהוָה אֶת־אֵלִיָּהוּ בַּסְעָרָה הַשָּׁמָיִם

וַיֵּלֶךְ אֵלִיָּהוּ וֶאֱלִישָׁע מִן־הַגִּלְגָּל׃

a) 그러고 난 후에 야흐베께서 엘리야후를 그 폭풍 가운데서 그 하늘에 올리실 때에 이런 일이 있었다.

b) 그런데 엘리야후와 엘리샤가 그 길갈에서부터 갔다.

2   וַיֹּאמֶר אֵלִיָּהוּ אֶל־אֱלִישָׁע שֵׁב־נָא פֹה כִּי יְהוָה שְׁלָחַנִי עַד־בֵּית־אֵל וַיֹּאמֶר

אֱלִישָׁע חַי־יְהוָה וְחֵי־נַפְשְׁךָ אִם־אֶעֶזְבֶךָ

וַיֵּרְדוּ בֵּית־אֵל׃

a) 그러다 엘리야후가 엘리샤에게 말했다. "너는 제발 여기에 머물러라! 야흐베께서 나를 베트엘까지 보내셨기 때문이다." 그러나 엘리샤가 말했다. "야흐베께서 살아계시고 주님(당신)의 목숨이 살아 있는 한, 나는 주님(당신)을 떠나지 않겠습니다."

---

1) 이 부분을 다시 정리한 것은 이승현, "엘리야후의 승천(왕하 2:1-18)", 『신학과 문화』 14집 (2005), 9-41 참고.

b) 그래서 그들은 베트엘로 내려갔다.

3[2]) וַיֵּצְאוּ בְנֵי־הַנְּבִיאִים אֲשֶׁר־בֵּית־אֵל[a] אֶל־אֱלִישָׁע וַיֹּאמְרוּ אֵלָיו הֲיָדַעְתָּ כִּי

הַיּוֹם יְהוָה לֹקֵחַ אֶת־אֲדֹנֶיךָ מֵעַל רֹאשֶׁךָ

וַיֹּאמֶר גַּם־אֲנִי יָדַעְתִּי הֶחֱשׁוּ:

a) 그러자 베트엘에 있는 그 선지자들의 아들들이 엘리샤에게 나왔다. 그러
고 난 후에 그들은 그에게 말했다. “당신은 오늘 야흐베께서 당신의 주인
을 당신의 머리 위로부터 취하실 거라는 것을 아십니까?”

b) 그러나 그가 말했다. “나도 압니다. 당신들은 조용히 하십시오!”[3])

4[4]) וַיֹּאמֶר לוֹ אֵלִיָּהוּ אֱלִישָׁע[a] שֵׁב־נָא פֹה כִּי יְהוָה שְׁלָחַנִי יְרִיחוֹ וַיֹּאמֶר

חַי־יְהוָה וְחֵי־נַפְשְׁךָ אִם־אֶעֶזְבֶךָ

וַיָּבֹאוּ יְרִיחוֹ:

a) 그리고 난 후에 엘리야후가 그에게 말했다. “엘리샤야! 너는 제발 여기에
머물러라! 야흐베께서 나를 여리효로 보내셨기 때문이다.” 그러나 그가

---

2) [a] 몇 개의 히브리어 필사본에는 여백에 בֵּית(집) 대신에 בְּבֵית(집에)라고 적혀 있고, 칠십인역,
타르굼, 불가타 필사본들도 그렇게 읽고 있다. בְּ가 있으면 자연스럽지만(5절 참고), 장소를 가
리키는 목적격에선 전치사를 생략할 수도 있다(Hobbs, 1995, 20 참고).

3) 홉스가 지적하듯이 이 형태는 보통으로는 사역(히필) 완료형이고, 사역 명령형이라면
הַחֲשׁוּ(조용히 하십시오)가 되어야 하는데, 여기선 게제니우스를 따라 이 형태 그대로 명령
형으로 본다. Gesenius/18, II, 407; Hobbs, 1995, 20 참고.

4) [a] 몇 개의 히브리어 필사본에선 이 말이 없다. 그리고 칠십인역은 (페쉿타와 불가타도) 엘
리샤 앞에 πρὸς(에게)를 집어넣고, 그 대신 לוֹ(그에게)를 빼버렸다. 마소라의 뜻은 ‘엘리야
후가 그에게 말했다. 엘리샤야!’이고, 몇 개의 히브리어 필사본은 ‘엘리야후가 그에게 말했
다’, 칠십인역은 ‘엘리야후가 엘리샤에게 말했다’로 되어 있다. 엘리야후는 엘리샤에게 세
번 이와 비슷한 말을 하는데, 첫 번째와 세 번째대로라면 히브리어 필사본이 맞다. 그러나
엘리야후는 두 번째에 더 진지하게 말하여 엘리샤를 부른 것으로 보이니, 마소라 본문을
그대로 두는 것이 좋다. 세 번째는 엘리야후도 형식적으로 말한 것같이 보인다. 칠십인역
은 본문에 ‘엘리샤’가 있었다는 것을 증명하고 있다. 그러나 ‘그에게’라는 말을 번역할 필
요를 못 느낀 것 같다.

말했다. "야흐베께서 살아계시고, 주님(당신)의 목숨이 살아 있는 한 나는
주님(당신)을 떠나지 않겠습니다."

b) 그래서 그들은 여리효로 갔다.

5 וַיִּגְּשׁוּ בְנֵי־הַנְּבִיאִים אֲשֶׁר־בִּירִיחוֹ אֶל־אֱלִישָׁע וַיֹּאמְרוּ אֵלָיו הֲיָדַעְתָּ כִּי
הַיּוֹם יְהוָה לֹקֵחַ אֶת־אֲדֹנֶיךָ מֵעַל רֹאשֶׁךָ
וַיֹּאמֶר גַּם־אֲנִי יָדַעְתִּי הֶחֱשׁוּ:

a) 그러자 여리효에 있던 그 예언자들의 아들들이 엘리샤에게 다가왔다. 그
리곤 그들이 그에게 말했다. "당신은 오늘 야흐베께서 당신의 주인을 당
신의 머리 위로부터 취하실 것이라는 것을 아십니까?"

b) 그러나 그가 말했다. "나도 압니다. 당신들은 조용히 하십시오!"

6 וַיֹּאמֶר לוֹ אֵלִיָּהוּ שֵׁב־נָא פֹה כִּי יְהוָה שְׁלָחַנִי הַיַּרְדֵּנָה וַיֹּאמֶר חַי־יְהוָה
וְחֵי־נַפְשְׁךָ אִם־אֶעֶזְבֶךָ
וַיֵּלְכוּ שְׁנֵיהֶם:

a) 그러고 난 후에 엘리야후가 그에게 말했다. "너는 제발 여기에 머물러라!
야흐베께서 나를 야르덴 쪽으로 보내셨기 때문이다." 그러나 그가 말했다.
"야흐베께서 살아계시고, 주님(당신)의 목숨이 살아 있는 한, 나는 주님
(당신)을 떠나지 않겠습니다."

b) 그래서 그들 둘이 갔다.

7⁵⁾ וַחֲמִשִּׁים אִישׁ מִבְּנֵי הַנְּבִיאִים הָלְכוּ[a] וַיַּעַמְדוּ מִנֶּגֶד מֵרָחוֹק

---

5) [a] 본래의 칠십인역에는 이 단어가 **빠졌다**. 그러나 엘리야후와 엘리샤가 여리효에서 야르덴
강으로 가는데 오십 명도 뒤따라갔다는 뜻이니 지울 필요가 없다.

  [b] 페쉿타에서는 여기에 שָׂפַת(강변, 강가)가 덧붙어 있는 것으로 번역하고 있다. 물론 민수
기 33:49; 여호슈아 22:10에서 보듯이 그 말이 없어도 '야르덴 강가'라는 뜻이 된다. 그
러나 13절에서는 שָׂפַת가 붙어 있다. 필자의 생각으로는 저자가 7절과 13절을 대조시키
고 있는 것 같다. 문자 그대로 해석할 때에, 차이는 주어다. 엘리야후는 아무 주저 없이

:וּשְׁנֵיהֶם עָמְדוּ עַל־הַיַּרְדֵּן[b]

a) 그런데 그 예언자들의 아들들 중의 오십 명이 갔다. 그러나 그들은 멀리
서 맞은편에 서 있었다.

b) 그러나 그들 두 사람은 그 야르덴 위에 섰다.

8   וַיִּקַּח אֵלִיָּהוּ אֶת־אַדַּרְתּוֹ וַיִּגְלֹם וַיַּכֶּה אֶת־הַמַּיִם וַיֵּחָצוּ הֵנָּה וָהֵנָּה
וַיַּעַבְרוּ שְׁנֵיהֶם בֶּחָרָבָה:

a) 그러자 엘리야후가 그의 외투를 벗었다. 그리고 난 후에 그는 그것을 말
더니 그 물을 쳤다. 그러자 그것들이 이리저리로 갈라졌다.

b) 그래서 그 두 사람은 마른 땅을 건넜다.

9[6)]   וַיְהִי כְעָבְרָם[a] וְאֵלִיָּהוּ אָמַר אֶל־אֱלִישָׁע שְׁאַל[b] מָה אֶעֱשֶׂה־לָּךְ בְּטֶרֶם אֶלָּקַח
מֵעִמָּךְ
וַיֹּאמֶר אֱלִישָׁע וִיהִי[c]־נָא פִּי־שְׁנַיִם בְּרוּחֲךָ אֵלָי:

a) 그리고 난 후에 이런 일이 있었다. 그들이 건너자마자 엘리야후가 엘리샤
에게 말했다. "내가 너를 위해 무엇을 할지 너는 구해라! 내가 너와 함께
있다가 취하여지기 전에."

야르덴강에 들어섰으나, 엘리야후의 승천을 목격하고 돌아오는 길의 엘리샤는 선뜻 그러
지 못했다(13). 본문은 그대로 두어야 한다.

6) [a] 몇 개의 히브리어 필사본과 루키안 수정본을 뺀 칠십인역과 타르굼의 한 필사본에 בְּעָבְרָם
(그들이 건넜을 때에)이라고 적혀 있다. 엘리야후는 자신이 어느 순간에 들려질지 모르는 판
국이어서 야르덴을 '건너자마자' 엘리샤에게 용건을 말했을 가능성이 크다. 또한 그렇게 되
면 극적인 긴장을 더하게 해 준다. 그러므로 본문은 마소라 그대로 두는 게 좋다. 같은 의견
의 Šanda, 11 참고.

[b] 한 개의 히브리어 필사본과 원래의 바티칸사본에는 이 말이 빠져 있다. 그래도 물론 말
이 되지만, 마지막으로 소원을 말하라는 것이니까, '구하라'는 말이 있는 것이 더 좋을
것 같다.

[c] 칠십인역과 페쉿타에서는 ִ(그렇다면)를 생략하고 있다. 그러나 그것이 있음으로 해서 더
욱 강조하고, 엘리야후의 말을 기다렸다는 듯이 반응을 보인 게 되므로 그대로 두는 게
좋다.

b) 그래서 엘리샤가 말했다. "그렇다면 제발 주님(당신)의 영 중에서 두 몫
이 제게 있게 되기를 바랍니다."

10[7)]　　　　　　　　　　　　　　　　　　　וַיֹּאמֶר הִקְשִׁיתָ לִשְׁאוֹל

אִם־תִּרְאֶה אֹתִי לֻקָּח מֵאִתָּךְ יְהִי־לְךָ[a] כֵּן[b] וְאִם־אַיִן לֹא יִהְיֶה:

a) 그러자 그가 말했다. "너는 어려운 것을 구했다.

b) 만일 내가 네게서 취하여지는 것을 네가 본다면 네게 그렇게 될 것이다.
그러나 그렇지 않으면 안 될 것이다"

11[8)]　　וַיְהִי הֵמָּה הֹלְכִים הָלוֹךְ וְדַבֵּר וְהִנֵּה רֶכֶב־אֵשׁ וְסוּסֵי אֵשׁ וַיַּפְרִדוּ[a]
בֵּין שְׁנֵיהֶם

וַיַּעַל[b] אֵלִיָּהוּ בַּסְעָרָה הַשָּׁמָיִם:

a) 그리고 난 후에 이런 일이 있었다. 그들은 계속해서 가면서 말하고 있었
다. 그런데 보라! 불병거와 불말들이다! 그리고 난 후에 그들이 그들 두
사람 사이를 갈라놓았다.

---

7) [a] 루키안 수정본을 뺀 칠십인역에선 이 앞에 ו(그러면)가 있는 것으로 되어 있다. 그것은 엘리
샤가 구한 어투 그대로다. 그러나 본문에서 엘리야후는 다소 무뚝뚝하고 마지못해서 허락하
는 분위기이므로("너는 어려운 것을 구했다") ו가 없는 마소라 본문이 더 낫다.
[b] 두 개의 히브리어 필사본과 바티칸사본에서는 이 단어가 빠져 있다. 빠져도 말이 되지만, 수
혜자인 엘리샤를 강조하는 말이므로 굳이 바꿀 필요가 없다.
8)[a] 바티칸사본과 칠십인역 소문자사본에서는 주어가 복수가 아니라 단수로 되어 있다. 그러
나 그 앞에 나타난 것이 불병거와 불말들이었으므로 복수로 되는 것이 마땅하다.
[b] 칠십인역에선 καὶ ἀνελήμφθη(그가 위로 들려졌다)라고 하여 수동태로 번역하였다. 승천을
뜻하는 단어가 본문에선 הַעֲלוֹת(1 '올리실') לָקַח(3, 5 '취하실'), אֶקַּח(9 '내가 취하여
질 것이다'), לֻקָּח(10 '취하여지는') 등으로 다양하게 썼었는데, 그리스역은 9절과 10절을
따라 수동태로 번역한 것 같다. 그러나 이는 하나의 해석이 담긴 번역 같다(Hobbs, 1995,
15 참고). 그리고 עלה(올라가다)는 본문 1절에서도 썼었고, 여기서도 썼었다. 또한 성경
에는 하나님이나 천사가 땅에 내려왔다가 올라갈 경우에 וַיַּעַל(그리고 난 후에 그는 올라
갔다)을 쓴 경우가 여러 번 있으므로(창 17:22; 35:13; 삿 13:20) 마소라 본문을 고칠 필
요는 없다. 오히려 그리스역을 따른 לֻקַּח(취하여졌다)는 승천의 뜻으로 쓰이지 못했다.
창 3:23; 삿 17:2; 사 52:5; 53:8 참고.

b) 그러고 난 후에 엘리야후는 그 폭풍 속에서 그 하늘로 올라갔다.

12[9]) וֶאֱלִישָׁע רֹאֶה וְהוּא[a] מְצַעֵק אָבִי אָבִי רֶכֶב יִשְׂרָאֵל וּפָרָשָׁיו[b] וְלֹא רָאָהוּ עוֹד
וַיַּחֲזֵק בִּבְגָדָיו וַיִּקְרָעֵם לִשְׁנַיִם קְרָעִים:

a) 그런데 엘리샤가 보고 있었다. 그래서 그가 외쳤다. "나의 아버지! 나의 아버지! 이스라엘의 병거와 그 군마들이여!" 그러나 그는 그를 다시 보지 못했다.

b) 그래서 그는 그의 옷들을 꽉 잡고 그것들을 두 조각으로 찢어 버렸다.

13 וַיָּרֶם אֶת־אַדֶּרֶת אֵלִיָּהוּ אֲשֶׁר נָפְלָה מֵעָלָיו
וַיָּשָׁב וַיַּעֲמֹד עַל־שְׂפַת הַיַּרְדֵּן:

a) 그리고 나서 그는 엘리야후에게서 떨어진 그의 외투를 주웠다.

b) 그러고 난 후에 그는 돌아왔다. 그러다가 그는 그 야르덴 강변에 섰다.

14[10]) וַיִּקַּח אֶת־אַדֶּרֶת אֵלִיָּהוּ אֲשֶׁר נָפְלָה מֵעָלָיו וַיַּכֶּה אֶת־הַמַּיִם[a] וַיֹּאמַר אַיֵּה

---

9) [a] 루키안 수정본을 뺀 나머지 칠십인역은 הוא(그 남자)를 생략하고 있다. 페쉿타는 וְהִנֵּה (그런데 보라!)였던 것같이 번역하고 있다. הוא가 없어도 말은 되고, 그 대명사 때문에 문장이 더 어색해지는 것 같지만, 마소라 본문은 엘리야후의 승천을 목격하는 엘리샤의 당황하는 모습을 잘 반영하고 있다. 페쉿타도 가능하지만, 마소라를 바꿀 이유는 없다.

[b] 칠십인역이 단수로 표현하고 있으나, 열왕기하 13:14에서도 복수로 되어 있으니 아마 굳어진 숙어인 듯하다. 칠십인역이 단수로 표현한 것은 엘리야후가 단수이기 때문이었을 것이다.

10) [a] 바티칸사본과 알렉산드리아 사본을 제외한 칠십인역에서는 이 단어 뒤에 καὶ οὐ διέστη(그러나 그것이 갈라지지 않았다)라는 말이 더 들어가 있다. 그렇게 되면 문맥이 훨씬 더 매끄럽고 뜻이 분명해진다. 그러나 현재의 마소라 본문을 그대로 두고도 그런 뜻임은 알 수 있다. 칠십인역은 본문의 뜻을 더 분명하게 하기 위해 덧붙인 것이라 생각된다.

[b] 본래의 칠십인역과 불가타에서는 이 단어가 빠져 있다. 그러면 '엘리야후의 하나님은 어디 계십니까?'가 된다. 그것도 가능하고 간단하기도 하지만 마소라를 바꿀 이유는 되지 않는다.

[c-c] 칠십인역에선 αφφω(압포)라고 음역하였는데, 그렇게 되면 '압포의 엘리야후의 하나님은 어디 계십니까?'라는 뜻이 된다. Hobbs, 1995, 15 참고. 그러나 엘리야후가 압포 출신이

יְהוָה[b] אֱלֹהֵי אֵלִיָּהוּ

אַף־הוּא[c] וַיַּכֶּה אֶת־הַמַּיִם וַיֵּחָצוּ הֵנָּה וָהֵנָּה וַיַּעֲבֹר אֱלִישָׁע:

a) 그래서 그는 엘리야후에게서 떨어진 그의 외투를 가지고 그 물을 쳤다. 그러고 나서 그는 말했다. "엘리야후의 하나님 야흐베는 어디 계십니까?

b) 정말 그 분!" 그러고 나서 그는 그 물을 쳤다. 그러자 그것이 이리저리로 갈라졌다. 그래서 엘리샤가 건넜다.

15[11]) וַיִּרְאֻהוּ[a] בְנֵי־הַנְּבִיאִים אֲשֶׁר־בִּירִיחוֹ מִנֶּגֶד וַיֹּאמְרוּ נָחָה רוּחַ אֵלִיָּהוּ עַל־אֱלִישָׁע

וַיָּבֹאוּ לִקְרָאתוֹ וַיִּשְׁתַּחֲווּ־לוֹ אָרְצָה:

a) 그런데 건너편, 여리효에 있던 그 선지자들의 아들들이 그를 보았다. 그리곤 그들이 말했다. "엘리야후의 영이 엘리샤의 위에 임했다!"

b) 그래서 그들은 그를 만나러 와서 땅에 엎드려 그에게 절했다.

16[12]) וַיֹּאמְרוּ אֵלָיו הִנֵּה־נָא יֵשׁ־אֶת־עֲבָדֶיךָ חֲמִשִּׁים אֲנָשִׁים בְּנֵי־חַיִל יֵלְכוּ נָא וִיבַקְשׁוּ אֶת־אֲדֹנֶיךָ פֶּן־נְשָׂאוֹ רוּחַ יְהוָה וַיַּשְׁלִכֵהוּ בְּאַחַד הֶהָרִים אוֹ בְּאַחַת הַגֵּיאוֹת[a]

וַיֹּאמֶר לֹא תִשְׁלָחוּ:

라는 말은 성경 어디에도 없으니, 그 대본의 히브리어가 불명확하였음을 드러낼 뿐이다. BHS의 제안대로 אֵפוֹא(도대체)였을 수도 있다. אֵפוֹא의 용례에 대해선 Gesenius/18, I, 88 참고. 뷔르트바인(ATD 11/2, 273)은 그리스역을 따랐다. 그랬다면 왜 그리스어 번역자는 그 뜻을 알지 못하고 음역을 하였을까? 어쨌든 현재의 마소라 본문이 그리 매끄러운 것은 아니지만, 간절히 엘리야후의 하나님을 찾았다는 뜻이니 마소라 본문을 따르지 않을 수 없다.

11) [a] 몇 개의 히브리어 필사본과 루키안 수정본과 페쉿타는 끝에 나오는 인칭대명사어미를 빼 וַיִּרְאוּ(그러자 그들이 보았다)를 암시하고 있다. 그러나 목적어가 있는 마소라 본문이 더 낫다.

12) [a] 이 단어는 대부분의 필사본들과 크레'(Qere)와 문법대로 הַגֵּאָיוֹת(그 골짜기들)로 읽는다. Gesenius/18, I, 212 참고.

a) 그리고 난 후에 그들이 그에게 말했다. "제발 보십시오! 주님(당신)의 종
   들에게는 오십 명의 장정들이 있습니다. 그들이 꼭 가서 주님(당신)의 주
   인을 찾을 것입니다. 야흐베의 바람이 그를 들어서 그 산들 중 하나에나
   골짜기들 중 하나에 던지지 않도록 말입니다."

b) 그러자 그가 말했다. "당신들은 보내지 마시오."

17[13)]   וַיִּפְצְרוּ־בוֹ עַד־בֹּשׁ וַיֹּאמֶר שְׁלָחוּ

                    וַיִּשְׁלְחוּ חֲמִשִּׁים אִישׁ וַיְבַקְשׁוּ שְׁלֹשָׁה־יָמִים וְלֹא מְצָאֻהוּ[a]:

a) 그러나 그들은 그를 부끄러울 정도로 졸랐다. 그래서 그가 말했다. "당신
   들이 보내시오!"

b) 그래서 그들은 오십 명을 보냈다. 그래서 그들이 삼 일 동안 찾았다. 그
   러나 그들은 그를 발견하지 못했다.

18   וַיָּשֻׁבוּ אֵלָיו וְהוּא יֹשֵׁב בִּירִיחוֹ

                      וַיֹּאמֶר אֲלֵהֶם הֲלוֹא־אָמַרְתִּי אֲלֵיכֶם אַל־תֵּלֵכוּ:

a) 그래서 그들은 그에게 돌아왔다. 그런데 그는 여리효에 머물러 있었다.

b) 그리고 난 후에 그가 그들에게 말했다. "내가 당신들에게 가지 말라고 하
   지 않았습니까?

---

13) [a] 두 개의 히브리어 필사본과 루키안 수정본, 불가타는 מָצְאוּ(그들이 찾았다)를 보여주고
있다. 그러나 이 경우에도 15절의 לִקְרָאתוֹ(그를 만나기 위하여)와 같이 목적격 접미사
를 가진 마소라 형태가 더 낫다.

B. 논쟁점

1. 본문의 통일성

a. 통일성을 부인하는 주장들

학자들 중에는 대체로 16-18절을 후대에 첨가된 것으로 보는 사람이 많은데, 예언자들의 아들들이 앞에서는 엘리야후의 승천을 예언했으면서 뒤에선 의심하니까 맞지 않는다고 한다(Hentschel/2, 8; ATD 11/2, 274). 2-6절도 첨가되었다고 보는 이들이 있는데, 엘리야후의 승천을 미리 알아 버려 긴장이 사라지기 때문이라고 한다(Schmitt, 104; ATD 11/2, 274; Hentschel/2, 8f). 1절이 추가되었다는 이들은 그것이 서두로 첨가되었다고 하기도 한다(Galling, 1956, 129; ATD 11/2, 274). 한편 롱은 2장에서 16-18절이 앞과 맞지 않지만 의도적이거나 결과적인 통일성의 표지를 볼 수 있다고 한다(Long, 1991, 20). 또한 콘라드는 2장의 통일성을 부인한 학자들의 의견을 소개하면서, 무엇이 첨가된 것이냐에 대해서 그들의 의견이 다 다른 것은 본문을 정확히 나누기 어렵다는 증거라고 하였다(Conrad, 267-268). 그러나 콘라드도 본문의 통일성을 주장하지는 않는다. 다만 후대에 첨가된 것이 있어도 가려내기 어렵고, 원래의 모습을 재구(再構)하기가 불가능하다고 한다. 그레이는 엘리야후의 전승과 엘리샤의 전승이 독립적이라고 하면서, 그 증거로 본문이 열왕기상 19장의 엘리샤의 소명을 모르고 있는 것과, 혼자 다니던 엘리야후가 여기선 예언자들의 무리들과 어울리는 점이라고 했다(Gray, 472).

b. 본문의 통일성

먼저 본문의 통일성부터 살펴보고, 그것을 부인하는 주장들을 검토하도록 하자. 홉스는 1984년에 쓴 논문에서 열왕기하 1장과 2장의 통일성을 주장하였는데, 그 두 장의 핵심인 11절을 중심으로 하여 1-2장이 하나의 통일된 구조를 가지고 있음을 밝혔다(Hobbs, 1984, 332. 아래의 C.2.b 참고). 그의 글을 바탕으로 하여 2장 1절에서 18절까지의 틀을 구조적으로 분석해 보면 다음과 같다.[14]

A 1-6 예언자들의 아들들이 예언한다
B 7 예언자들의 아들들이 본다
C 8 두 사람이 야르덴강을 건넌다
D 9 승계의 상징(두 몫)
E 10 승천을 보면 된다
X 11 승천
E′ 12 승천을 보았다
D′ 13 승계의 상징(외투)
C′ 14 엘리샤가 야르덴강을 건넌다
B′ 15 예언자들의 아들들이 본다
A′ 16-18 예언자들의 아들들이 찾는다

이상에서 보듯이 1절에서 18절까지의 이야기는 분명히 엘리야후의 승천을 중심으로 하여 완벽한 교차대구법으로 짜여진 것이다. 주목할 만한 것은 엘리야후의 승천 후에 엘리샤가 외투를 가지고 강을 건너는 것도, 예언자들의 아들들이 엘리야후의 시신을 찾아 나서는 것도 완전히 엘리야후 이야기의 일부로서 엘리야후의 승천 사건을 둘러싸고 있다는 점이다.

c. 통일성을 부인하는 주장에 대한 반박

그러면 통일성을 부인하는 자들의 주장을 살펴보자. 먼저 16-18절이 그 앞부분 (3, 5)과 다르다는 주장은 인간의 믿음의 양면성을 고려할 때에 문제가 되지 않는다. 예언자들의 아들들은 그들이 받은 계시를 엘리샤에게 전하면서도 그것의 실현 여부를 확인하고 싶었을 것이다. 그래서 그들은 엘리야후와 엘리샤를 따라다니다가

---

14) 콘(Cohn, 1999, 11)은 2장을 이와 다르게 나누었지만, 그도 2장의 중심을 엘리야후의 승천으로 보았다. 아래의 2.a) 참고.

야르덴강을 건널 때에 더 따라가지 못하고 남아 있다가—강에 뛰어들 믿음이 없었
다—엘리야후의 승천 장면을 멀리서 어렴풋이 보았을 터이다. 그래도 만의 하나 엘
리야후가 회오리바람에 날려서 어디 다른 곳에 떨어져 버렸다면 큰일이고, 그 책임
을 자기들도 져야 할 터이니 찾아보겠다고 하였을 것이다. 엘리야후의 영을 받은
엘리샤는 그런 면에서 예언자들의 아들들과 달랐다. 그러므로 예언자들의 아들들이
엘리야후의 몸을 찾겠다고 나서는 것은 앞부분과 상치되지 않는다. 앞부분이 없었
다면 그들은 따라다니지도 않았을 것이고, 엘리샤의 허락을 얻을 필요도 없이 엘리
야후를 찾아 나섰을 것이다. 그들이 허락을 청하는 것은 그들의 믿음의 갈등을 반
영하는 현실성 있는 이야기다.

2-6절이나 1절이 이야기 전체의 긴장을 깨뜨린다는 주장은 맞지 않다. 화자는
청중들이 이미 소문을 들어 알고 있는 이야기를 이제부터 들려주겠다고 하여 주의
를 집중시키게 하는 효과를 노리고 있다.[15] 열왕기하 13장 14절 이하의 '엘리샤의
죽음' 이야기도 "엘리샤가 죽을병이 들매"라는 말로 시작한다.[16]

그리고 그레이가 말한 문제, 본문이 열왕기상 19장의 엘리샤의 소명을 모르고
있다는 주장은 맞지 않다. 본문은 엘리샤의 소명 이야기가 아니라, 소명을 받은 엘
리샤가 엘리야후의 시종으로 일하다가 엘리야후의 직책을 계승하는 장면을 그리고
있다. 본문이 열왕기상 19장을 몰랐다면 엘리샤에 대한 소개가 있었을 것이고, 왜
그가 길갈에서 엘리야후와 함께 출발했는지도 설명했을 것이다. 본문은 열왕기상
19장을 전제로 하고 있다.[17] 엘리야후가 예언자 그룹과 접촉한다고 하여 그 역사

---

15) "독자들은 엘리야후가 정말 승천할 것인가, 혹은 어디서 승천할 것인가 궁금하게 생각한
   다. 그러므로 그 구절들은 필요 없거나 방해가 되는 요소가 아니다"(Conrad, 267).

16) 창 22장 1절에서도 하나님이 아브라함을 시험하시려고 하는 의도임을 미리 밝힌다.

17) 엘리야후가 그전에 늘 혼자서 다닌 것으로 기록된 것은 사실이다. 그러나 17장에선 아흐
   압의 박해를 피해서 피난 다니던 때요, 18장은 카르멜산에서 대결하던 때인데, 아직 승부
   가 나기 전에 선지자들이 전면에 나서기가 어려웠을 것이다. 19장에서도 엘리야후는 혼자
   피난길에 나선다. 21장에서도 엘리야후는 아흐압에게 환영을 받지 못하였고, 열왕기하 1
   장에서도 엘리야후를 체포하려고 군대를 파견하는 상황이 벌어지는데, 언제, 어디서 그가
   제자들을 데리고 다닐 수 있었겠는가? 그런 때에 선지자 무리를 거느리지 않는 것은 당
   연하다. 그러나 아햐즈야가 병이 들어서 꼼짝을 못하고, 여호람 왕이 들어서는 때쯤에는
   그도 예언자들과 접촉할 수 있었을 것이다.

성을 의심하는 것은 잘못이라 생각된다.

2. 열왕기상 22:51 – 열왕기하 3:3의 통일성

앞에서 2:1-18의 통일성을 살펴보았으니, 이제는 2장 전체와 1-2장 전체의 구도에 대해 살펴보려 한다. 2장에는 엘리야후 승천 이야기 외에 엘리샤가 여리효의 물을 좋게 하는 이야기(19-22), 엘리샤가 아이들을 저주하여 죽게 하는 이야기(23-24), 엘리샤의 쇼므론 여정(25)이 기록되어 있다. 이들을 2장 1-18절과, 1-2장 전체 구도 속에서 살펴볼 필요가 있는 것이다.

a. 콘(Cohn)의 2장 분석
그는 2장의 구도를 지리적인 면에서 다음과 같이 도식화하였다(Cohn, 1999, 11).

  A. 엘리야후와 엘리샤가 길갈을 떠난다(2:1-2)
   B. 엘리야후와 엘리샤가 베트엘에 있다(2:3-4)
    C. 엘리야후와 엘리샤가 여리효에 가다(2:5-6)
     D. 엘리야후와 엘리샤가 예언자의 아들들을 떠나 야르덴을 건넌다(2:7-8)
      X. 엘리야후의 승천(2:9-12a)
     D′. 엘리샤가 야르덴을 건너 예언자의 아들들을 만나다(2:12b-18)
    C′. 여리효의 엘리샤(2:19-22)
   B′. 베트엘의 엘리샤(2:23-24)
  A′. 엘리샤가 쇼므론으로 돌아간다(2:25)

콘이 밝힌 '지리적인 면에서의 구도'는 대체로 수긍할 만하다. 그러나 지리적인 요소가 본문의 구도를 밝히는 최고의 기준이 될 수 있을까? 예를 들어서 3-4절과 23-24절이 베트엘이라는 공통적인 지역과 연관이 있다는 것 외에 무슨 공통점을 가지고 있는가? 하나는 엘리야후가 베트엘에 들렀을 때에 일어났던 일, 즉 예언자

들의 아들들이 엘리샤에게 엘리야후의 승천을 예고한 일과, 엘리야후가 엘리샤를
거기 머무르게 하려고 했으나 여의치 않았다는 이야기이고, 다른 하나는 베트엘로
가는 도중에 엘리샤를 놀리는 아이들이 있어 엘리샤의 저주로 암곰에게 찢겨 죽었
다는 이야기 아닌가! 위에서 보았듯이 2장 1-18절이 완벽한 대칭을 이룬 구조이기
때문에, 2장만으로는 19-22절이나 23-24절에 필적할 만한 사건을 발견할 수 없다.

b. 홉스(Hobbs)의 1-2장 분석

콘의 문제점을 극복하려면 홉스의 제안을 따라 1-2장을 하나로 묶어 생각하는
게 나을 것이다. 그가 본 1-2장은 다음과 같은 구도를 지니고 있다.[18]

A. 오십부장 세 사람(1:9-15)
  B. 아햐즈야가 바알즈붑에게 물으려다 죽는다(1:1-8, 16-18)
    C. 베트엘과 여리효로 가다(2:2-6)
      D. 야르덴가의 선지자의 아들들(2:7)
        E. 야르덴강을 건너다(2:8)
          F. 두 몫(2:9)
            G. 소원 성취의 조건(2:10)
              H. 승천(2:11)
            G'. 내 아버지여(2:12)
          F'. 엘리야후의 외투(2:13)
        E'. 엘리샤가 야르덴을 건너다(2:14)
      D'. 선지자의 아들들의 확인(2:15)
    C'. 시체 찾기(2:16-18)
  B'. 여리효의 물(2:19-22)
A'. 아이들이 죽다(2:23-25)

위의 분석에서 내용 면에서의 대칭은 분명하다. 특히 암곰이 아이들을 물어 죽이

---

18) Hobbs, 1995, 332. 각 문단의 제목은 편의를 위해 필자가 붙였다.

는 사건과 오십인 부대가 두 번씩이나 불에 타 죽는 이야기는 그 주제나 양식 면에서 서로 일치한다. 아햐즈야는 선지자에게 죽고, 여리효 사람들은 선지자에 의해서 생명을 얻는다는 대칭도 가능하다. 그러나 홉스의 분석은 1장을 둘로 나누되 9-15절과 1-8, 16-18절의 두 부분으로 나누어, 현재의 본문을 자의(恣意)적으로 가위질하는 것 같은 인상을 준다. 제대로 된 분석이라면 현재의 본문을 그대로 두고 나누어야 할 것이다.

c. 1-2장의 구조

우리는 홉스와 콘의 분석을 발판으로 하여 1-2장에 대한 분석을 새롭게 시도해야 할 것이다. 1-2장 전체의 중심은 엘리야후의 승천사건(2:1-18)이었다. 우리는 그것을 여러 단계로 나누지 않고 하나의 핵으로 볼 것이다. 그것을 에워싸는 이야기들이 '아햐즈야의 죽음'(1:13-18)[19]과 '여리효의 소생'(2:19-22)이다. 이들은 한쪽은 선지자를 통하여 죽음을, 한쪽은 생명을 얻는 식의 대칭을 이루고 있다. 하나님의 종인 선지자가 생명을 관장하고 있음을 보여주는 구도다. 아햐즈야가 아이가 없이 죽었듯이 여리효의 여인들도 아이들을 유산하고 있었다(Hobbs, 1984, 331). 그리고 '아햐즈야의 죽음'에는 죽음을 모면하는 오십 명이 있어서 여리효 이야기와 생명을 얻는 측면에서도 일치한다. 그것을 다시 둘러싸는 이야기가 아햐즈야의 도전(1:2-12)과 아이들의 도전(2:23-25)이다. 아햐즈야는 어린 아이들과 똑같이 어리석고 겁 없이 하나님의 사람에게 도전하다가 심판을 받았다. 그리고 이런 이야기들 전체를 둘러싸고 있는 표지 역할을 하는 것이 아햐즈야의 치적(왕상 22:51 – 왕하 1:1)과 여호람의 치적(왕하 3:1-3)이다. 이를 도표로 만들면 다음과 같다.

    A. 아햐즈야의 치적(왕상 22:51 – 왕하 1:1)
     B. 아햐즈야의 도전(왕하 1:2-12)

---

19) 아햐즈야가 하나님께 도전한 이야기는 위의 XI장(자세한 것은 B. 6)과 이승현, 2004, 28-64 참고. 본문에서 두 번째에 고비를 맞는 이야기 구조는 런드범(Lundbom, 45f)도 확인하였다.

    C. 아햐즈야의 죽음과 오십 명의 생환(왕하 1:13-18)

     X. 엘리야후의 승천(왕하 2:1-18)

   C′. 여리효의 문제와 소생(왕하 2:19-22)

  B′. 아이들의 도전(왕하 2:23-25)

 A′. 여호람의 치적(왕하 3:1-3)

이를 통하여 우리는 열왕기상 22:51 - 열왕기하 3:3 전체가 하나로 잘 짜여진 구조였고 통일성 있는 이야기라는 것을 알 수 있다. 이외에도 이 부분에는 몇 가지 공통점이 있다.

1) 오십이라는 숫자(1:9, 10, 11, 12, 13, 14; 2:7, 16, 17): 이는 두 장을 연결하는 하나의 암호와 같다(Lundbom, 46f; Cohn, 1999, 13 참고. 마흔 둘이라는 숫자가 지니는 의미에 대해서는 위의 IX.B.6.13 참고).

2) 선지자의 외모를 밝힌다(털북숭이와 대머리; Hobbs, 1995, 332 참고.)

3) 현대인이 보기에 끔찍한 재난이 선지자를 경멸하는 사람들에게 임한다 (1:9-12; 2:23-25; Hobbs, 위의 곳 참고).

4) 오십부장이 세 번 파견되었지만, 두 번째에서 가장 강경하였고, 엘리야후가 엘리샤를 따라오지 못하게 만류하였지만, 두 번째에 가장 강하게 엘리샤의 이름까지 부르며 만류하였다. 그리고 예언자들의 아들들도 두 번째엔 첫 번째와 달리 가까이 다가왔다.[20] 이런 세밀한 점에서의 공통점은 저자가 같지 않고는 기대하기 어려운 점이다.

5) 런드범은 두 장의 공통의 모티프로 올라가다와 내려가다의 반복과 하나님의 개입의 표지로 불이 나타난다는 점을 들었다(Lundbom, 46-47).

열왕기상 22장 51절에서 열왕기하 3장 3절의 이런 통일성은 앞으로 엘리야후

---

20) 첫 번째엔 יָרַד(나오다: 3절)란 동사를 썼고, 두 번째엔 נָגַשׁ(다가오다, 가까이 오다: 5절)란 동사를 썼다. 세 번째엔 그들이 엘리샤에게 말을 걸지 않는다. 런드범(Lundbom, 45f)도 비슷한 관찰을 보고하고 있다.

엘리샤 이야기 전체의 구도를 밝히는 데 큰 도움이 될 것이다.

3. 엘리야후 이야기인가, 엘리샤 이야기인가?

지금까지 대부분의 역사비평학자들은 이 부분을 엘리샤의 이야기로 간주하였다.[21] 그래서 엘리야후의 이야기는 마지막 부분이 없는 이야기가 되어 버렸다.[22] 그러나 소수의 학자들은 본문을 엘리야후의 이야기라고 규정하였고,[23] 콘은 절충적인 입장을 취하여 '예언자의 승계 이야기'라고 주장하였다.[24] 물론 이 이야기는 승계를 다루고 있다. 그러나 이야기의 중심이 어디에 있는가? 또한 엘리야후 이야기는 종결이 없었단 말인가? 엘리샤의 이야기라 주장하는 이들은 대개 이 이야기의 초점이 엘리야후의 승천에 맞춰져 있지 않고 예언직의 계승에 있고, 이 뒤부터 나오는 엘리샤의 이야기의 시작 부분이라는 것을 강조한다(Fretheim, 136). 그리하여 엘리샤의 권위와 신실성을 강조하기 위하여 이 기사를 실었다는 것이다.

그러나 우리가 위에서 보았듯이, 2장 1-18절은 완벽한 구조로 짜여진 '엘리야후의 승천 이야기'였다. 그뿐 아니라, 2장 1-18절은 열왕기상 22장 51절 – 열왕기하 3장 3절의 중심이 되어 있다. 이는 이 부분 전체가 엘리야후 이야기라는 뜻이다. 열왕기하 2장 1-18절이 엘리샤의 이야기라고 주장하는 사람들은 핵심이 15절이라고 주장하나, 그것은 7절의 대구일 뿐이다(Conrad, 267). 이 이야기는 티쉬베 사람 엘리야후의 마지막 장면을 그리면서 그의 영향이 그의 사후에도 남아 있음을 보여주고 있다. 즉 엘리샤는 엘리야후의 승천을 둘러싼 주변 이야기에 속하며, 엘리야후가

---

21) Galling, 1956, 129; ATD 11/2, 276; Rofé, 1988/1, 44; Fretheim, 136.

22) 예를 들어 다음과 같은 저작들이 그랬다. Fohrer, 1958; Steck, 1968; Hentschel, 1977. 이런 연구방향에 대해 콘라드(Conrad, 263)는 비판하고 있다 .

23) Long, 1991, 20f: "작은 사건들이 단계적으로 반복되면서 엘리야후가 떠나는 순간의 절정을 향하여 나아가고 있다. 저자는 중심 되는 내용을 1a에서 밝힐 뿐 아니라 그 순간을 위하여 기적적으로 도강하는 이야기(8b, 14)와 멀리서 지켜보는 선지자들 이야기까지(7, 15a)까지 동원했다"; 또한 Conrad 참고.

24) Cohn, 1999, 10. 그렇다면 이것은 성경에 나오는 유일한 예언자의 승계 이야기인 셈이다.

─시험하기 위해서였겠으나─ 그리 흔쾌히 인정하지 않은 후계자였다. 또한 엘리샤는 엘리야후의 영의 일부를 받음으로써만 예언자의 직책을 수행하게 되지만, 그것도 겨우 감당하게 된 것을 알 수 있다(9-15; Conrad, 264). 엘리샤의 가치는 그가 엘리야후의 승천을 목격한 증인이고 그의 영의 일부를 받아서 그의 일을 계승하는 데 있었다(Conrad, 265). 열왕기하 2장 1-18절뿐만 아니라 열왕기하 2장 전체는 분명히 '엘리야후 이야기'였다.

4. 이스라엘의 병거군단과 그 군마들

a. 갈링(Galling)의 설

엘리샤가 엘리야후의 승천 장면을 보고 외친 말에 대하여, 갈링은 많이 인용되는 그의 논문(Galling, 1956, 129-148)에서 새로운 사실들을 밝혔다. 즉 רֶכֶב(레켑)은 병거 혹은 병거군단을 뜻하는 것인데, 아흐압 이래로 이것이 이스라엘 전력의 중심이 되었다고 한다. 또한 פָּרָשִׁים(프라쉼)은 군마(Streitrosse)를 뜻하는 것이지, 기병을 뜻하는 것이 아니라고 했다(Galling, 1956, 131f). 그리고 '프라쉼' 혹은 단수형 '파라쉬'가 기병을 가리키는 말이 된 것은 병거를 더 이상 쓰지 않고 기병군단을 사용했던 페르시아 시대 이후라 했다.[25] 또한 그는 '파라쉬'가 סוּס(수스)와 다른 것은, 그게 본래 북수리아─아람 지역에서 유래한 말이고, 특별한 종자의 말이거나 훈련된 말을 가리키는 군사용어로서 '수스'보다 상위개념이라고 밝혔다(Galling, 131f). 본문에 비추어 볼 때에도, 불말과 불병거에 상응되는 개념으로 병거와 군마(말)들이 맞지, 병거와 기병은 맞지 않는 것 같다.

나아가 갈링은 '나의 아버지'란 제자가 스승에게 하는 말이 아니라 존경하는 사람에게 하는 말이라 한다(왕하 5:13; 6:21; Galling, 1956, 130). 그 이유는 엘리샤의 예언자들의 아들들이 엘리샤에게 엘리야후를 지칭하여 '당신의 주인'(אֲדֹנֵיכֶם:

---

25) Galling, 1956, 132. 베크(Beek, 2)는 갈링을 반박하며 파라쉬를 기병으로 볼 수 있다고 하지만 설득력이 약하다.

3, 5)이라고 했고, 엘리샤의 제자들도 엘리샤를 '주'라고 불렀지(왕하 4:40; 6:5), 아버지라고 부르지 않았기 때문이다.26) 이상의 분석들은 모두 설득력이 있다.27) 그러나 그는 '나의 아버지 나의 아버지 이스라엘의 병거군단과 그 군마들'이라는 말이 본래 엘리샤에게 붙여졌던 정치적인 경칭이었는데, 열왕기하 13장을 읽은 사람이 본문에 집어넣은 것이라 보았다(Galling, 1956, 142). 또한 불말과 불병거란 이스라엘의 종교사에서 유래를 찾을 수 없는 것이며, 수리아에 있던 하늘의 병거군단 신의 개념이 엘리샤에게 적용되었다가, 후대에 신화적으로 해석된 것이라 한다(Galling, 1956, 147).

그가 경칭이 엘리샤에게서 옮겨왔다고 주장하는 이유는 열왕기하 2장이 근본적으로 엘리샤 이야기 묶음에 속해 있다고 보기 때문이다.28) 그러나 그것은 위에서 우리가 살펴본 바에 의하면 잘못된 가정이고, 이 이야기는 엘리야후에게 속한 이야기로 1-2장이 통일성 있는 이야기라는 것이 증명되었다. 또한 불말과 불병거가 이스라엘 종교사에서 유래를 찾아볼 수 없다고 하나, 그 자신도 인용한 열왕기하 6장 17절에서 우리는 불말과 불병거를 발견할 수 있다. 어떤 단어가 성경에서 그 유래를 찾을 수 없다고 할지라도 비이스라엘적이며 후대의 첨가라고 단언할 수는 없을 터인데, 또 다른 예가 나타나는데도 이스라엘적인 것이 아니라고 주장하는 것은 무리가 있다. 더구나 불은 엘리야후 이야기에서 자주 나타나는 모티프로써 열왕기에선 오직 '엘리야후 엘리샤 이야기'에서만 볼 수 있는 요소다.29) 그러므로 불말과 불병거는 전형적인 '엘리야후 엘리샤 이야기'의 특성을 지니고 있는 것이다. 그러므로 우리는 성경에 나타난 대로, 엘리야후가 불말과 불병거가 엘리샤와의

---

26) Galling, 1956, 130 참고. 헨첼(Hentschel/2, 10)은 왕들만이 예언자를 향하여 아버지라 부를 수 있었다고 하나, 일반적으로 예언자의 지위가 그렇게 높았던 것 같진 않다. 열왕기하 9장 11절에선 예언자를 '미친 자'라 부르고 있다. 또한 셔무엘상 19장 23절을 참고하라.

27) HAL(Ⅲ, 919) 사전도 'פָּרָשׁ'(군마) 란에서 갈링의 설을 인용하고 있다.

28) 위의 글, 129. 또한 엘리샤가 나라를 지키는 데 공헌한 데 반해 엘리야후는 그런 일을 한 적이 없기 때문에 이스라엘의 병거와 마병이 될 수 없다고 보는 시각도 많다(Hentschel/2, 10 참고). 그러나 기근에서 나라를 지키고, 온 민족을 우상 숭배에서 돌아서게 한 엘리야후가 아람의 침입을 몇 번 막은 엘리샤보다 더 나라를 잘 지켰다고 보아야 할 것이다.

29) 왕상 18:38; 19:12; 왕하 1:10(2회), 12(2회), 14; 2:11(2회); 6:17.

사이를 갈라놓은 뒤에 폭풍을 타고 올라갔고, 그 말들과 병거를 본 엘리샤가 엘리야후를 '이스라엘의 병거군단과 군마들'이라고 고백한 것으로 보아야 할 것이다.

b. 런드범(Lundbom)의 주장

런드범은 엘리샤가 한 이 말을 실제로 이스라엘의 병거와 마병이 나타난 것으로 보았다(Lundbom, 48). 즉 여호람왕이 엘리야후가 100명의 군사를 죽인 것에 대한 보복으로 병거와 마병들을 보내어 엘리야후를 납치하여 죽였다고 해석한다(Lundbom, 49). 그러나 그 사건이 엘리야후의 패배로 기억되지 않고 불병거를 타고 하늘로 올라간 것으로 전해졌다는 것이다. 그러나 엘리야후가 그렇게 순교했다면 왜 성경은 그것을 숨겼을까? 순교한 것이 부끄러워 승천했다고 했을까? 즈카르야는 죽임을 당했다고 분명히 밝히지 않았던가(대하 24:22)? 그리고 여호람은 성경에서 아햐즈야와 아흐압보다 좋은 왕이며 우상을 제거한 사람으로 나타나지 않는가(왕하 3:2)? 더구나 런드범은 엘리야후를 찾으러 나선 오십 명이 열왕기하 1장에서 엘리야후가 죽이지 않은 오십 명이라고 했는데(Lundbom, 47), ―군인들이 한가하게 예언자들을 따라다닌다는 그 가정도 잘못된 것이겠지만―그렇다면 그들은 계곡을 뒤질 게 아니라 병거를 추적했어야 했을 것이다.30) 또한 엘리샤가 자기 나라의 군대를 보고 '이스라엘의 병거와 군마들'이라고 불렀을까? 그건 그렇게 급할 때에 부르는 호칭도 아니고, 자기 스승을 납치하는 군대에 대한 호칭도 아니다. 그리고 런드범은 납치와 상관없는 것 같은 불병거와 불말들, 폭풍에 대해서도 설명해야 할 것이다.

c. 요 약

갈링의 지적대로, רֶכֶב יִשְׂרָאֵל וּפָרָשָׁיו(레케브 이스라엘 브파라샤브)는 '이스라엘의 병거군단과 그 군마들'로 해석해야 하고, '나의 아버지'는 존경하는 사람을 부르는 호칭으로 보는 것이 옳다. 그것은 샨다의 추측대로 속담이거나(Šanda, 12)

---

30) 홉스(Hobbs, 1995, 7)도 런드범의 주장을 설득력이 없다고 본다. 그는 두 사건 사이에 지리적으로 시간적으로 상당한 차이가 있을 것이라 본다.

굳어진 어구였을 것이다. 결국 이 말은 엘리야후가 이스라엘에 어떤 의미를 지닌 사람이었던가를 단적으로 보여주는 엘리샤의 고백이었다. 그는 영적인 면에서 이스라엘을 지키는 최강의 정예부대였다. 이제 그 일을 누가 감당할 것인가! 결국 그 외침은 스승을 잃고 자신이 그 대신 막중한 짐을 져야 하는 엘리샤가 스승에 대해 내리는 평가인 동시에, 자신에게 지워진 무거운 짐을 두고 탄식하는 말이었다.31)

5. 열왕기하 3장에서 13장까지는 누구의 이야기인가?

1-2장에서 우리는 엘리샤가 엘리야후의 증인이며 제자요 상속자인 동시에, 그를 모방하는 사람임을 발견할 수 있다. 엘리샤는 그의 외투를 사용하여 야르덴강을 가르고 건넜으며, 1-2장에 나타난 엘리야후의 최근 여정을 되짚어 간다(Lundbom, 41ff). 그뿐 아니라 여리효에서 물을 좋게 하는 기적은 1-2장에서 엘리야후가 아햐즈야를 죽게 하는 기사와 대칭을 이루지만, 엘리야후가 비를 오게 하는 기적과도 연관된다. 그들은 생수를 주는 사람들이었다. 예언자에게 무례히 하는 자들에게 불같은 성미로 재앙을 내리는 것도 닮았다. 이런 유사점은 1-2장에서 그치는 것이 아니다.

엘리야후의 승천 시에 한 말, "내 아버지! 내 아버지! 이스라엘의 병거군단과 그 군마들이여!"가 열왕기하 13장 14절에서 다시 나타나는 사실은 이미 위에서 언급하였다. 엘리야후에게 바쳐진 경칭이 거의 같은 상황에서 엘리샤에게 바쳐졌다. 이런 예는 또 있다. 열왕기하 2장 2, 4, 6절에서 엘리샤는 엘리야후에게 "야흐베께서 살아계시고, 주님(당신)의 목숨이 살아 있는 한 나는 주님(당신)을 떠나지 않겠습니다."라고 맹세한다. 그런데 이 맹세는 히브리어로 한 자도 틀리지 않고 4장 30절에 다시 나타나는데, 이번에는 슈넴 여인이 엘리샤에게 2장과 비슷하게 급박한 상황에서 하는 말이다. 엘리야후가 들은 고백을 엘리샤도 듣는다.

---

31) 열왕기하 13장 14절에서, 엘리샤의 죽음을 눈앞에 둔 요아쉬왕이 한 탄식도 같은 뜻이었을 것이다.

그러나 우리는 엘리샤가 엘리야후에 비해 좀 능력이 떨어지는 것을 발견할 수 있다. 본문에서도 엘리샤는 엘리야후의 외투를 가지고 단번에 강을 가르지 못하고 두 번이나 외쳐야 했는데(14), 이런 현상은 엘리샤의 사역에서 자주 발견된다. 물이 없어서 세 나라의 군대가 다 죽게 되었을 때에 엘리샤는 여호람왕과 여호사파트왕의 요청을 받고 물 문제를 해결하는데, 엘리야후가 기도로 비를 내리게 한 것(왕상 18:41ff)과 달리, 거문고 타는 사람을 불러오게 하고, 거문고를 타던 도중에 하나님의 말씀을 들어 문제를 해결한다(왕하 3:11ff). 기름이 떨어지지 않는 기적에서도, 엘리야후(왕상 17:14-16)와 달리 엘리샤는 그릇을 있는 대로 다 빌라고 한다(왕하 4:1ff.). 그냥 기름이 몇 달이고 몇 년이고 계속해서 나오게는 못한 것이다. 아이가 살아나는 기적(왕하 4:18ff)에서 엘리샤는 아이 위에 한 번 엎드렸다가 다시 조금 쉬면서 방을 이리저리 걸어 다니다가 다시 엎드렸다. 같은 경우에 엘리야후는 휴식이 필요 없었다(왕상 17:20-22). 엘리야후가 자기를 잡으러 온 사람을 태워 죽이는 장면(왕하 1:8-12)과 엘리샤가 놀리는 아이들을 암곰에 물려 죽게 하는 장면(왕하 22:23-24)에서도, 죽은 사람의 숫자는 엘리야후가 더 많았으나, 엘리샤의 경우는 군인이 아니라 아이들을 죽게 한 점에서 서투른 모방자라는 느낌을 받게 한다. 엘리야후는 본문에서 승천하지만, 엘리샤는 그 뼈에 죽은 사람이 닿았을 때에 다시 살아나는 정도에 그친다(왕하 13:21). 결국 엘리샤는 평생 그 스승을 넘어서지 못했다.

그래서 엘리샤는 객관적으로 '엘리야후의 손에 물을 붓던 사람'으로 묘사되었다(왕하 3:11). 열왕기하 9장에서도 엘리샤가 혁명을 촉발하지만, 예후는 그 후에 엘리야후에 대해 두 번(9:36; 10:10)이나 언급하면서도 엘리샤에 대해선 한 마디도 하지 않았다.[32] 그리고 화자도 예후 혁명이 엘리야후의 예언대로 되었다고 결론을 맺는다(왕하 10:17).[33]

---

[32] 화자는 10장 17절에서 다시 한번 엘리야후를 언급한다.

[33] 그레이(Gray, 466)는 열왕기하 2장 이하의 엘리샤 이야기가 "그 제자들이 엘리샤의 권위를 높이기 위하여 기적에 강조점을 둔 이야기들을 모은 것"이라고 보지만, 실제로 그 기사들은 엘리샤를 별로 높이지 않고 있다. 오히려 언제나 엘리샤가 엘리야후보다 못하다는 것을 분명히 보여주고 있다.

　1-2장이 엘리샤 이야기의 서론에 불과하다면 이런 현상은 설명될 수 없다. 엘리샤 이야기가 진행될수록 엘리샤가 엘리야후보다 못한 면이 드러난다. '엘리야후 엘리샤 이야기' 전체를 쓰거나 편집한 사람이 엘리샤에게 중점을 두지 않은 것이 분명하다. 대등하게 다룬 것도 아닌 것 같다. 그렇다면 저자나 편집자는 열왕기상 16장에서 열왕기하 13장에 이르는 긴 이야기를 '엘리야후 이야기'로 들려주려는 것이 아니었을까(Conrad, 268)? 그래서 열왕기하 1-2장에서 엘리야후의 마지막 부분과 엘리샤의 시작 부분을 연결시키면서, 엘리야후는 승천하였지만, '작은 엘리야후'가 '이스라엘의 병거군단과 군마들'의 사명을 감당해 나간다는 것을 암시한 게 아닐까? 무엇보다 열왕기하 1-2장은 '엘리샤 이야기'의 시작으로 보기에는 엘리야후의 승천이 너무 부각되었다. 또한 열왕기상 22장 51절에서 열왕기하 3장 3절을 정교하게 하나로 묶은 데서 저자나 편집자의 의도가 '엘리야후 이야기'에 있음을 짐작하게 한다. 그러므로 열왕기하 3장에서 13장까지는 '엘리야후 이야기'의 속편, 혹은 그 에필로그라고 부르는 게 좋을 것 같다.

C. 본문해설

　여기선 위에 다룬 문제들을 본문에 적용하여, 문제 해결의 방향이 옳은가를 문맥 가운데서 살펴보려 한다. 아래에선 위의 B.1.b에서 홉스가 나눈 단락대로 다루되, 번거로움을 피하기 위하여 작은 문단들을 합하여 11단락 대신에 다섯 단락으로 나눈다.

1. 승천의 예고(1-6)

a. 길갈에서 베트엘로(1-2)
　저자는 맨 먼저 청중들에게 엘리야후의 승천을 알린다. 엘리야후는 길갈에서 베트엘로 가는데, 엘리샤를 떼어 놓으려 하나 떨어지지 않는다.

1 וַיְהִי('바여히': 그리고 난 후에 이런 일이 있었다). 본문은 이야기를 시작할 때에 쓰는 '바여히'로 시작한다. 그러나 이 표현은 이야기 중간에 나오면서 이야기의 흐름이 새로운 전환점에 도달했음을 나타내기도 한다[34] 본문에서는 9절(야르덴 도강 후)과 11절(승천)에 나타나, 이야기가 새로운 문단, 중요한 시점에 들어섰음을 알게 한다.

בְּהַעֲלוֹת …… בַּסְעָרָה(그 폭풍 가운데서 올리실 때에). 엘리야후의 승천은 엘리샤(3, 5)와 예언자들의 아들들(3, 5)과 엘리야후(9)에게만 예고된 것이 아니었다. 화자는 청중들에게도 미리 예고한다. 이는 이야기의 흥미와 긴장을 깨뜨리는 게 아니라, 오히려 더욱 기대를 갖고 사건의 진행에 귀 기울이게 한다(Cohn, 1999, 11). 승천은 본문에서 두 단어, 다섯 가지 형태로 표현된다.

1) עלה(알라)의 사역형인 '올리다'(הַעֲלוֹת: 1)
2) עלה의 능동형인 '올라가다'(וַיַּעַל: 11)
3) לקח(라카흐)의 능동형인 '취하다'(לֹקֵחַ: 3, 5)
4) לקח의 수동형인 '취해진다'(אֶלָּקַח: 9).
5) לקח의 강조수동형인 '취하여진다'(לֻקָּח: 10).

같은 현상을 두고 이렇게 다른 단어나 형태로 쓴 것을 두고, 본문의 불일치를 말하는 학자들도 있지만, 이는 그 동사를 쓴 사람의 입장에 따라 다른 것일 뿐이다. 우선 '알라'의 사역형이나 능동형은 다 화자의 시각에서 본 표현이다(1, 11). 화자는 엘리야후의 승천을 하나님이 올리셔서 엘리야후가 올라간 사건으로 보았다. 예언자들의 아들들이 한 말, '야흐베께서 당신의 주인을 당신의 머리 위로 취하신다'는 표현은(3, 5), 승천의 방향보다는 엘리샤의 곁에서 떠나는 것을 더 강조하는 표현으로 보인다. 또한 엘리야후는 자기의 입장에서 '취하여진다'(9, 10)는 표현을 썼다. 이는

---

34) 위의 16:33; 17:7, 8; 21:1, 15, 16, 17, 27, 28 등에서 나타난 용법을 보라.

매우 자연스럽다. 여러 가지 표현이 사용된 것은 승천이란 사건이 처음 일어나는 만큼 그 용어가 굳어지지 않은 상태에서 나온 결과로 보인다.[35]

'스아라'(폭풍)는 욥기 38:1; 40:6; 여헤즈켈 1:4에서도 하나님의 현현 때에 나타난다. 시편 107:25, 29; 148:8에선 하나님이 폭풍을 자유롭게 부리신다는 내용이 나온다. 엘리야후의 승천은 불병거와 불말이 아니라 폭풍을 타고 올라가는 사건이었다. 서두에서 승천을 이미 언급하고 '그 폭풍'이라고 말하는 것으로 보아, 저자는 엘리야후의 승천 사실을 대강이라도 이미 알고 있는 사람들에게 말하는 듯하다 (Gray, 473).

מִן־הַגִּלְגָּל(그 길갈에서부터). 길갈의 위치는 많은 학자들의 논란거리였다. 2절에 베트엘로 내려갔다는 기사가 등장하기 때문이다. 성경은 '내려간다'와 '올라간다'는 표현을 함부로 쓰지 않는데, 베트엘이 881m 고지에 놓여 있으므로 우리가 흔히 생각하는 야르덴가의 길갈에선 내려갈 수 없다.[36] 그런데 길갈이란 것이 돌을 원형으로 세워 놓은 곳이라는 뜻이니까, 이스라엘에는 그런 지명이 많다. 샨다 (Šanda, 10)는 세 가지 가능성을 말하는데, 1) 4장 42절에 나오는 바알 살리사 2) 바알 살리사에서 10Km 서쪽에 위치한 질주리예(Dschildschulije: 4장 38절 이하의 상황에 잘 맞음), 3) 신명기 11장 30절에 나타난 셰켐의 동쪽(동남쪽)에 위치한 히르베트 줄레이질(Hirbet dschuleidschil: 베트엘과 여리효처럼 역사적으로 중요한 장소) 등으로서, 우리는 어디가 옳은지 잘 알 수 없다.[37] 좌우간 야르덴가의 길갈이 아니고 베트엘보다 높은 산지에 있던 길갈을 뜻하는 것은 틀림없다. 이 길갈은 나중에 엘리샤가 다시 들리게 된다(4:38).

אֱלִישָׁע(엘리샤). 엘리샤는 열왕기상 19장 19절에 나타나고 여기에 처음 나타난다.[38] 그동안 엘리샤는 '엘리야후의 손에 물을 붓던' 사람이었다(왕하 3:11). 이제

---

35) 구약에선 하나님이나 천사가 하늘로 돌아갈 때에 '알라'를 썼다. 위의 본문비평 11절 참고.

36) Šanda, 9. 그러나 헨첼(Hentschel/2, 9)은 야르덴가의 길갈로 생각한다.

37) 몽고메리(Montgomery, 353f)는 그냥 화자의 입장에서 내려갔다고 했을 것으로 본다. 그레이(Gray, 473f)는 베트엘 북쪽 8마일 지점을 가리키는 것으로 생각한다.

38) 그래서 갈링(Galling, 1956, 129)은 엘리샤 묶음의 시작을 열왕기상 19장 19-21절로 본다.

그는 엘리야후와 함께 길갈에서 길을 떠난다. 그런데 엘리야후와 엘리샤는 여기서 갈등을 일으킨다. 엘리야후는 어딘가를 향해 길갈을 떠나다가 갑자기 엘리샤에게 따라오지 말라고 한다. 남으라고 하려면 일찍 그럴 것이지, 왜 길을 가다가 중간에 거기 남으라고 하였을까? 아마 야흐베의 명이 도중에 있었기 때문일 것이다.[39] 9절에 나타나듯이 엘리야후는 이때에 이미 자기가 그 날에 하늘나라에 올라갈 것을 알았던 것 같다. 그러면 그는 왜 엘리샤를 따라오지 말라고 했던가? 그리고 엘리샤는 왜 '아버지'의 명을 거역하면서까지 집요하게 따라붙었을까?

엘리야후는 이별의 슬픔을 제자에게 주고 싶지 않아서였고, 엘리샤는 선생을 최후까지 동행하고 싶어서였을까(Cohn, 1999, 12)? 샨다(Šanda, 10)의 추측대로 엘리야후는 아무도 모르게 승천하여 미신적인 제의가 생기는 것을 막으려 했던 것 같다. 동시에 10절에서 보듯이 엘리샤를 시험하려는 뜻도 있었을 것이다.[40] 그리고 엘리샤는 스승에 대한 의리도 있었겠지만, 9절에 나타나듯이 은사를 나누어 받으려는 욕심이 있었던 것 같다.[41] 베트엘에는 왜 갔을까? 왕립성소가 있는 곳에 예언자들도 많이 있어서(Gray, 474), 하나님이 엘리야후에게 마지막으로 그들과 인사를 나누게 하려 했던 것 같다. 가는 곳마다 그들은 예언자들의 아들들을 만나기 때문이다.

b. 베트엘에서 여리효로(3-4)

베트엘에서 엘리샤는 베트엘의 제자들도 스승의 승천을 알고 있다는 사실을 접한

---

39) 오브라이언(O'Brien, 7)은 엘리야후가 거짓말을 해서 엘리샤를 속였다고 하지만, 그렇게 볼 근거는 없다.

40) 오브라이언(O'Brien, 위의 곳))은 후계자가 이미 열왕기상 19장에서 정해졌으므로 시험했을 리는 없다고 한다. 그러나 엘리야후가 하나님께로부터 명을 받은 기사는 있지만, 그가 엘리샤를 자기 후계자로 세운 기록은 발견되지 않는다. 엘리야후는 하나님이 정하신 바를 숨기고 마지막 순간까지 엘리샤를 훈련시킨 것 같다. 미리 정한 것과 마지막에 은사를 나누어 주는 것과는 반드시 같지 않다. 게하지는 엘리샤의 후계자가 되지 못했다.

41) 엘리샤의 서약문은 나중에 문자 그대로 슈넴 여인에게서 반복된다. 위의 IV.B 참고. 홉스(Hobbs, 1995, 21), 오브라이언(O'Brien, 10)도 엘리샤의 집요함은 영적인 상속에 그 원인이 있었다고 한다.

다. 엘리야후는 계속해서 엘리샤를 따돌리려 하나, 엘리샤는 집요하게 따라붙는다.

3 הַנְּבִיאִים בְּנֵי(예언자들의 아들들). 예언자들의 아들들이란 예언자들의 제자들을 말하는 것 같다.42) 그러나 그레스만이 주장하듯이 엘리야후의 제자들은 아닌 것 같다(Greßmann, 284). 엘리야후가 그들과 대화하는 장면이 나오지 않고 그들이 ‘당신의 주인’이라고 불렀기 때문이다(Šanda, 10). 그렇다고 하여 콘이 주장하듯이 엘리샤의 제자도 아닌 것 같다.43) 자기들이 아는 것을 스승도 아는지 확인하였다고 보기는 어렵기 때문이다. 그들은 그냥 그곳에 있는 예언자들의 제자였다고 보는 게 옳을 것 같다. 15절에서 엘리샤에게 절하는 것은 그때부터 스승으로 모시겠다거나 존경한다는 뜻으로 보아야 한다.

엘리야후가 베트엘이나 여리효에서 예언자들을 만난 기사는 보이지 않는다. 다만 그 예언자들의 아들들이 엘리샤에게 질문하는 것만 기록되었다. 아마 엘리야후가 예언자들을 만나는 동안에 그 제자들이 엘리샤를 만난 것 같다.44) 화자는 이 부분을 엘리샤의 시각에서 서술하면서, 엘리야후가 예언자들과 무슨 대화를 나누었는지는 말하지 않고 엘리샤가 예언자들의 제자들과 나눈 대화만 보도한다. 그리하여 그는 예언자들의 제자들을 통하여 중대한 사건이 임박했음을 청중들에게 알린다. 베트엘의 제자들에 이어 여리효의 제자들도 엘리샤에게 똑같이 물어 옴으로써(5), 화자는 사건이 점점 더 급류를 타고 있음을 느끼게 한다. 청중들은 엘리샤의 대꾸를 통해 비로소 엘리샤가 처음부터 엘리야후의 승천을 알고 따라붙었다는 것을 알게 된다. 화자는 대화를 통해 비밀을 하나씩 공개하는 셈이다. 그러면 엘리샤는 왜 그 사실을 두고 자기도 말하지 않고 예언자들의 제자들에게도 조용히 하라고 했을까?

---

42) 아모스 7장 14절에 나타나는 ‘예언자의 아들’의 뜻에 대해선, Jeremias, 1995, 109f 참고.

43) Cohn, 1999, 12. 샨다(Šanda, 10)는 그들이 엘리샤의 제자가 아닐 뿐 아니라, 나중에 나오는 예언자들의 아들들(4:1, 38; 5:22; 6:1; 9:1)도 엘리샤의 제자라고 기록된 곳이 없으므로, 엘리샤는 평생토록 예언자들의 우두머리 역할은 하지 않았을 거라고 본다.

44) 엘리야후가 다른 예언자들을 만나는 장면은 많은 주석가들에게 낯설게 여겨졌고, 이 기사의 진정성을 의심하게 하였다(예를 들어, Greßmann, 284). 그러나 홉스는 예언자들의 무리들이 그동안에 늘어났을 거라고 한다(Hobbs, 1995, 20).

그는 스승이 밝히지 않는 비밀을 자기가 먼저 떠벌이고 싶지 않았을 것이다. 그리고 다른 제자들이 그 신비한 사건에 개입하는 것도 원하지 않았을 것이다. 그도 자기 혼자 목격해야만 엘리야후의 은사를 더 받을 수 있다는 것(10)을 예상하지 않았을까?

4 אֱלִישָׁע(엘리샤야!). 엘리야후는 유독 두 번째 경우에만 엘리샤의 이름을 부른다. 이는 우연이 아니다. 엘리야후가 엘리샤를 시험하는 과정에서 두 번째가 정점이었기 때문이다.[45] 기자는 열왕기하 1장에서도 엘리야후를 잡으러 오십부장들이 파견되는 과정에서도 두 번째를 고비로 잡고 있다(위의 XI.C.6 참고).

c. 여리효에서 야르덴으로(5-6)

여리효에서 엘리야후는 야르덴으로 향한다. 여리효의 제자들도 이 비밀을 알고 있고, 엘리샤는 계속해서 스승을 따른다.

5 וַיִּגְּשׁוּ(그러자 그들이 다가왔다). 위에서 밝혔듯이, 엘리샤가 당하는 시험도 두 번째가 고비였다. 스승은 엘리야후의 이름을 부르면서 따라오지 말라고 했고(4), 여리효에 있던 예언자들의 아들들도 베트엘의 제자들과 달리(יִגַּשׁ '나아왔다') 엘리샤에게 가까이 다가왔다. 그러나 세 번째엔 엘리야후가 그리 적극적으로 말리지도 않았고, 예언자들의 아들들은 더 이상 가까이 다가오지도 않고 멀리서 구경만 할 뿐이었다.

6 שְׁנֵיהֶם(그들 둘). 이 단어를 쓰는 것은 엘리야후와 엘리샤가 이제 하나가 되었다는 것을 암시한다(Cohn, 1999, 12). 엘리샤는 시험에 반은 합격했다. 이제 마지막 관문만 통과하면 된다(10). 엘리야후가 야르덴으로 간 것은 남들이 따라오지 못하게 하여 엘리샤에게 특별한 은사를 주려는 의도가 있었던 것 같다.[46] 그러나

---

45) 이본들과 번역판들에선 이 점을 의식하지 못하고 '엘리샤야'란 단어를 빼버린다. 위의 본문비평 참고.

46) 야르덴의 나루터는 길갈에 있었다. 엘리야후는 일부러 나루터가 아닌 곳을 택하여 강을 건넌 것은 남들이 따라오지 못하게 함이었다. Šanda, 11 참고.

모세나 여호슈아와의 연관도 있었을 것이다.[47]

2. 야르덴을 건너다(7-8)

엘리야후와 엘리샤의 오랜 여정은 야르덴을 건너면서 종국에 도달한다. 곳곳에서 나타나던 예언자들의 아들들도 이제 야르덴 이편에서 머물며 그들이 강을 가르고 건너는 표적을 멀리서 지켜본다.

7 וַחֲמִשִּׁים אִישׁ(그런데 오십 명). 갑자기 나타난 오십이란 숫자는 1장에서 죽었거나 살아난 오십 명을 연상시킨다.[48] 이는 1장과 2장을 연결시키는 장치다. 그러나 분명히 같은 사람들은 아니다. "그 예언자들의 아들들 중의 오십 명"이라고 했으니, 여리효의 예언자들의 제자들은 수가 매우 많았던가 보다(Šanda, 11). 그들이 따라오는 것을 두 사람은 상관하지 않았다. 그런데 제자들은 두 사람이 건널 수 없는 야르덴강으로 가는 것을 보고—두려웠든지, 신비로운 어떤 것을 예상했든지, 둘 다든지—더 따라가지 못하고 멀리서 서서 보기만 했다. 이제 그들은 예고자에서 증인들로 바뀐다.

עַל־הַיַּרְדֵּן(그 야르덴 위에). 이는 칠십인역의 번역대로 야르덴강가에 섰다는 뜻도 되지만(위의 본문비평 참고), 야르덴강 속에 들어섰다는 뜻도 된다. 필자가 보기에는 후자의 뜻이 더 문맥에 맞는 것 같다. 그렇게 보면 여호슈아 때의 제사장들이 법궤를 메고 야르덴강 속에 들어섰을 때에 물이 멈추어 섰던 것과도 같다.[49] 엘리야후가 강에 들어서니 엘리샤도 들어섰을 것이다. 그러나 강물은 멈추지

---

47) 프레트하임(Fretheim, 137)은 엘리야후의 여정이 여호슈아의 루트를 거꾸로 가는 여정이라 한다. 그러나 여호슈아는 야르덴을 건너 바로 길갈로 갔다. 지팡이 모양의 외투와 마른 땅을 보면, 물을 마르게 하고 건넌 것 자체에 상징적인 의미가 있었다.

48) 이 숫자가 1-2장을 연결시키는 하나의 단서가 된다는 것은 위에서 이미 밝혔다.

49) 많은 주석가들이 이 사건과 여호슈아의 야르덴강 도강을 연관시킨다. Cohn, 1999, 13; Gray, 475 등. 콘은 모세의 홍해 기적과도 관련이 있다고 한다.

않았다.

8 וַיִּקַּח אֵלִיָּהוּ אֶת־אַדַּרְתּוֹ(그러자 엘리야후가 그의 외투를 취하였다). 외투는
예언자들의 표지였다(슥 13:4). 이는 염소 털로 만들어진 것으로서 소매가 없는 원
시적인 것이었고, 집이 없는 사람들이나 밤에 들에서 자야 하는 사람들에게 맞는
옷이었다(Dalman, 248). 엘리야후는 한때에 엘리샤에게 던졌던 그 외투를(왕상
19:19) 둘둘 말아서—그러면 모세의 지팡이 모양(출 14:16)이 된다(Fretheim, 137)
—그 물을 쳤다. 그러자 물이 이리저리로 갈라졌다.

בֶּחָרָבָה(그 마른 땅 가운데서). '햐라바'는 모세가 홍해를 가르는 장면(출
14:21)에서와 여호슈아가 야르덴강을 가르는 장면(수 3:17; 4:18)에서 공히 등장하
는 단어다. 외투를 말아서 지팡이 모양이 되게 하여 강을 친 것도 모세를 연상시
키려는 의도임에 분명하다. 엘리야후는 우상 숭배로 빠지는 민족에게 활로를 뚫고
—출애굽과 땅 정복에 비견될—새로운 역사를 개척하려는 의지를 엘리샤와 예언자
들의 아들들에게 과시한다.50)

3. 엘리야후의 승천(9-13)

야르덴을 건너자마자 엘리야후는 엘리샤에게 자기가 줄 선물을 묻고, 엘리샤는
두 몫을 달라고 하는데, 엘리야후는 승천하고 엘리샤에겐 엘리야후의 낡은 외투만
남았다. 11절을 중심으로 하여 이 문단은 다시 교차대구법을 보여준다. 10절과 12
절(승계의 상징), 9절과 13절(승천의 목격)이 11절을 감싸고 있다.51)

9 וַיְהִי כְעָבְרָם(그러고 난 후에 이런 일이 있었다. 그들이 건너자마자). '바여
히'는 1절에 나타났다가 여기에 처음으로 나타나 새로운 단락이나 사건의 시작을
알린다. 이제 야르덴 서편에서의 이야기는 끝나고 야르덴 동편에서의 이야기를 하

---

50) 건너편 땅 모압은 모세의 무덤이 있는 곳이었다. 거기서 엘리야후도 사라진다. 엘리야후
는 두 번째 모세였던가? Hobbs, 1995, 21 참고.

51) 위의 B.1.b 참고.

려고 한다는 표다. כְּ(크: 하자마자)는 엘리야후가 이 순간을 오래 기다려 왔음을 암시한다. 그는 자기의 테스트에 통과한 제자에게 합격증서로 무엇을 줄 것인지 묻는다. 이제 스승은 자기의 사랑을 드러내기를 주저하지 않는다. 시간이 다 된 것이다.

פִּי שְׁנַיִם(두 몫). 엘리샤는 기다렸다는 듯이 사양도 하지 않고 '피 셔나임'을 청한다(Cohn, 1999, 13). 그것은 입에 가득 두 번 채운다는 뜻으로서(HAL III, 865), 신명기 21장 17절에서 재산을 상속할 때에 장자에게는 두 몫을 주라고 하는 뜻으로 사용된 말이다. 아들이 둘 있을 때엔 장남이 자동적으로 2/3를 차지하게 된다. 그렇게 맏아들에게 많이 주라고 한 것은 그가 아버지의 남은 여자들과 여동생들을 책임져야 하기 때문이었을 것이다(Braulik, 1992, 156). 본문에서 엘리샤가 엘리야후에게 청한 것은 엘리야후의 영의 두 몫이었지, 전부는 아니었다. 그러면 나머지를 상속받을 제자들이 있었던가? '예언자들의 아들들'이 엘리야후의 제자들이었다는 설도 있으나(예를 들어, Greßmann, 284), 분명하진 않다. 그러나 제자가 하나뿐이었다면 전부를 요구하였을 터이니, 다른 제자들도 있었을 것이다. 다만 그 수가 얼마인지 모르니, 엘리샤는 꼭 2/3이 아니라 다른 사람의 배 정도를 청했다고 보아야 할 것이다.

'취하여진다'(אֶלָּקַח)는 말이 승천이 아닌 죽음의 미화법이라는 뷔르트바인(ATD 11/2, 275)의 해석은 옳다 할 수 없다. 그러려면 엘리샤를 데리고 그렇게 먼 길을 돌 이유도 없고, 야르덴을 굳이 건널 필요도 없었다. 그리고 화자가 예언자의 평범한 죽음을 1-2장의 중심으로 그릴 필요도 없는 일이었다.

10 הִקְשִׁיתָ לִשְׁאוֹל(너는 어려운 것을 구했다). 두 몫이 왜 어려운 것일까? 샨다(Šanda, 11)는 엘리야후가 예의 그 비관주의를 아직 극복하지 못하였다고 본다. 엘리샤를 택한 게 열왕기상 19장 16절이었지만, 아직 나아진 것은 없었다는 것이다. 뷔르트바인(ATD 11/2, 275)은 영은 하나님이 주시는 것이지, 자기가 줄 게 아니기 때문이라고 한다. 그러나 엘리야후는 다만 엘리샤를 끝까지 긴장하게 하려는 의도로 그런 말을 했을 것이다. 실제로 엘리샤가 그 은사를 받는 데는 큰 어려움이 없었다. 엘리샤는 그리 어렵지 않게 스승이 요구한 조건, 즉 엘리야후의 승천을

목격했다.

11 רֶכֶב אֵשׁ וְסוּסֵי אֵשׁ(불병거와 불말들). 다시 '바여히'가 나타나면서 이제 이야기는 클라이맥스에 도달했음을 암시한다. 불병거와 불말들은 열왕기하 6장 17절에서 엘리샤를 지켜 주는 존재로 등장한다. 본문에서도 그들은 엘리야후를 호위하는 역할을 맡은 듯하다. 그 병거에 엘리야후가 탄 것 같진 않다. 야흐베가 불병거와 불말로 임하신다는 것은 성경에서 낯설지 않다: 사 66:15; 겔 1:15-22.[52] 야흐베가 폭풍 가운데서 내려오시듯(나 1:3; 슥 9:13; 시 18:11; 50:3), 엘리야후는 불병거와 불말들의 호위를 받으며 폭풍을 타고 하늘나라로 올라간다(ATD 11/2, 275). 이는 1절에서 예고된 것이었다. 한편 불과 바람은 엘리야후의 효렙산 체험(왕상 19:11)에도 등장하는데, 불과 바람은 하나님이 사용하시는 도구이며, 그 장면에서도 바람이 가장 강력한 역할을 했었다는 사실을 확인할 수 있다. 이 구절은 열왕기하 1-2장의 중심으로서 우리 모두를 위를 향해 보게 하고, 승천하신 예수 그리스도(행 1:9-11)를 바라보게 한다.

12 וֶהוּא מְצַעֵק אָבִי אָבִי(그래서 그가 외쳤다. 나의 아버지, 나의 아버지). 엘리샤의 절규는 지극한 슬픔을 드러내는 것이다(삼하 19:4). 엘리샤는 스승의 마지막 순간을 보았으므로 최종관문을 통과하게 되었지만, 엘리야후의 영의 두 몫을 차지하게 되었다는 기쁨보다 슬픔이 훨씬 더 컸을 것이다. 그래서 엘리샤는 슬픔의 표로 자기 옷을 찢는다. 엘리야후는 즉시 보이지 않게 되었다. 이스라엘의 병거군단은 이제 사라졌다. 그리고 엘리샤에겐 너무나 큰 짐이 맡겨졌다.

13 אַדֶּרֶת אֵלִיָּהוּ(엘리야후의 외투). 다행히 엘리샤는 엘리야후의 외투를 발견한다. 청중들도 엘리야후가 떠나고 난 후의 슬픔과 막막함에서 문득 깨어나게 된다. 외투가 남았구나! 그 외투는 아마 엘리야후가 엘리샤를 위해 일부러 떨어뜨려 놓은 것 같다(Šanda, 12). 엘리샤는 그 외투로 인해 힘을 얻는다.

---

52) 그냥 병거와 말로 임하시는 내용은 시 68:18; 합 3:8 참고. 불은 시로코를 의미하고, 말과 수레는 바람을 의미하는 것이라는 그레이(Gray, 475)의 주장은 그냥 상상일 뿐이다. 또한 고대 오리엔트의 신화적인 관념이 깔려 있다는 슈미트의 주장(Schmitt, 1973, 94f)은 받아들일 수 없다.

עַל־שְׂפַת הַיַּרְדֵּן(그 야르덴강변에). 엘리샤는 그 외투만 가지고 다시 야르덴강 앞에 선다. 그 강은 그가 앞으로 감당해야 할 사명의 상징이었다. 엘리샤는 자기가 그 사명을 감당할 수 있을지, 엘리야후의 영이 정말 자기에게 임했는지를 시험해 보려 한다. 그러나 7절의 엘리야후처럼 바로 야르덴강에 뛰어들 용기는 없어서 야르덴강가에 선다. 화자는 그것을 강조하고 있다.

4. 엘리샤가 야르덴을 가르다(14-15)

엘리샤는 스승이 없는 생을 혼자 개척해야 한다. 먼저 야르덴강을 건너야 하는 상황에서 그는 자신에게 엘리야후의 영이 있는지를 시험한다.

14 אַיֵּה יְהוָה אֱלֹהֵי אֵלִיָּהוּ(엘리야후의 하나님 야흐베는 어디 계십니까?). 그도 엘리야후처럼 외투로—그러나 엘리야후처럼 말지는 않았다—강을 쳤다. 그러나 강물은 갈라지지 않았다. 강 건너편에선 예언자들의 아들들이 지켜보고 있는데, 하나님은 그를 더 사모하게 하신다. 다급해진 엘리샤가 엘리야후의 하나님을 찾는다.53) 그것은 질문의 형태였지만, 엘리야후의 하나님이 내 곁에 와 달라는 간구였다.54) 이는 조상의 하나님을 의지하던 야아콥을 연상하게 한다(창 31:42). 끝에 붙은 '아프-후'(정말 그 분)는 그의 절박함을 보여준다. 그가 엘리야후의 하나님을 부르고 난 후 다시 강물을 쳤을 때에 물은 이리저리로 갈라졌다. 이제 겨우 그는 엘리야후의 후계자임을 입증받았다.55)

15 וַיִּרְאֻהוּ(그러자 그들이 그를 보았다). 7절에서 언급되었던 예언자들의 아들

---

53) 홉스(Hobbs, 1995, 22)는 엘리샤가 불안하여 그런 말을 하지는 않았을 거라고 보지만, 그의 절박성은 분명히 나타나 있다. 한편 콘(Cohn, 1999, 15)은 엘리야후의 이름을 부르는 것이 엘리야후의 영을 이어받았다는 뜻이라 본다. 헨첼(Hentschel/2, 10)은 편집자가 외투의 마술성을 피하기 위해 이 구절을 집어넣었다고 한다.

54) 소망법이다(optativisch). Šanda, 12 참고.

55) 그를 두 번째 여호슈아로 보는 학자들도 많다. 그의 이름(하나님이 구원하신다)도 여호슈아(야흐베가 구원하신다)와 비슷하다. Fretheim, 137 참고.

들이 다시 나타나 이 결정적인 순간의 증인이 된다.[56) 야르덴강을 가르는 기적은
엘리야후의 영이 엘리샤에게 넘어가지 않고선 상상하기 어려운 일이었기 때문이다.
그들이 엘리샤에게 절한 것은 존경의 뜻을 표하려는 의도였을 것이다.

5. 엘리야후 찾기(16-18)

문제는 믿음이 없는 자들이다. 여리효에서 따라온 선지자의 생도 오십 명은 자
기들이 엘리야후의 시체를 찾으려 한다. 엘리샤는 반대하지만 오해를 받을 수 있
어서 마지못해 허락한다.

16 חֲמִשִּׁים אֲנָשִׁים בְּנֵי־חַיִל(오십 명의 장정들). '브네 하일'이란 장정이란 뜻
이지 반드시 군인을 뜻하는 말은 아니다.[57) 엘리야후의 승천을 예고한 사람들이
이제 와선 장정들을 동원해 엘리야후를 찾겠다고 나선다. 그들은 엘리야후가 열왕
기상 18장 12절에서와 같이 다른 곳으로 옮겨질 거라고 생각했다가 상황이 다른
것 같아서 나섰을까(O'brien, 13)? 그 정도로 옮겨지는 일을 두고 그렇게 소란을
떨고 따라나서진 않았을 것이다. 문서가 달라서일까(ATD 11/2, 276)? 아니다. 그
들도 야르덴강 건너편에서 갑자기 폭풍이 부는 것을 보았을 것이고, 엘리야후가
하늘로 올라가는 것을 어렴풋이나마 보았을 것이다. 그래서 그들은 엘리샤에게 엘
리야후의 행방을 묻지 않았다.[58) 그들의 우려는 엘리야후가 하늘로 올라가는 것은
보았지만, 혹 중도에 떨어지지나 않았을까 하는 것이었다. 만일을 위해 찾아보겠다
는 말이었다. 그러나 엘리샤는 그럴 필요가 없다고 했다.

---

56) 그들은 이제 오십 명이 넘었을 것이다. '여리효에 있는' 예언자들의 아들들의 일부가 7절에
서 언급되었고, 이제 그 수는 늘어난 것 같다. 16절을 참고하라. Šanda, 12 참고. 한편 뷔
르트바인(ATD 11/2, 276)은 오십 명의 예언자가 오십 명의 장정을 구한다는 게 맞지 않는
다고 한다. 그러나 본문은 예언자들의 수를 7절과 같은 오십 명이라고 못 박지 않는다.

57) 런드범(Lundbom, 46f)은 군인으로 본다.

58) 오브라이언(O'Brien, 13)은 엘리샤가 본 것이 확실하지 않아서 제자들에게 아무 설명도
못했기 때문이라고 하지만, 그렇다면 엘리샤도 시체를 찾아 나섰을 것이다.

17 עַד־בֹּשׁ(부끄러울 때까지). 이런 표현은 사사기 3장 25절과 열왕기하 8장 11절에도 나타나는데, 지루해서 지칠 정도로 기다리게 하거나 무안할 정도로 쏘아볼 때에 씌었다(Gesenius/17, בּוֹשׁ 참고). 여기서는 '극도로', '지칠 정도로'의 뜻도 있겠지만, 문자 그대로의 뉘앙스도 조금 가미되었다고 생각된다. 엘리샤의 자세는 스승에 대한 무관심이나 배신으로 비쳐질 수도 있었다. 스승이 어느 골짜기에 떨어져 짐승의 밥이 될지도 모르는 상황을 방치하려는 것같이 비쳐졌기에, 예언자들의 아들들은 엘리샤가 부끄러울 정도로 졸랐다.59) 제자가 아닌 남들이 그 정도 성의를 보이는데, 엘리샤는 더 막을 수 없었고, 오해를 막기 위해서라도 허락할 수밖에 없었다. 예언자들의 아들들은 자기들의 불신을 증명할 자료를 찾아 나선다.

18 בִּירִיחוֹ(여리효에). 엘리샤는 오십 명과 함께 스승을 찾아 나서지 않고 여리효에 머문다. 엘리샤로서는 스승의 시체를 찾아 나서는 것은 스승에 대한 모독이었다. 본문은 엘리야후의 승천을 의심하는 모든 자들을 향하여 질책하는 말을 함으로써 끝을 맺는다. "제가 당신들에게 가지 말라고 하지 않았습니까?" 예언자들의 제자들은 사람을 보낼 뿐만 아니라 자기들도 따라나섰던 것이다. 여기서 우리는 눈으로 승천을 보는 것이 중요한 게 아니라, 믿음이 관건이었다는 것을 알게 된다. 믿음에서 엘리샤는 다른 제자들을 압도하였다. 승천은 아햐즈야의 죽음 이후(왕하 1:16-17), 모압 정벌(왕하 3:11) 이전인 853년에 일어났을 것이다(Šanda, 13).

D. 요 약

우리는 위에서 엘리야후의 승천 이야기인 열왕기하 2장 1-18절을 다루었다. 엘리야후는 자신의 승천에 대한 계시를 길갈에서 길을 나서다가 받았다. 그는 제자를 시험하고자 세 번이나 따라오지 말라고 하지만, 엘리샤는 서약까지 하면서 따

---

59) 사람의 시체가 짐승의 밥이 되는 것은 가장 큰 저주에 속하는 일이었다. 삼상 31:11-13; 왕상 14:11; 16:4; 21:19, 23f; 22:38; 왕하 9:10, 36; 렘 15:3 참고.

라나선다. 엘리야후 승천의 비밀은 이미 다른 예언자들과 그 제자들에게까지 계시되어 그들 중에 일부는 엘리야후 일행을 따라서 야르덴강변까지 간다. 그러나 그들은 나루터도 아닌 곳에서 야르덴강에 들어서는 두 사람을 따라가지 못하고 멀리서 구경만 하는데, 엘리야후는 자기 외투를 말아 야르덴강을 건너는 기적을 보여준다. 야르덴강 건너편에서 엘리샤는 엘리야후에게 장자의 권한을 청하였는데, 엘리야후는 승천 시에 외투를 떨어뜨려 줌으로써 그것을 허락한다. 엘리샤는 그 외투로 야르덴강을 다시 건너고 엘리야후의 시신을 찾겠다고 나서는 예언자들의 제자들을 만류함으로써 수제자로서의 믿음을 보여준다.

엘리야후의 승천 이야기는 엘리샤의 이야기가 아니고 엘리야후의 이야기였다. 그중에는 엘리야후가 승천하고 난 뒤에 엘리샤가 한 행위도 나타나 있으나, 그것은 어디까지나 엘리야후의 승천을 주제로 하는 이야기였다. 즉 엘리야후의 영이 엘리샤에게 임했다는 것과 엘리야후의 시신을 찾으려는 시도가 실패했다는 내용이었다. 엘리야후의 승천 순간을 중심으로 한 완벽한 짜임새를 갖고 있는 2장 1-18절은 나아가 열왕기하 1-2장의 중심부로서 두 장을 교차대구법적으로 결속시키는 탑과 같은 역할을 하는 것임을 확인할 수 있다. 이 부분을 중심으로 하여 그 앞으로는 열왕기상 16장 29절부터 시작되는 소위 '엘리야후 이야기'가, 뒤로는 소위 '엘리샤 이야기'가 열왕기하 13장 25절까지 길게 뻗쳐져 있다.60) 그러나 '엘리샤 이야기'조차도 실은 엘리야후의 긴 그림자가 드리워져 있음을 부인할 수 없다. 앞으로 엘리샤 연구가 더 진행되어야 하겠지만, 본고의 관찰에 의하면 엘리샤 이야기는 엘리야후 이야기의 속편이나 에필로그 정도라 할 수 있을 것이다.61)

---

60) 물론 열왕기상 16장 29절부터 모두가 다 엘리야후 이야기는 아니고, 열왕기하 3장부터 13장까지도 다른 이야기들이 사이에 끼어 있다(8:16-29; 11:1-13:13은 제외된다). 그러나 그런 이야기들조차 엘리야후 엘리샤 이야기와 전혀 상관이 없는 이야기는 아니다. 예를 들어 아흐압 집안의 여파와 해독을 그들은 다루고 있다. 엘리야후 엘리샤 이야기의 통일성에 대해선 Brodie, 2000, 1-28 참고.

61) 그러므로 엘리야후 이야기를 엘리샤 이야기에서 따온 것이라 본 주장들은 틀렸다 할 수 있다.

엘리야후
이야기

XIII. 결 론

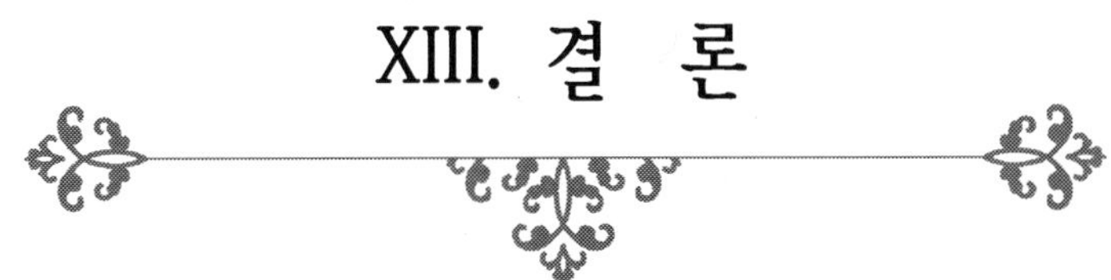

이상에서 우리는 열왕기상 16장 29절에서 열왕기하 2장 18절까지를 자소 자세히, 열왕기하 13장까지는 엘리야후와 연관되는 면에서만 간단히 살펴보았다. 본문 번역부터 본문해설에 이르는 단순한 작업들 가운데서 우리는 몇 가지 결론들을 도출할 수 있다.

A. 범 위

엘리야후 이야기의 범위는 좁게는 열왕기상 16:29 - 열왕기하 3:3이다. 그 안에서 엘리야후는 열왕기상 17-19; 21:17-29; 열왕기하 1:1-2:18에만 나타난다. 그러나 열왕기상 16:29-34는 엘리야후의 등장 이유를 설명하기 때문에, 열왕기하 2장 19절에서 3장 3절은 열왕기상 22장 51절 - 열왕기하 3장 3절이 하나의 단위를 이루고 있으므로 엘리야후 이야기에 편입될 수밖에 없다.

이 부분의 구도를 도표로 만들면 다음과 같다.[1]

---

1) 도르시(Dorsey, 139)는 열왕기상 17 - 열왕기하 1장까지를 도표로 만들었다. 그의 도식은 c-d-c′가 위와 같으나, 19장을 b(야흐베가 엘리야후를 격려함)로, 22:41-50을 b′(여호샤파트의 치세)로 보아 대칭점을 구성하지 못했다. 또한 17-18장을 a(엘리야후와 아흐압)로, 22:51-1:18을 a′(엘리야후와 아햐즈야)로 잡았으나 열왕기하 2장의 승천 부분을 빠뜨리는 우를 범했다.

a. 왕상 16:29-17:24 엘리야후의 등장

  b. 왕상 18 카르멜산의 대결(I)

    c. 왕상 19-20 엘리야후의 후퇴와 다른 선지자들의 활약

      d. 왕상 21 나보트의 포도원. 엘리야후의 재등장

    c′. 왕상 22 아흐압의 죽음과 미카여후의 활약

  b′. 왕상 22:51 - 왕하 1:18 카르멜산의 대결(Ⅱ)

a′. 왕하 2:1-3:3 엘리야후의 승천(퇴장)

a와 a′는 엘리야후의 등장과 승천(퇴장)이라는 주제로 대칭을 이루고 있다. b와 b′는 카르멜산에서 불이 내렸다는 점에서 공통점을 지니고 있고, 한 번은 바알의 선지자들과, 한 번은 바알을 섬긴 아햐즈야의 군대와 일전을 벌인 면에서 대칭을 이루고 있다. c와 c′는 각각 엘리야후 이야기의 두 주인공인 엘리야후와 아흐압의 후퇴 및 죽음을 다루고 있으며, 엘리야후가 아닌 다른 선지자들이 나타나고, 아람과의 전쟁을 배경으로 하고 있다는 점에서 대칭을 이룬다. 그리고 엘리야후 이야기의 중심은 나보트 이야기가 차지하고 있다. 거기서 아흐압의 왕조에 대한 결정적인 심판이 선고되었다.

넓게 잡으면 엘리야후 이야기는 열왕기상 16장 29절에서 시작하여 열왕기하 13장 25절에까지 이른다. 열왕기하 2장 19절부터 엘리샤만 등장하지만, 열왕기하 3장 3절까지 엘리야후 이야기로 묶여 있으므로, 열왕기하 3장 4절에서 13장 25절의 내용을 엘리야후 이야기와 연관시켜서 살펴보면 다음과 같다. 괄호 안은 각 부분과 연관되는 엘리야후 이야기다.

3:4-27 모압 전쟁(왕상 20 외국과의 전쟁)

4:1-7 생도의 아내(왕상 17:10-16 기름이 떨어지지 않음)

4:8-37 슈넴 여인(왕상 17:17-24 죽었던 아들이 살아남)

5:1-27 나아만(왕상 17:10-16 외국인이 구원을 얻음[2])

6:1-7 도끼를 찾아 줌(왕상 17:10-16/17-24 가난한 자를 도움)

---

2) 눅 4:26f 참고.

6:8-23 엘리샤를 잡으러 온 아람군을 물리침(왕하 1 예언자를 잡으러 온 군대를 물리침)

6:24-7:20 아람 전쟁(왕상 20 아람전쟁)

8:1-6 슈넴 여인 II(왕상 17:17-24 과부를 도움)

8:7-15 벤하다드 대신에 햐자엘(왕상 19 햐자엘을 기름 붓기)

8:16-24 여후다 여호람의 치적(왕상 21 아합 집안의 죄와 벌[3])

8:25-29 여후다 아햐즈야의 치적(왕상 21 아합 집안의 죄와 벌[4])

9:1-10:36 예후 혁명(왕상 21 엘리야후의 예언과 성취)

11:1-21 아탈야 죽이고 요아쉬 등극(왕상 21 엘리야후의 예언과 성취)

12:1-21 여후다의 요아쉬가 성전을 회복하다(왕상 18 제단과 성전의 회복)

13:1-25 이스라엘의 요아쉬와 엘리샤의 죽음(왕하 2 이스라엘의 병거와 마병)

이상의 엘리샤 이야기는 모두 엘리야후 이야기의 재현(再現)이거나 실현(實現)이라 할 수 있다. 재현에 속하는 것의 대표적인 예로는 위(IV장)에서 다룬 열왕기하 4장을 들 수 있는데, 대부분의 기사가 이 범주에 속한다.[5] 열왕기하 12장에서 요아쉬가 성전을 회복하는 것은 엘리샤가 한 것이 아니지만, 엘리샤 시절에 일어난 엘리야후의 재현 사건이었다. 또한 13장도 엘리야후 승천 때에 일어난 사건의 재현이라 볼 수 있다. 실현에 속하는 소수는 아흐압왕가에 속한 모든 사람을 저주한 열왕기상 21장의 실현을 보여주는 열왕기하 8:7-15; 8:16-24, 25-29; 9:1-10:36; 11:1-21, 열왕기상 19장의 실현인 열왕기하 8장 7-15절을 들 수 있다. 엘리야후 이야기의 재현이라 해서 그 역사성을 부인하는 것은 아니다. 다만 엘리샤의 이야기는 거목 엘리야후의 그림자에 불과하다는 뜻이다. 저자는 분명히 그런 의도를 가지고 엘리야후와 엘리샤의 이야기들을 수집하였을 것이다. 또한 엘리야후 이야기가 전체적으로나 부분적으로 대칭을 보여주고 있지만, 엘리샤의 이야기는 그 나름

---

3) 아합의 딸이 여호람의 아내가 되어 여후다는 모압을 잃는다.

4) 아합의 딸이 아햐즈야의 어머니가 되어 아햐즈야는 북과 연합하다가 죽는다.

5) 왕하 4:1-7(왕상 17:10-16); 5:1-27(왕상 17:17-24); 6:1-7(왕상 17:10-24); 6:8-23(왕하 1); 8:1-6(왕상 17:17-24); 12:1-21(왕상 18); 13:1-25(왕하 2). 또한 열왕기상 20장에는 엘리야후가 등장하지 않아도 엘리야후 이야기에 속하므로, 20장의 재현(왕하 3:4-27; 6:24-7:20)도 엘리야후 이야기의 재판(再版)이라 할 수 있다.

의 대칭구조를 보여주지 못하고 있는 것도 그 종속성을 암시한다. 요약하면 엘리샤 이야기는 전체가 엘리야후 이야기의 속편에 해당하기 때문에 넓게 보면 엘리야후 이야기의 끝 부분은 열왕기하 13장 25절이라 할 수 있다(XII.C.3/5).

B. 장 르

엘리야후 엘리샤 이야기는 '예언자 이야기'에 속한다. 이 이야기가 아흐압, 요람, 아햐즈야, 예후와 같은 왕들의 이야기 속에 나오긴 하지만, 그것은 거의 완성된 채로 왕들의 역사 이야기 속에 들어갔다고 보아야 할 것이다. 예언자 이야기라는 것은 역사를 역사가와는 달리 그 나름대로의 관점, 즉 예언자의 예언과 성취라는 관점을 가지고 청중들에게 설명하려고 하는 이야기다. 역사를 기술하되, 원인과 결과, 예언과 성취라는 관점에서 그렸다. 그 과정에서 이스라엘의 정치사는 예언자의 역사 속에 편입되었다. 즉 아흐압의 통치에 대한 대략적인 소개(왕상 16:29-34)는 엘리야후의 기근 선언을 위한 서론 부분에 속하게 되었다. 예언자 이야기에서는 주인공이 예언자이지만, 실은 그를 움직이는 하나님이 주인공이란 게 드러난다. 그래서 아흐압의 실수 이야기(특히 왕상 20-21장)와 병행되어 엘리야후의 실수 이야기(왕상 19)가 나타난다. 또한 엘리야후가 하나님의 명(왕상 19)을 제대로 수행하지 않음에 따라 하나님이 다른 익명의 예언자들을 동원하여 국난을 극복하게 하고(왕상 20), 아흐압을 죽이는 이야기(왕하 22) 등은 이 이야기가 결코 엘리야후를 주인공으로 하는 이야기가 아님을 밝혀 준다. 그러나 하나님은 흔들렸던 엘리야후를 다시 들어 쓰시고(왕상 21; 왕하 1) 종국에는 하늘에 올려 주셨다. 하나님은 이 이야기에서도 용서와 은총의 하나님이셨다. 하나님은 예언자 엘리야후의 식사와 안위에 관심이 많으셨다(왕상 17:3, 9; 왕하 1:10 이하). 엘리야후는 하나님의 명을 받고 순종하기도 하고 좌절하기도 하는 한 예언자에 불과했다. 그러나 우리와 성정이 같은 엘리야후를 통하여 하나님은 많은 역사를 일으키시고, 그의 제자 엘리샤를 통하여 계속해서 역사를 이끌어 나가셨다는 것이 이 '예언자 이야기'의 주제다. 그 주제를 펼치기 위하여 저자는 매우 다양한 문학기법을 사용하여 예언자들의 이야기를 구사하는데, 그중에서 특히 예후의 이야기(왕하 9-10)는 박진감 넘치고 리얼하게 그려져 있다.6) 그래서 이 이야기 그대로 무대에 올려도 좋을 정도다.7)

C. 구 조

엘리야후 이야기 가운데서 몇 가지 소단위가 발견된다. 독립적이라 할 수는 없지만 그 나름대로 별도의 응집력을 가지고 있는 단위는 열왕기상 17-19장, 열왕기상 20-22장, 열왕기하 1-2장이다. 그러나 열왕기상 20장이 어휘 면에서 19장과 가장 밀접한 관련을 보이고 있는 현상에서 나타나듯이(VII.C.3.b), 엘리야후 이야기 전체는 하나의 이야기임에 틀림없다. 다만 17-19장이 하나의 단위로서 카르멜산의 대결(왕상 18:21-45)을 중심으로 하여 하나의 대칭을 이루는 구조를 보여주고 있고(V.C.2), 20장 1절에서 22장 40절은 세 장이 구심점을 지니고 있지 않으면서도 같은 구조의 병렬을 보여주고 있으며(X.C.2), 열왕기상 22장 51절에서 열왕기하 3장 3절은 다시 엘리야후의 승천을 중심으로 한 대칭 구조를 보여주고 있다(XII.C.2). 또한 각 장의 통일성이 증명된다.

특별히 열왕기상 20장은 엘리야후 이야기의 교차로라 할 수 있다(VII.C.3). 여기는 엘리야후 이야기 도중에 다른 '예언자 이야기'를 소개하는 곳이기도 한다. 그러나 이곳은 엘리야후 엘리샤 이야기의 어휘들이 시장을 보는 장터 같다. 20장은 19장을 문자 그대로 베끼기도 하고, 같은 구도를 모방하고 있다. 이제벨이 엘리야후

---

6) 벨텐(Welten, 27)은 '예후의 이야기'를 작은 역사서라 분류하였다.
7) 역사이면서 이야기로서의 양면성에 대해서는 Walsh, xii 참고.

를 '내일 이때까지' 죽이겠다고 한 것과 같이, 아람인들이 '내일 이때까지' 이제벨을 내놓으라고 위협하는 것이 결정적인 증거다(Ⅶ.C.4 참고).

D. 저 자

저자는 문학적으로 매우 탁월한 능력을 가지고 엘리야후 이야기를 서술하고 있으며, 엘리샤 이야기도 정치사에 치우친 일부분을 **빼**면 다 같은 저자의 작품이라 생각된다. 혹은 저자가 그런 정치사를 예언자 이야기에 편입시켰는지 모른다. 엘리샤 이야기 중에서도 특히 9-10장에서 우리는 내용과 어휘 면에서 같은 저자임을 암시하는 여러 단서들을 발견할 수 있다. 이 이야기는 아마 예언자 그룹에 속한 한 사람이 썼을 가능성이 높으며, 호세아의 출현 이전인 9-8세기에 쓰였을 것이다. 그러나 예후 왕조를 옹호하기 위하여 궁정에서 씌어진 것 같진 않다.

E. 줄거리

엘리야후는 야르덴 동편의 티쉬베란 마을의 이주자 출신으로서, 전통적인 야흐베 신앙으로 무장한 가정에서 자란 듯하다. 논쟁적인 그의 이름('나의 하나님은 야흐베다')은 그의 일생을 잘 요약한 것이었고, 그의 이름만 반복해도 아흐압왕에게 도전이 될 정도였다(왕상 18:8). 이스라엘의 동북부 출신인 그는 서북부에 위치한 치돈 출신 이제벨과 그녀의 영향하에 있는 아흐압의 바알, 아셰라 숭배를 비판하며, 수년(실제로 3년) 동안의 기근을 선언한다. 그 후에 그는 크리트 시내에 가서 까마귀의 부양으로 고기와 떡을 먹다가, 시냇물이 마르자 이제벨의 고향인 치돈에 속한 차르파트에 가서 어떤 과부의 부양으로 살아나간다. 여기서도 그는 매일 밀가루와 기름이 떨어지지 않는 기적과 죽은 아이를 살리는 기적을 체험한다. 그동안 이제벨과 아흐압은 선지자들을 죽이고 야흐베의 제단을 허무는 등으로 야흐베 신앙을 핍박하지만, 3년만에 엘리야후는 하나님의 지시를 받고 나타나 아흐압을 만나 카르멜산의 대결을 주문한다. 카르멜산에서 엘리야후는 하나님이 불을 내려 주셔서 바알과의 대결에서 승리하고 바알의 선지자 450명을 죽여 버린다. 그리고 카르멜산 꼭대기에서 기도하여 3년 만에 다시 비가 내리게 한다. 그러나 아흐압을 통해서 바알 선지자들의 죽음을 알게 된 이제벨이 죽이겠다고 위협하는 한 마디에, 엘리야후는 갑자기 힘을 잃고 남쪽으로 도망쳐서 광야의 로템나무 밑에서 죽음을 청하게 된다. 하나님은 사자를 보내어 엘리야후에게 떡과 물을 제공해서 다시 이스라엘로 돌아가라고 하시지만, 엘리야후는 하나님의 산까지 가서 하나님을 뵙고 예언자직을 사임하려 한다. 하나님은 다시 새로운 사명을 주어 엘리야후를 돌려보내지만 엘리야후는 엘리샤를 불렀을 뿐, 나머지 두 가지 사명은 수행하지 않는다.

그러자 하나님은 엘리야후 대신에 다른 익명의 선지자들을 동원하여 아람왕 벤하다드의 군대를 물리치게 하신다. 하나님께는 엘리야후 외에도 얼마든지 선지자가 있었고, 바알에게 무릎을 꿇지 않은 칠천명을 통하여 아람을 물리치게 하신다. 이 과정에서 아흐압뿐 아니라 그의 아내들(이제벨 포함)과 자식들은 하나님의 은총으로 벤하다드의 손아귀에서 벗어나게 되었다. 그러나 아흐압은 하나님의 지시를 온전히 순종하지 않고 자신은 맨 뒤에 전투에 참가하고, 두 번째 전투에선 사로잡은 벤하다드를 놓아주는 죄를 짓는다. 하나님이 한 예언자를 통하여 벤하다드 대신에 아흐압이 목숨을 요구하자 아흐압은 격분하여 쇼므론으로 돌아간다. 운명의 21장에서, 두 번의 전쟁이 끝나고 다음 전쟁이 있기 전의 기간에, 아흐압이 이스르엘에 있는 궁전을 넓히려고 나보트의 포도원을 사려고 하는데, 나보트가 조상의 유업을 팔 수 없게 되어 있는 율법을 내세우자, 아흐압은 이제벨을 통해 나보트를 죽여 버리고 그 밭을 빼앗는다. 이는 하나님께 오므리 왕가의 모든 범죄 중에서도 가장 큰 범죄로 간주되어, 아흐압은 이제벨과 가족 모두의 비참한 최후를 예고하는 엘리야후의 예언을 듣게 된다. 왕국이 벤하다드에게 넘어갈 뻔한 것을 하나님이 지켜 주셨는데, 이제 그 왕가를 하나님이 다시 버리시겠다는 것이다. 그러나 아흐압이 회개하자 하나님은 그의 회개를 받으시고 재앙을 그의 아들대로 연기하신다. 22장에서는 하나님이 아흐압의 생명을 거두시기로 결정하시고 아흐압의 예언자들에게 거짓 영을 보내신다. 아흐압 왕은 여호샤파트를 이용하여 자기의 실지를 회복하려고 시도한다. 미카여후가 하나님의 계획을 누설하면서까지 말렸지만 아흐압은 미카여후를 감옥에 가두고 여호샤파트에게 왕복을 입게 하고 자기는 보통의 장교 옷으로 변장하고 전투에 임한다. 그러나 아흐압은 유시(流矢)에 맞아 죽고, 그의 피로 흥건했던 병거를 씻은 물을 개가 먹었으며, 창녀들이 그 물로 목욕함으로써 가장 치욕스러운 종말을 맞았다. 이는 엘리야후의 예언대로였다.

아흐압을 이어 왕이 된 아햐즈야는 아흐압보다 더 완악하여 하나님이 이층에서 떨어뜨리시는데, 아햐즈야는 에크론의 바알즈붑에게 회복을 묻는 사자들을 보내면서 하나님께 반항한다. 하나님은 엘리야후를 사자로 보내어 아햐즈야의 사자들을 돌려보내는데, 사자들은 엘리야후 편에 선다. 아햐즈야는 이번에는 엘리야후를 체포하려 한다. 두 번이나 오십부장이 불타 죽고 세 번째 오십부장은 다시 엘리야후 편으로 돌아서 버리는데, 엘리야후는 직접 아햐즈야를 찾아가 그 죽음을 선언한다. 아햐즈야는 곧 죽어 버리고, 그 동생 여호람이 왕위를 계승한다. 열왕기하 2장에서 엘리야후는 엘리샤가 따라붙고 예언자들의 제자들이 알아차린 가운데, 승천 이전의 마지막 여정을 길갈, 베트엘, 여리효, 야르덴 동편으로 수행한다. 그는 야르덴 동편에서 엘리샤에게 자신의 수제자로서의 영을 약속하고 불병거와 불말들이 호위하는 가운데 바람을 타고 하늘에 올라간다. 엘리샤는 그의 옷을 주워서 야르덴강을 건너왔고, 강 이편에서 바라보던 예언자들의 제자들은 그가 엘리야후의 영을 이어받은 것을 확인하고 절한다. 그러나 그들은 엘리야후의 시체를 찾겠다고 나서 오십 명이 3일이나 찾았지만 발견하지 못하여, 수색을 말렸던 엘리샤의 꾸중을 듣는다.

그러나 엘리야후의 예언은 아직 다 이루어지지 않았다. 열왕기하 9-10장에 이르러 비로소 여호람왕과, 아흐압왕의 외손자인 여후다왕 아햐즈야, 이제벨, 아흐압왕의 아들 칠십명, 왕가의 남은 자들, 친지들이 다 죽임을 당한다. 그리고 그것도 모두 엘리야후의 예언대로였다는 주석이 붙었다.

F. 문학비평의 결실

본고에서 문학비평은 근래 서구의 전통적인 양식비평, 비판적인 문학비평, 편집사비평이 밝혀내지 못했거나, 잘못 결론을 내린 엘리야후 이야기에서 새로운 해석을 가능하게 해 주었다. 가장 큰 결실은 이전에 산산조각으로 나누어졌던 이야기가 하나의 일관성 있고 짜임새 있고 재미있는 이야기임을 밝혔다는 데 있다. 비평적인 학자들이 원시적이라 생각했던 여러 본문들이 매우 문학적인 기교가 뛰어난 저자의 솜씨가 빛나는 예언자 이야기였음이 드러났다. 저자는 많은 기교를 사용하고, 암시를 숨겨 놓고, 힌트와 연결고리를, 숨은 그림 찾기와 같이 본문에 설치하였다. 결과적으로 엘리야후는 주전 9세기 아흐압과 아햐즈야 시대에 활동한 예언자임이 분명해졌으며, 그때에 이제벨의 야흐베 종교와 선지자들에 대한 탄압, 엘리야후와 다른 선지자들의 왕에 대한 책망과 지원, 예언 등이 역사적으로 생생하게 되살아났다. 이로 인해 그동안 양식비평 방법을 적용한 학자들에 의해 어려워졌던 이야기가, 일반적인 독자에게서 멀어졌던 본문이 다시 재미있고 친숙한 본문으로 나타났다.

G. 아이러니

문학비평의 결과로 엘리야후 이야기에는 아이러니가 매우 많이 숨겨져 있는 것이 발견되었다. 저자는 그런 아이러니를 통하여 독자, 청중을 웃기고 깊이 생각하게 하는 효과를 얻고 있는 것 같다. 엘리야후, 엘리샤도 아이러니 이야기에 포함되었는데 그것을 열거하면 다음과 같다.

1. 매일 기적을 체험한 과부가 아들이 살아나는 것을 보고 엘리야후를 인정한다(왕상 17:24; 위의 III.D.6 참고).

2. 오바드야후는 그 이름이 '야흐베의 종'이었으나 실은 (엘리야후가 보기에) 아흐압의 종이었다(왕상 18:8; 위의 V.D.2 참고).

3. 카르멜산의 '영웅' 엘리야후가 여자의 위협에 도망하여 로템나무 밑에서 죽음을 청한다(왕상 19:4; 위의 VI.D.1 참고).

4. 엘리야후를 죽이겠다고 위협한 이제벨은(19:2) 벤하다드의 전리품목에 들어간다(20:3, 5, 7; 위의 VII.D.1.a.3 참고).

5. 벤하다드의 사자들은 되돌아오는 면에선 천사와 같았으나(19:7) 내일 이제벨을 데려가겠다는 소식을 갖고 다시 온다(20:5; 위의 VII.D.1.a 참고).

6. 벤하다드를 도우러 온 왕들이 술 마시는 것을 돕는다(20:16; VII.D.1.b 참고).

7. 종교적 이유 때문에 포도원 양도를 거절한 나보트가 종교적인 누명을 쓰고 처형을 당한다(21:3, 13; 위의 VIII.D.2.b 참고).

8. 여호람은 세 번 '하샬롬?'을 외치다 죽고, 그 어머니 이제벨도 '하샬롬'을 말하다 죽는다(왕하 9:17, 19, 22, 31; 위의 IX. 결론 참고).

9. 아흐압이 자기가 들어올(בוא) 때까지 미카여후를 고생시키라고 하였고(왕상 22:26), 그 명을 사자어투로 불러주었는데(22:27), 그는 들어오긴(בוא) 했으나 죽어서 들어왔다(22:37; 위의 X.B.27 참고).

10. 바알 즈불(군주 바알)을 찾으러 갔던 사람들이 바알 세아르(털보)을 만나고 돌아온다(왕하 1:8; 위의 XI.C.5 참고).

11. 엘리야후의 승천을 예언하던 사람들이 예언자의 시신을 찾겠다고 나선다(왕하 2:3, 5, 16-17; 위의 XII.D.5.16 참고).

12. 털북숭이(왕하 1:8)의 제자는 대머리(2:23)였다.

H. 숫자에 나타난 암시

저자는 본문에서 자신의 판단이나 의견을 숫자로 암시하는 경우가 있었다.

1. 마흔 둘. 아햐즈야의 형제 마흔 두 명(왕하 10:12-14)과 엘리샤를 놀리다 곰에게 죽임을 당한 아이들(2:23-24)은 억울하게 죽은 것이 아니다. 하나님은 이제벨을 죽이시는데 이제벨에게 인사하려는 사람들, 엘리야후의 승천을 비웃으며 예언자의 외모를 두고 놀리는 아이들은 모두 죄가 없지 않았다. 남들은 그들이 억울하게 보일지 모르나 저자의 입장은 그렇지 않다는 것이 암시되고 있다.

2. 32. 벤하다드를 도와서 출전한 동맹국왕 32인(왕상 20:1, 16)은 이스라엘의 청년대 232인(20:15)에게 짓밟힌다. 저자는 2라는 숫자를 앞에 놓아서 32명의 왕들을 간단히 제압할 것을 암시한다.

3. 7,000. 바알에게 무릎을 꿇지 않은 사람의 숫자(왕상 19:18)는 이스라엘의 마지막 군사 수와 일치한다. 저자는 나라를 건질 인물은 바알에게 무릎 꿇지 않은 사람들임을 암시한다(20:15). 이들 7,000명에게 쫓겨 간 적의 군대 27,000명은 성이 무너져 죽는다. 저자는 여기서 7,000명이 그 앞에 2자가 붙은 많은 수도 제압한다는 것을 암시한다. (위의 Ⅶ.C.3.a 참고).

I. 기 타

1. 18-19장과 20-21장은 내용 면에서 같은 주제를 같은 구도로 그리고 있다. 즉 엘리야후의 카르멜산 승리와 효렙산 도피는 아흐압의 대승과 나보트 포도원 강탈이라는 실수와 같은 패턴을 보인다. 즉 높이 치솟았다가 추락하는 예언자와 왕의 드라마였다(VIII.C.2).

2. 하나님의 명령이나 어떤 사람의 요청이 있었을 경우에, 말을 들은 사람이 그 것을 수행한 것이 문맥으로 보아 분명한데도 수행사실이 기록되지 않은 경우가 자주 등장한다. 열왕기하 1:4; 4:10f, 26f, 41; 10:20.

3. 이제벨이 아흐압에게 아무 영향을 못 미쳤을 거라고 주장하는 학자들이 많았지만, 그녀는 오히려 아흐압에게 신의 역할을 하고 있었다(VII.C.3.a.7).

4. 열왕기는 신명기사가 아니라 독립적인 책이었던 것 같다(VII.C.3.a).

참고문헌

성 경

『해설·관주 성경전서』 (독일성서공회판: 한글판). 서울: 대한성서공회, 1997.

『성경전서』 (개역개정판). 서울: 대한성서공회, 1998.

『성경전서』 (표준새번역 개정판). 서울: 대한성서공회, 2001.

The Holy Bible(Revised Standard Version). Second Edition. Cambridge: Cambridge University Press, 1971.

Die Bibel: Altes und Neues Testament. (Einheits Übersetzung) Freiburg u.a.: Herder, 1980.

Die Bibel in heutigem Deutsch: Die Gute Nachricht des Alten und Neuen Testaments mit den spätschriften des Alten Testaments. 2. Aufl. Stuttgart: Deutsche Bibelgesellschaft Stuttgart, 1980.

Good News Bible(Todays English Version). Second Edition. New York: American Bible Society, 1992.

한글문헌

강성열. "하늘로 올리우는 엘리야: 열왕기하 2:1-12", 『성경연구』 27(97-2), 17-32.

김정우. "이스라엘에 비와 이슬이 그쳤을 때(왕상 17:1-24)", 『성서사랑방』 12(2000 여름), 10-27.

______. "이스라엘에 비와 이슬이 다시 내리던 날(왕상 18:1-46)", 『성서사랑방』 13 (2000 가을), 3-18.

______. "이스라엘에서 예언자가 사라지던 날(왕상 19:1-18)", 『성서사랑방』 14 (2000 겨울) 3-12. 그 말씀 편집부. "예수님이 변화되실 때 왜 모세와 엘리야가 있었는가?", 『그 말씀』 (95-11), 69-71.

드라이차, M./힐브란츠, W./슈미트, H. 『구약성서연구방법론』. 하경택 역. 서울: 비블리카 아카데미아, 2005.

민영진. "엘리야 이해—하나님의 주권 선포—", 『기독교사상』 140(1970. 1), 158-163.

______. "엘리야 이해—이스라엘을 괴롭게 하는 자여 네냐?—", 『기독교사상』 141(1970. 2), 161-166.

______. "엘리야 이해 — 갈멜산 사건(상) —", 『기독교사상』 142(1970. 3), 158-163.

______. "엘리야 이해 — 갈멜산 사건(하) —", 『기독교사상』 143(1970. 4), 162-167.

______. "엘리야 이해 — 세미한 소리 —", 『기독교사상』 144(1970. 5), 164-169.

______. "엘리야 이해 — 율법과 예언 —", 『기독교사상』 145(1970. 6), 162-167.

______. "엘리야 이해 — 메시야의 선구자 —", 『기독교사상』 146(1970.7), 169-173.

______. 『국역성서연구』. 서울: 성광문화사, 1984.

______. 『좀 쉽게 말해 주시오 — 본문비평과 성서 번역』. 민영진박사회갑기념(제1권). 왕대일 엮음. 서울: 대한기독교서회, 2000.

박동현. 『구약학개관』. 서울: 장로회신학대학출판부, 2003.

이동수. 『구약주석과 설교』. 서울: 장로회신학대학교출판부, 2000.

이승현. "현대의 엘리야 연구의 제 문제", 『신학과 문화』 11집(2002), 9-42.

______. "나봇의 포도원: 왕상 21; 왕하 9:1-10:11 소고", 『신학과 문화』 12집 (2003), 9-44.

______. "이스라엘에는 신이 없는가? 왕상 22:51－왕하 1:18에 대한 주석적 연구", 『신학과 문화』 13집(2004), 28-64.

______. "엘리야의 승천(왕하 2:1-18)", 『신학과 문화』 14집(2005), 9-41.

______. "열왕기상 20장이 엘리야 이야기에서 지니는 의미", 『신학과 문화』 15집 (2006), 9-34.

이형원. 『구약성서비평학입문』. 대전: 침례신학대학출판부, 1991.

장영일. 『구약신학의 역사적 기초』. 서울: 장로회신학대학교출판부, 2001.

외국어문헌

Ackroyd, Peter. R. "The Vitality of the Word of God in the Old Tstament", In: Kosmala, Hans(Ed.) *Annuals of the Swedisch Theological Institute.* Vol.1 (1962), 7-23.

Ahlström, Gösta. W. "King Jehu—A Prophet's Mistake", in: Merril, Arthur C.; Overholt, Thomas W.(Ed.). *Scripture in History & Theology: Essays in Honor of J. Coert Rylaardsdam.* Pittsburgh, Pennsylvania: The Pickwick Press, 1977, 47-69.

________________. "The Role of Archaeological and Literary Remains in Reconstructing Israel's History", in: *The Fabric of History: Text, Artifact and Israel's Past.* Ed. by Diana Vikander Edelman. JSOT S. 127. Sheffield: Sheffield Academic Press, 1991, 116-42.

Albertz, Rainer. "Die Intentionen und die Träger des Deuteronomistischen Geschichtswerks", in: ders./ Friedmann W. Golka/ Jürgen Kegler(Hrsg.), *Schöpfung und Befreiung.* FS für Westermann zum 80. Geburtstag, Stuttgart: Calwer Verlag, 1989, 37-53.

________________. "Wer waren die Deuteronomisten? Das historische Rätzel einer literarischen Hypothese", Evangelische Theologie 57(1997), 319-38.

Alonso-Schökel, L. "Erzählkunst im Buche der Richter", *Biblica* 42(1961), 143-72.

Alt, Albrecht. "Die literarische Herkunft von Ⅰ Reg 1919-21", in: *ZAW* 32 (1912), 123-25.

__________. "Das Gottesurteil auf dem Karmel", (1935). in: ders. *Kleine Schrften II*, 135-49.

__________. "Der Stadtstaat Samaria", (1954). in: ders. *Kleine Schriften III.* München: C. H. Beck'sche Verlagsbuchhandlung, 1959, 258-302.

__________. "Das Königtum in den Reichen Israel und Juda", in: Alt, Albrecht. *Kleine Schriften zur Geschichte des Volkes Israel.* Berlin: Evangelische Verlagsanstalt GmbH, 1962.

__________. "Der Anteil des Königtums an der sozialen Entwicklung in den Reichen Israel und Juda", in: *Kleine Schriften zur Geschichte des Volkes Israel.* Berlin: Evangelische Verlagsanstalt GmbH, 1962, 309-28.

Alter, Robert. "A Literary Approach to the Bible", *Commentary* 60-6(1975), 70-77.

__________. "Biblical Narrative", *Commentary* 61-5(1976), 61-67.

__________. "Character in the Bible", *Commentary* 66-6(1978), 58-65.

__________. "Joseph and His Brothers", *Commentary* 59-69(1980), 59-69.

__________. *The Art of Biblical Narrative.* New York: Basic Books, 1981.

__________. *The Art of Biblical Poetry.* New York: Basic Books, 1985.

__________; Kermode F. *The Literary Guide to the Bible.* London: Collins, 1987.

__________. *The Pleasure of Reading in an ideological Age,* New York u.a.: Simon and Schuster, 1989.

Amsler, S. "עמד 'md stehen", *THAT* Bd. 2, 328-332.

Andersen, Francis I. "The socio-juridical background of the Naboth Incident", *JBL* 85(1966), 46-57.

Applegate, John. "Narrative Patterns for the Communication of commissioned Speech in the Prophets: A Three-Scene Model", in: *Narrativity in Biblical and Related Texts*, Ed. by G. J. Brooke; J.-D. Kaestli. Leuven: University Press, 2000, 69-88.

Arneth, Martin. "Literarkritik der Bibel", ^{4}*RGG*. Bd. 5(L-M). Tübingen: J. C. B. Mohr, 2002, 389-390.

Auld, A. Graeme. *I & II Kings*, Philadelphia 1986.

Avishur, Ytzhak. *Studies in Biblical Narrative: Style, Structure, and the Ancient Near Eastern Literary Background*, Tel Aviv: Archaelogical Center, 1999.

Baly, Denis. "The Geography of Monotheism", in: *Translating and Understanding the Old Testament. Essays in Honor of Herbert Gordon May*. Ed. by Harry Thomas Frank; William L. Reed. Nashville: Abingdon Press, 1970, 253-78.

Barrera, Julio Trebolle. "Redaction, Recension, and Midrash in the Books of Kings", in: *Reconsidering Israel and Judah: Recent Studies on the Deuteronomistic History*. Ed. by Gary N. Knoppers; J. Gordon McConville. Eisenbrauns: Winona Lake, Indiana, 2000, 475-92.

Barton, John. "Historical Driticism and Literary Interpretation: Is There any common Ground?", in: *Crossing the Boundaries: Essays in Biblical Interpretation in Honour of Michael D. Goulder*. Ed. by Stanley E. Porter; Paul Joyce; David E. Orton, Leiden: E. J. Brill, 1994, 3-16.

Baumgartner, Walter; Köhler Ludwig. *Hebräisches und Aramäisches Lexikon zum Alten Testament.* (=HAL) 3. Aufl., Lfg. II. Leiden: E. J. Brill, 1974.

Beck, Martin. *Elia und die Monolatrie: ein Beitrag zur religionsgeschichtlichen Rückfrage nach dem vorschriftprophetischen Jahwe-Glauben.* BZAW Bd. 281. Berlin: de Gruyter, 1999.

Beek, M. A. "The Meaning of the Expression "The Chariots and the Horsemen of Israel"(Ⅱ Kings ii 12)", in: Beek, M. A. u.a. *The Witness of Tradition.* Oudtestamentische Studien XⅦ. Leiden: E. J. Brill, 1972, 1-10.

Begg, Christopher T. "Unifying Factors in 2 Kings 1.2-17a", *JSOT* 32(1985), 75-86.

Berlin, Adele. *Poetics and Interpretation of Biblical Narrative.* Bible and Literature Series 9. Sheffield: The Almond Press, 1983.

Blenkinsopp, J. "Ballad Style and Psalm Style in the Song of Deborah: A Discussion", *Biblica* 42(1961), 61-76.

Bluedorn, Wolfgang. *Yahweh Versus Baalism: A Theological Reading of the Gideon-Abimelech Narrative.* JSOT.S 329. Sheffield: Sheffield Academic Press, 2001.

Blum, Erhard. "Jesajas prophetisches Testament: Beobachtungen zu Jes 1-11", *ZAW* 108(1996), 547-68.

__________. "Der Prophet und das Verderben Israels: Eine ganzheitliche, historisch-kritische Lektüre von 1 Regum XⅦ-XIX", in: *VT* 47(1997), 277-300.

__________. "Die Nabotüberlieferungen und die Kompositionsgeschichte der vorderen Propheten", in: Reinhard G. Kratz/Thomas Krüger/ Konrad

Schmid(Hrsg.). *Schriftauslegung in der Schrift.* Festschrift für Odil Hannes Steck zu seinem 65. Geburtstag. Berlin/NY: Walter de Gruyter, 2000, 111-28.

Bohlen, Reinhold. *Der Fall Nabot: Form, Hintergrund und Werdegang einer alttestamentlichen Erzählung(1 Kön 21).* Trier: Paulinus-Verlag, 1978.

Böklen, E. "Elisas "Berufung"(I Reg 19,19-21)", *ZAW* 32(1912), 41-48.

__________. "Noch einmal zu I Reg 19,19-21", *ZAW* 32(1912), 288-91.

Braulik, Georg. "Das Deuteronomium und die Geburt des Monotheismus", in: Ernst Haag(Hrsg). *Gott der einzige: Zur Entstehung des Monotheismus in Israel.* Freiburg im Breisgau: Herder, 1985, 115-59.

__________, *Deuteronomium II: 16,18-34,12.* Würzburg: Echter Verlag, 1992.

Bray, Gerald. *Biblical Interpretation: Past and Present.* Leicester: Apollos, 1996.

Brodie, Thomas Louis. "The Accusing and Stoning of Naboth(1 Kgs 21:8-13) as One Component of Stephen Text(Acts 6:9-14; 7:58a)", *CBQ* 45(1983), 417-423.

__________. "Toward Unraveling Luke's Use of the Old Testament: Luke 7.11-17 as an Imitatio of 1 Kings 17.17-24", in: *New Testament Studies* 32(1986), 247-267.

__________. *The Crucial Bridge: the Elijah-Elisha narrative as an interpretive synthesis of Genesis-Kings and a literary model for the Gospels.* Collegeville: The Liturgical Press, 2000.

Bukowski, Peter. "Der Name Gottes-eine Waffe gegen den anderen?" *Reformierte Kirchenzeitung* 132(1991), 38-40.

Campbell, Anthony F.; O'brien, Mark A. *Unfolding the Deuteronomistic*

History: Origins, Upgrades, Present Text. Minneapoli: Fortress Press, 2000.

Carroll, R. P. "The Elijah-Elisha Sagas: Some Remarks on prophetic Succession in Ancient Israel", *VT* 16(1969), 400-15.

Childs, Brevard S. *Introduction to the Old Testament as Scripture*. Philadelphia: Fortress Press, 1979.

Clines, David J. A. "Possibilities and Priorities of Biblical Interpretation in an International Perspective", *Biblical Interpretation* 1(1993), 67-87.

Cogan; Tadmor. *II Kings* . New York: Doubleday, 1988.

Cohn, Robert L. "The Literary Logic of 1 Kings 17-19", *JBL* 101/3(1982), 333-50.

__________. *2 Kings*. BERIT OLAM Studies in Hebrew Narrative & Poetry. Collegeville, Minnesota: The Liturgical Press, 1999.

Conners, Quinn. R. "Elijah and Elisha: A Psychologist's Perspective", in: Egan, Keith J.; Morrison, Craig E.(Eds.), *Master of the Sacred Page: Essays in Honor of Roland E. Murphy O. Carm., on the Occasion of His Eightieth Birthday*. Washington D.C. 1997, 235-42.

Conrad, Joachim. "2 Kön 2,1-18 als Elija-Geschichte", in: Matthias Augustin; Klaus-Dietrich Schunck(Hrsg.). >>*Wünschet Jerusalem Frieden*<<. Frankfurt/M. u.a.: Peter Lang, 1988, 263-71.

Conroy, Charles. "Hiel between Ahab and Elijah-Elisha: 1 Kings 16,34 in Its Immediate Literary Context", *Biblica* 77(1996), 210-18.

Cook, Albert. "Fiction and History in Samuel and Kings", in: *JSOT* 36(1986), 27-48.

Coote, Robert B.(Ed.). *Elijah and Elisha in socioliterary Perspective*. Atlanta: Scholars Press, 1992.

Crüsemann, Frank. *Bewahrung der Freiheit: Das Thema des Dekalogs in soziogeschichtlicher Perspektive.* München: Kaiser, 1983.

__________. *Die Tora: Theologie und Sozialgeschichte des altestestamentlichen Gesetzes.* München: Kaiser, 1992.

__________. *Elia-die Entdeckung der Einheit Gottes: Eine Lektüre der Erzählungen über Elia und seine Zeit(1 Kön 17-2. Kön 2).* Kaiser Taschenbücher 154. Gütersloh: Chr. Kaiser/Gütersloher Verlagshaus, 1997.

Dalman, Gustaf. *Arbeit und Sitte in Palästina.* Bd. VII(Das Haus, Hühnerzucht, Taubenzucht, Bienenzucht). Gütersloh: C. Bertelsmann, 1942.

Davidson, A. B. *An Introductory Hebrew Grammer.* Revised by John Machline. 26. Ed. Edinburgh: T. & T. Clark, 1978.

De Vries, Simon J. *Prophet against Prophet. The Role of the Micah Narrative(1 Kings 22) in the Development of Early Prophetic Tradition.* Grand Rapids, Michigan: William B. Eerdmans, 1978(=De Vries).

__________. *1 Kings.* Word Biblical Commentary Vol.12. Waco, Texas: Word Books, 1985(=De Vries, 1985)

Diebner, Bernd Jorg. ""Glatzkopf, komm herauf......!"(2Kön 2,23f.)" *Dielheimer Blätter zum Alten Testament und seiner Rezeption in der Alten Kirche* 20 (1984), 169-79.

Dietrich, Walter. *Prophetie und Geschichte: Eine redaktionsgeschichtliche Untersuchung zum deuteronomistischen Geschichtswerk.* Göttingen: Vandenhoeck & Ruprecht, 1972.

__________. "Deuteronomistische Geschichtswerk", in: [4]*RGG.* Bd. 2. Tübingen: J. C. B. Mohr, 1999, 688-92.

__________. "Prophetie im deuteronomistischen Geschichtswerk", in: T.

Römer(Ed.), *The Future of the Deuteronomistic History*. Leuven: University Press, 2000, 47-65.

Donner, Herbert. *Geschichte des Volkes Israel und seiner Nachbarn in Grundzügen*. 2 Bde. ATD Ergänzungsreihe Bd. 4/1-2. Göttingen: Vandenhoeck & Ruprecht, 1984-1986.

Dorsey, David A. *The literary structure of the Old Testament: a commentary on Genesis-Malachi*. Grand Rapids: Baker Books, 1999.

Dozeman, Thomas B. "Rhetoric and Rhetorical Criticism", *ABD* 5. New York u.a.: Doubleday, 1992, 710-715.

Ehrlich, Arnold B. *Randglossen zum hebräischen Bibel: textkritisches, sprachliches und sachliches*. Bd. 7. Hildesheim: G. Olms, 1914(1968).

Eissfeldt, Otto. "Bist du Elia, so bin ich Isebel" (I Kön. xix 2)", in: *Hebräische Wortforschung*. Festschrift zum 80. Geburtstag von Walter Baumgartner. Leiden: E. J. Brill, 1967, 65-70(=Eissfeldt, Otto. Kleine Schriften. Hrsg. von Rudolf Sellheim; Fritz Maass. Bd. 5, Tübingen: J. C. B. Mohr, 1973. 34-38).

Fensham, F. C. "A Few Observations on the Polarization Between Yahweh and Baal in 1 Kings 17-19", *ZAW* 92(1980), 227-236.

Fenton, Terry L. "Deuteronomistic Advocacy of the NĀBÎ': 1 Samuel IX 9 and Questions of Israelite Prophecy", in: *VT* 47(1997), 23-42.

Fewell, Danna Nolan; Gunn, David M. "Narrative, Hebrew", *ABD* IV(1992), 1023-1027.

Fischer, James A. "Elijah: The Sound of Silence in the Comic Story", *The Bible Today*(TBT) 20(1982), 215-220.

Fishbane, Michael. *Biblical Interpretation in Ancient Israel*. Oxford: Clarendon Press, 1985.

Fohrer, Georg. "Elia, der Prophet", in: ^{3}RGG. Bd. 2(1958), 424-27.

__________. "Bett", in: Bo Reicke; Leonhard Rost(Hrsg.) *Biblisch-Historisches Handwörterbuch*. Bd. 1 Göttingen: Vandenhoeck & Ruprecht, 1962, 235.

__________. *Elia*. Abhandlungen zur Theologie des Alten und Neuen Testaments Bd. 53. 2. Aufl. Zürich: Zwingli Verlag, 1968(=Fohrer, 1968)

__________. *Das Alte Testament: Einführung in Bibelkunde und Literatur des Alten Testaments und in Geschichte und Religion Israels*. Erster Teil. 2. Aufl. Gerd Mohn: Gütersloher Verlagshaus, 1977.

__________. *Das Alte Testament*. Zweiter und dritter Teil. 3. Aufl. Gerd Mohn: Gütersloher Verlagshaus, 1980.

Fokkelman, J. P. *Narrative Art and Poetry in the Books of Samuel*. Vol.IV: Vow and Desire(I Sam. 1-12). Assen: Van Gorcum, 1993.

Follis, Elaine R.(Ed.) *Directions in Biblical Hebrew Poetry*. JSOT S. 40. Scheffield: Scheffield Academic Press, 1987.

Freedman, David N. "The Symmetry of the Hebrew Bible", *Studia Theologica*(ST) 46(1992), 83-108.

Fretheim, Terrence E. *First and Second Kings*. Louisville, Kentucky: Westminster John Knox Press, 1999.

Frevel, Christian. *Aschera und der Ausschließlichkeitsanspruch YHWHs: Beiträge zu literarischen, religionsgeschichtlichen und ikongraphischen Aspekten der Aschera-diskussion*, Bd. 1. Weinheim: Beltz Athenäum, 1995.

Fritz, Volkmar. *Das erste Buch der Könige*. Zürcher Bibel Kommentare AT 10,1 Zürich: Theologischer Verlag, 1996

Fürst, Julius. *Hebräisches und Chaldäisches Handwörterbuch über das Alte Testament,* Leipzig: Verlag von Bernhard Tauchnitz, 1863.

Galling, Kurt. "Der Gott Karmel und die Ächtung der fremden Götter", in: Ebeling, Gerhard(Hrsg.) *Geschichte und Altes Testament.* Festschrift Albrecht Alt zum siebzigsten Geburtstag. Tübingen: J. C. B. Mohr, 1953.

___________. "Der Ehrenname Elisas und die Entrückung Elias", *ZThK* 53 (1956), 129-48.

___________. (Hrsg.) *Biblisches Reallexikon.* 2. Aufl. Tübingen: J. C. B. Mohr, 1977.

___________. *Textbuch zur Geschichte Israels.* 3. Aufl. Tübingen: J. C. B. Mohr, 1979.

Garcia-Treto, Francisco. "The Fall of the House: A Carnivalesque Reading of 2 Kings 9 and 10", *JSOT* 46(1990), 47-65.

Garsiel, Moshe. "Word Play and Puns as a rhetorical Device in the Book of Samuel", in: Nagel, Scott B. *Puns and Pundits.* Beersheba 2000, 181-204.

Gerhart, Mary. "The Restoraration of Biblical Narrative", *Semeia* 46(1989), 13-29.

Gesenius, Wilhelm. *Hebäisches und Aramäisches Handwörterbuch über das Alte Testament.* 17. Aufl. Leipzig: Verlag von F. C. W. Vogel, 1921.

___________. *Hebäisches und Aramäisches Handwörterbuch über das Alte Testament.* 18. Aufl. 1/2/3. Lfg. Berlin u.a.: Springer Verlag, 1987/1995/2005.

Gibson, Arthur. "Relations between Rhetoric and Philosophical Logic", in: *Rhetorical Criticism and the Bible,* ed. by Stanley E. Porter and

Dennis L. Stamps. Sheffield: Sheffield Academic Press, 2002, 97-128.

__________. *Textbook of Syrian Semitic Inscriptions*. Vol. I. Hebrew and Moabite Inscriptions, Oxford: Clarendon Press, 1971. [Review von Stefan Strelcyn: in: Journal of Semetic Studies 17(1972), 139-42.]

Globe, Alexander. "The Literary Structure and Unity of the Song of Deborah", *JBL* 93(1974), 493-512.

Görg, Manfred. "Zur Darstellung königlicher Baumaßnahmen in Israel und Assur", *BN* 59(1991), 12-17.

Gottwald, Norman K. "The Plot Structures of Marvel or Problem Resolution Stories in the Elijah-Elisha Narratives and Some Musings on Sitz im Leben", in: *The Hebrew Bible in its social World and in Ours.* Atlanta, Georgia: Scholars Press, 1993, 119-30.

Gray, John. *I & II Kings*. 2. Ed. London: SCM Press, 1970.

Greßmann, Hugo. *Die älteste Geschichtsschreibung und Prophetie Israels(von Samuel bis Amos und Hosea).* 2. Aufl. Göttingen: Vandenhoeck & Ruprecht, 1921.

Greenwood, D. "Rhetorical Criticism and Formgeschichte", *JBL* 89(1970), 418-26.

Grottanelli, Cristiano. *Kings & Prophets: Monarchic Power, Inspired Leadership & Sacred Text in Biblical Narrative.* Oxford: Oxford University Press, 1999.

Grünwaldt, Klaus. "Elia zeitgeschichtlich-Eine kleine Forschungs-geschichte", in: Grünwald, Klaus/ Schroeter, Harald(Hrsg.). *Was suchst du hier, Elia? Ein hermeneutisches Arbeitsbuch.* Rheinbach-Merzbach: CMZ-Verlag, 1995, 17-26.

__________. "Von den Ver/Wandlungen des Propheten: Die

Elia-Rezeption im Alten Testament", in: Grünwald, Klaus/ Schroeter, Harald(Hrsg.). *Was suchst du hier, Elia? Ein hermeneutisches Arbeitsbuch.* Rheinbach-Merzbach: CMZ-Verlag, 1995, 43-54.

Gugler, Werner. *Jehu und seine Revolution: Voraussetzungen, Verlauf, Folgen.* Kampen 1996.

Gunkel, Hermann. *Elias, Jahve und Baal.* Tübingen: J. C. B. Mohr, 1906.

______________. "Elias", in: Friedrich Michael Schiele; Leopold Zscharnack (Hrsg.), ^{2}RGG Bd, II. Tübingen: Mohr, 1910, 277-86.

______________. Geschichten von Elisa. Berlin: Karl Turtius, 1924.

Gunn, D. M. "Hebrew Narrative", in: A. D. H. Mayes(Ed.), *Text in Contest: Essays by Members of the Society for Old Testament Study.* Oxford: University Press, 2000, 223-52.

______________. "New Directions in the Study of Biblical Hebrew Narrative", in: *Reconsidering Israel and Judah: Recent Studies on the Deuteronomistic History.* Ed. by Gary N. Knoppers; J. Gordon McConville. Eisenbrauns: Winona Lake, Indiana, 2000, 566-577.

Hauser, Alan J. "Judges 5: Parataxis in Hebrew Poetry", *JBL* 99(1980), 23-41.

______________. "Two Songs of Victory: A Comparision of Exodus 15 and Judges 5", in: Follis, Elaine R.(Ed.) Directions in Biblical Hebrew Poetry. *JSOT* S. 40. Scheffield: Scheffield Academic Press, 1987, 265-84.

______________; Gregory, Russel. *From Carmel to Horeb.* Sheffield: Almond Press, 1990.

______________. "Rhetorical Criticism of the Old Testament", in: *Duane F. Watson; Alan J. Hauser(Ed.) Rhetorical Criticism of the Bible: A Comprehensive Bibliography with Notes on History and Method,* Leiden:

E. J. Brill, 1994.

Hentschel, Georg. *Die Eliaerzählungen. Zum Verhältnis von historischen Geschen und geschichtlicher Erfahrung*, EThS 33, Leipzig: St. Benno-Verlag, 1977.

_______________. *1 Könige*. Die Neue Echter Bibel Lfg. 10. Würzburg: Echter Verlag, 1984.

_______________. *2 Könige*. Die Neue Echter Bibel Lfg. 11. Würzburg: Echter Verlag, 1985.

_______________. "Elija und der Kult des Baal", in: Braulik, Georg u.a.(Hrsg.) *Gott, der Einzige: Zur Entstehung des Monotheismus in Israel*. Basel u.a.: Herder, 1995, 54-90.

Hermisson, Hans-Jürgen. *Studien zu Prophetie und Weisheit*. Tübingen: Mohr Siebeck, 1998.

Hobbs, T. R. "2 Kings 1 and 2: Their unity and purpose", in: *Studies in Religion* 13(1984), 327-334.

_______________. *2 Kings*. Word Biblical Books Vol.31. Waco, Texas: Word Books, 1995.

Hoffmann, Hans-Detlef. *Reform und Reformen*. Zürich: Theologischer Verlag, 1980.

Holladay, William L. "The Recovery of poetic Passages of Jeremiah", *JBL* 85 (1966), 401-433.

Hübner, U. "Bett", in: Manfred Görg; Bernhard Lang(Hrsg.). *Neues Bibel-Lexikon*. Bd. 1. Zürich: Benziger Verlag, 1991, 288-289

Jackson, Bernhard S. "Law, Wisdom, and Narrative", in: G. J. Brooke; J.-D. Kaestli(Ed.). *Narrativity in Biblical and Related Texts*. Leuven: University Press, 2000, 31-51.

Jepsen, Alfred. "Elia und das Gottesurteil", in: Ebeling, Gerhard(Hrsg.) *Geschichte und Altes Testament*. Festschrift Albrecht Alt zum siebzigsten Geburtstag. Tübingen: J. C. B. Mohr, 1953, 291-306.

______________. "Ahabs Busse: Ein kleiner Beitrag zur Methode literarhistorischer Einordnung", In: Kuschke, Arnulf; Kutsch, Ernst(Hrsg.). *Archäologie und Altes Testament*. Festschrift für Kurt Galling. Tübingen: J. C. B. Mohr, 1970, 145-55.

Jeremias, Jörg. *Theophanie*. 2. Aufl. Neukirchen-Vluyn: Neukirchener Verlag, 1977.

______________. *Der Prophet Amos*. ATD 24,2. Göttingen: Vandenhoeck & Ruprecht, 1995.

Jobling, David. "A bettered Woman: Elisha and the Shunammite in the Deuternomic Work", in: *Fiona C. Black; Roland Boer; Erin Runions (Ed.) The Labour of Reading: Desire, Alienation, and Biblical Interpretation*. Atlanta 1999, 177-92.

Jones, Gwilym H. *1 and 2 Kings*. London: Marshall Morgan & Scott, 1984.

Kaiser, Otto. *Einleitung in das Alte Testament*. 5. Aufl. Gütersloh: Gerd Mohn, 1984.

______________. *Grundriß der Einleitung in die kanonischen und deuterokanonischen Schriften des Alten Testaments*. Bd. 1. Gütersloh: Gerd Mohn, 1992.

______________. "The Pentateuch and the Deuteronomistic History", in: A. D. H. Mayes(Ed.), *Text in Contest: Essays by Members of the Society for Old Testament Study*. Oxford: University Press, 2000, 289-322.

Keinänen, Jyrki. *Traditions in Collision: A Literary and Redaction-Critical Study on the Elijah Narratives 1 Kings 17-19*. Göttingen: Vandenhoeck

& Ruprecht, 2001.

M. Kellermann, "Backen", in: Kurt Galling(Hrsg.) *Biblisches Reallexikon*. 2. Aufl. Tübingen: J. C. B. Mohr, 1977, 29-30.

Kissling, Paul J. *Reliable Characters in the Primary History*. JSOT S. 224. Sheffield: Academic Press, 1996.

Koch, Klaus. *Was ist Formgeschichte*. 3. Aufl. Neukirchen: Neukirchener Verlag, 1974.

___________. "Das Profetenschweigen des deuteronomistischen Geschichtswerks", In: Jeremias, Jörg: Perlitt, Lothar(Hrsg). *Die Botschaft und die Boten*. FS Hans Walter Wolff zum 70. Geburtstag. Neukirchen-Vluyn: Neukirchener Verlag, 1981, 115-128.

___________. *Die Profeten I: Assyrische Zeit*, 2. Aufl., Urban-Taschenbücher Bd. 280. Stuttgart u.a.: Kohlhammer, 1987.

Kühlewein, J. "Witwe", *THAT* I, 169-173.

Kuenen, A. *Historisch-Kritische Einleitung in die Bücher des Alten Testaments hinsichtlich ihrer Entstehung und Sammlung*. Leipzig 1890.

Lehnart, Bernhard. *Prophet und König im Nordreich Israel: Studien zu sogenannten vorklassischen Prophetie im Nordreich Israel anhand der Samuel-, Elija-und Elischa-Überlieferungen*. Leiden/Boston: Brill, 2003.

Lemaire, André. "Toward a Redactional History of the Book of Kings", in: *Gary N. Knoppers; J. Gordon McConville (Ed.) Reconsidering Israel and Judah: Recent Studies on the Deuteronomistic History*. Eisenbrauns: Winona Lake, Indiana, 2000, 446-73.

Levin, Christoph. "Erkenntnis Gottes durch Elija", *Theologische Zeitschrift* 48 (1992), 329-42.

Linville, James Richard. *Israel in the Book of Kings: The Past as a Project of Social Identity*. JSOT Supp. 272. Sheffield: Sheffield Academic Press, 1998.

Lohfink, Norbert(Hrsg.). *Deuteronomium: Entstehung, Gestalt und Botschaft.* Leuven: Leuven University Press, 1985.

_________________. "Kerygmata des Deuteronomistischen Geschichtswerk", in: *Studien zum Deuteronomium und zur deuteronomistischen Literatur II*, Stuttgart: Verlag Katholisches Bibelwerk GmbH, 1991, 125-42.

_________________. "Gab es eine deuteronomistische Bewegung?" in: *Studien zum Deuteronomium und zur deuteronomistischen Literatur III*, Stuttgart: Verlag Katholisches Bibelwerk GmbH, 1995, 65-142.

Long, Burke. "2 Kings III and Genres of Prophetic Narrative", *VT* 23(1973), 337-48.

_________. *1 Kings*. Grand Rapids, Michigan: Eerdmans Publishing Co., 1984.

_________. "Historical Narrative and the Fictionalizing Imazination", *VT* 35,4(1985), 405-16.

_________. "Framing Repetitions in Biblical Historiography", *JBL* 106 (1987), 385-99.

_________. *2 Kings*. Grand Rapids, Michigan: Eerdmans Publishing Co., 1991.

Lundbom, Jack R. "Elijah's Chariot Ride", *JJS* 24(1973), 39-50.

Lust, J. "A gentle Breeze or a roaring Thunder Sound?" *ZAW* 32(1912), 110-15.

Macholz, Christian. "Psalm 29 und 1. Könige 19: Jahwes und Baals Theophanie", in: Albertz Rainer u.a.(Hrsg.) *Werden und Wirken des Alten Testaments*. Festschrift für Claus Westermann zum siebzigsten

Geburtstag. Göttingen: Vandenhoeck & Ruprecht, 1980, 325-33.

Maly, Eugene H. "1 and 2 Kings", *The Bible Today*(TBT) 18(1980), 295-302.

Marais, Jacobus. *Representation in Old Testament Narrative Tests.* Leiden: Brill, 1998.

Margalith, Othniel. "The KELĀBĪM of Ahab", *VT* 34,2(1984), 228-31.

McKenzie, Steven L. *The Trouble with Kings: The Composition of the Book of Kings in the Deuteromistic History.* Leiden u.a.: E. J. Brill, 1991.

__________. "The Divided Kingdom in the Deuteronomistic History and in Scholarship on it", in: T. Römer(Ed.), *The Future of the Deuteronomistic History.* Leuven: University Press, 2000, 135-45.

__________. "Dog Food and Bird Food: The Oracles against the Dynasties in the Book of KIngs", in: Gary N. Knoppers; J. Gordon McConville (Ed.) *Reconsidering Israel and Judah: Recent Studies on the Deuteronomistic History.* Eisenbrauns: Winona Lake, Indiana, 2000, 179-93.

Merwe, Christo H. J. van der. "An Overview pf Hebrew Narrative Syntax", in: Ellen van Wolde(Ed.) *Narrative Syntax and the Hebrew Bible: Papers of the Tilburg Conference 1996.* Leiden/New York/Köln: Brill, 1997, 1-20.

Miller, J. Maxwell. "The Elisha Cycle and the Accounts of the Omride Wars", *JBL* 85(1966), 441-54.

__________. "Is it possible to write a History of Israel without relying on the Hebrew Bible?" in: *Diana Vikander Edelman (Ed.) The Fabric of History: Text, Artifact and Israel's Past.* JSOT S. 127. Sheffield: Sheffield Academic Press, 1991, 93-102.

Mills, Mary E. *Historical Israel: Biblical Israel: Studying Joshua to 2 Kings.*

London: Cassell, 1999.

Montgomery, James A. *The Book of Kings*. ICC. Edinburgh: T. & T. Clark, 1976 (1951).

Moore, George Foot. *A Critical and Exegetical Commentary on Judges*. ICC. Edinburgh: T. & T. Clark, 1895.

Morrison, Craig E. "Handing on the Mantle: The Transmission of the Elijah Cycle in the Biblical Versions", in: Keith J. Egan u.a.(Eds.), *Master of the Sacred Page*, 109-29.

Muilenburg, James. "The linguistic and rhetoric Usages of the Particle כִּי in the Old Testament", *HUCA*(Hebrew Union College Annual) 32(1961), 135-60.

__________. "Form Criticism and beyond", *JBL* 88(1969), 1-18.

Mulzer, Martin. "Zur Bewegung der Vet-Lat-Fragmente in 2(4)Kön 9,33", *BN* 73 (1994), 20-26.

Napier, B. Davie. "The Omrides of Jezreel", *VT* 9(1959), 366-78.

__________. "The Inheritance and the Problem of Adjacency: An Essay on 1 Kings 21", *Interpretation* 30(1976), 3-11.

Nelson, Richard D. "The Role of the Priesthood in the Deuteronomistic History", in: Gary N. Knoppers; J. Gordon McConville (Ed.) *Reconsidering Israel and Judah: Recent Studies on the Deuteronomistic History*. Eisenbrauns: Winona Lake, Indiana, 2000, 179-93.

Niccacci, Alfredo. "Basic Facts and Theory of the Hebrew Verb System in Prose", in: Ellen van Wolde (Ed.), *Narrative Syntax and the Hebrew Bible: Papers of the Tilburg Conference 1996*. Leiden/New York/Köln: Brill, 1997, 167-202.

Nicol, George G. "What are you doing here, Elijah?" *Heythrop Journal*

28(1987), 192-97.

Niehr, Herbert. "Die Königsbücher", in: Erich Zenger, u.a. *Einleitung in das Alte Testament*. 3. Aufl. Stuttgart u.a.: Kohlhammer, 1998, 216-233.

Nordheim, Eckard. "Ein Prophet kündigt sein Amt auf(Elia am Horeb)", *Biblica* 59(1978), 153-73

Noth, Martin. *Überlieferungsgeschichtliche Studien*. 2. Aufl. Darmstadt: Wissenschaftliche Buchgesellschaft, 1957(1943).

___________. *Geschichte Israels*. 7. Aufl. Göttingen: Vandenhoeck & Ruprecht, 1969.

___________. *The Deuteronomistic History*. JSOT Supplement Series 15. 2. ed. Sheffield: Academic Press, 1991.

O'Brien, Mark A. "The Portrayal of Prophets in 2 Kings 2", in: *AusBR* 46 (1998), 1-16.

Öhler, Markus. *Elia im Neuen Testament: Untersuchungen zur Bedeutung des alttestamentlichen Propheten im frühen Christentum*. Berlin: Walter de Gruyter, 1997.

Oeming, Manfred. "Naboth, der Jesreeliter: Untersuchungen zu den theologischen Motiven der Überlieferungsgeschichte von 1 Reg 21", in: *ZAW* 98(1986), 363-82.

___________. "Das Alte Testament als Buch der Kirche? Exegetische und hermeneutische Erwägungen am Beispiel der Erzählung von Elia von Horeb (1 Kön 19), alttestamentlicher Predigttext am Sonntag Okuli", in: *Theologische Zeitschrift* 52(1996), 299-325.

Olyan, Saul. "Hăšālôm: Some Literary Considerations of 2 Kings 9", *CBQ* 46,4 (1984), 652-68.

Otto, Eckart. "Deuteronomium", in: [4]*RGG*. Bd. 2. Tübingen: J. C. B. Mohr,

1999, 693-96.

Otto, Susanne. *Jehu, Elia und Elisa*. Stuttgart: Kohlhammer, 2001.

Pardes, Ilana. *The Biography of Ancient Israel*. Berkeley/Los Angeles/London: University of California, 2000.

Parunak, H. Van Dyke. "Old Typesetting: Some Uses of Biblical Structure", *Biblica* 62(1981), 153-68.

__________. "Transitional Techniques in the Bible", *JBL* 102/4 (1983), 525-48.

Philipps, Anthony. "The Ecstatics' Father", in: Peter R. Ackroyd; Barnabas Lindars(Ed.) *Words and Meaning*. FS David Winton Thomas. Cambridge: University Press, 1968, 183-94.

Plein, Ina. "Erwägungen zur überlieferung von 1 Reg 11,26-14,20", *ZAW* 78 (1966), 8-24.

Pritchard, James B.(Ed.) *Ancient Near Eastern Texts Relating to the Old Testament*. Third Edition with Supplement. Princeton, New Jersey: Princeton University Press, 1969.

Provan, Ian W. *1 and 2 Kings*. New International Biblical Commentary. Peabody, Massachusetts: Hendrickson Publishers, 1995.

__________. *Hezekiah and the Books of Kings: a contribution to the debate about the composition of the deuteronomistic history*. BZAW Bd. 172. Berlin: de Gruyter, 1988.

Rad, Gerhard von. *Der Heilige Krieg im alten Israel*. 2. Aufl. Göttingen: Vandenhoeck & Ruprecht, 1952.

Raney, Donald C. II. *History as Narrative in the Deuteronomistic History and Chronicles*. Lewiston, New York: The Edwin Mellen Press, 2003.

Rehm, Martin. *Das erste Buch der Könige*. Würzburg: Echter Verlag, 1979.

__________. Das zweite Buch der Könige. Würzburg: Echter Verlag, 1982.

Reiser, W. "Eschatologische Gottessprüche in den Elisa-Legenden", *Theologische Zeitschriften* 9(1953), 321-38.

Rendorff, Rolf. *Das Alte Testament: Eine Einführung*. Neukirchen-Vluyn: Neukirchener Verlag, 1983.

__________. "The Paradigm is changing: Hopes and Fears", Biblical *Interpretation* 1(1989), 34-53.

Rendsburg, Gary A. "The Mock of Baal in 1 Kings 18:27". *CBQ* 50(1980), 414-17.

Revell, E. J. "The Repetition of Introductions to Speech as a Feature of Biblical Hebrew", in: *VT* 47(1997), 91-110.

Reventlow, Henning Graf. "Der Psalm 8", *Poetica* 1(1967), 304-32.

Roberts, J. J. M. "A new Parallell to 1 Kings 18, 28-29", *JBL* 89(1970), 76-77.

Robinson, Bernard P. "Elijah at Horeb, 1 Kings 19:1-18: A Coherent Narrative?" *RB* 98-4(1991), 513-36.

Rösel, Hartmut N. "2Kön 2,1-18 als Elija-oder Elischa-Geschichte?" *BN* 59(1991), 33-36.

__________. *Von Josua bis Jojachin*. Leiden u.a.: Brill, 1999.

Rofé, Alexander. "The Classification of the Prophetical Stories", *JBL* 89(1970), 427-40.

__________. *The Prophetical Stories*. Jerusalem: the Magness Press, 1988(=Rofé, 1988/1).

__________. "The Vineyard of Naboth: The Origin and Message of the Story", *VT* 38,1(1988), 89-104(=Rofé, 1988/2).

__________. "Elisha at Dothan(2 Kings 6:8-23): Historico-literary

Criticism Sustained by Midrash", in: R. Chazan; W. W. Hallo; L. H. Shiffman (Eds.) *Ki Baruch Hu: Ancient Near Eastern, Biblical, and Judaic Studies in Honor of Baruch A. Levine.* Winona Lake: 1999, 345-53.

______________. "The Historical Significance of Secondary Reading", in: *Craig E. Evans; Shermaryahu Talmon (Ed.) The Quest for Context and Meaning,* 393-402.

______________. "Ephraimite versus Deuteronomistic History", in: *Knoppers, Gary N.; McConville, J. Gordon (Ed.) Reconsidering Israel and Judah: Recent Studies on the Deuteronomistic History.* Eisenbrauns: Winona Lake, Indiana, 2000, 462-73.

Rosenberg, A. J; Reuven Hochberg. *I Kings.* New York: The Judaica Press, 1980.

______________. *II Kings.* New York: The Judaica Press, 1989.

Rosenzweig, Franz. *Die Schrift: Aufsätze, Übertragungen und Briefe.* Hrsg. von Karl Thieme. Athenäum: Jüdischer Verlag, 1984.

______________. "Das Formgeheimnis der biblischen Erzählungen", in: ders. *Die Schrift: Aufsätze, Übertragungen und Briefe.* Hrsg. von Karl Thieme. Athenäum: Jüdischer Verlag, 1984, 13-27.

Rowley, H. H. "Elijah on Mountain Carmel", in: ders. *Men of God: Studies in Old Testament History and Prophecy.* London u.a.: Thomas Nelson and Sons Ltd., 1963, 37-65.

Šanda, A. *Die Bücher der Könige.* EHAT, 9,2. Münster: Aschendorffsche Verlagsbuchhandlung, 1912.

Satterthwaite, Philip E. "The Elisha Narratives and the Coherence of 2 Kings 2-8", *Tyndale Bulletin* 49(1998), 1-28.

Schäfer-Lichtenberger, Christa. "Joshua und Elischa: Ideal-Typen von Führerschaft in Israel", in: Matthias Augustin; Klaus-Dietrich Schunck (Hrsg.). >>Wünschet Jerusalem Frieden<<. Frankfurt/M. u.a.: Peter Lang, 1988, 273-80.

Schmitt, Armit. *Entrückung-Aufnahme-Himmelfahrt*. Forschung zur Bibel 10. Stuttgart: Katholisches Bibelwerk, 1973.

______________. "Die Totenerweckung in 1 Kön. XVII 17-24: Eine Form-und Gattungs-kritische Untersuchung", *VT* 27(1977), 454-74.

Schmitt, Hans-Christoph. *Elisa: Traditionsgeschichtliche Untersuchungen zur vorklassischen nordisraelitischen Prophetie*. Gerd Mohn: Gütersloher Verlagshaus, 1972.

Schmoldt, Hans. "Zwei >>Wiederaufnahmen<< in I Reg 17", *ZAW* 97(1985), 423-28.

Schniedewind, William. "The Elijah-Elisha Narratives: A Test Case for the Northern Dialect of Hebrew", *The Jewish Quarterly Review* 87(1997), 303-37.

Schwab, Eckart. "Das Dürremotiv in I Regum 17,8-16*", *ZAW* 99(1987), 329-39.

Seebaß, Horst. "Elia und Ahab auf dem Karmel", *ZThK* 70(1973), 121-36.

______________. "Der Fall Naboth in 1 Reg XXI", *VT* 24,4(1974), 474-88.

______________. "Elia", (I. Altes Testament). Gerhard Krause; Gerhard Müller (Hrsg.), *TRE*, Bd. IX. Berlin: Walter de Gruyter, 1982, 498-504.

______________. "Elisa", Gerhard Krause; Gerhard Müller(Hrsg.), *TRE*, Bd. IX. Berlin: Walter de Gruyter, 1982, 506-09.

Sekine, Masao. "Literatursoziologische Beobachtungen zu den Elisaerzählungen", *Annual of the Japanese Biblical Institute*(1975), 39-62.

__________. "Elias Verzweiflung —Erwägungen zu 1 Kö XIX—", *Annual of the Japanese Biblical Institute* 3(1977), 52-68.

Sellin, Ernst; Fohrer, Georg. *Einleitung in das Alte Testament.* 12. Aufl., Heidelberg: Quelle & Meyer, 1979.

Seybold, Klaus. "Elia am Gottesberg", *EvTh* 33(1973), 3-18 =ders. *Die Sprache der Propheten: Studium zur literaturgeschichte der Prophetie.* Zürich: Pano-Verlag, 1999, 52-67.

Simon, Uriel. *Reading Prophetic Narratives.* tr. by Lenn J. Schramm, Indianapolis: Indiana University Press, 1997.

Smend, Rudolf. "Das Gesetz und die Völker. Ein Beitrag zur deuteronomischen Redaktionsgeschichte", in: *Prdbleme bilischeer Theologie.* Gerhard von Rad zum 70. Geburtstag, hg. von H. W. Wolff, München: Chr. Kaiser Verlag, 1971, 494-509 =ders. Die Mitte des Alten Testaments. Tübingen: Mohr Siebeck, 2002, 148-161.

__________. "Der biblische und der historische Elia", in: *Congress Volume Edinburgh 1974.* VT S. 28, 167-184 =in: ders. *Die Mitte des Alten Testaments.* Tübingen: Mohr Siebeck, 2002, 188-202.

__________. "Das Wort Jahwes an Elia: Erwägungen zur Komposition von 1 Reg. xvii-xix", *VT.* 25(1975) 525-43 =in: ders. *Die Mitte des Alten Testaments.* Tübingen: Mohr Siebeck, 2002, 203-18.

Sperber, Daniel. "Weak Waters", in: *ZAW* 82(1970), 114-116.

Stamm, J. J. "Elia am Horeb", *Studia Biblica et Semitica.* Festschrift Theodoro christiano Vriezen. Wageningen: H. Veenman & Zonen N. V., 1966, 327-34.

Steck, Odil Hannes. "Die Erzählung von Jahwes Einschreiten gegen die Orakelbefragung Ahasjas", *EvTh* 27(1967), 546-54.

__________________. *Überlieferung und Zeitgeschichte in den Elia-Erzählungen*. Neukirchen-Vluyn: Neukirchener Verlag, 1968.

__________________. "Bewahrheitungen des Prophetenwortes: Überlieferungsgeschicht- liche Skizze zu 1 Könige 22,1-38", in: Hans-Georg Geyer u.a.(Hrsg.), >>*Wenn nicht jetzt, wann dann?*<<: Aufsätze für Hans-Joachim Kraus zum 65. Geburtstag. Neukirchen: Neukirchener Verlag, 1983, 87-96.

__________________. *Exegese des Alten Testaments: Leitfaden der Methodik*. 13. durchgesehne Aufl. Neukirchen-Vluyn: Neukirchener Verlag, 1993.

Sternberg, Meir. The Poetics of Biblical Narrative. Bloomington: Indiana Univ. Press, 1985.

__________________. "Biblical Poetics and Sexual Politics: From Reading to Counterreading", *JBL* 111/3(1992), 463-88.

Stinespring, William F. "The Participle of the Immediate Future and Other Matters Pertaining to Correct Translation of the Old Testament", in: *Harry Thomas Frank; William L. Reed (Ed.) Translating and Understanding the Old Testament. Essays in Honor of Herbert Gordon May*. Nashville: Abingdon Press, 1970, 64-70.

Stipp, Hermann-Josef. *Elischa-Propheten-Gottesmänner*. Dissert. Tübingen 1984. Arbeiten zu Text und Sprache im Alten Testament 24. St. Ottilien: EOS Verlag, 1987.

__________________. "Ahabs Buße und die Komposition des deutero-nomistischen Geschichtswerks", *Biblica* 76(1995), 471-97.

Stolz, Fritz. "Der Monotheismus Israels im Kontext der Altorientalischen Religionsgeschichte-Tendenzen neuerer Forschung", in: Dietrich, Walter/ Klopfenstein, Martin A.(Hrsg.) *Ein Gott allein?* Freiburg Schweiz:

Univer-sitätsverlag u. Göttingen: Vandenhoeck & Ruprecht, 1993, 33-50.

Talmon, Shemaryahu; Fields, Weston W. "The Collocation משתין בקיר ועצור ועזוב and its Meaning", *ZAW* 101(1989), 85-112.

Tawil, Hayim. "The Historicity of 2 Kings 19:24(=Isaiah 37:25): The Problem of YE'ŌRÊ MĀṢÔR", in: *JNES* 41(1982), 195-206.

Taylor, Justin. "The Coming of Elijah, Mt 17,10-13 and Mk 9,11-13: The Development of the Texts", *RB* 98-1(1991), 107-19.

Thiel, Winfried. "Deuteronomistische Redaktionsarbeit in den Eliaerzählungen", in: *Congress Volume Leuven 1989*, hrsg. v. J. A. Emerton, VT. S 43, Leiden u.a. 1991, 148-71.

__________. "Zur Komposition von 1 Könige 18. Versuch einer kontextuellen Auslegung", in: *Die Hebräische Bibel und ihre zweifache Nachgeschichte*, FS Rolf Rendtorff, hrsg. v. Erhard Blum u.a. Neukirchen-Vluyn: Neukirchener Verlag, 1990, 215-23.

__________. "Zur Lage von Tischbe in Gilead", *ZDPV* 106(1990), 119-34.

__________. "Sprachliche und thematische Gemeinsamkeiten nordisraelitischer Propheten-Überlieferungen", in: *Die alttestamentliche Botschaft als Wegweisung*, FS Heinz Reinelt, hrsg. v. Josef Zmijewski, Stuttgart: Verlag Katholisches Bibelwerk GmbH, 1990, 359-76.

__________. "Deuteronomistische Redaktionsarbeit in den Elia-Erzählungen", in: *Congress Volume: Leuven 1989*. Leiden/New York: E. J. Brill, 1991, 148-71.

__________. "Jahwe und Prophet in der Elisa-Tradition", in: Jutta Hausmann; Hans-Jürgen Zobel (Hrsg.) *Alttestamentliche Glaube und Biblische Theologie*, FS für Horst Dietrich Preuß zum 65. Geburtstag. Stgt: W. Kohlhammer, 1992.

__________. "Die Erkenntnisaussage in den Elia-und Elisa-Überlieferungen", in: *Von Gott reden. Beiträge zur Theologie und Exegese des Alten Testaments*, FS Siegfried Wagner, hrsg. von Dieter Vieweger u. Ernst-Joachim Waschke, Neukirchen-Vluyn: Neukirchener Verlag, 1995, 255-69.

__________. "Das ''Land'' in den Elia-und Elisa Überlieferung", in: *Landgabe. FS für Jan Heller zum 70. Geburtstag.* hrsg. von Martin Prudky, Kampen: Kok Pharos Publishing House, 1995, 64-75.

__________. "Zu Ursprung und Entfaltung der Elia-Tradition", in: Grünwald, Klaus/ Schroeter, Harald(Hrsg.). *Was suchst du hier, Elia? Ein hermeneutisches Arbeitsbuch.* Rheinbach-Merzbach: CMZ-Verlag, 1995, 27-39.

__________. "Elia. I. Altes Testament", in: ^{4}*RGG*. Bd. 2. Tübingen: J. C. B. Mohr, 1999, 1209-11.

__________. "Elisa", in: ^{4}*RGG*. Bd. 2. Tübingen: J. C. B. Mohr, 1999, 1218-20.

__________. "Isebel", in: ^{4}*RGG*. Bd. 4. Tübingen: J. C. B. Mohr, 2001, 246.

__________. *Könige.* Biblischer Kommentar Altes Testament IX/2. Lfg. 1(1 Kön 17, 1-24). Neukirchen-Vluyn: Neukirchener Verlag, 2000.

__________. "Jehu", in: ^{4}*RGG*. Bd. 4. Tübingen: J. C. B. Mohr, 2001, 397-98.

__________. *Könige.* Biblischer Kommentar Altes Testament IX/2. Lfg. 2(1 Kön 18,1-46). Neukirchen-Vluyn: Neukirchener Verlag, 2002.

Thompson, Thomas L. *The Origin Tradition of Ancient Israel. I. The Literary*

Formation of Genesis and Exodus 1-23. JSOT S. 55. Sheffiled: Sheffield Academic Press, 1987.

Timm, Stefan. "Ahab", in: ⁴*RGG*. Bd. 1. Tübingen: J. C. B. Mohr, 1998, 221-22.

__________. "Ahasja", in: ⁴*RGG*. Bd. 1. Tübingen: J. C. B. Mohr, 1998, 222-23.

Tomes, Roger. "Come and see my Zeal for the Lord": Reading the Jehu Story", in: G. J. Brooke; J.-D. Kaestli(Ed.), *Narrativity in Biblical and Related Texts.* Leuven: University Press, 2000, 53-67.

Trible, Phyllis. "Exegesis for Storytellers and other Strangers", *JBL* 114(1995), 3-19.

Vaux, Roland de. *Das Alte Testament und seine Lebensordnungen I*. 2. Aufl. Freiburg u,a.: Herder, 1964.

Vorndran, Jürgen. "Elijas Dialog mit Jahwes Wort und Stimme(1 Kön 19,9b-18)", in: *Biblica* 77(1996), 417-424.

Wagner, Siegfried. "Elia am Horeb: Methodologische und theologische Überlegungen zu 1 Reg 19", in: Liwak, R.(Hrsg.). *Prophetie und geschichtliche Wirklichkeit im alten Israel*. FS für Siegfried Herrmann zum 65. Geburtstag. Stuttgart 1991, 415-24.

Wahl, Otto. "Gott erteilt Nachhilfeunterricht: Zur Botschaft von 1 Kön 19,1-18 für ins heute", in: Katholisches Bibelwerk(Hrsg.) *Dynamik im Wort*. Stuttgart: Verlag Katholisches Bibelwerk, 1983, 55-83.

Wallace, H. N. "The Oracles Against the Israelite Dynasties in 1 and 2 Kings", *Biblica* 67(1986), 21-40.

Walsh, Jerome T. *1 Kings*, Berit Olam Studies in Hebrew Narrative & Poetry. Collegeville: The Liturgical Press, 1996.

__________. "Methods and Meanings: Multiple Studies of 1 Kings 21", *JBL* 111/2(1992), 193-211.

Watson, Duane F.; Hauser, Allan J. *Rhetorical Criticism of the Bible: A Comprehensive Bibliography with Notes on History and Method.* Leiden: E. J. Brill, 1994.

__________. "Why we need Socio-Rhetorical Commentary and What It might look like", in: *Porter, Stanley E.; Stamps, Dennis L. Rhetorical Criticism and the Bible*, ed. by . Sheffield: S. Academic Press, 2002, 129-57.

Watson, W. G. E. "Hebrew Poetry", in: A. D. H. Mayes(Ed.), *Text in Context: Essays by Members of the Society for Old Testament Study.* Oxford: University Press, 2000, 253-85.

Weippert, Helga. "Pferd und Streitwagen", ^{2}*BRL*, 250-255.

__________. "Geschichten und Geschichte: Verheißung und Erfüllung im deuteronmistischen Geschichtswerk", in: *Emerton, J. A. (Hrsg.) Congress Volume Leuven 1989.* VT. S 43, Leiden u.a. 1991, 116-31.

[영역: "Histories" and "History": Promise and Fulfillment in the Deuteronomistic Historical Work", in: *Knoppers, Gary N.; McConville, J. Gordon (Ed.) Reconsidering Israel and Judah: Recent Studies on the Deuteronomistic History.* Eisenbrauns: Winona Lake, Indiana, 2000, 47-61]

Weippert, Manfred. "Synkretismus und Monotheismus: Religionsinterne Konflikt-bewältigung im alten Israel", in: *Assmann, Jan; Harth, Dietrich (Hrsg.) Kultur und Konflikt.* Frankfurt/M: Suhrkamp, 1990, 143-79.

Weiss, M. "Wege der neuen Dichtungswissenschaft in ihrer Anwendung auf die Psalmenforschung", *Biblica* 42(1961), 255-302.

Wellhausen, Julius. *Die Composition des Hexateuchs und der historischen Bücher des Alten Testaments.* 4. Aufl. Berlin: Walter de Gruyter, 1963.

Wells, J. C. *Longman Pronunciation Dictionary.* 2. Edition. Essex: Pearson Education Limited, 2000.

Welten, Peter. "Naboths Weinberg(1. Kön. 21)", *EvTh* 33(1973), 18-32.

Westermann, Claus. *Grundformen prophetischer Rede.* München: Chr. Kaiser, 1960.

__________. *Die Geschichtsbücher des Alten Testaments: Gab es ein deuteronomistisches Geschichtswerk?* Theologische Bücherei Bd. 87. Gütersloh: Chr. Kaiser/ Gütersloher Verlagshaus, 1994.

__________. *Das mündliche Wort: Erkundungen im Alten Testament.* Herausgegeben von Rudolf Landau. Stuttgart: Calwer Verlag, 1996.

__________. *Erzählungen in den Schriften des Alten Testaments.* Stuttgart: Calwer Verlag, 1998.

White. Marsha C. *The Elijah Legends and Jehu's Coup.* Atlanta: Scholars Press, 1997.

Williams, James G. "The prophetic "Father": A brief Explanation of the Term "Sons of the Prophets"*", *JBL* 85(1966), 344-48.

Wiseman, D. J. "'Is it Peace?'—Covenant and Diplomacy", *VT* 32,3(1982), 311-26.

Wolff, Anke. "JHWH oder Baal, Naboths Weinberg", *Texte und Kontexte* 3 (1979), 23-34.

Wolff, Hans Walter. "Das Kerygma des Deuteronomistischen Geschichtswerks", *ZAW* 73(1961): 171-86[=ders, *Gesammelte Schriften zum Alten Testament*, ThB 22, (München 1964), 308ff.].

Woude, A. S. van der. "Micah in Dispute with the Pseudo-Prophets", *VT* 19

(1969), 244-60.

__________. "צָבָא ṣābā' Heer", in: *THAT* II. München: Chr. Kaiser Verlag, 1984, 498-507.

Würthwein, Ernst. "Die Erzählung vom Gottesurteil auf dem Karmel", in: Würthwein, Ernst. *Studien zum Deuteronomistischen Geschichtswerk.* BZAW 227. Berlin: Walter de Gruyter, 1994, 118-31 [= *ZThK* 59(1962), 131-44].

__________. "Elijah at Horeb: Reflections on I Kings 19.9-18", in: Durham, John I; Porter, J. R.(Ed.) *Proclamation and Presence.* Old Testament Essays in Honour of Gwynne Henton Davies. London: SCM Press, 1970, 152-66.

__________. *Die Bücher der Könige. 1. Könige 1-16,* ATD 11,1. Göttingen: Vandenhoeck & Ruprecht, 1977.

__________. "Naboth-Novelle und Elia-Wort", in: Ders. *Studien zum Deuteronomistischen Geschichtswerk.* BZAW 227. Berlin: Walter de Gruyter, 1994, 155-177(=ZThK 75(1978), 375-397).

__________. *Die Bücher der Könige 1. Kön. 17-2. Kön. 25.* ATD 11,2. Göttingen: Vandenhoeck & Ruprecht, 1984.

__________. *Der Text des Alten Testaments.* Stuttgart: Deutsche Bibelgesellschaft, 1988.

__________. "Zur Opferprobe Elias I Reg 18,21-39", in: Ders. *Studien zum Deuteronomistischen Geschichtswerk.* BZAW 227. Berlin: Walter de Gruyter, 1994, 132-39 [=in: *Prophet und Prophetenbuch.* FS für Otto Kaiser zum 65. Geburtstag, hrsg. von Volkmar Fritz, Karl Friedrich Pohlmann und Hans-Christoph Schmitt, BZAW 185, Berlin: de Gruyter, 1989, 277-84.

__________. "Tradition und theologische Redaktion in I Reg 17-18", in: Ders. *Studien zum Deuteronomistischen Geschichtswerk*. BZAW 227. Berlin: Walter de Gruyter, 1994, 102-17.

Zannoni, Arthur E. "Elijah: The Contest on Mount Carmel and Naboth's Vineyard", *Saint Luke's Journal of Theology* 27(1984), 265-77.

Zenger, Erich u.a. *Einleitung in das Alte Testament*. 3. Aufl. Stuttgart: Kohlhammer, 1998.

Zevit, Ziony. "Deuteronomistic Historiography in I Kings 12-2 Kings 17 and the Reinvestiture of the Israelite Cult", *JSOT* 32(1985), 57-73.

· 저자 ·

이승현 · 약 력 ·
李承賢 서울대학교 문리과대학 국어국문학과 졸업(B.A.)
        장로회신학대학교 신대원(M.Div.)
        장로회신학대학교 대학원 신학 석사(Th.M.)
        훔볼트대학교 대학원 신학 석사(M.Th.)
        장로회신학대학교 대학원 신학 박사(Th.D.)

        독일남부지방한인교회 담임목사
        명성교회 교육목사
        대전신학대학교 신학과(구약전공) 교수

엘리야후 이야기

초판인쇄 | 2008년 12월 20일
초판발행 | 2008년 12월 20일

지은이 | 이승현
펴낸이 | 채종준
펴낸곳 | 한국학술정보㈜
주 소 | 경기도 파주시 교하읍 문발리 513-5 파주출판문화정보산업단지
전 화 | 031) 908-3181(대표)
팩 스 | 031) 908-3189
홈페이지 | http://www.kstudy.com
E-mail | 출판사업부 publish@kstudy.com

등 록 | 제9145 115호(2000.6.19)
가 격 41,000원

ISBN   978-89-534-9299-8 93230(Paper Book)
        978-89-534-9300-1 98230(e-Book)